Introduction

Le mot « révolution » a été tellement galvaudé qu'on hésite à l'employer pour analyser les transformations idéologiques et économiques du dernier quart de siècle. À l'orée des années 80, la même classe sociale qu'aujourd'hui occupait les postes de commande. Aucune aristocratie ne fut détruite par une nuit du 4 août, aucun gouvernement « bourgeois » ne fut disloqué par une prise du palais d'Hiver. Ce sont souvent les mêmes forces sociales et politiques qui ont mué idéologiquement, passant de la défense d'un capitalisme tempéré par la redistribution et l'action publique à la mise en place d'un gouvernement d'entreprise orienté par les seuls verdicts du marché.

S'il n'y eut pas de « révolution » en Occident, on assista néanmoins à la victoire d'idées jugées périmées depuis la fin du XIXe siècle, mais qui resurgirent avec suffisamment d'élan pour enclencher partout le grand bond en arrière des tentations égalitaires. Bien des choses allaient changer ou s'infléchir durablement : le rapport de forces entre les principaux groupes sociaux, l'orientation des décisions économiques, l'identité de leurs bénéficiaires, les postulats des coalitions au pouvoir, le rôle des États.

La crise économique des années 30 avait débouché sur des « réponses » politiques nationales fondamentalement différentes : nazisme en Allemagne, New Deal aux États-Unis, stabilité gouvernementale au Royaume-Uni, Front populaire en

France. La stagflation des années 70 a semblé, en revanche, partout et quelle que fût la majorité en place, entraîner à plus ou moins long terme le retour au primat – voire au diktat – du marché, précipiter le délitement des syndicats, favoriser la casse des identités collectives. Même la victoire en France, en 1981, d'une coalition élue sur un programme beaucoup plus socialiste que celui de Léon Blum en 1936 ne put que retarder de quelques mois l'orchestration, à Paris, des nouvelles harmonies planétaires. Pourquoi la musique néolibérale fut-elle si forte qu'elle absorba aussi dans sa chorale ceux qui avaient consacré l'essentiel de leur existence à explorer les voies d'une autre partition ?

La réponse, qui comporte plusieurs volets, n'invoquera ni une loi de la nature ni une humeur de la Providence[1]. Quelques-unes des clés d'analyse habituelles dans d'autres circonstances seront passées en revue, au nombre desquelles, bien évidemment, l'évolution du rapport de forces social. Car le grand bond en arrière fut à ce point « providentiel » pour un groupe bien particulier – les détenteurs de capital – qu'on doit soupçonner qu'il ne les prit pas entièrement au dépourvu, qu'ils surent, peut-être, faire advenir ce qui les rendrait plus prospères et plus tranquilles.

C'est toutefois la transformation de l'idéologie dominante qui est au cœur de cet ouvrage. Car, là encore, rien ne serait plus ridicule ni plus faux que d'imputer au seul « pragmatisme » des gouvernants la métamorphose de leur grille de lecture des événements. Si, au fil des années 80 et de la décennie qui suivit, les « décideurs » et les commentateurs du monde occidental ont presque toujours interprété de manière identique les situations de crise – et les remèdes qu'elles appelaient –, c'est que tout un travail idéologique était intervenu au préalable. D'autres inter-

---

1. Dans un entretien au mensuel *Capital* (novembre 1997), l'essayiste Alain Minc, président du conseil de surveillance du *Monde* et maître d'œuvre, en 1994, d'un rapport du Commissariat général du Plan (*Rapport au Premier ministre de la commission présidée par Alain Minc, La France de l'an 2000*, La Documentation française et Odile Jacob, Paris, 1994), expliquait : « Il se trouve que les marchés détestent le keynésianisme. Dès qu'un État y a recours, ils le sanctionnent. Les marchés n'aiment pas Keynes, je n'y peux rien. » Quelques jours plus tôt, interrogé par *Le Journal du dimanche* (19 octobre 1997), il indiquait : « La mondialisation est à l'économie ce que l'air est à l'individu ou la pomme à la gravitation universelle. »

LE GRAND BOND EN ARRIÈRE

DU MÊME AUTEUR

« *L'opinion, ça se travaille* ». *Les médias et les guerres justes : du Kosovo à l'Afghanistan* (avec Dominique Vidal), Agone, Marseille, 2002.

Quand la gauche essayait, Arléa, Paris, 2000 (paru en 1992 sous le titre *Sisyphe est fatigué. Les échecs de la gauche au pouvoir : 1924, 1936, 1944, 1981*, Robert Laffont, Paris).

Les Nouveaux Chiens de garde, Raisons d'agir, Paris, 1997.

À l'américaine : faire un président, Aubier-Montaigne, Paris, 1986.

Serge Halimi

LE GRAND BOND
EN ARRIÈRE

Fayard

Nous remercions l'éditeur Le Temps des cerises de nous avoir autorisés à utiliser le titre *Le Grand Bond en arrière*.

Quand l'ennemi avance, nous reculons ;
quand l'ennemi recule, nous avançons ;
quand l'ennemi s'enfuit, nous le pourchassons.

Mao Tsé-toung.

prétations des événements et des crises auraient conduit à d'autres politiques et à d'autres remèdes. La « mondialisation » fut aussi ce long labeur d'uniformisation des politiques « acceptables » que rendit presque naturel une symbiose sociale et intellectuelle entre leurs principaux architectes d'un bout à l'autre de la Terre.

Du laboratoire à l'usine, la chaîne idéologique peut comporter bien des maillons, entre le *think tank* (ou boîte à idées) qui explore, qui conceptualise, et la soirée télévisée qui ressasse, qui vulgarise ; entre certains des gros volumes savants publiés par l'American Enterprise Institute de Washington et les programmes de propagande de masse comme l'émission de télévision publique « Vive la crise ! » en France. Cette chaîne s'apparente à celle qui rattache l'ingénieur dans son laboratoire et l'ouvrier fabriquant en série les produits imaginés la veille sous forme de graphiques et de prototypes. Car, au fond, ce n'est pas la qualité de l'offre intellectuelle néolibérale qui a explosé à partir de 1980 (cette offre reprend assez largement, on le verra, des postulats beaucoup plus anciens), mais l'ampleur de la demande « sociale » et gouvernementale qu'elle sut créer, puis satisfaire. Longtemps tenus à l'écart, voire jugés un peu excentriques, les croisés du marché découvrirent un jour que, la « crise » et le désarroi ambiant aidant, leur prosélytisme multipliait le nombre des convertis potentiels, y compris à gauche. Ils passèrent à l'offensive : « Quand l'ennemi recule, nous avançons. » La transformation de l'état du terrain idéologique et social leur inspira confiance, trempa leur détermination. Leurs adversaires, déjà disposés à concéder que leurs propres clés d'analyse (socialisme, social-démocratie, keynésianisme) n'ouvraient plus d'issue aux problèmes en cours, opéraient leur retraite, mettant en cause les croyances qui les structuraient intellectuellement dix ou vingt ans plus tôt. Le combat était devenu inégal. L'optimisme messianique avait changé de camp.

Si la métaphore religieuse est tentante, la foi qui nous occupe ne tomba jamais du ciel. Elle fut disséminée, construite, confortée, avec une persévérance très terre à terre (financement de fondations néolibérales, publication d'ouvrages de vulgarisation, achat et quadrillage des médias, etc.). Et elle déboucha sur des transformations aussi temporelles que socialement ciblées (gonflement des fortunes, mise en concurrence des salariés, casse des syndicats). Que ces conséquences, y compris les plus redoutables, comprises et recherchées dès le départ, aient néanmoins été présentées par les médias et par les gouvernants comme autant de dommages inattendus auxquels une nouvelle injection de marché apporterait remède démontre une certaine imprévoyance. Ou, plus vraisemblablement, beaucoup de cautèle. Car, dès lors que l'entrée en « crise » a ouvert le bal des privilèges, l'histoire qui nous occupe est celle qui a permis de masquer derrière un mur de propagande et de fatalité le choix d'une modernité toute relative : celui de la revanche sociale.

1

L'utopie du marché

L'histoire incline à la prudence qui aimerait imaginer qu'après le grand bond en arrière nous nous apprêterions à vivre un nouveau retournement. Depuis 1980, les proclamations de fin de cycle, de retour à la régulation, d'épuisement du culte des marchés, de perte de vitesse des valeurs individualistes n'ont pas manqué. Mais chaque recul apparent est devenu un palier supplémentaire précédant le nouvel envol d'une logique économique un peu plus installée dans nos vies et dans nos têtes. À la longue, comment ne pas se lasser d'annoncer des bouleversements qui ne surviennent pas, y compris quand on les attend, y compris quand on les espère ?

Chacun en eut la preuve en 1998, avec la première crise sérieuse de l'après-communisme. On assista alors à une remise en cause, aussi puissante que brève, de l'ensemble des postulats assénés depuis 1980 en guise de « modernité ». Marchés, ouverture, mobilité, transparence, instantanéité, commerce : toutes ces « valeurs » inculquées par un gigantesque dispositif éducatif et médiatique furent un instant – mais un instant seulement – battues en brèche. Un monde qui redoutait à l'époque la contamination de la déflation s'interrogea sur les vertus perdues des frontières (nationales, mais aussi entre privé et public), de la lenteur, des contrôles, et même d'une certaine opacité. La bulle d'une société refondue par l'utopie néolibérale avait crevé.

Partisan déterminé des solutions libérales, ébranlé cependant par l'ampleur des soubresauts économiques qui, après l'Asie et la Russie, venaient d'atteindre « l'arrière-cour » brésilienne, *Business Week*, l'influent hebdomadaire financier, fut obligé de conclure en 1998 que « le temps d'agir » était venu : « Le modèle américain est partout attaqué. Le marché est de plus en plus perçu comme l'ennemi de la croissance. Les nations s'en retirent pour répondre à l'une des plus grandes destructions de richesses jamais connues[1]. » Le Japon avait rompu avec la prospérité ; la Corée, la Malaisie et l'Indonésie venaient, en une seule année, de perdre entre 5 % et 15 % de leur produit national brut ; la Russie, qui renouait à l'époque simultanément avec la famine et avec le troc, implorait une aide alimentaire d'urgence pour faire face aux rigueurs de l'hiver.

Un peu comme au moment de la Grande Dépression, ce fut la fin des certitudes. « Les règles que nous pensions avoir comprises ne semblent plus s'appliquer », avoua, un peu tristement, le *Washington Post*. Et chacun de partir à la recherche du temps et des illusions perdus : le « miracle asiatique » et la flexibilité de ses techniques de production ; une « nouvelle économie » infirmant la théorie des cycles et expliquant la surprenante vigueur de l'économie américaine et des bourses mondiales ; des entreprises multinationales qui propageaient investissements, technologie et modernité jusque dans les régions les plus reculées ; une poussée des classes moyennes charriant la démocratie avec elles ; l'évaporation des considérations stratégiques et l'omniprésence des ambitions commerciales. Rarement dans l'histoire le développement de l'humanité entière avait été ainsi conçu à partir de postulats à ce point identiques et largement inspirés du modèle américain. Même la manière d'appréhender chaque pays en était venue à calquer les problématiques (« minorités », « politiquement correct », « communautarisme », « ghettos ») produites aux États-Unis par des contextes parfois sans rapport avec la situation de la plupart des imitateurs.

---

1. « Time to act », *Business Week*, 14 septembre 1998.

Directeur d'un institut américain de prévision destiné aux entreprises, George Friedman résuma ainsi cette orthodoxie qui semblait chavirer en 1998 : « L'idéologie du nouvel ordre mondial posait qu'il n'y avait plus de lieux différents, que tous les gens raisonnables se comportaient de la même manière, que, dans ces conditions, éclairée par les conseils d'Harvard et des financiers de Goldman Sachs, l'économie russe évoluerait elle aussi. On croyait qu'avec plus d'aisance matérielle tout le monde en viendrait à ressembler à tout le monde. La prospérité conduirait à la démocratie libérale. Et la démocratie libérale transformerait les Russes en membres enthousiastes de la communauté internationale. Un peu comme les habitants du Wisconsin, mais avec un régime alimentaire plus riche en betteraves[1]. »

Cette naturalisation du modèle occidental était d'autant plus extraordinaire qu'elle contredisait une énorme masse de connaissances relatives à l'impossibilité pour un pays « en retard » d'assurer son décollage et de parvenir au développement en se bornant à imiter l'expérience des pionniers. Paradoxalement, c'est dans les universités américaines – mais davantage dans les départements d'histoire, de sociologie et de science politique que dans ceux d'économie et de business – que des centaines de professeurs avaient, pendant des décennies, enseigné la richesse des approches comparatives. Et expliqué que la différence des traditions, des institutions et de l'état des forces politiques et sociales interdisait presque toujours aux mêmes causes, fussent-elles économiques, de produire les mêmes effets.

L'étude du « développement » avait d'ailleurs pour objet de déterminer le lien entre l'« industrialisation » d'une nation (induite par des transformations d'ordre technologique et donc, au final, économique) et sa « modernisation », plus sociale et politique. Poser l'automaticité de la relation, confondre industrialisation et modernisation, croissance et démocratie, prétendre annoncer ce que serait le développement d'un pays à partir de données exclusivement économiques constituaient donc autant d'indices de l'incapacité d'un étudiant à poursuivre des études en

---

1. George Friedman, « Russian economic failure invites a new stalinism », *International Herald Tribune*, 11 septembre 1998.

sciences sociales. L'histoire était d'ailleurs là pour secourir les moins talentueux d'entre eux, pour prouver que tradition et modernité se chevauchaient plus souvent qu'elles ne s'excluaient, que les sociétés modernes conservaient longtemps la marque de leurs itinéraires distincts, qu'un même défi avait rarement justifié les mêmes réponses. L'économiste autrichien Joseph Schumpeter résuma la leçon en une phrase : « Les comportements sociaux, les types et les structures sont des pièces qui ne fondent pas facilement. Une fois formés, ils persistent, parfois pendant des siècles. »

Il en avait été ainsi pendant la révolution industrielle. Marx eut beau expliquer que le pays le plus développé indiquait aux autres l'image de leur devenir, ni la Prusse ni la France n'empruntèrent le chemin du développement ouvert par le pionnier britannique. Quand ces deux pays entamèrent leur modernisation économique, ils durent en effet le faire à un rythme plus rapide que celui du Royaume-Uni – qu'il convenait de rattraper sous peine de subir sa loi sur le continent. Et ils le firent à partir d'industries (sidérurgie, chimie) qui, à la différence du textile, autour duquel la révolution industrielle britannique s'était faite, exigeaient des apports de capitaux considérables, c'est-à-dire la mobilisation des banques et de l'État. Ce qui, au Royaume-Uni, avait été possible grâce à l'épargne accumulée et à l'entreprise exigea ailleurs le recours à l'emprunt et à l'intervention publique. Alors même que l'impératif du développement économique était à peu près identique, sa traduction politique – qui serait aussi le produit d'une structure sociale très différenciée d'un État à l'autre (petite paysannerie décimée au Royaume-Uni et préservée en France) – ne pouvait pas être équivalente. De fait, le régime fut plus libéral au Royaume-Uni, plus autoritaire en France (Second Empire) et en Prusse (Bismarck)[1].

Plus tard, quand intervint la déflation des années 1873-1896, certains États industrialisés réagirent en persévérant dans la voie d'une libéralisation des échanges – d'autant plus séduisante qu'elle les favorisait (Royaume-Uni) –, d'autres préférèrent protéger à la

---

1. Lire sur le sujet Alexander Gerschenkron, *Economic Backwardness in Historical Perspective*, Harvard University Press, Boston, 1962.

fois leur industrie et leur agriculture (Allemagne et France), d'autres enfin prirent des mesures protectionnistes dans un secteur mais pas dans l'autre (États-Unis). On l'a vu, même divergence des itinéraires dans les années 30 : la Grande Dépression provoqua la victoire du New Deal aux États-Unis, celle du nazisme en Allemagne, celle du Front populaire en France. Quant à la crise des années 70, elle déboucherait sur l'arrivée au pouvoir à la fois de doctrinaires néolibéraux (Margaret Thatcher en 1979, Ronald Reagan en 1980) et d'un gouvernement qui, au départ, se voulait socialiste (François Mitterrand en 1981)[1].

Tout en faisant la part du manque de culture des dirigeants occidentaux et de l'alarmante médiocrité des grands médias qui les informent, on peut donc se demander comment, à la fin des années 80, tant d'« experts » ont pu imposer l'idée extravagante que les leçons de l'histoire avaient cessé de compter, que chaque société n'était plus qu'une argile façonnée par les « lois de l'économie », que la communication et le marché allaient dissoudre les différences entre les nations, indiquant à toutes la voie d'une modernisation assurée dans une « mondialisation heureuse ». Munies de ce (pauvre) logiciel intellectuel et d'une boîte à outils ne contenant que quatre gros marteaux (déréglementations, privatisations, baisse des impôts, libre-échange), les organisations économiques internationales s'affairèrent, cherchant à transformer le monde à l'image du « modèle anglo-saxon ». Ce monde, nul besoin pour elles d'en connaître l'histoire ni la géographie, les tensions ni les conflits. Le culte du « nouveau » permettait d'ignorer tous les précédents ; le marché et l'ouverture (aux marchés) garantiraient partout la prospérité et la démocratie. « Ceux qui commercent entre eux ne se font plus la guerre », répétaient alors les dirigeants américains en guise de politique étrangère. Et qui étudie les rapports de l'Organisation de coopération et de développement économiques (OCDE) ou ceux du Fonds monétaire international (FMI) à partir des années 80 constatera ceci : quel que fût le pays étudié, les analyses et les prescriptions de ces officines étaient à ce point répétitives

---

1. Lire Peter Gourevitch, *Politics in Hard Times : Comparative Responses to International Economic Crises*, Cornell University Press, Ithaca, 1986.

qu'elles donnaient au lecteur l'impression de ne jamais voyager. Pourtant, comme l'expliqua un économiste néolibéral dégrisé par les événements de 1998 : « Propager le capitalisme ne constitue pas simplement un exercice d'ingénierie économique. C'est un tel assaut contre la culture et la politique des autres nations qu'il garantit presque une collision[1]. »

L'écart des richesses se creusait. Mais c'était, paraît-il, la rançon de l'efficience, et le domaine réservé d'une commission des Nations unies qui publiait des rapports accablants aussitôt ensevelis pour cause d'indifférence. Les choses sérieuses se passaient ailleurs ; la contre-réforme libérale avançait et offrait aux actionnaires – c'est-à-dire aux plus riches – des portions toujours plus savoureuses de l'espace public. Il n'est pas exact que cet aveuglement général ait coïncidé avec la chute du mur de Berlin et l'euphorie des classes dirigeantes. Au départ, les responsables des États-Unis, George H. Bush en tête, ne pensaient pas que la désintégration du bloc soviétique amènerait avec elle la « fin de l'histoire » et un nouveau siècle de domination américaine. C'est surtout l'administration du président Clinton qui, à partir de 1993, décida de résumer sa politique étrangère à une politique commerciale et financière. Elle exigea partout l'ouverture des marchés étrangers aux exportations de biens et de capitaux.

Les États-Unis exportèrent aussi leurs experts, sortes de commissaires politiques du capitalisme déréglementé, « commis voyageurs du libre-échange[2] ». Ils conseillèrent, notamment en Russie, l'adoption de « réformes » permettant de calquer le modèle anglo-saxon qui, concevable pour une puissance industrielle dotée d'institutions rodées, n'en était pas un pour une nation en voie d'implosion et en proie aux mafias. Ce que l'histoire du développement avait enseigné sur l'impossibilité d'imiter un itinéraire une fois que celui-ci avait transformé le rapport de forces ayant provoqué son adoption, on l'oublia. Tout

---

1. Robert Samuelson, « Global capitalism, RIP ? », *Newsweek*, 14 septembre 1998.
2. Expression de Karl Marx, *Le Capital*, livre I, in *Œuvres*, vol. 1, Gallimard, « Bibliothèque de la Pléiade », Paris, 1963, p. 592.

à coup grisés par le triomphe du capitalisme à l'échelon mondial, les États-Unis, les organisations économiques internationales et les grands médias assimilèrent modernité et réformes de marché, et imposèrent les secondes au nom de la quête de la première. Ce qui, dans les pays occidentaux, avait abouti après des décennies d'ajustements, de résistances et de compromis allait devoir, ailleurs, être réalisé en quelques mois. La multiplication des flux financiers jouerait le rôle d'accélérateur de l'histoire.

Pendant près de vingt ans, la croyance que les marchés sont autorégulateurs, que le développement passe par les exportations, que la liberté des mouvements de capitaux optimise l'allocation de l'investissement, que les alliances internationales imposent l'extension des privatisations, a résumé le message des dirigeants occidentaux au reste du monde et à leurs peuples. Ceux qui critiquaient la mondialisation financière se voyaient reprocher leur égoïsme, leur désir de réserver la prospérité aux pays du Nord. En 1998, à l'heure où la déflation menaçait, où les classes moyennes asiatiques s'évaporaient pendant que celles d'Amérique latine s'alarmaient, l'idéologie américaine heurta l'iceberg de la réalité russe. Davantage qu'une utopie économique, la crise mit en péril tous les fondements de la paix des riches. Michel Camdessus, directeur général du FMI, en fut réduit à se réjouir que les coups frappant les pays asiatiques les contraindraient à accélérer le rythme des « réformes » qui les avaient ébranlés. Et le président du Brésil d'alors, Fernando Henrique Cardoso, ancien théoricien marxiste de renom reconverti à la défense du néolibéralisme, ne put qu'éprouver le sentiment, selon ses termes, « d'avoir injustement des comptes à rendre sur ce qui se passe en Russie » quand, sans autre raison que la soudaine panique des investisseurs devant l'ensemble des « marchés émergents », son pays perdit davantage de capitaux en un mois que ne lui en avait rapporté la plus grosse opération de privatisation de toute l'histoire de l'Amérique latine. En tout cas, M. Camdessus n'en démordrait pas : « Nos recommandations étaient les bonnes mais elles ont été mal appliquées. » Au moment de la Grande Dépression de la fin des années 20, le président Harding ne promettait-il pas « le retour à la normale », puis le président Hoover « la prospérité au prochain tournant » ? Elle attendit près de vingt ans.

En 1998, la puissance du libéralisme fut telle que la crise russe, asiatique et latino-américaine, qui aurait pu fracasser quelques-unes des notions couramment admises sur la manière dont marche le monde, fut promptement suivie par un retour à la normale. On affirma que les pays frappés étaient responsables de ce qui leur arrivait, qu'il ne s'agissait en définitive que de « la dure et juste loi des marchés financiers[1] ». On démontra ainsi que le libéralisme est davantage qu'une somme de prescriptions économiques, qu'il est également une culture, une moralité particulière. Les affaires reprirent leur cours. D'autres « bulles » financières se constituèrent (valeurs Internet, télécommunications) et crevèrent, d'autres grandes entreprises firent faillite (Enron, WorldCom, Parmalat), d'autres pays sombrèrent (Argentine). En 1996, Alan Greenspan, président de la Réserve fédérale, s'était déjà inquiété de l'« exubérance irrationnelle » des cours de la Bourse. Apparemment, cette exubérance se déchaîna à nouveau en dépit de son avertissement puisque, six ans plus tard, au moment des affaires Enron et Vivendi, il en viendrait à gourmander les chefs d'entreprise pour « la rapacité infectieuse qui s'est emparée [d'eux] ». Mais, en définitive, la « dure et juste loi » ne fut pas trop chamboulée. Et moins que jamais par les responsables politiques.

Pourquoi, ou pourquoi pas ? C'est que l'existence d'une « économie mixte » dans nombre de pays occidentaux au lendemain de la guerre ne s'expliquait pas uniquement par les souvenirs de la faillite du capitalisme déréglementé dans les années 30. La puissance du mouvement ouvrier (la CGT compte cinq millions de membres à la Libération, encore plus de deux millions dans les années 70, et les syndicats britanniques infiniment davantage[2]), l'éclosion de nouveaux « États socialistes », tantôt dans le sillage de l'armée Rouge (Europe de l'Est), tantôt dans celui d'authentiques révolutions nationales (Chine, Vietnam, Cuba), exerçaient une pression sociale et politique obligeant bien des classes diri-

1. Pour un aperçu presque chimiquement pur de ce dogmatisme ultralibéral, il faut lire l'article de Pierre-Antoine Delhommais, « La dure et juste loi des marchés financiers », *Le Monde*, 17 septembre 1998.
2. Les Trades Union Congress comptaient douze millions de membres en 1981.

geantes occidentales à se montrer prudentes. C'est-à-dire à accepter des accommodements avec une orientation social-démocrate, la synthèse entre « collectivisme » et « économie de marché ». Le reflux syndical et la faillite du « modèle communiste » ont permis aux milieux conservateurs et patronaux de revenir sur des réformes « keynésiennes » (secteur public, contrôle de la monnaie, politique budgétaire active) consenties de mauvais gré. Et d'exiger l'adoption rapide de « réformes de marché », parfois très brutales, au nom de la « seule politique possible ». Le remodelage de la société a tant avancé, la puissance institutionnelle et financière des néolibéraux est devenue telle, l'absence d'un autre projet s'est faite à ce point criante que les crises, y compris quand elles sont aussi sérieuses que celle de 1998, ne suscitent pas la remise en cause des postulats dominants. On ne combat pas quelque chose avec rien. Les Maxwell, les Messier et les Bon peuvent passer, leurs empires s'écrouler, leurs actionnaires couiner, le système est tranquille. « Il n'y a pas d'alternative. »

En 1944, Karl Polanyi achève *La Grande Transformation*, ouvrage essentiel dans lequel il analyse les conditions et les conséquences de la révolution industrielle britannique. Polanyi pense alors que la rupture avec les orientations néolibérales intervenue à l'occasion de la Seconde Guerre mondiale sera sans appel, qu'elle ne fait que conclure une évolution comprise entre, d'un côté, les politiques colbertistes et protectionnistes de la fin du XIXe siècle et, de l'autre, la mobilisation collective des années 1939-1945. Il entrevoit « la phase finale de la chute de l'économie de marché » ; il escompte « le début d'une ère de liberté sans précédent […]. Débarrassés de l'utopie du marché, nous voici face à face avec la réalité de la société »[1]. Eh bien, pas encore… Ce passé dépassé demeure notre quotidien. L'« utopie » que Polanyi rêvait révolue a reverdi.

D'où viennent donc ces idées dont on se débarrasse si difficilement ? Une explication les rattache d'abord aux transformations technologiques. « Troisième révolution industrielle », « post-

---

1. Karl Polanyi, *La Grande Transformation*, Gallimard, Paris, 1983, p. 285, 329 et 332.

fordisme », « nouvelle économie » auraient précipité le remplacement d'un modèle de production – organisé, réglementé, prévisible – par un autre, à la fois plus concurrentiel, sauvage et chaotique. Parfois invoqué par ceux qui estiment que la « pensée unique » est le corrélat d'une « réalité » que chaque responsable doit affronter de manière identique, ce type d'analyse – ou de déterminisme – rejoint, souvent sans le savoir et sous une forme infiniment moins intelligente, l'approche matérialiste à partir de laquelle Marx et Engels ont analysé l'histoire de l'humanité, « de tout homme jusqu'à nos jours ». Pour eux, la classe dirigeante tire sa légitimité historique de la technologie qu'elle libère. C'est elle qui révolutionne la société, y compris sur le terrain des idées – « Ceux qui détiennent les moyens de production matériels détiennent aussi les moyens de production intellectuels[1] », expliquent-ils dans L'Idéologie allemande –, avant de périr sous les coups d'un développement qu'elle ne sait plus maîtriser et de forces sociales qu'elle ne peut plus contenir. Ainsi de la bourgeoisie au moment de la révolution industrielle. D'abord, elle transforme de fond en comble les conditions de la production et les rapports sociaux, elle introduit « l'agitation et l'insécurité perpétuelles », elle « envahit le globe entier », « poussée par le besoin de débouchés toujours nouveaux », elle permet que, « à la place des anciens besoins, satisfaits par les produits nationaux, naissent des besoins nouveaux, réclamant pour leur satisfaction les produits des contrées et des climats les plus lointains. À la place de l'ancien isolement des provinces et des nations se suffisant à elles-mêmes, se développent des relations universelles, une interdépendance universelle des nations[2] ». Puis la bourgeoisie se révèle à son tour « incapable de remplir plus longtemps son rôle de classe dirigeante […] parce qu'elle est incapable d'assurer l'existence de son esclave dans le cadre de son esclavage ». Son destin est alors scellé : « La société ne peut plus vivre sous sa domination »[3]. Ce

---

1. Karl Marx et Friedrich Engels, *L'Idéologie allemande*, Éditions sociales, Paris, 1982.
2. Karl Marx et Friedrich Engels, *Manifeste du Parti communiste*, Éditions sociales, Paris, 1970, p. 35-36.
3. *Ibid.*, p. 51.

texte date de 1848. Il précède donc de plus d'un siècle la prétendue découverte de la « mondialisation ». La classe dirigeante que la « société » s'apprêtait alors à renverser bénéficia à l'évidence d'une seconde jeunesse. Et puis d'une troisième...

C'est que le capitalisme, répliquent certains de ses thuriféraires, loin d'être simplement en adéquation avec un mode de production, qui serait transitoire, épouse – ou rencontre – une disposition permanente de l'être humain. Dès 1776, Adam Smith théorisait cette éternité « philosophique ». Invoquant une « certaine propension de la nature humaine à troquer et échanger une chose contre une autre », il posait une loi universelle qui assimile optimum social et rencontre des égoïsmes économiques : « Ce n'est pas de la bienveillance du boucher, du brasseur ou du boulanger que nous attendons notre dîner, mais du souci qu'ils ont de leur propre intérêt. Nous ne nous adressons pas à leur humanité, mais à leur amour-propre, et nous ne parlons jamais de nos propres besoins, mais de leurs avantages[1] ». Merveille d'une société d'abeilles au sein de laquelle les vices privés deviennent des vertus publiques et la cupidité individuelle le moteur universel d'un bien-être collectif ; elle ne requiert aucune conscience ni organisation préalable, aucune disposition particulière à la « bienveillance ». À défaut d'être toujours équitable, un ordre social productif naîtrait ainsi spontanément de l'interaction, de l'échange, du commerce de pulsions lucratives. Nul besoin de planifier ni de contrôler les prix ou la production : il suffit de laisser opérer ce que plus d'une fois Ronald Reagan appellera la « magie du marché ».

Adam Smith avait commis une « erreur prophétique », extrapolant à l'histoire de l'humanité ce qui n'était qu'une phase très circonscrite de la première révolution capitaliste, celle du Royaume-Uni à l'ère des filatures. Là où Smith s'imaginait être le vulgarisateur d'une pierre philosophale enfin redécouverte, il fut,

---

1. Adam Smith, *Enquête sur la nature et les causes de la richesse des nations*, PUF, Paris, 1995, livres I-II, p. 15-16. Dans *L'Idéologie allemande, op. cit.*, Marx et Engels ne prétendent pas tout à fait l'inverse : « Les communistes [...] ne posent pas aux hommes d'exigence morale : aimez-vous les uns les autres, ne soyez pas égoïstes, etc. ; ils savent fort bien au contraire que l'égoïsme, tout autant que le dévouement, est une des formes, et, dans certaines conditions, une forme nécessaire de l'affirmation des individus » (p. 173-174).

sans le savoir, le prospectiviste – et le théoricien – de la meule industrielle et marchande. Comme Polanyi le soulignerait : « Aucune interprétation erronée du passé ne se révéla aussi annonciatrice de l'avenir. » Erronée ? Oui, en ceci qu'elle dévoilait l'« ethnocentrisme extraordinaire qui consiste à penser que le moine, le seigneur, le prêtre inca et l'habitant des îles Trobriand sont mus dans leurs vies par les mêmes règles de marché qui déterminent le comportement du courtier de Londres ou du céréalier de l'Iowa[1] ». Cette généralisation utilitariste faisant de l'homme un animal économique éternellement calculateur allait servir de flambeau intellectuel à la société de marché et à sa mondialisation. Désormais, qui s'étonne encore quand l'école se place au service de l'entreprise, quand artistes et intellectuels peignent, chantent, filment et écrivent en priorité ce qui se vend, quand les sportifs appartiennent davantage aux marques qui les parrainent qu'à leurs équipes et à leurs nations ? En voyant faux, Adam Smith avait vu loin. Tellement loin qu'en France, « avant la Seconde Guerre mondiale encore, les deux tiers de la production agricole ne quittaient jamais la ferme[2] ».

Des marchés ont assurément précédé l'économie, puis la société de marché. « Partout des marchés sont en place, souligne Fernand Braudel, même dans les sociétés à peine ébauchées, en Afrique noire, dans les civilisations amérindiennes[3]. » Mais ils demeuraient isolés les uns des autres, à la fois périphériques et encastrés dans la complexité des relations sociales existantes, où « la motivation du gain reste aussi spécifique au marchand que celle du courage l'est au chevalier, celle de la piété au prêtre et celle du savoir-faire à l'artisan[4] ». Une fois la « logique du don » – et sa triple obligation de donner, de recevoir et de rendre – anéantie au nom de la science

1. George Dalton (éd.), *Primitive, Archaic, and Modern Economies : Essays of Karl Polanyi*, Beacon Press, Boston, 1971, p. XXVIII.
2. André de Cambiaire, *L'Autoconsommation agricole en France*, Armand Colin, Paris, 1952, p. 184, cité *in* Suzanne Berger, *Notre première mondialisation*, Seuil, Paris, 2003, p. 19.
3. Fernand Braudel, *La Dynamique du capitalisme*, Flammarion, Paris, 1985, p. 34.
4. Karl Polanyi, « Our obsolete market mentality », *in* George Dalton, *op. cit.*, p. 67.

commerciale nouvelle, le contrat se substitue au statut et le bien remplace le lien[1]. Karl Polanyi insistera sur « la nature absolument sans précédent de cette aventure dans l'histoire de la race humaine ». Désormais, la peur de mourir de faim des uns et la soif de profit des autres pousseront l'homme à participer à la vie économique. On ne veut plus « permettre que les revenus se forment autrement que par la vente. De même l'ajustement des prix aux changements de la condition du marché ne doit faire l'objet d'aucune intervention ». Ce type de « société » – un mot que Margaret Thatcher détestait en raison de l'unité, de la cohérence propre qu'il paraissait suggérer, et peut-être aussi parce que « social » et « socialisme » en dérivaient – se différencie de l'organisation esclavagiste ou féodale en ce qu'il distingue l'économique et le politique. Le patron capitaliste peut licencier ses ouvriers, pas les incarcérer – ou pas directement, à moins de s'en faire élire[2] –, tandis que l'aristocrate, lui, pouvait simultanément exploiter ses paysans et les punir.

Question justice sociale, le progrès est moins net. On demanda un jour à Robert Lucas, professeur à l'université de Chicago et « prix Nobel d'économie »[3] en 1995, si, selon lui, les États

---

1. *Cf.* Marcel Mauss, « Essai sur le don », in *Sociologie et anthropologie*, PUF, Paris, 2003.

2. En la matière, la transition ne sera pas forcément brutale. On lira par exemple le délicieux récit que fait Tocqueville dans *Souvenirs* (Robert Laffont, Paris, 1986, p. 781-782) de son élection en 1848 à l'Assemblée nationale par les paysans de son village normand, d'ailleurs nommé Tocqueville… Le progrès ne sera pas davantage irréversible : le système de financement des campagnes électorales américaines privilégie jusqu'à la caricature les détenteurs de revenus importants ; et Silvio Berlusconi, l'homme le plus riche d'Italie, a été Premier ministre à plusieurs reprises.

3. Le vrai nom de ce prix est « prix de la Banque de Suède de sciences économiques en mémoire d'Alfred Nobel ». Cette consécration serait sans doute moins valorisante pour ses lauréats. Comme l'a rappelé Frédéric Lebaron, « contrairement à ce que l'on entend souvent, le "prix Nobel" de sciences économiques n'existe pas. Ce que l'on appelle ainsi couramment n'émane pas de la Fondation Nobel mais d'une banque centrale, la Banque royale de Suède, qui, parce que ses dirigeants la considéraient comme la plus vieille banque centrale, a voulu fêter cet anniversaire en créant [en 1969] un nouveau prix pour les économistes, prix "en mémoire d'Alfred Nobel", richement doté par elle (et non par la Fondation Nobel), que l'on a vite proclamé "prix Nobel" » (Frédéric Lebaron, *La Croyance économique : les économistes entre science et politique*, Seuil, Paris, 2000, p. 246).

devaient s'employer à résorber les inégalités. Emblématique de la nouvelle pensée dominante et de ses références un peu particulières, il répliqua : « Non, ce n'est absolument pas ma position. On ne peut pas expliquer l'existence des pharaons par le désir de résoudre le problème des injustices sociales en Égypte. C'est même eux qui commettaient la plupart de ces injustices. » L'économiste américain Robert Heilbroner, qui rappelle cette réponse, en souligna la bizarrerie, et notamment le fait que Lucas ait « choisi le règne des pharaons et pas, par exemple, le régime de la démocratie occidentale comme exemple de puissance publique[1] ». Là encore, le « prix Nobel d'économie » était simplement un peu en avance, vigie d'une modernité qui s'annonce avec le rictus d'un vieux sphinx.

Dès 1848, Karl Marx et Friedrich Engels ont résumé le caractère volontariste et coercitif de la nouvelle foi et de la nouvelle loi capitalistes : « Tous les liens complexes et variés qui unissent l'homme féodal à ses supérieurs naturels, elle [la bourgeoisie] les a brisés sans pitié pour ne laisser subsister d'autre lien, entre l'homme et l'homme, que le froid intérêt, les dures exigences du *paiement au comptant*. Elle a noyé les frissons sacrés de l'extase religieuse, de l'enthousiasme chevaleresque, de la sentimentalité petite-bourgeoise, dans les eaux glacées du calcul égoïste. Elle a fait de la dignité personnelle une simple valeur d'échange ; elle a substitué aux nombreuses libertés, si chèrement conquises, l'unique et impitoyable liberté du commerce. [...] Les hommes sont forcés enfin d'envisager leurs conditions d'existence et leurs rapports réciproques avec des yeux désabusés[2]. »

C'est d'abord au Royaume-Uni, « fabrique du diable qui écrasa les hommes et les transforma en masses[3] », que se déchaîna une telle « utopie libérale », « acte de vivisection pratiqué sur le corps de la société par ceux qui se sont endurcis à la tâche grâce à l'assurance que seule la science peut donner[4] ». Pas de revenu mini-

---

1. Robert Heilbroner, « Economics by the book », *The Nation*, 20 octobre 1997.
2. Karl Marx et Friedrich Engels, *Manifeste du Parti communiste*, *op. cit.*, p. 33-35.
3. Karl Polanyi, *op. cit.*, p. 59.
4. *Ibid.*, p. 174.

mum : l'homme trouve son « juste prix » sur le marché. Ce fut souvent celui de la famine et de la mort. Elle ravagea l'Irlande en 1847 : près d'un habitant sur cinq y périt cette année-là. Un peu auparavant, un spécialiste de la pauvreté, Nassau Senior, avait expliqué que le meilleur moyen de réduire le nombre des indigents était de ne jamais les secourir : « Si les pauvres savent qu'il leur faut travailler pour ne pas mourir de faim, ils travaillent. Si des hommes jeunes savent qu'ils n'auront pas de secours dans leur vieillesse, ils économisent. Si les vieillards savent qu'ils auront besoin de leurs enfants, ils tâchent de s'en faire aimer. » L'écrivain Thomas Carlyle complète l'analyse : « Quand les pauvres sont rendus misérables, leur nombre diminue. Le secret est connu de tous les tueurs de rats. Une méthode plus rapide encore consisterait à employer l'arsenic »[1]. Avant la famine, l'Irlande connaissait la plus forte densité démographique d'Europe. Or, au siècle de Malthus, pauvreté et surpopulation sont perçues comme étroitement liées. Laissez faire, donc, là aussi. En quelques années, la population irlandaise est amputée de moitié. Un haut fonctionnaire britannique célèbre sur-le-champ cette belle ouvrage due à l'autre main invisible : « Le problème de la surpopulation ne pouvant être résolu par les hommes, c'est la Providence divine, dans toute sa sagesse, qui s'en charge, de manière imprévue et inattendue, mais avec une grande efficacité[2]. »

On salue en David Ricardo le théoricien du libre-échange. On oublie injustement qu'il avait aussi des idées sur la protection sociale. Selon lui, elle transformait « la richesse et la puissance en misère et en faiblesse[3] ». Ricardo précisait même que « les lois de la gravitation ne sont pas plus certaines », cédant à son tour à la fascination pour les « sciences dures » (ici, la physique) qui allait tour à tour abîmer la connaissance de l'économie, celle de l'histoire et celle de la politique. Mais les percées anthropologiques se multipliaient. Instruit par des expériences pratiquées

---

1. Pour ces citations, lire Ibrahim Warde, « Quand le libre-échange affamait l'Irlande », *Le Monde diplomatique*, juin 1996.
2. Cité in *ibid.*
3. David Ricardo, *Des principes de l'économie politique et de l'impôt*, Flammarion, Paris, 1977, p. 93.

sur les chèvres et les chiens d'une île – l'Irlande au XIXe siècle, la Nouvelle-Zélande au XXe, l'insularité encouragea les fanatiques aux expérimentations de laboratoire –, William Townsend démontre l'efficacité d'un aiguillon particulier : « La faim apprivoisera les animaux les plus féroces, elle apprendra la décence et la civilité, l'obéissance et la sujétion aux plus pervers[1]. » Cette science est appliquée à la loi anglaise de 1834 sur les indigents : ils ne seront plus assistés. Émissaire de la révolution américaine à Paris et rédacteur éminent de la Déclaration d'indépendance, Benjamin Franklin estimait d'ailleurs dès 1766 : « Plus on organise des secours publics pour prendre soin des pauvres, moins ils prennent soin d'eux-mêmes et, naturellement, plus ils deviennent misérables. Au contraire, moins on fait pour eux, plus ils font pour eux-mêmes, et mieux ils se tirent d'affaire[2]. » Sous couvert d'être ainsi encouragés au travail, à la frugalité, à la sobriété, bien des rats prolétariens vont rencontrer leur arsenic. Et si le vocabulaire a changé, des décisions américaines, puis européennes, prises dans les années 90 – 1990 ! – n'ont pas toujours semblé inspirées d'un esprit très différent de celui de Benjamin Franklin.

Pour « naturelle » et « scientifique » qu'elle se proclame, l'utopie néolibérale n'aurait, au XIXe siècle, jamais survécu sans les brassières de l'intervention publique. Avant de pouvoir s'imposer, les lois de la gravitation capitaliste nécessitaient qu'on créât pour elles les conditions de l'apesanteur. Ce serait la mission de… l'État ! « Quand vous allumez votre lampe, la nuit venue, et que vous laissez votre fenêtre ouverte, notait Fernand Braudel, les insectes, les malheureux papillons de nuit vont vers votre lumière. Capitalistes et gens d'argent se précipitent jour et nuit vers l'énorme lumière toujours allumée de l'État. Ils ne s'y brûlent pas toujours[3]. » Avec la révolution industrielle, cette lumière doit gagner en puissance car il lui faut tout éclairer. Elle va déréglementer le travail et la terre, créer ou étendre les

---

1. Cité *in* Karl Polanyi, *op. cit.*, p. 158.
2. Benjamin Franklin, « Prix du blé et secours aux pauvres » (1766), in *Conseils pour s'enrichir*, Arléa, Paris, 1997, p. 48-49.
3. Fernand Braudel, *L'Identité de la France*, vol. 2 : *Les Hommes et les Choses*, 1re partie, Arthaud, Paris, 1986, p. 390.

marchés financiers, faire régner l'ordre au service de la propriété, permettre d'ouvrir, dans le sillage des canons et des colons, des comptoirs à l'étranger. Polanyi souligne le paradoxe : « C'est une affaire très compliquée que de rendre la "liberté simple et naturelle" d'Adam Smith compatible avec les besoins d'une société humaine. [...] Des citadelles de l'ingérence gouvernementale ont été érigées dans l'intention d'aménager quelque liberté simple, comme celle de la terre, du travail ou de l'administration municipale. [...] C'est ainsi que même ceux dont la philosophie tout entière exigeait la restriction des activités de l'État n'ont pu qu'investir ce même État des pouvoirs, organes et instruments nouveaux nécessaires à l'établissement du laisser-faire[1]. » Même chose à l'échelle de la terre. On pouvait bien parler de commerce international, d'avantage comparatif, de libre-échange ; mais, « de plus en plus souvent, on ne remboursait que sous la menace d'une intervention armée ; de plus en plus souvent, les routes ne restaient ouvertes qu'avec l'aide de canonnières ; de plus en plus souvent, le commerce suivait le drapeau, cependant que le drapeau suivait les besoins des États envahisseurs : il devenait donc d'autant plus patent que les instruments politiques devaient être employés pour maintenir en équilibre l'économie mondiale[2] ».

Ces dernières années, la machine administrative et gouvernementale européenne a dû à son tour turbiner à plein régime pour fabriquer de la monnaie unique et du marché. Entré en vigueur en janvier 1994, l'Accord de libre-échange nord-américain (Alena) comptait près de 2 000 pages, fourmillant lui aussi de réglementations et d'interdits ; l'« acquis communautaire » que les nouveaux membres de l'Union européenne doivent incorporer à leurs lois et règlements nationaux comporte des dizaines de milliers de pages (décisions du Conseil européen, du Parlement européen, de la Cour de justice européenne, de la Direction générale de la concurrence, etc.). Et, pour paralyser les États-nations, détruire les États-« providence », garantir le droit sacré des investisseurs, l'OCDE déploie des trésors d'imagination et de

---

1. Karl Polanyi, *op. cit.*, p. 190-191.
2. *Ibid.*, p. 272.

ruse. L'anéantissement de la puissance de l'État en Russie au cours des années 90, en Colombie et en Somalie aujourd'hui, a signifié au demeurant son remplacement par le règne partagé des mafias et des clans. La « nature » capitaliste a ceci d'étrange qu'elle a toujours besoin qu'on l'assiste.

Le Vieux Continent en fit l'expérience il y a un peu plus d'un siècle, les États-Unis au moment du New Deal : le salut de la société – et celui du capitalisme – ont exigé l'intervention de la « mamma étatique[1] », ou plus précisément l'addition d'un État économique et social à l'État régalien déjà en place. D'où ce paradoxe : « Tandis que l'économie du laisser-faire fut produite par l'action délibérée de l'État, les restrictions ultérieures ont débuté spontanément. Le laisser-faire était planifié, la planification ne l'a pas été[2]. » L'échec de l'« utopie du marché », le risque de chaos né de la désocialisation de l'économie allaient en effet *contraindre* tous les pays industriels à réagir, quelles que soient leur mentalité et leur histoire. Conservateurs et libéraux au Royaume-Uni, catholiques romains et sociaux-démocrates en Allemagne, ennemis de l'Église et cléricaux en France, paysans individualistes et ouvriers syndiqués aux États-Unis : « La défense de la société contre la dislocation générale a été aussi large que le front de l'attaque[3]. » Elle réglementa et socialisa le contrat de travail, instaura des lois de protection de l'enfance, fixa des règles sanitaires[4], contrôla le prix des denrées de base,

---

1. J'emprunte, facétieusement, cette expression à l'éditorialiste du *Point*, Claude Imbert, qui la sert avec une constance proche du radotage, mais pour dénoncer l'intervention d'un État bridant, avec sa cohorte de fonctionnaires assistés, les merveilleuses initiatives des « entrepreneurs » privés. La règle ne semble pas néanmoins s'appliquer à François Pinault, propriétaire du *Point*, qui fut largement comblé par la « mamma » lorsqu'il racheta à vil prix des actions du Crédit Lyonnais, alors nationalisé.

2. Karl Polanyi, *op. cit.*, p. 191.

3. *Ibid.*, p. 242.

4. En 1906, le romancier socialiste Upton Sinclair publie son roman *La Jungle* (Mémoire du livre, Paris, 2003), description terrifiante de la vie et du travail d'immigrants européens dans les abattoirs de Chicago. La représentation faite de l'hygiène des lieux dans ce livre qui se vendra à plusieurs centaines de milliers d'exemplaires provoquera la chute de la consommation de viande aux États-Unis. Au point que les patrons du secteur supplieront l'État de leur imposer des normes de conservation beaucoup plus rigoureuses…

orienta les investissements, élargit la sphère de l'économie redistributive, retira au marché la maîtrise de la monnaie. La « modernité » actuelle entend revenir sur ces transformations-là. Au risque de réhabiliter une utopie néoclassique qui s'est déjà fracassée, non sans avoir à l'époque provoqué la démolition de la société.

Ici, il faut nuancer l'impact des ruptures historiques, noter la juxtaposition, dans le long parcours du capitalisme, de modes de production modernes – qui attirent tous les regards, en particulier ceux des économistes – et de relations sociales anciennes qu'épargnent encore les lois implacables de l'échange monétaire. Car pendant des siècles le chaos de l'économie marchande fut amorti par le calme et la permanence des liens collectifs, dans un rapport qui évoque un peu la situation de ces paysans que les besoins de l'industrie ont arrachés à la ferme mais qui savent pouvoir y revenir en cas de nécessité. Concernant l'économie de marché avant le XIXe siècle, « le danger, ainsi que l'a souligné Fernand Braudel, c'est évidemment de ne voir qu'elle, de la décrire avec un luxe de détails qui suggère une présence envahissante, insistante, alors qu'elle n'est qu'un fragment d'un vaste ensemble […], une simple couche plus ou moins épaisse et résistante, parfois très mince, entre l'océan de la vie quotidienne qui la sous-tend et les processus du capitalisme[1] ». Vient cependant un moment où la pellicule, devenue couverture, étouffe le reste, où l'ancien paysan happé par le patron de manufacture n'a plus de ferme où retourner, de famille disposée à l'accueillir et à le conforter. Les voies de son salut individuel ont disparu. Il n'a plus que ses chaînes à perdre. Alors sonne parfois pour lui le temps de la révolte, de la lutte collective, de la révolution, du monde à gagner.

Comment ne pas évoquer à ce stade le rôle paradoxal mais essentiel que joua dans l'histoire du capitalisme l'apparition d'un pays, puis d'un camp « socialiste » ? Ce surgissement né de la Première Guerre mondiale, cette consolidation au lendemain de la Seconde ne se seraient vraisemblablement pas produits sans

---

1. Fernand Braudel, *La Dynamique du capitalisme*, *op. cit.*, p. 45.

l'effondrement de l'ordre dominant sous les coups conjugués des crises économiques, des rationnements, de l'inhumanité des tranchées, des bombardements, des massacres de masse – autant d'éléments qui convergèrent pour remettre en cause la légitimité, y compris morale, de l'ordre bourgeois. Mais, simultanément, ainsi que l'a rappelé l'historien Eric Hobsbawm, « le résultat le plus durable de la révolution d'Octobre, dont l'objet était le renversement mondial du capitalisme, fut de sauver son adversaire, dans la guerre comme dans la paix, en l'incitant, par peur, après la Seconde Guerre mondiale, à se réformer[1] ». Sans ce parapet-là, sans cet adversaire vital, où serait allé le capitalisme, qui l'aurait retenu ? Et qui le retient aujourd'hui ? C'est aussi parce que le très conservateur Bismarck entendait couper l'herbe sous le pied aux sociaux-démocrates allemands qu'il instaura l'assurance médicale obligatoire dès 1883. Dans la foulée s'édifia cet État-providence que, ironie des temps, les sociaux-démocrates allemands démontent chez eux aujourd'hui pièce à pièce.

Si notre « modernité » est au fond assez ancienne, que dire de la « mondialisation », devenue pont aux ânes de toutes les théorisations d'impuissance, nationale et sociale ? Marx et Engels l'évoquaient dès le milieu du XIXe siècle : « Poussée par le besoin de débouchés toujours nouveaux, la bourgeoisie envahit le globe entier. Il lui faut s'implanter partout, exploiter partout, établir partout des relations[2]. » Pour Jaurès, même « les Templiers étaient la forme chrétienne du capitalisme naissant[3] ». Cependant, rien n'était irréversible là non plus. Alors que l'« impérialisme » devenait une catégorie centrale d'analyse dans la pensée de Jaurès comme dans celle de Lénine ou de Rosa Luxemburg, l'économie internationale avait déjà connu des retours au protectionnisme, en particulier lors de la crise de 1873-1898. Elle en connaîtrait un nouveau après le krach boursier de Wall Street en

---

1. Eric Hobsbawm, *L'Âge des extrêmes : histoire du court XXe siècle*, Complexe-*Le Monde diplomatique*, 1994, p. 27.
2. Karl Marx et Friedrich Engels, *Manifeste du parti communiste*, *op. cit.*, p. 35.
3. Jean Jaurès, *La Revue socialiste*, janvier 1899, in *Œuvres*, tome 7 : *L'Affaire Dreyfus 2*, Fayard, Paris, 2001, p. 157.

1929[1]. Au lendemain de la création, en 1944, d'un ordre libéral multilatéral à Bretton Woods, les politiques nationales, industrielles et commerciales qui suivirent contredirent souvent les postulats du libre-échange. Au risque de conduire à la catastrophe ? Absolument pas. Le très libéral *Financial Times* l'a récemment admis sans barguigner : « Dans les années 60, le monde a enregistré des taux de croissance économique extrêmement rapides sans bénéficier des avantages supposés de la mondialisation[2]. » Mieux : les secteurs les plus dynamiques, les plus exportateurs, ont parfois été les moins libéralisés. L'agriculture occidentale prospère grâce à un régime de subventions publiques et de prix administrés[3]. Le choc entre État et capitalisme est donc plus théorique qu'historique, ne serait-ce qu'en raison de l'endogamie sociale qui a presque toujours caractérisé les milieux dirigeants de l'entreprise privée et ceux de la puissance publique. « L'État moderne, qui n'a pas fait le capitalisme mais en a hérité, tantôt le favorise et tantôt le défavorise, résume Fernand Braudel ; tantôt il le laisse s'étendre, tantôt il en brise les ressorts. Le capitalisme ne triomphe que lorsqu'il s'identifie à l'État, qu'il est l'État[4]. »

Les trente années de l'après-guerre en constituèrent l'un des exemples les plus éclatants.

---

1. Selon l'économiste Angus Maddison, « la crise qui suit le krach de 1929 provoque un renfermement général. L'ordre libéral, ouvert avec les révolutions industrielles vers 1870, vole en éclats. La première phase de mondialisation s'achève. En 1950, les échanges commerciaux rapportés au PIB sont inférieurs d'un tiers à ce qu'ils étaient en 1913 » (Angus Maddison, *L'Économie mondiale, une perspective millénaire*, OCDE, Paris, 2001, cité in *Le Monde*, 19-20 mai 2002).
2. Richard Tomkins, *Financial Times*, 25 août 2001.
3. En mai 2002, le président George W. Bush signe une loi prévoyant le versement de 180 milliards de dollars de subventions agricoles à 2 millions de « fermiers » américains au cours des dix années suivantes, un chiffre marquant une augmentation de 80 % par rapport aux montants alloués dans la période précédente. Selon Laura Tyson, doyenne de la London Business School, trois quarts de ces subventions bénéficieront aux 10 % d'agriculteurs les plus riches (*Business Week,* 3 juin 2002).
4. Fernand Braudel, *La Dynamique du capitalisme, op. cit.*, p. 68.

2

L'ordre keynésien

En résumant à sa manière martiale l'idéologie alors dominante du capitalisme d'État, Charles de Gaulle insista davantage sur le second terme que sur le premier : « Aujourd'hui,
comme il en fut toujours, c'est à l'État qu'il incombe de bâtir
la puissance nationale, laquelle, désormais, dépend de
l'économie. Celle-ci doit être dirigée, d'autant mieux qu'elle
est déficiente, qu'il lui faut se relever et qu'elle ne le fera pas
à moins qu'on la détermine. Tel est, à mes yeux, le principal
motif des mesures de nationalisation, de contrôle, de modernisation, prises par mon gouvernement. Mais cette conception
d'un pouvoir armé pour agir fortement dans le domaine
économique est directement liée à l'idée que je me fais de
l'État[1]. » C'était au lendemain de la Seconde Guerre
mondiale. L'économie libérale avait meilleure presse aux
États-Unis, mais là aussi les souvenirs de la crise de 1929,
survenue sans que quiconque ait pu y dénicher la main d'un
malin étatique, inclinaient à une certaine compréhension pour
le dirigisme. Quand la France obtint une fraction appréciable
des crédits ouverts par le plan Marshall, la part du lion de ces
aides américaines (42 %) fut d'ailleurs affectée à trois entreprises publiques : EDF, les Charbonnages et la SNCF. On

---

1. Charles de Gaulle, « Le salut (1944-1946) », in *Mémoires de guerre*, Plon,
Paris, 1999, p. 122.

comparera utilement cet accommodement des dollars américains et des nationalisations françaises avec la vallée de larmes des privatisations et autres réformes de marché qui, préalablement à toute aide du FMI, à toute adhésion à l'Union européenne, sera imposée à partir des années 70 aux pays en difficulté financière[1].

Même si, au lendemain de la guerre, s'agitent déjà quelques intellectuels rassemblés par un certain Friedrich Hayek, l'idée d'une économie plus ou moins administrée par l'État ne soulève guère d'objections. Les vrais libéraux prêchent dans le désert. Une demande intérieure impatiente, ainsi que les énormes exigences de la reconstruction, permettent d'envisager une division du travail presque harmonieuse entre entreprises et entre pays. La question des parts de marché ne se pose pas non plus avec trop d'acuité dès lors que l'économie mondiale, occidentale en particulier, accumule des taux de croissance impétueux[2]. L'optimisme est de rigueur. Et la « société de consommation » commence à faire parler d'elle à mesure que vont s'estomper les souvenirs de la Dépression des années 30, que le « Ça ne va pas durer » est remplacé par le « Il n'y a aucune raison que ça cesse ». Aux États-Unis, certains films des années 50, et leurs vedettes (James Dean, Marlon Brando, Marilyn Monroe, Warren Beatty), laissent cependant déjà deviner l'anomie qui peut naître de la prospérité, l'impatience d'une certaine jeunesse petite-bourgeoise face à une société qui paraît n'avoir plus à offrir que les petits privilèges et les bonheurs inertes d'une existence de consommateur. Les Pierrot fous et les Beaux Serge de la Nouvelle Vague française, les jeunes cadres des *Choses* de Georges Perec, les « gros veaux » gavés d'ennui de Fellini indi-

---

1. Lire à ce propos le témoignage de Joseph Stiglitz, *La Grande Désillusion*, Fayard, Paris, 2002. L'auteur, « prix Nobel d'économie » en 2001 et ancien économiste en chef à la Banque mondiale, relève, par exemple, que les politiques de transition dictées par le FMI à la Russie ont, au nom de la lutte contre l'inflation, réduit de 40 % la capacité de production russe en quelques années, « un résultat plus catastrophique qu'une guerre ». La forte dévaluation du rouble, en août 1998, permit d'inverser cette spirale du déclin. Et puis le FMI récidiva en Argentine…
2. Le taux de croissance mondial annuel moyen a été, entre 1958 et 1971, de 5,4 % pour la Communauté économique européenne (alors formée de six pays), de 4 % pour les États-Unis et de 10,6 % pour le Japon (Raymond Barre, cours de l'Institut d'études politiques de Paris, 1973).

queront assez que le phénomène social et sa représentation ciné-matographique ont traversé l'Atlantique.

Dès 1961, l'arrivée au pouvoir de John Kennedy, après huit ans de présidence Eisenhower, marque la relève d'une génération et traduit une confiance renouvelée. L'État et les entreprises sont réputés pouvoir tout faire. Ils ont surmonté la crise de 1929, vaincu le fascisme ; ils pourront reconstruire les taudis, conquérir la Lune, améliorer la santé et le niveau de vie de chaque Américain, garantir le plein emploi. Les règles économiques et sociales en vigueur ont accouché d'une sorte de pierre philosophale : « Jamais nous n'avons vécu aussi bien » *(Never we had it so good)*, expliquent les hommes politiques aux Américains, lesquels se montrent tout disposés à le leur concéder, surtout quand ils ne sont pas noirs. Conseiller économique du président Kennedy, Paul Samuelson apprend aux parlementaires de son pays que « notre économie peut connaître le plein emploi au taux de formation du capital et de croissance qu'elle souhaite. Il est également possible d'y parvenir au niveau d'égalité des revenus que la société réclame sur le plan éthique[1] ».

L'idée de stigmatiser l'action de l'État paraîtrait d'autant plus étrange que la question de la sécurité nationale reste posée avec une acuité confinant à la paranoïa. Au point qu'en 1961 le dernier discours présidentiel de Dwight Eisenhower s'inquiète de l'existence d'un « complexe militaro-industriel d'une ampleur considérable » qui absorbe « davantage que le revenu net de toutes les entreprises américaines » et qui, en dictant ses politiques aux élus du pays, serait susceptible de « menacer nos libertés ». Le général-président peut paraître à contre-emploi dans ce rôle de colombe, mais le démocrate John Kennedy vient d'être élu à la Maison-Blanche à l'issue d'une campagne au cours de laquelle il a reproché aux républicains d'avoir permis que les États-Unis prennent du retard sur les technologies soviétiques (en octobre 1957, l'URSS a placé sur orbite le premier satellite artificiel de la Terre, Spoutnik). La récurrence des affrontements de type militaire liés à la guerre froide (baie des Cochons, crise des missiles, blocus de Berlin,

---

1. Cité *in* Alfred Malabre Jr., *Lost Prophets : An Insider's History of the Modern Economists*, Harvard Business School Press, Boston, 1994, p. 77.

guerre du Vietnam, etc.), qui impose le primat du politique et de la mobilisation collective, rendrait assez peu opérant un discours sur l'obsolescence de l'État. La « défense » représente encore près de la moitié du budget fédéral américain. Toutefois, à partir de 1962 (crise des missiles à Cuba) et jusqu'en 1979 (invasion de l'Afghanistan par l'URSS), la crainte d'une confrontation nucléaire entre les deux superpuissances cède la place à la « coexistence pacifique », puis à la « détente ».

C'est à ce moment que se déchaîne – déjà – un discours évoquant la « fin des idéologies », la « fin du prolétariat », la montée du « centre » et des « classes moyennes ». Un début de « convergence » entre les systèmes antagonistes paraît même se dessiner. Avec la réforme Libermann-Trapeznikov, l'URSS met en place, dans les années 60, un système moins centralisé qui concède une autonomie de gestion aux entreprises en même temps qu'il octroie des stimulants matériels aux travailleurs les plus « performants ». Simultanément, les pays occidentaux et le Japon ont recours à la planification indicative, aux politiques industrielles d'inspiration étatique, aux secteurs nationalisés, à des systèmes financiers supervisés de près par la puissance publique, voire à tout cela à la fois. Au moment où les Chinois reprochent aux Soviétiques leur « révisionnisme », voire leur « restauration du capitalisme », les libéraux « hayékiens » déplorent le « socialisme rampant » des économies occidentales et la montée du poids des prélèvements obligatoires, corrélative à l'amélioration continue de la protection sociale. En 1965, le président Johnson lance sa « guerre contre la pauvreté » ; l'économiste Libermann expérimente la même année ses réformes de marché. Derrière cet apparent rapprochement entre systèmes antagonistes se profile l'idée que, désormais, la réussite économique est davantage affaire de « compétence » que d'« idéologie ». Pourtant très usée, déjà à l'époque, cette rengaine nous sert encore de fond sonore.

Éternel retour à l'ordre des experts

Technocrates, managers, experts : le culte des spécialistes vient de loin. Dès la fin du XIXe siècle, à partir d'objets d'étude pourtant fort différents (l'esprit du capitalisme, le parti révolutionnaire, le management scientifique), Max Weber, Lénine, Woodrow Wilson et Frederick Taylor avaient presque simultanément insisté sur le rôle de l'organisation[1]. Pour Weber, après que le calvinisme eut favorisé l'accumulation capitaliste en obligeant chacun à vivre de façon à la fois diligente et sobre, performante et ascétique, « le croisé et la foi s'évanouissent », le « capitalisme vainqueur n'a plus besoin de ce soutien », il ne requiert d'autre légitimation, d'autre « esprit » que sa rationalité supérieure, le pouvoir dirigeant de ses « spécialistes sans vision » et de ses « voluptueux sans cœur ». Le chef d'entreprise ressemble alors au bureaucrate, le phénomène général de « désenchantement de l'univers » a, au nom de l'efficacité, métamorphosé le prophète charismatique et l'entrepreneur en simples administrateurs, la nécessité en conséquence, la vocation en carrière, la passion en organisation. « Face à l'expert, écrit Weber, le maître politique est dans la position du dilettante [...], le monarque absolu est impuissant[2]. » L'histoire a alors atteint son terme : l'organisation bureaucratique, qui répond à un désir profond de stabilité chez l'homme, « est l'une des structures sociales les plus dures à détruire ».

La dictature des experts effrayait Max Weber ; elle trouve en Frederick Taylor son théoricien le plus enthousiaste. Au nom de la « science » de l'« efficacité maximale », une nouvelle classe d'ingénieurs doit, selon lui, obliger les travailleurs à « faire exactement ce qu'on [leur] dit du matin jusqu'au soir ». L'ouvrier, assimilé au « bœuf », « déplacé comme un pion sur un échiquier », « trop stupide pour se former tout seul », est entièrement dépossédé de son métier – « Les mieux placés pour exécuter le travail sont incapables de comprendre sa technique » – et livré au pouvoir sans partage des

---

1. Les dernières pages de *L'Éthique protestante et l'esprit du capitalisme* (Gallimard, Paris, 2003), qui préfigurent l'analyse que Weber fera plus tard de la bureaucratie, ont été écrites en 1905 ; le *Que faire ?* de Lénine (in *Œuvres complètes*, tome 5, Éditions sociales, Paris, 1965) date de 1902 ; les *Principes d'organisation scientifique* de Taylor (*The Principles of Scientific Management*, Norton, New York, 1967) ont été publiés en 1911. Les théories d'Henri Fayol sur l'organisation de l'entreprise ont été énoncées à peu près au même moment.
2. Max Weber, « Bureaucracy », *in* Hans H. Gerth et C. Wright Mills (éd.), *From Max Weber : Essays in Sociology*, Oxford University Press, New York, 1946, p. 234.

spécialistes. L'employeur ne dépend plus du savoir-faire de ses salariés ; le prix de leur labeur lui garantit son mode d'usage le plus efficient. Avec le taylorisme, le délire technologique et la subordination de la société à « l'organisation scientifique de la production » atteignent leur apogée : « Dans le passé, l'homme a été prioritaire. À l'avenir, le système devra l'être[1]. »

Sous-jacent à ce type de discours, on perçoit, paradoxalement, le désir de mettre un terme aux conflits de classes qui déchirent les États-Unis au début du siècle. Car Taylor escompte vraiment que la révolution positiviste qu'il recommande − substituant la certitude au chaos, l'efficience à l'improvisation − bénéficiera à chacun et débouchera ainsi sur la paix sociale. Son organisation ne se veut pas coercitive tant elle postule l'intérêt de tous à s'y conformer, fût-ce en abandonnant toute maîtrise sur son travail. Le contrôle social devient plus fin et plus efficace ; la stabilité du système, sa « gouvernabilité », est mieux assurée que dans le cas d'une dictature non maquillée du capital ou de l'État. L'éducation, la « réforme » permettent en effet à l'individu de concourir de son propre gré au triomphe de la science. Prenant le relais des « réformateurs » américains de cette école, John Dewey expliquera : « Nous avons tendance à assimiler la force et le contrôle. Mais nous oublions que si on peut amener un cheval à la rivière, on ne peut pas le contraindre à boire ; si on peut boucler un homme dans un pénitencier, on ne peut pas le rendre pénitent[2]. » Il s'agit donc, par des techniques de manipulation plus subtiles que le knout ou la matraque, de façonner l'individu afin qu'il emprunte « spontanément » le droit chemin. Chaque fois que l'idéologie de classe s'efface − ou afin qu'elle s'efface −, ce discours de l'efficience et de la cogestion, des « règles » uniformes et prévisibles, domine le terrain social, en général véhiculé par des patrons présentés comme « éclairés », voire « de gauche ». La rationalisation du capitalisme est alors diligentée par la disparition de ses structures « archaïques », trop visiblement

1. Frederick Taylor, *op. cit.*, p. 7.
2. John Dewey, *Democracy and Education*, Macmillan, New York, 1961, cité *in* Christopher Lasch, *The Agony of the American Left*, Vintage Books, New York, 1969, p. 10.

autoritaires ou paternalistes. Aux États-Unis, « en se restreignant aux salaires et à la couverture sociale de ses adhérents et en acceptant de défendre les grands objectifs du capitalisme plutôt qu'un programme radical de réformes sociales, le mouvement syndical de l'après-guerre parvient, tant que dure la croissance économique, à assurer la stabilité intérieure des entreprises américaines[1] ». Une telle mutation favorise la convergence technocratique entre une droite libérée des « traditions » réactionnaires et une gauche libérée de l'« utopie » révolutionnaire. Cette convergence, doublée d'une grande arrogance, va mobiliser contre elle à la fois la nouvelle droite américaine, individualiste et attachée à l'image de l'entrepreneur héroïque capable de forcer le destin, et la nouvelle gauche radicale, qui célèbre la libération humaine, les communautés affectives, « l'immense et raisonné dérèglement de tous les sens[2] ». Et qui par conséquent exècre la société de consommation apaisée et glacée.

Les œuvres de Taylor n'ont pas seulement cheminé dans l'univers de l'économie de marché. Traduites en Union soviétique en 1921, elles servent de modèle à l'industrialisation à marche forcée des grands plans quinquennaux. Plus tard, l'affrontement entre les technocrates et les militants, le débat « rouge ou expert », rythmera l'histoire de la Chine populaire, d'abord tranché en faveur des « rouges » lors de la « Grande Révolution culturelle prolétarienne » (1966-1969), puis en faveur des experts après la mort de Mao (1976). « Peu importe qu'un chat soit noir ou gris s'il attrape les souris », résumera alors Deng Xiaoping.

Presque au moment où Taylor révolutionne le management de l'entreprise, c'est la « science de l'administration » qui séduit Woodrow Wilson, quelques années avant qu'il ne devienne président des États-Unis (de 1913 à 1921). Effrayé par la corruption du système politique américain, par ses compromis et ses combines de couloir, Wilson rêve d'une administration éthiquement neutre, experte, wéberienne, « propre », dégagée des contingences électorales, capable d'emprunter à l'Europe son

---

1. Rick Fantasia et Kim Voss, *Des syndicats domestiqués : répression patronale et résistance syndicale aux États-Unis*, Raisons d'agir, Paris, 2003, p. 66.
2. Arthur Rimbaud, « Lettre du voyant à Paul Demeny », 15 mai 1871.

système de hauts fonctionnaires et de recrutement par concours tout en abandonnant au Vieux Continent la forme autoritaire et centralisée de ses gouvernements. L'illusion qu'il serait possible de distinguer la décision de l'exécution, une politique « sale » et corporatiste d'une administration « propre » animée par le seul souci du bien public, oubliait que les fonctionnaires les plus experts n'avaient presque jamais été de simples agents techniques au service d'un intérêt général, mais les acteurs très politiques de stratégies conçues pour servir les intérêts d'une classe sociale plutôt que ceux d'une autre. On l'observerait en particulier pendant les Trente Glorieuses du Japon : la principale agence de modernisation de l'après-guerre, le ministère du Commerce et de l'Industrie (MITI), fut l'acteur d'une alliance triangulaire dont les deux autres partenaires étaient le parti conservateur et les milieux d'affaires. Elle tint scrupuleusement le monde du travail à l'écart. Rationalité oblige, sans aucun doute[1].

C'est également au nom de l'efficacité et de la science, mais cette fois au service du socialisme, que Lénine développa en 1903, dans *Que faire ?*, le concept du « révolutionnaire de profession capable de diriger toute la lutte émancipatrice du prolétariat[2] ». Empruntée au socialiste allemand Karl Kautsky – pour qui « la conscience socialiste ne peut surgir que sur la base d'une profonde connaissance scientifique [...] [et] le porteur de la science n'est pas le prolétariat » –, l'analyse du fondateur de l'Union soviétique aboutit à réserver la direction des opérations, et plus tard celle des États communistes, à une organisation pilotée par une « avant-garde » d'intellectuels extérieurs à la classe ouvrière. Dès lors que « la spécialisation implique nécessairement la centralisation », « pour que le centre soit en mesure de diriger l'orchestre, il doit savoir qui joue du violon et où, qui laisse échapper une fausse note et pourquoi, comment et à quel endroit il sera nécessaire de dépêcher quelqu'un qui corrigera la dissonance[3] ». Bureaucrates de

---

1. *Cf.* Chalmers Johnson, *MITI and the Japanese Economic Miracle*, Stanford University Press, Stanford, 1982.

2. Lénine, *op. cit.*

3. Lettre de Lénine, citée *in* Jerry Hough et Merle Fainsod, *How the Soviet Union is Governed*, Harvard University Press, Cambridge, 1980, p. 18.

Weber, ingénieurs de Taylor, administrateurs de Wilson, cadres de Lénine : la classe dirigeante sera rationnelle, professionnelle et scientifique, ou elle ne sera pas.

Dès 1914, dans une veine parfois libertaire, Robert Michels appréhende la transformation des partis révolutionnaires que ce genre de bureaucratisation appelle, loin de l'idéal démocratique et rebelle des origines. Nés pour approfondir la démocratie, lui arracher son caractère censitaire en mobilisant les masses populaires, les partis ouvriers auraient été, eux aussi, accaparés par un petit groupe de professionnels désireux de se maintenir en place, de satisfaire leurs intérêts propres (y compris au détriment de ceux de leurs mandants), tentés de se soustraire à tout contrôle de la « base » et de fréquenter d'autres dirigeants, notables et célébrités. Au point que ces partis, qui avaient vocation à servir d'outil de transformation radicale de la société, seraient devenus des structures oligarchiques progressivement absorbées (ou récupérées) par le régime. Michels pensait surtout à la social-démocratie allemande, mais il pointait déjà une causalité que l'on généralisa dès le début des années 60, à l'ère du consensus keynésien et des premiers discours sur la « fin des idéologies ». Car, selon lui, l'éviction des militants, la bureaucratisation des cadres – celle du savoir, aussi – s'expliquaient également par l'indifférence des masses à l'égard des pratiques démocratiques : « Le nombre des citoyens qui s'intéressent vraiment aux affaires publiques est insignifiant. Même dans les pays où, comme en France, l'éducation politique collective est plus ancienne, la majorité renonce à s'occuper activement des questions de tactique et d'administration et s'en remet volontiers sur ce point aux décisions du petit groupe qui a l'habitude d'assister aux réunions [...]. Habituées à être dirigées, les masses ont besoin, pour se mettre en mouvement, d'une préparation préalable [...]. Leur incompétence constitue le fondement le plus solide du pouvoir des chefs[1]. » Ainsi, bien avant que la question de l'« embourgeoisement de la classe ouvrière » ne fût posée par plusieurs décennies de crois-

---

1. *Cf.* Robert Michels, *Les Partis politiques. Essai sur les tendances oligarchiques des démocraties*, Flammarion, Paris, 1971, en particulier la deuxième partie, chapitres 2, 3 et 4 (p. 49 à 63).

sance économique ininterrompue, la spécialisation, la technocratie et la bureaucratie avaient été invoquées tour à tour pour
expliquer le déclin du rôle politique des masses, la fin de l'histoire
et le désenchantement du monde.

Intervient ensuite une longue parenthèse, ultrapolitique et
sanglante, marquée par au moins deux grandes révolutions de
portée universelle (la russe et la chinoise) et deux guerres mondiales. Les masses se (re)mettent en mouvement et meurent en
masse[1]. Il faut attendre la fin des années 50 pour que la
« science » semble revenir aux postes de commande et que
ressuscite presque tout frais le discours de déploration de la
dépolitisation. Dès lors que les spécialistes, qui commandent
l'organisation au moins autant que les propriétaires des moyens
de production, paraissent être les maîtres de la planète, dès lors
que des apparatchiks soviétiques sans fantaisie pourraient
presque intervertir leurs rôles avec les petits cadres américains
en costume gris, les sociétés rivalisent d'ennui et la question de
la convergence des systèmes économiques se pose. À dix ans
d'intervalle, deux ouvrages majeurs, l'un analysant le capitalisme moderne et sa « technostructure », l'autre le socialisme
« réellement existant » et sa « nouvelle classe », décrivent un
phénomène étrangement semblable : la dépossession de la classe
théoriquement dirigeante (capitalistes aux États-Unis, ouvriers
dans les pays socialistes) par ce que, dans le premier cas, John
Kenneth Galbraith appelle le « bureaucrate industriel[2] », et, dans
le second, Milovan Djilas qualifie de « bureaucratie de parti[3] ».
Dans un système comme dans l'autre, à mesure que les exigences
financières de la production s'accroissent, le risque et les aventu-
riers semblent de plus en plus bannis, le pouvoir provenir davantage du savoir et du mérite, la classe dirigeante gérer plus qu'elle

---

1. Kristin Ross ouvre son livre consacré à la réécriture conservatrice de
Mai 68 en soulignant que, sous couvert de dénoncer le fascisme, le nazisme et le
communisme, les intellectuels médiatiques vont, à partir des années 80, associer
l'usage du mot « masses » à l'idée de masses de cadavres bien davantage qu'à
celle de masses populaires (Kristin Ross, *May '68 and its Afterlives*, University of
Chicago Press, Chicago, 2002, p. 2).
2. John Galbraith, *Le Nouvel État industriel*, Gallimard, Paris, 1974.
3. Milovan Djilas, *La Nouvelle Classe*, La Table ronde, Paris, 1957.

ne gouverne. Quant à la foule solitaire des individus, elle ploie sous la férule de l'organisation.

« Le capitalisme peut-il survivre ? Non, je ne crois pas. » « Le socialisme peut-il marcher ? Bien sûr que oui. » Sous la plume de l'économiste Joseph Schumpeter, ces verdicts peuvent surprendre[1]. Mais Schumpeter, loin de justifier ses réponses en annonçant (en 1942, puis en 1947, puis en 1950) une prochaine crise du capitalisme née de sa performance insuffisante, de son échec économique, de son instabilité fondamentale, invoque au contraire « son succès même qui ronge les institutions sociales auxquelles il est adossé, créant "inévitablement" les conditions qui lui interdiront de survivre et déboucheront vraisemblablement sur le socialisme [...]. Accepter cela n'impose absolument pas d'être socialiste. On peut annoncer un événement sans espérer qu'il va advenir. Un docteur qui diagnostique le décès prochain de son client ne le souhaite pas pour autant. Détester le socialisme, ou l'apprécier avec une froideur critique, n'interdit pas de prévoir sa réussite. De nombreux conservateurs l'ont fait, le font aujourd'hui[2] ». Le socialisme auquel Schumpeter s'oppose concerne accessoirement une idéologie démocratique, un basculement de l'ordre social, un mouvement de libération humaine, l'aspiration égalitaire à « du pain pour tous ». Il s'agit avant tout d'un mode de production centralisé, d'une organisation de l'activité économique toujours plus moderne, scientifique, rationnelle, stable, prévisible, socialisée en somme. Entravant la dynamique de « destruction créatrice » du capitalisme, cette bureaucratisation substitue la routine et le management à la prise de risque. Elle interdit à la libre entreprise, « réglementée plus qu'elle ne peut l'endurer[3] », de montrer ce qu'elle sait faire. Elle impose au libéralisme « une mentalité et un style de vie incompatibles avec ses propres conditions fondamentales, avec ses motivations profondes et les institutions sociales nécessaires à sa survie[4] ».

---

1. Joseph Schumpeter, *Capitalism, Socialism and Democracy*, Harper & Row, New York, 1976, p. 61 et 167.
2. *Ibid.*, p. 61.
3. *Ibid.*, p. 419.
4. Joseph Schumpeter, « The instability of capitalism », *Economic Journal*, vol. XXXVIII, 1928, p. 386, cité *in* Jean-Paul Fitoussi, *La Démocratie et le Marché*, Grasset, Paris, 2004, p. 20.

Alors que Marx et Engels voyaient dans la technologie l'accoucheuse des révolutions sociales et du remplacement des classes dirigeantes, Weber, Schumpeter, puis Galbraith y perçoivent donc plutôt une machine à légitimer le règne permanent des experts et à propager les volutes narcotiques de la dépolitisation. Ce faisant, ils esquissent certains des thèmes que l'école de Francfort systématisera dans les années 60 (et que les contestataires reprendront à leur compte), mettant en garde contre la domination de la société par une « hiérarchie rationnelle [qui se] confond avec la hiérarchie sociale [...], se perpétue non pas seulement grâce à la technologie, mais en tant que technologie [...], rationalise l'absence de liberté de l'homme et démontre l'impossibilité technique d'être autonome[1] ». Herbert Marcuse et Jürgen Habermas décelaient dans cette évolution les ferments d'une « société totalitaire » contre laquelle il importait de se battre. Mais presque un siècle plus tôt, dans *Étatisme et anarchie*, Bakounine avait déjà mis en garde contre « le règne de l'intelligence scientifique, le plus aristocratique, le plus despotique, le plus arrogant et le plus méprisant de tous les régimes ». Ce régime méprisant, le discours dominant de l'après-guerre invite à s'y soumettre, ou plutôt à en profiter en dégustant enfin, tranquillement, ces petits pains de la société d'abondance que deux guerres avaient fait disparaître et que la nouvelle science semble multiplier comme à volonté.

En 1960, Kevin Devlin publie un article intitulé « Perspectives du communisme en Europe occidentale ». Le XXe congrès du Parti communiste soviétique en 1956, le rapport Khrouchtchev sur les crimes du stalinisme, l'amorce d'un « polycentrisme » dans le bloc communiste et la coexistence pacifique entre les deux superpuissances viennent de remettre en cause le discours de guerre froide et un prophétisme révolutionnaire fondé sur le pronostic d'une paupérisation de la classe ouvrière. Cet apaisement sémantique sert même de prétexte théorique à Pékin pour justifier la rupture sino-soviétique (officialisée à partir d'avril

---

1. Herbert Marcuse, *L'Homme unidimensionnel : étude sur l'idéologie de la société industrielle*, Minuit, Paris, 1968.

1960). Devlin explique : « Un spectre hante le communisme ouest-européen, c'est le spectre de Bernstein […]. Il semble somme toute probable que la tendance à l'adaptation révisionniste continuera à caractériser le communisme ouest-européen. Cela veut dire mettre davantage l'accent sur l'électoralisme, la recherche d'un soutien populaire grâce à des appels à des réformes graduelles, gagner la collaboration d'autres forces de gauche au prix s'il le faut de concessions doctrinales et politiques, construire l'image d'un parti progressiste, d'une force responsable opérant à l'intérieur d'un système existant qu'il s'agit de transformer et non de renverser[1]. »

L'intéressant, dans ce type d'analyse, ne tient pas à son caractère novateur – depuis Bernstein, le propos resurgit dans les partis de gauche avec une régularité de métronome –, mais au fait que l'idée de renverser le système existant paraît à certains expirer pour de bon au début des années 60. Les arguments invoqués en faveur d'un ralliement des grands partis révolutionnaires occidentaux à un système d'économie mixte, badigeonné de davantage de redistribution sociale, sont nombreux, et ils seront répétés avec un émerveillement que l'on aurait mieux compris s'il s'était agi d'une découverte moins récurrente : accroissement général du niveau de vie, essor de la consommation, mobilité sociale qui amoindrirait les clivages de classe, éducation de masse, gonflement des couches moyennes cadres et techniciennes, perte de crédit des discours construits autour de la polarisation sociale, peur des utopies et de leurs conséquences, rapprochement entre droite et gauche, etc. Autant de manières de dire la même chose : « fin des idéologies ».

Ce sera le titre du livre de Daniel Bell en 1960. Généralisant une prévision de Raymond Aron relative au déclin du « marxisme-léninisme », Bell explique : « On observe dans le monde occidental une forme de consensus entre intellectuels lorsqu'il s'agit des questions politiques : acceptation de l'État-providence, caractère souhaitable de la décentralisation, système

---

1. Kevin Devlin, *in* R.V. Bunks, *The Future of Communism in Europe*, Wayne State University Press, Detroit, 1968.

d'économie mixte et de pluralisme politique[1]. » En 1964, Herbert Marcuse redoute de devoir consentir à une conclusion du même ordre : « La société contemporaine semble capable de contenir la transformation sociale. Cette capacité constitue peut-être la réalisation la plus singulière des sociétés industrielles avancées[2]. » Très vite, l'analyse connaît d'innombrables démentis factuels, y compris en Occident (ailleurs, elle aurait fait ricaner) : mouvement étudiant aux États-Unis, Mai 68 en France, « automne chaud » en Italie, grèves des mineurs au Royaume-Uni. Mais peu importe. Toujours aussi fraîche, brillante, originale, la perspective de la dépolitisation est réactivée en 1976 par la plume décrispée du président de la République française[3]. Elle sera à nouveau démentie : radicalisme conservateur, thatchérien puis reaganien, programme de François Mitterrand promettant la « rupture avec le capitalisme », creusement des inégalités dans les années 80. Au moins, dira-t-on, avant la guerre du Vietnam et le mouvement de contestation en Occident cette construction intellectuelle avait le mérite d'être (presque) neuve.

Déterminisme technologique, culte des experts, convergence des systèmes, fin des idéologies : l'adjectif « incontournable » paraît avoir bercé le siècle, souvent sous la forme d'une purée paresseuse jaillissant à intervalles réguliers de la bouche de journalistes dépourvus d'imagination et de talent. Mais si l'idée est restée la même, les contextes servant à la justifier n'ont cessé de changer. « Il n'y a pas d'alternative », croyait-on à la fin

---

1. Daniel Bell, *The End of Ideology*, The Free Press, New York, 1960, p. 373. En 1950, lors d'un « Congrès pour la liberté culturelle » réuni à l'inspiration des États-Unis dans un esprit de guerre froide, on avait déjà évoqué la « fin des idéologies », mais à partir d'un postulat différent : le combat contre le « bolchevisme » imposait un front commun des démocrates, socialistes et capitalistes, de droite et de gauche. Un rassemblement d'autant plus envisageable que les calamités endurées par l'Union soviétique auraient démontré une fois pour toutes la nécessité de renoncer à l'utopie et de se cantonner à des réformes modestes, plus « pragmatiques ». Daniel Bell fut également associé à cette aventure intellectuelle. Lire « The cultural cold war : a short history of the Congress for Cultural Freedom », *in* Christopher Lasch, *The Agony of the American Left*, *op. cit.*

2. Herbert Marcuse, *op. cit.*, cité *in* Christopher Lasch, *The Agony of the American Left*, *op. cit.*, p. 172-173.

3. Lire Valéry Giscard d'Estaing, *Démocratie française*, Fayard, Paris, 1976.

des années 50 en évoquant la pensée unique de l'époque – un collectivisme de marché dans l'un des deux camps, un marché administré dans l'autre. « Il n'y a pas d'alternative », s'exclamera Margaret Thatcher dans les années 80, faisant cette fois référence aux politiques de refoulement de l'État-providence dont elle fut l'une des architectes les plus déterminées.

Paradoxalement, alors que la « science », économique, sociale, paraissait obliger chacun ou presque à être keynésien dans les années 60 (« politiques de stabilisation automatique »), tout comme chacun ou presque deviendrait néolibéral dans les années 80 (« ajustement structurel » et « consensus de Washington »), ni Keynes dans un sens, ni Hayek dans l'autre n'auraient apprécié d'être érigés en pères sévères d'une doctrine révélée. Pour Hayek, le scientisme avait la signification, péjorative, d'une imitation servile du langage et des méthodes des sciences naturelles dans le domaine des sciences sociales. En découlait la croyance en l'existence de lois universelles, lesquelles selon lui ne pouvaient que déboucher sur une « tyrannie ». Hayek qualifia cette philosophie scientiste de « totalisme », terme auquel son traducteur français Raymond Barre préférera « totalitarisme » en 1953[1].

Dangereuse, cette croyance était aussi illusoire en ce qu'elle postulait, comme la planification socialiste, que les gouvernements disposent de toute l'information nécessaire pour organiser l'ensemble des activités économiques. La « dictature du chiffre », qui, dès les années 60, paraît transformer l'économie en « science économique » (l'étude de la politique connaîtra la même infortune et la même transformation sémantique) n'est pas sans rapport avec le complexe d'infériorité qui frappe des disciplines perçues comme trop littéraires et rêvant de ressembler à de la physique. L'un des bâtiments de sciences sociales de l'université de Chicago arbore

---

1. *In* Gilles Dostaler, *Le Libéralisme de Hayek*, La Découverte, Paris, 2001. L'université de Chicago, et en particulier son très « scientiste » département d'économie, s'est déclarée inspirée par Hayek. Pourtant, dans son dernier livre, *La Présomption fatale : les erreurs du socialisme* (PUF, Paris, 1993 ; texte original publié en 1988), Hayek dénonce même « l'usage extensif […] des mathématiques, qui ne manque pas d'impressionner les hommes politiques sans aucune formation en ce domaine ». Il apparente cet usage des mathématiques par les économistes professionnels à « la pratique de la magie » (cité *in* Gilles Dostaler, *op. cit.*, p. 45).

l'inscription suivante : « Quand vous ne pouvez pas le mesurer, quand vous ne pouvez pas le chiffrer, votre savoir est maigre et peu gratifiant. C'est peut-être le commencement du savoir, mais vos pensées ont à peine atteint le niveau de la science[1]. » Souvent moqueur devant la cuistrerie des Thomas Diafoirus de l'économie, Bernard Maris remarque que « la neutralité et le chiffre renvoient à l'autorité scientifique, au discours autorisé. Or la spécificité du discours d'autorité, c'est qu'il n'est pas fait pour être compris, mais reconnu. À la limite, son côté abscons est une estampille d'authenticité[2] ».

Pour Keynes aussi, l'économie s'apparentait à une science morale liée à un système de valeurs et soumise à mille incertitudes, y compris d'ordre psychologique. L'arrogance technocratique adossée à une formalisation mathématique lui inspirait donc beaucoup de réserves. Il n'empêche : avant même que se déchaîne la vague néolibérale, les adversaires des politiques keynésiennes ne manquaient jamais de prêter à leurs praticiens le mépris du peuple et du sens commun, l'amour de la bureaucratie et de la centralisation. Cette ligne d'attaque ne manqua pas d'efficacité dans la mesure où elle associa le centre et une partie de la gauche à l'élite technocratique, ce qui permit à la droite de capitaliser les ressentiments de « gens ordinaires ». Dès 1944, un des théoriciens de la contre-révolution libérale, Ludwig von Mises, notait dans son livre *Bureaucratie* : « La question principale concernant les conflits sociaux et politiques d'aujourd'hui est de savoir si l'homme doit ou non renoncer à la liberté, à l'initiative privée et à la responsabilité individuelle et les livrer à la garde d'un appareil gigantesque de coercition, l'État socialiste[3]. » Pierre Poujade en France, Barry Goldwater aux États-Unis allaient asseoir sur des thèmes analogues une partie de leur succès. Et si celui-ci resta sans lendemain,

---

1. J'emprunte cette citation à Ibrahim Warde, dont la thèse *Oligopolistic Structures and the Evolution of Political Economy : US Responses to Decline* (Université de Californie, Berkeley, 1988) a inspiré certains passages de ce chapitre.

2. Bernard Maris, *Des économistes au-dessus de tout soupçon, ou la grande mascarade des prédictions*, Albin Michel, Paris, 1990, p. 33.

3. Cité *in* Richard Cockett, *Thinking the Unthinkable : Think Tanks and the Economic Counter-Revolution, 1931-1983,* Fontana Press, Londres, 1995, p. 78.

d'autres reprendraient le flambeau plus tard. En 1976, lors de sa deuxième tentative présidentielle (la troisième fut la bonne), Ronald Reagan roda le thème du « bon sens populaire » en butte aux décisions des faux savants socialisants adossés à des intellectuels transpirant la morgue de classe et de culture : « La vérité est que les Américains ont à choisir entre deux points de vue opposés. L'un fait confiance aux bâtisseurs de châteaux en Espagne et aux gribouilleurs de Washington ; l'autre croit à la sagesse collective du peuple et à son attachement au rêve américain. L'un réclame plus d'impôts et plus de dépenses tandis que l'autre a foi dans le bon sens populaire. Ceux d'en face [les démocrates] croient que les solutions aux problèmes de notre nation se trouvent dans les notes d'un psychiatre, dans les dossiers d'un éducateur ou dans le budget d'un bureaucrate. Nous, nous croyons au labeur du travailleur, à l'initiative de l'entrepreneur et au conseil du prêtre[1]. »

Tout allait bien

Dans les années 60, l'*hubris* des économistes keynésiens, leur mépris du peuple ne sont pas uniquement imputables à leurs modèles mathématiques et à leurs découvertes savantes. Les faits semblent leur donner raison, le système fonctionne, l'euphorie ambiante n'incline aucunement à l'introspection. Les avancées technologiques et la stabilisation politique paraissent garantir une longue ère de prospérité, un peu comme ce fut le cas à la fin du XIXe siècle – et un peu comme on l'observera une nouvelle fois entre la chute du mur de Berlin et la fin de l'engouement pour la « nouvelle économie ». De 1950 à 1960, les inégalités entre pays et à l'intérieur de chacun d'eux régressent. Cela ne s'était plus produit depuis 1820. Cela ne se reproduira pas après 1960[2]…

---

1. Cité *in* Serge Halimi, *À l'américaine : faire un président*, Aubier-Montaigne, Paris, 1986, p. 35.
2. Selon une étude de la Banque mondiale et de l'OCDE, citée *in* Frédéric Lebaron, *Le Savant, le Politique et la Mondialisation*, Éditions du Croquant, Bellecombe-en-Bauges, 2003, p. 55.

Un cercle vertueux. Au fond, tout allait bien au début des années 60. Or on ne change pas une équipe ni des idées qui gagnent. Issu de la crise de 1929 et conforté par la Seconde Guerre mondiale, le système keynésien paraît assurer à la fois paix, démocratie et stabilité, en tout cas dans les pays occidentaux. La révolution est l'affaire du tiers-monde. Les États-Unis ont parlé un instant de « refouler » le communisme *(roll-back)* ; ils se contentent en vérité de le contenir *(containment)*. Mais, dès le début des années 50, la guerre froide n'empêche pas certains intellectuels d'envisager l'épuisement des utopies révolutionnaires. Le marché et la démocratie semblent complémentaires, « le système économique ayant pour effet d'accroître l'adhésion au régime politique, et la démocratie, en réduisant les insécurités économiques, de rendre les verdicts du marché acceptables[1] ». Arthur Koestler annonce que « les mots "socialisme" et "capitalisme", "droite" et "gauche" ont presque perdu toute signification. Ayant observé les effets dévastateurs de l'utopie, en particulier en Russie, les hommes sensés ont enfin compris l'importance d'une vision de la politique plus modeste et plus pragmatique[2] ». Après la crise des missiles de Cuba, les deux géants paraissent n'aspirer qu'à une saine émulation économique démontrant *in fine* la supériorité d'un système sur l'autre. Quand Nikita Khrouchtchev proclame « Nous vous enterrerons tous » à la face du vice-président Richard Nixon, en visite à Moscou en juillet 1959, il s'agit davantage d'une facétie que d'une menace. C'est la performance industrielle du socialisme qui doit permettre à l'URSS de rattraper, puis de dépasser les États-Unis. Le « dégel » a eu lieu : Staline est mort en 1953, le Sénat américain a censuré le chasseur de sorcières anticommuniste Joseph McCarthy l'année suivante.

À l'Ouest, État et secteur privé vivent en excellente intelligence, et les meilleurs étalons universitaires, bichonnés par les subventions des fondations « charitables », évoluent sans effort entre entreprises capitalistes et cénacles gouvernementaux. L'harmonie se retrouve aussi ailleurs. L'aide Marshall a conforté les nouvelles entreprises d'État françaises et, au Royaume-Uni,

---

1. Jean-Paul Fitoussi, *op. cit.*, p. 17.
2. Cité *in* Christopher Lasch, *The Agony of the American Left*, *op. cit.*, p. 64-65.

une gamme impressionnante d'industries nationalisées. Sans subir de reproches, le Japon protège son marché des importations américaines. La domination de l'économie du monde capitaliste par Washington est telle, les besoins de consommation non satisfaits à ce point immenses que l'Amérique peut se montrer bienveillante. L'essentiel n'est-il pas pour elle de ne pas trop indisposer ses alliés par crainte de les voir prêter une oreille trop attentive aux sirènes « communistes » ? Des organisations internationales (FMI, OCDE, Banque mondiale) institutionnalisent un composé de politique keynésienne, de culte de l'expertise et de libre entreprise avec infiniment plus de bonhomie qu'elles n'en feront preuve, trente ans plus tard, lorsqu'elles soumettront les récalcitrants, surtout les plus faibles, les plus malades, aux « remèdes » de cheval de la société de marché.

L'altruisme américain demeure toutefois relatif, même à cette époque : le plan Marshall n'a jamais eu pour objet exclusif d'aider l'Europe à se redresser. Le président Kennedy l'admet en 1961 : « L'aide étrangère est un moyen par lequel les États-Unis maintiennent dans le monde une position d'influence et de contrôle, et appuient bon nombre de pays qui sinon s'écrouleraient ou passeraient dans le camp communiste[1]. » Assistés aujourd'hui, alliés et clients demain. La main invisible de l'époque – bien emmaillotée sous le gant de l'État – escompte néanmoins que chacun des joueurs sera gagnant. Les alliés des États-Unis ne sont pas dupes des générosités américaines et savent, si nécessaire, jouer sur les frayeurs anticommunistes de leur protecteur pour arracher les concours économiques qu'ils réclament : « Les communistes nous rendent un grand service, explique Pierre Mendès France au lendemain de la guerre. Comme nous faisons face à une "menace communiste", les Américains font l'impossible pour nous aider. Cette peur du communisme nous est indispensable. Il ne faut pas qu'elle se dissipe[2]. » De temps en temps, quelques ajustements mineurs

---

1. Graham Hancock, *Lords of Poverty : The Power, Prestige, and Corruption of the International Aid Business*, Atlantic Monthly Press, New York, 1989.
2. Cité *in* Alexander Werth, *France 1940-1955*, Holt & Company, New York, 1956, p. 315.

(*fine-tuning*) s'imposent ; l'avant-garde des experts dispose d'assez de compétence pour en signaler l'opportunité. Et pour en opérer le réglage : ce sont les politiques macroéconomiques dites du *stop-and-go*[1].

Guerres coloniales mises à part (mais, là, il s'agissait de liquider un vieil héritage, et les États-Unis n'étaient pas directement en cause), tout s'était plutôt passé comme il fallait. On redoutait en 1945 la reconversion d'une puissance militaire en économie civile, on avait déjà prévu le pire. L'Europe en ruine et en guenilles réclamait 22 milliards de dollars d'aide, son redressement menaçait d'être interminable. En Extrême-Orient, un expert américain entrevoyait en 1950 que « la situation économique du Japon est peut-être tellement malsaine qu'aucune politique, même la plus sage, ne pourra le sauver d'une lente famine économique ». La mutation américaine se déroula sans dommage et infiniment plus vite qu'espéré ; on trouva les 22 milliards, l'Europe fut promptement rétablie ; le Japon ne tarda guère. Il fallut, pendant presque une année entière, organiser un gigantesque pont aérien à Berlin afin de riposter à un blocus soviétique (1948-49). On l'organisa, le blocus fut levé. Presque toujours l'intendance suivait, au point que les questions d'emploi, de production, d'investissement n'intéressaient plus guère les responsables politiques. Les bons choix ayant été faits, les mécanismes macroéconomiques devenant trop complexes pour qu'ils puissent les comprendre, leur fallait-il encore choisir ? Le déclin de l'Empire préoccupait davantage les gouvernants britanniques ; pour les responsables français, c'étaient les guerres coloniales et la énième réforme de la Constitution.

Les théorèmes étaient prêts : l'aide technique assurait le développement économique ; le développement économique garantissait la stabilité politique. Quant au commerce, il prévenait la guerre. Déjà, on parlait de coopération et de communauté des

---

1. En période de ralentissement économique et de montée du chômage, l'État favorise une relance de la demande *(go)* en réduisant les impôts et les taux d'intérêt et en accroissant la dépense publique. Quand la surchauffe provoque de l'inflation et un déficit de la balance commerciale, l'État favorise une contraction de l'activité *(stop)* en employant pour y parvenir les méthodes inverses de celles de la phase précédente.

nations. Keynes, qui avait annoncé « la fin du laisser-faire » dans un livre de 1926[1], Keynes dont nul ne discutait plus la critique implacable du traité de Versailles, avait été l'un des grands artisans de ce nouvel ordre international. Il avait voulu prévenir à la fois la déflation, la dépression, le manque de liquidités financières et le retour au protectionnisme. Une meilleure distribution des richesses permettait, selon lui, de doper la consommation dans la mesure où les possédants, pourvus de tout, sont plutôt disposés à épargner leurs revenus supplémentaires. Mais le système international ne pouvait pas être égalitaire : les États-Unis, déjà submergés de créances impayées au lendemain de la guerre, détenaient également l'essentiel des réserves d'or de la planète. Ni le FMI, ni la Banque internationale pour la reconstruction et le développement (BIRD), ni la Banque mondiale n'auraient eu de sens sans le soutien de Washington – ce qui signifiait le concours de ces institutions aux priorités définies par Washington[2].

Un jeu gagnant-gagnant : s'adressant à des ingénieurs et techniciens, le président Truman suggère que les États-Unis pourraient « contribuer à un transfert de technologie qui permettrait d'améliorer le niveau de vie du reste de la planète de 2 %, et nos usines et nos entreprises ne pourraient même pas satisfaire la demande. Pensez un peu à ça ! C'est tout ce qu'il nous suffit de faire. Ce n'est pas impossible. Et si ça permet au monde de ne plus avoir faim, alors personne ne pensera plus à lancer une guerre pour s'emparer de ce qui ne lui appartient pas. Car c'est ça la cause des guerres : le désir de saisir ce que l'autre type possède[3] ». Les riches conservent leur bien, les pauvres leur sont

---

1. John M. Keynes, *The End of Laisser-Faire*, Agone, Marseille, 1999.

2. Le FMI avait pour rôle de venir en aide aux pays rencontrant des difficultés financières à court terme en leur accordant des crédits à long et moyen termes, presque toujours gagés sur une politique intérieure de redressement. Celle-ci deviendra connue sous le nom d'« ajustement structurel » et sera d'une dureté à géométrie très variable, souvent en fonction de l'intérêt stratégique du pays malade pour les États-Unis. Récemment, l'Argentine a connu un sort beaucoup moins avantageux que le Pakistan, proclamé allié de choc de la Maison-Blanche dans sa lutte contre le terrorisme d'Al-Qaida.

3. Cité *in* Robert Packenham, *Liberal America and the Third World : Political Development Ideas in Foreign Aid and Social Sciences*, Princeton University Press, Princeton, 1973, p. 44-45.

redevables, les usines américaines tournent à plein régime, les famines s'évanouissent. En somme, tout va bien et tout ira mieux demain. On avait redouté l'inévitable retour aux années de crise dans la période consécutive à la fin de la guerre, puis au moment de la Corée. Rien n'était venu, hormis quelques petites difficultés cycliques. Plus rien n'adviendrait, pensait-on. La science économique avait apparemment déniché la pierre philosophale d'une croissance ininterrompue.

L'éternel discours sur la « fin des idéologies » s'abreuvait dans cette mer d'irénisme. L'économie n'étant plus un jeu à somme nulle, l'augmentation de la part des uns n'imposait pas la réduction de la part des autres puisque la taille de la galette allait s'accroissant. Les conflits sociaux relevaient presque d'un passé dépassé : l'harmonie du pluralisme politique étant dorénavant garantie, chaque groupe ou parti était en mesure d'obtenir quelque chose s'il savait attendre son tour dans la file des solliciteurs[1]. L'Amérique en tout cas, qui pouvait tout faire, se déclarait prête à aider quiconque, quel qu'en fût le prix. Lors de son discours d'inauguration, le 20 janvier 1961, le président Kennedy annonce : « Que chaque nation qui nous veut du bien, ou qui nous veut du mal, sache que nous paierons n'importe quel prix, que nous supporterons n'importe quel fardeau, que nous affronterons n'importe quelle épreuve, que nous soutiendrons n'importe quel ami et combattrons n'importe quel ennemi pour assurer la survie et le succès de la liberté. » Le ton se veut martial, encore mâtiné de guerre froide. Toutefois, les adversaires directement identifiés sont non pas le communisme – ou pas directement –, mais la maladie, la tyrannie, l'inflation, le chômage, le déclin, la médiocrité. Aucun de ces ennemis ne compte une infinité de défenseurs déclarés. Quant au grand objectif, à la « nouvelle frontière » à atteindre, il s'agit alors de la conquête de l'espace.

L'optimisme et la technophilie parachèvent aux États-Unis une évolution que la guerre froide et le maccarthysme ont amorcée.

---

1. Le salaire horaire moyen dans l'industrie américaine augmente de 81 % en valeur entre 1950 et 1965, celui des mineurs de 80 %, celui des ouvriers de la métallurgie de 102 %, celui des ouvriers de l'automobile de 88 % et celui des ouvriers de la boucherie de 114 % (*cf.* Rick Fantasia et Kim Voss, *op. cit.*, p. 67).

Le parti démocrate avait renoncé à son discours « populiste » dès les années 50, de peur d'être perçu comme antibusiness (et donc « non-américain »). Il s'éloigna un peu plus, dans la décennie qui suivit, de toute analyse sociale. À ses références combatives à « l'homme de peu » *(the common man)*, il substitua un babillage consensuel glorifiant le « peuple américain » et les « idées nouvelles ». Autrefois, il dénonçait les privilèges des hommes d'affaires ; dorénavant, il réclame l'inclusion des pauvres en Occident, échafaude une « Alliance pour le progrès » à destination du tiers-monde. Au fond, le combat social, le partage des richesses conservent-il un sens dès lors que, selon les termes mêmes du candidat démocrate à l'élection présidentielle de 1956, Adlai Stevenson, « nous entrons enfin dans cet âge de l'abondance dont nous avons rêvé si longtemps[1] » ?

Au même moment, les républicains se mettent au keynésianisme, eux aussi. D'abord sans le dire, puis en le proclamant. En janvier 1953, Dwight Eisenhower succède à vingt ans d'administrations démocrates (de Roosevelt à Truman), imaginant sans doute qu'il va refouler le New Deal, son salaire minimum, ses subventions agricoles, la Tennessee Valley Authority, le système de retraites fédérales *(social security)*. Or que fait-il ? Il conforte ces politiques et crée le ministère de la Santé, de l'Éducation et des Affaires sociales (dont l'un des titulaires, Nelson Rockefeller, envisagera, un quart de siècle avant le président Clinton, et avec aussi peu de succès, une couverture médicale garantie par le gouvernement fédéral) ; il lance un programme national d'autoroutes ; il proclame intouchables les retraites garanties par l'État. Un des hommes de confiance du général-président explique même, en 1956, que « Eisenhower a sauvé le parti républicain » en le rendant plus proche du parti démocrate. L'année suivante, la Maison-Blanche soumet au Congrès un budget qui accuse un déficit considérable pour l'époque. En 1958, Eisenhower théorise

---

1. Sur l'évolution de l'idéologie des partis américains au XXᵉ siècle, et en particulier sur le virage technocratique du parti démocrate, lire John Gerring, *Party Ideologies in America 1828-1996*, Cambridge University Press, Cambridge, 2001.

tout ce qui précède : « L'expansion du gouvernement fédéral est le prix de la progression rapide de la richesse nationale[1]. »

L'acceptation d'un rôle croissant de l'État dans l'économie américaine découle, assez largement, de la croyance que la solution des principaux problèmes ne réclame pas des « idéologues », mais des managers, pas de la politique, mais de la compétence. Si une telle conviction va métamorphoser pour de bon le parti démocrate à partir des années 50 (voir chapitre suivant), elle compte également de nombreux adeptes au sein de la formation concurrente. L'un des candidats républicains à la Maison-Blanche, George Romney, affirme en 1964 : « Les marchés, ça n'existe pas comme ça. Personne de sensé ne peut prétendre que le gouvernement fédéral n'a pas joué un rôle dans le réveil de l'Amérique. En réalité, il nous faudrait un autre plan Marshall, d'origine républicaine, destiné à nos villes et à nos écoles[2]. » Cinq ans plus tard, le président républicain Richard Nixon, devenu, parfois à son corps défendant, le défenseur des fragments d'« État-providence » déjà en place, suggère l'idée d'un revenu minimum garanti et crée, en 1970, une administration fédérale supplémentaire, l'Agence pour la protection de l'environnement. Il ne lui reste plus qu'à conclure l'année suivante : « Nous sommes tous keynésiens maintenant. »

Cette conversion des deux principaux partis américains à une idéologie technocratique de type centriste, qui entérine et accroît le rôle de l'État dans l'économie, ne se produit pas sans heurt. À gauche, les « radicaux » contestent à la fois le caractère bureaucratique des nouvelles institutions et la guerre du Vietnam, en partie imputables à l'arrogance d'administrations démocrates (Kennedy et Johnson) persuadées qu'elles peuvent tout résoudre, le cas échéant à partir de leurs gros ordinateurs de Washington. Grâce à la ligne de crédits budgétaires (ou, en Indochine, à la tournée de bombardiers), des cerveaux bien huilés – ce sont ceux des « meilleurs » et des « plus brillants » *(the best and the brigh-*

---

1. La plupart des informations de ce paragraphe sont tirées de Rick Perlstein, *Before the Storm : Barry Goldwater and the Unmaking of the American Consensus*, Hill & Wang, New York, 2001, p. 13.
2. Cité in *ibid.*, p. 374.

test) – sont certains de savoir régler en un tournemain les problèmes que pose à la puissance américaine le développement en Afrique, en Amérique latine et en Asie de mouvements de libération nationaux[1]. On sait ce qu'il adviendra des fulgurances des meilleurs et des plus brillants. Là-bas et ailleurs[2].

Le mécontentement de la gauche radicale n'aura pas autant d'effets durables que celui, presque inverse, de la droite conservatrice. Pour cette dernière, il importe de rompre avec la dérive keynésienne du parti républicain, avec les années 30 qui ont conduit à une « européanisation de la politique américaine[3] ». Selon une formule que Barry Goldwater emploiera dès 1960, quatre ans avant de devenir le candidat républicain à la Maison-Blanche, son parti s'est satisfait de n'être, depuis Roosevelt, que « l'écho des sirènes de l'État-providence ». Goldwater est écrasé par Lyndon Johnson, un peu comme, en 1972, George McGovern, candidat des démocrates de gauche et de certains radicaux, le sera par Richard Nixon[4]. Mais Goldwater, lui, parviendra à mobiliser dans la durée des héritiers capables de gagner plus tard la bataille idéologique (Milton Friedman) et politique (Ronald Reagan).

En attendant, la pensée unique keynésienne régnait ; l'essayiste américain Walter Lippmann déplorait même que le « collectivisme » constituât son essence[5]. Outrance d'un

---

1. *Cf.*, à propos de l'engagement américain en Indochine, David Halberstam, *The Best and the Brightest*, Random House, New York, 1969.

2. Sur les technocrates américains et la guerre du Vietnam, lire Patrick Lloyd Hatcher, *The Suicide of an Elite : American Internationalists and Vietnam*, Stanford University Press, Stanford, 1990. L'aveuglement et la faillite marqueront également la tentative occidentale de « réformer » à marche forcée la société russe.

3. Expression de Seymour Martin Lipset et Gary Mars, *It Didn't Happen Here : Why Socialism Failed in the United States*, Norton, New York, 2000, p. 290.

4. Dans un cas comme dans l'autre, le président sortant fut réélu avec 61 % des voix contre 38 % à son adversaire. Les politologues américains concluront doctement de ces deux résultats symétriques que seul un « centriste » pouvait l'emporter, et qu'un « extrémiste » (de gauche ou de droite) était toujours balayé. En 1980, Ronald Reagan, qui n'était assurément pas centriste, l'emporta – largement de surcroît (51 % des voix, contre 41 % à Jimmy Carter, le président démocrate sortant).

5. Lire Cécile Pasche et Suzanne Peters, « Les premiers pas de la Société du Mont Pèlerin, ou les dessous chics du néolibéralisme », in *Les Annuelles*, Éd. Antipodes, Lausanne, août 1997, p. 192.

essayiste libéral qui agite des grelots pour secouer la torpeur de ses lecteurs ? Sans doute. Les États-Unis demeuraient globalement moins interventionnistes que les autres pays occidentaux, exception faite peut-être de la très libérale Allemagne. Après la guerre, la prospérité avait plutôt favorisé, outre-Atlantique, un retour aux valeurs individualistes ébranlées par la Dépression des années 30. À Paris, en revanche, la pratique économique était carrément colbertiste. En 1958, l'arrivée de De Gaulle au pouvoir n'entraîne aucune remise en cause du vaste secteur nationalisé, industriel et financier. Et les équipes gouvernementales qui se succèdent ne cessent de proclamer que le Plan représente pour elles une « ardente obligation ». La contre-révolution n'est pas à l'horizon. Elle attendra longtemps : même en 1976, Jacques Chirac partait encore en guerre contre le « libéralisme classique », se réclamait d'un « travaillisme à la française », rangeait les gaullistes « à gauche », rejetait symétriquement « le socialisme et le mercantilisme », dénonçait le « libéralisme conservateur » de l'équipe Giscard-Barre. Et, deux ans plus tard, il prononce l'éloge de la « planification »[1].

La plasticité idéologique d'un homme que nul n'a jamais soupçonné d'être constant n'est pas seule en cause. Tout n'est pas possible pour la droite ; le grand corps de la classe ouvrière bouge encore. Au cours des années 1971-1975, la France enregistre, en moyenne, quatre millions de journées de grève par an (contre 500 000 en 1992). On observe une mobilisation sociale – puis une démobilisation – du même ordre en Italie, en Allemagne de l'Ouest, au Royaume-Uni, en Belgique[2]. Un peu comme Juin 36 avait été promptement suivi d'une loi sur les congés payés (deux semaines) qui n'eût jamais été votée sans le mouvement de grève, Mai 68 débouche assez vite sur la quatrième semaine de congés payés (1969), la création du Smic

---

1. Lire le magazine *Challenges*, n° 178, 16 mai 2002. Pareillement, en 1995, Jacques Chirac se fera élire président de la République sur la base d'un programme de lutte contre la « fracture sociale ». Les premières mesures du gouvernement d'Alain Juppé incluront d'ailleurs une augmentation de 5 % du salaire minimum et la majoration des impôts sur les sociétés et sur la fortune.
2. *Cf.* Luc Boltanski et Ève Chiapello, *Le Nouvel Esprit du capitalisme*, Gallimard, Paris, 1999, p. 244 et 691.

et la mensualisation (1970). Puis, en 1974, ce sera l'indemnisation du chômage pendant un an à 90 % du salaire brut. La droite
est alors au pouvoir. Le coût salarial augmente, mais c'est le prix
à payer pour éviter une explosion sociale. Au demeurant, l'idée
keynésienne d'augmenter les dépenses publiques en période de
récession et de chômage partait déjà du postulat que la classe
ouvrière était devenue trop puissante pour que, comme l'aurait
recommandé la « loi » de l'offre et de la demande, l'ajustement à
opérer pût alors se faire par voie de baisse des salaires. Une fois
disparue cette crainte de la mobilisation ouvrière, les « lois
économiques » s'imposeront et le « coût du travail » baissera. Le
mouvement des idées n'explique pas tout.

L'apparition (ou la résurrection) de conceptions disciplinaires
devient cependant urgente aux yeux de certains groupes sociaux.
Souvent évoquée par Marx, la baisse du taux de profit capitaliste
resurgit en effet. Les 1 % les plus riches accaparaient plus ou
moins 30 % du revenu national jusqu'à la fin des années 60 ; c'est
20 % dans les années 70. Keynes avait évoqué l'« euthanasie des
rentiers[1] ». Elle semble se produire. L'intérêt réel devient *négatif*
dans les années 70. Autant dire que, le niveau de l'inflation dépas-
sant celui de la rémunération nominale servie aux prêteurs, c'est
désormais le créancier qui rémunère son emprunteur. L'industrie
rapporte à peine davantage : en France, le taux de marge des
entreprises (rémunération du capital investi) baisse de 2,9 % entre
1959 et 1973, puis il chute de 7,8 %, entre 1973 et 1981. Inversement, la part des salaires dans la valeur ajoutée passe de 66,4 %
en 1970 à 71,8 % en 1981[2]. L'augmentation du pouvoir d'achat
des rémunérations excède alors largement celle de la productivité.
Cela ne va pas durer. Financées par des chefs d'entreprise qui
rêvent de prendre leur revanche sur un État-providence et sur un
mouvement ouvrier qui leur coûtent désormais trop cher, des

---

1. Une disparition qui lui inspirait peu de compassion au demeurant. Keynes
entrevoyait en effet un lien entre l'épargne des classes riches et rentières et la
spéculation financière. Or cette dernière lui semblait constituer un facteur majeur
d'incertitude économique. Sans compter que la quête compulsive de rendements
très élevés parasitait souvent l'investissement industriel, moins lucratif mais plus
utile à la société.

2. *Cf.* Luc Boltanski et Ève Chiapello, *op. cit.*, p. 19.

idées essaiment, d'abord chez les décideurs, puis dans les médias, qui vont permettre de maquiller sous les traits de la modernité le bon vieux retour à l'ordre social d'autrefois.

À Londres, les conservateurs se sont également montrés long-temps disposés à conserver l'État-providence et le secteur nationa-lisé que leur avaient légués les travaillistes. Depuis 1918, ces derniers s'étaient engagés à socialiser les « hauteurs stratégiques » *(commanding heights)* de l'économie. Leur manifeste de 1931 affirme : « Le système capitaliste est en faillite [...]. Le socialisme représente le seul remède aux maux produits par la concurrence sans contrôle et la domination des intérêts installés. Il réclame l'extension du secteur public industriel et des services régis par les seuls intérêts de la population. Il œuvre à la substitution de l'anar-chie de l'entreprise individuelle par la planification[1]. » Cette clause demeure dans les statuts du parti *jusqu'en 1995*. Keynes, qui n'était pas travailliste, mais « libéral » au sens anglo-saxon du terme, juge excessive au lendemain de la guerre la taille du secteur nationalisé britannique, lequel comprend tout à la fois les chemins de fer et les charbonnages, la sidérurgie et la construction navale. Déjà passée de 9 % du PNB en 1870-1890 à 26 % en 1926, la part des dépenses publiques a atteint 60 % en 1940[2]. Dans une économie qui reste capitaliste, dans un pays qui abrite à l'époque la principale place financière du monde, on pouvait difficilement imaginer aller plus loin, surtout en temps de paix. Question fiscalité, la possibilité d'un durcissement paraissait encore plus aléatoire : pendant la guerre, le taux marginal supérieur de l'impôt sur le revenu a atteint 97,5 % ; il demeurera supérieur à 80 % au cours des trente-cinq années suivantes, c'est-à-dire jusqu'à l'arrivée au pouvoir de Margaret Thatcher. En 1945, Churchill a bien tenté de prendre appui sur les conceptions libérales de Friedrich Hayek et de signi-fier ainsi son aversion pour les politiques « socialistes ». Résultat ? Un raz-de-marée travailliste et, moins de deux mois après la capi-tulation allemande, la retraite politique inopinée (et provisoire) d'un des héros de la Seconde Guerre mondiale. « Il faut une force

---

1. Cité *in* John Gerring, *Party Ideologies in America 1828-1996*, *op. cit.*, p. 37.
2. *Cf.* Richard Cockett, *op. cit.*, p. 16.

et une indépendance d'esprit plus importantes pour résister aux opinions considérées par son milieu comme modernes », conclura Hayek, passablement dépité. Il attendra son heure.

Un quart de siècle plus tard, en 1971, le conservateur Edward Heath essaie à son tour d'être vraiment libéral, d'abandonner les « canards boiteux » de l'industrie aux rigueurs du marché, de favoriser des privatisations. Il cale lui aussi. À l'arrivée, il nationalise Rolls-Royce pour la sauver de la faillite (un peu comme le gouvernement libéral de Raymond Barre nationalise la sidérurgie française en 1978), et ne vend au privé que deux entreprises britanniques, dont l'agence de voyages Thomas Cook. Mieux : quand les chiffres du chômage se détériorent, Heath recourt à la bonne vieille stratégie keynésienne de relance par la dépense publique (Jacques Chirac en fera autant en 1974). Tel Barry Goldwater, mécontent des accommodements d'Eisenhower avec la doctrine de ses adversaires, Margaret Thatcher s'offusquera de cette conversion. Plus tard… En attendant, elle fait partie du cabinet d'Edward Heath. Et, comme tout le monde, elle doit constater que quand ce dernier engage en 1973 une épreuve de force contre les mineurs, c'est lui qui la perd, pas les mineurs.

Au début des années 70, il faut donc bien chercher pour trouver, même au Royaume-Uni, des adeptes influents de la vraie foi libérale. L'un d'eux résume à l'époque leur sentiment commun en des termes empreints d'amertume : « Il aurait été préférable que le parti travailliste gagnât la dernière élection. Nous ne nous trouverions pas aussi loin aujourd'hui sur la route du socialisme total. En vérité, chaque nouveau gouvernement conservateur nous y engage deux fois plus vite que son prédécesseur travailliste. Dans le cas de Heath, sa principale difficulté consiste à déterminer s'il veut être président, empereur ou pape[1]. » Quelques années plus tard, un sentiment de « crise » et de chaos va rendre envisageable « la subversion néolibérale de l'ordre social-démocrate[2] » par les conservateurs britanniques. Margaret Thatcher pourra alors satisfaire ses inclinations car, ainsi qu'elle l'écrit dans ses Mémoires, « j'avais toujours été un conservateur

---

1. Lord Coleraine, cité in Richard Cockett, op. cit., p. 212.
2. Keith Dixon, Les Évangélistes du marché, Raisons d'agir, Paris, 1999, p. 74.

d'instinct. Mais je n'avais pas su transformer cette sensibilité en une grille d'idées cohérentes et en un ensemble de mesures concrètes de gouvernement. Plus vite les illusions des hommes "pratiques" se désintégreraient dans le heurt de la réalité, plus la nécessité de développer une telle grille se ferait sentir[1] ».

En janvier 1965, le président américain Lyndon Johnson aurait pu lui aussi être à la fois empereur et pape. Réélu triomphalement deux mois plus tôt, il prononce devant un Congrès où ses amis démocrates sont plus puissants que jamais un discours sur l'état de l'Union dont l'ambition va marquer l'histoire politique du pays. Rien ne semble impossible : l'État nettoiera les ghettos, financera un grand système de transports en commun et d'habitations à loyer modéré, légiférera sur un relèvement du salaire minimum, augmentera le niveau de son aide aux pays étrangers. Les combats font rage en Asie du Sud-Est ? Johnson choisit d'y ajouter une autre bataille, la « guerre inconditionnelle contre la pauvreté en Amérique ». Et, puisque les États-Unis connaissent une période d'expansion, le président démocrate propose, comme pour agrémenter le tout, de *réduire* les impôts.

C'est trois ans plus tôt que cette « nouvelle économie » avait été formulée par John Kennedy à l'université Yale. Prenant le contre-pied du sens commun, qui assimilait politique des dépenses publiques et gestion de père de famille (le rituel « On ne doit pas dépenser davantage que ce qu'on gagne »), Kennedy avait taillé en pièces, exemples historiques à l'appui, les « mythes » selon lesquels « les déficits fédéraux créent l'inflation et les excédents la suppriment ». A priori, une telle leçon fournissait une théorisation financière aux ambitions sociales de la gauche américaine. Quinze ans plus tard, la démonstration sera renversée par un certain Ronald Reagan lorsqu'il fera voter une énorme baisse des impôts (25 % en trois ans) à un moment où le pays connaît un déficit budgétaire important. Sans se démonter, le président républicain invoque alors la « nouvelle économie » dynamique de Kennedy : si, explique-t-il, au cours des années 60, l'État avait pu accroître ses dépenses dans un contexte qui

---

1. Margaret Thatcher, *10, Downing Street*, Albin Michel, Paris, 1993, p. 23, cité in *ibid.*, p. 65.

inclinait à faire le contraire, il pouvait tout aussi bien amputer ses recettes dans les années 80 (lire chapitres 5 et 6). C'est peu de dire que les conséquences sociales de l'un et de l'autre choix ne furent pas identiques.

En tout cas, en 1962, l'élixir opère. D'avril 1961 (fin de la « récession Eisenhower ») à décembre 1969, les États-Unis enregistrent la période d'expansion la plus longue de leur histoire[1]. Les lois des cycles économiques paraissant avoir été abolies, Lyndon Johnson se lance : « Je ne crois pas que les récessions soient inévitables. » Créer la richesse devient apparemment aussi simple qu'ouvrir un robinet pour désaltérer à la fois les patrons (dont les produits se vendent), leurs salariés (dont les revenus augmentent), les Noirs (dont il faut favoriser l'intégration), les militaires (qui luttent contre le communisme), le tiers-monde (envers qui l'Amérique se montrera généreuse). Aider les pauvres de l'« autre Amérique » ? Bien sûr, et d'autant plus facilement que cela n'impose plus de prendre aux riches. Une grande famille américaine s'ébroue dans le palais de Dame Tartine. Et le tout est édifié par des cerveaux d'acier vivant à Washington. En janvier 1965, le président Johnson promet de construire « une nation libérée du besoin et un monde libéré de la haine, un monde de paix et de justice, et de liberté et d'abondance, pour notre temps et pour les temps à venir[2] ». Avant que l'année ne s'achève, Keynes orne la couverture de *Time Magazine*. Mort dix-neuf ans plus tôt, il paraît plus vivant que jamais.

Comme presque toute « pensée unique », celle de l'époque ne jure que par son pragmatisme. Interrogé par André Malraux sur ce qu'est la vraie question idéologique du moment, John Kennedy répond : « C'est le management d'une société industrielle, un problème non pas d'idéologie, mais d'administration[3]. » La politique a perdu sa charge dramatique, tout le monde étant devenu centriste ou keynésien – hormis les communistes qui, peut-être,

1. Le 25 janvier 2000, l'expansion américaine, démarrée en mars 1991, entame son 107ᵉ mois, battant le record (106 mois) de la période Kennedy-Johnson-Nixon. La récession interviendra un an plus tard, en mars 2001.
2. Lyndon B. Johnson, discours sur l'état de l'Union, Washington, 8 janvier 1965.
3. Cité *in* Ibrahim Warde, *op. cit.*

cesseront de l'être avec un peu de prospérité ou, pour les plus irréductibles, quelques B-52 et les opérations spéciales de la CIA et du FBI. La richesse, qui déjà, dit-on, dissout les conflits de classes dans la société américaine, amenuise les éventuels conflits d'intérêts entre alliés du « monde libre ». À tel point que les États-Unis, parrains, via le plan Marshall, de la coopération européenne, ne s'opposent pas au marché commun. Au contraire : une Europe prospère constituera à la fois un marché solvable pour les produits américains et un bouclier contre l'expansion soviétique. Encore une fois, le jeu est gagnant-gagnant. Tout va tellement bien.

Les économistes exultent. Walter Heller, l'un des conseillers du président Kennedy (il reprendra du service en 1984 avec le candidat démocrate Walter Mondale), attribue aux découvertes de sa discipline la disparition des crises cycliques : « L'économie a atteint sa maturité dans les années 60. Deux présidents ont reconnu les mérites de la science économique moderne et y ont gagné en puissance nationale et en pouvoir présidentiel. Leur disposition à employer, pour la première fois, toute la panoplie de l'économie moderne n'est pas pour rien dans la croissance ininterrompue depuis le début de l'année 1961[1]. » On peut faire encore mieux au rayon de la modestie : Robert Solow, professeur au MIT (Massachusetts Institute of Technology), annonce au milieu des années 60 que les universitaires délaissent dorénavant la macroéconomie, faute de questions intéressantes non encore résolues.

Le temps des questions intéressantes va revenir… En attendant, les néolibéraux rongent leur frein et luttent vaillamment contre le courant. Dès 1937, dans son livre *The Good Society*, Walter Lippmann se désolait de l'avancée apparemment irrésistible des idéologies et des gouvernements « collectivistes ». Face à ce « dogme dominant de l'époque », Lippmann et ses amis ne faisaient pas le détail. Front populaire et nazisme, New Deal et nationalisme latino-américain, c'était presque du pareil au même : « Partout dans le monde, au nom du progrès, des hommes qui se nomment communistes, socialistes, fascistes, nationalistes, progressistes, et même libéraux, sont unanimes à estimer que

---

1. Cité in *ibid.*

l'État et ses instruments de coercition doivent, en dictant au peuple sa façon de vivre, diriger la marche de la civilisation et déterminer ce qui va advenir. […] Les cerveaux de nos contemporains sont à ce point dominés par un tel dogme que nul n'est pris au sérieux comme homme d'État ou comme théoricien s'il n'avance pas quelque proposition destinée à accroître le pouvoir des gouvernants, à élargir et à multiplier le champ de leurs interventions dans les affaires humaines. À moins d'être autoritaire ou collectiviste, vous êtes un fossile, un réactionnaire, au mieux un excentrique qui nage désespérément contre le courant. Or ce courant est fort[1]. » Le ton employé ne laisse pas entrevoir de victoires immédiates. Autrefois cabossés par un marché qui, en 1929, a failli dans des proportions colossales, les peuples occidentaux réclament davantage d'État. Quant au libéralisme, il a, selon les termes du chef travailliste Harold Laski, « enregistré une éclipse aussi étonnante et aussi complète que la doctrine du droit divin monarchique après la révolution de 1688[2] ». La guerre n'a rien changé, au contraire. Dans un continent dévasté, le laisser-faire, le culte du profit se seraient trop apparentés à l'« acte de vivisection » évoqué en 1944 par Polanyi, au retour à l'univers de Dickens, au souvenir des vieilles famines en Irlande. Au demeurant, ni Keynes ni les architectes du New Deal n'entendent détruire le capitalisme. Ils l'ont au contraire sauvé en l'arrachant à ses pulsions autodestructrices.

À partir des années 70, le capitalisme décide qu'il est apte à se sauver lui-même. En employant ses propres moyens.

---

1. Walter Lippmann, *The Good Society*, cité *in* Richard Cockett, *op. cit.*, p. 10.
2. *Ibid.*, p. 58-59.

3

Quand la peur du « populisme » saisit la gauche

Aux États-Unis, l'ascendant idéologique de la droite a précédé de plus de dix ans l'installation de Ronald Reagan à la Maison-Blanche. C'est à partir de la fin des années 60 que les démocrates américains, porteurs de thèmes favorables à l'interventionnisme économique et aux politiques d'égalisation des conditions, se trouvent sur la défensive. Non pas tant en raison d'une idéologie nationale particulière, individualiste et inégalitaire, qui interdirait toute politique volontariste de l'État : le New Deal avait prouvé le contraire. Davantage, c'est l'appréhension de mobilisations populaires – affirmée d'abord pour rassurer le patronat, ensuite pour marquer la différence avec les contestataires des années 60 – qui enferme les démocrates dans un univers de plus en plus bureaucratique et confiné. Ils doivent au scandale du Watergate – et au rejet du parti de Richard Nixon qui en découle – l'illusion d'un second souffle. Mais, dès 1966, l'historien Christopher Lasch a diagnostiqué « l'agonie de la gauche américaine » dans un essai qui porte ce titre. Une décennie plus tard, en 1977, Jimmy Carter, premier démocrate à occuper la Maison-Blanche depuis Lyndon Johnson, s'entend qualifier de « président démocrate le plus conservateur depuis que Grover Cleveland a quitté la vie publique en 1897[1] ». Il

---

1. Cité *in* Thomas Ferguson et Joel Rogers, *The Hidden Election : Politics and Economics in the 1980 Presidential Campaign*, Random House, New York, 1981, p. 109.

va, il est vrai, enclencher l'ère des déréglementations (transport aérien et routier, gaz, etc.), nommer un ministre de la Justice plus conservateur que son prédécesseur républicain, installer dans les allées du pouvoir les néoconservateurs partisans du réarmement de l'Amérique (Zbigniew Brzezinski, Samuel Huntington, Paul Nitze[1]). En 1996, l'analogie avec Grover Cleveland sert à nouveau, cette fois pour apprécier la teneur programmatique de la campagne de réélection du président démocrate qui suivra, Bill Clinton[2]. Dès lors que, côté républicain, Ronald Reagan avait été précédemment décrit sous les traits du « président le plus conservateur depuis Hoover en 1928 », on voit qu'il faut parler non pas d'un simple virage à droite du parti américain le plus à droite – virage qu'on imputerait alors au charisme d'un acteur hors pair –, mais bien d'un réalignement de l'ensemble des élites politiques, toutes formations confondues. Aux États-Unis ; à l'étranger aussi. Depuis près de vingt ans, la sérénité indestructible des investisseurs occidentaux en période électorale indique assez que les intérêts de leurs mandants sont garantis, quelque fantaisie qu'il puisse prendre aux électeurs[3].

Ici, la dimension historique est essentielle. Une explication « anthropologique » imputant le grand bond en arrière à la seule contagion impériale d'une culture et d'une politique démontrerait méconnaissance et myopie. Le salaire minimum, l'aide fédérale aux pauvres, la protection des libertés syndicales se sont imposés, y compris dans un pays individualiste comme les États-Unis, qui s'en est accommodé pendant des décennies. Leur démantèlement va donc exiger d'autres justifications que celle de la force des

---

1. Les deux derniers appelleront à voter pour Bill Clinton en 1992. D'autres faucons républicains (Richard Perle, Jeane Kirkpatrick) ont eux aussi été précédemment actifs dans le camp démocrate, en particulier aux côtés du sénateur Henry Jackson.

2. Dans son édition du 27 août 1996, le *Wall Street Journal* écrit : « M. Clinton est en train de mener la campagne démocrate la plus à droite depuis Grover Cleveland. »

3. La France a illustré cette évolution de manière assez spectaculaire. En mai 1981, la victoire électorale de la gauche et de son programme de « rupture avec le capitalisme » avait provoqué une forte baisse du franc et de la Bourse (les cotations avaient été interrompues). En 1988, la réélection de François Mitterrand à la présidence de la République eut pour corollaires la fermeté du franc et la hausse de la Bourse (+ 2,35 % à l'ouverture).

choses ou, à l'étranger, le pouvoir d'entraînement d'une tradition nationale américaine supposée immuable. D'autant que le nouveau modèle, inégalitaire et dur, qui caractérise la contre-révolution libérale va s'exporter dans des pays pourtant dotés, eux, d'une longue et solide expérience de solidarité. Aux États-Unis comme ailleurs, c'est parce que les principaux « partis de gouvernement », de droite comme de gauche, se convertissent à des politiques de marché que celles-ci parviennent à s'imposer dans la durée sans que leurs architectes aient à redouter les conséquences d'une éventuelle alternance politique. Mieux, elles vont s'installer au nom de l'évidence, de la « seule politique possible », de la « dure et juste loi des marchés financiers », dès lors qu'aucune grande formation à vocation gouvernementale ne conteste plus ces orientations-là. La nouvelle sociologie de la gauche, qui la porte à renoncer au combat frontal contre un ordre social à l'intérieur duquel elle se dissout agréablement, sa peur du « populisme » et de ce qui lui ressemble, la disposition croissante de ses dirigeants à abandonner les catégories et les discours populaires y sont pour beaucoup. Elles vont ouvrir à la droite de nouveaux territoires.

Dès 1938, dans un contexte peu porteur à leurs yeux, les ultra-libéraux avaient compris la nécessité d'entreprendre un travail idéologique de long terme destiné à éduquer tant les élites de droite que celles de gauche. Lors du « Colloque Walter Lippmann », auquel participaient Friedrich Hayek, Raymond Aron, Ludwig von Mises et Jacques Rueff, le Français Louis Rougier expliqua : « Le drame moral de notre époque, c'est l'aveuglement des hommes de gauche qui rêvent d'une démocratie politique et d'un planisme économique, sans comprendre que le planisme économique implique l'État totalitaire et qu'un socialisme libéral est une contradiction dans les termes. Le drame moral de notre époque, c'est l'aveuglement des hommes de droite qui soupirent d'admiration devant les gouvernements totalitaires, tout en revendiquant les avantages d'une économie capitaliste, sans se rendre compte que l'État totalitaire dévore la fortune privée, met au pas et bureaucratise toutes les formes de l'activité économique d'un pays[1]. » La pédagogie du

---

1. Cité *in* Richard Cockett, *op. cit.*, p. 11. Le « Colloque Walter Lippmann » s'est tenu à Paris du 26 au 30 août 1938.

marché sera longue à produire des effets, mais Hayek, soucieux d'« entraîner une armée de combattants », avait prévu que « d'ordinaire des idées neuves ne commencent à exercer de l'influence sur l'action politique qu'une génération au moins après avoir été formulées pour la première fois[1] ». Pour que la victoire soit garantie – la vraie alternative, pas la simple alternance –, il faudra bouleverser le terrain idéologique au point que *tous les partis* soient contraints de tenir le même discours s'ils veulent l'emporter et durer.

Le laboratoire inégalitaire

Dans cette affaire, l'exception américaine a servi de modèle, de laboratoire. Admettons-le au départ : les États-Unis ne sont pas un territoire où les idées égalitaires commodément fleurissent. L'histoire y est pour beaucoup. Dans un des commentaires les plus cruels rédigés à propos de son pays, le néoconservateur Samuel Huntington expliquait en 1968 : « La révolution américaine ne fut pas une révolution sociale comme la française, la russe, la chinoise, la mexicaine ou la cubaine ; ce fut une guerre d'indépendance. Par ailleurs, ce ne fut pas une guerre d'indépendance conduite par des autochtones contre des conquérants étrangers, comme celle des Indonésiens contre les Hollandais, des Vietnamiens ou des Algériens contre les Français, mais la guerre de colons contre leur pays d'origine. Si on veut la comparer à quelque chose de récent, ce serait donc plutôt au combat des pieds-noirs d'Algérie contre la République ou à la situation des Rhodésiens face au Royaume-Uni[2]. » De tels antécédents ne prédestinent pas au combat contre les injustices sociales. D'autant que, souvent, c'est l'existence même d'un problème appelant remède qui est mise en doute. Dès les années 1835-1840, Alexis de Tocqueville

---

1. Friedrich Hayek, *La Route de la servitude*, PUF, Paris, 2002.
2. Samuel Huntington, *Political Order in Changing Societies*, Yale University Press, New Haven, 1968, p. 134-135. En novembre 1965, les colons blancs de Rhodésie du Sud (devenue le Zimbabwe en 1980) proclament l'indépendance du pays pour pouvoir continuer à pratiquer une politique de discrimination raciale.

se déclarait étonné par « l'égalité presque complète des conditions » chez les Américains. Le mythe opérait déjà car, comme le
souligne l'historien Howard Zinn, Tocqueville n'était pas fameux
en calcul. À son époque, « on comptait à Philadephie en moyenne
cinquante-cinq familles ouvrières par immeuble et le plus souvent
une seule pièce par famille, sans collecte des ordures, sans toi-
lettes, sans aération et sans point d'eau. L'eau courante pompée
dans la Schuylkill River était exclusivement destinée aux demeu-
res des riches. À New York, on pouvait voir des êtres misérables
dormir à même le pavé. Dans les taudis, il n'existait aucun système
d'évacuation des eaux usées, qui, après s'être répandues dans les
arrière-cours et les ruelles, s'écoulaient dans les caves où logeaient
les plus pauvres parmi les pauvres. La ville connut une épidémie
de typhoïde en 1837 et une épidémie de typhus en 1842. Lors de
l'épidémie de choléra qui frappa Philadelphie en 1832, les riches
désertèrent la ville mais les pauvres y moururent en grand nombre[1] ».

La Constitution du pays – un texte plus que biséculaire, presque
aussi sacré que dans l'Europe médiévale le Nouveau Testament, et
à peine plus facilement amendable[2] – est d'ailleurs moins sous-
tendue par la passion de l'égalité que par les phobies mêlées de
l'État et de la « dictature ». Dictature d'un éventuel Cromwell ou,
plus tard, d'un éventuel Robespierre. Mais peur surtout du primat
de la « volonté générale », fût-elle démocratique. Une phrase-
slogan de Ronald Reagan résume assez bien l'esprit du document
de 1787 et la hantise des aristocrates qui l'ont rédigé : « Un État
qui est assez fort pour vous donner tout ce que vous voulez est
aussi assez fort pour vous prendre tout ce que vous possédez[3]. »
Depuis deux siècles, les discours et les propositions politiques des

---

1. Howard Zinn, *Une histoire populaire des États-Unis, de 1492 à nos jours*,
Agone, Marseille, 2002, p. 253.
2. En modifier une virgule requiert un vote identique et à la majorité des
deux tiers de chacune des deux chambres, puis la ratification de la modification
par les trois quarts des États. Ce qui revient à dire que les 13 États les moins
peuplés (qui ne représentent que 5 % de la population totale du pays) peuvent
théoriquement bloquer une modification souhaitée par les 95 % d'Américains
restants.
3. Cité lors de la réponse républicaine au discours sur l'état de l'Union du
président Clinton, 19 janvier 1999.

grands partis américains ont dû tenir compte de ce prédicat : la
Constitution du pays, c'est d'abord la déclaration des droits de
l'individu, de celui en tout cas que le Créateur a pourvu de droits
(il faut attendre 1870 et la fin d'une guerre civile effroyablement
meurtrière pour que le quatorzième amendement accorde, formel-
lement, aux Noirs l'accès au suffrage, lequel ne deviendra effectif
au plan national qu'à compter d'août 1965 ; et c'est avec le dix-
neuvième amendement, en août 1920, que les femmes obtiennent
le droit de vote). Un tel culte de l'individu, doublé d'une très forte
croyance en la mobilité sociale « des haillons à la fortune », a logiquement rendu les choses plus faciles pour certains partis américains que pour d'autres. L'absence d'un mouvement socialiste
puissant lui est largement imputable. L'isolement des intellectuels
radicaux va en découler. Déconnecté d'un mouvement de masse,
le marxisme devient en effet la préoccupation trop souvent exclusive de quelques sectes politiques et de professeurs ou chercheurs
relégués dans leurs universités, qui feront surtout usage du
marxisme et de leur isolement pour se persuader que leur supériorité intellectuelle leur interdit d'espérer nouer des liens avec le
peuple de leur pays, décidément trop fruste ou trop réactionnaire
pour les comprendre et pour les suivre.

Ce n'est pas que la politique soit un vain mot aux États-Unis,
mais lorsqu'ils s'affrontent sur des questions économiques et
sociales majeures les républicains et les démocrates le font à
partir de positions plus conservatrices que celles des pays européens, y compris le Royaume-Uni où, même au temps des
triomphes électoraux de Margaret Thatcher, le parti conservateur
ne remporta jamais plus de 44 % des suffrages. Il est difficile
d'imaginer en Europe un parti au pouvoir défendant des positions
aussi à droite que celles du parti républicain américain : énormes
baisses d'impôt favorisant les privilégiés, dénonciation du proto-
cole de Kyoto sur le contrôle des gaz à effet de serre, refus d'une
réglementation sérieuse du port d'armes, attrait pour la peine de
mort, condamnation de l'avortement, soutien à la politique de
colonisation israélienne, mépris rigolard à l'encontre des Nations
unies. Se fondant sur une analyse exhaustive des discours politiques des deux principaux partis américains depuis 1828, le
politologue John Gerring a pu conclure : « Si, sur la plupart des

questions relatives à la redistribution des revenus, le parti démocrate s'est situé à la droite de ses cousins idéologiques du monde anglo-européen, le parti républicain a également été à droite de ses cousins idéologiques à lui[1]. » Effet ou conséquence, en 1996 une politique publique de réduction des inégalités de revenus obtenait le soutien de moins d'un Américain sur trois alors qu'en Europe la proportion variait à l'époque entre près des deux tiers et plus des quatre cinquièmes[2]. Commentant ces chiffres – et une nuée d'autres fondant le genre de grandes études de sociologie comparative qu'il affectionne –, Seymour Martin Lipset a noté la permanence d'une disposition non égalitaire aux États-Unis : « C'est la seule nation développée qui n'a pas de système médical public universel, l'une des rares qui n'offre pas d'allocation familiale à toutes les familles. Les Américains restent plus opposés que les Européens à l'intervention de l'État dans l'économie, qu'il s'agisse du contrôle des prix et des salaires, de la création d'emplois financés par les collectivités publiques, ou de la durée hebdomadaire du travail. Ils ne sont pas davantage favorables à des réglementations en matière de ceintures de sécurité. Seuls 23 % des Américains estiment, selon une étude de 1998, qu'il est de la responsabilité de l'État de "veiller au sort des gens très pauvres qui ne peuvent pas veiller sur eux-mêmes". Ils sont moins disposés que les Européens à croire que l'État est obligé de procurer un emploi aux chômeurs, ou de garantir un revenu minimum. Les différences de valeurs entre les États-Unis et l'Europe apparaissent également en matière de mobilité sociale et de réussite individuelle[3]. » L'illusion de la prospérité, présente ou à

---

1. John Gerring, *Party Ideologies in America 1828-1996*, *op. cit.*, p. 39.
2. Chiffres tirés d'une étude comparative de 1996, cités *in* Seymour Martin Lipset, « Still the exceptional nation ? », *The Wilson Quarterly*, février 2000.
3. *Ibid*. Lipset précise que, dans une étude de 1990, seuls 31 % des Américains se disaient d'accord avec la proposition « Votre réussite dépend largement de vos origines familiales », contre 51 % des Autrichiens, 53 % des Britanniques et 63 % des Italiens. Interrogés pour déterminer la route la plus sûre débouchant sur une vie meilleure, entre travail acharné, d'une part, chance et relations, d'autre part, 44 % des Américains privilégiaient le travail acharné alors que les Européens les plus convaincus par cette croyance – les Britanniques – n'étaient que 24 % à la partager. La mobilité sociale n'est pourtant pas plus grande aux États-Unis qu'en Europe.

venir, peut jouer son rôle : 19 % des contribuables américains croient *déjà* appartenir à la catégorie du 1 % de contribuables le plus riche ; et 20 % imaginent qu'ils la rejoindront bientôt[1]... Autant dire que « faire payer les riches » est une proposition difficile à vendre dans un pays où les cibles qui se croiraient alors visées sont trente-neuf fois plus nombreuses que celles qu'on chercherait à atteindre.

Cette spécificité américaine, cette disposition à s'accommoder des rémunérations pharaoniques versées à un tout petit nombre (les dirigeants d'entreprises industrielles importantes gagnent en 2003 une moyenne annuelle de 2 250 000 dollars, c'est-à-dire trois fois plus que les chefs d'entreprises comparables de neuf pays européens[2]) ne datent pas d'hier ; des études d'opinion relèvent son existence dès les années 30[3]. En dépit de tout cela, la gauche américaine – ou, pour être plus précis, les forces sociales et politiques qui ailleurs constitueraient la colonne vertébrale de la gauche (syndicats, revenus modestes, intellectuels progressistes, patrons prêts à verser à leurs salariés des salaires plus élevés) – a exercé le pouvoir. De façon incontestable au moment du New Deal, de manière plus heurtée dans les années 60. C'est donc moins l'existence d'une disposition inégalitaire à peu près constante aux États-Unis qu'il convient d'interroger que la capacité de la proclamer et la possibilité politique de la traduire en actes, voire d'en durcir les traits.

Ronald Reagan fut démocrate jusqu'à un âge assez avancé. Son père, qui avait perdu son emploi de voyageur de commerce pendant la crise de 1929, avait été embauché par une des agences créées par le New Deal. Dans les années 50, la progression du

---

1. *Cf.* « Would you like your class war shaken or stirred, sir ? », *The Economist*, 6 septembre 2003.

2. David Reilly, « At top levels, US still leads in pay », *The Wall Street Journal*, 24 novembre 2003.

3. En 1992, l'Institut Roper posa une question qu'il avait déjà posée en 1939 : « Pensez-vous qu'une loi devrait limiter les revenus qu'un individu peut gagner dans une année donnée ? » En 1939, 24 % ont répondu oui ; en 1992, 9 %. Parmi les plus pauvres, la proportion de 1939 était de 32 % ; en 1992, de 9 %, comme le reste de la population. En 1995, un enquêteur a demandé aux Français s'il devrait y avoir un plafond aux salaires. Les réponses : 52 % de oui, 33 % de non (source : *The Nation*, 6 mai 1996).

niveau de revenus de l'acteur d'Hollywood lui fait mesurer le poids de la fiscalité et oublier ce que son père a dû à l'État. Pour justifier sa conversion, qui précède de quelques années celle de millions d'autres, que l'on appellera parfois « néoconservateurs », Reagan explique à intervalles réguliers : « Je n'ai pas abandonné le parti démocrate, c'est lui qui m'a abandonné. » Il suggère ainsi que les programmes publics, destinés à aider ceux qui veulent s'en sortir sans mesurer leur effort, se sont métamorphosés en filets de protection permanents pour les oisifs, filets entretenus par les travailleurs et les classes moyennes. La balance penche désormais trop à gauche, en somme, ou vers la mauvaise gauche, aux yeux de millions d'Américains, à l'unisson de celui qui devient leur président en janvier 1981. Et ils préfèrent retirer l'échelle de la mobilité sociale qui les a servis, eux et leurs parents, dès lors qu'elle s'apprête à être le secours de ceux – les Noirs en particulier – qui entendent les rejoindre, voire se mêler à eux.

En 2000, quand trois décennies de « réalignement » conservateur du parti démocrate eurent produit leurs effets, plusieurs millions d'électeurs de la gauche américaine reprirent à leur compte la formule reaganienne, cette fois pour justifier leur vote en faveur d'un candidat écologiste, Ralph Nader, qui n'avait aucune chance de l'emporter mais qui pouvait faire perdre l'adversaire (insuffisamment adverse) de George W. Bush : « Nous n'avons pas abandonné le parti démocrate alors qu'il avait besoin de nous. C'est le parti démocrate qui nous a abandonnés[1]. » Le président Clinton achevait alors son deuxième mandat. Il avait commencé le premier dans des circonstances difficiles : élu sur un programme de centre gauche, il dut, pour satisfaire les marchés et le président républicain de la Réserve fédérale, « choisir » de mener une politique économique conservatrice dès son arrivée à la Maison-Blanche.

On l'aura compris : s'il est déjà assez difficile d'associer un corps de doctrine constant au parti républicain, partagé à intervalles réguliers entre isolationnistes et « internationalistes », partisans de la politique de l'offre et adeptes des comptes en équilibre,

---

1. Barbara Ehrenreich (figure intellectuelle de la gauche américaine), « Third party, mainstream hopes », *The New York Times*, 26 octobre 2000.

hédonistes libertariens et moralistes religieux, la tâche est plus ardue encore dans le cas des démocrates. Même lorsque les néoconservateurs gagnent du terrain sans discontinuer ou presque, c'est-à-dire à partir de la fin des années 60, ils ne parviennent pas toujours à empêcher la désignation de candidats à la Maison-Blanche incarnant l'aile gauche du parti – mais c'est en général quand l'élection paraît perdue d'avance : George McGovern en 1972, Walter Mondale en 1984. Après la victoire de Bill Clinton en 1992, en tout cas, l'équivoque n'est plus possible ; il faut être aussi peu regardant sur l'épithète « de gauche » que Dominique Strauss-Kahn pour estimer que les démocrates américains la méritent encore[1].

Avant d'être la conséquence de la contre-révolution reaganienne, le glissement à droite des démocrates en avait toutefois été une des causes. Ici, le virage mériterait sans doute d'être qualifié de technocratique ou d'élitiste davantage que de droitier ; mais, par le cycle des défaites qu'il enclenchera, l'un va découler de l'autre. À l'origine, c'est-à-dire au XIXᵉ siècle, le parti démocrate n'était pas progressiste. Il concourait par exemple bien davantage que les républicains à l'affirmation de la suprématie raciale des Blancs et s'opposait aux programmes d'équipements publics lancés par le gouvernement fédéral : « Tous peuvent être réalisés à moindre coût par les entreprises privées ou par les autorités locales », expliquait en 1854 Stephen Douglas qui, six ans plus tard, serait le candidat que les démocrates opposeraient au républicain Abraham Lincoln. En 1888, Grover Cleveland, démocrate lui aussi, s'offusque que « des allocations sous forme de retraites soient versées à des demandeurs pour la seule raison qu'ils se trouveraient dans le besoin », « sans autre motif que leur état de nécessité »[2]. Au fond, l'idée clé des démocrates du XIXᵉ siècle – le meilleur État est celui qui gouverne le moins – va résumer plus tard l'idéologie républicaine (armée, police et

---

1. Dominique Strauss-Kahn, au journal de 20 heures de TF1, le 27 mai 1997 : « Aux États-Unis, c'est aussi la gauche qui a gagné. Clinton, c'est quand même la gauche. »

2. Cette citation et la plupart de celles qui suivent sur ce thème sont tirées de John Gerring, *Party Ideologies in America 1828-1996*, *op. cit.*, p. 169.

prisons non comprises). Une différence, toutefois, non négligeable : les démocrates ne vénèrent pas le marché et se méfient de la spéculation financière qui selon eux dépouille le travailleur des fruits de son labeur. Néanmoins, l'État fédéral – parce qu'il est lointain, généralement entre les mains des républicains, opérant en symbiose avec les intérêts des « trusts » – est perçu comme plus spoliateur encore que la main invisible.

Vers la fin du XIXe siècle, il n'y a plus place aux États-Unis pour deux partis disposés l'un et l'autre à conserver l'ordre social, voire à le « moderniser » de manière à ce qu'il devienne plus inégalitaire encore. En Europe, un épuisement du même ordre débouche sur le remplacement progressif des formations centristes, « radicales » ou agrariennes par des partis socialistes (voire communistes à partir de 1920). Cette métamorphose n'interviendra pas aux États-Unis pour un faisceau de raisons (enracinement des clivages ethniques liés à une immigration continue, mobilité sociale et géographique procurée par la « frontière », poids de la religion, idéologie individualiste, etc.). Même au temps de sa splendeur, le parti socialiste américain (PSA) ne compte que 118 000 membres. Et son candidat, Eugene Debs, n'obtient que 6 % des voix en 1912. Le système électoral à un seul tour est conçu, il est vrai, pour interdire l'apparition d'une troisième force politique. Mais, au Royaume-Uni, une contrainte semblable n'empêchera pas le surgissement du parti travailliste aux dépens du parti libéral.

Le terrain américain de la contestation anticapitaliste ne reste pas en jachère pour autant. Parallèlement au travail de mobilisation conduit par les socialistes, tournés vers la classe ouvrière, le parti populiste, puis la tendance « populiste » du parti démocrate ciblent les petits agriculteurs du type de ceux que John Steinbeck décrit dans *Les Raisins de la colère*. Cette orientation s'amplifie à partir de 1896, et elle inspirera la rhétorique officielle des démocrates, Franklin Roosevelt et Harry Truman compris, jusqu'au début des années 50. Si l'on doit évoquer ici cette phase « populiste », c'est que son abandon progressif, l'effacement du discours de classe qui la caractérise, l'enfermement dans un univers d'experts, de technocrates, d'intellectuels et d'artistes de moins en moins intéressés par la question sociale vont, à partir des années 60, libérer un électorat populaire en déshérence pour une mobilisation de type réactionnaire. D'abord « démocrates pour Nixon », puis « démocrates pour Reagan » *(Reagan Democrats)*, ces millions d'Américains reprendront la vieille antienne du « Ce n'est pas moi qui ai abandonné mon parti, c'est mon parti qui m'a abandonné ». Presque au même moment, souvent pour des raisons opposées (guerre du Vietnam en particulier), l'aile la plus à gauche abandonne le parti démocrate elle aussi…

Refus du « *populisme* » ou mépris du peuple ?

De nos jours, le populisme a d'autant plus mauvaise presse que ceux qui écrivent (ou réécrivent) l'histoire appartiennent aux milieux privilégiés et fréquentent souvent, en tant qu'experts et commentateurs, les gouvernants et les industriels. L'épithète « populiste», qu'ils dispensent généreusement à Juan Perón et à Arlette Laguiller, à Benito Mussolini et à Bernard Tapie, à Margaret Thatcher, Pierre Poujade, Silvio Berlusconi et Jean-Marie Le Pen, a surtout une fonction politique, celle de disqualifier tous ceux qui, à des titres infiniment divers, opposés même, ont remis en cause le consensus centriste, la pensée unique de leur époque, en en tirant parfois un supplément de popularité. Le lien est forcément ténu entre tous ces acteurs proclamés populistes par les gardiens de la paix intellectuelle : discours destiné aux classes populaires et moyennes, opposition aux « élites » (aristocratiques dans le cas de Margaret Thatcher), capacité de ciseler une formule qui fait mouche ou d'utiliser les moyens de communication modernes, volonté de mobiliser politiquement des citoyens excédés par le « système », la corruption, le crime. Mais si vouloir s'adresser à la majorité du peuple devient gage de populisme – et à ce titre marque d'infamie –, mieux vaudrait sans doute en revenir au suffrage censitaire, ou même ne plus soumettre les questions importantes qu'à l'arbitrage des élites éduquées. « Seule politique possible » ou populisme : l'alternative ainsi agencée par une junte inamovible de petits penseurs, abusivement qualifiés de « grands éditorialistes », a surtout pour fonction d'interdire de choisir dès

lors que les choix et les jeux sont faits. Cette mise à l'index intellectuelle et technocratique de toute contestation, « bonne » ou
« mauvaise », a perverti la gauche gouvernante américaine dès les
années 50, avant de contaminer la social-démocratie européenne
trente ans plus tard. Avec les conséquences que l'on sait sur leur
influence respective dans les milieux populaires.

Le peuple et les élites : en matière de « populisme », tout est
évidemment question de définition. Qui est le peuple ? Qui sont
les élites ? Aussi longtemps que la question ne se posa pas vraiment, le populisme ne constitua une hantise que pour la droite.
Car le peuple, c'était d'abord à gauche qu'on le trouvait. Et la
« croix d'or », la « presse de Wall Street », les « rois de la
finance qui achètent le Congrès » (William Jennings Bryan en
1896), les « cent ou deux cents "je-sais-tout" qui contrôlent les
cordons de la bourse de la Nation »[1] (Franklin Roosevelt en
1936) étaient surtout repérés dans le camp d'en face.

Les passerelles furent nombreuses entre les socialistes américains et les populistes. Mais les différences idéologiques de fond
imprimaient des identités fortement distinctes. Les populistes
américains ne remettaient en cause le capitalisme ni dans son
ensemble ni dans sa logique. Ils dénonçaient surtout ce qui faisait
obstacle à la promotion sociale de leurs électeurs dans le système
existant : privilèges politiques, cartels, monopoles, banques,
« aristocratie de papier ». La centralisation les effrayait ; ils lui
préféraient l'action des associations ouvrières et des coopératives
d'agriculteurs. À défaut d'une analyse matérialiste de l'histoire,
leur explication de ce qui advenait laissait une large place aux
complots et aux explosions de colère. « Les populistes, écrit
Christopher Lasch, n'imaginaient pas à quel point l'indignation
d'un instant retombe vite et redevient de l'indifférence sitôt que
les revendications immédiates sont satisfaites. Bien davantage
que les socialistes, disposés à un travail de longue durée pour

---

1. Cités *in* John Gerring, *Party Ideologies in America 1828-1996, op. cit.*,
p. 196. En France, à partir des années 20 et jusqu'à la Seconde Guerre mondiale,
la gauche stigmatisera les « deux cents familles », c'est-à-dire les principaux
actionnaires de la Banque de France, semi-publique jusqu'en 1936. On doit la
formule au très peu révolutionnaire Édouard Daladier, en 1934.

créer une conscience de masse de la supériorité morale de l'ordre socialiste, les populistes américains ont toujours été sujets au découragement quand leurs espoirs d'une transformation rapide se sont métamorphosés en poussière[1]. »

Contrairement à une croyance tenace, c'est à partir de 1896, et non du New Deal, que le parti démocrate rompt avec la tradition « libérale » américaine d'un État croupion pour devenir l'avocat d'une politique de redistribution des revenus. Il le fait en parvenant – comme Ronald Reagan plus tard, mais en sens inverse – à redéfinir certaines des notions de base de la culture « politique » des États-Unis : liberté, humanité, individu, famille. Sans oublier, bien sûr, la religion, dès lors que, pour les « populistes », l'égalité des origines a été détruite par l'introduction de formes non naturelles d'organisation économique. « Dieu a créé tous les hommes, explique William Jennings Bryan en 1899, et il n'en a pas créé certains pour qu'ils rampent et d'autres pour qu'ils leur grimpent sur le dos. » Franklin Roosevelt n'a qu'à reprendre cette thématique pour justifier, en 1936, les expérimentations économiques et sociales auxquelles il va se livrer, et, face aux maîtres de l'« efficience », pour excuser par avance les erreurs auxquelles ces expérimentations conduiront : « L'immortel Dante nous dit que la justice divine mesure différemment les péchés nés du cynisme et ceux qui ont pour motif le désir de bien faire. Mieux vaut les fautes d'un État qui vit dans un esprit de charité que les omissions délibérées d'un État gelé dans la glace de son indifférence. » Il enchaîne : « La liberté réclame la possibilité de gagner sa vie – une vie décente conforme au niveau général de l'époque, une vie qui ne procure pas seulement à l'homme les moyens de subsister, mais lui donne des raisons de vivre »[2]. Quatre ans plus tard, à défaut de promettre du pain et des roses, comme le fera le Front populaire français, la plate-forme du parti démocrate s'engage à « œuvrer en permanence pour une distribution équitable de notre revenu national entre tous ceux qui travaillent[3] ». Ce rappel souligne assez la

---

1. Christopher Lasch, *The Agony of the American Left, op. cit.*, p. 9.
2. Discours du 27 juin 1936, cité *in* John Gerring, *Party Ideologies in America 1828-1996, op. cit.*, p. 212.
3. Plate-forme du parti démocrate en 1940, citée in *ibid.*, p. 215.

plasticité de certains concepts et, par conséquent, le rôle important de ceux, hommes politiques ou fondations intellectuelles, qui savent les interpréter de manière à ce qu'ils favorisent des politiques particulières. Pour les pauvres et les salariés modestes, la liberté américaine, ce fut tantôt l'assurance qu'on disposerait à la fois des moyens de subsister et de « raisons de vivre » (Roosevelt), tantôt la certitude de devoir assumer, durement, seul le cas échéant, son incapacité à se procurer ces moyens-là (Reagan). En 1984, républicains et démocrates vont s'opposer, on le verra, autour de la signification d'un autre mot, également très disputé : celui de « famille », métaphore de la solidarité entre parents pour les uns, substitut à l'action de l'État pour les autres.

« Populiste » ou non, le parti de Roosevelt apprend, au cours des années 30, à tirer parti de la catastrophe économique qu'on lui lègue et du triomphe politique qu'elle lui ouvre (vingt années de présidence ininterrompue) pour transformer le terrain idéologique « de manière à pouvoir conduire, à l'échelle fédérale, pour la première fois dans l'histoire des États-Unis, les politiques sociales que les progressistes avaient imaginées depuis le début du siècle[1] ». Plus généralement, la crise de 1929, intervenue dans un contexte de capitalisme déréglementé, dissout les résistances à l'intervention de l'État dans la vie économique : redistribution des richesses, création monétaire, stimulation de la demande. Cette intervention peut être plus massive encore, comme dans le cas de la Tennessee Valley Authority[2]. Et le président démocrate ne s'interdit pas d'invoquer contre le patronat les souvenirs de la Révolution américaine : derrière les « royalistes économiques » qu'il fustige, c'est la figure honnie des anciens tyrans britanniques qu'il veut exorciser. Au début du siècle, William Jennings Bryan expliquait : « Les grandes entreprises sont des créatures de la loi. Elles n'ont d'autres droits que ceux que le peuple leur

---

1. *Ibid.*, p. 230.
2. Créée en 1933, la Tennessee Valley Authority pilotera, dans sept États du Sud, un gigantesque programme de barrages publics destiné à maîtriser les crues, à produire de l'électricité, à développer la navigation, à favoriser la bonification et la culture des terres. C'est l'un des exemples les plus spectaculaires et les plus populaires d'une intervention vigoureuse de la puissance publique dans la vie économique et sociale du pays, l'un des « joyaux » du New Deal.

confère […]. Il peut leur imposer les limitations que requiert la protection du bien public. » Roosevelt lui fait écho en 1938 : « Lorsque les intérêts du plus grand nombre sont en cause, les intérêts de quelques-uns doivent céder »[1]. Quand, avec un aplomb admirable, Ronald Reagan osera revendiquer dans les années 80 l'héritage de Roosevelt, il y parviendra en partie parce qu'il aura alors redéfini avec maestria la figure du Léviathan contrôlé par quelques-uns, auquel « le peuple » a le droit de s'opposer. Ce sera l'État. Et Reagan n'oubliera jamais de faire figurer les grandes entreprises au nombre des rebelles légitimes, puisqu'elles ont été « élues » par ce peuple qui leur achète leurs marchandises et leurs marques[2].

Aux yeux d'une coalition offensive, même la Constitution et le droit sont moins sacrés qu'on l'imagine. Dans les années 80-90, les républicains ne cessent de proposer des amendements constitutionnels destinés à institutionnaliser leurs préférences politiques et sociales : prière dans les écoles, imputation de délit (et non plus seulement d'expression discutable ou offensante) pour ceux qui brûlent des drapeaux américains, prohibition légale de tout déficit budgétaire, protection juridique du fœtus, etc. En vain, le plus souvent, mais l'effet de mobilisation est réel. Au temps de leur élan populiste, c'étaient les démocrates qui avaient assez d'audace pour discuter le caractère sacré d'une Constitution à vrai dire fort peu démocratique. Jusqu'au New Deal, ses dispositions sacralisant la propriété furent d'ailleurs sans cesse invoquées par des juges conservateurs, y compris ceux de la Cour suprême, afin d'endiguer des législations progressistes en matière de fiscalité, de droit syndical, de mise en cause des monopoles, de protection de l'hygiène et de la sécurité des travailleurs. Car non seulement la Constitution américaine n'assurait pas l'égalité qu'elle promettait, mais elle protégeait ceux que Woodrow Wilson appela en 1912 « les maîtres des

---

1. William Jennings Bryan, discours du 20 janvier 1900 ; Franklin Roosevelt, discours du 21 septembre 1938. Pour ces citations, John Gerring, *Party Ideologies in America 1828-1996, op. cit.*, p. 195.

2. Sur cette thématique du « populisme de marché », lire Thomas Frank, *Le Marché de droit divin : capitalisme sauvage et populisme de marché*, Agone, Marseille, 2003.

États-Unis », c'est-à-dire « les capitalistes et les manufactu-
riers ». L'idéologie dominante sacralisait l'individualisme ? Qu'à
cela ne tienne, les démocrates exaltaient un type particulier
d'individu : « Les hommes qui m'intéressent sont ceux dont on
n'entend jamais la voix, auxquels les journaux ne consacrent
jamais une ligne, qui ne montent jamais sur une tribune, qui n'ont
jamais accès aux responsables des affaires publiques, mais ceux
qui poursuivent dans le silence et dans la patience leur travail de
chaque jour, portant sur eux tout le fardeau du monde[1]. » On ne
parle pas de lutte de classes, bien sûr, on se défend même de
« dresser une classe contre l'autre », mais, dès 1896, on clame
que « la société est divisée par l'argent » et on se propose de
« mobiliser tous les gens qui souffrent à cause des trusts contre
les quelques individus qui dirigent les trusts »[2]. Les syndicats,
que les républicains ont sèchement éconduits, savent désormais à
qui s'adresser et pour qui voter.

L'État intervient lui aussi. À la fin du XIXe siècle, les démocrates se déclarent disposés à remiser au placard, explicitement,
l'héritage idéologique jeffersonien qui voulait que le gouvernement idéal laisse chaque individu agir à sa guise. « Quand je
rencontre un homme qui n'est pas disposé à supporter sa part du
fardeau d'une autorité publique qui le protège, s'exclame William
Jennings Bryan en 1896, j'ai en face de moi quelqu'un qui ne
mérite pas les bienfaits qu'elle lui procure. J'aime la puissance
publique et je veux la rendre si bonne qu'il n'y aura plus un seul
citoyen sur cette terre qui ne sera prêt à mourir pour elle[3]. » Mais,
là encore, pour que le discours ne choque pas trop, il est formulé
de manière à être compris comme l'actualisation, la réinterprétation de la tradition libérale américaine, et non comme sa réfutation. C'est parce que le pouvoir des fortunes et des trusts est
devenu trop grand que les démocrates doivent, presque à leur
corps défendant, équilibrer cette puissance en lui opposant celle

---

1. Woodrow Wilson, 2 septembre 1912, cité *in* John Gerring, *Party Ideologies in America 1828-1996*, *op. cit.*, p. 197.
2. William Jennings Bryan, discours de septembre 1896, cité in *ibid.*, p. 197-
198.
3. *Ibid.*, p. 207.

du gouvernement fédéral. L'État fort contre l'argent fort, en somme. Plus tard, excédés par le « communautarisme » qui suivra la contre-culture des années 60 et qui favorisera le néolibéralisme en le laissant se déployer tranquille, certains historiens américains évoqueront avec nostalgie la phase populiste du parti démocrate, celle d'un discours tranché, à la fois construit autour d'une thématique de classe et enraciné dans une longue histoire de protestations populaires[1]. L'évolution qui, à partir des années 50, va conduire les deux grands partis américains à rivaliser de faveurs à destination des milieux d'affaires justifie assurément ce genre de regrets. On aurait tort toutefois d'oublier que la priorité accordée à des clivages économiques eut longtemps pour pendant la mise en veilleuse de thèmes liés à l'égalité raciale et sexuelle, dont on redoutait qu'ils ne divisent les catégories populaires auxquelles le parti démocrate entendait s'adresser, en particulier dans les États racistes (et démocrates) du Sud. Il fallut quand même attendre 1948 pour que le président Truman proposât au Congrès une législation protégeant les droits civiques des Noirs, et 1957 pour que des lois de ce type fussent enfin votées. En cette matière et en quelques autres, le « retour du refoulé » était prévisible.

Le New Deal aux États-Unis et le Front populaire en France représentent l'âge d'or des relations entre partis progressistes, ouvriers, paysans, employés, intellectuels et fonctionnaires. Mais si, en France, les passages de la gauche au pouvoir furent – jusqu'en 1981 – toujours suffisamment brefs pour l'obliger à retourner au peuple, la situation américaine va se caractériser par l'installation à Washington, pendant près de vingt ans (1932-1952), d'une coalition informelle entre parti démocrate, chefs syndicaux, universitaires et technocrates. Progressivement, parce qu'ils seront de plus en plus mal placés pour dénoncer l'« élite », ils abandonnent aux républicains l'usage des bribes les plus réactionnaires d'un discours « populiste » laissé en jachère. Avec le maccarthysme, son puritanisme et ses chasses aux sorcières, l'intelligentsia de gauche découvre apparemment que la droite peut mobiliser une partie du peuple contre elle. Derrière le cri « Vingt

---

1. Lire à ce sujet Howard Zinn, *op. cit.* Lire aussi Christopher Lasch, *Le Seul et Vrai Paradis*, Climats, Castelnau-le-Lez, 2002.

années de trahison ! », le sénateur républicain du Wisconsin dénonce en effet pêle-mêle l'État, les universités, les grands journaux, Hollywood, tous infestés de communistes, de décadents, d'« anti-Américains » – d'ailleurs souvent juifs. En apparence, les philistins se soulèvent contre l'Amérique progressiste et savante. Elle les accueille avec mépris. Elle redécouvre le « populisme », mais pour le vouer aux gémonies. Car les intellectuels démocrates, au lieu de s'interroger sur les responsabilités de leur parti qui, à partir de 1945, avait nourri la paranoïa anticommuniste – et donc, par associations concentriques, le soupçon sur tous ceux qui pendant le New Deal avaient travaillé avec des communistes –, choisissent de traiter le « problème » comme s'il était d'abord d'ordre culturel, voire psychiatrique. Souvent cooptés par la CIA, la Rand Corporation, les instituts de recherche universitaires, ils ont d'abord servi leurs carrières et cessé à ce titre d'exercer le rôle de penseurs de la société nouvelle. Quand on ne comprend pas un peuple qu'on ne fréquente plus, mieux vaut disqualifier ceux qui l'écoutent encore : le populisme, voilà l'ennemi ! L'un des historiens américains les plus renommés, Richard Hofstadter, suggère ainsi que le maccarthysme marquait l'aboutissement d'une « tradition populiste et progressiste qui a tourné, devenant antilibérale et intempérante ». Il ne s'agissait nullement à ses yeux d'une métamorphose : la « dé-conversion » résultait du « développement de certaines tendances ayant toujours existé, en particulier dans le Midwest et dans le Sud : l'isolationnisme et l'ultranationalisme, les phobies religieuses, raciales et identitaires, le ressentiment à l'encontre des grosses entreprises, des syndicats, des intellectuels, des États du Nord-Est et de leur culture[1] ». Commode, l'assimilation entre populisme et maccarthysme était néanmoins discutable : le populisme fut particulièrement puissant dans le Sud, le maccarthysme dans le Midwest ; les populistes avançaient un programme détaillé de réformes économiques, le sénateur du Wisconsin se contentait de diatribes contre les « subversifs » ; enfin, les partisans de McCarthy correspondaient à l'électorat qui s'était *opposé* aux candidats populistes et progressistes, puis au New Deal. Au

---

1. Richard Hofstadter, *The Age of Reform*, Random House, New York, 1955.

demeurant, bien des intellectuels et syndicalistes proches du parti démocrate avaient eux-mêmes concouru à la chasse aux sorcières ; leur aversion affichée à l'égard d'une pensée d'État à la soviétique ne les avait pas toujours empêchés d'encaisser les subsides de la CIA, fût-ce par l'entremise de « fondations de paille » à peine déguisées. Au fond, le sénateur du Wisconsin poussa juste un peu plus loin qu'ils ne l'auraient souhaité un « combat pour la loyauté des intellectuels du monde » que les démocrates s'étaient fait une fierté de conduire à partir de 1947.

Au lieu d'être soumis au crible d'une analyse sociale ou historique, le phénomène « populiste » déclenche dès les années 50 la recension par les intellectuels et les instituts de recherche démocrates des traits psychologiques de l'extrémisme : un « style paranoïaque », une « tendance à vouloir séculariser une vision religieuse du monde », des allergies raciales et insulaires. Alors que c'était elle qui avait permis toutes les victoires de la gauche américaine, la classe ouvrière blanche devient suspecte. Amour de la chasse et des armes à feu, machisme, culte de la force dans les relations internationales : tout est bon pour disqualifier les nouveaux gueux. Et, sur ce terrain, chaque année plus marqué par les « aspects symboliques » que par l'analyse de la distribution du pouvoir, ce sera la ruée des experts. Le « populisme » se trouve promptement associé à une « personnalité autoritaire » résultant d'un « retard culturel » auquel on peut remédier par un programme de « rééducation »… Le tout est apprécié scientifiquement grâce à une panoplie d'entretiens de deux ou trois heures (« étude clinique intensive »), d'« échelles » (autoritarisme, antisémitisme, conservatisme, etc.) L'échelle du fascisme, par exemple, mesure l'agressivité, le cynisme, la rigidité morale, l'intolérance à l'ambivalence, l'infantilisme sexuel. Comme Christopher Lasch en fait l'observation, on définit ainsi, à partir des postulats « éclairés » de la « minorité civilisée », des « critères de santé politique auxquels seuls les membres d'une avant-garde auto-constituée [répondent][1] ». Installée au pouvoir, dorlotée de privilèges, protégée des intempéries sociales, la haute intelligentsia « progressiste » a fini par trouver le

---

1. Christopher Lasch, *Le Seul et Vrai Paradis*, *op. cit.*, en particulier les chapitres 10 et 11.

peuple un peu grossier, irrationnel, rigide, en un mot trop « populiste ». Ayant bien intégré son propre discours sur la « fin des idéologies[1] » et la légitimité des experts dans une économie industrielle moderne marquée par la « complexité » et la spécialisation croissante des problèmes à résoudre, elle en est venue presque naturellement à envisager le traitement psychologique et bureaucratique de toute dissidence populaire.

À compter des années 80, l'évolution droitière du parti démocrate n'a plus seulement des explications sociales (la rupture avec le monde du travail) ou idéologiques (la volonté de capter à son profit le vent montant de l'*ethos* individualiste). Alors que les campagnes électorales deviennent de plus en plus coûteuses, l'argent pèse de la manière la plus directe qui soit, celle de la corruption institutionnalisée[2]. La dépolitisation, en partie entretenue par les médias (qui en profitent puisqu'elle accroît leur pouvoir d'influence sur un électorat volage, désaffilié, manipulable), ouvre une place toujours plus grande aux campagnes de communication, y compris et surtout via la publicité politique, elle-même indissociable des ressources gigantesques qui financent la conception et la diffusion des spots. Le parti « républicrate » qui émerge de ces transformations ne peut plus alors faire autrement que quémander les dons des lobbies industriels, et donc devancer les demandes des possédants (lire les chapitres 5 et 7). Trente ans plus tôt, nous n'en sommes pas encore là. En 1952, le premier spot politique à la télévision (« I love Ike » [Dwight Eisenhower]) vient tout juste de faire son apparition ; les techniques de mobilisation électorale restent « traditionnelles » (parrainages des « machines » municipales ou associatives, porte-à-porte, réunions publiques). Mais la rupture des démocrates avec le discours « populiste » du New Deal, elle, est intervenue.

---

1. Daniel Bell, auteur de *The End of Ideology*, avait précédemment attribué la montée de la droite radicale aux « nouvelles angoisses sociales » nées de la prospérité...

2. En 1992, l'ensemble des campagnes électorales coûte 1 milliard de dollars ; en 2000, le chiffre dépasse les 3 milliards, largement financés par des lobbies patronaux. *Cf.* Serge Halimi et Loïc Wacquant, « Quand les entreprises "investissent" 4 milliards de dollars », *Le Monde diplomatique*, décembre 2000.

Il ne s'agit pas ici de caricaturer la posture de Roosevelt (et dans une large mesure celle de son héritier Harry Truman) afin de mieux accuser les contrastes avec leurs successeurs démocrates. L'un comme l'autre s'accommodent d'un discours « expert » et s'entourent des technocrates qui en général l'incarnent. Pendant leur présidence, la prolifération d'agences fédérales ne débouche nullement sur la transformation des caractéristiques sociales de la nouvelle classe dirigeante. Toutefois, à partir des années 50, il s'agit de tout autre chose. Alors que Truman nommait, socialement, ses adversaires et revendiquait, socialement, ses alliés (« Destinée aux riches, la proposition de loi fiscale des républicains plante son couteau dans le dos des pauvres », s'exclama-t-il, par exemple, le 15 juillet 1948), Adlai Stevenson et John Kennedy vont s'efforcer d'élargir, d'édulcorer, puis de supprimer cette rhétorique de classe, si générale fût-elle. « Le parti démocrate, souligne John Gerring, abandonne l'idiome populiste en faveur d'une philosophie universaliste. Un discours de réconciliation remplace celui du ressentiment ; la thématique très inclusive du "peuple américain" se substitue à l'évocation des sans-grade *(common man)* ; les références aux pratiques illégales des grosses entreprises sont remplacées par une perspective résolument favorable aux milieux d'affaires. 1948 sera la dernière campagne de l'ère populiste du parti démocrate[1]. »

Pour quelles raisons ? Il est certain que la conduite victorieuse de la guerre et la formidable prospérité qui a suivi ont, contrairement à ce qui se passe en Europe à l'époque, relégitimé un système économique dont la viabilité avait été mise en doute après 1929. L'idée d'un contrôle accru de l'industrie et du commerce ne semble pas s'imposer avec la même puissance dans un pays territorialement épargné par les combats et où les pénuries n'existent pas. Plus encore, la guerre froide joue son rôle. Alors qu'une « chasse aux sorcières » fait rage, chacun, et surtout les démocrates, veut se présenter non pas seulement comme l'adversaire des communistes, mais comme le plus étranger aux thèmes et aux discours qui leur sont associés de

---

1. John Gerring, *The Development of American Party Ideology, 1828-1992*, thèse de l'université de Californie, Berkeley, 1993, chapitre 6.

près ou de loin. Puisque des militants communistes ont soutenu Roosevelt et influencé de grands syndicats ouvriers (dockers, automobile), les démocrates, comme pour se laver de tout soupçon de proximité avec les « subversifs », en rajoutent dans le combat contre les nouveaux « antiaméricains ». C'est à partir de cette époque qu'un petit groupe d'intellectuels de gauche (Norman Podhoretz, Irving Kristol) s'éloignent des combats progressistes pour privilégier la grande croisade antisoviétique, avant de finir « démocrates pour Reagan », puis partisans de George W. Bush. Une décantation de ce type interviendra à nouveau au moment de la guerre du Vietnam et de la fracture entre démocrates traditionnels, partisans de la victoire, et « nouvelle gauche », déchaînée contre la guerre.

Dès le début des années 50, en tout cas, Adlai Stevenson, candidat démocrate à la Maison-Blanche en 1952 et en 1956, invoque un « conflit avec les forces des ténèbres. Nous affrontons un ennemi plus puissant qu'aucun autre que l'Amérique ait connu. Il ne fait pas de quartiers et ne peut pas être apaisé. Son objectif est la conquête totale, pas seulement de la planète, mais aussi celle de l'âme humaine. Il veut détruire l'idée même de liberté, le concept de Dieu. Et Dieu nous a confié une mission redoutable : rien moins que le leadership du monde libre[1] ». La suite ne ressemble pas forcément à une coïncidence : « Le parti démocrate est contre le socialisme sous toutes ses formes. Je suis opposé à la médecine socialisée, à l'agriculture socialisée, à la banque socialisée ou à l'industrie socialisée. » Une précision en entraînant une autre, Stevenson enfonce le clou : « L'hostilité des milieux d'affaires aux démocrates est une des absurdités de notre époque[2]. » Peu à peu, le capitalisme devient sanctifié, et sa réforme moins urgente. La plate-forme démocrate de 1964 proclame le système américain de libre entreprise « une des grandes conquêtes de la pensée et de l'esprit humain[3] ».

---

1. Adlai Stevenson, discours du 18 octobre 1952, cité *in* John Gerring, *Party Ideologies in America 1828-1996, op. cit.*, p. 252.

2. Interview de 1952, citée *in* Herbert Parmet, *The Democrats : The Years after FDR*, Oxford University Press, New York, 1976, p. 111.

3. John Gerring, *Party Ideologies in America 1828-1996, op. cit.*, p. 237.

La prise de distance avec les syndicats en découle. Pendant près de cinquante ans, les démocrates avaient admis que le mouvement ouvrier serait un des principaux acteurs de la dynamique de progrès social. À partir des années 50, en partie pour répondre aux charges des républicains, qui matraquent l'idée que leurs adversaires ne sont que des appendices de l'AFL-CIO, Stevenson puis Kennedy insistent sur leur « indépendance ». Et, sans doute pour ne plus provoquer « l'hostilité des milieux d'affaires », ils s'abstiennent de répliquer que la paille syndicale qui obscurcirait leur vue n'est rien à côté de la poutre patronale que leurs adversaires républicains ont dans l'œil. À mesure que le syndicalisme américain perd en vigueur, les attaques dirigées contre lui redoublent et le soutien qu'il apporte à ses amis devient perçu comme un handicap politique, presque une honte. Au nombre des candidats démocrates à la présidence des États-Unis, seuls Hubert Humphrey en 1968, Edward Kennedy en 1980 et Walter Mondale en 1984 se prévaudront de l'appui du mouvement ouvrier ; tous trois perdront. Dans les années 80, il devient même courant d'entendre certains candidats démocrates, qu'on nommera d'ailleurs les « néolibéraux », reprocher à leurs concurrents du même parti d'avoir obtenu l'appui des syndicats (lire chapitre 7). En revanche, le concours, y compris financier, d'un patronat jugé autrefois susceptible de planter « son couteau dans le dos des pauvres » ne pose plus aucun problème.

Au plan du discours, des termes vont logiquement disparaître du lexique démocrate – « spéculation », « usure », « oppression » –, remplacés tantôt par des généralités humanistes, souvent proférées sur un ton geignard douloureusement empreint de bonnes intentions, tantôt par les exposés hautains et glacés des experts. La peur du « radicalisme » devient telle qu'on impute ce trait – cette pathologie ? – à l'adversaire en se réservant la désignation plus apaisante de « conservateurs ». « L'étrange alchimie du temps, explique Adlai Stevenson en octobre 1952, a d'une certaine manière converti les démocrates en vrai parti conservateur de ce pays – le parti dédié à conserver tout ce qu'il y a de mieux et à construire, solidement et tranquillement, sur ces fondations. Les républicains, au contraire, se comportent comme un parti radical, voué à démanteler les institutions que nous avons ancrées solidement dans notre tissu social[1]. » Plus tard, en particulier à l'époque de Jimmy Carter, puis à celle de Bill Clinton, ce sera avec le terme même *liberal* (que l'on peut traduire par « progressiste ») que les démocrates marqueront leurs distances. Cet affadissement idéologique, cette crainte de paraître plus audacieux qu'ils ne sont, cette association à l'ordre social et international ne seront pas sans conséquences au moment qui nous intéresse, celui où cet ordre commence à être remis en cause. Ils transforment en effet le parti démocrate en cible presque prioritaire des mouvement radicaux que les années 60 font surgir des flancs de la jeunesse contestataire. Ainsi, même si la coïncidence de ces deux évolutions n'implique pas qu'elles soient imputables aux mêmes facteurs – parfois, ce sera tout le contraire –, l'ancien parti du New Deal va perdre presque simultanément l'appui de sa base ouvrière et celui de ses franges les plus radicales.

Les choses n'en restent pas là. Très timidement à partir de la fin des années 50, plus ouvertement au cours de la décennie suivante, les démocrates semblent découvrir que l'égalité raciale ne règne pas aux États-Unis, et moins que jamais dans les États du Sud, où ils font office de parti unique depuis Franklin Roosevelt. Pendant que les dirigeants nationaux se soucient en priorité des « infiltrations communistes » dans le mouvement des droits civiques, il existe encore des endroits où, au début des années 60, 90 % des terres sont la propriété de quelques dizaines de familles, toutes blanches ; des comtés où, grâce à la couleur de leur peau, certains morts sont mieux représentés que les vivants. En 1965, par exemple, les listes électorales de Lowndes, en Alabama, ne recensent *aucun* des 12 000 résidents noirs, alors qu'y figurent 118 % des électeurs blancs potentiels[2]… Le parti démocrate, qui s'éloigne des thèmes économiques et sociaux opposant le « peuple » (implicitement

---

1. Adlai Stevenson, discours du 3 octobre 1952, cité in *ibid.*, p. 249.
2. Lire sur le sujet l'enquête d'Andrew Kopkind, « The lair of the black panther », *The New Republic*, 13 août 1966. Ce texte et des dizaines d'autres du même auteur qui évoquent les mobilisations politiques des années 60 ont été rassemblés dans Andrew Kopkind, *The Thirty Years' Wars*, Verso, Londres, 1995. En 1964, seuls 6 % des Noirs du Mississipi participent à l'élection présidentielle. En 1968, grâce au Voting Rights Act de 1965, ils seront près de 60 % à le faire.

blanc) aux élites, se penche sur le sort des « minorités », d'abord raciales, puis sexuelles. Sa plate-forme présidentielle de 1972 proclame fièrement « le droit d'être différent ». Vingt ans plus tard, devenu « le parti de l'inclusion », il claironne avec Bill Clinton sa « fierté particulière de l'émergence dans notre pays de la république multiraciale et multiethnique la plus importante et la plus harmonieuse *[most succesfull]* du monde », et il s'engage à « faire comprendre à tous les Américains la diversité de [leur] héritage culturel[1] ». Il ne s'agit pas de regretter une telle évolution en soi – la somme de discriminations subies par les Noirs, les femmes, les homosexuels, les Indiens, les handicapés, etc., imposait qu'ils bénéficient d'un rattrapage volontariste –, mais plutôt de constater que la mise à niveau intervient alors que les démocrates paraissent avoir fait leur deuil d'un discours de mobilisation « populiste ». Or la montée simultanée d'un unanimisme de classe et d'un communautarisme de groupe va provoquer des effets politiques délétères.

Se voulant le parangon d'une harmonie multiculturelle, le parti démocrate n'invoque pas pour y atteindre le combat social et solidaire d'autrefois, mais la propagation des idées de communauté partagée, de morale universelle, voire de simple « décence », autant de sentiments dont il escompte qu'ils seront imposés par les tribunaux et par les médias davantage que par les mobilisations populaires. La notion de conflit n'a pas disparu, seulement sa réalité : « Partageant la langue anglaise entre mots à connotation positive et mots à connotation négative, ironise John Gerring, le candidat [démocrate] n'a plus qu'à souligner qu'il soutient inconditionnellement les premiers et condamne les autres. Les programmes politiques sont présentés sous forme de "guerres" ou de "croisades", mais les ennemis choisis sont également honnis par les républicains et par les démocrates – l'inflation, le chômage, le déclin national, la médiocrité rampante, la subversion intérieure[2]. » Quand elle prendra définitivement le pas sur celle de la justice sociale, la rhétorique de l'« inclusion » amplifiera l'effet

---

1. Plate-forme du parti démocrate pour l'élection présidentielle de 1992, citée *in* John Gerring, *Party Ideologies in America 1828-1996, op. cit.*, p. 245.

2. John Gerring, *The Development of American Party Ideology : 1828-1992, op. cit.*, chapitre 6.

démobilisateur, voire conservateur, du discours démocrate. Car il s'agit bien d'être inclus, intégré, dissous dans le monde tel qu'il est, de plus en plus socialement inégalitaire, et de pouvoir exhiber davantage de femmes, de Noirs, d'homosexuels, de Latino-Américains dans les corridors du pouvoir. Alors qu'enflent les voiles de la contre-révolution conservatrice, avec ses composantes racistes et puritaines, les républicains occupent déjà la position avantageuse de porte-parole d'une nation américaine que leurs adversaires prétendent fractionner pour mieux l'inclure dans sa totalité. Étant constamment minoritaires au Congrès (ils le resteront jusqu'en 1995), les républicains peuvent aussi se proclamer en partie étrangers au *statu quo* politique et à la technocratie qui le gère[1].

Le surgissement de la contestation

Évoquant les dirigeants noirs américains, Erving Goffman a suggéré qu'avec leur institutionnalisation, dans les États du Nord-Est et du Midwest en particulier, ils vont cesser de s'adresser à la société au nom des réprouvés et devenir les avocats de la société – c'est-à-dire des ajustements qu'elle requiert – *auprès* des réprouvés[2]. Pour certains, cela pourra aller jusqu'à concéder que la discrimination dont souffrent les autres Noirs est plus imaginaire que réelle, provoquée par des défaillances individuelles – la reconnaissance sociale dont ils jouissent eux-mêmes prouvant *a contrario* le caractère démocratique du pays. À entendre ces porte-parole, il convient alors de « résoudre et de prévenir les conflits plutôt que de les conduire à leur terme[3] », de définir les intérêts de leurs mandants de manière tellement restrictive que leur défense

---

1. Entre 1955 et 1995, les démocrates contrôlent sans interruption la Chambre des représentants, et le Sénat la plupart du temps. Politiquement, les choses sont moins claires dans ces enceintes parlementaires où la discipline de parti n'existe pas.

2. Erving Goffman, *Stigma : Notes on the Management of a Spoiled Identity*, Prentice Hall, Englewood Cliffs, 1963.

3. Lire Christopher Lasch, « The end of populism », in *The Agony of the American Left*, *op. cit.*, p. 28.

n'implique plus la moindre critique du *statu quo*. Quand la guerre du Vietnam s'intensifie, les organisations noires les mieux intégrées au jeu politique et les syndicats traditionnels doivent néanmoins constater que les marchandages au sommet de ce type suscitent des difficultés croissantes. Négocier avec une administration démocrate, accepter des compromis avec elle, c'est prendre le risque de s'aliéner une fraction radicalisée qui, elle, refuse de se compromettre. Car le parti démocrate a cessé d'être l'allié, même décevant, des éléments les plus avancés de la société américaine. Et il s'apprête à devenir leur principal adversaire.

Interrompant la somnolence des années Eisenhower, la présidence Kennedy (1961-1963) favorise un réveil politique. L'assassinat de Dallas, en novembre 1963, ouvre la voie à cinq années de mobilisation et de tragédies exceptionnelles, dissipant pour longtemps les illusions d'une fin de l'histoire. Le mouvement noir arrache ses plus grandes victoires[1], mais il voit tomber ses plus grands leaders sous les balles des tueurs (Malcolm X en 1965, Martin Luther King trois ans plus tard) ; la guerre du Vietnam s'amplifie et s'enlise ; des étudiants lancent un « mouvement » qui tente de fédérer les contestations. L'opposition entre démocrates et radicaux de gauche atteint le point de non-retour après le meurtre de Robert Kennedy (juin 1968). Il prend la forme d'émeutes raciales à Los Angeles, de manifestations contestataires à Chicago, sauvagement réprimées par le maire démocrate. En novembre 1968, à l'issue d'une campagne au cours de laquelle il a martelé son intention de rétablir « la loi et l'ordre », le républicain Richard Nixon est élu président des États-Unis. Une fraction appréciable de l'électorat populaire blanc l'a soutenu, en particulier dans les États du Sud et du Midwest. Autrefois acquis au discours populiste des

---

1. En 1964, la loi sur les droits civiques, le Civil Rights Act, interdit la discrimination « de race, de couleur, de sexe ou d'origine nationale pour l'ensemble des pratiques concernant l'emploi : embauche, renvoi, salaire, formation, sanctions disciplinaires et avantages sociaux ». En 1965, c'est le Voting Rights Act qui garantit à l'échelle fédérale le droit de vote des Noirs et celui d'être représenté au Congrès (contrôle du découpage électoral des circonscriptions). En 1967, le programme de discrimination positive est créé. Dans les secteurs où il emploie un nombre insuffisant de Noirs et de femmes, l'entrepreneur doit « fixer des objectifs et un calendrier d'application qu'il s'engage à respecter pour combler ces lacunes ».

démocrates, ces Américains ont basculé à droite, effrayés par le
« désordre » que provoquent dans leur existence l'égalité raciale,
les manifestations violentes, la « désobéissance civique », la
libération des mœurs. Ce peuple-là, que le déclassement social
(c'est-à-dire souvent, aux États-Unis, l'obligation de vivre à
proximité des Noirs) semble menacer, en a assez des expérimentations qui se font sur son dos. Quand les murs se referment sur
eux, les gens se retournent les uns contre les autres.

Power to the people : empruntant son slogan aux Black
Panthers, la nouvelle gauche des années 60, celle dont les parents
avaient fait le New Deal, essaie de contre-attaquer en mobilisant
politiquement des groupes que les démocrates au pouvoir préfé-
reraient voir rester tranquilles – Noirs, travailleurs agricoles
hispaniques, mineurs des Appalaches –, ayant alors d'autres priorités : l'intensification de la guerre du Vietnam, la défense du
complexe militaro-industriel, la préservation d'un État-providence « qui maintient les pauvres en vie, à condition qu'ils
restent pauvres et sans pouvoirs[1] ». Involontairement, les
étudiants radicaux, qui escomptent une contagion des soulèvements contre le « système », vont accélérer le basculement à
droite des « petits Blancs » pris dans l'étau du déclassement,
entre un État qui ne les protège plus et des minorités raciales dont
le contact les terrifie. Une telle évolution était prévisible tant ces
étudiants, socialement privilégiés et sans tradition politique
(jusqu'à cette date, les campus américains n'avaient pas été un
lieu de mobilisation particulier), voyaient dans la classe ouvrière
de leur pays une somme d'embourgeoisement, de matérialisme,
de sexisme, de nationalisme et de racisme. Cette « barrière des
valeurs », les républicains en feront le meilleur usage, de Richard
Nixon en 1968 à Ronald Reagan en 1980, puis à George H. Bush
en 1988, avant que son fils n'en profite à son tour[2]. Tandis qu'ils

---

1. Andrew Kopkind, *op. cit.*, p. 30.
2. Lire en particulier Thomas Byrne Edsall et Mary Edsall, *Chain Reaction :
The Impact of Race, Rights and Taxes on American Politics*, Norton, New York,
1991, et Earl Black et Merle Black, *The Vital South : How Presidents are Elected*,
Harvard University Press, Cambridge, 1992. Dans le cas de George W. Bush, lire
Thomas Frank, « Cette Amérique qui vote George W. Bush », *Le Monde diplomatique*, février 2004.

œuvreront économiquement pour les riches, ils proclameront leur attachement à une culture populaire que la nouvelle gauche n'a cessé de brocarder et que les démocrates croient savoir « traiter » par les médias et par la loi.

Dès la fin des années 60, les arrangements de l'ordre keynésien se délitent, les marchandages institutionnels au sommet n'empêchent plus la mobilisation de la base, la guerre du Vietnam s'enlise, le centre s'écroule. « *No peace, no justice*, avait expliqué Martin Luther King lors des soulèvements urbains, les bombes qui tombent sur l'Indochine explosent sur nos villes. » Mais le « mouvement » – contestataire, de gauche, indépendant du parti démocrate –, dont en 1968 l'offensive du Têt au Vietnam va décupler l'énergie, est encore trop jeune, trop faible, beaucoup trop méprisant à l'égard du prolétariat blanc et des syndicats pour cristalliser la coalition « populiste, progressiste et internationaliste » dont rêvent à l'époque certains intellectuels. Vient l'heure de la réaction, celle des républicains. « Je ne suis pas contre les gens de couleur, je suis contre les émeutes », plaideront bon nombre de « petits Blancs » de plus en plus réceptifs aux discours de la droite[1]. La contagion de l'esprit de libération s'interrompt pour de bon, remplacée par la fragmentation des identités particulières. Alors qu'il aurait fallu élargir le mouvement, mobiliser ceux qui ont baissé les bras, combattre la tentation du repli racial ou sectaire, les solidarités éclatent. Le système s'enracine, les contestations lui servant même « d'aphrodisiaques dans la climatisation, d'hallucinogènes dans l'eau courante[2] ». À défaut d'une révolution politique, les convulsions des années 60 débouchent sur un nouveau style – récupérable, lucratif, amusant et « branché ». Et la « grande révolution culturelle bourgeoise[3] » régénère cahin-caha un système qu'elle entendait mettre à bas. Économiquement,

---

1. Lire, sur le sujet, le beau texte d'Andrew Kopkind, « Blue collars and white racism », *Mayday*, 11 octobre 1968 (in *op. cit.*, p. 140-145). Dans cet article, modèle de journalisme, l'auteur est en effet capable de rentrer dans les raisons de ses adversaires et, quand ceux-ci sont issus des milieux populaires, d'éviter de leur opposer mépris de classe ou dédain culturel. L'essentiel de la presse française, du *Monde* à *Charlie Hebdo*, procède de la manière inverse.
2. Andrew Kopkind, *op. cit.*, p. 150.
3. *Ibid.*, p. 153.

socialement, politiquement, l'ordre keynésien a craqué. Mais, déjà aléatoires dans les meilleures des circonstances, les perspectives d'un dépassement de gauche ont été ruinées pour des raisons qui seront récurrentes, aux États-Unis et ailleurs : les contestataires ne savent pas s'adresser à d'autres classes que la leur (ou à d'autres interlocuteurs que les médias, ce qui revient souvent au même) ; ils veulent avant tout célébrer leur radicalité, parfois circonscrite à un petit territoire culturel et « sociétal », leur relativisme des « identités » et du métissage. S'interdisant tout discours collectif, toute affirmation à caractère universel, ils ne peuvent pas parler à des groupes dont le niveau de conscience diffère du leur. Ils n'essaient pas souvent, d'ailleurs.

Le mépris de classe que leur voue une partie de la gauche radicale, son « complexe de supériorité à l'encontre des masses obscurantistes, un refus de créditer leurs adversaires d'intentions respectables, une réticence croissante à soumettre leur politique à l'approbation publique[1] » précipitent à droite des millions d'Américains : des ménagères antiféministes qui, par panique identitaire, par peur d'un monde qu'elles ne comprennent plus, se raccrochent désespérément à la famille traditionnelle ; des ouvriers et des employés blancs qui n'apprécient pas les leçons de tolérance raciale que des privilégiés, souvent, entendent leur enfoncer dans le crâne. « Les gens, explique Andrew Kopkind, n'aiment pas qu'on les traite de "racistes" quand leurs cœurs commencent à soupçonner que d'autres motifs que celui-ci les anime[2]. » Au total, des millions d'individus obscurs « qui souffrent et qui confondent ceux qui souffrent comme eux avec ceux qui les tourmentent[3] » désertent les rangs d'une gauche qui paraît les avoir abandonnés, et avec eux un discours sur le bien commun. C'est le long *backlash* (ou retour de bâton) qui commence. Quiconque cherche à expliquer l'essor du conservatisme américain ne peut que buter sur ce changement de camp d'une fraction des catégories populaires. L'explication vaudra pour d'autres pays, dont la France, mais deux ans avant l'élection

---

1. Christopher Lasch, *Le Seul et Vrai Paradis, op. cit.*, p. 372.
2. Andrew Kopkind, *op. cit.*, p. 143.
3. *Ibid.*, p. 308.

de Reagan Pierre Dommergues remarque à propos des États-Unis et de son petit peuple de droite : « Ces hommes et ces femmes ne sont pas fascistes. Ils ne désavouent pas les grands principes constitutionnels. Mais, confrontés au chômage et à la dégradation de leur pouvoir d'achat, ils oublient leurs idéaux, s'accrochent à leurs maigres privilèges et remettent en question les acquis égalitaires arrachés par les minorités à une époque de forte croissance. Il suffit de peu pour que ces victimes de l'austérité nouvelle basculent du côté de la réaction. La gauche n'a pas réussi à leur ouvrir les yeux. La droite leur offre une explication, des boucs émissaires et des modalités d'action[1]. » À partir de 1973, le niveau de vie de la majorité des ménages américains cesse en effet de croître. Au moment où ils ont le sentiment que l'État les abandonne à leur sort, l'inflation s'envole, précipitant avec elle des millions de familles dans des tranches d'imposition plus élevées, ce qui habitue ces contribuables à prêter davantage l'oreille aux jérémiades antifiscales des républicains. La conversion idéologique prend souvent un tour racial. Thomas et Mary Edsall rapportent le témoignage d'un menuisier blanc de Chicago en 1988 : « La plupart des gens qui ont besoin d'aide sont noirs. Et la plupart des gens qui aident sont blancs. Nous en avons assez de payer pour les HLM de Chicago et pour les transports en commun que nous n'utilisons pas[2]. » Ceux qui sont en colère se trompent parfois de colère.

Il ne faut pas cependant se contenter d'ironiser à propos de la « gauche américaine », ne souligner que son isolement social, son culte adolescent de la « génération », ses palabres d'autant plus enflammées que son action militante se cantonne au périmètre de la bibliothèque universitaire[3]. Un historien aussi peu susceptible que Christopher Lasch de célébrer le culte des acteurs de la

---

1. Pierre Dommergues, « L'essor du conservatisme américain », *Le Monde diplomatique*, mai 1978.
2. Thomas et Mary Edsall, *op. cit.*, p. 6. Les quartiers du sud de Chicago, desservis par des transports publics souvent en mauvais état, étaient à l'époque noirs à plus de 95 %. Lire sur le sujet Serge Halimi, « L'université de Chicago, un petit coin de paradis au cœur du ghetto », *Le Monde diplomatique*, avril 1994.
3. *Cf.* Todd Gitlin, *The Twilight of Common Dreams : Why America is Wracked With Culture Wars*, Metropolitan Books, New York, 1995.

« pensée 68 » étoilée leur a concédé que, à défaut de révolutionner la société, ils ont « communiqué à bien des gens un sentiment de crise, la conscience de l'incapacité du système à répondre à leurs besoins, ce qui a métamorphosé des admirateurs de la démocratie américaine en critiques inflexibles[1] ». À leur manière, les militants contestataires vont contribuer à la vidange intellectuelle de la guerre froide – son bourrage de crâne, ses chasses aux sorcières, son apathie, sa servilité, sa médiocrité et sa peur[2]. Certaines des aspirations associées à la nouvelle gauche – intégrité individuelle, authenticité, autonomie, créativité, compréhension de soi, libération sexuelle – vont assurément déboucher sur une « culture du narcissisme » dont les aspects les plus détestables envoûteront les publicitaires et contamineront le parti démocrate (culminant dans la fausse sincérité manipulatrice d'un Bill Clinton, par exemple). Mais l'héritage comporte aussi ses dimensions admirables, dont on chercherait en vain la trace dans les textes de leurs adversaires plus « réalistes ». Document fondateur du mouvement contestataire, le manifeste de Port Huron, en 1962, est bien sûr une proclamation d'avant-garde eu égard au niveau de conscience culturelle et sociale des États-Unis à cette époque. Toutefois, déjà, outre la prise en compte du sort des défavorisés de « l'autre Amérique », y compris celle des Noirs qu'on envoyait mourir dans les guerres du « monde libre » alors que, dans le Sud, la plupart d'entre eux ne pouvaient toujours pas voter, il proclamait l'exigence d'une « démocratie participative », le refus d'un capitalisme automatisé, autoritaire, destructeur des rapports humains, « société de masse » opérant à la manière d'une machine à fabriquer de l'aliénation, de la passivité et de la solitude. Il n'y avait pas là d'abord, comme l'ont prétendu ensuite bien des participants ralliés à l'ordre capitaliste, une aspiration à un Woodstock permanent qui aurait été satisfaite par de nouvelles consommations culturelles, et leur cortège de transgressions symboliques, médiatisées de préférence. Le

---

1. Christopher Lasch, *The Agony of the American Left*, *op. cit.*, p. 189.
2. Lire l'ouvrage collectif *The Cold War & the University*, The New Press, New York, 1997. Lire aussi Frances Stonor Saunders, *Qui mène la danse : la CIA et la guerre froide culturelle*, Denoël, Paris, 2003.

mouvement portait en lui une critique *sociale* de la « démocratie » consumériste à l'américaine. Il était conscient des enjeux
de la guerre froide, de l'identification entre rationalité universitaire et technocratie au pouvoir, consommation des biens et
défense du « monde libre ». Car la consommation de masse désa-
morce la politique « de classe ». Elle joue « un rôle politique
positif dans l'idéologie des affaires : la démocratie apparaissait
comme l'expression naturelle de la production américaine, sinon
comme un sous-produit du système marchand[1]. » À Port Huron,
c'étaient plutôt marchandise et malaise qui allaient de pair :
« Les étudiants de notre génération qui ont grandi au milieu d'un
certain confort observent avec un sentiment de malaise le
monde qu'ils vont hériter […]. Les hommes sont riches d'un
potentiel laissé en friche. Celui de se cultiver, de se diriger, de se
comprendre et de créer. »

Idéalisme ? incantation héroïque ? ignorance des pesanteurs
qui structurent la société américaine ? discours de petit-bourgeois
repus ? On peut faire ces reproches et quelques autres. À condition de ne pas oublier qu'à l'époque et jusqu'au milieu des
années 70, quand les intellectuels dominants (et au service de la
domination) parlaient de « crise de la démocratie », ce n'était pas
le taux d'abstention ou l'étendue du cynisme qui les inquiétait,
mais une « vitalité excessive », un niveau de participation politique et sociale tel qu'il rendait plus difficile la « gouvernabilité
des sociétés » (lire chapitre 5). Inspirés par Henry David Thoreau
et par le radicalisme démocratique de Tom Paine, la soixantaine
de militants de Port Huron appelaient au contraire à « voter non
pas seulement avec un bulletin de papier, mais avec vos vies
entières ». L'invocation était sans doute ambitieuse. Et, en définitive, la nouvelle gauche fut aussi victime… de son âge. Mouvement générationnel réclamant une implication énorme de ses
militants (« vos vies entières »), il vit ces derniers s'en détacher
au moment de travailler, de se marier, d'élever une famille, de

---

1. Stuart Ewen, *Consciences sous influence : publicité et genèse de la société
de consommation*, Aubier, Paris, 1983, p. 96, cité *in* Jean-Claude Michéa,
*Impasse Adam Smith : brèves remarques sur l'impossibilité de dépasser le
capitalisme sur sa gauche*, Climats, Castelnau-le-Lez, 2002, p. 70.

faire des économies, de consommer, de s'établir dans les banlieues, souvent cossues, comme force d'encadrement d'une classe ouvrière que dix ans plus tôt ils brocardaient parce qu'elle osait privilégier des revendications matérielles. Et qu'elle voulait elle aussi gagner sa vie, se marier, faire des enfants, faire des économies, s'établir, consommer...

Dès le début des années 70, l'équilibre politique américain incline à droite. Néanmoins, le soulèvement contestataire n'a pas encore épuisé ses effets d'entraînement ; pendant quelque temps, féministes, écologistes, homosexuels et « minorités » nationales et raciales continuent à marquer des points. La société ne retombe pas dans la torpeur des années Eisenhower, les retours de bâton viendront plus tard. La bataille pour l'égalité sociale et la « guerre contre la pauvreté » ont en revanche déjà rendu l'âme. En comprendre la raison interdit de s'en tenir à un déterminisme de type économique. Assurément, les États-Unis ne se trouvent plus à l'époque, depuis longtemps, dans la situation qui avait donné naissance au mouvement populiste à la fin du XIXe siècle, quand les agriculteurs et les travailleurs manuels représentaient deux tiers de la population active. Mais le gonflement des classes moyennes n'a pas déterminé à lui seul le changement de ton politique. Le discours égalitaire et revendicatif aurait sinon refleuri ces vingt dernières années à mesure que l'Amérique redécouvrait les écarts de fortune de l'ère des « barons voleurs ». Les États-Unis sont en effet aujourd'hui le pays le plus inégalitaire du monde occidental. Le 1 % d'Américains le plus riche détient plus de 40 % de la richesse nationale[1], une proportion proche du sommet atteint en 1929 (44,2 %), alors que pendant près d'un demi-siècle elle avait baissé (pour atteindre 19,9 % en 1976). Les idées ont des conséquences... Or non seulement nul démocrate ne fustige plus, comme Franklin Roosevelt en 1933, les « manipulateurs d'argent sans scrupule », mais en 2001 le président George W. Bush a réussi sans effort à faire voter, avec le soutien de quarante parlementaires de l'opposition (vingt-huit

---

1. Très exactement 40,1 % en 1997 (cité *in* Kevin Phillips, *Wealth and Democracy : A Political History of the American Rich*, Broadway Books, New York, 2002, tableau 3-5, p. 123).

représentants et douze sénateurs), une réduction d'impôt d'un montant de 1 350 milliards de dollars, essentiellement destinée à ceux qui occupent déjà le faîte de la pyramide sociale. Au point que Lewis Lapham, directeur du magazine *Harper's*, a avancé : « Aucune nation dans l'histoire de l'humanité n'a mis au point sans effusion de sang un transfert de richesses aussi massif en aussi peu de temps[1]. »

Si l'aliment d'un éventuel discours populiste ne manque pas, la disposition à en faire usage, si. Les changements idéologiques consécutifs à l'épuisement de la thématique du New Deal et à l'institutionnalisation de la corruption politique sous forme de financement des élections par les entreprises sont passés par là. Les vieux réflexes peuvent revenir, ils restent sans lendemain. Quand, par exemple, Bill Clinton accède à la présidence, en 1992, il le doit à une élection triangulaire, et à une analyse économique que les grands esprits jugent un peu fruste, voire « populiste » : « Il faut d'abord penser au peuple. [...] Comment peut-on demander aux gens qui travaillent ou aux pauvres de faire preuve de responsabilité quand ils savent que les patrons des grosses entreprises ont augmenté leur paie quatre fois plus vite que celle de leurs employés et trois fois plus vite que les profits de leur société ? Et, quand ils ont provoqué la faillite de leur entreprise et que leurs employés se sont retrouvés à la rue, qu'ont-ils fait, eux ? Grâce à leur parachute doré, ils ont atterri dans une nouvelle vie bien douillette[2]. » Ce constat n'empêchera pas le nouveau président de laisser se creuser les inégalités sociales, de négocier avec les républicains la ratification d'accords de libre-échange qui décupleront le sentiment d'insécurité du salariat américain, d'abolir l'aide fédérale aux pauvres, de se montrer infiniment plus empressé auprès de la firme de Wall Street Goldman Sachs (qu'avait dirigée son ministre des Finances Robert Rubin) qu'auprès des syndicats. Candidat contre Clinton, le milliardaire indépendant Ross Perot avait compris que

---

1. Lewis Lapham, « When in Rome », *Harper's*, janvier 2003.
2. Bill Clinton, déclaration de candidature à la présidence des États-Unis, Little Rock (Arkansas), 3 octobre 1991 ; texte intégral cité *in* Bill Clinton et Al Gore, *Putting People First*, Times Books, New York, 1992, p. 195.

les discours d'un jour, les patrons américains ne s'en souciaient pas : « Ils se disent : OK, les hommes politiques vont devoir nous rudoyer pour avoir l'air de populistes. Mais, une fois qu'ils sont élus, c'est à nous qu'ils appartiennent. »

Entre 1973 et 1976, le scandale du Watergate va masquer le retournement politique conservateur qui l'a précédé, et il explique la victoire, à contre-courant, de Jimmy Carter sur son adversaire républicain Gerald Ford, en novembre 1976. Mais le nouveau président, élu de justesse, est plus soucieux de moralité individuelle que d'égalisation des conditions sociales. Et il a fait son deuil de l'activisme de la puissance publique : « Ce n'est pas l'État qui peut résoudre nos problèmes, explique-t-il un an après son arrivée à la Maison-Blanche. Il ne peut pas fixer nos objectifs. Il ne peut pas définir notre vision. Il ne peut éliminer la pauvreté ou assurer l'abondance ou réduire l'inflation. Il ne peut pas sauver nos villes, lutter contre l'analphabétisme ou nous procurer de l'énergie. [...] C'est au secteur privé et non à l'État qu'il convient de conduire l'expansion à l'avenir. [...] En somme, nous ne pouvons pas diriger tout et tout le monde en même temps[1]. » Cet État social décrété impotent par le parti qui en a été l'architecte, Ronald Reagan va l'attaquer de front. Les démocrates ont abjuré une politique mobilisant le peuple contre les riches, puis ils ont voulu masquer leur conservatisme économique en célébrant le libéralisme culturel et racial. Des millions d'Américains, que la première orientation a démobilisés, vont se mobiliser contre la seconde. En compagnie des républicains.

---

1. Barry Goldwater, alors sénateur, réagira de la manière suivante : « J'ai tenu le même discours en 1964 et qu'est-ce qu'on m'en a fait baver ! » (cité *in* Sylvia Crane, « Le président Carter, des promesses électorales aux actes », *Le Monde diplomatique*, avril 1978).

4

La droite américaine dans un théâtre en feu

La désintégration de la coalition progressiste, qui opère aux États-Unis dès la fin des années 60, débouche sur le triomphe politique de la droite dix ans plus tard. « Les victoires du parti républicain lors des élections présidentielles, soulignent Thomas et Mary Edsall, n'ont pas dépendu d'une conversion en masse, comme celle des ouvriers blancs en sa faveur par exemple. Il a suffi de réduire ou de supprimer l'avantage électoral dont le parti démocrate bénéficiait au sein de ce groupe pour que la coalition républicaine, de minoritaire devienne majoritaire[1]. »

Dans un contexte de mobilisation égalitaire (Noirs, féministes, minorités nationales et sexuelles) et de guerre (en Indochine), puis de défiance à l'égard du système politique, enfin de stagnation économique, la nouvelle gauche identifie le parti démocrate – centriste, technocratique, faussement apolitique – comme le parangon du « système » à abattre. Simultanément, une nouvelle droite étend son influence dans les couches populaires, enfonce un coin entre le monde ouvrier et les syndicalistes, utilise la polarisation raciale, la panique morale et la hantise de l'insécurité, avec pour résultat que, à partir de 1964, la majorité des Blancs va voter républicain *à chaque scrutin présidentiel*. Le consensus keynésien de l'après-guerre s'autodétruit. L'unanimisme, le culte de la « compétence », la « fin des idéologies » ont vécu. À mesure

---

1. Thomas et Mary Edsall, *op. cit.*, p. 22.

que la vieille grille de lecture postulant un progrès sans fin devient inadéquate, la demande d'une nouvelle interprétation de la société et du monde augmente. Redevenu intellectuellement attractif, le « conservatisme » de la droite gagne en puissance, agglomérant à son noyau de toujours des catégories sociales que les démocrates ont laissées en déshérence.

Ce cycle historique, ouvert dans les années 60, n'a toujours pas épuisé ses effets aux États-Unis. Quand, en novembre 2000, George W. Bush et Albert Gore font jeu égal en matière de suffrages populaires (le démocrate battu obtient même 540 000 suffrages de plus que le président élu), l'analyse du vote laisse apparaître que les plus grands écarts ne se situent pas entre catégories de revenus, ce qui aurait signalé une polarisation de classe (en la matière, la distance séparant les deux candidats n'est jamais supérieure à 13 %[1]), mais entre groupes d'abord identifiés par leurs croyances religieuses ou morales (50 points d'avance pour M. Bush chez les adversaires de l'avortement, 25 points d'avance chez les pratiquants réguliers), ou par certaines de leurs pratiques occupant le centre des débats « de société » depuis plus de vingt ans (25 points d'avance chez les propriétaires d'armes à feu). En d'autres termes, pendant que les démocrates désactivaient la question sociale (qui jouait plutôt en leur faveur) en se présentant comme d'aussi loyaux porte-parole du monde des affaires que leurs adversaires, les républicains, eux, martelaient sans relâche la question des « valeurs » (et leur propre proximité supposée avec celles de la « majorité silencieuse ») afin de séduire un électorat populaire. On connaît désormais le prix de la renonciation de la gauche au populisme économique. On connaît aussi les avantages que la droite a retirés de son utilisation d'un poujadisme culturel à connotation sécuritaire, voire xénophobe.

Outre-Atlantique, les questions de fiscalité et de race alimentent d'autant mieux cette dynamique conservatrice qu'elles paraissent liées. Une fraction presque exclusivement blanche des « classes

---

1. Les Américains de revenus modestes (entre 15 000 et 30 000 dollars par an) ont voté à 54 % pour M. Gore, à 41 % pour M. Bush. Ceux qui, en revanche, gagnaient plus de 100 000 dollars par an ont voté à 54 % pour M. Bush, à 43 % pour M. Gore (*in* « The constant dividers in American politics ? Race, abortion issues », *The Wall Street Journal Europe*, 19 décembre 2002).

moyennes » (et de ceux, ouvriers et employés modestes, qui aspirent à cette condition) se sent abusivement imposée pour financer des politiques sociales destinées à d'autres – les pauvres, souvent noirs. À partir des années 30, l'État fédéral avait bien redistribué les revenus et les avantages (soutien des prix agricoles, bourses d'études aux anciens combattants, déduction fiscale des intérêts d'emprunts immobiliers, etc.), mais au profit de dizaines de millions de bénéficiaires socialement mêlés, et d'une manière qui apparaissait racialement neutre... dès lors que ces allocataires étaient presque toujours blancs. Le surgissement politique de la minorité noire à la fin des années 50 et l'accentuation d'orientations sociales volontaristes en direction des plus pauvres vont mettre en péril l'ancienne coalition du New Deal. Jusqu'aux années 60, celle-ci avait tenu, assemblant vaille que vaille des Noirs des grandes cités du Nord-Est et du Midwest, des intellectuels et des technocrates « progressistes », les grands syndicats réformistes (et anticommunistes) et les « petits Blancs » du Sud disposés à rester démocrates tant que leur parti ne remettrait pas en cause la ségrégation raciale dans leurs États. L'augmentation régulière du niveau de vie de la majorité des Américains, servie par la domination économique du pays à l'échelle internationale, permettait que les ambiguïtés programmatiques de cette alliance et l'éventuel ressentiment des uns à l'encontre des autres – ou de certains autres – n'apparaissent pas trop.

La « famille d'Amérique » se déchire

La concurrence internationale et la peur du déclassement transforment un populisme de gauche rooseveltien, optimiste et conquérant, aspirant au recul des inégalités, au désir partagé de vivre mieux, en un « populisme[1] » de droite faisant son miel de la crainte de millions d'électeurs populaires de ne plus pouvoir tenir

---

1. Sur l'adjectif « populiste », outre le chapitre qui précède, voir l'avant-propos de Jean-Claude Michéa au livre de Christopher Lasch, *La Culture du narcissisme*. Michéa définit le populisme comme le combat contre la domination des classes dirigeantes en prenant appui sur la dignité et les vertus des classes populaires (*La Culture du narcissisme*, Climats, Castelnau-le-Lez, 2000, p. 18).

leur rang, d'être rattrapés par plus déshérité qu'eux. L'État avait énormément donné aux immigrés pauvres venus d'Europe au début du siècle. Désormais, il semblait leur prendre pour le compte des « nouveaux venus » installés depuis très longtemps, qui avaient une autre couleur de peau et semblaient aux premiers moins méritants. En 1984, le gouverneur démocrate de l'État de New York, lui-même fils d'immigrants italiens, essaya à la fois de rappeler à ces millions d'électeurs, souvent venus d'ailleurs, ce qu'ils devaient à la puissance publique, et de leur expliquer qu'il s'agissait à présent d'élargir le cercle de la « famille d'Amérique » qui les avait accueillis. S'adressant à ses compatriotes, souvent modestes mais pas pauvres, blancs mais inquiets, Mario Cuomo prononça alors l'un des discours politiques américains les plus importants de ces vingt dernières années, la déclaration philosophique – et la dernière salve ? – de l'esprit du New Deal en même temps que l'acte d'accusation d'un individualisme reaganien qui avait le vent dans les voiles :

La différence entre démocrates et républicains a toujours été mesurée en termes de courage et de confiance. Les républicains pensent que le convoi n'atteindra jamais son objectif à moins que certains vieux, certains jeunes, certains faibles ne soient abandonnés sur les bas-côtés de la route. Nous, démocrates, croyons à quelque chose d'autre. Nous croyons qu'il est possible d'arriver à bon port avec toute la famille intacte. Et nous y sommes parvenus plus d'une fois. Nous avons commencé lorsque Roosevelt se dressa de sa chaise roulante pour relever une nation à genoux. Wagon après wagon, frontière après frontière, toute la famille à bord. Chaque fois tendant la main à ceux qui voulaient monter dans notre convoi – les Noirs, les Hispaniques et les autres minorités ethniques ; tous ceux qui voulaient fonder une famille et obtenir une petite parcelle de l'Amérique. Pendant cinquante ans, nous les avons tous menés à bon port, vers plus de sécurité, de dignité et de richesse. N'oublions pas que ceux qui sont dans cette salle aujourd'hui ne s'y trouvent que parce que notre nation avait cette confiance en elle-même[1].

---

1. Mario Cuomo, discours devant la convention démocrate de San Francisco, 16 juillet 1984. De très larges extraits de ce discours sont repris dans Serge Halimi, *À l'américaine, op. cit.*, p. 346-347.

Le propos fait impression, mais pas très longtemps... Les républicains sauront apaiser la culpabilité des « parvenus » de la veille qui voulaient retirer derrière eux l'échelle de l'ascension sociale. Le représentant texan Phil Gramm a rompu avec le parti démocrate en 1981 pour soutenir le programme fiscal de Ronald Reagan, dont il a été l'un des principaux architectes intellectuels[1]. Les républicains vont le charger de reformuler la distinction entre les deux partis brossée par Mario Cuomo. Il décide de démasquer derrière la « famille d'Amérique » une métaphore imaginée par ceux qui, conscients de leur incapacité à glorifier plus longtemps l'« État », entendent le préserver intact sous un nouveau ripolinage sémantique. Quant aux wagons de la Providence évoqués par le gouverneur de New York, à entendre Phil Gramm ils sont complets, bondés : « Il y a deux catégories d'Américains : ceux qui tirent les wagons et ceux qui s'y installent sans rien payer, ceux qui travaillent et paient des impôts, et ceux qui attendent que l'État les prenne à sa charge[2]. » La locomotive n'avance plus : trop de passagers se prélassent dans les compartiments pendant que d'autres alimentent les turbines avec leur travail lourdement taxé. Il faut alors, expliquent les républicains, débarquer les oisifs et les parasites afin que les vrais travailleurs et les entrepreneurs puissent voyager à l'écart de toute promiscuité débilitante. Alors la locomotive américaine retrouvera sa vitesse de croisière, alors la croissance et la compétitivité du pays se rétabliront. Inutile de préciser la couleur de peau d'une fraction importante de ceux que l'on s'apprête à laisser en rade dans la prairie ou dans le désert pendant que le train reprendra son périple vers sa nouvelle frontière.

Inutile aussi de souligner que ceux à qui on réservera des compartiments redevenus spacieux ne comptent pas toujours – loin s'en faut – au nombre des victimes de l'État-providence. Le souvenir des prodigalités reçues est fugace : les déductions d'impôt offertes aux propriétaires de résidences principales (qui

---

1. Il fut élu sénateur (républicain) du Texas en 1984, poste qu'il occupa jusqu'en janvier 2003.
2. Convention républicaine de Dallas, août 1984, cité *in* Serge Halimi, *À l'américaine, op. cit.*, p. 301.

peuvent défalquer de leur revenu imposable les intérêts de leurs prêts immobiliers), ainsi que les aides publiques et autres bourses d'études reçues par les anciens immigrants européens, ont été oubliées. Les plus anciens passagers du train croient ne devoir les avantages de leur voyage qu'à leur seul mérite. Tandis que les derniers arrivés, eux… Au fond, dans l'esprit de nombre d'employés et d'ouvriers blancs, l'expression « aide sociale » *(welfare)* en est venue à signifier « impôt prélevé au profit des Noirs ». Pour casser les solidarités nées du New Deal (entre anciens immigrés impécunieux, catholiques mal intégrés, protestants pauvres du Sud, syndicats), la droite américaine n'aura de cesse de jouer sur cette corde-là, qui, à partir des années 60, substitue, sans le dire mais méthodiquement, la dialectique de la race à celle de la classe. Conseiller politique du président George W. Bush, Ralph Reed fut auparavant le directeur d'une Christian Coalition (droite religieuse) d'autant moins charitable qu'elle assimilait pauvreté à paresse et à imprévoyance. « Les gens, s'exclamait son ami David Frum, en ont assez de ce gémissement constant qu'ils entendent au sujet des pauvres. Les contribuables qui appartiennent aux classes moyennes estiment qu'ils paient toujours plus pour les pauvres et que ceux-ci ne cessent de se comporter plus mal […]. Le parti républicain ne pourra pas demeurer fidèle à ses principes s'il craint de se voir accuser d'être insensible[1]. » La crainte s'est dissipée. Peu avant que le Congrès et le président Clinton n'abolissent en 1996 l'aide fédérale aux indigents, un parlementaire républicain répond à ceux qui redoutent qu'une telle « réforme » ne pousse les mères célibataires pauvres à abandonner leur progéniture : « Même les crocodiles nourrissent leurs enfants. »

Les connotations raciales d'un tel discours ont été rendues explicites par un ouvrage de Charles Murray et Richard Herrnstein, *The Bell Curve*[2], publié en 1994. Le premier, déjà célèbre

---

1. *Harper's*, mars 1995.
2. Richard Herrnstein et Charles Murray, *The Bell Curve : Intelligence and Class Structure in American Life*, The Free Press, New York, 1994. Pour la réfutation, lire Claude Fischer, Michael Hout, Martin Sanchez Jankowski, Samuel Lucas, Ann Swidler et Kim Voss, *Inequality by Design : Cracking the Bell Curve Myth*, Princeton University Press, Princeton, 1996.

pour avoir, dix ans plus tôt, théorisé la politique sociale du reaganisme en prétendant que la « guerre contre la pauvreté » des années 60 avait mis à mal les structures familiales et installé la dépendance de l'individu envers l'État, estimait à présent que le quotient intellectuel des Noirs était inférieur à celui des Blancs. Il ajoutait : « Le meilleur moyen de relever le quotient intellectuel d'une société est de faire en sorte que les femmes intelligentes aient un taux de fertilité plus élevé que les femmes qui ne le sont pas. » Dans ces conditions, l'aide sociale devait être abolie : « Elle subventionne les maternités des femmes pauvres qui sont beaucoup moins intelligentes que les autres. » Si les pauvres sont noirs, c'est que les Noirs sont bêtes... Graphiques, statistiques et appendice bibliographique venaient appuyer cette démonstration qui, à l'évidence, ne manquait pas de clients impatients : pendant quatorze semaines, *The Bell Curve* occupa la tête du classement des livres les plus vendus aux États-Unis. Frank Luntz, l'un des principaux stratèges du parti républicain, avait expliqué : « Nos enquêtes d'opinion révèlent que les communautés noire et non noire expriment des priorités très différentes. La communauté noire est devenue très dépendante de l'État et elle attend qu'il intervienne pour résoudre les problèmes de l'Amérique. En revanche, la communauté blanche est devenue très hostile à l'État et aux services qu'il procure[1]. » Le bloc des minorités ethniques (Italiens, Polonais, Lituaniens, etc.) favorables au parti démocrate parce qu'elles se sentaient rejetées par les Wasps *(White Anglo-Saxon Protestant)* républicains s'était désagrégé devant le mouvement des droits civiques. « Les guerres de race, résuma Andrew Kopkind dès 1968, ont fait fondre les Polonais, les Italiens, les Irlandais dans une marmite d'où ils sont ressortis Blancs[2]. »

Blancs et républicains. Le succès du parti conservateur tient à une triple conversion. Raciale et régionale, d'abord : le Sud, « solidement démocrate » (le « Solid South »), bascule et devient, à partir de 1964 et de la victoire de la révolution des droits civiques, l'un des principaux bastions des républicains. À tel point que, menacés de perdre leur fief, les démocrates vont

---

1. *Harper's*, mars 1995.
2. Andrew Kopkind, *op. cit.*, p. 140.

accentuer l'avantage qu'ils accordaient déjà à cette région lorsqu'il s'agira de désigner leurs candidats à la magistrature suprême. Leurs candidats victorieux, en tout cas : les anciens gouverneurs de la Géorgie et de l'Arkansas, respectivement Jimmy Carter et Bill Clinton, précèdent à la Maison-Blanche, dans le camp adverse, l'ancien gouverneur du Texas George W. Bush. Conversion religieuse et morale, aussi : des millions de chrétiens se mobilisent politiquement contre le parti qui, selon eux et selon leurs pasteurs ou prédicateurs, a favorisé l'avortement, l'« immoralité », la délinquance née d'une « pauvreté des valeurs », le laxisme judiciaire. Conversion nationale et patriotique, enfin : coïncidant avec le déchaînement des guerres d'Indochine (1965-1975), la montée en puissance d'une contestation pacifiste dans les rangs démocrates provoque la répulsion d'un électorat nationaliste et populaire, dont les enfants, rarement protégés, eux, par des sursis universitaires, ont été se battre au Vietnam[1]. Ces trois clivages, qui recouvriront progressivement les oppositions de classe – d'autant plus facilement que Stevenson, Kennedy et Johnson ont privilégié une posture centriste et technocratique –, convergent dans la même région du pays. C'est en effet au Sud que les Noirs sont les plus nombreux et que les Blancs désertent le parti démocrate sitôt que celui-ci prend fait et cause pour le mouvement des droits civiques. C'est aussi là que la foi est la plus vive (on y trouve nombre d'États de la « Bible belt ») et les Églises fondamentalistes les plus actives ; là enfin que les bases militaires sont les plus nombreuses et le patriotisme populaire le plus exubérant[2].

---

1. Le journaliste américain James Fallows évoque dans un de ses livres ce jour de 1970 où, étudiant à Harvard, il quitta en autobus la caserne qui venait de le réformer, lui et 80 % de ses camarades issus de la bonne bourgeoisie, alors qu'un autre bus, dont les passagers étaient les fils des prolétaires de Boston, se préparait à en sortir avec à son bord 80 % d'aptes au service. La guerre du Vietnam faisait rage. « Je venais de comprendre qui allait se faire tuer », conclut Fallows. D'autres, moins instruits que lui, le savaient depuis un certain temps (*More Like Us : Making America Great Again*, Houghton Mifflin, Boston, 1989, p. 125-126).

2. Le Sud est généralement compris comme incluant les quatorze États américains suivants : Texas, Oklahoma, Missouri, Arkansas, Louisiane, Kentucky, Tennessee, Mississippi, Alabama, Virginie, Caroline du Nord, Caroline du Sud, Géorgie, Floride.

Même si le verbiage journalistique, rejoint dans le cas d'espèce par le jargon universitaire bien-pensant, n'a cessé de valoriser l'émergence des identités « minoritaires » (Noirs, femmes, homosexuels, Hispaniques, Indiens, etc.), le « communautarisme » qui en définitive a le mieux réussi aux États-Unis est un « nationalisme du sang, du sol et du Christ[1] ». C'est cette forme d'irrédentisme, pas le melting-pot, qui triomphe en ce moment à la Maison-Blanche, en dépit du fait que M. Bush baragouine l'espagnol et affiche ses neveux hispaniques. « Le christianisme évangélique et militant, explique le sociologue Todd Gitlin, est peut-être la forme la plus répandue, et l'aile la mieux organisée, de la politique identitaire aux États-Unis. Aux yeux de la plupart des partisans de la droite culturelle, la communauté qui doit être défendue est elle aussi hérissée de barrières. Et ce qui doit être conservé ressemble à une fortification d'où pourraient être refoulées toutes les scories des années 60. Dans cette "communauté", les femmes retournent à la maison, l'homosexualité redevient un péché, l'avortement, un crime, les anciennes discriminations raciales cessent d'être remémorées, la prière retrouve sa place dans toutes les écoles, les établissements privés sont subventionnés et le secteur public démantelé[2]. » C'est dans ce terreau assez rétrograde – fondamentaliste, nationaliste, raciste, sécuritaire, machiste – que la « modernité » néolibérale va s'épanouir. On conçoit que ce genre de rappel étonne. On ne s'étonne pas qu'il soit rare. Mais, sans le *backlash* des années 70 aux réformes émancipatrices des années 60, il n'y aurait sans doute jamais eu de « révolution néolibérale » aux États-Unis. N'en déplaise aux intellectuels nomades propagandistes de Hayek, de Friedman et des « libertariens », la politique de l'offre serait vraisemblablement restée dans les cartons de la Société du Mont Pèlerin, de la London School of Economics et de l'université de Chicago, ou n'aurait été pratiquée que par la junte militaire chilienne, si elle n'avait pas rencontré un mouvement de masse, intensément nationaliste, populaire, réclamant, au Royaume-Uni

---

1. Je reprends ici la formule de Todd Gitlin, *in* « La droite américaine manipule le sentiment national », *Le Monde diplomatique*, novembre 1995.
2. *Ibid.*

avec Margaret Thatcher, le retour aux « valeurs victoriennes », et aux États-Unis avec Ronald Reagan, l'imposition des
préférences d'une « majorité morale » offensée par le progressisme culturel et judiciaire. Les vrais libéraux qui refusaient
que la nation soit une « famille » et une locomotive parce
qu'ils préféraient l'image de trains distincts et de destinations
éparpillées firent tranquillement le voyage avec des intégristes soucieux de rétablir, par la coercition plus souvent que par
la persuasion, la suprématie des « valeurs traditionnelles ». Et de
la rétablir partout : dans les écoles, les prétoires, les chambres à
coucher.

Le miracle fut que cette ambiguïté constitutive qui servit de
ciment à la coalition de droite, mêlant libéralisme économique et
autoritarisme moral, ne provoqua presque jamais de tensions du
type de celles qui avaient englouti la « famille » du New Deal.
Des administrations républicaines qui n'avaient de cesse de favoriser les riches purent s'y consacrer avec le soutien d'une fraction
appréciable de l'électorat populaire. Lors d'une allocution
prononcée en février 1977 devant l'American Conservative
Union, Ronald Reagan avait détaillé son projet : « Les questions
dites de société [social issues] – la sécurité, l'avortement, le
transport scolaire destiné à assurer l'intégration raciale [busing],
le système des quotas – sont souvent associées à l'électorat en col
bleu, aux groupes ethniques et religieux qui en général votent
démocrate. Les questions économiques – inflation, déficits
publics, poids excessif de l'État – sont associées aux membres du
parti républicain et aux électeurs indépendants. Le moment est
venu de voir s'il ne serait pas possible de présenter un
programme d'action susceptible d'attirer à la fois ceux qui s'intéressent d'abord aux sujets de société et ceux que préoccupent les
questions économiques. En bref, n'est-il pas envisageable de
combiner les deux segments principaux du conservatisme américain en un seul, beaucoup plus efficace[1] ? »

De 1933 à 1969, c'est-à-dire pendant trente-six ans, à la seule
exception des années Eisenhower (1953-1961), les démocrates

---

1. Cité *in* Thomas et Mary Edsall, *op. cit.*, p. 141.

occupent la Maison-Blanche[1]. Souvent ils l'emportent grâce au vote des États du Sud et derrière des candidats issus de cette région. Avant d'accueillir les anciens gouverneurs de la Géorgie et de l'Arkansas (Jimmy Carter et Bill Clinton), la Maison-Blanche a hébergé les sénateurs du Missouri et du Texas (Harry Truman et Lyndon Johnson). À partir de 1964, les choses changent, au plan racial et régional. Les démocrates décident de soutenir l'émancipation des Noirs quand, de leur côté, les républicains choisissent d'écarter de la direction l'aile patricienne du parti, associée au centrisme antiraciste d'Abraham Lincoln. Depuis cette date, c'est-à-dire en réalité depuis John Kennedy en 1960, aucun candidat, démocrate ou républicain, issu du nord-est du pays n'a remporté une élection présidentielle[2]. Le fait vaut d'être noté à propos d'une région qui a précédemment collectionné les présidents (Woodrow Wilson, Calvin Coolidge, Franklin Roosevelt). La question raciale et la pléthore de celles qui y sont associées (fiscalité, religion, crime, éducation, pauvreté, prisons) vont apporter au parti républicain les bataillons de suffrages populaires sans lesquels il n'aurait jamais pu mener, sur la durée, ses politiques de redistribution des revenus au profit des riches. Ce miracle – l'appui d'une fraction non négligeable des salariés pauvres à une stratégie économique vouée à les appauvrir davantage (et qui, aux États-Unis et au Royaume-Uni, y est parvenue à merveille) – n'est pas compréhensible sans un détour par la question des « valeurs » (ordre, moralité, famille). L'erreur serait cependant d'isoler ces dernières d'un contexte économique qui incite des millions de « petits Blancs » à refuser le moindre risque supplémentaire découlant de l'émancipation des sous-prolétaires, Noirs ou immigrés, susceptibles de les concurrencer sur un marché du travail déjà embouteillé. Ils vont se montrer d'autant moins empressés à donner, à partager – ou à tolérer qu'on leur prenne – qu'ils estiment déjà qu'il ne leur reste pas

---

1. Ces dates tiennent compte du fait qu'un mandat présidentiel commence aux États-Unis le 20 janvier de l'année qui suit l'élection, laquelle a lieu en novembre.

2. L'effacement démographique relatif du Nord-Est et la montée concomitante du Sud et de l'Ouest (la « Sunbelt ») ont également conforté cette évolution.

assez. En période de récession, quand rôde la peur du déclassement, nul n'est disposé à accepter volontiers les changements susceptibles de fragiliser davantage un univers déjà précaire. Dans les pays du tiers-monde, certains anthropologues ont expliqué la stagnation de la production agricole, l'absence d'esprit d'entreprise et d'innovation, par le refus des paysans de prendre la moindre initiative dont l'issue ne soit pas assurée. Y compris celle de planter les semences d'une récolte susceptible d'être plus abondante que la précédente : « La population rurale qui vit en permanence immergée jusqu'au cou sait que l'onde la plus légère pourrait provoquer sa noyade[1]. » Un gain possible, même probable à terme, paraît trop abstrait quand la confiance fait défaut.

Dans les années 60, l'eau des inégalités ne monte pas encore jusqu'au cou – c'est à partir de 1973 que le niveau de vie moyen de la majorité des Américains va baisser pendant une très longue durée – mais l'onde de l'émancipation raciale est devenue tempête. En 1964, le sénateur de Caroline du Sud Strom Thurmond quitte le parti démocrate sur la question des droits civiques. Ancien candidat ségrégationniste à l'élection présidentielle de 1948[2], élu sénateur démocrate en 1954, il devient républicain en 1964 dans une région où ce genre de denrée est alors assez peu courant (il sera parlementaire jusqu'en 2003, alors âgé de cent ans, et mourra peu après). La défection de Thurmond intervient au moment où l'establishment centriste et patricien de la côte est, qui tenait les manettes du parti républicain, les perd au profit de Barry Goldwater, fondateur d'un conservatisme américain de la Sunbelt beaucoup plus radical. Ronald Reagan résumera le sens de leur entreprise commune quelques années plus

---

1. James Scott, *The Moral Economy of the Peasant*, Yale University Press, New Haven, 1976, introduction.
2. Il l'emporta dans quatre États du Sud (Mississippi, Louisiane, Caroline du Sud et Alabama), parfois avec des scores d'autant plus impressionnants (près de 90 % dans le Mississippi) que les Noirs étaient de fait interdits de scrutin. Son programme se résumait à une déclaration : « Il n'y a pas assez de soldats fédéraux pour nous forcer, dans le Sud, à accepter des nègres dans nos théâtres, nos piscines, nos domiciles. » Preuve de la rémanence de certains tropismes, le sénateur républicain Trent Lott a estimé en décembre 2002 : « Nous avons voté pour lui. Nous en sommes fiers. Et si le reste du pays nous avait suivis, nous n'aurions pas eu tous les problèmes que nous avons connus pendant toutes ces années. »

tard : « Est-ce d'un troisième parti que nous avons besoin ou d'un second parti à la fois nouveau et revitalisé, qui brandira une bannière dont les tons ne seront plus de pâles pastels, mais des couleurs vives signifiant clairement à notre peuple ce que nous croyons sur les questions qui le troublent[1] ? » Les teintes vives, c'est-à-dire l'apologie débridée des « solutions de marché » et l'expression d'une certaine haine de l'État fédéral, redeviennent alors de rigueur à droite, comme avant le New Deal. Les inhibitions nées des souvenirs de la crise de 1929 s'estompent.

Le lien, indirect, avec la question raciale est perceptible par tous. Le « parti de Lincoln » ne peut pas, bien entendu, se prononcer contre l'émancipation des « personnes de couleur », à laquelle le parti démocrate s'est rallié avec énormément de retard (le boycott par les Noirs de Montgomery, en Alabama, des autobus municipaux qui les confinaient à l'arrière du véhicule date de 1955). Les républicains préfèrent donc invoquer leur désaccord avec la méthode choisie. Aux lois fédérales signées par Lyndon Johnson (celle sur les droits civiques, qui prohibe toute discrimination à l'emploi, date de 1964), à la coercition, les républicains privilégieraient le « débat » et la maturation des esprits... La liberté contre la contrainte, en somme. Quand les armes ne sont pas égales, la technique dilatoire est aussi ancienne que la domination. Déjà, à l'époque de la restauration monarchique, Lacordaire expliquait contre le libéralisme de Guizot : « Entre le fort et le faible, entre le riche et le pauvre, entre le maître et le serviteur, c'est la liberté qui opprime et la loi qui affranchit. » Les Nordistes le savaient aussi, qui n'avaient pas attendu la très aléatoire « prise de conscience » des planteurs de Virginie pour libérer les esclaves[2]. En 1963, les Blancs sont encore 59 % à se déclarer favorables à l'interdiction des mariages interraciaux, 55 % à ne pas vouloir vivre à côté de Noirs, 90 % à refuser que leur fille sorte avec l'un

1. Discours prononcé à Washington devant une convention de militants conservateurs en février 1975, cité *in* William Rusher, *The Rise of the Right*, William Murrow, New York, 1984, p. 270.

2. Entre 1861 et 1865, la guerre de Sécession, en partie motivée par cette raison, fit plus de 600 000 morts dans un pays alors peuplé d'environ 35 millions d'habitants. Aucune guerre n'a été aussi meurtrière dans l'histoire des États-Unis (292 000 morts pendant la Seconde Guerre mondiale).

d'eux. Et plus de la moitié pensent que les Noirs rient beaucoup plus que les Blancs, sont moins ambitieux et ont une odeur différente[1]. Si, dans les années 60, l'expression d'un fort sentiment anti-étatique coïncide avec le réveil de l'action publique en faveur du droit des Noirs, la coïncidence n'est même pas intentionnelle dans le cas de Barry Goldwater. Ni raciste ni très à l'aise avec les éléments les plus intolérants et les plus moralistes de son parti, le sénateur de l'Arizona a défendu des positions « libertariennes » avant le surgissement du mouvement des droits civiques. Sa campagne présidentielle de 1964 contre le Texan Lyndon Johnson, qui, en connaissance de cause, a pris le risque politique de mécontenter des millions de « petits Blancs » de sa région, va toutefois démontrer que « la question raciale pouvait servir à casser la base de classe de la coalition de Roosevelt auprès des électeurs blancs et faire basculer à droite un groupe autrefois très attaché aux priorités redistributrices et progressistes du New Deal. [...] La polarisation raciale entraîna la conversion idéologique des Blancs pauvres du Sud qui se mirent à associer interventionnisme économique et intervention au service des Noirs[2] ». Le candidat républicain est écrasé en 1964. Mais les six États dans lesquels il l'emporte, à l'exception de l'Arizona (où Goldwater est l'enfant du pays), sont tous d'anciens États confédérés. Il obtient 87 % des voix dans le Mississippi (qui avait voté Roosevelt à 97 % en 1936...), 70 % en Alabama, 59 % en Caroline du Sud, 57 % en Louisiane, 55 % en Géorgie[3].

Ici, un paradoxe historique surgit, que l'on retrouvera avec l'élection de George W. Bush à la Maison-Blanche en novembre 2000 : c'est souvent dans les États américains de la Sunbelt (sud et ouest du pays) les mieux dotés en subsides fédéraux que l'opposition à l'État est la plus prononcée. C'est le gouvernement fédéral qui a ouvert l'Ouest, construit les chemins de fer, assuré la défaite des armées indiennes et la capture de territoires appartenant au Mexique. Pour s'en tenir à l'Arizona de Goldwater, cet

---

1. Sondage de *Newsweek*, cité *in* Thomas et Mary Edsall, *op. cit.*, p. 227.
2. *Ibid.*, p. 40-42.
3. Ces chiffres sur-représentent cependant l'électorat blanc étant donné que la loi garantissant l'accès au suffrage des Noirs ne sera votée qu'en 1965.

État a profité du lancement du barrage Theodore Roosevelt en 1905, qui assura l'essor de la ville de Phoenix. Pendant les années 20, trois autres projets nourris par l'argent fédéral ont secouru des milliers de fermiers et de *ranchers* ; les crédits de Washington destinés à la santé, aux routes, à la formation financaient 15 % de son économie. « Puis vint le New Deal. Le développement économique du Sud et de l'Ouest constituait l'un des objectifs prioritaires de Franklin Roosevelt. Cinquante agences fédérales en Arizona, en plus du projet de barrage Roosevelt, avaient Washington pour opérateur. Les fonds fédéraux versés à l'État se montaient à 342 millions de dollars. Les impôts versés par l'État à Washington totalisaient 16 millions de dollars[1]. »

Même chose en Californie. Ronald Reagan en est élu gouverneur en 1966. Sensible à la mentalité de la frontière, à l'image du pionnier qui atteint les rives du Pacifique, il croit comme beaucoup d'Américains que l'Ouest s'est construit et a prospéré sans l'aide de l'État. Il déduit de cette fiction que l'Amérique ne retrouvera sa vigueur que lorsque seront éliminés les obstacles à l'esprit d'entreprise accumulés par la puissance publique depuis le New Deal. En asséchant ses revenus, la réduction du niveau des impôts vise précisément à rendre impossible la progression du rôle de l'État dans l'économie. Et à ressusciter l'esprit des pionniers. Mais, là encore, l'histoire imaginée est une histoire imaginaire. C'est grâce à Washington que la Californie a avalé une partie du désert, développé un gigantesque réseau autoroutier et construit le meilleur système d'université publique du pays, longtemps gratuit. Ensuite, grâce aux guerres du Pacifique, de Corée et du Vietnam, aux programmes nucléaires et à l'aérospatiale, elle a absorbé plus de 20 % des 12 000 milliards de dollars dépensés par le Pentagone en un peu moins d'un demi-siècle[2].

---

1. Rick Perlstein, *op. cit.*, p. 20-21.
2. Exception faite des années 1952 (395 milliards de dollars pour la guerre de Corée) et 1968 (310 milliards de dollars pour la guerre du Vietnam), les États-Unis ont dépensé, chaque année entre 1947 et 1995, environ 245 milliards de dollars par an (valeur 1991) pour leur défense, soit un total de 12 000 milliards de dollars entre 1947 et 1990. *Cf.* Patrick Lloyd Hatcher, *Economic Earthquakes : The Impact of Defense Reductions, California as a Test Case*, Institute of Governmental Studies, Berkeley, 1994.

Jusqu'au milieu des années 90, le comté de Los Angeles était six fois plus dépendant des crédits militaires que la moyenne nationale. Payés 57 % au-dessus des salaires industriels courants, les emplois liés à l'armée ont assuré l'assise et garanti l'expansion d'une vaste classe moyenne. Celle-là même qui fut la locomotive du célèbre « optimisme californien », celle-là même qui servit de butoir au désordre social né de la persistance des injustices. Et ce n'est pas tout. La Californie « profita au maximum des actions fédérales destinées à relancer la consommation en subventionnant l'accès à la propriété immobilière : avant la guerre, un prêt imposait une mise de départ de 50 % du capital et un remboursement du reste en vingt ans. À la fin des années 50, la mise de fonds n'était plus que de 10 % du total, le remboursement s'étalait sur trente ans avec un taux d'intérêt de 4 % déductible du revenu imposable – une des redistributions de richesses les plus généreuses de l'histoire américaine. [...] Les diplômes supérieurs étaient attribués gratuitement par le système d'université publique ou acquis à l'issue d'une scolarité privée qui pouvait être entièrement subventionnée par les bourses versées après la guerre aux anciens combattants[1] ». La vieille mythologie de l'autosuffisance, de la « frontière » et des diligences ne s'encombrera pas de tels détails. L'aversion suscitée par l'action fédérale au service des Noirs accélère la dissolution d'un sentiment de reconnaissance à l'égard de l'État, déjà évanescent[2]. Plus tard, comme le souligne Todd Gitlin, « les conservateurs trompèteront que l'État est le problème dans des émissions de radio relayées par des satellites construits avec de l'argent public, émissions souvent écoutées en roulant sur des autoroutes qui doivent tout aux dollars de Washington[3] ».

---

1. Rick Perlstein, *op. cit.*, p. 128.
2. Selon une étude du *Wall Street Journal* (22 août 2001), la situation n'a pas changé ces dernières années. Lors de l'élection présidentielle de novembre 2000, ce sont les États qui ont le plus bénéficié des transferts d'argent public venus de Washington qui ont aussi le plus voté pour George W. Bush, hostile au poids de l'État fédéral dans la société américaine. Huit des dix États les plus favorisés à cet égard (en général dans le Sud et l'Ouest agricole) ont voté républicain. En revanche, sept des dix États qui contribuent le plus au budget fédéral (dans le Nord-Est et la région des Grands Lacs) ont voté pour Albert Gore.
3. Todd Gitlin, *Chicago Tribune*, 3 novembre 1996.

L'explication par la baisse du niveau de vie

1964. Rarement déroute électorale a été plus prometteuse. Avec Goldwater, le parti républicain a conquis de nouveaux électeurs. Il les conservera. Le jour venu – c'est-à-dire dès l'élection suivante (celle de Richard Nixon), quatre ans plus tard –, il y ajoutera sa base de toujours, qui lui avait fait défaut contre Lyndon Johnson, héritier encore auréolé du sang du président assassiné à Dallas. Le pli est pris, et pas seulement dans un Sud nostalgique de la ségrégation. En 1966, en Californie, Ronald Reagan bat largement le sortant démocrate grâce à l'appui d'un électorat populaire blanc qui vient de prouver sa force en annulant par référendum des dispositions favorables à la mixité raciale du logement. Au même moment, la « grande migration » d'une partie des Noirs travaillant dans les États agricoles du Sud vers les régions industrielles du Nord-Est et du Midwest pose elle aussi nombre de problèmes, y compris de concurrence sur le marché de l'emploi et de dégradation de l'habitat, aux populations ouvrières blanches de Boston, Detroit et Chicago. Quand il s'efforcera de mettre sur pied une alliance interraciale entre pauvres, Martin Luther King admettra avoir rencontré davantage d'hostilité et de haine dans des bastions démocrates et dans des fiefs syndicaux de ce genre que dans le Sud...

Le travers habituel des intellectuels préférant le royaume des idées dans lequel ils s'ébrouent à celui des existences concrètes qu'ils ignorent impute ce type de réaction à un « racisme » idéologique lié à l'absence de « culture » des classes populaires. À leurs yeux, un tel mal ne serait pas sans remède puisqu'il suffirait de le traiter par l'éducation, les médias, la culture ou la musique (sous forme, peut-être, de concerts multiethniques). Mais, aux États-Unis, la montée des tensions raciales n'est qu'accessoirement le produit d'un affolement pathologique, d'un repli sur soi, d'une terreur du « métissage ». Elle est en revanche inséparable d'un environnement économique et social marqué par l'affaiblissement continu de la position des Blancs d'origine populaire, en particulier sans qualification, dont le revenu réel ne cesse de baisser à partir de 1973 – *et pendant un quart de siècle*. Au lieu d'imputer leur revers de fortune aux « riches » (lointains et qu'ils rêvent de rejoindre plus souvent qu'ils n'envisagent de les combattre), certains Américains vont en juger responsables les Noirs (qui, eux, deviennent trop proches, à la fois socialement et géographiquement). La très grande fortune politique du « populisme » de droite, la longévité et l'impact de ses sarcasmes contre le « progressisme en limousine » des intellectuels éclairés et distingués tiendront à ce que « les coûts des politiques de redistribution économique soutenues par les démocrates et d'extension de la citoyenneté aux Noirs et aux autres minorités pèseront principalement sur les épaules des ouvriers et des employés qui avaient les Noirs pour concurrents sur le marché de l'emploi, qui vivaient dans des quartiers adjacents aux ghettos, et dont les enfants avaient le plus de chances de fréquenter les écoles racialement intégrées par des techniques coercitives. Sur leurs épaules à eux, pas sur celles des experts de gauche qui défendaient devant les tribunaux les droits des minorités mais dont les vies quotidiennes n'étaient pas affectées par les conséquences éventuelles de la satisfaction de telles revendications[1] ». Le succès des républicains s'alimente de ce ressentiment. Sans avoir à le dire, ils font du combat contre l'impôt et contre l'État les armes d'une double mobilisation : contre les prestations sociales versées aux pauvres, souvent noirs ; contre les politiques publiques qui, via l'éducation, le logement, le transport scolaire, l'emploi, obligent les Blancs, en particulier quand ils sont d'origine populaire, à vivre au contact des Noirs. Ces Blancs le font-ils de très mauvais gré parce qu'ils sont « racistes » ou parce qu'ils ne veulent pas que l'égalité raciale leur coûte ou leur impose ?

Le débat autour des « droits de la propriété » permet de comprendre à quel point les questions économiques et raciales peuvent se trouver mêlées. L'opposition de Barry Goldwater, de

---

1. Thomas et Mary Edsall, *op. cit.*, p. 12. La question du *busing* fut à cet égard particulièrement explosive. Pour intégrer racialement les écoles dans les villes où les populations noire et blanche vivaient dans des quartiers séparés, les autorités fédérales et les tribunaux imposèrent le transport d'enfants noirs dans des écoles situées dans des quartiers blancs, et réciproquement.

Ronald Reagan, de bon nombre d'élus républicains actuels au Civil Rights Act de 1964 n'a pas été formulée en des termes racistes. Il s'agissait plutôt d'invoquer la Constitution pour prétendre qu'il n'était pas acceptable que le gouvernement fédéral dicte à une entreprise privée qui elle devait servir et recruter, et à un particulier à qui il devait céder son bien. La discrimination raciale devait, selon ces républicains et bon nombre de démocrates sudistes, être démantelée par la persuasion morale, non par la loi ni par la force. « Si les fonctionnaires de Washington peuvent vous dire ce que vous devez faire de votre propriété, s'indigne Barry Goldwater, ils peuvent aussi vous en priver. » En Californie, les responsables républicains ajoutent que « l'essence de la liberté est le droit de discriminer. Dans les pays socialistes, ils retirent d'abord ce droit avant de compléter la confiscation[1] ». Cette conviction débouche sur une pétition réclamant l'amendement d'une disposition de la Constitution de l'État qui, selon ses 589 000 signataires, empêche de vendre ou de louer sa propriété « à qui on a choisi, de façon entièrement discrétionnaire ». Il ne s'agirait là, à leurs yeux, que d'un de ces droits élémentaires qui distinguent les États-Unis des pays totalitaires, celui de commercer et de s'associer librement avec qui bon vous semble. La loi et l'État, estiment-ils, n'ont pas pour fonction de remédier à tous les problèmes sociaux. Un peu comme la thématique du « droit des États » au moment de la guerre de Sécession et du combat, souvent sanglant, contre le mouvement des droits civiques, la défense des *property rights* enjolive souvent dans les années 60 et 70 la défense de la ségrégation raciale. Plus tôt, c'était déjà au nom du droit de la propriété que les conservateurs s'étaient opposés aux lois limitant le travail des enfants, imposant des réglementations relatives à l'hygiène et à la santé, instituant un salaire minimum et le droit à la retraite. Sur la question de l'intégration scolaire, comment ne pas admettre cependant l'efficacité politique d'une déclaration comme celle de Barry Goldwater en 1964 (rédigée avec le concours de William Rehnquist, l'actuel président de la Cour

---

1. Cité *in* Rick Perlstein, *op. cit.*, p. 341.

suprême) : « C'est mal de retirer les enfants de leur école de quartier au nom du principe de l'équilibre racial ou de quelque autre objectif d'égalité parfaite que pourraient imaginer les théoriciens de la "Grande Société" [nom de la politique sociale de l'administration Johnson]. C'est mal, mal moralement, parce que cela réintroduit par la porte de derrière le principe même d'allocation par race qui rend la ségrégation obligatoire moralement inacceptable et contraire à la liberté [...]. Le droit de s'associer est indissociable du droit de ne pas s'associer[1] » ?

Le 17 mars 1972, préparant sa campagne de réélection, le président Richard Nixon réutilise au profit des républicains l'aigreur que la politique de *busing* révèle et déchaîne, en particulier au sein des catégories populaires blanches. « Ceux qui soutenaient le *busing*, souligne Christopher Lasch, n'avaient pas à supporter les conséquences de leurs prises de position. La corvée des transports en commun concernait, cela était de notoriété publique, les quartiers ethniques des villes, pas les progressistes des banlieues résidentielles dont les écoles fonctionnaient encore, dans les faits, sur le principe de la ségrégation, ni les adeptes fortunés de la "compassion" dont les enfants ne fréquentaient en aucun cas les écoles publiques[2]. » Dans un message au Congrès, Nixon affirme que le car de ramassage scolaire, « autrefois porteur d'espoir », est devenu « emblème d'une ingénierie sociale déterminée par des principes abstraits : dans de trop nombreuses communautés, le car scolaire est devenu un symbole de désespoir, de frustration et de colère, celui de l'arrachement des enfants loin de leurs familles et des écoles dont leurs familles ont choisi de se rapprocher au profit de leur transplantation arbitraire dans d'autres écoles, plus éloignées[3] ». Respect de la « famille » contre culture de l'« arbitraire », refus de laisser des planificateurs trop bien intentionnés utiliser leur position de surplomb moral pour imposer de nouvelles expérimentations sociales amputant le domaine sacré de l'autorité parentale :

---

1. Discours prononcé à Chicago, ville où la ségrégation résidentielle par race était l'une des plus importantes des États-Unis à l'époque, cité in *ibid.*, p. 462.
2. Christopher Lasch, *Le Seul et Vrai Paradis*, *op. cit.*, p. 371.
3. Cité *in* Thomas et Mary Edsall, *op. cit.*, p. 89.

l'explication a tout de même davantage d'allure qu'une apologie de l'apartheid scolaire au nom du développement séparé des races. Mais, compte tenu de la ségrégation résidentielle de certaines grandes cités américaines (bien des quartiers de Chicago, Detroit ou Boston sont exclusivement habités par des Noirs), cela revient un peu au même[1].

Dès le milieu des années 60, les républicains ont donc compris. Leur credo libéral résonne auprès d'une fraction de l'électorat qui reproche à l'État non pas le principe de ses interventions, mais le fait qu'elles perturbent un peu plus des existences déjà secouées par la précarité et qu'elles bénéficient *aussi* aux pauvres et aux minorités. Pour dissimuler toute dureté de comportement et pour purger un éventuel reliquat de mauvaise conscience, il suffira le cas échéant de (se) persuader que ces aides nuisent à leurs prestataires, qu'elles les enfoncent dans une « culture de la dépendance » traînant avec elle la kyrielle habituelle de pathologies insupportables aux tenants d'une moralité petite-bourgeoise (et souvent aussi prolétarienne) : paresse, divorces, débauche, etc. Quelques décennies plus tôt, on eût évoqué les Indiens ludiques, violents et imprévoyants, gorgés d'alcool dans leurs réserves. L'insistance sur la question des « valeurs » et sur leur transgression par des groupes que l'on n'a pas besoin de nommer permet aux républicains d'enfoncer un coin dans la coalition démocrate. Et d'encaisser, mais sans en avoir l'air, les dividendes d'une contre-révolution des droits civiques et d'un *backlash* moral qui auront également pour conséquence d'isoler du reste de l'électorat une des fractions les plus pauvres de la population. La « famille d'Amérique » cesse de se prétendre accueillante.

Pendant qu'ils fustigent la « pauvreté des valeurs », la « culture des années 60 », l'aide aux pauvres qui « subventionne les familles monoparentales », et « donc » favorise la délinquance, les conservateurs sont moins diserts sur d'autres explications plus fructueuses au plan de l'analyse sociologique, mais d'un moindre rapport pour eux sur le terrain du combat

---

1. *Cf.* Douglas Massey et Nancy Denton, *American Apartheid : Segregation and the Making of the Underclass,* Harvard University Press, Cambridge, 1993.

électoral. Pour n'en citer que quelques-unes, à partir des fameuses « années 60 », la baisse du niveau des salaires débouche sur l'absorption croissante du temps libre – et du temps de la sacro-sainte famille – par le travail salarié, dont la durée ne cesse d'augmenter aux États-Unis, contrairement à ce qui se passe dans la quasi-totalité des autres pays occidentaux (1 966 heures par an aux États-Unis en 1997, contre 1 656 heures en France et 1 399 en Norvège[1]). Cette surcharge dégrade la donne familiale pour la plupart des Américains, déjà chichement pourvus en congés payés ou en arrêts maladie (un tiers des parents qui travaillent n'ont droit ni aux uns ni aux autres). En 1960, 70 % des familles comprenaient un parent au foyer ; quarante plus tard, les deux parents travaillent dans 70 % des ménages, pas toujours par souci de garantir l'émancipation des femmes... Le temps que ces parents consacrent à leur progéniture a baissé de 22 heures par semaine entre 1969 et 2000. Autant de considérations que l'on peut difficilement juger accessoires dans un pays où les crèches sont rares, où la plupart des enfants ne sont pris en charge qu'à partir de 6 ans par l'école publique (qui les libère à trois heures de l'après-midi, comme à l'époque où ils contribuaient aux travaux agricoles) et où 20 % de ceux âgés de 6 à 12 ans dont la mère travaille quittent leur établissement scolaire pour se retrouver dans une maison vide, comme des adultes qu'ils ne sont pas encore[2]. Autant d'éléments qui ont rarement mobilisé les défenseurs de droite de la « famille traditionnelle » et les démocrates qui reprendront leurs discours à partir des années 90. Mieux valait pour eux ferrailler ailleurs, en particulier en réhabilitant le travail et la vertu chez les pauvres.

Le bond en arrière social que connaissent les États-Unis est donc indissociable d'une poussée de démagogie raciale qui offre à la droite les moyens politiques – c'est-à-dire le soutien d'une fraction des catégories populaires – grâce auxquels elle pourra conduire sa stratégie économique en invoquant simultanément

---

1. Bureau international du travail, *Key Indicators of the Labor Market*, BIT, Genève, 1999, p. 166.
2. Pour ces données, lire « Those young Americans », *The Economist*, 6 septembre 2003.

les valeurs d'ordre (contre les manifestants pacifistes et noirs, contre le libéralisme culturel et judiciaire, contre la drogue, contre la « promiscuité » sexuelle, etc.) et d'autonomie individuelle (prétendument sapées par la « dépendance » à l'égard de l'État-providence). L'hybride – autoritarisme de marché, ou libéral-paternalisme (lire chapitre 7) – est moins original qu'il n'y paraît, y compris au regard de la tradition républicaine. Pendant près d'un siècle, des années 1830 aux années 1920, « la liberté, pour les conservateurs américains, [a signifié] la liberté de pouvoir résister à l'invasion étrangère – celle de ses armes, de ses produits, de ses peuples et de ses coutumes – et au désordre intérieur. Cela imposait un État assez fort, et assez à l'écart des pressions populaires, pour protéger la propriété privée, assister l'industrie américaine et préserver l'*American way of life*. À partir des années 20, le danger pour la liberté est reconceptualisé : il ne s'agit plus de l'anarchie, mais de l'État. Le gouvernement fédéral, qui avait été l'allié du parti pendant un siècle, devient un ennemi public[1] ». Dans les années 30, une telle métamorphose s'explique assez bien : mus par les milieux d'affaires, les républicains commencent à haïr l'État au moment où il se démocratise et où, sous la pression populaire, il impose aux possédants des limitations à leur emprise[2]. Et ce n'est plus seulement l'échelon fédéral qui gêne : des gouverneurs se proclament populistes et le prouvent en mobilisant contre les riches les pauvres de leur État. Ainsi la Louisiane avec Huey Long dans les années 30. À la même époque, l'ancien socialiste – socialiste ! – Upton Sinclair réussit presque à se faire élire gouverneur de Californie après avoir proposé l'autogestion ouvrière et la collectivisation des studios d'Hollywood[3]. Les républicains n'ont plus le choix : puisqu'il leur faut bien mobili-

---

1. John Gerring, *Party Ideologies in America 1828-1996*, *op. cit.*, p. 125.
2. Lire David Vogel, « Why businessmen distrust the State : the political consciousness of American corporate executives », *British Journal of Political Science*, n° 8, 1978.
3. Lire, sur cet épisode étonnant qui vit se mobiliser contre la gauche le cinéma, l'industrie et la presse, Greg Mitchell, *The Campaign of the Century : Upton Sinclair's Race for Governor of California and the Birth of Media Politics*, Random House, New York, 1992.

ser le peuple contre quelqu'un ou quelque chose, ce sera… contre l'État. Adversaire de Franklin Roosevelt en 1940, Wendell Willkie s'exclame : « La démocratie n'est pas ce que nous appelons l'État *[the government]*, la démocratie c'est le peuple[1]. » À l'époque du New Deal, la distinction est trop subtile pour les millions d'Américains que le gouvernement fédéral vient de sauver de la misère. Trente ans plus tard, une fraction significative de l'électorat populaire estime que l'État le protège peu tout en l'imposant (et en lui imposant) trop. Le discours républicain passe alors beaucoup mieux.

Même si elle aussi opère sous la direction de dynasties héréditaires – les Bush après les Kennedy –, la droite américaine a toujours veillé à pouvoir feindre d'être populaire. Sinon dans ses fortunes, du moins dans sa culture et dans ses goûts. L'hostilité aux intellectuels et aux technocrates a donc constitué l'un de ses registres préférés. Richard Nixon, Ronald Reagan et George W. Bush en ont fait le meilleur usage. D'autres ont essayé – Wendell Willkie, Barry Goldwater – avec autant de talent, mais moins de succès – immédiat en tout cas. « Regardez les gens qui l'entourent, s'étrangle Willkie en 1940, apparemment indigné par l'équipe de collaborateurs du très patricien Franklin Roosevelt. Ce sont tous des cyniques qui se moquent de nos vertus trop simples. Ils pensent que le peuple et la plupart d'entre nous sommes trop bêtes pour comprendre. Leur idée, c'est qu'eux, l'intelligentsia, peuvent nous gouverner. Rendez-nous notre pays ! Il nous appartient. Nous le voulons[2]. » Et le candidat républicain de s'enflammer : « Nous, le peuple, défions les pouvoirs établis. »

Sagesse populaire contre savoir des experts ; famille, école, religion contre bureaucraties fédérales et travailleurs sociaux. Le pli est pris qui, dans les meilleures des circonstances – c'est-à-dire souvent les plus mauvaises, les plus pessimistes, les plus peureuses –, permet aux républicains de ne pas se laisser enfermer avec les gens de biens contre les gens de peu. Il ne s'agit plus de se targuer de sa supériorité, mais d'invoquer son

---

1. 16 septembre 1940, cité *in* John Gerring, *Party Ideologies in America 1828-1996, op. cit.*, p. 145.
2. *Ibid.*

caractère ordinaire. L'excellence est remisée dans le passé avec les pères fondateurs, ces grandes figures transformatrices qui inspirent leurs modestes continuateurs. La technique sera encore plus efficace quand les démocrates, de Kennedy à Clinton, entourés et courtisés par des professeurs d'université, se prévaudront un peu trop souvent de leurs conceptions brillantes et de leurs éclairs de génie – « une élite qui n'a jamais grandi, jamais rien fait de vrai, jamais rien sacrifié, jamais souffert et jamais appris », comme la qualifiera en 1996 Robert Dole, adversaire républicain de Bill Clinton et ancien combattant de la Seconde Guerre mondiale revenu mutilé d'Italie. Face aux discours de cette « gauche en limousine », on privilégie une analogie ou une anecdote à une statistique, l'exposé d'un cas individuel – fût-il non représentatif – à une anatomie des structures. Pour les républicains, le parfum populiste ajouté à leur antiétatisme traditionnel les débarrasse de cette image élitiste qui les identifie aux intérêts de la finance (Wall Street). Il leur permet d'établir le contact avec l'Amérique profonde (Main Street).

Un langage anti-intellectuel dans les domaines de « la loi et [de] l'ordre » ou de l'« immoralité » facilite cette identification aux valeurs populaires. La maladresse d'expression, un certain philistinisme, même, en deviennent recherchés si c'est le moyen permettant de raccrocher à la locomotive du parti républicain quelques-uns des wagons perdus de la majorité silencieuse. En 1968, Martin Luther King et Robert Kennedy sont assassinés à deux mois d'intervalle, les mouvements noir et pacifiste se radicalisent, Chicago et Harlem connaissent des émeutes. Richard Nixon s'empare de l'occasion pour appeler ses compatriotes à écouter « une autre voix, une voix tranquille dans le tumulte des cris. C'est la voix de la grande majorité des Américains, les Américains oubliés, ceux qui ne crient pas, ceux qui ne manifestent pas. *Ils ne sont ni racistes ni malades.* Ils ne sont pas coupables des fléaux qui infestent notre pays[1] ». Les grandes conquêtes des droits civiques ont trois ans ; il est déjà temps, apparemment, d'éviter d'aller plus loin, mais sans s'exposer pour autant au danger d'être pris pour

---

1. Discours d'acceptation de la candidature devant la convention du parti républicain, Miami, 8 août 1968, cité in *ibid.*, p. 144. C'est moi qui souligne.

« raciste » ou « malade ». « Nous ne devons pas permettre, poursuit Richard Nixon, que les enfants soient utilisés comme des pions par les planificateurs sociaux de Washington qui pensent au fond que les enfants devraient être élevés par l'État plutôt que par leurs parents[1]. » Un peu comme la décentralisation et le « droit des États » ont servi de cache-sexe à la ségrégation raciale, l'« égalité des chances » *(equality of opportunity)* n'imposera rien de plus que l'organisation d'une concurrence, d'une course sociale forcément inégale entre le sprinter bien entraîné et le novice qui déboule sur la piste.

Dès 1928, Herbert Hoover opérait la confusion habituelle entre les proclamations constitutionnelles égalitaires du pays et sa réalité sociale (qui n'a cessé de les contredire, de manière grossière) : « Chaque Américain, riche ou pauvre, né à l'étranger ou autochtone, quelle que soit sa foi ou sa couleur, peut accéder à la position sociale que lui ouvrent ses capacités et sa personnalité [...]. Le vainqueur est celui qui déploie l'entraînement le plus persévérant et la plus grande force de caractère. Le socialisme oblige chacun à arrêter la course au même point. Il retient le plus rapide au rythme du plus lent[2]. » Le raisonnement ne changera pas, mais ses destinataires, si. En 1928, alors que s'ouvre le long cycle démocrate, le « plus lent » a pour lui le nombre et il est majoritairement blanc : il s'agit des dizaines de millions d'employés, d'ouvriers, d'agriculteurs ruinés par la Grande Dépression ou en passe de l'être ; ils escomptent que les riches, qui leur doivent tout, les secourent enfin. Quarante ans plus tard, le « plus lent » est pauvre, souvent noir ou hispanique. Et une bonne partie de ceux que l'on requiert pour les aider s'estiment assez embarrassés comme ça. Confortée par la vulgate économique d'un « jeu à somme nulle » (l'idée que, faute de croissance, les gains des uns doivent être payés par les sacrifices des autres), l'assimilation, courante aux États-Unis, entre appartenance aux classes moyennes et vie à l'écart des Noirs ne prédispose pas aux élans de générosité. « Les restructurations, la perte de sécurité, les

---

1. Richard Nixon, discours du 3 septembre 1972, cité in *ibid.*, p. 149.
2. Herbert Hoover, discours d'acceptation de la nomination du parti républicain à l'élection présidentielle de 1928, 11 août 1928, cité in *ibid.*, p. 131.

nouvelles structures familiales, les transformations urbaines, les rues dangereuses, le crime, les transformations globales conduites à un rythme déconcertant et l'intensification de la concurrence ont sapé la capacité des citoyens à tolérer des sacrifices modestes au profit des moins fortunés – une disposition essentielle à la mise en œuvre de politiques progressistes[1] », notent Thomas et Mary Edsall. Entre 1947 et 1973, les gains annuels de productivité de l'économie américaine passent en effet de 2,9 % à moins de 1 %, une chute dont les conséquences politiques ne tardent guère : au départ du cycle, davantage de biens ont pu être acquis dans un contexte de stabilité des prix, davantage de salaires ont pu être distribués sans que l'employeur en pâtisse (d'autant que la concurrence internationale n'exerce alors guère de pression contraire). Cette situation a cimenté une coalition démocrate agglomérant classe moyenne et ouvrière (dont les salaires augmentent) et pauvres (dont les prestations sont revalorisées). L'avenir paraît radieux, la grande société en vue, les idéologies en miettes. Quand cela cesse, la victoire s'offre naturellement à ceux qui proposent une explication, des raisons d'agir.

« Je suis contre le gros percepteur et pour le petit contribuable[2]. » A priori, la ficelle du président Gerald Ford est grosse. Le parti des riches joue en 1976 au défenseur des petits en feignant de croire à la solidarité de tous les contribuables contre un État tentaculaire. Le ressentiment « populiste » est réorienté contre une autorité fédérale jugée d'autant plus scandaleusement prodigue qu'elle cherche à remédier à une injustice sociale frappant des groupes électoralement peu populaires. En particulier dans un pays où la participation aux scrutins augmente avec le revenu[3]. « J'en ai assez des pauvres[4] », glisse à l'oreille de

---

1. Thomas et Mary Edsall, *op. cit.*, p. 202.

2. Gerald Ford, discours d'acceptation de la nomination républicaine à l'élection présidentielle de 1976, 19 août 1976, cité *in* John Gerring, *Party Ideologies in America 1828-1996, op. cit.*, p. 144.

3. Lors des élections de 1980 qui voient l'accession de Ronald Reagan à la Maison-Blanche, le taux de participation atteint 78 % des électeurs inscrits chez les riches, 54 % chez les pauvres. Cette corrélation entre taux de participation et niveau de revenu est devenue une donnée structurelle de la politique américaine.

4. Cité par Andrew Kopkind, *op. cit.*, p. 46.

Ronald Reagan une femme d'officier au moment où l'ancien acteur opère sa reconversion politique. Le futur gouverneur de Californie n'est pas encore sourd. Il évoque donc sans tarder l'histoire (fausse) d'une fraudeuse. Il la martèlera pendant plus de dix ans. Cette « reine de l'aide sociale *[welfare queen]* utilise quatre-vingts noms, trente adresses et douze cartes de sécurité sociale, grâce à quoi son revenu net d'impôt est supérieur à 150 000 dollars ». La thématique a de l'avenir. C'est celle du « petit Blanc » travailleur, qui « devient fou » devant « le bruit et l'odeur » des immigrés se prélassant grâce au gros magot de l'assistance sociale. Cherchant à expliquer, en 2003, l'échec des socialistes français l'année précédente, le sénateur Henri Weber résume : « Tout ce qui aide les exclus, comme par exemple la CMU [couverture maladie universelle], surtout quand ils sont immigrés et c'est souvent le cas, exaspère une partie des smicards et des salariés du bas de l'échelle. Et ils nous le reprochent : combien de fois avons-nous entendu, pendant la campagne, "il n'y en a que pour eux, il n'y a rien pour nous"[1]. » Au fond, le « il n'y en a que pour eux » est moins important (et infiniment moins exact) que le « il n'y a rien pour nous ».

Dans les années 80, la stratégie républicaine devient assez limpide pour qu'un de ses architectes, Lee Atwater, stratège des campagnes de Reagan en 1980 et en 1984, puis de celle de George H. Bush en 1988, la détaille sans faire de détour :

> Lors de la campagne de 1980, nous avons été capables de faire que l'establishment, qui est perçu comme mauvais, ce soit l'État. En d'autres termes l'État tentaculaire *[Big Government]* devint l'ennemi, pas le big business. Si les gens pensent que leur problème c'est que l'État se mêle de trop de choses, alors nous avons fait notre travail. En revanche, s'ils en viennent à se dire que le vrai problème c'est que les riches ne paient pas assez d'impôts, que les républicains protègent les promoteurs immobiliers, etc., alors les choses vont favoriser les démocrates. Je pense ici au lectorat du *National Enquirer* [un journal à scandale vendu à bas prix dans les supermarchés]. On y trouve

---

1. Henri Weber, « Où va la gauche française ? », *Le Débat*, n° 124, mars-avril 2003.

toujours des histoires sur tel ou tel milliardaire qui possède cinq Cadillac et n'a pas payé d'impôts depuis 1974. Mais il y a aussi des articles sur un type assis sous une véranda et sirotant de l'alcool acheté avec des coupons alimentaires. […] Les populistes ont toujours été progressistes en matière économique. Aussi longtemps que les questions principales ont porté sur ce terrain – comme à l'époque du New Deal –, le candidat progressiste pouvait escompter un maximum de suffrages populistes. Mais les populistes sont conservateurs sur les sujets de société. […] Quand les questions de société et de culture perdent en importance, les populistes n'ont plus de raison de voter républicain[1].

La dérive technocratique des démocrates, leur identification à un État qui a cessé de protéger le monde du travail, leur cour assidue aux milieux d'affaires précipitent leur séparation d'avec les Blancs d'origine populaire qui estiment payer l'essentiel du coût induit par le combat pour l'intégration raciale. Comme l'explique le journaliste de gauche Andrew Kopkind dès 1968 à propos de la campagne presque ouvertement raciste de George Wallace : « Wallace est fort là où l'Amérique est la plus vulnérable, dans le Sud rural en voie de décomposition ou dans les quasi-taudis du Nord industriel. […] Il s'adresse aux ouvriers blancs que l'on ignore. Qui n'inspirent ni peur ni admiration, qui vivent entre les faubourgs manucurés et les ghettos sordides, qui ne sont pas assez mal en point pour qu'on rase leurs taudis, mais pas assez à l'aise financièrement pour compter au nombre des bénéficiaires de la ségrégation sociale et raciale. Autour d'eux, l'atmosphère est épaisse et pesante – avec de la fumée, de la poussière, de l'ennui et du ressentiment[2]. » Un quart de siècle plus tard, le président Clinton confirmera cette analyse en guise d'épitaphe pour le naufrage électoral de son parti aux élections législatives de novembre 1994 (les républicains conquièrent cette année-là la majorité à la Chambre des représentants) : « Nous avons perdu notre base dans le Sud. Nos gars ont voté pour Gingrich [le dirigeant républicain de l'époque]. Je les connais bien, j'ai grandi avec eux. Ils travaillent dur, ils sont pauvres et blancs. Ils pensent qu'ils

---

1. Thomas et Mary Edsall, *op. cit.*, p. 145 et 221.
2. Andrew Kopkind, *op. cit.*, p. 140 et 149.

paient sans arrêt pour nos réformes. Depuis la guerre civile, toutes
les réformes progressistes se sont faites sur leur dos. C'est eux qui
ont payé le prix du progrès. Nous ne cessons de leur imputer le
coût de la liberté des autres[1]. » En novembre 2000, dans le Sud,
George W. Bush obtient 70 % des voix blanches et presque aucune
voix noire. Son adversaire démocrate obtient 91 % des voix noires
et 26 % seulement des suffrages des électeurs blancs[2]... Fiscalité,
« loi et ordre », religion, refus des politiques volontaristes d'égalité
raciale, défense de l'armée, aversion de la contre-culture : le parti
des « royalistes économiques » que fustigeait Franklin Roosevelt a
réussi à devenir *aussi* celui des « petits Blancs ».

Qu'y ont gagné ces derniers ? Décidément rien, si ce n'est
d'avoir prouvé, à leurs frais, que les idées ont des conséquences,
qu'induite par les questions de la race et du poujadisme fiscal la
grande fracture de la coalition progressiste va affaiblir chacune de
ses anciennes composantes, eux compris. Ou, pour le dire plus brutalement, que le « prix du progrès » est peu de chose à côté de la
note que la démolition du progressisme leur fera régler. Car la
commisération faussement populiste des riches a d'abord eu pour
objet de leur permettre de conduire à son terme une politique de
« Robin des Bois à l'envers », c'est-à-dire de faire payer les
pauvres. L'un des journalistes conservateurs les plus distingués et
les plus connus aux États-Unis, George Will, le résume crûment à
la télévision en août 1988, au moment où s'achève le deuxième
mandat présidentiel de Ronald Reagan : « Si en 1981 un marxiste
avait observé cette administration au moment de sa prise de fonction, ce marxiste aurait dit ce qui suit : C'est la classe dirigeante
qui arrive au pouvoir. Elle va adopter une politique qui va accroître
les revenus du capital – c'est-à-dire les dividendes, les intérêts et
les loyers – au détriment des revenus du travail. Huit années plus
tard, le marxiste aurait vu on ne peut plus juste : les revenus de la
propriété ont progressé trois fois plus vite que ceux dont disposent
les gens qui travaillent. » Et le marxiste n'a pas fini d'avoir raison.

---

1. Rapporté *in* Benjamin Barber, *The Truth of Power : Intellectual Affairs in
the Clinton White House*, Norton, New York, 2001, p. 97.
2. David Broder, « The GOP's southern strand », *The Washington Post
National Weekly Edition*, 21 octobre 2002.

Les progressistes autoproclamés peuvent conduire des politiques néolibérales – on le verra en France, au Royaume-Uni, en Nouvelle-Zélande, aux États-Unis aussi (lire chapitre 7) –, la droite, elle, ne mène presque jamais de politiques favorables à l'égalité. Ici encore, le « modèle américain » est probant : le taux de pauvreté a baissé aux États-Unis à partir des années 50 ; de 1964 à 1969 (la période de la « guerre contre la pauvreté » lancée par Lyndon Johnson), le taux de chômage des Noirs et des Hispaniques a chuté de moitié et le nombre des pauvres a reculé de 25 % ; le nombre d'étudiants noirs a doublé dans les années 70. Alors, le « prix du progrès » pour certains ? Assurément. Mais également ses avantages pour d'autres qui, eux, n'avaient presque jamais eu l'occasion d'en apprécier le goût.

Ronald Reagan s'était opposé aux deux grandes lois émancipatrices de 1964 (interdiction de la discrimination dans tous les domaines de la vie sociale) et 1965 (respect du droit de vote des Noirs). Ses homélies sur la femme (une Noire, cela allait sans dire) qui, dans une HLM de Chicago, collectait l'aide sociale « sous quatre-vingts noms différents » était fausse – des journalistes vérifièrent. Plus banale, moins propre à enflammer le ressentiment des petits Blancs abandonnés à la spirale du déclassement, la vérité d'ensemble était la suivante : la plupart des allocataires d'aide sociale ne fraudaient pas, ne restaient pas bénéficiaires des fonds publics plus de deux ans, n'absorbaient qu'une proportion infime des dépenses budgétaires, n'étaient pas noirs et n'étaient même pas des adultes[1]. En 1995, peu avant l'abolition du programme fédéral d'aide aux parents isolés, l'allocation moyenne d'une mère avec deux enfants n'était que de 380 dollars par mois, un montant dont la valeur réelle avait perdu 40 % en vingt ans[2].

---

1. En 1988, à la fin des années Reagan, 3 748 000 familles recevaient l'aide sociale versée aux familles pauvres avec enfants (AFDC, ou Aid to Families with Dependent Children, le principal programme d'assistance aux pauvres, qui fut remis en cause en 1996 par le président Clinton). À l'époque, 40 %, de ces familles, souvent monoparentales, étaient noires, 39 % blanches et 16 % hispaniques. En 1980, année de l'élection de Ronald Reagan à la présidence, sept des onze millions de personnes couvertes par ce programme étaient des enfants.

2. *The New York Times*, 17 février 1995, citant un rapport de la commission budgétaire de la Chambre des représentants – la House Ways and Means Committee.

Les idées ont des conséquences. Surtout quand elles sont appliquées pendant plus de vingt ans. Aux États-Unis, les salaires réels annuels n'ont augmenté que de 10 % entre 1970 et 1999, alors que le revenu disponible après impôt du 1 % d'Américains le plus riche progressait, lui, de 157 %[1]. En 1980, un grand patron recevait environ quarante fois le revenu d'un salarié moyen ; en 2000, c'était 531 fois[2]. Quant aux pauvres... Pour se soulager la conscience, il suffit en général de se convaincre que leur sort n'est pas si lamentable. On calcule alors – dans le *Wall Street Journal*, par exemple, qui s'en est fait une spécialité – que 76 % d'entre eux possèdent une machine à laver, 50 % une armoire sèche-linge, 97 % une télévision couleur, 75 % un magnétoscope[3]. Autant d'imposteurs, en somme : peut-on être indigent et posséder une télévision couleur ? On fait donc rendre gorge à ces simulateurs. Ainsi, pendant les années Reagan, le salaire minimum ne fut pas relevé une seule fois, perdant 35 % de sa valeur ; les réductions de crédits publics ont principalement amputé les budgets destinés aux plus démunis (– 17,4 % pour l'aide aux familles nécessiteuses, – 14,3 % pour les bons d'alimentation, ou *food stamps*[4]). Et il revint à un « nouveau démocrate », Bill Clinton, d'achever la besogne en 1996. C'est lui qui démantela l'une des cathédrales progressistes édifiées par le New Deal, la garantie fédérale d'aide à l'enfance en péril prescrite par le Social Security Act de 1935[5]. Le besoin financier était-il si pressant ? Non, moins que jamais, puisque le budget était alors en voie de devenir *excédentaire*. Mais il s'agissait, comme souvent, de parfaire la revanche sociale

---

1. *US News and World Report*, 18 novembre 2002.
2. *Business Week*, 22 avril 2002.
3. Ces calculs ont été publiés par un vice-président de banque et par un journaliste d'affaires du Texas. Lire Michael Cox et Richard Alm, « Why some Americans want more poverty », *The Wall Street Journal Europe*, 10 novembre 1999.
4. *Cf.* Thomas et Mary Edsall, *op. cit.*, p. 191-192. À nouveau, le salaire minimum n'a pas été augmenté de 1996 à 2004.
5. Selon Loïc Wacquant, « la principale aide sociale (AFDC, l'allocation aux mères isolées) a chuté de 47 % en valeur réelle entre 1975 et 1995 alors que son taux de couverture tombait à moins de la moitié des familles monoparentales contre les deux tiers en début de période. En 1996, ce programme a été remplacé par un dispositif qui fixe un quota de cinq ans d'aide cumulés sur une vie et qui fait de l'emploi sous-payé la condition de l'assistance » (*Les Prisons de la misère*, Raisons d'agir, Paris, 1999, p. 68-69).

des possédants. Loïc Wacquant souligne : « Les sommes allouées en 1995 par Washington à l'aide aux familles ayant des enfants dépendants mineurs (AFDC), principale cible de nos zélés réformateurs, n'atteignaient pas 1 % des dépenses fédérales, soit douze fois moins que les fonds versés aux caisses de la Social Security (retraites bénéficiant essentiellement aux classes moyennes) et quatorze fois moins que le service de la dette. À eux seuls, les 5 % des ménages les plus riches du pays reçoivent autant en dégrèvements fiscaux au titre de l'achat d'une résidence[1] ! » Les esprits complexes qui gouvernent les salles de rédaction des périodiques distingués jugeront sans doute « populistes » les compléments qui suivent, relatifs aux architectes des politiques sociales décrites plus haut : en 1989, il fallut neuf navettes de l'US Air Force pour rapatrier les possessions de Mme Nancy Reagan de la Maison-Blanche à la résidence californienne du couple de retraités. L'ancien président fut payé deux millions de dollars pour deux « conférences » prononcées au Japon sitôt qu'il redevint « homme de la rue ». Son successeur George H. Bush prononça, au Japon lui aussi, un discours très lucratif devant 50 000 disciples de Moon réunis, en 1993. Le successeur de George H. Bush, Bill Clinton, réclama en 2002 (il renonça ensuite au projet) la somme de cinquante millions de dollars par an (plus de mille fois le revenu annuel moyen) pour animer un *talk-show* sur une des trois grandes chaînes de télévision américaine possédées par une multinationale...

À la fin des années 70, le mariage réactionnaire entre hostilité au libéralisme racial et aversion pour les impôts est d'autant plus porteur que les dépenses publiques les plus stigmatisées, en particulier par les grands médias, financent des programmes destinés aux minorités noire et hispanique. L'emploi dans la fonction publique représente par ailleurs un débouché très important pour les Noirs puisque 53,5 % de ceux d'entre eux qui occupent un emploi de cadre l'exercent pour le compte des administrations fédérales, de celles des États ou des autres collectivités locales (contre 28,5 % pour les Blancs[2]). La question des « quotas » préférentiels est elle aussi

---

1. Loïc Wacquant, « Quand le président Clinton "réforme" la pauvreté », *Le Monde diplomatique*, septembre 1996.
2. Selon Thomas et Mary Edsall, *op. cit.*, p. 18 et 290.

construite politiquement et journalistiquement de manière à cana-
liser dans un sens réactionnaire le ressentiment populaire. Lors des
élections législatives de 1990 en Caroline du Nord, par exemple, les
publicités électorales républicaines s'épargnent le souci de la subtilité. Alors qu'une main (blanche) froisse en signe de colère une lettre
qui vient d'être ouverte, un annonceur explique : « Vous aviez
besoin de cet emploi et vous étiez le plus qualifié. Mais ils l'ont
offert à une personne de couleur *[a minority]* en raison d'un quota. »
« Ils », ce sont les démocrates. Dans certains cas, à qualification
égale, les lois fédérales ont en effet accordé un avantage aux minorités raciales et aux femmes (admission à l'université, emploi public).
Le contexte de chômage ou d'insécurité sociale qui caractérise les
trente dernières années a accru l'impopularité, en particulier chez les
salariés blancs peu qualifiés, de telles préférences « de groupe »,
jugées contraires à l'idéologie individualiste américaine. Mais, dans
cette affaire, le biais politico-médiatique tient à ce que de gigantesques domaines de la vie du pays, moins souvent auscultés par les
journalistes et les intellectuels néoconservateurs, ont fleuri à l'écart
de la méritocratie proclamée sans qu'ils s'en soient beaucoup offus-
qués. Les universités américaines (dont les grands collèges de réputation internationale comme Harvard, Stanford, Princeton, etc.)
privilégient l'admission des enfants de diplômés – en particulier
quand ces diplômés sont des mécènes[1]. Une telle « préférence », un
tel quota de fait réservé aux privilégiés, presque toujours blancs,

---

1. Dans les universités privées de la « Ivy League » (Harvard, Princeton,
Yale, Chicago, etc.), les enfants de diplômés *de la même institution* représentent
entre 10 et 15 % des effectifs des nouveaux étudiants. Grâce aux relations de leurs
parents et aux contributions financières que ces derniers ont souvent apportées à
leur ancienne université, ces étudiants sont de deux à quatre fois plus susceptibles
d'être admis dans ces institutions d'élite, voie royale vers une vie de commandement et de privilèges, que ceux dont les parents ont un pedigree universitaire
moins valorisant. Harvard, par exemple, admet 11 % des candidats dont les parents
n'ont pas « fait » Harvard, et 40 % des candidats dont les parents ont fait le bon
choix, surtout s'ils se sont montrés généreux après leur diplôme. Est-ce en raison
de la qualité exceptionnelle des postulants, dont l'enfance a été bercée par l'érudi-
tion de leur famille ? Une étude du département d'éducation conduite en 1990
semble indiquer le contraire : le fils ou la fille d'un diplômé d'Harvard admis(e) à
étudier dans la même université est « sensiblement moins qualifié(e) » que la
moyenne des autres étudiants de Harvard dans toutes les disciplines, à l'exception
du sport (*in* « The curse of nepotism », *The Economist*, 10 janvier 2004).

concerne pourtant une population étudiante supérieure à celle des bénéficiaires de la discrimination positive (*affirmative action*). Simultanément, elle garantit deux types de reproduction : sociale (George W. Bush n'aurait jamais été reçu à Yale sur la base de ses seuls mérites universitaires…) et raciale (Yale n'a commencé à admettre des Noirs qu'après la Seconde Guerre mondiale). Un coup d'œil furtif sur la structure des élites américaines permet de découvrir la nature presque indécente des jérémiades conservatrices sur le déni de justice des « quotas » raciaux. Ce qui ne retire rien à l'efficacité politique d'une telle campagne. La preuve : elle dure encore.

La question de l'« insécurité »

Se sentant déjà menacé dans ses privilèges de Blanc par les discriminations positives, d'homme par les conquêtes du féminisme, de classe moyenne par la stagnation de son niveau de vie, l'électeur visé par la démagogie républicaine a également été déstabilisé par une autre insécurité : celle que provoquent la délinquance et le crime.

En 1988, George H. Bush, héritier putatif de Ronald Reagan, dont il a été vice-président pendant huit ans, paraît en mauvaise posture. Son adversaire démocrate, Michael Dukakis, vient de clôturer dans une étonnante harmonie la convention de son parti. Gouverneur du Massachusetts, l'État de la dynastie Kennedy, il a réussi à se présenter comme un « nouveau démocrate » soucieux de conjuguer volontarisme et compétence, technocratie et « rêve américain ». Ancien professeur à Harvard, il a des parents immigrés grecs. Mais l'image polie par ses publicitaires d'un fils du peuple devenu, à force de « compétence », un bon administrateur, plutôt apolitique, affrontant un patricien « né avec une cuiller d'argent dans la bouche », va être détruite par les républicains. En quelques semaines. Comment ? Principalement par l'invocation du laxisme de la « gauche » sur la question de l'« insécurité ». Entre juillet et novembre 1988, Michael Dukakis passe d'une avance de dix-sept points dans les sondages à un retard de huit points dans les urnes. Et le « fils du peuple » va devenir M. Bush, non pas parce qu'il est issu du peuple (son père Prescott ayant été sénateur, le maquillage eût semblé un peu trop épais pour ne pas attirer le regard), mais parce qu'il partage les valeurs du peuple. Celles en tout cas qu'on lui impute. C'est-à-dire d'abord le désir de surveiller et de punir.

La démagogie raciale ne fut pas non plus absente de ce renversement, puisque sa pièce à conviction fut un criminel, « Willie » (William) Horton, qui avait violé une femme du Maryland lors d'une permission de sortie. Or le récidiviste était noir, la victime, blanche. Et le gouverneur de l'État « laxiste » – Michael Dukakis – hostile à la peine de mort de surcroît. Crime et race : les républicains disposaient de l'illustration parfaite de la confondante naïveté des démocrates et autres « libéraux en limousine ». George H. Bush n'eut plus qu'à faire campagne sur les « valeurs » qui le distinguaient de son adversaire. M. Dukakis avait été gouverneur pendant dix ans. De son bilan, il ne surnagea qu'une chose, ou presque : il avait entériné ce programme de permissions destiné (dans le Massachusetts comme dans la plupart des autres États) à la fois à aider à la réinsertion des détenus et à faire face au surpeuplement des prisons. Les publicités électorales de George H. Bush, associant « Willie » Horton et Michael Dukakis (au point qu'on eût pu penser que ces deux-là se présentaient ensemble…), eurent, d'après le sondeur Louis Harris, davantage d'impact que n'importe quel autre élément de la campagne. Et, lors d'un des deux grands débats télévisés, le candidat démocrate perdit les chances qui lui restaient quand il répondit d'une façon jugée trop raisonnable à cette question pleine de délicatesse d'un journaliste de CNN : « Si votre femme Kitty était violée et assassinée, seriez-vous en faveur de la peine de mort ? Tueriez-vous le meurtrier ? »

Pendant que Michael Dukakis refusait de « glorifier la violence », le vice-président de Ronald Reagan passait ses journées à se faire photographier en compagnie de policiers, rendait hommage aux gardiens de la paix assassinés, promettait d'asseoir les meurtriers sur la chaise électrique (son fils, élu gouverneur du Texas en 1994, s'en ferait plus tard une spécialité en autorisant 140 exécutions pendant ses six ans de mandat).

Signée George H. Bush, une lettre envoyée à plusieurs millions d'exemplaires dénonça l'homme qui avait « laissé filer des assassins en leur octroyant des permissions de sortie et cela même après que l'un d'entre eux eut terrorisé un couple du Maryland[1] ». Un comité « America for Bush » diffusa une publicité dans laquelle vingt-deux des trente secondes d'images montraient le visage – noir – de Willie Horton. Dans l'Illinois, un tract diffusé par le comité central du parti républicain résuma en termes suffisamment simples l'élection qui s'annonçait : « Tous les assassins, les violeurs et les trafiquants de drogue votent pour Dukakis. Nous, en Illinois, pouvons voter contre lui. » L'odieux fut tout à fait atteint quand le mari de la femme violée par « Willie » Horton vint, dans une publicité politique de trente secondes, dénoncer en personne le candidat démocrate : « Pendant douze heures, j'ai été battu, blessé et terrorisé. Ma femme a été brutalement violée *[sic]*. Nous craignons que les gens ne sachent pas vraiment qui est Michael Dukakis. » Mais « les gens » commençaient à comprendre. Interviewée à la sortie de son usine, une ouvrière de Toledo, noire de surcroît, expliquait : « Je vote pour Bush parce que je n'aime pas le fait que Dukakis ait laissé sortir des détenus. Je me sens plus en sécurité avec Bush[2]. » Dukakis, lui aussi, avait compris. D'abord, il confirma la remarque d'Albert Hirschman : « Les progressistes sont embourbés dans le sérieux. Chez eux, en général, l'ironie se fait attendre, tandis que l'indignation coule à flots[3]. » Puis sa campagne rendit coup pour coup sur le terrain qu'avaient choisi les stratèges républicains. Et ce fut plus pitoyable encore. Les démocrates diffusèrent, par exemple, la photo d'une « mère enceinte » assassinée par un violeur hispanique « libéré par

---

1. Pour toutes ces informations et leurs références précises, *cf.* Serge Halimi, « Dans les bas-fonds de la campagne électorale américaine », *Le Monde diplomatique*, décembre 1988.

2. Sachant que les femmes noires votèrent à plus de 90 % pour le candidat démocrate en novembre 1988, on mesure à travers ce seul exemple la formidable disposition des médias à la manipulation permanente, surtout quand elle est racoleuse.

3. Albert O. Hirschman, *Deux siècles de rhétorique réactionnaire*, Fayard, Paris, 1991, p. 263.

Bush ». Partout dans le pays, la traque aux criminels (et aux démocrates censés les protéger) allait permettre à la droite américaine de faire oublier son monarchisme économique en invoquant son « populisme » sécuritaire. En Californie, ce fut : « Leo McCarthy aide les criminels à rôder dans nos quartiers. » En Géorgie : « Ben Jones a battu sa femme et a été arrêté à deux reprises. » L'expérience fut reproduite ailleurs. Dans d'autres pays, par d'autres droites. Mais aussi par quelques gauches…

Depuis 1988, aucun candidat démocrate à la présidence américaine n'est plus investi par son parti s'il ne proclame au préalable son attachement à une politique pénale rigoureuse, peines de prison incompressibles comprises. À un moment difficile de sa campagne présidentielle de 1992, Bill Clinton, « démocrate différent, favorable à la peine de mort », a regagné l'avantage en interrompant ses activités de candidat pour retourner dans son État de l'Arkansas signer l'ordre d'exécution d'un demeuré mental noir. Vingt ans plus tôt, la plate-forme officielle du parti démocrate réclamait pourtant « la reconnaissance des droits constitutionnels et humains des prisonniers, la mise en place pour eux de programmes réalistes de soins, de formation, de travail salarié, d'éducation, de prévention de l'alcoolisme et de la drogue ; des programmes de libération conditionnelle destinés à favoriser la réhabilitation, le rétablissement des droits civiques aux anciens détenus une fois qu'ils ont épuisé leur peine, y compris le droit de vote, celui d'être élu, d'obtenir un permis de conduire, un emploi public ou privé[1] ». À l'époque, la Cour suprême, dont la plupart des juges avaient été nommés (à vie) par des présidents démocrates (Roosevelt, Truman, Kennedy, Johnson), venait de suspendre la peine de mort[2] et d'accorder de nombreux droits constitutionnels aux prévenus et aux détenus. Au même moment, en novembre 1972, deux condamnés à la peine capitale étaient guillotinés en France. Mais le libéralisme judiciaire ne constitua qu'une parenthèse aux

---

1. Cité *in* Thomas et Mary Edsall, *op. cit.*, p. 96.
2. Elle serait rétablie en 1976. En 1977, l'exécution dans l'Utah d'un condamné qui avait insisté pour subir le châtiment suprême, Gary Gilmore, marqua le retour de la peine capitale. Près de neuf cents personnes ont été exécutées depuis cette date.

États-Unis. Chauffée à blanc par les républicains et par les médias jamais repus de faits divers épouvantables, l'opinion publique basculait dans le camp de la répression. En 1965-1966, une petite majorité (47 % contre 42 %) se déclarait opposée à la peine de mort ; en 1972, après une série d'assassinats très spectaculaires (Martin Luther King, Robert Kennedy, Sharon Tate, etc.), tout avait changé (60 % de favorables, 30 % d'opposés). En 1988, les proportions atteignaient même 79 % contre 16 % ! George H. Bush jouait donc sur du velours quand, avec « Willie » Horton en tête, il monta à la tribune de la convention républicaine pour proclamer : « Je suis celui qui n'est pas membre de l'ACLU [la Ligue des droits de l'homme américaine]. Je suis celui qui croit qu'il est mal de libérer de prison les assassins qui n'ont pas purgé leurs peines. Je suis celui qui croit qu'il est juste que les instituteurs prononcent le serment d'allégeance au drapeau de notre pays. »

Dès les années 60, la droite gagne sur les deux tableaux : l'aspiration au retour à l'ordre (social, racial, sexuel) s'accroît au rythme de la déstabilisation induite par les « réformes » économiques néolibérales. Dans son ouvrage *The Conscience of a Conservative* – vendu à 750 000 exemplaires en 1960 et qui sera un des livres de chevet de Margaret Thatcher –, Barry Goldwater définit d'abord sa philosophie comme « le niveau maximum de liberté individuelle compatible avec le maintien de l'ordre social [...]. Rationaliser l'État ou le rendre plus performant ne m'intéresse pas : je veux réduire sa taille[1] ». Mais, assez vite, le candidat républicain va accomplir la performance intellectuelle d'associer État social et criminalité là où la plupart des sociologues documentent au contraire le lien entre prisons et misère, pauvreté et délinquance. « Si, argumente Goldwater en septembre 1964, vous estimez qu'il est légitime que l'État prenne à certains pour donner à d'autres, n'allez-vous pas inciter quelques individus à penser qu'ils ont le droit de s'emparer du bien de quiconque possède davantage qu'eux ? » Le *Washington Post* résume ainsi l'analyse du candidat républicain : « Il semble en être arrivé à la conclusion que la bien-

---

1. Cité *in* Russel Baker, « Mr Right », *The New York Review of Books*, 17 mai 2001.

veillance excessive de la communauté à l'égard des plus défavorisés est la cause du crime et de la délinquance. Cela revient à
prétendre que la vaccination est la cause de la variole[1]. »

L'analogie avec la vaccination est appropriée. L'amplification
du désir de punir se trouve en effet étroitement corrélée, comme
une bonne part de l'essor du conservatisme américain, à une
appréciation de plus en plus pessimiste des capacités de réhabilitation sociale. « Dans le grand combat pour faire avancer les
droits humains, même une peine de prison n'est plus un
déshonneur », espérait, un peu vite, le démocrate Adlai Stevenson en 1964. Mais la « nouvelle frontière » a déjà vécu, le président qui l'a portée est mort assassiné, les rues du ghetto noir de
Los Angeles s'apprêtent à s'embraser. Exfiltré de sa retraite le
temps d'un discours et accueilli par l'ovation des militants
républicains, Dwight Eisenhower gronde alors : « Cessons d'être
coupables d'une sympathie pleurnicharde à l'égard du criminel
qui rôde dans les rues avec un couteau à cran d'arrêt et une arme
à feu en quête d'une proie sans défense et qui, quand on l'inter-
pelle, se présente trop souvent comme un pauvre, un défavorisé
méritant la compassion de notre société[2]. » Dans ce registre, de
plus en plus populaire, de la dénonciation du laxisme judiciaire,
le démocrate sudiste George Wallace lui fait écho, au même
moment : « Si on vous frappe à la tête dans la rue, celui qui vous
a frappé sera sorti de prison avant que vous ne soyez entré à
l'hôpital[3]. » En 1970, quand les campus sont en ébullition, le
gouverneur de Californie Ronald Reagan réagit avec la même
absence de nuances : « S'il faut un bain de sang, allons-y. Plus
d'apaisement. » Depuis le XIXᵉ siècle, le parti républicain a beaucoup changé, en particulier sur la question du rôle de l'État, mais
il est demeuré constant sur un point : son adoration de l'ordre,
d'un « règne de la tranquillité intérieure » que perturbent « le
pauvre, le criminel et l'anarchiste qui viennent chez nous pour

---

1. Rick Perlstein, *op. cit.*, p. 424.
2. Discours d'Eisenhower à la convention républicaine de San Francisco,
août 1964, cité in *ibid.*, p. 381.
3. Cité in *ibid.*, p. 326.

alourdir notre fardeau et troubler nos communautés »[1]. L'anarchiste de 1892 est aujourd'hui devenu le « terroriste ».

La petite maison dans la prairie

La question de l'insécurité prolétarise l'identité de la droite et embourgeoise celle des démocrates à mesure que l'« élite », autrefois associée aux possédants, aux grandes familles de l'industrie et de la banque, devient identifiée à une « nouvelle gauche » friande d'innovations sociales, sociétales et raciales. Une nouvelle gauche « radical-chic » que semblent appuyer avocats, juges, intellectuels, étudiants, journalistes et autres cibles rêvées du ressentiment populaire[2]. La transformation des règles de désignation des candidats démocrates à la Maison-Blanche conforte d'ailleurs, involontairement, l'image élitiste du parti. Pour éviter que quelques maires de grande ville et notables syndicalistes continuent à manipuler leurs bataillons de délégués au profit de l'élu de leur cœur, les statuts du parti sont « démocratisés » à partir de 1972. Or cette transformation va aboutir à accroître le rôle des étudiants, professeurs et autres classes moyennes éduquées, plus disponibles en même temps que plus progressistes sur les questions d'égalité raciale et sexuelle – mais de ce fait « éloignés à la fois physiquement et idéologiquement des électeurs culturellement plus conservateurs qui avaient constitué la colonne vertébrale du parti démocrate[3] ».

La perception des Noirs en la matière est fort différente – leurs suffrages sont plus que jamais acquis aux démocrates. L'image du ghetto dans lequel survivent les plus pauvres d'entre eux

---

1. Benjamin Harrison, candidat républicain à l'élection présidentielle de 1892, lettre du 3 septembre 1892, citée *in* John Gerring, *Party Ideologies in America 1828-1996*, *op. cit.*, p. 101.

2. Dans son savoureux roman *Le Gauchisme de Park Avenue* (Gallimard, Paris, 1972), Tom Wolfe décrit le moment où le musicien Leonard Bernstein invite dans sa très luxueuse résidence de Park Avenue, à New York, devant un public de gens particulièrement riches, un groupe de militants des Black Panthers venus collecter des fonds en vue de la révolution.

3. Thomas et Mary Edsall, *op. cit.*, p. 80.

contribue toutefois à faciliter leur abandon ou, plus précisément, leur prise en charge par l'État pénal[1]. Ce sous-prolétariat semble en effet conjuguer tous les contraires de ce que vénère une certaine petite-bourgeoisie blanche : famille, responsabilité, patriotisme, ordre, stabilité. Déboussolés par deux décennies de libéralisme moral et racial, les puritains entendent dorénavant réagir, surveiller et punir, établir des valeurs que la société fera respecter, par la force si nécessaire. Ronald Reagan saura intégrer cette antienne du « retour aux valeurs traditionnelles » dans un discours plus général propre à lui gagner le soutien de groupes électoraux (ouvriers, employés, personnes âgées) qui souvent seront les cibles prioritaires de ses propositions économiques. Pendant qu'il offrira de plantureux abattements fiscaux aux riches, il promettra aux catégories populaires le retour à la loi, à l'ordre et au patriotisme, la résurgence de l'univers enseveli de la petite maison dans la prairie, des drapeaux qui flottent, des couples qui se marient et de la tarte aux pommes de grand-mère. Cherchant à expliquer ce qui a rendu cet attelage libéral-autoritaire moins instable qu'on ne l'imagine, Christopher Lasch a suggéré que, pour Ronald Reagan et les républicains, une lutte opposait la « classe » des producteurs privés et celle des intellectuels publics, la seconde cherchant à « étendre son contrôle sur le mariage, le sexe et l'éducation des enfants de la même manière qu'elle avait étendu son contrôle sur l'entreprise[2] ».

Devant une telle menace, la droite américaine ne reculera pas. Les « valeurs traditionnelles » qu'elle exigera de rétablir se nomment indépendance et autonomie. Elles laissent entrevoir le retour au darwinisme social, au « chacun pour soi » des pionniers, mais aussi à la communauté villageoise qui choisit où placer sa solidarité et quels asociaux, pervers et poètes soumettre à la loi de Lynch. Le reste ne peut être que « socialisme rampant », « route de la servitude » (Hayek), individu victime de l'État ou dépendant de ses subsides. La notion de redistribution sociale n'étant pas perçue comme racialement neutre, s'y attaquer permet, tout comme la campagne contre le « laxisme » judi-

---

1. Lire Loïc Wacquant, *Les Prisons de la misère*, *op. cit.*
2. Christopher Lasch, *Le Seul et Vrai Paradis*, *op. cit.*, p. 469.

ciaire, d'envoyer un message à peine codé aux électeurs qui jugent que l'intégration raciale a été « poussée » assez loin, que la société bouge trop vite, que l'insécurité sociale qui naît doit quelque chose à la dissolution des familles. Quant à la misère économique, n'est-elle pas, au même titre que la délinquance et les déviances, d'abord le produit d'une « pauvreté morale »[1] ?

Encore et toujours les « valeurs ». En 1988, estimant avec un optimisme dont on découvrira assez vite à quel point il était précipité que « l'ère Reagan est terminée », Michael Dukakis en conclut que l'époque de l'« apolitisme » technocratique est revenue comme aux plus beaux jours des années 50 et du gouvernement des « meilleurs et des plus brillants ». « Cette élection ne relève pas de l'idéologie, mais de la compétence », ajoute-t-il avec la modestie qui sied aux anciens de Harvard. Son adversaire, George H. Bush, pourtant ancien étudiant de Yale (comme son fils), saute sur l'occasion pour réaffirmer contre les experts le primat du politique, c'est-à-dire de la démocratie, c'est-à-dire des sentiments populaires : « La compétence fait arriver les trains à l'heure, mais elle n'indique pas où ils se rendent. » À l'entendre, la destination est fonction des valeurs que l'on se donne. Celles des républicains sont claires :

Tout au centre, l'individu. De l'individu à la famille, qui communique à nos enfants notre culture, notre foi religieuse, nos traditions et notre histoire. Puis la communauté, la ville, l'église, l'école, puis le pays, l'État, la nation – chacun ne faisant que ce qu'il fait bien et pas davantage. Car le pouvoir doit toujours demeurer proche de l'individu – proche des mains qui élèvent la famille et s'occupent du foyer. Je suis guidé par certaines traditions. L'une d'elles est que Dieu existe et qu'Il est bon et que Son amour, même s'Il nous le donne, comporte un coût : nous devons être bons à l'égard de notre prochain. Il y a une autre tradition. Et c'est l'idée de communauté. Les démocrates voient dans la communauté un nombre limité de groupes d'intérêts, au sein desquels chacun des membres est soumis

---

1. Les républicains, suivis par certains démocrates, ont défendu cette argumentation avec constance. Les politiques du président George W. Bush visant à confier à des institutions religieuses la gestion des programmes sociaux qui n'ont pas encore été remis en cause s'inspirent directement de cette idée-là.

à une forme étrange de conformité. Dans cette optique, le pays attend passif pendant que Washington établit les règles. Ce n'est pas ce que la communauté signifie pour moi […], une diversité brillante aussi étalée que des étoiles, un peu comme des milliers de points de lumière dans un ciel grand et paisible[1].

Un peu de poésie et beaucoup d'individualisme : l'idéologie n'effraie pas les républicains. Avec eux, la famille d'Amérique et son projet collectif évoqués par Mario Cuomo en 1984 font place à une juxtaposition de communautés, formelles et informelles, vivant et priant ensemble. Un syndic de patriotes que leur piété et leurs propriétés réunissent.

« Valeurs traditionnelles ». À partir des années 60, la famille américaine change plus qu'avant, mais moins qu'elle ne le pense : les couples mariés dirigent 80 % des foyers en 1910, et encore 69 % en 1970. Néanmoins, l'évolution est déjà trop rapide pour ceux qui pressentent que la « chute » ne fait que commencer. De fait, en 2000, la proportion de couples mariés ne représente plus que 52 % des ménages. Associées un peu vite à ce genre de transformation, les conquêtes du féminisme et du mouvement homosexuel déchaînent à partir des années 70 un choc en retour, une mobilisation conservatrice et religieuse dont on trouve peu d'équivalents dans les autres pays occidentaux. Phyllis Schlafly devient la figure de proue de cette contre-révolution qui souvent mobilisera des bataillons plus impressionnants encore que les armées auxquelles elle s'oppose. « Nous avons vu dans tout ce qui se passait une attaque contre le mariage, la famille, la ménagère, la fonction maternelle et l'idée même qu'hommes et femmes avaient des rôles différents à jouer[2] », explique cette militante chevronnée de la droite américaine, qui n'a pas attendu la

---

1. Discours de George H. Bush devant la convention républicaine de La Nouvelle-Orléans, 18 août 1988, cité par Peggy Noonan, *What I Saw at the Revolution : A Political Life in the Reagan Era*, Random House, New York, 1990, p. 311.

2. Cité *in* « Stayin' alive », *US News and World Report*, 2 juillet 2001. L'un des plus beaux textes, scandant sans dédain culturel ou mépris de classe les raisons du *backlash* antiféministe et antihomosexuel, a été écrit par Andrew Kopkind, militant féministe et homosexuel, en septembre 1977. Lire Andrew Kopkind, « Famille, féminisme et droite américaine », *Agone*, n° 28, 2003.

libération sexuelle pour se démener en faveur de Barry Goldwater et de Ronald Reagan. En 1966, enceinte de son sixième enfant, elle a l'illumination qu'une poignée de hiérarques new-yorkais du parti républicain n'ont cessé de comploter en vue de « perpétuer l'empire rouge et de favoriser le niveau élevé de dépenses fédérales et de contrôle de l'État ». Cela donne un petit livre au titre suggestif, *A Choice, Not an Echo*, tiré à 600 000 exemplaires. « Un choix, pas un écho » : en matière de mœurs, le rappel à l'ordre lui paraît plus urgent encore. Elle n'est pas seule. « La fibre morale du peuple américain est menacée par la pourriture et la déchéance », précise Barry Goldwater dès 1964 au cours d'une allocution dont l'impact surprendra ce pratiquant peu régulier[1]. À l'époque, les questions de moralité jouent un rôle périphérique dans le débat politique. Cela ne durera pas. Une forme de mobilisation politique difficilement envisageable dans des pays largement sécularisés comme la plupart des États européens (entre 1965 et 1967, les travaillistes britanniques abolissent la censure au théâtre, légalisent l'avortement et décriminalisent l'homosexualité sans provoquer un soulèvement puritain) va gonfler les voiles de la droite américaine et conforter son assise de masse.

En 1972, un amendement constitutionnel, l'Equal Rights Amendment (ERA), cherche à accomplir pour les femmes ce que, huit ans plus tôt, le Civil Rights Act a réalisé pour les Noirs : la garantie juridique de l'égalité, y compris en matière de salaires. L'année suivante, l'arrêt Roe v. Wade de la Cour suprême légalise l'avortement – et révulse des millions de croyants. Pour ceux qui rêvent de convertir en militants conservateurs des régiments de fidèles peu au fait de la chose politique, la tentation devient irrésistible. La politique ne s'est-elle pas occupée d'eux en bafouant leurs convictions les plus sacrées ? L'État et les tribunaux qui ont permis cela en sont un peu plus frappés d'illégitimité. Mais, pour laver l'affront, il faudra tout reconquérir : Maison-Blanche, Congrès, tribunaux. Il faudra chasser les mauvais juges, faire de meilleures lois, élire des chefs d'État qui jureront que la vie du fœtus leur est sacrée. Depuis

---

1. Discours de Salt Lake City, repris in *The Salt Lake Tribune*, 11 octobre 1964, cité *in* Rick Perlstein, *op. cit.*, p. 484.

1980, chacun des présidents républicains se plie à la règle. La politisation de la religion qui va en découler – c'est-à-dire sa mobilisation à droite – coïncide avec la perte de vitesse de l'Église épiscopale, moins sectaire, et l'ascendant corrélatif d'un évangélisme fondamentaliste qui se montre rapidement capable de construire et de remplir des superéglises de 10 000 places, de systématiser les programmes de télévision hésitant entre prédications apocalyptiques et guérisons miracle. Pour la société dans son ensemble, la cure sera plus longue, mais désormais ses médecins sont des hommes et des femmes qui connaissent Jésus ou, comme George W. Bush, déclarent avoir fait de lui le maître de leur existence et leur « philosophe préféré ». Les partisans du droit à l'avortement parviennent à contenir tous ces assauts. Mais l'Equal Rights Amendment échoue.

Presque au même moment, les homosexuels arrachent quelques protections, en particulier dans les métropoles et les États les plus « avancés » (Californie, New York). Ils reviennent de loin : en 1953, sans que protestent les républicains partisans d'un État modeste, le président Eisenhower avait signé un décret imposant le licenciement des homosexuels de tous les emplois fédéraux – et même de toutes les entreprises dont Washington était un des principaux clients. Au total, un emploi américain sur cinq était concerné[1]. À l'époque, l'atmosphère de chasse aux sorcières associait en effet allègrement les responsables de « trahison » communiste et les coupables de « perversion » sexuelle dès lors que les uns comme les autres devaient dissimuler leurs préférences... À partir de juin 1969, et de l'affrontement entre des clients d'un bar gay de New York (le Stonewall) et la police, la contagion des libérations atteint la question de l'orientation sexuelle ; de 1961 à 1968, plus de la moitié des États décriminalisent la « sodomie », auparavant partout passible de poursuites. L'évolution générale n'intervient pas toujours sans drames : en novembre 1978, le maire de San Francisco, George Moscone, et un conseiller municipal homosexuel, Harvey Milk, sont assassinés par un homophobe (qui,

---

1. *Cf.* Rick Perlstein, *op. cit.*, p. 490.

par l'effet d'un « laxisme » que la droite religieuse ne fustigera
pas, écope d'une peine symbolique). Car, là aussi, l'heure du
backlash est venue. En 1977, grâce à une campagne que résume
le slogan « Sauvez nos enfants », Anita Bryant avait obtenu
l'abolition par référendum d'une circulaire municipale accordant aux homosexuels de Miami, en Floride, l'égalité des droits
en matière de logement et d'emploi. D'autres reculs de ce genre
vont suivre, avivés par la hantise très médiatisée de la séduction
pédophile : « Les homosexuels, répète Anita Bryant, ne peuvent
pas se reproduire, alors il faut qu'ils recrutent. »

Quand Ronald Reagan lance sa troisième campagne présidentielle, la crispation morale que provoque l'émancipation de
groupes minoritaires s'alimente ainsi de la peur d'une faillite
de la famille. La droite intellectuelle et religieuse impute cette
décadence à un État trop présent qui aurait peu à peu anémié,
en se substituant à elle dans les domaines de la solidarité et de
l'assistance, l'entraide naturelle des générations, des voisi-
nages de quartier et des églises (les « milliers de points de
lumière » évoqués par George H. Bush en 1988). Une telle
thématique, qui insiste sur la « responsabilité individuelle » et
sur la restauration des « valeurs familiales traditionnelles »,
permet par ailleurs de montrer du doigt une population noire
où prolifèrent les cellules monoparentales, en général en raison
de l'absence ou de l'incarcération du père. Moral, racial, social
(ces mères célibataires et leurs enfants survivent assez souvent
grâce aux subsides de l'aide publique), le discours
réactionnaire est au point. Et son écho va se trouver amplifié
par un mauvais climat économique qui favorise une appréciation de plus en plus pessimiste de l'avenir de la nation américaine. L'inflation (qui atteint 11 % en 1979) paraît être en effet
le symptôme supplémentaire d'une société incapable de tenir
ses comptes – de se contenir – et qui attend là aussi qu'on la
rappelle à ses devoirs. Ronald Reagan qualifiera à dessein la
hausse des prix de « voleur tranquille ». Un voleur de plus. La
droite tient ses deux remèdes, le libéral et l'autoritaire. Dans
les années 70, ces médecines ne semblent plus contradictoires.
L'État peut être à la fois trop tracassier pour la majorité silen-

cieuse (impôts, réglementations) et trop laxiste envers les minorités agissantes.

Et le « déclin » vient à point

Liée à un regain d'anticommunisme, une exaspération « patriotique » vient cimenter la coalition conservatrice. Côté républicain, la tradition est ancienne. Mobilisant dès le XIXe siècle des yankees protestants plutôt que des immigrés catholiques (ou juifs), le Grand Old Party (GOP) s'est toujours perçu comme le défenseur certifié des « intérêts de l'Amérique ». La guerre de Sécession, au cours de laquelle les démocrates se montrèrent moins attachés que lui à la défense de l'Union, a même encouragé le « parti de Lincoln » à accuser ses adversaires d'être les « serviteurs des intérêts de l'Europe[1] ». Une dévotion pour l'uniforme conforte cette fusion entre républicanisme et patriotisme : entre 1828 et 1924, le GOP désigne quatorze fois des militaires comme candidats à la Maison-Blanche. Et, en 1952, c'est au général Eisenhower qu'il doit de la reconquérir après cinq déroutes électorales successives. Le patriotisme permet au demeurant d'assurer l'harmonie sociale d'une nation d'individualistes, d'assimiler les conflits d'intérêts à une déviance inspirée par l'étranger : l'américanité républicaine proclame que la question des inégalités ne se pose pas aux États-Unis, les divisions de classe étant l'apanage des sociétés européennes[2].

---

1. Plate-forme républicaine pour les élections de 1888, citée *in* John Gerring, *Party Ideologies in America 1828-1996, op. cit.*, p. 111. En 1919, le ministre américain de la Justice qualifie la vague d'immigration européenne d'« immondice étranger aux yeux fourbes » (cité *in* Michael Rogin, *Ronald Reagan, the Movie and Other Episodes in Political Demonology*, University of California Press, Berkeley, 1987).
2. C'est ce qu'a affirmé George H. Bush en 1988 face à Michael Dukakis lorsque ce dernier a eu l'outrecuidance de rappeler que les politiques budgétaires et fiscales de l'administration Reagan-Bush avaient favorisé les plus riches et creusé les inégalités : « Il veut nous diviser en classes. Ça, c'est bon pour l'Europe, mais ce n'est pas l'Amérique »…

Sûr de son droit, le patriotisme de droite est aussi anxieux. Le culte de l'exceptionnalisme américain invoque plus d'une fois le combat contre un ennemi « étranger », l'allégorie d'un adversaire-cancer menaçant un corps imprudemment délesté de ses défenses immunitaires. Dès 1940, c'est-à-dire bien avant le maccarthysme, le parti républicain fait le lien entre le New Deal de ses adversaires et les « non-Américains » désireux de modifier le régime du pays et sa Constitution. Le même type d'amalgame peut sembler attirant après le scandale du Watergate et la démission de Richard Nixon (août 1974). Car une véritable série noire diplomatique intervient alors. En moins de cinq ans, la déroute des États-Unis en Indochine (mai 1975) est suivie de l'expansion de l'influence soviéto-cubaine en Afrique, de l'abandon de la souveraineté américaine sur le canal de Panama (1977), de la révolution iranienne et de la prise en otage des employés de l'ambassade des États-Unis à Téhéran, enfin de l'invasion de l'Afghanistan par l'armée Rouge (décembre 1979). Pour les républicains et pour la droite religieuse, le lien de causalité est aveuglant : c'est parce que l'Amérique souffre d'une crise de confiance à l'intérieur qu'elle est défiée par l'étranger ; le déchirement social précède et provoque l'humiliation stratégique. Le retour de l'Amérique aux « valeurs traditionnelles » et patriotiques s'impose donc aussi pour remédier à un malaise dont ses adversaires totalitaires tirent parti. Quand, à la fin de son premier mandat, en 1984, Ronald Reagan se représente devant les électeurs avec une inflation jugulée, des campus et des ghettos où règne l'ordre, un dollar sur lequel se ruent les spéculateurs, il ne semble pas étonnant que le drapeau américain flotte sur la Grenade et qu'« aucun pays ne soit tombé dans l'orbite communiste » depuis l'Afghanistan. Le retour de l'Amérique a eu lieu : « *America is back !* »

Mais l'anxiété patriotique proche de la paranoïa n'est pas dissipée. Bien avant que le 11 septembre 2001 ne rallume toutes les hantises, un feu (imaginaire) couve toujours sous la cendre d'une situation internationale pourtant apaisée. Ainsi, en 1987, *Amerika*, une série de fiction télévisée de la chaîne ABC, annonce qu'avant dix ans les Russes, déguisés en Casques bleus des Nations unies, occuperont le territoire américain. La fiction a ceci de particulier qu'elle rejoint très précisément les angoisses d'une fraction de la droite (milices du pays profond et fondamentalistes protestants) toujours soucieuse de protéger le pays de la liberté et celui de Dieu des intrusions de l'étranger. Cette appréhension semble frapper les hommes en particulier[1]. En politique étrangère, l'imagerie machiste reaganienne (force, fermeté, fierté) jouera sur ce ressort, c'est-à-dire surjouera dans le registre du retour de la masculinité triomphante. Entretenue par la Maison-Blanche à coup de photos du président américain taillant du bois dans son ranch, montant à cheval et soulevant des haltères, l'allégorie à la fois virile et sportive composera ce tableau-là.

En la matière, la temporalité qui nous occupe est différente. Si le *backlash* sur la question des droits civiques commence dès le milieu des années 60, et quelque temps plus tard sur celle des « valeurs traditionnelles », il faut tout de même attendre la fin des années 70 pour que le thème de la puissance des États-Unis à l'étranger favorise à son tour la droite américaine. Jusqu'aux désillusions de la « détente », enterrée pour de bon lors de l'invasion soviétique de l'Afghanistan en décembre 1979, l'expérience douloureuse du Vietnam joue contre les faucons. La série de mensonges officiels qui ont accompagné l'embourbement de l'armée américaine en Indochine – « Nous n'enverrons pas des garçons américains à neuf ou dix mille miles de leurs foyers pour faire ce que des garçons asiatiques devraient faire eux-mêmes[2] », promettait le président Johnson en octobre 1964, sans se douter qu'on compterait en Indochine 542 000 *boys* américains en janvier 1969 – n'incitent pas à recommencer sur-le-champ à faire le bien au-delà des frontières. Le premier héritage du Vietnam et du Watergate sera d'ailleurs la mise en cause de la présidence impé-

---

1. Lors de l'élection présidentielle de novembre 1980, selon les sondages de sortie des urnes, Jimmy Carter aurait presque fait jeu égal avec Ronald Reagan chez les électrices (45 % contre 47 %), alors que chez les électeurs il aurait été écrasé (36 % contre 56 %). Entre 1960 et 1996 (dates de deux élections présidentielles remportées par des candidats de la même formation politique, John Kennedy et Bill Clinton), 21 % des hommes blancs sans diplôme universitaire ont cessé de voter pour le parti démocrate. Chez les femmes du même niveau de qualification, la désaffection n'a été que de 9 % (*in* Ruy Teixeira et Joel Rogers, *America's Forgotten Majority*, Basic Books, New York, 2000).

2. Discours du 21 octobre 1964, cité *in* Rick Perlstein, *op. cit.*, p. 497.

riale et de ses tentations guerrières, le contrôle des activités de la CIA aux États-Unis et à l'étranger. Sans oublier, en 1974 et en 1976, le renforcement de la majorité démocrate au Congrès, puis l'élection de Jimmy Carter à la Maison-Blanche.

Mais, là encore, les apparences peuvent être trompeuses. Car, paradoxalement, le fiasco indochinois contribue à la thématique anti-État des républicains alors même qu'ils se sont montrés encore plus va-t-en-guerre que leurs adversaires. Les mensonges de la présidence et les crimes des services secrets confortent en effet le cynisme de l'opinion à l'égard de la puissance publique et du pouvoir, l'aveuglement narcissique et individualiste de la *me generation.* Le scandale du Watergate, pourtant provoqué par un président républicain, favorise aussi cette perte de confiance dans l'intégrité des gouvernants. Il se révèle être *à terme* un handicap pour le parti démocrate, qui va payer son association à la notion d'un État activiste. En 1964, 76 % de la population faisaient « confiance au gouvernement pour faire ce qui est juste la plupart du temps » ; en 1980, la proportion n'est plus que de 25 %. Or ce désenchantement, qui enchante les conservateurs, durera beaucoup plus longtemps que l'isolationnisme diplomatique qui l'accompagne au départ et dont la crise pétrolière, la révolution iranienne et la « chute » d'une dizaine de « dominos » dans l'escarcelle soviétique auront raison.

Créé dès 1976, un « Comité pour le danger présent » regroupe à la fois démocrates et républicains, PDG de multinationales et militaires, syndicalistes (dont Albert Shanker, responsable de la Fédération des enseignants), sociologues (Nathan Glazer) et écrivains (Saul Bellow). La diversité de la coalition augure de l'ampleur à venir du mouvement néoconservateur. Dans sa déclaration inaugurale, reprise par une centaine de journaux, le comité proclame : « Notre capacité économique et militaire sera bientôt inadéquate pour assurer la paix par la sécurité. Les menaces sont plus subtiles et plus indirectes qu'auparavant. La conscience du danger s'est estompée aux États-Unis[1] ». Le rappel du « danger » et le primat de « la paix par la puissance » *(peace*

---

1. Cité *in* Pierre Dommergues, « L'essor du conservatisme américain », art. cité.

through strength) constitueront deux des axes majeurs des campagnes victorieuses de Margaret Thatcher et de Ronald Reagan. Le refoulement du « syndrome du Vietnam » est rapide : en 1973, les Américains estiment dans une proportion de 4 contre 1 (40 % contre 12 %) que leur gouvernement consacre *trop* d'argent aux dépenses militaires ; en 1980, ils jugent dans une proportion de 5 contre 1 (60 % contre 12 %) qu'il faut au contraire accélérer le réarmement de l'Amérique. Là encore, Reagan arrive à point nommé avec son message anticommuniste, anticoexistence pacifique, antidétente, qui n'a guère changé depuis qu'au temps du maccarthysme il purgeait les sorcières progressistes à Hollywood : « Nous ne voulons pas être aimés, nous voulons être respectés ! » Y compris dans les rangs de son parti, on voit en lui un rouleur de sabres imperméable aux subtilités diplomatiques – en 1976, pendant la campagne des primaires républicaines, Gerald Ford utilise contre son concurrent le slogan : « Le gouverneur Reagan ne peut pas déclarer la guerre, le président Reagan pourrait le faire. » Mais en 1980 l'ancien acteur semble avoir eu raison avant les autres. L'URSS, « empire du Mal », athée de surcroît, est redevenue un foyer de peur.

En novembre 2002, au moment de prendre sa retraite, le directeur éditorial du *Wall Street Journal*, Robert L. Bartley, rappelle ce qu'étaient les États-Unis trente ans plus tôt. Son regard n'est pas neutre : le *Wall Street Journal* est le quotidien qui, sous sa conduite, a fait plus que tout autre pour acclimater un lectorat de masse à des idées ultralibérales originales, voire excentriques, mâtinées d'un discours impérial plein de sarcasmes et de mépris pour les diplomates trop diplomatiques du département d'État. Pour Bartley, l'Amérique va mal au moment où la vague conservatrice s'apprête à la transformer, et bien des pays étrangers avec elle.

Le 15 août 1971, le président Nixon décrète un état d'urgence économique, imposant un contrôle des prix et des salaires [l'abomination pour un néolibéral] et abolissant pour les banques centrales le principe de la convertibilité du dollar en or. Ne regrettez pas le bon vieux temps. En 1972, les problèmes étaient pires. Nous avons depuis surmonté ou vaincu le communisme, la stagflation, le Watergate et le Vietnam. Quels que soient nos problèmes actuels, au tournant du siècle l'empire soviétique s'était écroulé, la démocratie s'étendait aux lieux les plus inattendus et le système américain de libre entreprise s'imposait comme le modèle du développement. Les États-Unis n'ont plus de rival sérieux. […] En 1974, l'inflation atteignait 11 %, et 9,5 % en 1975, alors que le produit national brut en volume chutait de 0,3 % chacune de ces deux années. Il fallut inventer un mot, la stagflation, pour exprimer cette coïncidence d'une stagnation et d'une inflation. Mais, dès lors que cette combinaison était jugée impossible par les économistes keynésiens de l'époque, notre économie était comme perdue en mer et sans boussole[1].

L'éditorial est titré « Trente ans de progrès – en définitive ». Et il ne concerne pas les Trente Glorieuses. Au contraire.

À la fin des années 70, les démocrates ne savent plus pourquoi ils sont au pouvoir, ni pour quoi faire. Le parti se déchire entre les centristes, qui soutiennent le « pragmatisme » de leur président (Carter), et les progressistes, qui, derrière le sénateur Edward Kennedy, lui reprochent d'avoir trop concédé au néolibéralisme économique. Partie de Californie, une révolte anti-impôts débouche en 1978 sur l'amputation brutale des recettes foncières des États ; non moins brutalement, ceux-ci réduiront leurs dépenses, notamment d'éducation. La situation n'est pas plus riante ailleurs. Les géants de l'automobile américaine souffrent de la concurrence des constructeurs japonais : Chrysler vient mendier une aide auprès de Washington[2]. Les autres industries traditionnelles, la sidérurgie en particulier, sont dans le même état. Elles licencient à tour de bras. « Toutes les lois du monde ne peuvent pas guérir ce qui va mal en Amérique », confie le président Carter, qui fonde ses espoirs de rétablissement sur le très hypothétique redressement moral d'un peuple américain devenu à ses yeux trop cupide, trop narcissique,

---

1. Robert L. Bartley, « Thirty years of progress – mostly », *The Wall Street Journal*, 20 novembre 2002.

2. En 1979, l'État fédéral accorde à Chrysler une garantie de prêt de 1,5 milliard de dollars si l'entreprise parvient à obtenir 2 milliards de dollars de la part de ses banques et fournisseurs, et sous forme de concessions salariales. Le patron de Chrysler, Lee Iacocca, réduit les coûts, supprime 53 000 emplois. Il rembourse ses prêts en 1983 avec plusieurs années d'avance sur l'échéance prévue. Il deviendra pendant quelque temps une espèce de héros national.

trop gâté. On imagine la popularité de ce genre de discours quand il est prononcé par le président des États-Unis, un peu comme pour se décharger de son impuissance en l'imputant à la psychologie collective de ses compatriotes. Insécurité économique, peurs culturelles, impression de déclin national : la synthèse politique de ces divers sentiments n'exigeait pas forcément un stratège de génie. Avec Ronald Reagan, elle va bénéficier d'un bonimenteur hors pair.

Ronald Reagan

Certains hommes politiques, qui tournent avec le vent, semblent depuis un quart de siècle évoluer de la gauche vers la droite (Bill Clinton, Tony Blair, Laurent Fabius, Joschka Fischer). Rien de tel avec Ronald Reagan. Il est resté d'un bloc. Campé dès la fin des années 50 sur un créneau ultra-conservateur assez marginal à l'époque, il a attendu, comme Hayek l'avait prescrit (lire chapitre suivant), que le courant dominant le rejoigne. Quand la gauche se déchire, quand le centre s'écroule, la droite regagne ses chances. Un jour, calcule Reagan, le train de l'État-providence devra débarquer ses passagers les moins bien installés, le système américain ne pourra plus absorber les exigences de son sous-prolétariat, le besoin de démocratie sera supplanté par la demande d'ordre. Dans un théâtre en feu, les spectateurs se laissent facilement guider par qui prétend leur indiquer la sortie – même si son chemin n'est pas le bon. Pareillement, les « crises » des années 70 doivent être appréhendées intellectuellement par des citoyens pour qui tout va trop vite (mouvement noir, contre-culture, Vietnam, Watergate, inflation, crise de l'énergie...). L'avantage reviendra à qui a déjà composé une ordonnance plausible, n'importe laquelle. En 1932, Franklin Roosevelt fondait sur le pragmatisme la nécessité de ruptures audacieuses, plutôt keynésiennes dans le cas d'espèce : « Le pays réclame – et, si je ne me méprends pas sur son tempérament, il exige – des expériences hardies et continues. C'est le bon sens de choisir une méthode et de l'essayer. Si elle échoue, admettez-le franchement et essayez-en une autre. Mais par-dessus tout, il faut essayer quelque chose[1] ! » Quarante ans plus tard, l'urgence économique apparaît à nouveau pressante. Or, à ce moment-là, les idées du business résument le business des idées ; une coalition politique républicaine juxtaposant milieux d'affaires, chrétiens intégristes et petits salariés blancs en voie de déclassement est prête, qui aspire à son tour au pouvoir et à la rupture. Ses recettes économiques sont vieilles, mais qui s'en souvient ? Depuis quarante ans, plus personne ne les a prescrites.

« Toutes les lois du monde ne peuvent pas guérir... » Aux yeux de la droite américaine, Jimmy Carter ne peut pas mieux dire. Ce genre de diagnostic désolé n'était pas habituel dans la période d'euphorie technophile des années 50 et 60, alors que républicains et démocrates communiaient dans la croyance qu'un « plan Marshall pour les villes » ou « l'éradication définitive de la pauvreté » se trouvaient « à portée de la main[2] ». Pourtant, dès cette époque, une fraction de la droite à laquelle se rattache Ronald Reagan avoue non pas seulement son scepticisme, mais une hostilité de principe aux solutions collectives. « L'État ne peut pas rendre les hommes bons. Il ne peut pas non plus les rendre prospères et heureux, expliquait en 1959 un éditorialiste partisan de Barry Goldwater, Quand il tente de le faire, se prévalant de la douce appellation de providence humaine, il fait ce qu'on jugerait choquant si des individus s'y essayaient : il vole les Pierre qui travaillent pour payer les Paul indolents[3]. » Goldwater lui fait écho l'année suivante : « Les politiques publiques qui créent des citoyens dépendants dépouillent inévitablement une nation et son peuple de sa force morale et physique [...]. Le peuple américain en a assez d'être retenu dans un état d'adolescence perpétuelle. [...] Je ne suis

---

1. Cité *in* Randall Rothenberg, *The Neo-Liberals : Creating the New American Politics*, Simon & Schuster, New York, 1984, p. 28.
2. C'est, on l'a vu, George Romney, un candidat républicain à l'élection de 1964, qui envisagea un plan de ce genre. Et c'est la plate-forme démocrate de 1960 qui parla d'une éradication « à portée de la main ».
3. Clarence Manion, cité *in* Rick Perlstein, *op. cit.*, p. 8.

pas disposé à augmenter la protection sociale car je propose d'accroître la liberté. Mon objectif n'est pas de promulguer des lois, mais d'en abroger[1]. » Deux décennies plus tard, quand Ronald Reagan résume en une phrase célèbre son propos et sa philosophie – « L'État n'est pas la solution de nos problèmes, il en est la cause » –, il ne s'agit plus de la saillie verbale d'un candidat « de témoignage ». Nous sommes le 20 janvier 1981, et le nouveau président des États-Unis vient tout juste de prêter serment.

Quelle part propre Ronald Reagan a-t-il tenue dans la résurgence aux États-Unis de l'individualisme le plus doctrinaire ? Si les conditions sociales et politiques, la lassitude devant les « illusions du progrès » rendaient envisageable un retour au discours anti-État des années 20, le propagandiste américain de ce bond en arrière y a énormément contribué. Recruté en 1954 par la multinationale General Electric pour promouvoir le système de libre entreprise et pourchasser la moindre trace d'inspiration communiste, où qu'elle se niche, l'acteur n'interprète pas un rôle de composition. À la fin des années 50, déjà, un groupuscule d'extrême droite, la John Birch Society, soupçonne le général Eisenhower d'être un agent secret de l'Union soviétique, les États-providence d'Europe occidentale de constituer les échantillons du même type de conspiration, et le « gouvernement mondial » de l'ONU d'avoir pour dessein d'instaurer un régime communiste à l'échelle de la planète. Or Ronald Reagan n'est pas toujours à mille lieues de ce genre de paranoïa. Le discours dit de la « nouvelle frontière » que prononce John Kennedy à l'occasion de son investiture en janvier 1961 l'indigne assez pour qu'il suggère à ses (nouveaux) amis républicains une assimilation audacieuse : « Sous une apparence juvénile, se cachent les vieilles idées de Karl Marx. Il n'y a rien de nouveau dans la conception d'un État tout-puissant. Hitler appelait le sien "national-socialisme". » En 1984, les démocrates lui rappellent ce propos tenu contre un de leurs héros. Reagan ne le renie pas, en réitérant la substance, sinon la forme : « J'ai effectivement écrit

---

1. Cité in *ibid.*, p. 58 et 64.

ces choses-là. Si vous me relisez bien, vous verrez qu'il n'y a rien d'inexact. Tout ce que je voulais dire, c'est que quand on augmente les pouvoirs de l'État, on s'engage dans un engrenage qui peut mener aux effets que je décris[1]. » L'impopularité de l'arsenal législatif mis en place à partir de 1964 pour garantir les droits des « minorités » favorise l'acceptation d'un tel extrémisme individualiste. Barry Goldwater, dont Ronald Reagan appuie la candidature à la Maison-Blanche, n'a-t-il pas été jusqu'à évoquer un « État policier » adossé à une « psychologie de délateur » ?

Le préjugé hostile à l'action publique profite aussi du sentiment, largement infondé, que les politiques gouvernementales de « guerre contre la pauvreté » ont débouché sur une faillite coûteuse[2]. On doit admettre le rôle personnel que le « grand communicateur » va jouer dans l'affaire, à grand renfort d'histoires de fraudeurs paradant dans les supermarchés et se payant des « bouteilles de vodka » avec leurs allocations familiales, « achetant des T-bone steaks pendant que vous, vous attendez à la caisse avec votre paquet de viande hachée »[3]. La race des fraudeurs se gobergeant sur fonds publics, celle des braves gens attendant de régler la viande ordinaire qu'ils ont gagnée à la sueur de leur front n'ont nul besoin d'être dites[4]. Lorsque Ronald Reagan, comme il l'a raconté lui-même, quitte « le monastère de la pellicule pour entrer dans le monde », il n'oublie pas d'emporter avec lui sa connaissance du public et

---

1. Cité *in* Serge Halimi, *À l'américaine*, *op. cit.*, p. 21.
2. L'idée que les programmes publics de la « Grande Société » lancés par Lyndon Johnson auraient échoué relève du registre, richissime, des lieux communs journalistiques. La réalité est que les promesses faites par les gouvernants ont été démesurées (l'éradication définitive de la pauvreté) à l'aune des financements qui ont suivi. Cependant, en matière de santé des personnes âgées, de logement des pauvres et d'accès à l'université pour les Noirs, les avancées ont été réelles jusqu'aux années 80. Le nombre d'Américains vivant en dessous du seuil de pauvreté a, par exemple, été divisé par deux entre 1959 et 1979.
3. Cité *in* Thomas et Mary Edsall, *op. cit.*, p. 148.
4. Dès 1964, sans farder ses sous-entendus, Ronald Reagan avait également déploré « l'aide étrangère que nous payons et qui permet à un chef tribal du Kenya de s'acheter des femmes supplémentaires » (cité *in* Rick Perlstein, *op. cit.*, p. 336).

ses meilleures répliques d'acteur. Plus d'une fois, il lui arrivera d'incorporer tels quels des dialogues de cinéma dans ses allocutions présidentielles, donnant souvent l'impression qu'il évolue dans un univers fictif avec la conscience aiguë de chacun des ressorts affectifs du « public »[1]. Il parle d'optimisme, d'héroïsme et de patriotisme avec d'autant plus d'effet qu'il a passé la guerre à Hollywood, jouant dans des films destinés à remonter le moral des troupes. Comme un spectacle auquel personne ne reprochera quelques licences poétiques, ses discours et ses récits sont truffés d'anecdotes. Mais, après une décennie de films tristes, d'acteurs tourmentés et de problèmes insolubles, bien des Américains rêvent d'un retour à la fiction héroïque et à l'optimisme hollywoodien. Et exigent la résurrection de ces personnages qui se lancent dans de grandes aventures et réussissent contre toute attente. Au lieu de parler de « politique », Reagan s'en tient à l'expression de valeurs qui sont celles avec lesquelles ses auditeurs se sentent à l'aise. Un thème unique, une anecdote, un sourire, une bénédiction : qu'il s'exprime à propos du Nicaragua, du budget ou des « fraudes, gâchis et abus » de l'aide sociale, il ne convainc peut-être pas les universitaires, mais il crève l'écran. Sa popularité a été exagérée, mais on n'est pas largement élu et réélu président des États-Unis par hasard.

« Faire tomber avec des bulldozers intellectuels les dogmes athées des Lumières » : Peggy Noonan, plume des discours de Ronald Reagan, évalue généreusement la puissance dévastatrice de l'intellect de son ancien patron[2]. Toutefois, quand les idées ont des conséquences, ce ne sont pas nécessairement les plus raffinées qui impriment leur marque. Le projet républicain des années 80 se résume assez simplement : restaurer une idée américaine de la liberté que le progressisme (dont le communisme n'a été, aux yeux de Reagan, que l'ultime avatar) a mise en danger depuis les années 30. Un des architectes des politiques financières des États-Unis dans les années 80, Richard Darman, ramène le « génie de Reagan » à quelque chose d'assez peu fulgurant, mais efficace au

---

1. Lire Michael Rogin, *op. cit.*
2. Peggy Noonan, *op. cit.*, p. 105.

plan politique : redéfinir l'adversaire de manière à séduire un électorat populaire. Autrefois, les compagnies de chemin de fer, les monopoles et Wall Street composaient la liste des principaux suspects. Reagan parvient à faire « comprendre que de nos jours l'ennemi [c'est] l'État, les intellectuels de la côte est, l'establishment, les bureaucrates qui ne savent pas garer leurs vélos[1] ». Dans les années 30 et 40, la démonologie dominante présente l'Américain moyen comme écrasé par des profits considérables ; après 1960, il se perçoit comme victime d'impôts tout aussi démesurés. « Son autre coup de génie, ajoute Richard Darman, fut de présenter cela de manière affable, d'inclure. » Peggy Noonan a disséqué la dimension marketing de ce dernier talent : « Il sait passer de "L'Amérique aime la liberté" à "La liberté pour nous, c'est de pouvoir acheter son journal au kiosque du coin, des journaux qui parlent à chacun, y compris à moi, et qui me font penser que je compte"[2]. » Personnaliser des concepts néolibéraux, les rendre non seulement accessibles mais presque irrésistibles, associer l'orateur à son public (c'est la technique du « Vous et moi, nous pensons que... »), prendre appui sur le fonds culturel commun d'une population peu politisée pour faire de la politique autrement, à coups de contes édifiants : les dispositions particulières de Ronald Reagan ont puissamment assisté le conservatisme américain. Et, en se fondant sur autre chose que le ressentiment et la colère, elles ont contribué au resserrement de son lien avec les catégories populaires.

L'exemple qui va suivre illustre à la fois les talents du « grand communicateur » et la spécificité américaine, tant en Europe la technique employée ferait sourire. En janvier 1985, Ronald Reagan prononce devant les deux chambres du Congrès son discours sur l'état de l'Union. « Deux siècles d'histoire de l'Amérique devraient nous avoir appris que rien n'est impossible. Il y a dix ans, une jeune fille a quitté le Vietnam avec sa famille. Ils sont venus aux États-Unis sans bagages et sans parler un mot d'anglais. La jeune fille a travaillé dur et a terminé ses études secondaires parmi les premières de sa classe. En mai de cette année, cela fera

---

1. Cité in *ibid*, p. 263-264.
2. *Ibid.*, p. 79.

dix ans qu'elle a quitté le Vietnam et elle sortira diplômée de l'Académie militaire américaine de West Point. Je me suis dit que vous aimeriez rencontrer une héroïne américaine nommée Jean Nguyen. » L'héroïne américaine se lève alors pour être ovationnée par l'ensemble des corps constitués, parlementaires, cabinet, ambassadeurs, invités. Ronald Reagan enchaîne sur une autre histoire, tout aussi édifiante. Puis il dévoile la morale des deux récits : « Vos vies nous rappellent qu'un de nos plus anciens vocables reste toujours aussi nouveau : tout est possible en Amérique si nous avons la foi, la volonté et le cœur. L'histoire nous demande à nouveau d'être une force au service du bien sur cette planète. Commençons, dans l'unité, la justice et avec amour. » La justice et l'amour : à l'époque de ce discours, les escadrons de la mort opèrent à plein régime en Amérique centrale. Avec le soutien de l'administration républicaine. La Maison-Blanche finance aussi, illégalement, les opérations terroristes des contras au Nicaragua. Le Congrès n'en est pas informé, puisque l'argent nécessaire provient de la vente d'armes à l'Iran. Vente en contrebande : un embargo sur ce genre de livraison a été signé par Ronald Reagan…

Double jeu ? Non, « innocence ». Le président républicain de l'époque croit à ce qu'il dit et à la possibilité de convaincre les autres de la splendeur du rêve américain. Sa candeur plus que son cynisme contribue à son succès. « Il n'était pas un missile attiré par la chaleur des idées nouvelles ; il se satisfaisait des anciennes, résume Peggy Noonan. C'est un homme qui s'est mis en colère parce que le fisc lui prenait tout son argent dans les années 50 quand il travaillait pour General Electric. Car il était enfin arrivé à gagner beaucoup, de manière régulière et, regardant son salaire, il voyait la part énorme que prélevait Washington. Il avait une femme, quatre enfants et deux mariages et des factures d'école privée à régler et un crédit immobilier – alors il est devenu fou de rage ! Et il s'est dit que les Soviets, les plus grands confiscateurs de la terre, représentaient exactement ce que l'avenir pouvait avoir de pire[1]. » Vue par Ronald Reagan, la tyrannie, c'était cela : l'obligation pour les hommes

---

1. *Ibid.*, p. 268.

riches de s'acquitter du fisc. Or, à ce compte, les décennies 1950 et 1960 avaient été effroyables : le contribuable Reagan paya jusqu'à 91 % d'impôts sur la tranche la plus élevée de ses revenus (ce taux fut abaissé à 28 % dans les années 80[1]...). Paradoxalement, lui et ses amis républicains les plus riches tirèrent de cette douloureuse expérience fiscale un sentiment de solidarité pour « les ouvriers qui vont à l'église, font des heures supplémentaires et sont lourdement imposés pendant que des intellectuels de gauche lisent le supplément "Style" du *New York Times*[2] ». Compassion feinte ? Oui, mais peu importe, au fond : Ronald Reagan sut donner écho à cette colère-là, alors que la sienne avait été motivée par autre chose.

Au moment où les riches paient trop d'impôts à leurs yeux, d'autres sujétions ont été réduites, pour les minorités raciales en particulier. Mais celles-ci, Reagan et les siens ne les voient pas. Endossant les dispositions de la petite-bourgeoisie provinciale américaine, ils imaginent que les déterminismes structurels n'existent guère, que rien n'est impossible pour qui fait preuve de volonté et d'optimisme. Plus d'une fois, l'aveuglement confine à l'hypocrisie. Ronald Reagan parle de charité plutôt que d'aide publique, mais sa feuille d'impôts frappe par la modestie de ses contributions volontaires. Il parle de « loi » et d'« ordre », mais il défend jusqu'au bout ses adjoints poursuivis pour corruption. Il parle de famille, mais il attend que sa petite-fille ait deux ans pour la voir. Il parle de la Bible, mais il ne va presque jamais à

---

1. La tranche marginale supérieure de revenus, taxée à 91 % jusqu'en 1964, à 70 % de 1965 à 1981, date à laquelle Ronald Reagan entra à la Maison-Blanche, n'était plus imposée qu'à 28 % quand il en sortit. Elle passa à 39,6 % à partir de 1994, 38,6 % à partir de 2002. Au terme de la réforme fiscale votée par le Congrès en 2001, elle devrait s'établir à 35 % en 2006, voire plus tôt si la proposition du président Bush est retenue par le Congrès. Ces taux ne sont pas représentatifs de ce que paient la majorité des familles américaines. En 1980, une famille médiane acquittait 11,8 % d'impôts fédéraux, un taux qui n'était plus que de 6,7 % en 2001, le plus bas depuis 1958. Les impôts sociaux, plus régressifs, ont en revanche sensiblement augmenté. Au total, pour une famille disposant de revenus médians (la moitié des familles gagne davantage, l'autre moitié gagne moins), l'ensemble des retenues fédérales a peu baissé, passant de 18,7 % en 1981 à 17 % en 2001. Lire David Wessel, « In Bush's US tax plan, the tricky question is how to tax the wealthy », *The Wall Street Journal Europe*, 2 janvier 2003.

2. Peggy Noonan, *op. cit.*, p. 24-25.

l'église. En 1984, il consacre une partie de sa campagne de réélection à faire l'éloge de Roosevelt, dont il veut éliminer le New Deal, puis celui de Kennedy, dont il a comparé le programme à celui d'Adolf Hitler. Il croit être écologiste parce qu'il adore son ranch californien de Santa Barbara, féministe parce qu'il a travaillé dans une industrie (le cinéma) où les femmes occupent des positions de responsabilité, antiraciste parce qu'il a eu un ami footballeur de couleur. La pauvreté n'existe pas vraiment à ses yeux dans la mesure où il ne voit plus rien qui ressemble à ce qu'elle était au début de sa vie. Et lui s'en est sorti. En 1980, lors de son débat télévisé contre le président Carter, Reagan lâche : « Quand j'étais jeune, nous ne savions même pas qu'il y avait un problème de race. » « Les Noirs, eux, le savaient certainement », réplique alors son concurrent.

Dans une population peu politisée, plus divertie qu'elle n'est informée, une telle tranquillité, un tel détachement ne sont pas imputés à charge au parti républicain. Il constitue pour lui, au contraire, une rupture de ton bénéfique. Traditionnellement, cette formation était en effet associée aux médications austères, à la peur du déclin, à la pénitence, à la douleur, à la hantise des comptes qui dérapent. L'optimisme, le « *Happy days are here again* », une certaine insouciance devant les déficits caractérisaient en revanche le parti démocrate. Après les assassinats des frères Kennedy, les tourments de Johnson face à l'enlisement vietnamien, les discours de Carter sur le malaise américain[1], cela cesse d'être le cas. « L'Amérique est grande parce que l'Amérique est bonne », explique alors Ronald Reagan qui, citant Tom Paine, parle souvent du « pouvoir de recommencer le monde ». En 1985, lors de sa seconde prestation de serment, il évoque même « ce son américain qui est celui de l'espoir ». L'optimisme est son travail. Il a fait sa force de président des jours et des gens

---

1. En juillet 1979, le président Carter évoque « la crise de confiance qui frappe au plus profond le cœur, l'âme et l'esprit de notre volonté nationale. Nous pouvons voir cette crise dans le doute croissant relatif au sens de nos vies et dans la perte d'un projet qui nous serait commun. L'érosion de notre confiance dans l'avenir menace de destruction le tissu social et politique de l'Amérique. [...] Les symptômes de cette crise sont tout autour de nous ». Cité *in* Sidney Blumenthal, *The Clinton Wars*, Farrar, Straus & Giroux, 2003, p. 17.

heureux dans un pays où le malheur social, perçu comme un échec individuel, ne s'exhibe pas. Conjuguant avec talent les thèmes du ressentiment (à l'encontre de l'État) et de l'espoir (dans les prouesses d'un capitalisme libéré de ses chaînes), du passé et de l'avenir, Ronald Reagan va les léguer à ses successeurs. Newt Gingrich, par exemple, qui sera l'artisan en 1994 de la prise de contrôle de la Chambre des représentants par les républicains, reprochera à intervalles réguliers à ses adversaires démocrates leur « vision pessimiste qui célèbre les pleurnicheurs et les perdants, jaloux des succès des autres ». Il leur opposera Dieu, la croissance, la décentralisation, la société des réseaux, sans oublier l'exemple d'entrepreneurs individuels partis de rien et devenus maîtres du monde. En matière de « valeurs », Gingrich – comme Reagan avant lui et George W. Bush depuis – se référera au « manuel des boy-scouts et aux numéros du *Reader's Digest* des années 50 ». Pour les républicains, c'est la « modernité » qui va ressusciter ce passé-là : la révolution technologique « brisera les institutions bureaucratiques et nous ramènera à quelque chose d'assez proche de l'Amérique de Tocqueville, celle de 1830 »[1]. Alors, la nation sera sauvée. L'idée d'une synthèse entre les idéaux nés au XVIIIe siècle dans une petite république agraire de quatre millions d'habitants et les aspirations d'une superpuissance n'a pas attendu 1980 pour faire partie de la grammaire politique américaine. Mais, mieux que les autres, Ronald Reagan parvient à donner à des dizaines de millions de ses compatriotes une impression de sécurité et de stabilité, le sentiment que les valeurs fondamentales auxquelles ils restent attachés peuvent redevenir à la mode et, en tout cas, s'exprimer de nouveau sans la moindre honte. La droite américaine capitalise ainsi à son avantage un besoin non satisfait de confiance et de foi patriotique, la garantie de quelque chose de rassurant dans un monde qui bouge. Elle sait susciter la nostalgie et l'espoir d'un univers douillet, sans drogue, sans pauvres trop visibles, sans sexualité débridée, sans familles brisées. La « faillite de l'État-providence » légitime, aux yeux d'une partie appréciable du pays, le retour aux valeurs tradition-

---

1. Newt Gingrich, *To Renew America,* HarperCollins, New York, 1995, p. 57.

nelles et individualistes sur lesquelles s'est construite la nation américaine.

Ce retour de l'Amérique à une représentation à la fois héroïque et familière de son histoire va rassurer cols bleus et classes moyennes, alors même que les projets économiques et sociaux des républicains peuvent paraître contradictoires. Le « *America is back* » promet aux uns le « retour » aux valeurs traditionnelles (travail, famille, religion), celles de l'ordre social et moral qui prévalait avant que l'État ne libéralisât ses contrôles. Pour les autres, le « retour » évoque davantage la résurgence d'une société mobile, riche en aventures et en « modernité », rappelant un peu les « années folles » qui ont précédé la vague de réglementations et de fiscalité née du New Deal et de ses succédanés. Les nostalgiques d'un passé puritain n'ont pas énormément en commun avec ceux qui rêvent de défricher de nouvelles frontières. Les uns s'opposent à la *direction* de l'action publique dans les domaines social et culturel ; les autres critiquent l'*existence* même d'une intervention gouvernementale dans les affaires économiques. Ronald Reagan saura rassembler les aspirations des réactionnaires et des entrepreneurs au moyen d'une idéologie antiétatique. Il laisse entendre aux anciens que l'État a favorisé le laxisme moral par des politiques sociales qui récompensent le divorce, l'avortement et la paresse. Il suggère aux modernes que ce même État, à travers ses réglementations incessantes, fera obstacle à leurs aspirations individuelles. Persuadés que les programmes sociaux lancés par Roosevelt et amplifiés par Johnson ont constitué un gâchis d'argent et sapé la valeur du travail, les républicains sont par ailleurs convaincus que la solidarité avec les pauvres n'incombe pas à l'État fédéral, mais à leurs familles et aux collectivités locales. Une telle conviction lie entre elles des idées en apparence aussi différentes que la restauration de la cellule familiale et l'institution d'un « nouveau fédéralisme » (décentralisation des responsabilités économiques et sociales). Le 26 septembre 1975, dans un discours intitulé « Que le peuple gouverne ! » (« Let the People Rule »), Reagan exprime cette philosophie d'ensemble avec une clarté incontestable :

La croyance que la bonne méthode pour résoudre nos difficultés sociales consiste à transférer le pouvoir du privé au public et, à l'intérieur du public, des organismes locaux à Washington est à l'origine de tous les problèmes de notre nation. Cette approche collectiviste, centralisatrice, quel que soit par ailleurs le nom qu'on lui donne ou le parti qui la défend, a provoqué nos difficultés économiques. En taxant et en consommant une part croissante du revenu national, elle a imposé aux Américains un fardeau fiscal intolérable. En dépensant davantage encore que ce niveau de prélèvement, elle a créé l'inflation épouvantable de ces dix dernières années. Et, en accablant notre économie d'un niveau toujours croissant de contrôles et de réglementations, elle a provoqué à la fois l'augmentation des prix à la consommation, la destruction d'emplois et l'étranglement de nos ressources énergétiques[1].

En 1995, au moment du triomphe de l'ultradroite américaine, Newt Gingrich tombe le masque : l'invocation philosophique de la liberté de l'individu n'est que le prétexte à une politique d'abandon des plus défavorisés à leur sort... mais dans leur propre intérêt : « L'État-providence, qui s'est trompé sur la nature humaine et a réduit le citoyen à l'état de client, l'a livré aux bureaucrates et soumis aux lois qui nient le travail, la famille, les affaires et la propriété. [...] Il faut donc qu'à l'avenir, à nouveau, les hommes [aient] la liberté de trouver le bonheur par eux-mêmes[2]. » Tous les problèmes n'ayant qu'une source, toutes les solutions postulent qu'en libéralisant et en décentralisant les décisions économiques et sociales on réduira également leurs coûts. Ce qui rendra possible à la fois un retour à l'équilibre budgétaire et une réduction des impôts directs. Comme, au final, de telles orientations doivent accroître la responsabilité des individus et des familles, la moralité publique y gagnera aussi. Au plan pédagogique, c'est du cousu main. Quant à la réalité, plus d'un quart de siècle après « Que le peuple gouverne ! », le 16 juillet 2002, le président de la Réserve fédérale tire le bilan des politiques économiques et

---

1. Cité *in* Lou Cannon, *Reagan*, Perigee Books, New York, 1984, p. 202.
2. Newt Gingrich, « L'Amérique, seul guide du monde », *Le Monde*, 2 mars 1995.

financières que le discours de Ronald Reagan avait justifiées. Cherchant à expliquer une cascade de scandales financiers (Enron, WorldCom, Vivendi) difficilement imputables à l'État-providence, le très républicain Alan Greenspan admet : « Les hommes ne sont pas devenus plus cupides que par le passé. Ils ont eu simplement plus de possibilités de l'être. » Face à la « criminalité d'entreprise » (un type de délinquance auquel les républicains n'ont jamais imaginé opposer la « tolérance zéro »), M. Greenspan reconnaît avoir « eu tort de penser que le marché seul pourrait résoudre le problème ». Ce genre de regrets tire peu à conséquence : Reagan et Thatcher – mais aussi Mitterrand et Clinton – n'ont-ils pas démantelé presque tous les instruments d'une solution au « problème » qui ne passerait pas d'abord par le marché ?

Lors de la convention républicaine de San Diego, en 1996, Newt Gingrich, alors président de la Chambre des représentants, cherche à partir d'exemples parlants à définir l'identité de cette noble dame, la Liberté, qui, depuis la chute du mur de Berlin, a selon lui séduit la planète entière. Il ouvre son discours par ces mots, dont le caractère presque burlesque doit servir non pas à recouvrir, mais à révéler l'état d'esprit des militants conservateurs à qui ils sont destinés : « Laissez-moi commencer en vous présentant Kent Steffes. Il a gagné la première médaille olympique jamais accordée au volley-ball de plage. Il est californien. Kent est un exemple de ce que signifie la liberté. Il y a quarante ans, le volley-ball de plage naissait à peine. À présent, c'est un sport olympique. Aucun bureaucrate n'aurait inventé le volley-ball de plage. Et c'est cela que la liberté signifie. »

La poussée des idées néolibérales aux États-Unis est indissociable de ce terreau idéologique. Mais elle a bénéficié d'une double évolution. Celle d'un parti démocrate qui, dès les années 50, se persuade de renoncer à un discours de polarisation sociale pour mieux endosser, au moment où le consensus keynésien vacille, l'habit du gouvernant permanent. Celle d'un parti républicain qui, grâce aux ressentiments qu'essaime le libéralisme racial, sexuel et judiciaire dans un électorat populaire menacé par le déclassement, étend sa base électorale à des catégories qui ont pourtant tout à redouter de ses politiques économiques. Non pas parce qu'elles vont échouer, mais parce qu'elles vont réussir. C'est-à-dire servir ceux qui les ont imaginées.

5

Les idées et les moyens

> Néolibéralisme : « C'est une théorie très avancée et nouvelle. D'où, à mon avis, la nécessité de lui donner un nom moderne : néolibéralisme » (Valéry Giscard d'Estaing[1]).

Si les idées de la contre-révolution « conservatrice » ont multiplié le nombre des convertis à partir des années 70, elles n'ont pas surgi à ce moment-là. Dès la fin des années 30, puis au lendemain de la Seconde Guerre mondiale, un petit groupe de « bolcheviks du libéralisme » s'active avec sa cohorte de talents indiscutables. D'autres les rallieront plus tard. Au nombre des pionniers de cette Société du Mont Pèlerin, qui servit de première boîte à idées néolibérales, on relève dès 1947 cinq futurs prix Nobel et un futur chancelier allemand (lire chapitre suivant). La qualité des évangélistes ou celle de leurs travaux ne va pas progresser ; la demande idéologique et sociale que rencontrera leur production, si. En 1947, cette demande reste infime.

Un quart de siècle plus tard, les réformes de marché qui paraissaient « utopiques » ou dangereuses au lendemain de la guerre deviennent « raisonnables », voire « urgentes ». Les pres-

---

1. Cité *in* Pierre Bourdieu et Luc Boltanski, « Encyclopédie des idées reçues et des lieux communs en usage dans les lieux neutres », *Actes de la recherche en sciences sociales*, n° 2-3, 1976, *in* Pierre Bourdieu, *Interventions 1961-2001 : science sociale et action politique*, Agone, Marseille, 2002, p. 135.

criptions keynésiennes ne parvenant plus à guérir le malade, le vieux médecin de famille cède la place. L'identité de son rempla-çant ne va pas encore de soi. Les postulants sont nombreux, y compris à gauche. Ce n'est donc pas seulement – ou pas princi-palement – la puissance de leurs idées qui permettra aux « évan-gélistes du marché » de l'emporter. Un autre rapport de forces social et international eût débouché sur une autre réponse à la crise des politiques keynésiennes.

Profiter du désarroi intellectuel

Au début des années 70, les certitudes économiques sont ébranlées. Déjà, l'ordre politique l'a été à la suite des mobilisa-tions noires et pacifistes aux États-Unis, ouvrières et étudiantes en Europe. Quelques indicateurs économiques se dégradent dès 1966. Presque évanouie aux États-Unis depuis la guerre de Corée, l'inflation y réapparaît à un niveau qui restera supérieur (et parfois très supérieur) à 3 % pendant les quinze années suivantes. Pour les économistes keynésiens, comme Walter Heller, après plusieurs années de stabilité des prix, « le diable inflationniste a surgi de sa boîte quand les dépenses du Vietnam n'ont plus été équilibrées par des augmentations d'impôts ».

La guerre en Asie du Sud-Est domine en effet le paysage des relations internationales jusqu'en 1975 (« chute » de Phnom Penh, puis de Saigon, en avril). Or l'enlisement meurtrier des États-Unis au Vietnam révèle une faillite plus large, celle des prévisions technocratiques. Un homme, Robert McNamara, a incarné la génération arrogante des « best and brightest » améri-cains, souvent démocrates, dont l'intelligence et l'expertise devaient piloter la planète. Ministre de la Défense au moment de l'escalade militaire des États-Unis en Indochine, il avait prévu que la résistance vietnamienne serait promptement détruite par les « forteresses volantes » et, sur le terrain, par une politique de « pacification ». Ses modèles, scientifiques, mettaient en équa-tion le tonnage des bombes et la probabilité de concessions poli-tiques, décomptaient les cadavres ennemis pour déterminer, avec une minutie de dément, le coût de chacun d'entre eux pour le Trésor américain. Son collègue, le secrétaire d'État Dean Rusk, avait prévu que ce coût s'élèverait à 50 000 dollars, ce qui donnait un total de 14,3 milliards de dollars pour tuer ou capturer les 287 050 (admirable précision !) combattants estimés du Vietcong. Au bout du compte, le coût unitaire du guérillero mis hors de combat atteindra – environ – 337 500 dollars (les États-Unis vont en effet consacrer 135 milliards de dollars à l'anéantissement de 400 000 combattants du Vietcong et de l'armée nord-vietnamienne). Et, de plus, ils vont perdre... Vivant, vaquant à ses affaires et à sa rizière, le paysan indochinois « valait » 42 dollars (l'équivalent de son revenu annuel, qui correspondait presque exactement à sa fortune) ; combattant – et tué –, son prix était ainsi multiplié par près de dix mille[1]. Les experts américains avaient établi le seuil « au-delà duquel les pertes vietnamiennes deviendraient insupportables ». Il ne fut jamais atteint, apparemment. Avec la même maestria, les ordinateurs du Pentagone avaient estimé le montant des opérations à 2 milliards de dollars de dépenses supplémentaires en 1966 ; ce fut cinq fois plus cette année-là[2]. Est-il utile de préciser que Robert McNamara n'était pas spécialiste de l'Asie du Sud-Est ? Il l'admit... beaucoup plus tard : « Je n'avais jamais été en Indochine. Je n'en connaissais ni l'histoire, ni la langue, ni la culture, ni les valeurs. Mes collègues et moi décidions du destin d'une région dont nous ignorions tout[3]. » Une science aussi exceptionnellement myope débouchant toujours sur une récompense, Robert McNamara deviendra président de Ford, puis de la Banque mondiale[4]...

Inflation qui repart, déficit budgétaire qui se creuse, experts qui perdent leurs repères (et parfois la tête) : la situation occiden-

---

1. Ces données sont tirées du livre de Patrick Lloyd Hatcher, *The Suicide of an Elite, op. cit.*, p. 269-270.
2. Alfred L. Malabre Jr., *op. cit.*, p. 114.
3. Robert S. McNamara, *In Retrospect : The Tragedy and Lessons of Vietnam*, Times Books, New York, 1995.
4. Un peu de la même manière, la faillite économique et sociale de la politique de « désinflation compétitive » menée par les socialistes français au début des années 90 vaudra à celui qui, au ministère des Finances, avait inspiré ce cours, Jean-Claude Trichet, d'être promu gouverneur de la Banque de France, puis de la Banque centrale européenne.

tale devient encore plus insaisissable quand la crise de confiance atteint le dollar, pivot du système monétaire international et symbole de la surpuissance américaine. Ces phénomènes diplomatiques, économiques et financiers ne sont pas tous liés. Mais ils paraissent converger au début des années 70. En 1965, le général de Gaulle a déjà fait scandale en dénonçant le « privilège exorbitant » consenti au pays – les États-Unis – qui frappe la monnaie de réserve internationale et qui finance ainsi à bon compte une partie de ses achats et de ses investissements à l'étranger. De Gaulle a réclamé le remboursement en or des avoirs en dollars détenus par la Banque de France. L'Amérique a pâli sous l'outrage. Ce n'est pas le dernier qu'elle va essuyer. En 1971, les États-Unis – ils en avaient perdu l'habitude – enregistrent un déficit commercial qui érode un peu plus leur crédit. Le 15 août, le tournant est pris : le président Nixon suspend officiellement la convertibilité en or de la monnaie américaine. Toutefois, pour essayer de conjurer la peur de la planche à billets (dès lors que, dorénavant, le dollar ne vaut plus rien d'autre que la confiance qu'on lui accorde), il décide simultanément le gel, pendant trois mois, des prix et des salaires, une réduction du déficit budgétaire, et il prend quelques mesures protectionnistes. On le voit : presque aucun de ces remèdes n'est d'inspiration libérale. Leur échec ouvrira la voie à d'autres prescriptions dont on avait perdu le souvenir.

L'ordre ancien a ainsi vacillé deux ans avant que la guerre du Kippour d'octobre 1973 ne précipite l'ensemble des économies occidentales dans la « crise » et ne rappelle, pour la première fois depuis les années 30, l'ère du chômage de masse. En 1973, le niveau de vie baisse aux États-Unis ; pour la majorité des familles, ce recul ne sera effacé que vingt-six ans plus tard… En 1974, le PNB américain *chute de 3 %* alors que l'inflation, qui dans un tel cas aurait dû disparaître, tutoie puis dépasse les taux à deux chiffres. S'ouvre alors l'époque où des dirigeants européens, en général férus de questions économiques (Helmut Schmidt en Allemagne, Valéry Giscard d'Estaing en France) et ne dissimulant plus la commisération que leur inspirent les locataires successifs de la Maison-Blanche – Gerald Ford (août 1974-janvier 1977) et Jimmy Carter (janvier 1977-janvier 1981) –, assènent à la planète, avec leur modestie infinie, quelques leçons financières, sans naturellement que cela empêche leur pays de se porter aussi mal que les autres. Au même moment, la « crise de l'énergie » paraît valider les sombres prévisions du Club de Rome, qui avait égrené la liste des « limites à la croissance »[1]. Partout, l'optimisme du début des années 60 et de la « nouvelle frontière » de Kennedy s'est évanoui. En octobre 1974, le nouveau président français, Valéry Giscard d'Estaing, cherche à imiter le style « décrispé » et familial de la dynastie décapitée à Dallas, mais les temps ont changé et le propos est tout autre. Ouvrant l'une de ses premières conférences de presse à l'Élysée, il choisit ses mots : « Le monde est malheureux. Il est malheureux parce qu'il ne sait pas où il va et parce qu'il devine que s'il le savait, ce serait pour découvrir qu'il va à la catastrophe. C'est ce monde malheureux que les hommes d'État doivent conduire et c'est ce monde malheureux que les hommes d'information doivent éclairer. »

Ici, on doit cependant résister à la tentation du déterminisme idéologique. Pour éviter la « catastrophe », les politiques imaginées par Hayek, Friedman et quelques autres aux fins de refouler l'ordre keynésien d'après guerre n'étaient pas les seules envisageables. Le « malheur » du monde (occidental) aurait pu induire des réponses de gauche, voire redonner du lustre aux analyses marxistes. Le cinglant échec de l'« impérialisme américain » en Indochine, doublé d'une mise en cause de l'hégémonie monétaire du dollar, le tout sur fond de « baisse tendancielle du taux de profit » des multinationales et de regain des luttes sociales,

---

1. En 1972, une organisation assez mystérieuse, le Club de Rome, dont le président est Aurelio Peccei, membre du comité de direction de Fiat, annonce l'épuisement catastrophique des ressources naturelles. Ce constat, qui postule une croissance géométrique, exponentielle, de la population et de la production mondiales, sera conforté par un rapport du Massachusetts Institute of Technology (MIT). L'ensemble reçoit une publicité mondiale exceptionnelle en dépit (ou à cause) de son ton apocalyptique un peu primaire (« guerre civile entre habitants luttant pour leur subsistance », « souffrances et morts incommensurables »). Le président de la Commission des communautés européennes, Sicco Mansholt, relayant ces prédictions, réclamera une croissance zéro, voire négative dans l'hypothèse où le tiers-monde devrait, lui, sortir du sous-développement (*cf.* Club de Rome, *Halte à la croissance ?*, Fayard, Paris, 1972).

n'imposait absolument pas une lecture droitière de la situation. Révolution des œillets au Portugal, essor de l'eurocommunisme, union de la gauche en France autour d'un programme de « rupture avec le capitalisme », grève victorieuse des mineurs au Royaume-Uni : au milieu des années 70, les potentialités progressistes restent significatives.

La démission de Richard Nixon en août 1974 ajoute à ce tableau une note d'importance. Non pas tant parce qu'elle provoque un bouleversement politique à Washington. Si le scandale du Watergate est bien suivi par un raz-de-marée démocrate au Congrès, le président déchu a pour successeur Gerald Ford, un parlementaire républicain sans relief. Mais ce traumatisme va donner lieu à l'examen, souvent acerbe, des pratiques diplomatiques et militaires américaines, au dévoilement des usages crapoteux des services secrets et à une crise de confiance frappant de plein fouet quelques-unes des institutions les plus respectées du pays, en particulier sa présidence et son armée. À tel point que Jimmy Carter fera de sa candeur baptiste – « Je ne vous mentirai jamais » – l'arme électorale de sa victoire (étroite) en novembre 1976. Le peuple américain en a alors plus qu'assez des petits Machiavel mirobolants à la McNamara ou à la Kissinger. La superpuissance qui a été l'âme du combat contre le « communisme » semble sur la défensive et disposée à rentrer chez elle pour soigner ses plaies.

Si, en définitive, cet affaiblissement favorise la droite, c'est, pour les raisons évoquées plus haut, que l'interprétation dominante qui en est donnée, en particulier aux États-Unis, correspond le plus souvent à une grille d'analyse forgée par des penseurs conservateurs. À les lire, la plupart des dérèglements que connaît l'Occident à l'époque sont imputables à une crise morale au sens large, à un « malaise » : insuffisante pugnacité de la « démocratie » (une conséquence de la politique de la détente avec l'Union soviétique, relancée en 1972), esprit de jouissance immédiate qui sacrifie le sort des générations à venir (avortement et envolée de l'endettement), trop grande disposition à céder à la pression de l'adversaire « socialiste » en lui empruntant certaines de ses techniques (action de l'État) et exigences (égalité). Sans oublier, pour couronner le tout, une inclination à acheter la paix sociale en bridant le moteur

du capitalisme et en reléguant les chefs d'entreprise au sort de
« minorité persécutée[1] ». Libéralisme économique, autoritarisme
social, militantisme antisoviétique, moralisme religieux : le mot
« réarmement » agrège entre eux ces éléments disparates. L'Occident va mal parce qu'il a cessé de défendre les valeurs de
l'Occident. Dans ce chaudron intellectuel « néoconservateur »
vont mijoter les idées impériales et impérieuses qui seront en
vogue aux États-Unis après le 11 septembre 2001.

Sur un plan plus strictement économique, la coïncidence à
partir des années 70 de deux maux, le chômage et l'inflation,
qu'on a imaginés jusqu'alors à ce point contradictoires que
consentir à l'un était censé remédier à l'autre, paraît invalider à la
fois un postulat keynésien et les courbes de Phillips[2]. Aux yeux
des monétaristes, casser les prix imposait de ramener le rythme
de création monétaire à un niveau si bas qu'il rendrait l'argent
plus cher (parce que plus rare), interdisant ainsi à l'État de financer commodément ses déficits. Des économistes comme Milton
Friedman ajoutaient que la règle voulant que l'inflation favorise
la réduction du chômage – en attaquant le pouvoir d'achat des
salaires, rendant ainsi le « coût du travail » moins élevé pour le
producteur – avait hélas cessé de s'appliquer. La puissance des
syndicats leur avait en effet permis d'imposer que les accords
salariaux intègrent le niveau de l'inflation à venir ; l'échelle
mobile des salaires amenuisait l'incitation collective à tenir les
prix. Au cours des années 80, le retournement intervient, les priorités s'inversent[3]. Privilégier la lutte contre la hausse des prix

---

1. Cette assertion étonnante sert de trame aux textes d'Ayn Rand, dont la popularité fut exceptionnelle aux États-Unis dans les années 60. Lire en particulier Ayn
Rand, *Capitalism : The Unknown Ideal*, Signet, New York, 1967, notamment le
cinquième chapitre intitulé « America's persecuted minority : big business ».
2. En 1958, l'économiste néo-zélandais William Phillips avait déterminé avec,
croyait-il, beaucoup de précision le rapport entre inflation et chômage. Les deux
variables étaient étroitement corrélées, et il était donc possible aux responsables
économiques et politiques d'opérer un choix assez précis leur permettant de réduire
l'un des maux autant qu'ils le souhaitaient, à condition de consentir à l'amplification
de l'autre dans une mesure entièrement prévisible.
3. Fin 1985, alors que le nombre de chômeurs a progressé de 300 000 unités
l'année précédente, le président François Mitterrand annonce à la télévision :
« Notre grande priorité est l'inflation. »

conduira à la fois à une politique d'argent cher, à la compression des dépenses publiques (sociales en particulier), à l'ouverture à la concurrence internationale et, surtout, à un affaiblissement du mouvement ouvrier. Car seule une modification en ce sens du rapport de classes permettra que l'ajustement nécessaire s'opère au détriment du revenu réel des salaires. La peur du chômage va contribuer à cette discipline socialement très ciblée. Une telle orientation suppose que la perspective des années 60, celle d'un apaisement politique, d'une « fin des idéologies » nourrie par la croissance, ait rendu l'âme.

De fait, dans le courant des années 70, aux États-Unis et au Royaume-Uni pour commencer, mais en France aussi, les positions modérées ont perdu une partie de leur assise sociale. Solde des réalignements de la décennie précédente, la droite *et* la gauche progressent simultanément. La polarisation joue dans chacun des deux camps. L'aile la plus radicale du parti travailliste britannique (Tony Benn) met en cause l'acceptation par un Premier ministre issu de ses rangs, James Callaghan, des purges recommandées par le FMI (déjà !). Presque au même moment, la gauche française adopte un « programme commun » riche en promesses de nationalisations et, dès 1973, flirte avec la victoire électorale (la droite ne sauve la mise qu'en obtenant le ralliement du « centre »). Même résultat serré en 1974 (François Mitterrand obtient 49,2 % des voix face à Valéry Giscard d'Estaing), puis en 1978 (où seule la rupture du programme commun brise une dynamique qui semblait invincible). Dans ce tableau partiel, on n'aurait garde d'oublier les États-Unis. L'opposition à la guerre du Vietnam y accouche d'un parti démocrate transformé, qui désigne en 1972 le pacifiste George McGovern comme candidat officiel à la Maison-Blanche. C'est le porte-drapeau le plus à gauche depuis Franklin Roosevelt, voire depuis William Jennings Bryan. McGovern est écrasé par Richard Nixon mais, dix-huit mois plus tard, c'est la revanche. Le président réélu dans un fauteuil est contraint à la démission pour cause de Watergate ; il entraîne dans sa chute des dizaines de parlementaires républicains. On sait que la déroute préparera les lendemains qui chantent : l'ascendant de McGovern au sein du parti démocrate va convaincre nombre de néoconservateurs, amants inconsolables de la guerre froide et des croisades pour la démocratie, d'aller faire leurs emplettes – et leur démarchage – dans le camp d'en face. Ils entoureront Ronald Reagan, puis George W. Bush.

En Occident, l'idée de nations de plus en plus polarisées entre droite et gauche, ingouvernables, victimes d'une « crise des démocraties », se répand. Pourtant, ceux qui s'emploient à restaurer la cohésion d'antan, le consensus centriste, n'en tirent aucun avantage politique. Au contraire. En mai 1974, le candidat gaulliste à l'élection présidentielle française, Jacques Chaban-Delmas, implore : « Ne cassez pas la France en deux ! » Il est éliminé du second tour, qui se traduit par une fracture idéologique, sociologique et numérique (50/50) presque totale. Bon libéral, Keynes entendait sauver le capitalisme de ses pulsions autodestructrices, naviguer entre le Charybde de l'individualisme forcené et le Scylla de la planification centralisée. Au milieu des années 70, les écoles économiques et sociales qui s'affrontent sont, à droite, le monétarisme et la politique de l'offre, et, à gauche, les nationalisations et le contrôle des importations. Au centre, il n'y a plus rien.

Nous sommes en 1975, lors d'une réunion avec des membres de l'Institute of Economic Affairs (IEA), un *think tank*[1] britannique néolibéral. Margaret Thatcher écoute un chercheur qui recommande aux conservateurs d'adopter une voie médiane entre extrêmes de droite et de gauche. « Avant qu'il [le chercheur] ait terminé son exposé, le nouveau dirigeant du parti conservateur cherche dans son sac à main et en sort un livre. C'était celui de Friedrich von Hayek, *The Constitution of Liberty* [publié en 1960]. Interrompant alors le "pragmatique", elle

---

1. Dans son rapport au Sénat français sur les *think tanks*, Joël Bourdin en donne cette définition convenue : « des institutions privées non partisanes sans but lucratif, indépendantes des administrations, des universités et des intérêts économiques, dont l'objectif est de nourrir les débats publics et de promouvoir le développement économique et social de la nation en diffusant des études auprès du grand public, des médias, des dirigeants d'entreprise et surtout des responsables politiques » (*Problèmes économiques* n° 2730, 3 octobre 2001). On verra plus loin que le caractère « non partisan » et « indépendant des intérêts économiques » de bien des *think tanks* laisse à désirer.

brandit l'ouvrage afin que chacun puisse le voir. "*Ça*, dit-elle fermement, *c'est ce que nous croyons.*" Et elle martela le livre sur la table[1]. » Ce qu'*elle* croyait, assurément. Quelques années plus tôt, en 1969, dans un article publié par le *Daily Telegraph* et intitulé « Consensus ou choix ? », Margaret Thatcher écrivait déjà : « Nous pensons que la concurrence est le meilleur et le seul moyen de garantir l'efficience, que le marché est le lieu où se détermine la justesse d'une décision et que les conséquences des choix erronés ne devraient pas être à la charge du contribuable[2]. » « Consensus ou choix ? » : le dilemme est familier. Aux États-Unis, les premiers partisans républicains de la rupture conservatrice avec l'ordre keynésien avaient eux aussi proclamé : « Un choix, pas un écho ».

Le ralentissement de la croissance est passé par là. Une crise, selon Friedrich Hayek, s'apparente à un système d'alerte adressé à une collectivité ayant choisi de vivre au-dessus de ses moyens. Sitôt la reprise assurée, il convient selon lui d'« empêcher une trop forte baisse du taux de profit, et une trop forte hausse des salaires réels ». Quand cette double dynamique n'a pas pu être conjurée, alors il ne faut plus lésiner : « Le remède approprié paraît être une réduction des salaires[3]. » Sans que l'inspiration de Hayek soit toujours reconnue en la matière – pourtant, même à l'époque, le plaidoyer en faveur d'une revanche des possédants n'était pas d'une originalité renversante, y compris quand sa théorisation savante permettait d'en camoufler le dessein –, des dispositifs tels que l'échelle mobile des salaires (indexation de leur évolution sur celle des prix) vont partout être remis en cause. La perte de pouvoir d'achat cesse d'être taboue. Les détenteurs de capitaux entendent récupérer ce qu'ils ont dû concéder au monde du travail au moment où ce dernier multipliait les conquêtes. Ils expliquent qu'en période de stagnation économique les gains des uns ne peuvent plus signifier autre chose que les pertes des autres. La pratique accompagne la théorie : aux États-Unis, le salaire minimum demeurera gelé au niveau ridiculement bas de

---

1. Richard Cockett, *op. cit.*, p. 174.
2. *Daily Telegraph*, 28 mars 1969, cité *in* Richard Cockett, *op. cit.*, p. 172.
3. Cité *in* Gilles Dostaler, *op. cit.*, p. 65.

3,35 dollars l'heure entre janvier 1981 et avril 1990, perdant ainsi près de 30 % de sa valeur. Ronald Reagan cherchera même à le réduire, soi-disant pour favoriser l'emploi des jeunes. En France, Raymond Barre proposera carrément de le supprimer afin de lutter contre le chômage[1].

Un autre choix est également très ciblé au plan social. Il s'agit de protéger les créanciers et les épargnants en abritant contre l'érosion monétaire les taux d'intérêt qui leur sont servis (pour un État endetté, l'inflation a le double avantage d'alléger le montant réel du remboursement de ses emprunts et de faire basculer nombre de contribuables dans une tranche d'imposition supérieure). La nouvelle discipline pénalise donc les débiteurs. Comme le résume Godfrey Hodgson, « au nombre des groupes qui ont avantage à une baisse de l'inflation, même au prix d'une augmentation du chômage, il y a les hommes d'affaires, les investisseurs, ceux qui tirent une partie importante de leurs revenus de leurs économies – en bref, tous ceux dont la position dépend de la possession du capital. Au nombre de ceux qui redoutent le chômage plus que l'inflation, il y a ceux pour qui la seule source de revenus qu'ils peuvent espérer dans leur existence, ce sont les salaires. En un mot, le choix entre chômage et inflation est un choix politique entre capital et travail[2] ». Avec le basculement des années 80, c'en est fini de ce que Keynes appelait l'« euthanasie du rentier », « l'euthanasie du pouvoir oppressif et cumulatif que le capitaliste retire de l'exploitation de la rareté du capital[3] ». Progressivement, un tel langage (oppression, exploitation) va paraître très « archaïque » et se trouver banni des grands médias. Les possédants tiennent leur revanche, y compris au plan de la sémantique.

---

1. Cette idée fut également défendue par l'économiste ultralibéral Pascal Salin dans le quotidien *Libération* : « Pour permettre l'entrée sur le marché du travail d'une foule de personnes dont la productivité est inférieure au Smic et leur donner la chance d'améliorer leur sort, il faut supprimer le salaire minimum » (« Le Smic, machine à exclure », *Libération*, 29 mai 1995).

2. Godfrey Hodgson, *The World Turned Right Side Up : A History of the Conservative Ascendancy in America*, Houghton Mifflin, New York, 1996, p. 202-203.

3. Cité *in* Bernard Maris, *Keynes, ou l'économiste citoyen*, Presses de Sciences Po, Paris, 1999, p. 78.

Mais c'est d'abord une période de désarroi intellectuel et de confusion qui précède le grand bond en arrière. L'expertise des économistes est battue en brèche par la coïncidence, théoriquement insolite, de l'inflation et du chômage, par des mouvements monétaires incompréhensibles : le dollar passe de 4 à 10 francs entre 1979 et 1985, alors que les déficits commerciaux américains se creusent (36 milliards de dollars en 1980, 148 milliards en 1985) et qu'augmente tout aussi vertigineusement le déficit budgétaire des États-Unis (59,6 milliards de dollars en 1980, 211 milliards en 1985). Non seulement le triomphe du néolibéralisme n'était pas inéluctable dans un tel contexte, mais au vu des premiers effets très médiocres de ses prescriptions, il ne serait pas acquis avant plusieurs années. « L'idée que les troubles économiques des années 70 étaient temporaires, souligne Eric Hobsbawm, présida aux politiques de la plupart des gouvernements au cours de cette décennie et domina la vie politique de la grande majorité des États[1]. » Ainsi, le Congrès américain prend encore des mesures améliorant la protection sociale entre 1975 et 1978 ; le premier gouvernement de Jacques Chirac (1974-1976) subordonne les licenciements économiques à une autorisation administrative préalable et garantit à leurs victimes 90 % de leur salaire pendant un an. En France, toujours, un même président de la République (Valéry Giscard d'Estaing) alterne plan de relance « keynésien » en 1974 et plan de « rigueur », incluant hausse des impôts et blocage des prix et des revenus, en 1976. Il serait encore plus difficile de déceler une ligne internationale néolibérale entre, d'une part, l'élection en 1979, au Royaume-Uni, d'un Premier ministre conservateur ou celle, aux États-Unis, d'un président républicain en 1980, et, d'autre part, celle en France en 1981 d'un exécutif et d'une Assemblée socialistes qui ont juré de « rompre avec le capitalisme » en mettant en œuvre un programme massif de nationalisations. Mais, à ce stade, l'« exception française » n'en a plus pour très longtemps.

Le désarroi n'interdit pas de poser certaines questions. Les difficultés économiques placent au premier plan celles de la

---

1. Eric Hobsbawm, *op. cit.*, p. 533.

production et de l'efficience ; « la croissance de l'Âge d'or »,
résume Eric Hobsbawm, n'est « plus là pour permettre aux
profits et aux revenus salariaux d'augmenter concurremment
sans se nuire »[1]. Ne faudrait-il pas alors relancer la machine
économique sans se soucier d'autre chose que de... relancer la
machine économique ? En d'autres termes, pour privilégier
l'offre et la croissance, ne convient-il pas de mettre certains
idéaux égalitaires entre parenthèses ? Auparavant, la question ne
se posait guère. Le New Deal avait démontré la cohérence entre
redistribution sociale et dynamisme économique, entre hauts
salaires et forte croissance. « Une marée montante soulève tous
les bateaux » : la métaphore de l'administration Kennedy avait
légitimé la politique de « guerre contre la pauvreté » menée dans
les années 60, puis poursuivie (en grommelant, mais sans faiblir)
par Richard Nixon. Même dans un pays où le sentiment d'appartenance à une classe n'a jamais été particulièrement aigu (les
Américains se considèrent comme *middle-class* y compris quand
ce n'est pas le cas), on avait admis l'idée qu'une réduction des
inégalités – effet cumulé du mouvement des droits civiques des
Noirs et de la « Great Society » de Lyndon Johnson – serait le
facteur d'une harmonie sociale renforcée, elle-même garante de
meilleurs résultats économiques.

Les difficultés survenues au cours des années 70 inclinent
nombre d'intellectuels et d'universitaires à demander que l'on
choisisse. À leurs yeux, la recherche de l'efficience doit déboucher sur la création d'inégalités par le biais d'incitations matérielles diversifiées en fonction de la performance : « Insister pour
que la galette soit découpée en parts égales, explique Arthur
Okun dans une publication de la Brookings Institution, aboutit à
réduire la taille de la galette[2]. » Au demeurant – et on reconnaît là
un des thèmes les plus porteurs du conservatisme américain –, les
politiques de redistribution auraient surtout eu pour effet
d'accroître le poids des bureaucraties chargées de les concevoir,
puis de les administrer. Ce sera la « théorie » du « robinet qui

---

1. *Ibid.*, p. 536.
2. Arthur Okun, *Equality and Efficiency : The Big Tradeoff*, The Brookings
Institution, Washington, 1975, p. 48.

fuit » : beaucoup d'eau, peu de jardins ; beaucoup d'argent, peu de résultats. La suggestion ne tarde pas : la guerre à la pauvreté a d'abord détruit deux ennemis non désignés comme tels, la cellule familiale et l'équilibre des finances publiques.

En 1979, l'ancien ministre des Finances américain William Simon résume ce qui va devenir le nouveau sens commun : « En observant la dynamique que nous avons mise en place à l'intérieur de notre État, 1) nous voyons les assauts arbitraires lancés contre les entreprises et la lente destruction de notre système de production, source de toutes les richesses ; 2) nous voyons la redistribution d'une part croissante des richesses au profit d'une clientèle regroupant à la fois ceux qui sont vraiment dans le besoin et une part croissante des classes moyennes ; 3) nous voyons le fardeau fiscal s'alourdir sans discontinuer pour financer les politiques de redistribution ; 4) nous voyons un gouffre de dettes empilées les unes sur les autres, et dissimulées au public grâce à des manipulations budgétaires ; 5) nous voyons un engagement public à long terme destiné à financer les retraites des fonctionnaires et celles d'autres allocataires des classes moyennes[1]. »

Rien de tout cela n'était d'une originalité renversante. Il s'agissait de la reprise du thème « hayékien » de la « spirale collectiviste » qui avait servi de trame à son ouvrage majeur de 1944, *La Route de la servitude*, dont l'argument central avait été esquissé dès 1938. Évoquant ses « combats intellectuels contre le marxisme et le freudisme dans la Vienne des années 20 », Hayek insistait simultanément sur son individualisme et son antisocialisme, sur sa crainte des soulèvements populaires et sa phobie de l'inflation, sur sa réprobation de l'idée de justice sociale et sa nostalgie des traditions et des valeurs morales traditionnelles[2]. La dimension culturelle de l'analyse allait lui redonner une certaine actualité au lendemain des grandes vagues étudiantes de la fin des années 60 et du reflux – pour ne pas dire du retour de bâton – qui suivrait, en particulier aux États-Unis.

---

1. William Simon, *A Time for Truth*, Berkley Books, New York, 1979, p. 226.
2. *Cf.* Gilles Dostaler, *op. cit.*, p. 8.

À défaut de confirmer les analyses des ultralibéraux, le cours des événements leur procure une caisse de résonance. Certains textes de Hayek évoquant les dangers de l'inflation, du déclin industriel, de la « présomption fatale » des États à réguler l'activité économique remontent au lendemain de l'après-guerre. Mais, désormais, on l'écoute et on le lit, des dirigeants politiques brandissent ses livres et déjeunent en sa compagnie. Son crédit intellectuel, renforcé, et les réseaux internationaux qu'il a tissés permettent à ses amis de réclamer des « réformes » avec plus d'insistance, c'est-à-dire de promouvoir des orientations explicitement monétaristes. Milton Friedman sera l'un des premiers à admettre que l'ascendant des idées qu'il défend doit davantage à la médiocre situation économique qu'à leur brio conceptuel. En 1976, il le répète dans le discours qu'il prononce en recevant son prix Nobel : « Le changement brutal intervenu dans le domaine de la théorie économique n'a pas été l'aboutissement d'une guerre idéologique. Il découle presque entièrement de la force des événements. L'expérience brute a prouvé qu'elle était beaucoup plus puissante que la plus puissante des préférences politiques ou idéologiques[1]. » L'expérience aurait toutefois été plus « brute » encore sans le concours de quelques mains et de quelques cerveaux. Au Royaume-Uni, quand en 1967 un gouvernement travailliste (celui d'Harold Wilson) veut remédier à une crise de confiance de la livre sterling en sollicitant l'appui du FMI, il n'y parvient qu'en échange d'un engagement de limitation rigoureuse de la croissance de la masse monétaire. Moins de dix ans plus tard, autre gouvernement travailliste (James Callaghan), nouvelles difficultés financières, auxquelles un prêt du FMI apporte remède. Cette fois, c'est au prix d'une réduction féroce des dépenses publiques. Les institutions économiques internationales servent déjà de courroie de transmission aux politiques monétaristes. Bientôt, il n'y en aura plus d'autre possible dans l'esprit des gouvernants.

En matière de croyance économique, les renversements se préparent au moment où la pensée en butte aux critiques est

---

1. Cité *in* Richard Cockett, *op. cit.*, p. 198.

encore hégémonique. Même surclassée par les émules de Keynes, la vision dissidente, celle de Hayek, est influente, y compris à une époque associée aux Trente Glorieuses. À défaut de guerre idéologique, c'est déjà la guérilla. D'une manière qui préfigure la dissémination des analyses d'intellectuels de droite par des éditeurs et des médias partisans du libéralisme économique, le *Reader's Digest* assure dès le lendemain de la guerre une diffusion de masse à *La Route de la servitude* en en publiant une version condensée. Au demeurant, Hayek est davantage qu'un théoricien. Conduisant un travail d'entrepreneur intellectuel, d'organisateur, c'est lui qui convoque, en 1947, la première conférence de la Société du Mont Pèlerin (lire chapitre suivant). C'est encore lui qui fonde, en 1955, l'Institute of Economic Affairs (IEA). L'une et l'autre vont jouer le rôle de laboratoires libéraux en Europe[1]. L'idéologie économique qui sous-tend leurs travaux – hétérodoxes au départ – deviendra avec le temps le discours dominant, puis la « pensée unique ».

L'économiste Hayek est à cent lieues de la conception d'un équilibre général qu'un démiurge devrait dénicher et garantir. Il célèbre l'individu, libre et imprévisible, qui détermine la valeur de chaque bien en fonction de l'utilité qu'il lui procure. Il privilégie le marché, qui selon lui favorise la dispersion du pouvoir. L'activité productive lui paraît être le produit non pas de grands agrégats macroéconomiques – l'« offre », la « demande » – qui dépendraient de l'action de l'État, mais de millions de décisions privées qu'une intervention de la puissance publique peut, tout au plus, « tordre » à court terme. Dès 1930, les recommandations de Keynes se heurtent en effet à cette objection d'un haut responsable du ministère des Finances britanniques, sir Frederick Leith-Ross : « Keynes, comme les autres économistes, vit dans un univers d'abstractions. Il parle d'"Industrie", de "Profits", de "Pertes", de "Niveau des Prix", comme s'il s'agissait là d'autant de réalités. Mais nous n'avons pas une "Industrie". Nous avons une série d'industries différentes – certaines en excellente santé, d'autres malades, le reste qui vivent vaille que vaille. La position de

---

1. Pour une histoire détaillée de cette période et du travail de Hayek avec l'IEA, lire Richard Cockett, *op. cit.*

chacune doit être examinée séparément[1]. » Il n'y a pas une Industrie ; il n'y a pas de Société, complétera plus tard Margaret Thatcher. Juste des entreprises et des individus, liés entre eux par des rapports de consommation qui n'informent que sur une chose : le prix de la transaction.

Pour Hayek et pour ses amis, quand l'État intervient, achève les souffrants ou pénalise les bien portants afin de sauver les malades, c'est moyennant un coût et sans altérer les racines du mal. Utiliser par exemple l'arme monétaire (dévaluation, crédit) pour viser le maximum d'emploi réalisable à court terme s'apparente selon eux à la promesse d'un dernier verre arrachée à un ivrogne : elle ne peut que précéder un nouvel engagement souscrit dans un état d'ébriété renforcé. Vouloir combattre le chômage par un accroissement « intrinsèquement instable » de la demande ou une expansion monétaire induira, selon Hayek, davantage d'inflation et, à terme, encore plus de chômage : « Créer des emplois par ces moyens revient à perpétuer les fluctuations [...]. C'est essentiellement la politique du desperado qui n'a rien à perdre et tout à gagner d'un petit ballon d'oxygène[2]. » On comprend que de telles analyses soient davantage prisées pendant une période de stagflation (fin des années 70) qu'elles ne le furent au moment où les orientations volontaristes inspirées par Keynes paraissaient avoir résolu le problème du chômage de masse – et y être parvenues sans dommage collatéral majeur.

Au fond, et on l'a vu dans le cas américain, non seulement les libéraux doutent de l'*efficacité* des remèdes keynésiens ou socialistes (Hayek alerte contre « les faux espoirs investis dans le socialisme[3] »), mais ils contestent la *légitimité* des objectifs poursuivis, fût-ce au nom de l'égalisation des conditions. Au lendemain de la guerre, la « révolution cybernétique » incite bien des experts à imaginer que la planification, qui rend nécessaire la centralisation des millions de signaux produits par une économie

---

1. Cité in *ibid.*, p. 39.
2. Friedrich Hayek, *Prix et production,* Calmann-Lévy, Paris, 1975, cité *in* Stéphane Longuet, *Hayek et l'école autrichienne*, Nathan, Paris, 1998, p. 122. Dans ce passage célèbre, Hayek reprend un de ses textes de 1939.
3. Friedrich Hayek, *La Présomption fatale, op. cit.*, p. 140.

de plus en plus diversifiée, devient ou redevient possible. Les conservateurs, au contraire, estiment que les gouvernements ne pourront jamais disposer de la totalité des informations permettant de naviguer vers les résultats macroéconomiques escomptés. De toute manière, cette poursuite collective leur paraît menaçante tant elle risque de déboucher sur l'imposition bureaucratique d'objectifs sociaux et sur la spoliation des riches. Peu nombreux, ces derniers seraient vulnérables dans un système démocratique, alors même que l'on juge plus vitale que jamais leur mission de piliers d'une civilisation et d'une culture en butte aux élans incontrôlés de la plèbe et au philistinisme des classes moyennes. L'État ne doit donc pas redistribuer les revenus. Il le ferait au profit de ses clientèles électorales, devenues de moins en moins patriciennes. Et toujours plus inspirées par ces « majorités crottées » que redoutaient déjà Tocqueville et Stendhal un siècle plus tôt.

Trop tenté de reconstruire la société, les institutions, l'économie, le droit, la morale, la langue, etc., l'État risque au demeurant de négliger la fragilité de ce que Hayek appelle un « ordre humain étendu, spontané, créé par un marché concurrentiel[1] », produit presque parfait d'innombrables essais et erreurs de parcours. Le volontarisme économique lui paraît annoncer la barbarie, surtout si les instruments de la puissance publique tombent entre les mains des socialistes, disposés à « anéantir la plus grande partie des hommes composant l'humanité présente, et à appauvrir l'immense majorité de ceux qui survivraient[2] ». L'ampleur d'un tel danger impose que le pouvoir étatique soit refoulé. Au point même d'être dépouillé du droit exclusif de battre monnaie : « Si l'abolition du monopole gouvernemental sur la monnaie débouchait sur l'usage général de plusieurs monnaies concurrentes, cela serait déjà en soi un progrès sur un monopole monétaire étatique qui a, sans exception, été exploité pour frauder et tromper les citoyens[3]. » En interdisant aux États de manipuler la monnaie pour satisfaire telle ou telle clientèle politiquement influente, le retour à l'étalon-or aurait,

---

1. *Ibid.*, p. 12.
2. *Ibid.*, p. 13.
3. Friedrich Hayek, *Droit, législation et liberté*, vol. 3 : *L'Ordre politique d'un peuple libre*, PUF, Paris, 1983, p. 67-68, cité *in* Gilles Dostaler, *op. cit.*, p. 74.

du point de vue de Hayek, constitué une salutaire discipline contre les tentations inflationnistes. Les prescriptions de Milton Friedman s'inspirent de ces conceptions-là.

« Les bonnes clôtures font les bons voisins » : ce vers célèbre du poète américain Robert Frost résume l'idéologie de la droite « libertarienne ». Repris par Hayek en 1980, cela donne : « Les hommes ne peuvent se servir de leurs connaissances pour parvenir à leurs objectifs sans se heurter les uns aux autres que si des frontières nettes peuvent être tracées entre leurs domaines respectifs de libre utilisation. C'est le fondement sur lequel toute civilisation connue s'est édifiée[1]. » Il s'agit donc moins de concevoir un système de contre-pouvoirs s'équilibrant mutuellement, mais en rapport permanent entre eux, que de garantir l'étanchéité des frontières qui les séparent. À quelle hauteur s'arrêtent les clôtures, où bute la liberté individuelle ? Aux États-Unis, la réponse divise la droite en deux camps inégaux. D'un côté, largement majoritaires, les « conservateurs », qui n'apprécient pas ce que fait l'État dans les années 60 (programmes sociaux, action contre les discriminations raciales ou sexuelles, protection des libertés individuelles) mais se montrent plus que disposés à user de la coercition publique pour casser les syndicats et accélérer le retour aux « valeurs traditionnelles » qui leur sont sacrées (prière dans les écoles, répression de l'avortement, lutte contre les sexualités « déviantes » et contre la « pornographie », durcissement des sanctions contre les drogués et les délinquants). L'autre fraction de la droite, minoritaire, représentée par les « libertariens », conteste non pas tant ce que fait l'État en particulier que, au-delà, sa légitimité à le faire, à contraindre la liberté individuelle au nom de quelque bien collectif que ce soit. Puissante intellectuellement (Milton Friedman peut être rattaché à cette mouvance, que le Cato Institute incarne aujourd'hui) et parfois influente politiquement (le père du conservatisme américain des

---

1. Friedrich Hayek, *Droit, législation et liberté*, vol. 1 : *Règles et ordre*, PUF, Paris, 1980, p. 129, cité *in* Gilles Dostaler, *op. cit.*, p. 91. À l'occasion d'une de ses visites à Washington, en août 2003, le Premier ministre israélien Ariel Sharon a opposé le vers de Robert Frost à George W. Bush, mais pour justifier la construction d'un mur entre Israël et les Territoires palestiniens.

années 60, Barry Goldwater, a souvent combattu les « moralistes » de son camp), cette tendance n'a jamais exercé le pouvoir
seule tant sa base sociale est demeurée étroite. Ni Ronald Reagan,
défenseur autoproclamé de la « majorité morale », ni George
W. Bush et sa piété, qu'il voudrait contagieuse, ni Margaret Thatcher, avocate d'un « retour aux valeurs victoriennes », ne peuvent
y être associés[1]. Toutefois, si les odes des « libertariens » à la
dépénalisation des drogues, à la « décarcération » des détenus, à
l'ouverture des frontières à l'immigration et à la privatisation de
certaines fonctions régaliennes de l'État ont moissonné très peu
de lauriers (les États-Unis comptaient un nombre record de
2 166 260 détenus en 2002), la radicalité de leur travail de délégitimation des interventions économiques de la puissance publique
a trempé la détermination de tous les « conservateurs ».

Leur permanence intellectuelle, leur ardeur, leur élan
marchand vont survivre aux bouleversements historiques. Il reste
nécessairement quelque part quelque chose à privatiser en attendant l'avènement sur terre du règne absolu du consommateur et
de l'actionnaire. La logique est exclusive. « Quand tout le monde
possède quelque chose, explique Milton Friedman, personne ne
le possède, et personne n'a intérêt à le maintenir en état ou à
l'améliorer. C'est pourquoi les immeubles soviétiques – et les
HLM aux États-Unis – ont l'air délabré un an ou deux après
leur construction[2]. » Le *1984* d'Orwell et la tyrannie publique
tiennent toujours le haut du pavé, et sapent avec leur immoralité
et leur inefficience la vitalité du pays : avant le New Deal, après
Ronald Reagan, dans trois siècles probablement…

En 1928, le parti républicain veut déjà « libérer l'initiative et
l'esprit américain de l'entreprise », et dénonce « les dépenses

---

1. La question du protectionnisme a suscité le même type de clivage. En
effet, ce sont souvent les petits patrons réactionnaires (et les petits commerçants)
qui se sont montrés le plus hostiles aux politiques libre-échangistes. Or, aux
États-Unis, les éléments les plus « moralistes » du sud du pays ont longtemps
trouvé leur base sociale dans les petites entreprises fragilisées par la concurrence
(textile, agriculture). Plus d'une fois, des présidents républicains qui pourtant
invoquaient le libre-échange ont dû leur concéder des mesures de protection
contre les importations.

2. Milton Friedman et Rose Friedman, *Free to Choose*, Harcourt, Orlando,
1990, p. 24.

publiques excessives et la fiscalité écrasante ». Avec Roosevelt, il sonne le tocsin : « L'Amérique est en péril. Notre bien-être et l'avenir de notre jeunesse sont en jeu. Pour la première fois, la préservation de nos libertés et de nos personnalités de citoyens libres est menacée par l'État[1]. » Ce même ton de panique anime près de trente ans plus tard la voix de Barry Goldwater : « L'individu, l'homme privé – vous ! –, est aujourd'hui en danger de devenir l'homme oublié de nos temps complexes et collectivisés. L'individu, l'homme privé – vous ! –, doit être rétabli dans son rôle de citoyen souverain, au centre de la famille, des États et comme principale force motrice et architecte de l'avenir[2]. »

L'alarme aurait dû être tout à fait apaisée en 1996. Depuis l'échec de Barry Goldwater en 1964, Richard Nixon, Gerald Ford, Ronald Reagan et George H. Bush avaient occupé la Maison-Blanche pendant vingt ans à eux quatre. Et les deux démocrates qui avaient assuré l'intérim dans le Bureau ovale (Jimmy Carter et Bill Clinton) n'avaient cessé de marquer, eux aussi, leur opposition à l'« État-Léviathan », voire de clamer l'urgence de son enterrement. Mais, décidément rien n'y fait. Candidat d'un parti dont les thèses triomphent de façon tellement insolente que le vieil adversaire les reprend à son compte, le républicain Robert Dole ne peut s'empêcher de gémir : « L'État a déjà pris trop d'argent, d'autorité et de liberté au peuple américain, et il est temps de les lui rendre. La liberté du marché n'est pas simplement la meilleure garante de notre prospérité, c'est la meilleure protectrice de nos droits. Un État qui s'empare de l'économie pour le bien du peuple finit toujours par s'emparer du peuple pour le bien de l'économie [...]. Rappelez-vous, c'est votre argent. C'est votre argent. C'est votre argent. Ce n'est pas son argent [à Clinton]. Et je veux vous en rendre une partie[3]. » C'est

---

1. Plate-forme du parti républicain pour les élections de 1936, citée *in* John Gerring, *Party Ideologies in America 1828-1996*, *op. cit.*, p. 141.
2. Discours de Barry Goldwater, 3 septembre 1964, cité in *ibid.*, p. 135.
3. Robert Dole, discours d'acceptation de la nomination du parti républicain, convention de San Diego, 16 juillet 1996. Sur le caractère baroque de cette convention, et plus généralement du discours politique américain à cette époque, lire Serge Halimi, « Élections américaines : des jeux sans enjeu », *Le Monde diplomatique*, novembre 1996.

aussi à cette capacité de hurler au socialisme, sincèrement, en permanence, dans un pays où la domination du privé et de l'entreprise écrase pourtant presque tout, y compris la vie politique, que l'on mesure la puissance et la pérennité d'une idéologie.

Contrainte privée contre « spirale collectiviste » : redoutant qu'une augmentation incontrôlable des dépenses publiques ne provoque un déchaînement de l'inflation, qui inciterait alors l'État à intervenir un peu plus pour remédier aux effets de ses interventions précédentes, les néolibéraux se dressent contre la conséquence prévisible d'un tel engrenage. C'est-à-dire la redistribution des revenus au profit des classes moyennes qui contrôlent le jeu politique, la spoliation d'une « minorité persécutée » – celle des riches – nonobstant sa contribution majeure à la croissance économique, au progrès de la civilisation, à l'art, à la science, à l'éveil des consciences... Exprimée fortement par Hayek, cette conviction que la plupart des revendications de justice sociale dissimulent la défense d'intérêts corporatistes d'autant plus nocifs que leur satisfaction se fera au détriment des véritables héros de la société, les entrepreneurs, sera reprise et développée par l'un des auteurs préférés de Ronald Reagan et de la droite américaine, George Gilder. Dans son livre *Wealth and Poverty*, financé par un *think tank* de droite s'étant assigné comme mission de défendre le capitalisme de marché, Gilder affirme que ce ne sont pas les travailleurs qui créent des richesses, mais les capitalistes. Si ces « entrepreneurs doivent être autorisés à conserver la richesse qu'ils créent », ce n'est pas seulement par « justice », mais aussi pour des raisons liées à l'efficience : « Une économie productive, écrit-il, dépend de la prolifération des riches, de la création d'une classe importante d'hommes qui prennent des risques et qui sont disposés à fuir la voie facile d'une vie de confort afin de créer une nouvelle entreprise, de gagner d'énormes profits pour les investir à nouveau. » D'ailleurs, une fois devenus riches, ils « favorisent le surgissement d'opportunités pour les classes inférieures à la leur dans le contexte du théâtre perpétuel de la création de richesse et de progrès »[1]. La rémunération qu'ils versent aux salariés en

---

1. George Gilder, *Wealth and Poverty*, Basic Books, New York, 1989 (texte original publié en 1981), p. 255, 245 et 63.

devient presque l'expression de leur philanthropie sociale. L'accumulation du capital prend les couleurs de l'apostolat. Dans une bonne société, précisera David Stockman, ministre du Budget du président Reagan, « satisfaire les exigences des entrepreneurs en matière d'incitations et de récompenses est aussi important que satisfaire la demande de justice des pauvres. L'un ne va pas sans l'autre. À vrai dire, l'un découle de l'autre[1] ».

L'admirable cohérence de ce système intellectuel peut néanmoins conduire ses avocats dans l'antichambre de la démesure. Car s'il y a le bien, il y a aussi « les tentations agressives de l'empire du Mal », communiste et athée. « La liberté, prêche le président Reagan devant une convention d'évangéliques en mars 1983, ne prospère que là où les bienfaits de Dieu sont recherchés avec ferveur et acceptés avec humilité. [...] Prions pour le salut de ceux qui vivent dans la nuit totalitaire. Prions qu'ils aient la révélation divine. Mais, en attendant ce moment-là, soyons bien conscients que tant qu'ils prêcheront la suprématie de l'État, déclareront son pouvoir absolu sur l'individu et annonceront sa domination sur tous les peuples de la terre, ils sont pour le monde moderne le foyer du Mal[2]. » Hayek était aussi persuadé du lien entre travaillisme britannique et national-socialisme allemand que Ronald Reagan le serait d'une parenté entre étatisme et athéisme. « Ceux qui étudient le mouvement des idées, expliquait l'économiste autrichien dès les premières pages de *La Route de la servitude*, ne peuvent guère manquer de constater qu'il y a plus qu'une ressemblance superficielle entre les tendances de l'Allemagne au cours de la guerre précédente [c'est-à-dire celle de 1914-1918] et le mouvement d'idées qui règne aujourd'hui dans notre pays [c'est-à-dire au Royaume-Uni][3]. » En somme, le Parlement de Westminster mettait ses pas dans ceux de la République de Weimar. Avec les conséquences prévisibles qu'on pouvait imaginer. Énoncé en 1944, le parallèle ne manquait pas d'audace.

---

1. David Stockman, *The Triumph of Politics : Why the Reagan Revolution Failed*, Harper & Row, New York, 1986, p. 36.
2. Discours de Ronald Reagan devant la National Association of Evangelicals, Orlando (Floride), le 8 mars 1983.
3. Friedrich Hayek, *La Route de la servitude*, *op. cit.*, p. 10.

Keynes, qui n'était assurément pas socialiste, adressa presque aussitôt à Hayek une lettre dans laquelle il observa : « Vous essayez de nous convaincre que sitôt qu'on avance d'un centimètre dans la direction de la planification, on est nécessairement entraîné sur la pente savonneuse qui ne pourra nous conduire qu'au précipice[1]. » Le rôle central des *think tanks* est indissociable de cette croyance apocalyptique. Et de l'expérience faite par les « élites » de la droite ultra et par leurs avocats que les partis traditionnels, y compris quand ils se proclamaient « conservateurs », s'étaient laissé piéger par l'État, enjôler par les experts, les fonctionnaires, et convaincre peu à peu de l'excellence du *statu quo* qu'ils avaient promis pourtant de mettre à bas. Après la Seconde Guerre mondiale, la vieille appréhension des révolutionnaires de gauche et des syndicalistes (être récupérés par leurs adversaires) comportait désormais son pendant à droite et dans le patronat. Non sans motif, quelquefois. Aux États-Unis, le républicain Eisenhower n'avait-il pas pratiqué à partir de 1957 des politiques de soutien de l'activité par la dépense publique ? Richard Nixon ne l'avait-il pas relayé en renonçant dès la première alerte à la politique monétariste mise en œuvre au début de sa présidence au profit d'un gel des prix et des salaires (une « énorme déception[2] » pour Milton Friedman) ? Et que dire des conservateurs britanniques, qualifiés de *« wets »* (« poules mouillées ») par Margaret Thatcher ? « Pour moi, expliquait-elle, le consensus est cette dynamique qui conduit à abandonner toute croyance, principe, valeur et politique[3]. » En France aussi l'économiste libéral militant Jacques Rueff, qui pourfendait dans un article de 1931, au plus fort de la crise, « l'assurance chômage, cause du chômage permanent[4] », puis dans un autre texte, en 1947, « Les erreurs de

---

1. Cité *in* Richard Cockett, *op. cit.*, p. 89-90.
2. Cité *in* Sidney Blumenthal, *The Rise of the Counter-Establishment : From Conservative Ideology to Political Power*, Times Books, New York, 1986, p. 111.
3. *Ibid.*, p. 116.
4. Jacques Rueff expliquait : « La crise ne résulte pas du système capitaliste, puisqu'elle n'est apparue qu'à l'instant et dans les domaines où l'on a empêché de jouer le mécanisme caractéristique du système dont on prétend démontrer l'inefficacité (la flexibilité des prix et des salaires) » (cité *in* Jean-Paul Fitoussi, *op. cit.*, p. 71-72). En d'autres termes, les salaires n'avaient pas baissé assez pour que le coût du travail redevienne attractif aux yeux des employeurs.

la *Théorie générale* de Lord Keynes », se retrouva en 1958 maître d'œuvre des politiques économiques de Charles de Gaulle, avant tout soucieux de rétablir l'autorité de l'État.

Or, pour les fondamentalistes du marché, la question du résultat ne se pose pas dans le cas des politiques interventionnistes. Elles sont condamnées à échouer, en dépit de leurs intentions, en raison de la conviction qui les fonde. Cette thèse de l'« effet pervers », qui voudrait que des législateurs mal informés n'aient cessé d'aggraver les souffrances humaines en s'efforçant de les soulager, constitue, d'après Albert Hirschman, l'une des principales armes de la rhétorique réactionnaire[1]. L'action de l'État détruit la société : l'aide publique accroît la dépendance des indigents, les lois anti-trusts gênent la concurrence, les réglementations sanitaires libèrent les individus du souci de se montrer prudents, la taxation du tabac favorise la contrebande, l'accroissement de la censure rend la pornographie plus violente, etc. James Pinkerton, conseiller écono-mique de George H. Bush et théoricien de ce qu'on appellera le « nouveau paradigme », résume d'une phrase sa critique des politi-ques publiques : « Elles postulent que les experts, les bureaucrates associés aux professeurs d'université et aux hommes politiques, pourraient d'une manière ou d'une autre administrer l'offre et la demande, la prospérité et l'égalité, à partir d'un bureau éloigné[2]. » On reproche souvent aux libéraux d'être volontiers disposés à oublier leurs principes pour sauver une de leurs clientèles, les hommes d'affaires par exemple, en lui concédant subventions et protections. Ce n'est pas entièrement juste. La disposition de la droite américaine à sacrifier ses alliés à ses idées a été démontrée plus d'une fois. Elle confère à sa doctrine une cohérence assez atti-rante, dont la lecture de la presse d'affaires, du *Wall Street Journal* en particulier, fournit la quotidienne illustration. Dès 1978, dans un livre préfacé à la fois par Friedrich Hayek et Milton Friedman, l'ancien ministre William Simon, par exemple, n'hésite pas, au nom du libéralisme, à morigéner ses amis patrons : « Durant mon passage au Trésor, je m'étonnais de voir les hommes d'affaires se précipiter à chaque crise pour solliciter l'aide de l'État, gémissant

---

1. Albert O. Hirschman, *op. cit.*
2. Cité *in* Thomas et Mary Edsall, *op. cit.*, p. 274.

pour obtenir une aumône ou une protection contre cette concurrence qui est la source même de la productivité de notre système.
J'ai vu […] d'énormes firmes, comme Lockheed, demander l'aide
fédérale pour les sauver de leur propre incompétence ; des
banquiers, comme David Rockefeller, demander la caution de
l'État pour leurs investissements inconsidérés. […] Ces messieurs
ne manquent jamais de clamer leur dévouement à la libre entreprise et leur opposition à toute ingérence arbitraire de l'État dans
l'économie, à l'exception, bien entendu, de leur propre cas, qui a
toujours un caractère bien particulier et se trouve justifié par leur
souci primordial de l'intérêt public[1]. »

Les analyses néolibérales sont cohérentes. Comme est cohérente la vision du monde qu'elles sous-tendent. Tant que la
puissance publique dispose des armes – protectionnisme,
subventions, création monétaire – qui lui permettent de contredire les verdicts du marché, les agents économiques risquent de
se tourner vers elle, conférant ainsi aux fonctionnaires un
pouvoir particulier. Cette appréhension d'ensemble alimentait
depuis longtemps les discours des conservateurs occidentaux,
mais elle inspira assez peu les politiques publiques que leurs
partis mirent en œuvre au lendemain de la guerre. Car, outre le
souvenir amer des conditions de crise qui ont imposé l'intervention de l'État à partir des années 30, le contexte politique ne
favorisa pas l'adoption de pratiques libérales. L'existence de
deux blocs, la présence en Europe d'une gauche contestant la
légitimité même du capitalisme obligent la droite à avoir sans
cesse recours aux politiques publiques pour protéger ses clientèles des vents trop frais du marché. Dans une situation électorale relativement précaire, ni la démocratie chrétienne italienne
ni les gaullistes français, pour ne prendre que ces deux exemples,
ne peuvent laisser sans assistance trop de petits commerces ou
de fermes. À la veille d'un scrutin décisif, ils ne peuvent pas
davantage s'accommoder d'une valse des étiquettes, d'une
flambée des mises en faillite. C'est pour cela que la feuille de
route proposée par Hayek en 1960 dans sa *Constitution de la*

---

1. William Simon, *op. cit.*, cité *in* John Galbraith, *Chroniques d'un libéral impénitent*, Gallimard, Paris, 1982, p. 111-112.

liberté – « déréglementer, privatiser, réduire et simplifier les programmes de sécurité sociale, diminuer la protection contre le chômage, supprimer les programmes de subvention au logement et les contrôles de loyer, abolir les programmes de contrôle des prix et de la production dans l'agriculture, réduire le pouvoir syndical[1] » – exige une transformation préalable du rapport de forces politique et stratégique, la conversion de partis jusque-là rétifs à ce genre de médecine et qui, un jour, pourront se succéder au pouvoir pour les administrer à tour de rôle. Irréalisables en 1960, ces mesures libérales constituent, vingt-cinq ans plus tard, le pot commun de tous les gouvernements occidentaux, de droite comme de gauche. Dès le lendemain de la guerre, presque tout est déjà dit. La « crise » des années 70 offre aux « bolcheviks du libéralisme » l'occasion de passer de la parole aux actes.

Leur objectif se dévoile – peut-être même à eux – à mesure qu'ils remportent des victoires les incitant à pousser leur avantage et à avancer jusqu'au bout de leur cohérence. « Aussi puissants que soient les industriels qui le soutiennent, résume l'essayiste-historien Thomas Frank, aussi bas que soient les impôts ou faible l'État-providence, aussi nombreux que soient les triomphes électoraux qu'il accumule, le conservatisme américain se voit toujours sous les traits d'une victime assiégée, sans cesse dépassée par une modernité dégradée, toujours à la défensive dans un univers menaçant peuplé d'humanistes athées, d'intellectuels félons et de divertissements corrupteurs. Les conservateurs aiment penser qu'ils sont les vrais patriotes, fidèles quoi qu'il leur en coûte aux traditions américaines et sans arrêt persécutés en raison de leur loyauté[2]. » Le journaliste américain William Greider prolonge le diagnostic : « La grande ambition de leur mouvement est de refouler au sens propre le vingtième siècle. C'est-à-dire de défenestrer l'État fédéral et de ramener sa taille et ses ambitions à ce qu'elles étaient bien avant la centralisation du New Deal. Une fois cela accompli, les

---

1. Cité *in* Gilles Dostaler, *op. cit.*, p. 71.
2. Thomas Frank, « Let's talk class again », *London Review of Books*, 21 mars 2002.

conservateurs les plus militants entrevoient une société restaurée dans laquelle les valeurs et les relations de pouvoir vont ressembler à ce qui existait aux alentours de 1900, quand William McKinley était président. L'autorité publique et les ressources sont restituées aux niveaux locaux et aux personnes ou institutions privées – les entreprises et les organisations religieuses en particulier. [...] Par-dessus tout, la propriété privée des entreprises et des individus les plus riches est protégée contre les appétits de l'impôt progressif sur le revenu[1]. » L'animateur de l'un des plus influents *think tanks* conservateurs de l'Amérique de George W. Bush, Grover Norquist, parle même dorénavant de « ramener l'État à une taille qui permettra de le noyer dans une baignoire ». Et, sans barguigner, il admet sa nostalgie d'un passé individualiste et inégalitaire : « Oui, McKinley moins le protectionnisme. C'est-à-dire les cent vingt premières années de l'histoire de ce pays. Jusqu'à Teddy Roosevelt et ce moment où les socialistes ont pris le pouvoir. Car après, il y a eu l'impôt sur le revenu, l'impôt sur les successions, les réglementations et tout ça[2]. » Toujours en avant, jamais contents.

Les jusqu'au-boutistes

En janvier 1989, au terme de son double mandat, le président Reagan exulte. Lui et quelques autres ont confirmé le pouvoir de la volonté, la possibilité de rompre avec l'orthodoxie ambiante, de renverser l'irréversible, de penser l'impensable. Le concours que les circonstances leur ont apporté ne change rien à ce diagnostic, nul événement ou presque n'étant jamais porteur d'une seule interprétation ou grille de lecture. L'alternance des partis au pouvoir n'explique pas davantage la nature des revirements de politiques économiques. De même qu'en France de Gaulle se montra parfois très interventionniste – le Plan « ardente

---

1. William Greider, « The right's grand ambition : rolling back the 20th Century », *The Nation*, 12 mai 2003.
2. *Ibid*. Teddy Roosevelt fut président des États-Unis entre 1901 et 1909.

obligation[1] » – et, inversement, le « gaulliste » Chirac souvent très libéral, comment au Royaume-Uni démêler, au cours des années 50, les orientations keynésiennes de R.A. Butler de celles de Hugh Gaitskell, le premier conservateur, le second travailliste ? Et est-il si facile de distinguer les choix néolibéraux de Tony Blair de ceux de John Major, le premier travailliste, le second conservateur ? L'école économique qui remporte la bataille des idées est presque toujours celle qui contraint les deux camps à jouer sur un même terrain – le sien.

Il n'est pas impossible que l'absence de guerre en Occident ait joué un rôle dans cette affaire. Chacune des deux conflagrations mondiales s'est en effet accompagnée – aux États-Unis, en France, au Royaume-Uni, etc. – d'un envol de la dépense conduisant à sacrifier les rentiers et à rembourser les créanciers en monnaie dévaluée (en 1926, Poincaré « sauve » le franc en établissant sa valeur à un cinquième de celle de 1914). Le resserrement des contrôles étatiques est plus spectaculaire encore pendant ces périodes de mobilisation générale et de reconstruction. En 1918, le parti travailliste britannique s'engage à nationaliser les industries qui commandent l'économie ; en 1944-46, c'est la vague de nationalisations en France (Renault, le crédit, l'énergie, les assurances). L'accroissement de la part de la dépense publique dans l'économie n'est pas en reste : elle passe par exemple au Royaume-Uni, on l'a vu, de 9 % du produit national brut en 1870-1890 à 60 % en 1940. Avec la détente des années 60, la fin de la guerre du Vietnam puis l'effondrement du bloc soviétique, l'ère des grandes entreprises militaires et civiles impulsées par l'État semble révolue.

Les néolibéraux, qui reprennent la main à cette occasion, ont-ils été « gramsciens » ? La grande figure du communisme italien aurait sans doute peu goûté que son nom fût ainsi associé aux pratiques de ses adversaires. Mais l'idée de viser à l'hégémonie idéologique avant de se retrouver aux affaires, la conviction que

---

1. « Rien ne compte plus que le Plan [...], rien ne vaut le Plan. Il nous permet de nous tirer toujours d'affaire. [...] Il faut créer une mystique du Plan [...]. Vous m'entendez, Peyrefitte, le Plan c'est le salut » (cité *in* André Fontaine, « L'oubli du gaullisme », *Le Monde*, 10 août 2002).

l'incorporation d'un nouveau sens commun dans les habitudes mentales est un préalable à la conquête effective et durable du pouvoir, correspond à la démarche qui fut celle des libéraux, aux États-Unis et en Grande-Bretagne[1]. On ne peut qu'être impressionné par la détermination avec laquelle ils défendirent leurs conceptions, y compris et surtout contre leurs alliés supposés, ne sacrifiant presque jamais leurs ambitions à long terme sur l'autel d'un avantage politique immédiat, d'un compromis jugé de mauvais aloi. Ils pratiquent le « toujours plus ! » qu'ils imputent à leurs adversaires, et sont d'autant plus ardents que ces derniers s'épuisent à défendre pied à pied le terrain conquis.

Aux États-Unis, Barry Goldwater s'oppose dès 1957 à la fois à son président et à son vice-président (respectivement Dwight Eisenhower et Richard Nixon), à qui il reproche sans détour (« ébriété économique », « gouvernement par pots-de-vin », « chants des sirènes du socialisme ») de s'accommoder de déficits budgétaires trop importants. Au Royaume-Uni, le conservateur Enoch Powell rompt avec son parti en 1958 quand il estime que le Premier ministre Harold MacMillan fait la part trop belle aux dépenses publiques, c'est-à-dire aux conceptions keynésiennes des « socialistes ». Alors que traditionnellement les conservateurs répugnent à l'« idéologie », et plus encore à la notion de révolution, ceux-là vont – explicitement dans certains cas – emboîter le pas aux révolutionnaires, pour qui la puissance des idées a des effets politiques et qui croient que l'opinion publique est bonne fille, mais de celles qui attendent qu'on les bouscule.

Chaque échec de la droite au pouvoir est lu par les gramsciens de la société de marché à travers le prisme d'une orientation insuffisamment courageuse, qui aurait fauté (ou failli) en laissant en place les structures et les méthodes interventionnistes. Margaret Thatcher rompt avec Harold MacMillan et

---

1. Pour Gramsci, « chaque révolution est précédée d'un intense travail de critique, de pénétration culturelle, d'infiltration à travers les groupes humains d'abord réfractaires et seulement préoccupés de résoudre, jour après jour, leur problème économique propre sans lien de solidarité avec les autres qui se trouvent dans la même condition » (cité *in* Yves Guchet et Jean-Marie Demaldent, *Histoire des idées politiques : de la Révolution française à nos jours*, Armand Colin, Paris, 1996, p. 323-324).

Edward Heath, Ronald Reagan avec Richard Nixon et Gerald Ford ; Raymond Barre tonne contre le Jacques Chirac de la relance par la dépense. Aux « idéologues » qui ont toujours été convaincus de la supériorité intrinsèque de l'« ordre spontané » des marchés sur l'« ordre imposé » par l'État viennent ensuite s'agglomérer en strates successives les « pragmatiques » déçus par le compromis – non pas parce qu'il s'est compromis mais parce qu'il a échoué. Or rares sont les orientations politiques auxquelles il est impossible d'opposer à un moment donné une « faiblesse », une inflexion, un virage, une concession. Les évangélistes du marché attendent la commission d'un tel péché pour se déchaîner. On en trouve même à la fin des années 80 pour reprocher à Ronald Reagan d'avoir, « une fois au pouvoir, fait très vite la paix avec la bête[1] ».

Le cas britannique est édifiant. En 1970, la victoire électorale des conservateurs est perçue comme le prélude à la « privatisation » (le mot, jugé « hideux », est employé en attendant de trouver mieux) d'une partie du secteur public. Les précédents de ce genre existent – mines de charbon en Allemagne et en Australie, transports ferroviaires en Belgique, fret maritime aux États-Unis, au Canada et en France –, mais ils sont le produit de choix de gestion rarement présentés comme des choix de société, et souvent ils passent inaperçus. Si la vente de Volkswagen en 1960 bénéficie d'un écho particulier, c'est qu'elle mobilise 1,5 million de nouveaux actionnaires. Les conservateurs britanniques veulent accomplir davantage. Quelques semaines avant l'élection qui va le propulser vers le 10 Downing Street, leur chef, Edward Heath, leur a promis : « Nous allons retirer les entraves que l'État fait peser sur l'industrie. Nous allons supprimer la réglementation et le contrôle des activités des entreprises. Nous allons retirer l'État du capital des sociétés privées. Nous allons commencer à réintroduire la propriété privée dans les entreprises nationalisées[2]. » Or, moins d'un an après son arrivée aux affaires, le tropisme centriste a pris le pas sur la « révolution tranquille ». Confronté à une montée du chômage, qui dépasse la barre du million de demandeurs d'emploi, non seulement le gouver-

---

1. David Frum, *Dead Right*, Basic Books, New York, 1994, p. 41.
2. Richard Cockett, *op. cit.*, p. 201.

nement conservateur se porte au secours de certains « canards boiteux » qu'il avait juré de sacrifier (Rolls-Royce devient *de facto* une entreprise à capitaux publics), mais il ne privatise presque rien en dehors de l'agence de voyages Thomas Cook. « Tranquille », peut-être bien, mais où est la « révolution » ? Il ne reste plus à Edward Heath qu'à engager, en 1974, l'épreuve de force contre les mineurs… et à la perdre ! Les idéologues néolibéraux en sont désormais certains : il eût mieux valu que les travaillistes remportent les élections. Ils s'indignent : « Nous avons fait nôtres le pragmatisme et la voie moyenne pendant longtemps et quel en a été le résultat ? Un pays qui devient de plus en plus socialiste en dépit du fait que depuis quarante ans ce sont surtout des gouvernements conservateurs qui ont occupé le pouvoir. Nous ne pourrons aller de l'avant qu'en décidant de renoncer une fois pour toutes aux politiques discréditées et aux slogans défaitistes de notre passé corporatiste, en affrontant l'avenir, non pas avec appréhension mais avec une détermination renouvelée et sereine à gagner la bataille de la liberté[1]. » Il ne s'agit pas là d'une simple proclamation de principes. En septembre 1973, en marge d'un parti conservateur qui les a déçus, les néolibéraux britanniques purs et durs se sont déjà constitués en un Groupe de Selsdon qui sera le fer de lance intellectuel du thatchérisme. Ses membres se déclarent « opposés à l'idée que l'État devrait disposer du monopole en matière de santé, de logement, d'éducation et de protection sociale. Nous défendons le droit de l'individu à satisfaire ses préférences via le marché. Nous croyons que l'État doit suppléer le privé, pas le remplacer. Notre rôle est d'influencer le parti conservateur afin qu'il fasse siennes les politiques économiques et sociales qui élargissent les frontières du choix individuel[2] ». En 1980, Margaret Thatcher a retenu la leçon faite à Edward Heath. Elle va tenir le cap du marché et du privé, y compris quand tout va mal : « La lady qui vous parle n'aime pas les virages[3]. » On la

---

1. Philip Vander Elst, cité *in* Richard Cockett, *op. cit.*, p. 214. Ici, l'adjectif « corporatiste » renvoie aux accords conclus au sommet entre patronat et syndicats, dont l'État est souvent l'arbitre, puis le garant.
2. *Ibid.*, p. 213.
3. Congrès conservateur de 1980.

somme de relancer la dépense pour financer la relance, de sauver les industries et leurs emplois en ayant recours aux bonnes recettes d'autrefois. Elle privatise à tour de bras pour réduire les déficits et permettre de nouvelles baisses d'impôt...

Ni « virages », ni « tons pastels », ni timidité, ni chambres d'écho : au-delà des circonstances économiques et sociales qui vont la favoriser, la victoire de la droite marque le triomphe d'une ferveur, d'une passion idéologique qui permettra aux conservateurs de continuer à ferrailler alors même qu'ils paraissent avoir triomphé. Toujours plus ! Surtout quand on imagine qu'ils ne prennent pas leurs déclarations au sérieux. Toujours plus ! Même après que le démocrate Bill Clinton a démantelé l'aide fédérale aux pauvres, la gauche française privatisé plus que quiconque avant elle, les socialistes suédois proclamé la supériorité du capitalisme, l'« empire du Mal » disparu. La vitalité des libéraux ne se dément pas, et ils semblent dire : ce n'est qu'un début, continuons le combat ! Mieux : tandis que leur victoire est assurée, presque totale, écrasante, ils affectent de penser qu'ils demeurent assiégés, encerclés, surclassés. Ils ont retourné à leur profit deux des techniques de la guerre populaire énoncées par Mao Tsé-toung : « Quand l'ennemi recule, nous avançons ; quand l'ennemi s'enfuit, nous le pourchassons. »

Tant de détermination trouve sa source dans un basculement progressif du pouvoir à l'intérieur même de la classe dirigeante. Les politiques de libéralisation rendent en effet la main aux détenteurs de capital et la retirent à son appareil de gestion, aux managers. Or, quand l'évolution inverse s'est produite, du lendemain de la guerre aux années 70, John Galbraith en avait analysé ainsi la signification : « Les capitalistes représentaient une force socialement indigérable, individualiste, intolérante, avide de pouvoir, souvent rapace et prête au combat. Les bureaucrates des firmes sont, au contraire, des êtres sans visage, prudents, courtois, prévisibles et portés aux compromis. C'est à leur capacité d'élever leurs prix pour compenser les hausses de coût que nous devons une période de paix sociale sans précédent dans le secteur concentré de l'économie, au prix, c'est certain, d'une inflation persistante[1]. » Avec le combat contre l'inflation, les

---

1. John Galbraith, *Chroniques d'un libéral impénitent*, *op. cit.*, p. 115-116.

« capitalistes » et leur « rapacité », leur disposition à se battre sans « courtoisie » ni « prudence » reprennent le dessus. La détermination des libéraux s'explique aussi par leur expérience de la dissidence, de la traversée du désert, de l'isolement, leur incorporation d'une posture de refus qui persiste après leur victoire totale. Bien des théoriciens entourant Ronald Reagan et George W. Bush ont engagé leurs premières offensives politiques au seuil de l'adolescence tandis que, sur les campus des grandes universités, l'expression publique était presque monopolisée par les opposants à la guerre du Vietnam et par les partisans du mouvement des Noirs américains, y compris sous ses formes d'action les plus révolutionnaires (Black Panthers). La jeunesse de droite, elle, se trouvait en face, surclassée. Avec l'armée, avec Goldwater, contre la contre-culture, contre les modérés de leur propre camp, les Nelson Rockefeller et l'establishment de la côte est, les *wets* (« poules mouillées ») du parti conservateur britannique. Excessifs et provocateurs, pugnaces et « purs », dans le camp de la rébellion contre l'ordre dominant – ou du moins c'est ainsi qu'ils le vécurent. Eux aussi furent solidaires des guérillas – mais celles, anticommunistes, d'Angola et du Mozambique, des contras du Nicaragua. Leurs « combattants de la liberté » alimentèrent bien des bains de sang. Ils les excusèrent, voire y concoururent. Car, contre l'« empire du Mal », tout fut bon[1].

En 1993, le journaliste Sidney Blumenthal sonde l'état d'esprit de ceux qui s'apprêtent à devenir les principaux tourmenteurs de son ami Bill Clinton : « Depuis dix ans la droite idéologique a évolué, exploitant un style riche en malveillances personnalisées, qu'on pourrait qualifier de complément à ce que [l'historien] Richard Hofstadter a découvert comme style paranoïaque dans la politique américaine. Aux États-Unis, le centre gauche a pour problème qu'il égrène de nobles principes

---

1. L'un des activistes républicains les plus influents à l'heure actuelle, Grover Norquist, qualifié de « Che Guevara de la révolution républicaine », se promenait à Washington pendant les années 80 avec sur son porte-document des autocollants du genre : « J'aimerais mieux être en train de tuer des communistes » (cité *in* Nina Easton, *Gang of Five : Leaders at the Center of the Conservative Crusade*, Simon & Schuster, New York, 2000).

de manière tellement abstraite qu'il paraît incompréhensible. Ou alors, comme les modérés du parti démocrate, il manque de colonne vertébrale, semble toujours disposé à accepter la moitié de ce que réclament les conservateurs et se proclame offusqué par le refus de la droite de faire le moindre pas en sa direction. Car, pour toutes sortes de raisons, la droite américaine veut que ça saigne. Ce style méchant, dont les émissions de radio de Rush Limbaugh représentent l'incarnation de masse, a trouvé son expression plus respectable dans les éditoriaux du *Wall Street Journal*[1]. » Autrement dit, dans les pages les plus lues du principal quotidien national du pays.

« Un choix, pas un écho », avait promis Goldwater. Les révolutionnaires de droite ne se le firent pas répéter[2]. Leur panthéon accueillit les références les plus discutables, voire les plus répulsives : le clergé quand il était réactionnaire, Franco, l'Empire britannique et son successeur d'outre-Atlantique, les généraux sudistes et ségrégationnistes, l'apartheid sud-africain, le régime de Pinochet. Autant de combats, en apparence d'arrière-garde, qui permirent de souder le groupe dans le feu de l'animosité qu'on lui vouait. On trouve encore aujourd'hui un professeur d'économie de Harvard, membre de la Hoover Institution, pour affirmer tranquillement, dans sa chronique régulière de *Business Week*, que le général Pinochet mérite l'éloge et que « l'ampleur et la durée de l'animosité » qu'il a suscitée à gauche « témoignent de son succès économique. Nul n'a fait davantage que Pinochet et ses conseillers pour démontrer la supériorité de l'économie de marché sur le socialisme[3] ». Très soucieux de liberté dans les pays communistes, Margaret Thatcher et Ronald Reagan ont eux aussi partagé ce genre

---

1. Sidney Blumenthal, *The Clinton Wars, op. cit.*, p. 71.
2. Le mot « révolution » ne les effraie pas, au contraire : *Reagan revolution* est une formule qu'ils emploient couramment. Le mot « idéologie » n'est pas davantage banni : le premier chapitre des Mémoires de David Stockman est titré « L'odyssée d'un idéologue ». Enfin, Grover Norquist a souvent cité Lénine, dont il avait affiché le portrait dans son salon.
3. Robert J. Barro, « One Pinochet legacy that deserves to live », *Business Week*, 17 janvier 2000. Trois ans plus tard, le même auteur se montre davantage soucieux de démocratie, mais là c'est pour justifier la guerre des États-Unis contre l'Irak de Saddam Hussein...

d'appréciation jusqu'au bout[1]. Non pas par lubie propre, mais
parce que l'analogie entre socialisme, communisme et nazisme
parsème les écrit de Hayek. En France, il faut attendre l'énorme
espace médiatique accordé en 1997 au *Livre noir du commu-*
nisme – quatre pages en moyenne dans les quotidiens parisiens
« de référence », huit pages dans *Le Point*, quatorze dans
L'Express – pour que l'amalgame entre la contestation anticapitaliste et la défense de régimes d'essence criminogène, sans
variétés ni variations, impose le silence (ou la prudence) à tous
les héritiers de la tradition socialiste. On les mettra sans cesse
en garde : « À tous ceux qui ne voient à nouveau que défauts à
notre démocratie libérale : les deux calamités du siècle – la
fasciste comme la communiste – montrent que les sorties hors
système débouchent volontiers sur des marécages funèbres[2]. »

Longtemps, la manipulation de tels amalgames pour consolider l'ordre social a exposé aux sarcasmes, voire à la haine.
Moins aux États-Unis qu'ailleurs : la chasse aux sorcières était
passée par là. Puis, peu à peu, les ultras de droite se dévoilent,
s'enhardissent et se comptent. Dans son éclairante biographie de
Barry Goldwater, Rick Perlstein imagine l'état d'esprit d'un petit
patron américain réactionnaire au moment où se fend le consensus keynésien qu'il a, la rage au cœur, subi pendant trente ans :

Vous avez détesté Franklin Roosevelt. En 1932, il avait fait campagne sur un programme d'équilibre budgétaire, de réduction de la
bureaucratie et de retrait de l'État. Puis il s'est s'attaqué aux « royalistes économiques », a vendu son pays aux collectivistes, et le reste
du monde aussi. Il veut que les ouvriers adhèrent à un syndicat : les
usines tombent entre leurs mains. Le parti démocrate suit le même
chemin puisque les gros bonnets des syndicats peuvent désormais
déterminer le vote de millions d'électeurs. Entre-temps, les internationalistes de Wall Street se sont emparés de votre parti, le parti
républicain, et eux aussi vendent le pays à l'étranger. Puis
Eisenhower promet à son tour de rendre le pouvoir aux États. Las, sa
première recommandation au Congrès est de créer un nouveau

---

1. Le général Pinochet avait d'ailleurs l'habitude de se rendre à Londres et d'y
rencontrer Margaret Thatcher, qui lui témoigna toujours beaucoup d'amitié.

2. Claude Imbert, *Le Point*, 15 novembre 1997.

ministère fédéral chargé de la santé, de l'éducation et de l'aide sociale. Ensuite le candidat républicain pour l'élection de 1960, Richard Nixon, l'homme qui a démasqué Alger Hiss, architecte du système des Nations unies [à l'époque du maccarthysme, Hiss fut accusé d'être un agent communiste], annonce [en 1959] qu'il va se rendre à Moscou ! Vous êtes désespéré, assuré de ne jamais voir de votre vivant un conservateur authentique devenir candidat républicain à la présidence des États-Unis. Mais, cinq ans plus tard, Barry Goldwater accepte la désignation de son parti pour la Maison-Blanche[1].

Oui, ce petit patron revient de loin. Et, dans la nouvelle guerre que ses alliés et ses idées ont engagée, il ne prendra pas la fuite à la première escarmouche.

« Conservateur authentique » : encore une fois, le terme est impropre pour caractériser la nouvelle droite républicaine. « Alors que l'adjectif "conservateur" suggère l'arôme d'un feu de bois, le cliquetis de bouteilles en verre déposées par le laitier et le respect accordé aux sagesses héritées de l'histoire, souligne Todd Gitlin, aux États-Unis la politique conservatrice célèbre le bouleversement. Elle a pour objectif de libérer une des forces les plus révolutionnaires de l'histoire de l'humanité, celle de l'investissement et du capital. La plupart des politiques économiques que recommandent les conservateurs ne conservent pas les champs, les forêts et les petits commerces de grand-mère. Elles conservent le droit des actionnaires à fermer une entreprise et à la transférer là où ils veulent, quel que soit ce que pensent ses salariés, leurs familles et leurs communautés[2]. » L'équipe qui entoure George W. Bush est constituée d'idéologues de droite de ce genre, jugeant que Ronald Reagan lui-même a trop composé avec l'État-providence. David Frum fut le premier rédacteur des discours de l'actuel président (la Maison-Blanche le limogea

---

1. Rick Perlstein, *op. cit.*, p. 4-6.
2. Todd Gitlin, *Chicago Tribune*, 3 novembre 1996. Éditrice du *Wall Street Journal*, Karen Elliott House explique : « On dit que nous sommes conservateurs ou mêmes réactionnaires. Nous ne nous intéressons pas aux étiquettes, mais si nous devions en choisir une, ce serait celle de radicaux » (« Letter from the publisher, a report to *The Wall Street Journal*'s world-wide readers », *The Wall Street Journal Europe*, 8 janvier 2004.

lorsqu'il fit savoir que l'expression « axe du Mal » était de son cru). En 1994, il avouait vouloir en revenir à la situation d'« avant 1933 », quand l'État fédéral existait à peine et l'État social pas du tout. Pour lui, le reaganisme fut un « échec » imputable à « la somme de ses timidités innombrables », c'est-à-dire à son refus de tailler dans les dépenses publiques qui bénéficiaient aux classes moyennes blanches votant républicain (retraités, agriculteurs, anciens combattants). David Frum exprima, comme beaucoup d'autres, mais jusqu'au bout, la croyance que le mal absolu vient toujours de la progressivité de l'impôt et de la redistribution des richesses, la certitude inébranlable que l'État n'aboutit qu'à subventionner les comportements asociaux, à alimenter les antagonismes entre classes et entre races.

Car c'est dans un langage proche de l'incantation religieuse que les « conservateurs » lancent leur croisade politique et tiennent le cap contre les « timidités » des pragmatiques de leur camp. Écoutons, par exemple, Newt Gingrich, qui dirigea en 1994 l'assaut victorieux des républicains contre une Chambre des représentants démocrate depuis quarante ans. Pour lui, tout part d'une révélation : « En 1958, lors d'une chaude après-midi d'août, j'ai soudain compris que les civilisations peuvent mourir, [...] j'ai décidé de consacrer ma vie à comprendre ce qui permet à un peuple libre de survivre[1]. » Et son analyse, dont les *think tanks* vont durcir la colonne vertébrale intellectuelle, résume presque les Évangiles de la droite américaine, ses contradictions aussi. D'un côté, les mises en garde apocalyptiques : « Notre civilisation se décompose, nos élites nous désertent » ; la contre-culture a engendré une société « corrompue » ; les syndicats, les démocrates et « la plupart des intellectuels du XXᵉ siècle » ont favorisé une « vision pessimiste qui célèbre les pleurnicheurs et les perdants, jaloux des succès des autres ». De l'autre, les enthousiasmes futuristes de qui imagine que les États-Unis vont revenir à leurs racines individualistes et religieuses grâce à la révolution technologique, la « troisième vague », la « société des réseaux ». S'il y avait un seul Bill Gates à Harlem, la communauté entière serait transformée[2] ».

---

1. Newt Gingrich, *op. cit.*, p. 18.
2. *Ibid.*, p. 80.

Ce discours prophétique et cette invocation à la rupture ne correspondent guère à la prudence qu'on associe le plus souvent au conservatisme, à la fois soucieux de mesure, d'équilibre, de civilité et de respect des hiérarchies en place. Certains néoconservateurs venus des rangs du trotskisme ou de l'antitotalitarisme d'extrême gauche ont retrouvé dans ce libéralisme de fer quelques-unes de leurs dispositions les plus révolutionnaires, « une substitution parfaite au marxisme, un méta-discours linéaire capable d'expliquer à peu près n'importe quoi[1] ». La preuve en est fournie dès 1968 par un éditorial du *Swinton Journal*, une publication inspirée par l'Institute of Economic Affairs, qui sera le principal *think tank* thatchérien. Le texte, qui n'est pas ironique, fait penser à un vieux dicton anglais (« Si votre seul outil est un marteau, alors il vaut mieux que le monde ressemble à un clou ») : « On exagérerait à peine en prétendant que le libéralisme prétend guérir davantage de maladies que la médecine brevetée. Vous souciez-vous d'une crise monétaire internationale ? Les taux de change flottants vous rassureront. La congestion urbaine est-elle un problème majeur dans votre ville ? Renseignez-vous sur le système des voies à péage. Vous est-il arrivé de ne pas dormir la nuit et de prier que vous pouviez choisir votre école ? Le système des coupons d'éducation est juste ce qu'il vous faut. L'inflation vous fait défaillir ? La suppression des prix de soutien fera votre affaire. Bien sûr, on peut se moquer de cette éruption d'idées – dont certaines ne marcheront probablement pas – mais la marque d'une philosophie dynamique est qu'elle propose des solutions claires, cohérentes et surtout simples aux problèmes que posent la société et l'économie. Et nous ne devons pas oublier non plus que ce sont ces qualités-là que les intellectuels, s'ils sont fidèles à leur vocation, apprécient le plus[2]. » Ces derniers vont être servis.

---

1. Richard Cockett, *op. cit.*, p. 194.
2. *Ibid.*

Monétarisme et politique de l'offre

« Le néolibéralisme se développe dans la perspective de combattre toute limitation par l'État du libre fonctionnement des mécanismes de marché[1]. » Voilà qui est « clair, cohérent et surtout simple ». Ce projet de la droite ultra a été trempé par les combats contre le communisme ou la « pensée unique » de l'époque (employée dès le lendemain de la guerre par Walter Lippmann, l'expression désigne alors le « collectivisme »). La réussite impose que soient forgés au préalable les instruments d'une avancée théorique contre l'ordre social dominant. Le monétarisme, qui empêche les gouvernements de financer leurs dépenses en ayant recours à la planche à billets, et la baisse des impôts, qui oblige les États à réduire la voilure de leurs interventions, vont constituer les armes principales de cette contre-offensive intellectuelle. « Empêcher » et « obliger » ne sont pas des verbes anodins : les néolibéraux n'ont aucune confiance dans la capacité des partis traditionnels, à plus forte raison des fonctionnaires en place, d'interrompre la spirale qu'ils redoutent. Il s'agit donc bien de les obliger à *intervenir* ; et l'ensemble des politiques menées depuis les années 80 au nom de la « liberté » ont comporté leur lot de mesures coercitives[2]. Au plan monétaire, c'est l'indépendance des banques centrales et, en Europe, la destruction des monnaies nationales. Au plan budgétaire, les critères de convergence qui menacent de lourdes pénalités financières les pays de l'Union européenne dont la politique de dépenses publiques serait jugée trop accommodante. Au plan commercial et industriel, ce sont les « rounds » d'ouverture des frontières nés de l'Accord général sur les tarifs douaniers et le commerce (GATT) de 1947, la politique de la concurrence qui, sous astreinte d'amendes du GATT puis de l'OMC, mais aussi de la Commission de Bruxelles,

---

1. Cécile Pasche et Suzanne Peters, art. cité, p. 191.
2. Cela continue. L'administration de George W. Bush, après avoir bloqué certaines réglementations liées à l'environnement ou à la protection des consommateurs, est devenue beaucoup plus interventionniste que son discours libéral le laissait entrevoir. En 2003, 75 000 pages de réglementations supplémentaires ont gonflé le *Federal Registrer* (lire David Sanger, « As election approaches, Bush embraces activism », *International Herald Tribune*, 2 janvier 2004).

interdit le contrôle des importations, les aides à l'exportation, le soutien de l'activité d'une entreprise en difficulté. Toute cette fabrication d'impuissance a exigé un travail acharné, une machinerie à la fois idéologique, politique, juridique et constitutionnelle. L'ensemble des contraintes de marché qui en sont nées reposent sur un postulat : bien que démocratique (ou parce que démocratique), l'État social, obèse et boulimique, ne peut pas se contrôler ; il a besoin qu'on le discipline, qu'on le force, qu'on l'ampute – et c'est aussi la fonction des privatisations. « Comment pourra-t-on jamais ramener l'État à de justes proportions ? interroge Milton Friedman. Je pense qu'il n'y a qu'une façon : celle dont les parents contrôlent les dépenses excessives de leurs enfants, en diminuant leur argent de poche. Pour un gouvernement, cela signifie réduire les impôts[1]. » L'adulte et le responsable, ce sont l'individu, la famille, le privé. L'enfant et l'irresponsable, ce sont le collectif, le public, l'État.

Le monétarisme, dont l'objectif principal est d'interdire à l'État de « manipuler » le rythme de création de monnaie (pour financer les priorités définies par les représentants élus de la collectivité), s'inscrit dans cette perspective. Sous couvert de lutte contre l'inflation, c'est une visée stratégique, toujours la même, qui est recherchée : la création d'une impuissance publique, c'est-à-dire d'une situation qui va obliger les gouvernements à n'être plus que les notaires des grands équilibres établis par le marché. En réclamant une croissance quasiment automatique de la masse monétaire (3 à 5 % par an à l'époque, ce qui correspond peu ou prou à la croissance de l'économie dans les années 60), Milton Friedman espérait protéger les pays qui écouteraient ses avis contre une politique active de lutte contre le chômage. S'il est parvenu assez largement à ses fins, c'est aussi que dans les années 70 ces politiques-là ont rencontré leurs limites, créant souvent davantage d'inflation que d'emplois.

En matière d'idéologie aussi, c'est la loi du marché, l'offre et la demande. Les défenses de l'ennemi sont enfoncées, sa disposition à se battre n'existe plus. Les brigades libérales avancent sans trop rencontrer de résistance. « La demande de politique de la demande est en chute. Celle de politique de l'offre augmente,

---

1. Milton Friedman, « Tax cuts = smaller government », *The Wall Street Journal Europe*, 20 janvier 2003.

exulte Jack Kemp. La gauche démocrate était la thèse, le parti républicain l'antithèse. Désormais les démocrates sont le parti de l'antithèse et nous sommes devenus la thèse. Nous sommes en position d'offensive. Les démocrates jouent la défense[1]. » Cette appréciation relativise un peu le rôle de démiurge des apôtres du néolibéralisme. Son auteur, Jack Kemp, fut élu républicain de Buffalo avant de jouer un rôle majeur de trait d'union entre, d'une part, la pensée néolibérale pure et dure, fraîchement issue des laboratoires intellectuels de la droite américaine, et, d'autre part, le parti républicain, dont il sollicita à plusieurs reprises l'investiture présidentielle. Le plan économique de réduction générale des taux de l'impôt sur le revenu proposé en 1981 par le président Reagan, puis voté par le Congrès, pourtant à majorité démocrate, porte son empreinte et son nom (« loi fiscale Kemp-Roth[2] »). Il aura marqué l'histoire économique du monde occidental.

Avec cette baisse de 25 % en trois ans, il ne s'agissait pas seulement de réduire « l'argent de poche de l'État ». Il fallait aussi remettre en cause un des piliers de la politique de redistribution des revenus : la fiscalité progressive. Depuis longtemps, c'était la phobie de la droite américaine et, à vrai dire, le fait que le taux marginal d'imposition ait pu atteindre 91 % entre Pearl Harbour et le milieu des années 60 avait enragé quelques contribuables particulièrement cossus – dont Ronald Reagan, on l'a vu. Lors de sa campagne présidentielle de 1964, Barry Goldwater fulminait déjà contre ce prélèvement qui « pénalise le succès » et « défie le principe d'égalité : l'État peut réclamer une proportion égale du revenu de chacun, pas plus[3] ». Au-delà même de la question de l'équité telle qu'il la percevait, le candidat républicain posait celle

1. Cité in Sidney Blumenthal, *The Rise of the Counter-Establishment*, *op. cit.*, p. 203.

2. William Roth est le sénateur républicain du Delaware qui proposa dès 1978, avec Jack Kemp, une baisse massive des taux, et parvint à en faire la disposition phare du programme républicain pour l'élection présidentielle de 1980. Avant 1978, les républicains répugnaient à toute réforme massive de ce genre, susceptible selon eux d'accroître le déficit budgétaire.

3. Rick Perlstein, *op. cit.*, p. 269 et 64. En réalité, même si l'existence de ce taux maximum de 91 % est souvent invoquée pour expliquer la révolte fiscale, 88 % des Américains payaient un taux compris entre 20 % et 22 %, et seuls 2 % payaient un taux supérieur à 32 % (source : Godfrey Hodgson, *op. cit.*, p. 206).

de l'efficience économique, thème qui vingt ans plus tard serait martelé par presque tous les « partis de gouvernement » du monde, socialistes français compris. « Pouvez-vous imaginer, interrogeait Goldwater dès juin 1963, le niveau économique que nous aurions atteint à l'heure qu'il est si quelques-uns des freins fiscaux avaient été desserrés et si les forces productives avaient été libérées ? Le progressisme moderne n'est rien d'autre qu'une forme de *rigor mortis*[1]. » Milton Friedman, qui conseilla Goldwater, ajoutait qu'un taux d'impôt unique de 23 % rapporterait autant qu'un système progressif échelonné entre 20 % et 91 %. Serait-ce aussi juste ? Ce n'était plus la question. En matière de lutte contre la pauvreté, la droite républicaine estimait que les « vastes ressources de l'entreprise privée peuvent produire assez de richesse pour tuer la pénurie[2] ». Deux chiffres traduisent la victoire idéologique et politique des néolibéraux sur ce terrain fiscal. Avant 1978, le taux marginal d'impôt sur le revenu atteignait encore un maximum de 70 % aux États-Unis. En 1986, après plusieurs lois fiscales, démocrates et républicaines, il n'est plus que de 28 %. Les conservateurs parviennent d'abord à inclure les plus riches dans leurs programmes de réduction générale des impôts – ce qui permet, sans le proclamer, de les favoriser davantage que les autres. Ensuite, ils réussissent, comme George W. Bush en 2001 et 2003, à faire voter des allègements fiscaux principalement destinés aux contribuables fortunés en même temps qu'ils continuent d'amputer les prestations sociales versées, elles, aux plus pauvres.

Dès la fin des années 70, les laboratoires néolibéraux (et le *Wall Street Journal*, qui leur sert à la fois de bulletin de liaison et de caisse de résonance) ont en effet « trouvé » le remède, approprié à leurs intérêts, permettant de guérir la stagflation qui mine l'économie occidentale. Au plan du diagnostic, rien de nouveau par rapport aux lamentations lancinantes des vieux conservateurs : un État devenu trop gros assiste un nombre croissant d'individus et produit moins de richesses. D'un côté, les prélèvements et les réglementations découragent les « entrepreneurs »

1. Ou roideur d'un cadavre. Rick Perlstein, *op. cit.*, p. 219.
2. *Ibid.*, p. 430.

d'investir et de créer des emplois. De l'autre, les programmes d'aide sociale encouragent les pauvres à rester « dépendants » et les chômeurs à ne pas chercher de travail. À force de tendre la main aux damnés de la Terre pour leur permettre de monter dans le train de la prospérité, « on » les a habitués à rester la main tendue. Sans remarquer que la locomotive américaine s'est encalaminée quelque part entre deux gares.

À première vue, rien de très nouveau non plus au plan des remèdes. Réduire les impôts, c'est encourager les « entrepreneurs » à investir et à créer des emplois. Réduire les aides sociales, c'est « encourager » les pauvres et les chômeurs à accepter les emplois qui vont se créer. En passant du *welfare* au *workfare*, de la répartition à la création de richesses, les « dépendants » vont arrêter de grever les finances publiques et se métamorphoser en contribuables. Les riches cesseront d'être découragés de travailler par les impôts démesurés qu'on leur inflige, les pauvres d'être encouragés à demeurer inactifs par les aides sociales qu'on leur verse. Toutefois, même si l'air du temps est propice à la réaction, il reste difficile, politiquement, de faire passer une stratégie à ce point destinée à héroïser les riches en même temps qu'on se destine à punir les pauvres. Ce que les *think tanks* peuvent vendre à leurs donneurs d'ordre patronaux, qui ont tout à gagner à ce genre de recommandations, les formations politiques – y compris le parti républicain – peuvent plus difficilement le faire admettre par un électorat qui, n'étant pas majoritairement constitué de contribuables cossus, a beaucoup à y perdre. C'est là que, dans un contexte social porteur, la « politique de l'offre » va intervenir. Elle va chanter ce que Herbert Stein, président du Council of Economic Advisers, appellera l'« économie de la joie ».

Certes, expliquent les reaganiens, la réduction des impôts, qui va surtout profiter à ceux qui en paient le plus, risque, toutes choses égales, de comprimer les recettes fiscales et d'accroître l'impasse budgétaire, les éventuelles réductions de dépenses sociales étant en général compensées par une augmentation des dépenses militaires. Mais, justement, toutes choses ne seront pas égales. D'une part, des « fraudes, gâchis et abus » seront traqués et combattus (comme leur montant est imaginaire, on le fixera à un niveau aussi élevé que nécessaire pour boucler les scénarios néolibéraux)[1]. D'autre part, la fin de l'absorption par l'État de la part du lion de l'épargne nationale va permettre aux entreprises d'y avoir davantage recours et d'investir. Non contentes de ne plus être dissuadées de se développer par des taux de prélèvement confiscatoires, elles vont obtenir les moyens de leurs ambitions, ceux de rétablir leur compétitivité menacée (en partie à cause des ouvriers qui ont pris l'habitude de se satisfaire d'une productivité médiocre). Mieux : dans ce scénario où décidément tout est rose, les entreprises pourront, grâce à l'expansion de leurs affaires, créer des emplois et des « opportunités » pour les pauvres, du travail plutôt que de l'assistance. Gagnant, gagnant, gagnant ! Les recettes d'impôt perdues à cause de la baisse des taux seront aussitôt compensées, et au-delà, par l'élargissement de l'assiette fiscale, qui elle-même découlera de la reprise de la croissance de l'offre.

Le scénario d'ensemble n'est pas ridicule : l'administration Kennedy-Johnson l'a validé une quinzaine d'années plus tôt, mais dans des conditions et dans un contexte très différents[2]. En 1980, Ronald Reagan promet donc à la fois une baisse des impôts de 30 % (il se contentera, on l'a vu, de 25 % en trois ans) et une contraction du déficit budgétaire qui, selon ses calculs, passera de 58 milliards de dollars au cours de l'année fiscale 1981 à 0 en 1984[3]. Puis viendra la corne d'abondance : un excédent compris entre 93 et 123 milliards de dollars en 1986. Payer moins et obtenir davantage, la proposition ne manque jamais d'attrait. En période

---

1. Deux récits parallèles de ces manipulations statistiques ont été détaillés par leurs acteurs. Pour l'administration Reagan, lire David Stockman, *op. cit.* Pour l'administration de George W. Bush, lire Ron Suskind, *The Price of Loyalty : George W. Bush, the White House, and the Education of Paul O'Neill*, Simon & Schuster, New York, 2004. Dans le premier cas, c'est l'ancien ministre du Budget de Ronald Reagan qui s'exprime ; dans le second, l'ancien ministre des Finances de George W. Bush se confie à un journaliste.

2. D'une part, l'inflation était quasiment nulle (1 %) au moment de la baisse des impôts de 1964. D'autre part, le budget approchait l'équilibre, ce qui permit à la Réserve fédérale d'accommoder la politique de relance. Enfin, à la différence de la mesure proposée par Ronald Reagan, celle de l'administration Kennedy-Johnson ne privilégiait pas les revenus les plus élevés.

3. Aux États-Unis, l'année fiscale commence le 1er octobre de l'année précédente. L'année fiscale 1981 va donc du 1er octobre 1980 au 30 septembre 1981.

de récession, les politiques keynésiennes renvoyaient surtout au « multiplicateur de la dépense » publique (c'est l'idée qu'une ligne budgétaire supplémentaire peut rapporter davantage sous forme de relance de l'activité économique qu'elle ne coûte en augmentation du déficit et de l'endettement). Les néolibéraux se déclarent convaincus qu'il existe plutôt un multiplicateur du non-prélèvement, que la baisse des impôts va rapporter davantage au Trésor public par le biais de la relance de l'activité économique qu'elle ne lui coûtera sous forme de chute (provisoire) des recettes de l'État. Trop d'impôt tue l'impôt ; moins d'impôt crée la recette[1]. Le postulat est paradoxal mais, intuitivement, chacun imagine bien qu'il doit exister aussi en matière fiscale une loi des rendements décroissants, qu'un taux de prélèvement trop élevé risque de décourager l'activité (ou d'encourager la fraude). Keynes n'a d'ailleurs jamais prétendu le contraire. Cela étant, l'histoire économique de l'après-guerre a vu coïncider des taux d'imposition qui indignent encore les néolibéraux et des rythmes de croissance que l'application de leurs politiques de réduction brutale des impôts a rarement permis de retrouver[2]. Quant aux promesses fiscales de Reagan… Alors que l'activité redémarre très vigoureusement deux ans après son élection, le déficit budgétaire explose : 175 milliards de dollars en 1984 et 220 milliards en 1986.

---

1. Présentant en avril 2003 un nouveau programme de réductions d'impôt, dont le Congressional Budget Office a pourtant assuré qu'il n'aurait presque aucun effet sur la croissance, le président George W. Bush a prétendu qu'il permettrait le reflux du déficit budgétaire. Son raisonnement ? Il est familier : « Le meilleur moyen de réduire le déficit est d'avoir plus de croissance, ce qui signifie plus de recettes fiscales et moins de dépenses. La croissance économique et celle du nombre des emplois viendra quand les consommateurs achèteront davantage de biens et de services. Le meilleur moyen, le plus juste aussi, de permettre aux Américains de le faire, c'est de leur procurer immédiatement un soulagement fiscal leur procurant davantage d'argent à dépenser ou à économiser » (« Putting war aside, President renews push for big tax cut », *International Herald Tribune*, 16 avril 2003).

2. Le taux de croissance annuel du revenu réel par habitant dans les pays de l'OCDE a été de 4,3 % dans la décennie 1960-1970, de 2,6 % dans la décennie 1970-1980 et de 2 % dans la décennie 1980-1990 (source : PNUD, *Rapport mondial sur le développement humain 1996*, Economica, Paris, 1996, cité in *Problèmes économiques*, 18 septembre 1996). Plus tard, le relèvement de la fiscalité sur les plus hauts revenus intervenu aux États-Unis en 1993 n'a pas empêché un taux de croissance du produit national de 4,1 % en moyenne entre 1995 et 2000.

Plus de 300 milliards de dollars d'écart par rapport aux prévisions de la Maison-Blanche : fut-ce l'une des plus grosses erreurs de calcul de l'histoire économique[1] ? Oui, mais aussi autre chose. L'essentiel pour les économistes conservateurs et les *think tanks* qui leur fournissaient gîte et couvert n'était pas, au fond, de guérir des finances publiques malades de la stagflation des années 70. Cela, ce fut l'argument de marketing destiné à l'électeur. Le véritable objectif était d'abord idéologique, presque philosophique. Il importait de baisser les taux d'imposition et de faire accroire qu'une telle mesure aurait, par ailleurs, des effets favorables sur les niveaux de l'impasse budgétaire et de l'emploi. Dans un éclat de candeur qui faillit lui coûter son poste (et qui garantit que sa carrière politique s'arrêterait là), le ministre du Budget de Ronald Reagan l'admit dès 1981. « C'est toujours difficile, expliqua David Stockman, de vendre ce genre de conception économique, le "*trickle down*" [ou métaphore du sommet inondé d'une pyramide s'égouttant vers les étages inférieurs]. La formule de la politique de l'offre nous a permis d'y parvenir. [...] Le plus dur dans l'affaire, c'est d'aboutir à ramener le taux marginal maximum de 70 à 50 %. Tout le reste est secondaire. Au départ, nous avons estimé que ce taux [de 70 %] était trop haut et que ça avait un effet terrible sur l'économie. Ensuite, *on a compris que pour rendre cela politiquement acceptable, il allait falloir réduire toutes les tranches.* Kemp-Roth [la recommandation d'une baisse générale des impôts de 30 %] a toujours été un cheval de Troie destiné à permettre de baisser le taux le plus élevé[2]. » Les néolibéraux répétaient, après John Kennedy, qu'« une marée montante soulève tous les bateaux ». Mais c'est davantage aux yachts qu'aux barques de pêche qu'ils destinaient la montée des flots.

Pendant qu'ils affectaient de déplorer des déficits publics, inflationnistes à leurs yeux, les reaganiens savaient en tirer le meilleur des partis. Rien ne pouvait en effet favoriser davantage

---

1. Le produit national brut des États-Unis étant de 4 240 milliards de dollars en 1986, 300 milliards de dollars en représentaient donc près de 7 % !

2. Cité *in* William Greider, « The education of David Stockman », *The Atlantic*, décembre 1981. C'est moi qui souligne. Le taux maximum, on l'a vu, sera ramené à 28 % en 1988.

leur politique de guerre contre les dépenses sociales. Dès le début de la présidence Reagan, le sénateur démocrate Daniel Patrick Moynihan affirme que l'erreur de calcul de la Maison-Blanche relative au solde budgétaire est délibérée, qu'il s'agit en réalité d'*accroître* le déficit pour rendre impossible – et pas seulement peu souhaitable – tout activisme public. On veut faire de vertu nécessité, naturaliser le repli de l'État, soustraire cette orientation-là au débat, tout comme on s'apprête à naturaliser la loi du marché[1]. George W. Bush s'inspire de ce précédent reaganien deux décennies plus tard. En un temps record, il parvient à métamorphoser un excédent budgétaire coquet (127 milliards de dollars pour l'année fiscale 2001) en déficit colossal (374 milliards de dollars en 2003), soit une détérioration des finances publiques de 501 milliards de dollars en deux ans ! L'arrêt de la croissance et l'envol des dépenses militaires après les attentats du 11 septembre 2001 n'expliquent pas tout : la énième baisse des impôts, destinée celle-là presque exclusivement aux riches, avait fait son office[2].

Les politiques keynésiennes créaient des déficits pour donner du travail aux chômeurs. Bien qu'elles prétendent le contraire, les politiques néolibérales ont réduit les impôts des riches pour créer des déficits. Ce fut un moyen « naturel » permettant

---

1. Aux États-Unis et ailleurs. L'essayiste Alain Minc, qui se décrit comme un « libéral de gauche », a résumé ainsi ses convictions : « Ce que je vous dirai est tout simple : je ne sais pas si les marchés pensent juste, mais je sais qu'on ne peut pas penser contre les marchés. Je suis comme un paysan qui n'aime pas la grêle mais qui vit avec [...]. Les cent mille analphabètes qui font les marchés de par le monde, si vous ne respectez pas un certain nombre de canons aussi rigoureux que les canons de l'Église, mettent en l'air l'économie d'un pays. Il faut le savoir, et partir de là : agir comme s'il s'agissait d'un phénomène météorologique » (*Le Débat*, mai 1995). Évoquant en 1997 la fermeture de l'usine belge de Renault à Vilvorde, le président de la République Jacques Chirac a déclaré de son côté : « La fermeture des usines, c'est aussi, hélas, la vie. Les arbres naissent, vivent et meurent. Les plantes, les animaux, les hommes et les entreprises aussi. Moi, j'ai connu, quand j'étais petit, des maréchaux-ferrants. J'ai même travaillé chez un maréchal-ferrant. Il n'y en a plus. Ils ont disparu. Ce n'est pas pour autant que la civilisation a régressé. C'est la vie » (AFP, 13 mars 1997).

2. Cette réduction va rapporter, *en pourcentage du revenu disponible*, près de trois fois plus aux Américains gagnant au-delà de 1 million de dollars par an qu'à ceux gagnant de 20 000 à 30 000 dollars par an (*cf.* « A look at tax reform », *The Wall Street Journal Europe*, 13 octobre 2003).

d'obliger l'État à se concentrer sur ses fonctions « régaliennes », c'est-à-dire principalement répressives, un peu comme à l'ère de l'Angleterre victorienne. Paul Douglas, qui enseigna l'économie à l'université de Chicago en même temps que Milton Friedman, avant de devenir sénateur de l'Illinois, a résumé les certitudes de ses anciens collègues : « Ils croyaient que les décisions du marché étaient toujours bonnes, et les valeurs du profit au-dessus de tout. Leur doctrine anti-interventionniste avait pour effet pratique de dégager la voie pour les grosses entreprises. Ils balayaient les inégalités de pouvoir, de savoir et de revenu, les réalités du monopole, du quasi-monopole ou de la concurrence imparfaite, en les traitant comme quelque chose de subalterne ou d'inexistant. Les opinions de mes collègues auraient ramené l'État à ses fonctions du XVIIIᵉ siècle – justice, police et armée –, dont j'estimais qu'elles étaient insuffisantes pour cette époque, et plus encore pour la nôtre[1]. »

Abaisser prioritairement l'impôt des riches, rendre impensable (parce que impossible) toute tentation égalitaire de la puissance publique, c'est bien. Mais ce n'est pas tout. Dès les années 70, l'avantage de la stratégie néolibérale tient également à ce qu'elle rompt le vieux lien entre lutte contre l'inflation et politique de rigueur ou de déflation. Ce découplage permet à la droite occidentale, qui porte encore les stigmates de Herbert Hoover, de Pierre Laval et de la dépression des années 30, de s'assigner une mission plus exaltante que celle de la fourmi acariâtre rétablissant les comptes pour permettre à un État-providence cigale de chanter à nouveau. La conception couramment admise alors – et popularisée par les « courbes de Phillips » – veut en effet qu'il existe une corrélation inverse entre politique de croissance et lutte contre l'inflation. Calculée presque mécaniquement, cette équation rend légitime – et possible – une intervention publique permanente destinée à ajuster les indicateurs, à la hausse ou à la baisse, afin d'atteindre l'équilibre, la « stabilité » nécessaires *(fine-tuning)*. D'où ce « dilemme majeur de politique économique : accepter plus d'inflation pour obtenir davantage d'emplois ou au contraire

1. Cité *in* Sidney Blumenthal, *The Rise of the Counter-Establishment*, *op. cit.*, p. 96.

laisser se développer un certain volant de chômage pour stabiliser le taux d'inflation[1] ». La politique de l'offre va s'attacher à résoudre ce dilemme et, surtout, à ne plus associer la droite au rôle électoralement peu porteur de notaire des grands équilibres financiers. Séparant politique monétaire et politique fiscale, les économistes reaganiens proposent de marier des taux d'intérêt élevés (pour casser l'inflation) et des réductions d'impôt (pour relancer la croissance). Le risque, connu dès le départ, est que les effets de la première mesure contredisent les promesses de la seconde. La hausse des taux peut tuer dans l'œuf une reprise de l'activité, en particulier dans un pays comme les États-Unis où le niveau des dépenses de consommation (automobile, logement) est indexé sur le coût des emprunts, c'est-à-dire celui du crédit.

Pour casser l'inflation, la politique monétaire de Ronald Reagan ne se distingue pas beaucoup de celle de son prédécesseur démocrate (le taux de base, celui que les banques réclament à leurs meilleurs clients, a atteint 20 % en 1978). Cette ressemblance est d'autant moins étonnante que, dans un cas comme dans l'autre, le pilote de la politique monétaire est le même : Paul Volcker, président de la Réserve fédérale. Si Ronald Reagan confirme à son poste l'homme que Jimmy Carter a nommé, c'est peut-être qu'il estime lui devoir son élection… Quand Paul Volcker engage, en octobre 1979, une politique monétariste pure et dure, il contribue en effet à la déroute électorale du président sortant : baisse de 3 % du pouvoir d'achat des salaires, augmentation du chômage, flambée des taux d'intérêt.

Une « anecdote » récemment relatée dans le *Wall Street Journal* en guise d'hommage à son directeur éditorial, Robert Bartley – décédé en décembre 2003, quelques jours après avoir obtenu du président Bush la plus haute décoration civile américaine –, éclaire les conditions sociales de certains choix faits par les élites au nom de l'intérêt général. Elle confirme aussi le rôle délétère des grands médias de référence. Il s'agit précisément de la stratégie adoptée par Paul Volcker. Bras droit de Robert Bartley de 1972 à 1989, George Melloan raconte : « Avant l'arrivée au pouvoir du président Reagan,

---

1. Jean-Marie Le Page, « Courbe de Phillips », in *Dictionnaire des sciences économiques*, PUF, Paris, 2001, p. 677.

Jimmy Carter avait nommé Paul Volcker président de la Réserve fédérale avec mission de tuer l'inflation. Peu après sa nomination, Paul [Volcker] nous invita Bob [Robert Bartley], Tom Bray et moi à déjeuner au siège de la Reserve à New York. Il nous interrogea : "Quand il y aura du sang par terre *[when there is blood all over the floor]*, est-ce que vous les gars vous me soutiendrez ?" J'ai répondu "oui" sans même attendre Bob, ce qui constituait une rupture avec l'étiquette. Le sang a coulé en effet quand les débiteurs latino-américains et les fermiers des États-Unis ont été pris au dépourvu par le retour à un dollar fort. Mais nous avons tenu ferme[1]. » Il y a, dans ce récit, tous les ingrédients nécessaires à une bonne pédagogie du fonctionnement du nouveau libéralisme : un banquier central chargé du bien commun se déclare d'autant plus disposé à sacrifier l'existence de millions de personnes (la crise de la dette du début des années 80 va mettre à genoux une bonne partie des pays d'Amérique latine et des centaines de milliers de petits exploitants agricoles nord-américains, autrefois encouragés à s'endetter), qu'il peut compter sur l'appui des responsables d'un journal lu, à Wall Street et ailleurs, par ce que la société américaine compte de plus privilégié. Et pourquoi George et Bob auraient-ils refusé le concours que Paul leur demandait ? Le sang qui allait couler n'était pas le leur.

James Tobin l'a souligné : « La récession fut *délibérément* provoquée par la Réserve fédérale pour réduire l'inflation consécutive au second choc pétrolier[2] ». Quelques années plus tôt, le Chili du général Pinochet a servi d'éclaireur à une stratégie similaire. Milton Friedman, qui s'est rendu à Santiago en mars 1975, en fut l'un des principaux architectes. Mais le Chili était une dictature militaire ; on y assassinait les opposants. Pour tenir le cap d'une politique monétariste dont le président de la Banque centrale, Pablo Baraona, également conseiller de la junte au pouvoir, pouvait proclamer : « Le fait que plus de 90 % de notre peuple soient opposés à nos politiques prouve que notre modèle

---

1. George Melloan, « Some reflections on my 32 years with Bartley », *The Wall Street Journal Europe*, 16 décembre 2003.
2. James Tobin, « Keynesian theory : is it still a useful tool in the economic reality of today ? », *in* Mario Baldassari (éd.), *Keynes and the Economic Policies of the 1980's*, St. Martin's Press, New York, 1992, p. 5. C'est moi qui souligne.

est le bon[1] », mieux valait ne pas avoir à l'appliquer dans un pays démocratique. Et encore moins devoir le faire treize mois avant une élection présidentielle dans un empire américain qui ne pouvait invoquer ni sa fragilité internationale ni sa dépendance pour contraindre son peuple à emprunter un tel chemin de croix.

S'il ne change pas le cours de la politique monétaire du président qu'il vient de défaire, Ronald Reagan se dégage néanmoins de son discours de prêcheur et de pénitent. Servi par son tempérament optimiste, il y parvient grâce à sa stratégie fiscale qui, elle, est « révolutionnaire ». Alors que le niveau du déficit est déjà perçu comme intolérable, les néolibéraux prennent le risque de priver l'État, de manière permanente, d'une partie appréciable de ses recettes. Un tel choix ne correspond nullement, à l'époque, aux dispositions de l'establishment républicain, peu habitué à un pari devenu courant depuis[2]. Quand il annonce son intention, Reagan est d'ailleurs promptement brocardé par nombre de ses amis politiques, dont George H. Bush, qui lui dispute à l'époque l'investiture républicaine (avant de devenir son vice-président et son successeur). Comment expliquer l'émergence d'une théorie qui « en quelques années a accompli le trajet entre panacée défendue par des lunatiques et catéchisme officiel[3] » ? L'idée de la « politique de l'offre » *(supply-side)* n'étant pas venue du sérail républicain – et comme nul n'imagine qu'elle a déboulé du cerveau du président Reagan –, la recherche de sa paternité intellectuelle a guidé les pas des enquêteurs vers les *think tanks* de la droite américaine.

Outre Jack Kemp, précédemment évoqué, les trois architectes du *supply-side* les plus communément cités sont Martin Anderson, Jude Wanniski et Arthur Laffer. Le premier, chercheur à la Hoover Institution et longtemps membre (comme Alan Greenspan, l'actuel président de la Réserve fédérale) d'une quasi-secte composée de disciples de l'anarcho-capitaliste Ayn Rand, était directeur de

---

1. Cité *in* Sidney Blumenthal, *The Rise of the Counter-Establishment*, *op. cit.*, p. 113.
2. Ainsi, en 2002, Jacques Chirac promet de réduire l'impôt sur le revenu de 30 % avant la fin de son second mandat présidentiel. Des baisses de 5 %, 1 % et 3 % sont intervenues en 2002, 2003 et 2004.
3. Sidney Blumenthal, *The Rise of the Counter-Establishment*, *op. cit.*, p. 8.

recherche des campagnes présidentielles de Ronald Reagan. En août 1979, il rédige un mémorandum fustigeant l'idée d'une corrélation entre inflation et croissance. Désormais, selon le nouveau credo des républicains, adopté en septembre 1977, le moteur de l'activité sera la baisse des impôts ; ils « étouffent l'incitation des individus à gagner de l'argent, économiser et investir ». À cette conviction, à vrai dire assez peu originale, Arthur Laffer ajoute la certitude que la baisse des prélèvements rapportera à l'État davantage de recettes fiscales qu'elle ne lui en coûtera.

On a souvent décrit la scène. En 1974, Jude Wanniski, éditorialiste au *Wall Street Journal* où il joue déjà le rôle d'évangéliste de la politique de l'offre, rencontre à Washington deux conseillers économiques du président républicain d'alors, Gerald Ford. Il s'agit de Donald Rumsfeld et de son bras droit Richard Cheney... Rumsfeld demande à Wanniski de lui organiser un déjeuner avec Arthur Laffer, ancien professeur d'économie à l'université de Chicago et ancien conseiller économique du président Nixon en 1970. Depuis 1971, Laffer a été convaincu par Robert Mundell (un futur « prix Nobel d'économie ») de la nécessité de séparer politique monétaire et politique fiscale. La première doit être restrictive pour combattre l'inflation, la seconde expansionniste pour favoriser la croissance. Le risque d'un déficit budgétaire accru est écarté : « Je crois que c'est un mirage », a tranché Mundell. Pour les républicains de la vieille école et pour le *Wall Street Journal*, qui n'ont cessé de proclamer que l'inflation est le produit des déficits publics (l'État recourant à la planche à billets afin de financer ses dépenses), la théorie de Laffer vient à point. Elle va leur permettre de continuer à dénoncer le déficit budgétaire tout en promettant de réduire les impôts.

La légende veut que, lors du déjeuner de Washington, Laffer ait dessiné sur une nappe en papier, à l'intention d'un Richard Cheney dubitatif, cette courbe en forme de cloche « prouvant » que si, dans une première étape, les revenus de l'État augmentent avec le taux de prélèvement fiscal (un taux zéro ne rapportant rien par définition), ils baissent ensuite à mesure qu'on se rapproche de niveaux d'imposition confiscatoires (un taux de 100 % encourageant les agents économiques à ne plus rien produire ou à tout dissimuler au fisc). Aux yeux de Laffer, les États-Unis étant depuis longtemps entrés

dans la seconde phase, une baisse des impôts ne risque pas d'accroître le niveau de l'impasse budgétaire – au contraire. La « courbe » de
Laffer va servir aux reaganiens de pendant aux courbes de Phillips
qui avaient fondé les politiques néokeynésiennes. En France, c'est
Jacques Attali, dont la conversion au néolibéralisme sera aussi
brutale que lucrative (pour lui), qui instruira François Mitterrand des
vertus de la révolution fiscale à l'américaine. En 1983, le président
socialiste proclame à son tour : « Trop d'impôts, pas d'impôts. On
asphyxie l'économie, on limite la production, on limite les énergies.
Je veux absolument [...] qu'on amorce la décrue[1]. » Longtemps
après que la « décrue » fut amorcée, une étude française suggéra
que, n'en déplaise à Laffer, Attali et Mitterrand, les effets incitatifs
d'une baisse des taux étaient quasiment nuls, qu'en matière d'activité les « fluctuations observées s'expliquent principalement par le
cycle économique et non par la fiscalité[2] ». Quant aux États-Unis,
l'expérience historique récente se passe de commentaires. Le relèvement du taux d'imposition maximum des particuliers qui est intervenu entre 1986 et 1993 (il est passé de 28 % à 39,6 %), loin d'avoir
creusé les déficits budgétaires en décourageant l'activité, a ouvert la
voie à leur disparition provisoire grâce à la plus longue période de
croissance de l'histoire américaine.

Martin Anderson a toujours admis que la politique de l'offre
comptait nombre de vieux parrains, parfois inattendus. Dès 1776,
Adam Smith estimait : « En réduisant la consommation des biens
taxés et en encourageant parfois la contrebande, les impôts trop
élevés procurent souvent à l'État des revenus moindres que ceux
qu'il aurait tirés de prélèvements plus modérés[3]. » John Maynard
Keynes lui même avait admis que « si on lui donne le temps de
récolter ses fruits, une réduction des impôts aura plus de chance
d'équilibrer le budget qu'une hausse[4] ». Enfin, lors d'une conférence de presse en octobre 1981, le président Reagan, qu'on ne
soupçonnait pas de posséder une culture orientale aussi raffinée,

---

1. « L'enjeu », TF1, 15 septembre 1983.
2. Thomas Piketty, rapport de la Direction de la prévision du ministère des
Finances, 1998, cité *in* « La baisse des taux supérieurs de l'impôt sur le revenu ne
stimulerait pas l'économie », *Le Monde*, 6 novembre 1998.
3. Cité *in* Godfrey Hodgson, *op. cit.*, p. 194.
4. Cité in *ibid*.

remonta au Moyen Âge arabe pour justifier sa réduction d'impôt à lui : « Tout ça nous ramène au quatorzième siècle, quand un philosophe musulman nommé Ibn Khaldun a dit : "Au début de la dynastie, des revenus fiscaux importants ont été obtenus grâce à des petits prélèvements. À la fin de la dynastie, des petites recettes fiscales ont été produites par des impôts importants." Nous essayons d'avoir les petits prélèvements et les grosses recettes[1]. » Reagan avait décroché sa licence d'économie pendant les années 30 dans un collège de second ordre préservé des innovations intellectuelles du moment. Quarante ans plus tard, ses antécédents lui furent autant d'avantages. Le vieux président put renouer avec son adolescence.

Si la percée théorique du *supply-side* est plus relative qu'on ne l'a dit (dans sa loi des débouchés énoncée en 1803, Jean-Baptiste Say énonçait que l'offre globale créait sa demande), si la scène du déjeuner de Washington est partiellement apocryphe (le restaurant cité par Wanniski avait un standing qui lui interdisait de s'accommoder de nappes en papier), l'adéquation de la nouvelle politique aux conditions historiques et sociales des années 70 ne fait en revanche aucun doute. L'intérêt de la doctrine économique, qui deviendra pensée unique du monde occidental, est considérable pour la droite américaine. D'une part, les « riches » vont gagner sur deux tableaux à la fois : la guerre contre l'inflation protège la valeur de leurs actifs et conforte celle de leurs créances (au début des années 90, le taux d'intérêt *réel* de placements sans risque, comme les sicav monétaires en France, atteint plus de 7 % par an, alors que le salaire réel, lui, stagne ou recule) ; simultanément, la *supply-side* leur garantit de jolies économies fiscales.

D'autre part, alors que les États-Unis vivent dans les affres de la stagflation, les néolibéraux proposent des remèdes optimistes et populaires – baisse générale des impôts – apparemment destinés à d'autres clientèles que les leurs. Nulle récession en vue, au contraire. Ce sera l'expansion sans inflation. Or, au cours des années 70, la hausse des rémunérations (qui compensait tout juste la hausse des

---

1. Cité *in* Sidney Blumenthal, *The Rise of the Counter-Establishment*, *op. cit.*, p. 171.

prix) a conduit des millions de familles américaines, pas nécessairement très riches, à payer plus d'impôts en passant, sans pour autant
que leurs revenus réels augmentent, dans une tranche de prélèvement fiscal plus élevée. Quand Ronald Reagan fustige en l'État un
« voleur silencieux » qui tire parti de l'inflation pour obtenir une
augmentation automatique de ses recettes, il touche une corde
sensible. En 1978, la révolte californienne anti-impôts le confirme
avec éclat. Hausse des tarifs fonciers, envol des taxes d'habitation,
atteinte au « droit à la propriété » : toutes ces questions (ou hantises)
viennent de converger là où se situent la dernière « frontière » américaine et Hollywood, son usine à rêves.

Rien de tel qu'une classe nombreuse de petits propriétaires
pour conjurer une menace contre l'ordre social. En Russie, avec
Stolypine, Premier ministre du tsar Nicolas II à partir de 1906,
on a distribué quelques terres, mais trop tard. Ailleurs, en
France et au Royaume-Uni, des gouvernements conservateurs
(Pompidou, Thatcher) ont favorisé, sans cacher leurs intentions
politiques, l'accession à la propriété immobilière[1]. Aux États-
Unis aussi, l'action de l'État (prêts à faibles taux d'intérêt,
construction des infrastructures routières, etc.) permet l'essor
d'un groupe social construisant son petit paradis à l'extérieur
ou à la périphérie des métropoles. Ce groupe, qui doit pourtant
beaucoup à l'action publique, se montre de plus en plus excédé
par le poids de l'impôt. C'est ce qu'on observe en Californie.
Inflation et spéculation : le prix moyen d'une maison individuelle explose dans l'État le plus peuplé du pays. À Los Angeles,
il passe de 37 000 dollars à 83 000 dollars entre 1974 et 1978.
En partie indexés sur la valeur de l'immobilier, l'impôt d'État
sur le revenu et les taxes foncières doublent pendant la même
période. Pour ne rien arranger, les aides publiques, éducatives
et autres, indexées sur les actifs fonciers des allocataires, baissent
simultanément. Tout se conjugue pour exaspérer les classes

---

1. Pendant la décennie thatchérienne (1979-1989), la proportion de propriétaires
immobiliers est passée de 53 % à 68 %. Le mouvement a été précipité par la vente des
HLM à leurs locataires, dans l'espoir de les « responsabiliser ». Lire, à propos du
marché immobilier français et des mécanismes de sa construction sociale et politique,
Pierre Bourdieu, *Les Structures sociales de l'économie*, Seuil, Paris, 2000.

moyennes de petits propriétaires. Et pour établir dans leur esprit le lien entre l'inflation (qui, en provoquant la revalorisation de leur logement principal, suggère leur enrichissement, fictif s'ils n'ont aucune intention de vendre) et ces impôts qui prennent certains d'entre eux à la gorge. Dans les années 70, le revenu disponible de la plupart des Américains a en effet commencé à baisser. Pour un ouvrier d'usine avec trois personnes à charge, le recul atteint 20 % entre 1968 et 1981[1]. L'envol des taux d'intérêt place l'accession à la propriété presque hors de portée ; la hausse des taxes foncières la rend de plus en plus onéreuse. Le mécontentement qui résulte de ces deux évolutions conforte les points de vue des possédants, éternels adversaires des politiques publiques égalitaires, jugées inflationnistes. Dès 1978, l'hostilité des classes moyennes aux interventions de l'État devient à peu près égale à l'animosité des groupes les plus privilégiés[2]. Réclamé par 1,2 million de signataires et organisé par un ancien militant de la campagne présidentielle de Barry Goldwater, un référendum d'initiative populaire, la « proposition 13 », aboutit en Californie au gel des taxes d'habitation. Le résultat du scrutin est sans équivoque : 65 % de oui. D'autres États suivent.

Ici, on le voit, l'interaction entre intervention publique, mouvement « social » et victoire du néolibéralisme interdit d'analyser l'idéologie à part ou, inversement, d'estimer qu'elle serait le produit de circonstances économiques (inflation, concurrence internationale, etc.) échappant à une construction politique. Les petits propriétaires californiens ne sont pas sortis de terre : l'État les a aidés à éclore (comme, plus tard, il encouragera, par voie fiscale, les particuliers à acheter des actions, créant ainsi un électorat de petits investisseurs susceptibles de favoriser les dessein des gros[3]). L'escalade d'une

---

1. *Cf.* Walter Dean Burnham, *The Current Crisis in American Politics*, Oxford University Press, New York, 1982, p. 275.
   2. Cf. *ibid.*, p. 296.
   3. Selon une étude de Zogby International, environ deux tiers des électeurs américains possèdent un investissement boursier, souvent sous la forme d'un plan de retraite par capitalisation dit « 401(k) ». Ce plan bénéficie d'une incitation fiscale (John Zogby, « Watch the rise of America's investor class », *Financial Times*, 5 mai 2003).

phobie de l'inflation et de l'impôt n'a pas été produite par la seule action idéologique des laboratoires de la droite américaine. Sans une base sociale en partie construite par des politiques publiques, *et pas uniquement par leur échec*, la pensée de marché serait vraisemblablement restée à l'état de gribouillage sur une nappe de restaurant.

Les syndicats, voilà l'ennemi !

La nouvelle orthodoxie marque une rupture avec certaines traditions conservatrices. Ni le parti républicain américain ni le parti conservateur britannique ne sont antiétatistes au départ de leur histoire. Ils le deviennent à mesure que le contrôle exclusif de l'État leur échappe et, surtout, que la puissance publique leur semble accorder trop d'importance aux exigences des syndicats. Le problème était moindre à leurs yeux au moment où la police, l'armée, les gardes nationaux intervenaient pour briser les grèves. D'ailleurs, quand dans les années 80 Ronald Reagan et Margaret Thatcher renouent avec ces pratiques interventionnistes-là, les « libéraux » ne protestent pas.

La méfiance des cercles patronaux à l'égard de l'État est ainsi corrélée à la démocratisation de la vie politique, laquelle a pour effet de conférer davantage de pouvoir à des groupes sociaux opposés aux élites industrielles. Pendant qu'ils pilotent le décollage économique de leurs pays, les républicains américains et les conservateurs britanniques n'hésitent guère à faire appel au bras de l'État, sous sa forme militaire et policière. Ils ont aussi recours aux politiques sectorielles et aux tarifs douaniers. Aux États-Unis, les républicains occupent presque continûment le pouvoir jusqu'en 1912. Ils se montrent à la fois volontaristes, mercantilistes et protectionnistes (les droits de douane représentaient d'ailleurs une bonne partie des recettes publiques avant l'introduction, en 1913, de l'impôt sur le revenu). Pour eux, la fusion est presque totale entre les notions de pays, de société et de gouvernement. Semblable au père, l'État protège ses enfants et ses entreprises, leur apprend à marcher et à prospérer avant de les livrer à la vie et au monde. Il assure aussi la construction des infrastructures qui leur seront nécessaires. À l'époque, ce sont les démocrates qui, à rebours de ce genre de paternalisme favorisant avant tout les barons de l'industrie et de la finance, proclament que « le meilleur État est celui qui gouverne le moins ». « Aucune maxime ne peut être plus dangereuse ou plus fausse », leur rétorquent aussitôt… les ancêtres de Ronald Reagan et de George W. Bush[1].

Car, au tournant du siècle, l'État se démène pour maintenir l'ordre contre les anarchistes et contre les « rouges ». Entre la fin de la guerre de Sécession et le début des années 20, les luttes sociales sont fréquentes et féroces[2]. Le sang ouvrier coule avec une régularité de métronome. En 1896, le président républicain McKinley dénonce ceux « qui cherchent à créer entre nous des divisions qui en fait n'existent pas *[sic]* et qui contredisent notre forme de gouvernement ; les tentatives visant à dresser une classe contre une classe, une section de la population contre une section de la population, le travail contre le capital, les pauvres contre les riches[3] ». Ses proclamations œcuméniques ne tardent pas trop à être récompensées : cinq ans plus tard, il est assassiné par un anarchiste. L'illusion de la société sans classes – ou, plus précisément, d'une société où l'immigration et la mobilité sociale permettent à la structure de classes d'être recomposée génération après génération par le travail individuel – est telle que les républicains semblent y croire. Un État paternaliste leur paraît néanmoins nécessaire. Pour maintenir l'ordre et garantir que les règles du jeu sont respectées, assurément. Mais aussi, dans une moindre mesure, pour répondre aux besoins des plus nécessiteux. Assez éloignés du darwinisme social qu'ils défendront un siècle plus tard, les républicains proclament en 1888 que « chaque travailleur doit recevoir un salaire qui non seulement lui permettra de pourvoir de manière décente et confortable à ses besoins et à ceux de sa famille, d'envoyer quand ils sont jeunes ses enfants à l'école plutôt qu'à l'usine, mais aussi de disposer en cas d'inca-

---

1. Plate-forme du parti républicain en 1884, citée *in* John Gerring, *Party Ideologies in America 1828-1996*, *op. cit.*, p. 82.
2. Lire Howard Zinn, *op. cit.*
3. Discours de William McKinley, 26 août 1896, cité *in* John Gerring, *Party Ideologies in America 1828-1996*, *op. cit.*, p. 62.

pacité, de maladie, d'accident, ou quand il sera vieux, d'une somme sur laquelle il pourra compter[1] ». Bismarck ne pense pas autrement à l'époque, même si pour le chancelier prussien les assurances sociales constituent d'abord un moyen de couper l'herbe sous le pied aux socialistes.

« Salariés, travailleurs indépendants, fermiers et hommes d'affaires, nous sommes tous dans le même bateau quand il s'agit de la prospérité[2]. » En exprimant cela, le président républicain William Taft n'oublie jamais qui tient la barre : « Le capitaliste mérite d'être apprécié tant il travaille non seulement pour lui-même mais aussi pour les salariés et la société dans son ensemble[3]. » L'harmonie sociale est d'autant plus exaltée que le désir de la conforter, c'est-à-dire de pérenniser l'ordre existant, favorise les clientèles électorales du parti républicain et les inté-rêts des grands groupes industriels qui le parrainent. L'État inter-vient sans cesse à leurs côtés, en invoquant notamment la fierté nationale du *made in America*. Il ne deviendra hérétique pour la droite américaine qu'au moment où l'essor du mouvement social et démocratique conduira Washington à prendre des dispositions égalitaires et à imposer de meilleures conditions d'hygiène et de sécurité. Sans oublier une augmentation des salaires... Déjà, c'est la création de richesse qui prime à droite, pas sa répartition ni le sort de ceux qui la produisent.

Avec le New Deal et les lois protégeant les syndicats, l'État s'éloigne de son rôle de gérant exclusif des intérêts du capital. Aux yeux de la droite, l'« américanité » des origines paraît alors d'autant plus menacée que « le caractère exceptionnel des États-Unis ne provient, en grande partie, que d'une présence réduite du syndicalisme[4] ». Des militants ouvriers comme Walter Reuther, qui va diriger le puissant syndicat de l'automobile (UAW) entre 1946 et 1970, ont accès aux cénacles de Washington. Désormais, ils influencent eux aussi les décisions des présidents. « Les patrons ne sont pas de droit divin », rappelle Reuther ; leurs

---

1. Discours de Benjamin Harrison, 3 octobre 1888, cité in *ibid.*, p. 61.
2. Discours de William Taft, 8 septembre 1908, cité in *ibid.*, p. 62.
3. Discours de William Taft, 10 janvier 1908, cité in *ibid.*, p. 63.
4. Rick Fantasia et Kim Voss, *op. cit.*, p. 16.

prérogatives ne sont rien d'autre que des « usurpations de pouvoir et de privilèges dont, dans une nation démocratique, nul individu ne devrait avoir l'exclusivité »[1].

À compter du jour où les industriels ne disposent plus sans partage des armes de la coercition publique, la puissance de l'État leur apparaît plus menaçante – et la démocratie en « crise » sitôt que des voix autrefois silencieuses se mêlent, collectivement, des affaires de la cité et de la définition du bien commun. Le problème n'est donc pas tant que l'État intervienne davantage dans les mécanismes du marché (il n'a cessé de le faire, et le marché n'existerait pas sans lui), mais que cette intervention n'ait plus pour objet automatique de conforter les possédants en invoquant l'intérêt général (au prétexte que le capitaliste « travaille pour la société dans son ensemble » et que « ce qui est bon pour General Motors est bon pour les États-Unis »). Quand ce basculement intervient, c'est-à-dire à partir des années 30 – et plus encore des années 60, période au cours de laquelle l'interventionnisme économique se double d'un égalitarisme racial, sexuel et judiciaire –, le conservatisme devient destructeur et « révolutionnaire ». Il se proclame tenté par le grand bond en arrière. Il ne s'agit plus de « conserver » le présent – trop égalitaire, trop démocratique –, mais de restaurer le passé. La droite américaine veut, pour commencer, « arrêter l'express du progressisme ». Ensuite, elle changera la destination des rails.

Or non seulement syndicalisme et interventionnisme vont souvent de pair (dans plusieurs pays occidentaux, les nationalisations appartiennent au registre des revendications rituelles du mouvement ouvrier), mais, même là où ce n'est pas le cas (aux États-Unis, par exemple), les syndicats ont vocation à contraindre le pouvoir patronal. Au mieux, ils réclament une forme de cogestion dans l'entreprise, au pire, ils empêchent qu'ajustement économique, adaptation au « changement » ou « rationalisation » de la production se fassent au détriment de leurs mandants. Le discours de la « crise » va donc avoir, pour les patrons, la vertu de favoriser, en prétextant l'intérêt national et les exigences de la

---

1. *Cf.* Nelson Lichtenstein, *The Most Dangerous Man in Detroit : Walter Reuther and the Fate of American Labor*, Basic Books, New York, 1995.

concurrence internationale, la mise à bas d'un système « partena-
rial » dénoncé comme incommode et sclérosant. C'est peu de
dire que les médias vont relayer ce travail de construction de
l'opinion libérale jusqu'au délire[1]. L'intensification de la concurrence – présentée comme une contrainte économique alors
qu'elle est souvent le produit de décisions politiques – et le ralentissement de la croissance vont permettre de faire passer plus
facilement la plupart des priorités du monde des affaires. Monétarisme, politique de l'offre, réduction des dépenses publiques,
déréglementation, « ouverture des frontières », retour au darwinisme social, précarité de l'emploi, flexibilité des salaires : quand
une « crise » conjugue tant d'effets favorables pour les
employeurs, on voit mal pourquoi ils proclameraient sa fin. C'est
sans doute aussi pour cela qu'elle dure encore.

La résistance des syndicats était prévisible, puisque, aux yeux
des libéraux, il importait de les faire dégorger les « protections »
qu'ils avaient arrachées. Lorsqu'ils entrevoyaient qu'« une plus
grande flexibilité des taux de salaires réduirait le chômage », les
adversaires de Keynes redoutaient néanmoins qu'elle fût devenue inconcevable en raison de l'opposition organisée des salariés. D'après eux, l'économie capitaliste opérait en deçà de ses
capacités à cause des « contraintes » que la puissance du mouvement ouvrier lui avait imposées. La solution allait de soi. Ces
pesanteurs-là (dont le maintien du pouvoir d'achat, y compris en
période de récession), il fallait s'en débarrasser. L'ajustement des
niveaux de salaires devait pouvoir intervenir à la baisse. « Si
nous voulons entretenir le moindre espoir d'un retour à une
économie de liberté, martèle Hayek, la question de la restriction
du pouvoir syndical est une des plus importantes [...]. Si nous
voulons préserver une économie de marché, notre objectif doit
être de rendre son efficacité au mécanisme des prix[2] » – autant
dire de reconquérir la faculté d'abaisser le « coût du travail » en

---

1. Pour la France, l'exemple le plus abouti de cette pédagogie de la soumission est atteint avec l'émission « Vive la crise ! », en 1984, présentée par Yves
Montand, avec dans les principaux rôles Christine Ockrent, Alain Minc, Laurent
Joffrin et Philippe de Villiers (lire chapitres suivants).
2. Richard Cockett, *op. cit.*, p. 114 et 150.

période de chômage afin que toute demande d'emploi se dirige vers une offre, aussi chiche soit-elle, même à un niveau de rémunération proche du minimum vital. Le cas échéant, les chômeurs n'ont qu'à installer des étals de pommes au coin des rues ou vendre leurs biens propres pour retrouver aussitôt un emploi[1]... D'après les libéraux, la puissance des syndicats, qui s'ajoutait à la panoplie des indemnités sociales, verrouillait ce genre de projet. D'une part, leurs pratiques abaissaient la productivité globale du travail. De l'autre, elles leur permettaient de disposer d'un pouvoir coercitif – « prendre le public en otage » – utilisé pour accroître les avantages corporatifs de leurs adhérents. Quand Hayek définit la liberté comme « cette condition humaine particulière où la coercition de certains par d'autres se trouve réduite au minimum possible dans une société », le salariat et l'exploitation capitaliste ne comptent pas au nombre des contraintes qu'il déplore. Les grèves, en revanche...

« Plus dangereux que la Russie soviétique et tous les spoutniks » : l'ennemi qui angoissait tant Barry Goldwater était américain. Mais à peine, puisque syndicaliste. Il s'agissait de Walter Reuther. Lors d'une convention de l'UAW en 1958, ce dernier avait exigé que le quart des profits des entreprises soit automatiquement reversé aux salariés. Dans le paradis de la libre entreprise, une telle audace ne faisait pas sourire. À l'époque, les syndicats étaient puissants. Moyennant leur acceptation du système économique et un anticommunisme de chaque instant, ils avaient acquis le pouvoir de se faire entendre – et même celui d'être redoutés. Voté pendant le New Deal, le Wagner Act (1935) leur garantissait par exemple qu'une fois l'élection « de certification » gagnée dans une entreprise (c'est-à-dire une fois que les salariés avaient fait connaître qu'ils voulaient être représentés par un syndicat), celui-ci devenait l'unique négociateur pour tous les employés, syndiqués ou non. Partant de là, l'enchaînement parut logique : dès lors que les avantages obtenus par le syndicat bénéficiaient à tous les

---

1. C'est la suggestion que leur fait Robert Lucas, père de la nouvelle économie classique. Pour ce « prix Nobel d'économie » (en 1995), l'instabilité économique n'est pas liée aux échecs du marché, mais à ceux d'une intervention gouvernementale erratique.

salariés, les recrues suivantes furent obligées d'adhérer au syndicat qui les représentait. Ce système du *closed shop*, ou du *union shop*, suscita, aux États-Unis et en Grande-Bretagne, la révulsion qu'on imagine chez certains employeurs. Car non seulement il leur fallait négocier avec un syndicat qui contestait leur autorité exclusive à déterminer salaires et conditions de travail, mais ils devaient, en plus, se résigner à ce que les cotisations syndicales de tous leurs employés, prélevées sur leurs feuilles de paie, financent les campagnes électorales de candidats – à la présidence, au Congrès, à la mairie – parfois hostiles aux intérêts du patronat.

Cette puissance du mouvement ouvrier doit beaucoup à la crise économique de 1929, qui a tranformé pour longtemps la donne sociale et politique aux États-Unis. La victoire de la coalition Roosevelt, animée par des syndicalistes et par des chefs d'entreprise « modernistes » pour qui, souvent, le « coût du travail » est une considération moins importante que le niveau de la demande, a débouché sur les politiques keynésiennes évoquées plus haut : supervision à distance de l'économie par l'État, dépense publique en période de récession, contrôle des prix et des salaires en temps de surchauffe et d'inflation. Défendue par les démocrates, tolérée et reprise par les républicains, cette orientation « centriste », ce « compromis fordiste » survit vaille que vaille jusqu'au milieu des années 70. L'anticommunisme du mouvement ouvrier fait de lui un partenaire légitime, la prospérité permet aux patrons de s'accommoder de la hausse des salaires réels. Ces deux ciments favorisent une entente tacite de plus de trente ans entre des forces sociales traditionnellement antagonistes. Une autre crise, celle de la stagflation, va accoucher d'une autre coalition. Elle exclura les syndicats, refusera tout compromis social, refoulera l'« État-providence ».

Dès 1947, les conservateurs américains remportent une victoire lourde de conséquences. La loi Taft-Hartley oblige les permanents syndicaux à signer un serment de loyauté anticommuniste, interdit les grèves de solidarité et autorise les États qui le souhaitent à garantir le « droit au travail » des salariés, c'est-à-dire leur droit… à refuser d'être syndiqués. Vingt États, surtout du Sud, ne se le font pas répéter, d'autant plus hostiles aux organisations ouvrières qu'ils regorgent de petites entreprises (dans le textile, par exemple) ne survivant que grâce au protectionnisme et aux bas salaires[1]. À vrai dire, le caractère mafieux de certains syndicats (celui des camionneurs, par exemple) et les rémunérations quasi patronales de leurs responsables ne rendent pas toujours populaire le versement de cotisations parfois destinées à financer autre chose que des actions au service du bien commun des travailleurs. La télévision et le cinéma affichent, comme on l'imagine, leur prédilection pour les récits de ce type de dévoiements – et pour la célébration de l'héroïsme des ouvriers qui les combattent, le cas échéant en dénonçant leurs anciens camarades à la police[2].

Il faut toutefois attendre le début des années 70 et le martèlement du thème de la « crise économique » pour que la contre-offensive des milieux d'affaires américains effectue sa véritable percée. En 1958, les référendums d'initiative populaire concoctés par les républicains et par les chambres de commerce pour défendre le « droit au travail » échouent dans presque chacun des États où les électeurs sont appelés à se prononcer. Et, la même année, deux tiers des candidats fédéraux, que soutient l'AFL-CIO, l'emportent[3]. Le patronat s'organise alors *politiquement* pour réagir à ces victoires du mouvement syndical. General Electric, le *Reader's Digest*, Johnson & Johnson comptent au nombre des premiers appuis à Barry Goldwater. Ces entreprises ne vont pas se contenter de soutenir financièrement un parti – républicain aux États-Unis, conservateur en Grande-Bretagne – proche de leurs intérêts pour espérer pouvoir compter sur lui ensuite. Elles vont s'employer à former une élite intellectuelle néolibérale qui, à l'écart du jeu politique traditionnel, créera, confortera, popularisera un corps de doctrine. Le jour venu, cette élite proposera ses théories et ses experts au nouveau pouvoir,

---

1. Dans ces États de l'ancienne Confédération, le « droit au travail » n'était cependant pas toujours respecté dans le cas des Noirs… Et les petits patrons n'avaient pas non plus protesté que l'État se mêlait indûment de leur prérogative d'employer qui bon leur semblait quand, on l'a vu, en 1953, le président Eisenhower avait signé un décret imposant le licenciement de tous les homosexuels des emplois fédéraux et des entreprises, y compris privées, travaillant sous contrat gouvernemental.

2. *Cf.* en particulier le film d'Elia Kazan, *On the Waterfront* (*Sur les quais*, 1954), avec Marlon Brando dans le rôle principal.

3. C'est-à-dire 25 des 32 candidats au Sénat et 183 des 294 postulants à la Chambre des représentants en faveur desquels l'AFL-CIO a exprimé un choix (*in* Rick Perlstein, *op. cit.*, p. 41).

toujours soupçonné de se laisser tenter par la gestion du *statu quo* et par les ors des ministères.

A priori paradoxal dans un pays où le mouvement syndical ne manifeste plus aucune velléité révolutionnaire depuis longtemps – mieux : est devenu « un complice actif de l'élimination du syndicalisme radical dans le monde, en particulier en Amérique latine[1] » –, l'antisyndicalisme forcené de la droite américaine trouve sa source dans une phobie des réglementations et de la centralisation des décisions économiques qui, elle aussi, semble échapper à la raison. Dorénavant, puisque les temps sont mûrs, les patrons sont décidés à s'affranchir d'un système de relations partenariales qui pourtant les favorise davantage que les syndicats pour imposer aux salariés un « système néolibéral total, "du berceau au tombeau" », exhortant « les jeunes à "couler ou nager" »[2]. La percée de *think tanks* soucieux de déborder à droite un parti républicain lui-même très marqué à droite n'aurait pas eu de justification sans la prédisposition de certains « conservateurs » à dépeindre les États-Unis sous les traits d'un pays collectiviste où les patrons restent soumis à la férule du « Politburo de l'État-providence[3] ».

En septembre 1966, quelques semaines avant d'être élu gouverneur de Californie, Ronald Reagan a annoncé : « Nous allons lancer un feu de prairie qui balaiera cette nation et démontrera à tous que nous sommes les premiers dans d'autres domaines que ceux du taux de criminalité ou de celui des prélèvements fiscaux. » En 1978, le feu est allumé. Les partisans de l'ordre keynésien ne cachent plus leur désarroi, les syndicats sont affaiblis. La courbe du Californien Laffer peut sortir de son laboratoire, on l'attend ; les néolibéraux « [enfoncent] une porte ouverte au service d'une idée dont le temps [est] venu[4] ». Un an après que le vote de la « proposition 13 » a provoqué une baisse de 23 % des recettes des municipalités califor-

---

1. Rick Fantasia et Kim Voss, *op. cit.*, p. 62. En France, on s'en souvient, l'AFL-CIO et la CIA ont favorisé, en 1947, la scission à l'intérieur de la CGT (alors contrôlée par le PCF), qui a débouché sur la création du syndicat Force ouvrière.
2. *Ibid.*, p. 28.
3. Selon la formule de David Stockman, *op. cit.*, p. 171.
4. Godfrey Hodgson, *op. cit.*, p. 213. Jude Wanniski a présenté en 1975, pour la première fois, l'hypothèse de Mundell et de Laffer dans la revue de William Kristol, *The Public Interest*.

niennes, la politique de l'offre fait des convertis dans les rangs démocrates. Adopté à l'unanimité, c'est-à-dire également par deux des figures de la gauche américaine, George McGovern et Edward Kennedy, un rapport du Sénat entérine l'ère nouvelle dès son introduction : « Un consensus s'est formé dans la commission et dans le pays, qui réclame que l'État fédéral mette sa maison en ordre et que l'on admette que les principaux défis d'aujourd'hui et de l'avenir prévisible *se trouvent du côté de l'offre économique*[1]. » L'auteur de ce texte, le sénateur texan Lloyd Bentsen, votera les réductions d'impôt réclamées par Ronald Reagan en 1981, sera candidat du parti démocrate à la vice-présidence des États-Unis en 1988, puis deviendra ministre des Finances de Bill Clinton en 1993. Sans attendre mai 1979 et la victoire de Margaret Thatcher au Royaume-Uni, les dés ont déjà roulé de l'autre côté de l'Atlantique. Un Congrès à majorité démocrate va même voter une baisse des impôts tellement significative que George Gilder, un des parrains intellectuels du reaganisme, décèle dès 1978 « tous les indices (capital-risque, investissements, start-up) permettant à l'activité des entrepreneurs de se déployer et à nombre de projets en jachère de trouver un financement satisfaisant[2] ».

Avant cette date, quand les politiques économiques de droite étaient pratiquées, c'était à titre d'expérimentation susceptible d'être contredite dès le premier feu, ou engloutie par la simple « tyrannie du *statu quo* ». Coup sur coup, les élections américaine et britannique ouvrent la perspective d'une ère conservatrice en Occident, autrement dit l'hypothèse de l'installation durable au pouvoir d'une idéologie de droite. « De même que l'éclipse solaire requiert un alignement particulier des planètes, observe Ibrahim Warde, des changements politiques significatifs ne peuvent intervenir que quand coïncident résultats électoraux, mouvement des idées et identité des élites gouvernementales[3]. » Chaque fois que Ronald Reagan rencontrera des oppositions, il pourra prétendre, comme en mai 1982, à un moment où sa stratégie économique fait flamber simultanément le chômage et les déficits : « Nous sommes engagés dans un

---

1. Cité *in* Ibrahim Warde, *op. cit.* C'est moi qui souligne.
2. Cité in *ibid*.
3. *Ibid.*

combat épique. Nous ne rangerons jamais sur une étagère le mandat reçu en 1980, pour pouvoir revenir à la politique à la petite semaine[1]. » À un moment presque identique, François Mitterrand se heurte lui aussi aux difficultés nées de la mise en œuvre d'une politique de rupture, celle-là d'inspiration socialiste. Lui fait machine arrière. Et la gauche française modifie son cap du tout au tout.

Car la confiance a changé de camp. L'idée selon laquelle l'expansion continue de la taille de la galette permettra de distribuer à chacun, sans trop de heurts, des parts toujours plus grandes bute sur la stagnation de la productivité individuelle. Il faut faire des choix dans l'optique d'une « solution à somme nulle » : les pertes des uns équilibrent désormais les gains des autres[2]. Dès lors que, la pression des milieux d'affaires et la faiblesse du mouvement ouvrier aidant, le débat intellectuel au sein des élites a déterminé que le défi majeur est la « formation du capital », l'identité des perdants ne laisse plus de doute. L'échec cuisant aux États-Unis d'un mouvement de grève lancé au mauvais moment par un syndicat impopulaire (celui des aiguilleurs du ciel, en août 1981) conforte ce rappel à l'ordre. Ou, plus précisément, cet avènement d'un ordre nouveau dont la pondération et le dialogue social ne constitueront pas les caractéristiques principales[3]. Dans un contexte différent, le long et douloureux combat

---

1. Cité *in* Sidney Blumenthal, *The Rise of the Counter-Establishment*, *op. cit.*, p. 267.

2. Lire en particulier, pour ce genre d'analyse, Lester Thurow, *The Zero-Sum Society : Distribution and the Possibilities for Economic Change*, Basic Books, New York, 1980.

3. Quelques jours seulement après l'arrêt de travail des treize mille contrôleurs, le 3 août 1981, le syndicat se voit imposer des dizaines de millions de dollars d'amende, des poursuites sont engagées contre soixante-douze de ses dirigeants, et les douze mille contrôleurs qui ont refusé d'obtempérer à l'ordre de reprise du travail reçoivent une lettre de licenciement. Ce syndicat, le PATCO, détruit par Ronald Reagan, avait pourtant rompu avec l'AFL-CIO plusieurs mois plus tôt en appelant à voter lors de l'élection présidentielle… pour Ronald Reagan ! Entre 1979 et 1999, le nombre de grèves importantes, impliquant au moins 1 000 salariés, passe aux États-Unis de 235 à 17, le nombre de jours de travail « perdus » de 20 millions à 2 millions. Le *Wall Street Journal*, qui rapporte ces chiffres, explique que les travailleurs américains n'ont jamais été autant satisfaits de leur emploi et qu'ils ne font plus assez confiance aux syndicats pour suivre leurs mots d'ordre (George Melloan, « What ever happened to the US labor movement ? », *The Wall Street Journal*, 4 septembre 2001). On peut imaginer d'autres explications.

des mineurs britanniques, leur terrible échec aussi, enverra le
même signal quatre ans plus tard.

« Crise des démocraties »

L'imposition par les milieux sociaux privilégiés de politiques
économiques aboutissant à les favoriser un peu plus s'est
accompagnée d'un discours remettant en cause non seulement
les affirmations égalitaires de la période précédente mais, au-
delà, une définition de la démocratie jugée trop ambitieuse, trop
bouillonnante, trop dangereuse. L'adéquation presque parfaite
des deux orientations – revanche sociale des possédants et stigmatisation de l'« irresponsabilité » politique des catégories
populaires – permet d'imaginer qu'elles ont été pensées de
concert. Or ce ne fut pas toujours le cas. Ni Ronald Reagan ni
Margaret Thatcher n'exprimèrent le dédain méprisant de bien
des « décideurs », en particulier de centre droit ou de centre
gauche, chaque fois que leur stratégie – la construction européenne, par exemple – se heurtait à un mur d'opposition (ou
d'indifférence) populaire[1]. Est-ce l'origine relativement
modeste des deux figures de proue de la contre-révolution
néolibérale, leur rare fréquentation des élites intellectuelles et
culturelles, leur habitude d'un combat politique qui oblige à
convaincre une majorité de l'électorat ou leur longue expérience de dissidents ou de minoritaires à l'intérieur de leurs
partis respectifs qui expliquent qu'ils aient évité ce registre
aristocratique ou technocratique ? Leur disposition n'a pas été
universellement partagée dans leur camp. Ni dans celui d'en
face. Car l'ordre keynésien ne se confondait guère, on l'a vu,
avec la mobilisation politique des catégories populaires. Le

---

1. Un exemple récent parmi mille : Jean Boissonnat, fondateur du magazine
économique *L'Expansion*, ancien membre de la Fondation Saint-Simon et de la
commission Minc-Balladur, ancien membre du Conseil de politique monétaire de
la Banque de France, a ainsi expliqué l'absence d'élan populaire pour les enjeux
de l'« aventure européenne » : « Ils ne comportent pas la charge d'émotion,
d'égoïsme ou d'envie sans laquelle on ne mobilise pas les masses » (*Le Figaro*,
28 janvier 2004).

fine-tuning de l'économie autour des courbes de Phillips faisait davantage appel aux experts et aux accords conclus au sommet entre « partenaires sociaux ». Les éruptions militantes des années 60 ont cependant sonné le terme d'une certaine apathie politique bercée par l'élévation régulière du niveau de vie (l'édredon de la « culture du contentement » dont parlera John Galbraith). Marqué par la radicalité, la critique de l'autorité, voire le refus du productivisme, un tel réveil civique ne provoque pas l'enchantement universel.

Les néolibéraux n'étaient pas souvent démocrates. Hommes de privilèges, assiégés par les progrès d'une idéologie égalitaire qui leur imposait contraintes et impôts supplémentaires, leur souci principal était de soustraire aux verdicts de l'électorat – ou du peuple – l'organisation de larges pans de la vie sociale. En cette matière, ils comptaient d'illustres devanciers. Les Pères fondateurs de la Constitution américaine avaient été alertés par la dictature de Cromwell des risques de voir la défense du Parlement contre le pouvoir monarchique déboucher sur une tyrannie pire que la monarchie absolue ; une « populace » mal instruite pouvait à leurs yeux servir d'alibi « démocratique » à la restriction du champ de la liberté – de leur liberté. Interpellé en 1945 par un universitaire de gauche, Friedrich Hayek s'inspira de cette tradition quand il répliqua : « Les gens comme vous ont tendance à encombrer la démocratie de tâches qu'elle ne peut pas accomplir et qui, en conséquence, risquent de la détruire[1]. » Pour l'économiste autrichien, le désir de justice sociale était d'abord motivé par l'amertume, l'envie, le désir de déposséder l'autre de son gain, et en particulier la volonté de « dépouiller les riches ».

Selon une dynamique bien connue, plus l'État s'ouvre à des catégories sociales auparavant écartées du jeu politique et dispose des moyens d'agir économiquement en leur faveur, plus les penseurs de droite en viennent à fulminer contre l'action publique, le suffrage universel et, au fond, à remettre en cause la démocratie. Aujourd'hui, ce risque paraissant écarté – à la fois à cause de l'essor de l'abstention et de la mise à l'encan des outils

---

1. Cité *in* Richard Cockett, *op. cit.*, p. 101.

d'intervention de l'État (secteur public, contrôle du crédit, politique budgétaire) –, l'élection, la « démocratie » sont à nouveau célébrées, ritualisées parce que devenues sans objet. La gauche peut bien parvenir au pouvoir ; nul putsch ne la menace puisque elle-même ne menace rien ni personne. Le lien entre néolibéralisme et langueur démocratique, révélé plus que contredit par un verbiage « citoyen » permanent, n'est pas fortuit. Si, comme le pensait Hayek, un essai de stabilisation de l'emploi et du revenu par l'État a pour seul effet de « rendre une partie de l'emploi absolument dépendante des dépenses gouvernementales », comment agir dans une situation de détresse économique ? Sa réponse à lui était brutale : « Une fois la crise déclarée, nous ne pouvons rien faire pour en sortir avant son terme naturel[1]. » Mieux : « C'est la soumission de l'homme aux forces impersonnelles du marché qui, dans le passé, a rendu possible le développement d'une civilisation qui sans cela n'aurait pu se développer ; c'est par cette soumission quotidienne que nous contribuons à construire quelque chose qui est plus grand que nous ne pouvons le comprendre[2]. » On conçoit que, dans de telles conditions, toute exigence de justice sociale représentait pour Hayek un « cheval de Troie à la pénétration du totalitarisme[3] ». Mais cette philosophie, très Ancien Régime, posait toutes sortes de problèmes politiques dans les décennies consécutives à la fin de la guerre. En premier lieu, l'attente fataliste d'un « terme naturel » à la crise est plus supportable par certains groupes sociaux que par d'autres. Ensuite, dans un système non censitaire, les plus « patients » (qui ne sont pas les plus nombreux) ne sortent pas toujours vainqueurs des urnes. Cette contradiction entre idéal théorique néolibéral et réalité politique démocratique ne trouva en partie son remède que quand les formations « de gouvernement » cessèrent presque de se distinguer et se résignèrent à laisser faire le marché. C'est alors que ce qu'on appela « crise des démocraties » au milieu des

---

1. Friedrich Hayek, *Prix et production*, *op. cit.*, cité *in* Gilles Dostaler, *op. cit.*, p. 61.
2. Friedrich Hayek, *La Route de la servitude*, *op. cit.*, p. 148.
3. Friedrich Hayek, *Le Mirage de la justice sociale*, PUF, Paris, 1981, p. 164, cité *in* Gilles Dostaler, *op. cit.*, p. 105.

années 70 – c'est-à-dire leur trop grande vitalité… – fut résolu. Ensuite, il n'y eut plus qu'à présenter comme « courageuses » les orientations les plus impopulaires, comme « démagogique » ou « populiste » le moindre refus de subordonner la démocratie aux lois d'airain de la « seule politique possible ». Celle au terme de laquelle « les salariés ne doivent pas compter plus que des choses, sous peine d'empêcher les capitalistes de vivre intensément leur passion compétitive. Et ces derniers s'adonnent aux émotions fortes de la lutte à mort avec d'autant plus d'excitation […] que ce ne sont pas eux qui meurent[1] ».

L'évidence d'une contradiction entre capitalisme et démocratie n'a pas déboulé dans les consciences au cours des années 70. En étudiant la révolution industrielle du XIXᵉ siècle, Karl Polanyi souligne que la dynamique historique n'a cessé d'opposer des idéologues du marché, dont les « utopies » menèrent des sociétés entières au seuil du chaos, et des mouvements sociaux, qui exigèrent protections commerciales, réglementations industrielles, redistribution des revenus : « Le concept d'un marché autorégulateur est utopique et sa progression a été arrêtée par l'autodéfense réaliste de la société[2]. » Hayek clamait que, le libéralisme politique ayant cheminé dans les bagages de l'économie de marché, de la société « ouverte », toute remise en cause de cette dernière ramènerait à la servitude. Il avançait même qu'en affaiblissant la démocratie la rupture avec le système de marché intervenue pendant l'entre-deux-guerres avait ouvert la voie au fascisme. Pour Polanyi, au contraire, attendre paisiblement, comme le recommandait Hayek, que se dessine le « terme naturel » de la dépression, penser qu'« aucune souffrance personnelle n'était un sacrifice trop grand pour recouvrer l'intégrité monétaire », revenait à créer, à coups de chômage et de misère, les conditions d'une catastrophe politique : « L'obstruction faite par les libéraux à toute réforme comportant planification, réglementation et dirigisme a rendu pratiquement inévitable la victoire du fascisme[3]. »

---

1. Frédéric Lordon, « Comment la finance a tué Moulinex », *Le Monde diplomatique*, mars 2004.
2. Karl Polanyi, *op. cit.*, p. 192.
3. *Ibid.*, p. 192 et 331.

À partir des crises du dollar et de l'énergie, un fragment du discours hayékien resurgit. Il ne s'agit pas tant d'imputer à des choix électoraux « irresponsables » une dégradation économique susceptible de recréer les conditions de l'apocalypse des années 30, mais d'associer vitalité démocratique, inflation et sclérose productive. Dans un pays où chaque acteur social est devenu assez puissant pour bloquer un ajustement intervenant à son détriment, explique-t-on, les décideurs ne peuvent plus décider. La sortie de crise réclame des « réformes », parfois brutales, renversant une vapeur qui conduit chacun à réclamer « toujours plus ». Un peu comme la locomotive de la croissance économique peine à tirer un nombre croissant de passagers, le train des dispositions parlementaires est encombré de préférences fiscales et commerciales destinées à compenser chaque groupe pour les avantages accordés aux autres. Au bout de la route, on reconduit le rapport de forces existant entre eux, mais à un niveau de dépense et de réglementation publique aggravé. Rien ne se fait, mais tout se complique, s'encrasse. Au risque, prétendent les libéraux, d'une artériosclérose. Le président Carter a beau juger le code des impôts américain « une honte pour la race humaine », il se révélera incapable de le simplifier. Car cela eût exigé de casser la puissance de certains lobbies afin d'avoir les mains libres pour déterminer gagnants et perdants de la réforme.

Dans les années 70, l'enracinement de l'inflation sert de révélateur à cette impuissance. Penseurs et décideurs démocrates et républicains se rejoignent pour estimer que le système politique, débilité par des demandes auxquelles il ne peut résister, a produit un pays qui vit au-dessus de ses moyens. Où l'État ne cesse d'intervenir, y compris pour remédier aux conséquences de ses interventions. Or il faudrait aider les nouvelles technologies pour favoriser la compétitivité nationale. Mais comment, alors, ne pas secourir aussi la sidérurgie, qui fait vivre des centaines de milliers d'électeurs et élire plusieurs parlementaires dans des États que n'importe quel candidat à la Maison-Blanche devra courtiser ? Cependant, secourir la sidérurgie en déclin, n'est-ce pas prélever à son profit des ressources qui seraient plus utiles ailleurs ? Toutes ces questions débouchent sur le thème très à la mode des années Ford-Carter-Giscard-Schmidt-Callaghan : la

« crise des démocraties ». En cette matière aussi, le robinet fuit : plus d'égalité, c'est moins d'efficience. Un État incapable de dire non empile les interventions. Hier, il favorisait les agriculteurs de la Corn Belt, aujourd'hui les fabricants d'automobile du Midwest, demain les entrepreneurs de la Silicon Valley. Et puis, il lui faudra recommencer, apaiser les derniers mécontents qui, comme les autres, disposent désormais des moyens de se faire entendre. Comme elle était plus tranquille l'époque où tous se taisaient, où seules des élites décidaient !

Dès 1975, David Stockman, futur ministre du Budget de Ronald Reagan, dénonce le tonneau des Danaïdes social *(the Social Pork Barrel)* : « Ce qui a pu sembler la promesse éclatante d'une "Grande Société" s'est transformé en assemblage de bric et de broc de plus en plus grassouillet financé sans cohérence ou rigueur politique[1]. » Au même moment, un rapport, fameux, de la Commission trilatérale (aux travaux de laquelle ont participé Jimmy Carter, Warren Christopher, David Rockefeller, Giovanni Agnelli, Raymond Barre, Edmond de Rothschild, Akio Morita, Masaharu Matsushita, etc.) se penche sur l'« ingouvernabilité » des pays occidentaux, sur leur « difficulté à maintenir le contrôle social ». Rédigé par le Français Michel Crozier, l'Américain Samuel Huntington et le Japonais Joji Watanuki, le rapport dénonce un « excès de démocratie[2] » que les auteurs (et leurs bailleurs de fonds) semblent découvrir à mesure que grèves et manifestations se multiplient. Trop de citoyens, trop de groupes, surtout syndicalistes, surtout de gauche, s'impliquent dans la vie politique, rendant presque impossible la tâche des « décideurs ». La « crise » telle qu'ils la voient, ce n'est donc pas une quelconque apathie, mais au contraire une énergie devenue redoutable dès lors que la société d'en bas s'est mise à douter des élites politiques – et à agir, le cas échéant, contre elles. Intellectuel libéral à la mode giscardienne, auteur d'essais remarqués sur le « phéno-

---

1. David Stockman, « The Social Pork Barrel », *The Public Interest*, printemps 1975.
2. Samuel Huntington, *in* Michel Crozier, Samuel Huntington et Joji Watanuki, *The Crisis of Democracy : Report on the Governability of Democracies to the Trilateral Commission*, New York University Press, New York, 1975, p. 113.

mène bureaucratique » lié selon lui à une insuffisante implication civique des acteurs sociaux, Michel Crozier paraît s'être transformé en penseur néoconservateur réclamant un retour à l'ordre.

Et il rejoint le démocrate Samuel Huntington, connu à l'époque pour avoir été l'un des théoriciens des politiques de « pacification » américaines dans le Sud-Est asiatique. Ensemble, que découvrent-ils ? Que les intellectuels ont failli à leur mission en encourageant une « culture d'opposition » au système. Qu'on doit « reconnaître qu'il y a une limite désirable à l'extension indéfinie de la démocratie politique », à l'excessive « vitalité » des années 60 : sa « participation populaire accrue », son incurable « fidélité au concept d'égalité ». Il est temps, en définitive, que le fleuve du mouvement populaire rejoigne le lit de la dépolitisation et s'y endorme pour de bon. « Le fonctionnement efficace d'un système démocratique, explique leur rapport, requiert en général un certain niveau d'apathie et de non-participation de la part de certains individus et groupes[1]. » Et ils ne pensaient pas là aux milieux d'affaires. Huntington et Crozier se trouvaient sans doute « dans le sens de l'histoire » puisque, un peu plus d'un quart de siècle plus tard, interrogé sur une montée de l'apathie politique en France, un ministre libéral s'en réjouira en ces termes : « C'est vrai que plus une démocratie est pacifiée, moins les enjeux sont passionnels et moins on est au bord de la guerre civile, et moins il y a de participation. Les alternances successives ont rendu notre peuple un peu plus sceptique sur la politique et c'est une des formes de la sagesse[2]. » Apparemment, la situation s'est également normalisée dans le « berceau de la démocratie ». En décembre 1996, des paysans grecs barrent les routes pour protester contre des mesures d'austérité prises par leur gouvernement. L'un d'entre eux explique : « Le seul droit que nous avons est

---

1. Samuel Huntington, in *ibid.*, p. 114.
2. Patrick Devedjian, ministre délégué aux Libertés locales, « Grand débat RTL-Le Monde-LCI », 2 décembre 2002, in *Le Monde*, 4 décembre 2002. Depuis quarante ans, le taux de participation électorale lors des scrutins nationaux a reculé dans dix-huit des vingt démocraties industrielles avancées. La baisse s'est établie à 19 % en France, à 11 % en Allemagne et au Royaume-Uni, à 39 % en Suisse (source : « The worst system except all others », éditorial, *Financial Times*, 4 mai 2002).

celui de voter, et il ne nous mène nulle part. » Un scrutin avait eu lieu, donnant le pouvoir à un parti socialiste devenu proche des milieux d'affaires. Benoîtement, le *Washington Post* avait alors commenté : « Ce fut la première élection vraiment moderne de l'histoire du pays où est née la démocratie. [...] Pour l'essentiel, les deux partis s'accordent sur l'ensemble des questions importantes »...

La « crise » économique des années 70 libère l'expression, dans les milieux dirigeants, d'un discours remettant en cause une démocratie trop riche en contenu. La désactivation politique atteint d'abord les groupes sociaux les moins favorisés, ce qui permettra de refouler plus facilement les politiques égalitaires. Il s'agit en définitive de faire descendre du train démocratique les derniers arrivants pour que la locomotive reparte, son convoi allégé des wagons de seconde classe. Privée peu à peu de sa substance sociale, l'invocation de la liberté et des « droits de l'homme » devient d'autant plus ritualisée qu'on la réduit à sa coquille juridique et consumériste (le droit de choisir sa marque ou son animateur de télévision).

En 1976, un article important de la revue *The Public Interest* interroge : « Quel niveau d'égalité supplémentaire pouvons-nous nous permettre ? » Réponse de l'auteur, Edgar Browning : « Pendant des années, d'innombrables réformateurs ont encouragé l'adoption de mesures destinées à produire une répartition plus égalitaire des revenus. On ne cesse d'en réclamer davantage sans se demander si davantage serait désirable. Nous avons été très loin dans la voie de l'égalisation des revenus ces derniers temps. Il faut à présent se poser la question essentielle. N'avons-nous pas été assez loin comme ça[1] ? » L'intérêt national d'une économie « ouverte » suggère la réponse : les groupes qui contribuent à la formation du capital et à l'investissement méritent d'être favorisés au détriment des autres – minorités raciales, écologistes, ouvriers –, en général moins soucieux de compétitivité. Des années d'inflation et de croissance anémique ont fait douter de la capacité de l'État à résoudre les problèmes

---

1. Edgar Browning, « How much more equality can we afford ? », *The Public Interest*, printemps 1976.

économiques et sociaux. Ce qui contribue à rendre un peu moins scandaleuse l'idée de Friedrich Hayek (exprimée en 1931, alors que le taux de chômage, synonyme à l'époque de misère absolue, allait dépasser 20 % l'année suivante au Royaume-Uni) de « ne rien faire pour sortir de la crise avant son terme naturel », de laisser le temps et les « entrepreneurs » accomplir leur office. Loin d'être confiné aux seuls cercles conservateurs, ce nouveau credo célébrant un État moins actif – ou moins tenté, pressé par les syndicats, d'agir au service des revendications populaires –, cette nouvelle foi dans les verdicts du marché gagnent certains milieux de l'intelligentsia démocrate à la fois modernisateurs *(neo)* et plutôt de gauche *(liberals)*. La fusion de ces deux attitudes donne naissance à une expression. Elle sera appelée à une certaine fortune[1].

Le scepticisme à l'égard de la souveraineté populaire – de la démocratie – a pour avantage de conforter la légitimité du pouvoir des élites de l'argent et du savoir à déterminer les orientations collectives. C'est là que les « boîtes à idées » (ou *think tanks*) vont jouer un rôle clé. Elles bénéficient du nouveau climat en même temps qu'elles favorisent sa diffusion. D'une part, ces boîtes à idées, souvent lancées pour inoculer dans la société le culte de l'entreprise et la conviction que l'État représente un gêneur et un parasite, doivent leur existence aux financements des grandes entreprises. Un cens intellectuel se déploie donc au moment où les élections américaines sont elles-mêmes de plus en plus tributaires des financements privés. La pensée devient une franchise dont l'exploitation peut être louée ou vendue à qui a les moyens de la payer. D'autre part, les *think tanks* confortent la morgue à l'égard des partis politiques. Leur surgissement a en effet pour objet de pallier la non-pensée de formations traditionnelles ouvertes à tous et perçues comme sclérosées par les jeux d'influence, le conservatisme, la crainte de déplaire au peuple

---

1. Dans son livre *The Neo-Liberals*, Randall Rothenberg s'intéresse uniquement aux démocrates, héritiers de John Kennedy, qui « professent une idéologie progressiste *[liberal]* mais rejettent comme irréalistes nombre de politiques publiques volontaristes. Ils proposent une philosophie pragmatique qui insiste sur les méthodes autant que sur les objectifs, un nouveau progressisme qui incorpore les idées venues de tout le champ politique ».

souverain. À l'aube des années 70, la chose n'est pas en soi tout à fait nouvelle, y compris ailleurs qu'aux États-Unis – en France, par exemple, le Club Jean Moulin, rassemblement d'intellectuels « de pouvoir » et de technocrates, avait déjà affiché ce dédain des partis[1] –, mais elle va prendre un éclat particulier.

Lorsque la Société du Mont Pèlerin s'était réunie pour la première fois en 1947 afin d'entreprendre le travail de réhabilitation intellectuelle d'un libéralisme économique alors largement discrédité, deux dimensions particulières distinguaient ses efforts : la perspective *à long terme* et l'accent mis sur la conversion des *élites*. Au moment où les formations de masse s'affirmaient dans une Europe en ruine, où les syndicats faisaient sentir leur force (au point, comme au Royaume-Uni, d'accéder au pouvoir via le parti travailliste), où, en somme, la politique était assez largement tributaire des mouvements populaires, les libéraux de l'après-guerre avaient déjà adopté le discours condescendant à l'égard de la démocratie, du suffrage universel, qu'on verrait bourgeonner trente ans plus tard. Leur boîte à idées de l'époque engageait un combat de longue haleine, refusait les compromis doctrinaux. Et elle méprisait ouvertement le sentiment de l'homme ordinaire. « Notre but, expliquait Hayek dès février 1947, n'est pas de trouver une solution permettant de gagner un soutien de masse en faveur d'un programme politique donné, mais au contraire de s'assurer le soutien des meilleurs esprits [...]. Notre effort diffère donc d'une tâche politique en cela qu'il doit essentiellement se concentrer sur le long terme et non pas tant sur des objectifs qui pourraient être immédiatement praticables[2]. »

L'amusant dans l'affaire, c'est de noter tout ce que les anticommunistes de choc réunis au lendemain de la guerre empruntèrent à la stratégie de leurs adversaires les plus honnis. Car en lisant Hayek, en écoutant plus tard les animateurs des *think tanks* qu'il inspira, on est tenté de penser au Lénine de *Que faire ?*, à sa

---

1. À l'époque du gaullisme, le Club Jean Moulin (1958-1970) regroupait des syndicalistes, des hauts fonctionnaires et des intellectuels désireux d'échapper aux clivages politiques traditionnels et d'obtenir que n'importe quel gouvernement « raisonnable » puisse reprendre à son compte les idées « modernisatrices » du club.
2. Cécile Pasche et Suzanne Peters, art. cité, p. 196.

conception selon laquelle la satisfaction des objectifs à long terme de la classe élue (le prolétariat pour Lénine, les riches pour Hayek) imposait une organisation quasiment monastique, fermée, privilégiant une élite intellectuelle dont la conscience politique serait trempée par le corps à corps avec l'ennemi. C'était le prix de la pureté doctrinale. Écartant les compromis (dans le cas de Lénine, un cahier de revendications syndicales trop tourné vers la satisfaction de demandes matérielles immédiates), elle permettrait de préserver, pour le grand soir à venir – libéral ou prolétarien –, ce que Hayek appelait « des convictions qui doivent retrouver un ascendant[1] ». Le parallèle explique peut-être certaines conversions d'une radicalité à l'autre. Et puis, dès lors que les libéraux les plus purs assimilaient volontiers au féodalisme l'État bureaucratique né de l'ère industrielle, le capitalisme des filatures redevenait révolutionnaire…

Une perspective politique aussi ambitieuse a souvent exigé un contrôle des cadres rigoureux, un « centralisme démocratique » dépourvu de faiblesse. « Il n'est pas suffisant que nos membres fassent preuve de ce que l'on appelait jadis des opinions "orthodoxes", précise Hayek dans son discours d'ouverture de la première conférence du Mont Pèlerin, le 1er avril 1947. Le vieux libéral qui adhère à une croyance traditionnelle simplement à cause de la tradition, quelque admirables que soient ses convictions, ne nous sera pas d'une très grande utilité. Ce dont nous avons besoin, ce sont des personnes qui se sont confrontées aux arguments de la partie adverse, qui ont lutté contre elle et qui, à travers ce combat, se sont taillé une position à partir de laquelle elles peuvent à la fois répondre de manière critique aux objections et justifier leur propre point de vue. De telles personnes sont encore moins nombreuses que les bons libéraux à l'ancienne, qui ne sont plus eux-mêmes qu'une poignée[2]. »

---

1. *Ibid.* Commentant un ouvrage de William Simon, ancien ministre des Finances républicain et « défenseur de la foi » libérale, John Galbraith écrit : « Il se révèle un fervent disciple de Lénine lorsqu'il affirme qu'un petit groupe discipliné de vrais croyants est bien préférable à une large majorité, informe et prête à tous les compromis » (John Galbraith, « Les défenseurs de la foi, I : William Simon », in *Chroniques d'un libéral impénitent, op. cit.*, p. 110).
2. Cécile Pasche et Suzanne Peters, art. cité, p. 198.

Et le père du libéralisme de détailler le mode de recrutement de la Société du Mont Pèlerin en employant des termes qu'une commission des cadres du parti communiste eût à l'époque accueillis avec faveur. Le club intellectuel devait, selon lui, savoir résister à un afflux de candidatures susceptibles de provenir de postulants à la détermination trop frêle. Un filtrage rigoureux était donc nécessaire, « la simple raison que nous ne disposons pas d'informations suffisantes sur ces personnes[1] » constituant un motif de refoulement. Il fallait privilégier la cooptation, pas le marché, la constitution d'une chevalerie libérale, mi-aristocratie, mi-clergé, pas l'obtention d'un soutien de masse pour un programme politique donné. L'ensemble n'alla pas sans un certain fichage des impétrants. « Les propositions de nomination, prévenait Hayek en 1949, devraient être accompagnées d'informations complètes sur la personne proposée et, en plus du nom du candidat ou de la candidate, sa position, son âge approximatif, la liste de ses principales publications et, enfin, un bref argumentaire basé sur des sources personnelles, qui indique pourquoi cette personne pourrait être un membre adéquat de notre société[2]. » « Caractère confidentiel et secret » des échanges, mention « à ne pas publier » devant figurer sur toutes les lettres circulaires, interdiction d'utiliser des citations de la Société renvoyant à un auteur précis : on le voit, la pensée de marché ne se développa pas dans la transparence qu'elle vénère et qu'elle exige des autres. Au fond, un peu comme le protectionnisme avait permis de constituer dans bien des pays des industries compétitives, ensuite susceptibles d'affronter sans béquilles le grand vent du libre-échange, l'opacité, le souci de ne pas être écarté de son chemin par la publicité et par la presse favorisèrent l'élaboration d'une pensée qui, une fois armée, quitterait son laboratoire pour affronter les virus du large.

D'autres institutions emboîteraient le pas à la Société du Mont Pèlerin : la Commission trilatérale, le groupe Bilderberg, la Fondation Saint-Simon, le Forum économique mondial de

---

1. *Ibid.*, p. 199.
2. Circulaire du Président (« President's Circular »), n° 8, avril 1949, citée in *ibid.*, p. 199.

Davos. Leur recrutement serait différent (plus national et plus médiatique avec la Fondation Saint-Simon ; plus mondial et plus patronal dans le cas du groupe Bilderberg). Toutes relèveraient néanmoins du désir de constituer une sorte de « syndicat » des puissants (lire chapitre suivant).

Vers la fin des années 70, l'essentiel du labeur de refondation intellectuel est accompli et les temps sont mûrs. Au Royaume-Uni, mais aussi ailleurs, « une cinquantaine d'intellectuels véritablement actifs dans le travail de subversion néolibéral de l'ordre social-démocrate » vont peser « bien plus que les dizaines de milliers de militants qui pensaient décider de l'avenir de leurs partis, ou des millions d'électeurs qui pensaient décider de l'avenir de leur pays »[1]. Les *think tanks* changent alors de nature et se diversifient. Loin de filtrer impitoyablement les candidats, ils élargissent leurs rangs et leur audience ; loin de fuir la publicité, ils courent les médias (qui leur courent après). L'échelle se modifie, elle aussi. Avec elle, les besoins financiers des institutions. Un bienfaiteur se propose : le patronat. Alors, avec une automaticité que même les marxistes les plus sectaires hésiteraient à imaginer, « les idées du business deviennent le business des idées ».

Le nerf de la guerre

« L'argent sans idée fabrique de grandes fortunes, pas de grandes influences. » Ce raccourci de Sidney Blumenthal, auteur en 1986 d'un des premiers ouvrages sur les *think tanks* de la droite américaine, puis conseiller du président Clinton à la Maison-Blanche, n'interdit pas de lire la règle à l'envers : sans argent, les idées... La conviction que la démocratie, en accordant trop de pouvoirs à ceux qui ne contribuent pas à l'efficience économique, rend le capitalisme moins performant s'ancre dans l'air du temps des années 70. Elle est favorisée par la stagflation des économies occidentales. Mais cette nouvelle croyance n'est pas sans rapport

---

1. Keith Dixon, *Les Évangélistes du marché, op. cit.*, p. 74.

avec le poids croissant de l'argent dans le système politique américain et dans l'édification de laboratoires intellectuels libéraux.
Pour nombre d'élus et d'experts, les réformes sociales ont miné la
compétitivité du pays, il faut la rétablir en privilégiant les entrepreneurs. Une telle « découverte » a souvent les « entreprises »
– c'est-à-dire leurs patrons, en l'occurence – pour bailleurs de
fonds. Hasard ? Ils seront aussi ses premiers bénéficiaires.

En fragilisant les élites et les politiques centristes, les difficultés
économiques des années 70 permettent aux *think tanks* de droite de
prendre l'initiative. Ils le font en partie grâce aux financements
importants dont ils disposent. Pour les donateurs, le retour sur
investissement sera excellent : quelques dizaines de millions de
dollars sous forme de crédits de recherche, d'un côté, quelques
centaines de milliards de dollars sous forme de nouvelles lois,
règlements, franchises fiscales, de l'autre. Dans ses Mémoires,
William Rusher a concédé sans barguigner le rôle de quelques
industriels d'ultradroite au moment du lancement des grandes
boîtes à idées de la revanche sociale. Directeur de la très conservatrice *National Review* et inspirateur de la prise en main du parti
républicain par Barry Goldwater, Rusher commence par évoquer
ses années de vaches maigres entre 1955 et 1975 : « Ayant souvent
recours à des professeurs de faculté, et s'inspirant donc du climat
politique de l'université, les Fondations Ford, Rockefeller, Carnegie étaient en ordre de bataille au service de la gauche. [...] Côté
conservateur, il fut longtemps presque impossible d'obtenir le
moindre soutien financier important. [...] Un tel déséquilibre entre
financements de droite et financements de gauche a-t-il eu des
conséquences ? Bien sûr que oui[1]. » Et puis l'argent change de
sens. « Dans les années 70, des hommes d'affaires déterminés et
visionnaires disposant de ressources personnelles substantielles et
(dans la plupart des cas) de leurs propres fondations décident de
donner un coup de main au mouvement conservateur[2]. » Rusher
cite alors ces quelques noms que l'on retrouvera dans la liste des
donateurs de presque chacun des *think tanks* de la droite ultra :
Roger Milliken (textile), H.L. Hunt (pétrole), Joseph Coors

1. William Rusher, *op. cit.*, p. 256-257.
2. *Ibid.*, p. 258.

(brasseries), R.J. Reynolds et Philip Morris (tabac), Richard Mellon Scaife (banques et pétrole)[1]. Pour servir de levain aux idées conservatrices, l'American Enterprise Institute, la Hoover Institution, la Heritage Foundation, le Cato Institute avaient en effet besoin d'argent. Il leur fallait repérer et soutenir des chercheurs de droite, souvent jeunes, organiser des conférences légitimant leurs travaux, y inviter des journalistes (l'ère du huis clos hayékien était révolue), dispatcher des « experts » (bien orientés) aux auditions parlementaires. En somme, il fallait à la fois incuber de nouvelles idées et leur lustrer une patine de respectabilité, enfin les présenter comme la seule alternative viable à de vieilles normes en situation de banqueroute.

Parler ici de contre-« révolution » exagère ce dont il s'est agi. L'essentiel du travail d'endoctrinement (ou de conversion) visait les élites intellectuelles et les milieux dirigeants américains. Or, en leur sein, les disciples de Rosa Luxemburg n'étaient pas légion. N'en déplaise à William Rusher, qui le présente sans rire comme « au service de la gauche », Nelson Rockefeller fut le vice-président républicain de Gerald Ford. Et le travail de la CIA pour influencer les élites culturelles européennes peut difficilement donner prise au soupçon que l'agence de renseignement américaine aurait favorisé à dessein les intellectuels « hostiles au capitalisme »... Au plan des convictions économiques, la modification de l'idéologie dominante va cependant aboutir à substituer au triangle néokeynésien de Harvard, de la Brookings Institution et du *New York Times* un axe dont l'université de Chicago, l'American Enterprise Institute et le *Wall Street Journal* constitueraient les nouveaux points cardinaux. Avec tout de même une différence : les premiers, au centrisme arrogant, se croyaient (ou se prétendaient) au-dessus de la mêlée ; les nouveaux venus, eux, se savaient militants d'une cause. Les chercheurs et l'argent qu'on leur procurait ne seraient pas « gaspillés » dans une

---

1. Richard Scaife financera ensuite plusieurs initiatives du « Projet Arkansas », destiné à harceler le président Clinton en « sortant des affaires » relatives à sa vie sexuelle. La plupart des dons des *think tanks* de droite ont transité par un nombre réduit de fondations : John Olin, Lynde et Harry Bradley (composants électroniques), Scaife, Smith Richardson (chimie, industrie pharmaceutique), Koch (pétrole, gaz naturel).

recherche fondamentale destinée à éclairer les décideurs sur la définition et les moyens du bien commun. Il s'agirait au contraire d'une forme de coloriage d'un modèle déjà conçu, de documenter l'utilité d'orientations décidées d'avance (libre-échange, privatisation des fonctions de l'État, réduction des impôts et des charges sociales frappant les entreprises et leurs actionnaires), en même temps qu'on rappellerait la nocivité (ou la vanité) de toutes les politiques publiques égalitaires. Connaître la conclusion d'une étude avant de l'écrire – ou, dans le cas de bien des *think tanks*, de l'engager – permit de gagner temps et clarté. À financement égal, les fondations ultraconservatrices allaient disposer d'un avantage. Leurs chercheurs avaient déjà trouvé.

Ils l'admettaient volontiers. Résumant les objectifs de la Fondation Olin, son directeur général indiquait en 1993 : « Nous avons investi au sommet de la société, dans des *think tanks* de Washington, dans les meilleures universités. Nous estimons que c'est là que l'argent dépensé aura le plus d'impact, car ce sont des endroits influents[1]. » Les donations ciblaient donc naturellement les « programmes universitaires destinés à renforcer les institutions sur lesquelles s'appuie l'entreprise privée[2] ». Dès le début des années 70, William Simon, qui serait ministre des Finances des présidents Nixon et Ford, puis, à partir de 1977, président de la Fondation Olin, presse les philantropes de l'intelligentsia d'aligner leurs contributions sur leurs intérêts : « Le monde des affaires doit cesser de subventionner sans réfléchir les collèges et les universités dont les départements d'économie, de science politique et d'histoire sont hostiles au capitalisme ; il faut également cesser d'investir dans les médias qui servent de relais aux opinions anticapitalistes, et reporter ces investissements vers des médias favorables à la libre entreprise[3]. » Puis il enfonce le

---

1. James Barnes, « Banker with a cause », *National Journal*, 3 juin 1993, cité *in* Bernard Sionneau, « Les réseaux de la galaxie conservatrice américaine : composantes principales et stratégies d'influence », in *Réseaux et pouvoirs* (sous la direction de Michel Bergès), L'Harmattan, Paris, à paraître.

2. John Wiener, « Olin money tree : dollars for neocon scholars », *The Nation*, 1er janvier 1990.

3. Karen M. Paget, « Lessons of right-wing philanthropy », *The American Prospect*, septembre-octobre 1998, cité *in* Bernard Sionneau, *op. cit.*

clou : « De nombreuses sociétés financent leur propre destruction. Pourquoi les hommes d'affaires devraient-ils aider des intellectuels gauchistes et des institutions qui défendent des thèses contraires à leurs intérêts[1] ? » En imaginant que la donation de 470 000 dollars dont la Fondation Olin gratifia son programme de recherches à l'université de Chicago ne valait pas aval idéologique ou confiance que ses intérêts se trouveraient bien servis, l'historien français François Furet manifesta par conséquent une candeur qui en d'autres circonstances aurait pu être jugée émouvante[2].

En s'appuyant sur un exemple précis, Susan George a mis à nu l'accouplement harmonieux (ou incestueux) des électrons de l'argent et des idées à l'intérieur du champ magnétique de la droite américaine :

En 1988, M. Allan Bloom, directeur du Centre Olin pour l'étude de la théorie et la pratique de la démocratie à l'université de Chicago (qui reçoit chaque année 36 millions de dollars de la Fondation Olin), invite un obscur fonctionnaire du département d'État à prononcer une conférence. Celui-ci s'exécute, en proclamant la victoire totale de l'Occident et des valeurs néolibérales dans la guerre froide. Sa conférence est aussitôt reprise sous forme d'article dans *The National Interest* (revue qui reçoit 1 million de dollars de subventions Olin), dont le directeur est un néolibéral très connu, M. Irving Kristol, alors financé à hauteur de 326 000 dollars par la Fondation Olin en tant que professeur à la Business School de la New York University. M. Kristol invite Bloom, plus un autre intellectuel de droite renommé, M. Samuel

---

1. Cité par David Callahan, *$1 Billion for Ideas : Conservative Think Tanks in the 1990's*, National Committee for Responsive Philanthropy, Washington DC, mars 1999.

2. En octobre 1996, interpellé sur le sujet dans un article de Susan George, François Furet précisa au *Monde diplomatique* : « Dans les universités américaines, où les financements de programmes académiques par des fondations (de toutes obédiences) sont chose courante, ceux-ci sont toujours attachés, pour la partie intellectuelle, à un ou à plusieurs professeurs compétents dans le domaine couvert par la subvention, mais sans autorité sur la gestion financière, qui est confiée à l'administration de l'université. En ce qui concerne les sommes mentionnées par Susan George [470 000 dollars], qu'il faudrait d'ailleurs vérifier, elles étaient destinées, échelonnées sur plusieurs années, à encourager l'étude des révolutions américaine et française, à l'époque de leur bicentenaire. [...] La subvention a notamment servi, si je me souviens bien, à permettre à beaucoup [d'étudiants américains] de venir travailler en France. »

Huntington (directeur de l'Institut Olin d'études stratégiques à Harvard, créé grâce à un financement Olin de 14 millions de dollars), à « commenter » cet article dans le même numéro de la revue. M. Kristol y va aussi de son « commentaire ». Le « débat » ainsi lancé par quatre bénéficiaires de fonds Olin autour d'une conférence Olin dans une revue Olin se retrouve bientôt dans les pages du *New York Times*, du *Washington Post* et de *Time*. Aujourd'hui, tout le monde a entendu parler de M. Francis Fukuyama et de *La Fin de l'Histoire*, devenu un best-seller en plusieurs langues. La boucle idéologique est bouclée lorsqu'on arrive à occuper les pages de débats des grands quotidiens, les ondes et les écrans[1].

Un des principaux « philanthropes » de droite, Roger Hertog, par ailleurs propriétaire d'une partie du capital de la *New Republic*, a souligné en 2002 que si la plupart des fondations consacraient leurs ressources à l'édification de bâtiments – musées, hôpitaux, universités, etc. –, la construction d'idées coûterait moins cher et rapporterait davantage. Avec 70 millions de dollars par an, les mécènes conservateurs ont permis, via quelques *think tanks*, l'élaboration du catéchisme néolibéral et son inoculation dans des milieux dirigeants américains déjà favorablement disposés à son égard. La guerre en Irak et le projet de transformation du Proche-Orient en démocratie capitaliste ont également été usinés dans ces arsenaux-là. Tout comme la « tolérance zéro », la « réforme » du système fédéral d'assistance aux pauvres, la privatisation de la sécurité sociale… Pour expliquer la prolifération des centres de recherche, fondations et instituts ultraconservateurs, Noam Chomsky résume : « Les *think tanks* de droite ne sont qu'un épiphénomène de l'offensive des milieux d'affaires pour s'emparer du système politique. » Leur investissement fut apparemment rentable. Quand le président de la Heritage Foundation résume à un quadruple « M » les armes de son succès, l'un des « M » est naturellement l'argent *(money)*[2].

---

1. Susan George, « Comment la pensée est devenue unique », *Le Monde diplomatique*, août 1996.
2. Les trois autres sont Mission (sens de la), Médias et Management. Heritage a collecté 31 millions de dollars en 2002, dont la moitié sous forme de donations individuelles.

Les partis politiques ont été l'objet du même type d'attention financière. Les industriels soucieux de « renforcer l'entreprise privée » et qui procuraient à des chercheurs (ou à des publicistes) de droite les moyens de peser sur la scène intellectuelle intervinrent aussi dans l'arène électorale. Il fallait que les nouvelles idées d'un patronat moins lié à l'establishment, plus idéologique, plus désireux du changement révolutionnaire que les milieux d'affaires traditionnels, soient relayées par les parlementaires, les présidents, les gouverneurs, les maires. La technique, aussi vieille que la prévarication, fut affinée élection après élection, chacune plus coûteuse que la précédente. Ceux qui signent les chèques écrivent les lois. Et quand ceux qui ont voté les lois oublient qui a signé leurs chèques, ils cessent de recevoir le « lait de la mère de la politique américaine », selon l'expression consacrée, dont leur prochaine campagne aura besoin[1].

En 1994, une vague républicaine balaie la majorité démocrate à la Chambre des représentants. Auteur de plusieurs ouvrages analysant l'influence de l'argent sur la vie politique, Thomas Ferguson explique alors : « Certains secteurs économiques qui soutenaient les démocrates (immobilier, banques, industries à haute technologie) les ont abandonnés. L'augmentation des impôts [de 1993] en a exaspéré quelques-uns, la baisse des dépenses militaires en a mécontenté d'autres, le projet de réforme du système de santé a provoqué l'écroulement de l'édifice. Au moment des élections [de 1994], une mer d'argent qui coulait dans le sens des élus démocrates a brutalement viré de bord et s'est portée sur leurs concurrents[2]. » L'arrivée en janvier 2001 d'un républicain à la Maison-Blanche a logiquement enflé le montant des « investissements politiques » que les entreprises réservent au parti républicain. Elles n'ont pas eu à le regretter.

Alors que des imputations sexuelles répétées émaillaient la présidence de son mari, Hillary Clinton évoqua un « vaste complot de droite ». La formule *(vast right-wing conspiracy)* faisait déjà partie

---

1. Les élections législatives, qui ont lieu tous les deux ans, ne donnent lieu à aucun financement public aux États-Unis.

2. Cité *in* Serge Halimi, « Les boîtes à idées de la droite américaine », *Le Monde diplomatique*, mai 1995.

du langage commun quand on apprit que certaines dénonciations n'étaient pas seulement le produit d'un « complot » – à moins d'imaginer que sa principale victime ait compté au nombre des conspirateurs. Il n'empêche : l'argent de la droite ultra – en particulier celui de Sun Myung Moon, dont l'Église de l'unification possède le quotidien ultraconservateur *The Washington Times*, et de Richard Mellon Scaife, qui porta à bout de bras le magazine anti-Clinton *American Spectator* – a financé année après année la campagne de destruction personnelle d'un président démocrate qui, pourtant, prolongea la contre-révolution conservatrice plus souvent qu'il ne la combattit. Chaque rumeur d'infidélité suscita l'envoi de détectives, la publication d'un ou de plusieurs articles, parfois même l'exigence d'une commission d'enquête parlementaire, la désignation d'un procureur spécial, etc. La machinerie était coûteuse : l'argent ne manqua jamais. Au final, les effets politiques de cet acharnement ne furent pas négligeables. En obligeant le président des États-Unis à répondre sans relâche, y compris devant la justice, aux allégations concernant sa vie sexuelle, on le poussa au mensonge, ce qui ensuite justifia une accusation de parjure.

Le conseil d'administration de l'American Enterprise Institute compte une écrasante majorité de grands patrons. Cela influence-t-il les conclusions de cette boîte à idées en pointe dans le combat contre les réglementations ? Son directeur des relations publiques ne cherche pas à biaiser : « Nous sommes une institution conservatrice. Si notre conseil d'administration compte de nombreux chefs d'entreprise, c'est qu'ils sont devenus patrons parce qu'ils étaient de bons gestionnaires. Vraisemblablement, ils approuvent les conclusions de nos chercheurs. Et nos études favorisent les entreprises : elles sont la colonne vertébrale de notre économie. Pour être important à Washington, il faut être entendu. Nous sommes entendus. Notre recherche a permis de démontrer la folie économique, sociale et politique de certaines réglementations publiques. Et de convaincre l'électeur de l'importance des forces du marché. Nous espérons éduquer le peuple américain et le Congrès[1]. » Cette genèse de la nouvelle « pédagogie » a suggéré

---

1. *Ibid.*

à Thomas Ferguson une conclusion tranchée : « Le système politique américain n'est pas principalement déterminé par les suffrages. L'opinion n'exerce qu'une influence faible et heurtée sur les choix publics. Le système politique est principalement orienté par les investisseurs, et il réclame d'énormes quantités d'argent. […] Depuis le grand virage à droite du milieu des années 70, les milieux d'affaires et les individus les plus riches ont généralement adopté des versions de plus en plus radicales du laisser-faire économique – sauf, bien sûr, quand les puits de pétrole sont en cause, le commerce réclame des subventions, ou les programmes destinés à secourir les multinationales deviennent urgents. Les exigences d'allègement fiscal et réglementaire, de réduction des dépenses sociales et du coût du travail, de contrôle accru sur des systèmes de production sans cesse plus décentralisés dominent leur conscience – et donc celle du public. […] Pour ces secteurs, le "compromis" signifie le sacrifice de certains profits. Ils sont donc intraitables et exigent que leurs porte-voix politiques le soient tout autant[1]. »

Les « porte-voix » sont peu susceptibles de les contredire. La chose est d'ailleurs connue. Le nombre des Américains qui estiment que leur gouvernement est « entre les mains des privilégiés » a triplé en un quart de siècle, à mesure que les deux grands partis – et les médias – se rapprochaient encore de l'élite économique (« l'argent organisé ») qui déjà dominait l'État. Entre 1998 et 2000, par exemple, la richesse moyenne des 400 Américains les plus opulents a progressé de 940 millions de dollars *par personne*. Certains d'entre eux ont trouvé de quoi se distraire en devenant élus du suffrage universel. En octobre 2003, l'acteur culturiste Arnold Schwarzenegger consacre 10 millions de dollars tirés de son immense fortune à sa campagne victorieuse pour devenir gouverneur de Californie. Trois ans plus tôt, Jon Corzine, ancien patron de la banque d'affaires Goldman Sachs, autrefois trop occupé pour aller voter, s'offrit un siège de sénateur (démocrate) dans le New Jersey. Coût : 60 millions de

---

1. Thomas Ferguson, « Blowing smoke : impeachment, the Clinton presidency, and the political economy », *in* William J. Crotty (éd.), *The State of Democracy in America*, Georgetown University Press, Washington DC, 2001, p. 235-236.

dollars, tirés de sa cassette personnelle. Cela représenta un record historique, et presque exactement la somme que les 6 214 candidats français avaient dépensée au cours des élections législatives qui s'étaient tenues dans l'Hexagone avant l'élection de M. Corzine au Sénat des États-Unis[1]. « Dire que les campagnes électorales coûtent trop cher constitue l'un des grands mythes de la politique américaine. C'est une analyse socialiste qui n'a aucun sens et qui repose sur la haine du système de libre entreprise[2] », estimait néanmoins Newt Gingrich quand il était président *(speaker)* de la Chambre des représentants. George W. Bush n'est pas « socialiste », lui. Lors de sa première course à la Maison-Blanche, en 2000 (coût : 193 millions de dollars), il avait créé un groupe, « Les Pionniers », dont chaque membre s'engageait à collecter 100 000 dollars au service de sa quête de la présidence. Sur les deux cent douze « pionniers », quarante-trois ont ensuite hérité de postes officiels – dix-neuf sont devenus ambassadeurs des États-Unis (en Autriche, au Portugal, aux Pays-Bas, en République tchèque, en Slovaquie et en Irlande), et deux ont été choisis comme membres de son cabinet[3]. Chaque cycle électoral pulvérise les records du précédent : 1 milliard de dollars en 1992, plus de 2 milliards en 1996, entre 3 et 4 milliards en 2000. À elles seules, les deux conventions politico-télévisées de l'élection de 2000, la républicaine à Philadelphie, la démocrate à Los Angeles, ont coûté l'équivalent de deux mois du budget du Mali (11 millions d'habitants).

Les élections sont devenues le lieu où se manifeste le mieux la dissonance entre ce à quoi les Américains aspirent et ce à quoi ils se résignent au moment de remplir une boîte vide au centre de la vie politique. La délibération et la décision se déroulent ailleurs, apparemment. En 1988, 77 % des personnes interrogées se déclaraient favorables à ce que les riches et les grosses sociétés paient

---

1. En 2003, tous les partis français se sont partagés 73,2 millions d'euros de financement public.

2. Cité *in* « Cashing in », *The Washington Post National Weekly Edition*, 4 décembre 1995.

3. *Financial Times*, 20 mai 2003. Pour l'élection de novembre 2004, M. Bush a créé un nouveau groupe, les Rangers, dont les membres doivent s'engager à lever 200 000 dollars...

davantage d'impôts ; 66 % souhaitaient un durcissement des contrôles visant les industries polluantes ; 59 % escomptaient des mesures protectionnistes ; 55 % réclamaient un système universel de couverture médicale. Quelques semaines plus tard, ces mêmes Américains élisaient néanmoins George Bush (le père) qui, sur chacun de ces sujets, avait défendu l'option inverse. Lors du scrutin suivant, M. Clinton promit de réduire les impôts des classes moyennes : il les augmenta. Il s'engagea à faire voter un programme de relance de l'économie : après quelques mois de navettes parlementaires au sein d'un Congrès où les démocrates étaient pourtant majoritaires, il n'en restait plus rien. Dans ces conditions, les deux grands partis, « boîtes à lettres pour contributions financières[1] », sont des machines dont on ne comprend les priorités stratégiques que quand on connaît la liste de leurs investisseurs. « La plupart des membres du Congrès, a noté l'écrivain Gore Vidal, ne représentent pas des États ou des électeurs, mais des sociétés anonymes[2]. »

À « gauche », les démocrates, forts de quelques dizaines de milliers de donateurs réguliers âgés de soixante-dix ans en moyenne. Le parti a eu pour présidents administratifs le conseil juridique d'ATT et de Pepsico (Robert Strauss lors de la présidence Carter), l'avocat des plus grosses firmes électroniques japonaises (Ronald Brown, devenu ensuite ministre du Commerce du président Clinton). Il a aussi compté parmi ses cadres influents des lobbyistes qui s'étaient illustrés dans la défense de l'Arena (le parti des escadrons de la mort au Salvador), ainsi que dans celle de Frank Lorenzo (le naufrageur des syndicats de l'aviation) et d'un nombre d'institutions financières (Drexel-Burnham, Chase Manhattan, American Express) trop important pour qu'on les recense. Il ne semble pas non plus qu'il faille être doué d'une subtilité inouïe ni d'un sens très aigu de la « complexité » pour comprendre qu'une telle évolution sociologique, particulièrement marquée depuis vingt ans, offre aux grands groupes industriels, et aux idées que ces groupes

---

1. Lire William Greider, *Who Will Tell the People ? The Betrayal of American Democracy,* Simon & Schuster, New York, 1992.
2. Gore Vidal, « The end of history », *The Nation*, 30 septembre 1996.

encouragent via les *think tanks* qu'ils financent, un débouché naturel dans les deux grands partis, au Congrès, à la Maison-Blanche. Le parti démocrate a beau feindre d'être celui des travailleurs, ce sont les grosses entreprises, pas les syndicats, qui ont versé 75,2 % des contributions reçues en 2000 par le Comité national démocrate. Pendant que M. Gore était dorloté cette année-là par Occidental Petroleum, Bell South, les studios de Hollywood et le lobby des avocats, M. Bush était davantage l'enfant chéri des entreprises militaires et des compagnies d'assurances. Souvent, les multinationales équilibrent d'ailleurs leurs mises, incapables qu'elles sont de déterminer le programme du parti qui leur sera le plus favorable : Bill Gates, dont les « investissements » politiques ont explosé, a veillé financière-ment à ce que Microsoft ait, quoi qu'il arrive, un ami à la Maison-Blanche – et la Maison-Blanche un ami chez Microsoft. À Wall Street, PaineWebber favorise les républicains, Goldman Sachs les démocrates. Le cœur de Citigroup a tellement balancé que la banque a offert, en 2000, 567 000 dollars aux premiers et 552 000 dollars aux seconds. Générosité désintéressée ? *Time*, magazine phare d'AOL-Time Warner, a conclu une de ses enquêtes de la manière suivante : « Washington n'a cessé de favoriser ceux qui paient au détriment de ceux qui ne paient pas. » Les Américains qui assurent l'essentiel des financements électoraux ne représentent que 0,1 % de la population, mais leur accès aux décideurs administratifs et parlementaires est garanti. Là encore, on le voit, le mouvement des idées n'est pas disso-ciable des structures politiques – et du système de financement des élections – qui ont concédé un pouvoir démesuré aux plus gros bailleurs de fonds. Ajouter qu'en 1994 le Sénat comptait 28 % de millionnaires en dollars, une proportion alors cinquante-six fois supérieure à la moyenne nationale, paraît presque superfétatoire[1].

D'autant que, si disposer d'une fortune facilite l'élection – en 2000, 92 % des représentants et 88 % des sénateurs élus ont été

---

1. *Cf.*, pour la plupart des données qui précèdent, Serge Halimi, « Quand ceux qui signent les chèques font les lois », *Le Monde diplomatique*, février 1997, et Serge Halimi et Loïc Wacquant, « Quand les entreprises "investissent" 4 milliards de dollars », art. cité.

les candidats qui avaient le plus dépensé –, être passé par le Congrès permet ensuite de se protéger du dénuement, en particulier quand on peut faire valoir de bons états de service de parlementaire auprès des industriels. Circulation circulaire de l'influence, corruption douce ou « pantouflage » ordinaire : après avoir quitté le Sénat américain et la présidence de la sous-commission en charge des licences d'exploitation pharmaceutique et des questions de copyright, le démocrate Dennis DeConcini a travaillé... pour deux grands laboratoires pharmaceutiques et pour le lobby du cinéma. Sept anciens secrétaires d'État, quatre républicains (Henry Kissinger, Alexander Haig, George Shultz et Lawrence Eagleburger) et trois démocrates (Warren Christopher, Cyrus Vance et Edmund Muskie), ont fait ensuite du lobbying pour la Chine, privatisant ainsi leur savoir politique et leurs contacts médiatiques. Le modèle américain a gagné l'étranger. En France, quand l'ancienne secrétaire générale adjointe de l'Élysée, Anne Lauvergeon, devient ensuite associée gérante de Lazard Frères, quand Jean-Charles Naouri, ancien directeur de cabinet de Pierre Bérégovoy, ministre des Finances, se reconvertit sans tarder en associé gérant de la banque Rothschild (un poste qu'occupa également Nicolas Bazire, ancien directeur de cabinet du Premier ministre Édouard Balladur), quand le groupe Hachette recrute deux anciens ministres, l'une de gauche (Frédérique Bredin), l'autre de droite (Anne-Marie Couderc), pendant que l'industriel *raider* Vincent Bolloré équilibre pareillement sa mise en recrutant à son service un ancien ministre socialiste (Jean Glavany), un autre venu du RPR (Michel Roussin), n'est-ce pas, là aussi, une image inversée de la vénalité des charges de l'Ancien Régime ? « La combinaison du pouvoir économique et politique dans les mêmes mains est une recette assurée pour la tyrannie[1] », a tranché Milton Friedman. Son propos se voulait condamnation cinglante de la propriété publique. Appliqué au monde que ses idées ont contribué à bâtir, il paraît au moins aussi pertinent.

---

1. Milton et Rose Friedman, *op. cit.*, p. 3.

Aux États-Unis, en tout cas, l'influence de l'argent chasse celle des électeurs. L'essayiste Garry Wills a conclu : « Nous devons choisir entre un parti qui néglige les pauvres et un autre qui les assaille, un qui s'en remet aux riches et un autre qui les déifie. L'un signe un pacte faustien avec le diable, l'autre offre le contrat[1]. » Mozart de l'extorsion de fonds des grosses entreprises au service de son parti, le président Clinton a souligné, avec cette duplicité innocente qui parfois l'a rendu presque attachant : « À moins de changer fondamentalement la manière dont nous finançons les campagnes électorales, tout ce à quoi nous aspirons pour améliorer la vie de notre peuple deviendra beaucoup plus difficile. »

Marché des médias et médias de marché

Les journalistes qui font des « ménages » au service des grandes entreprises ne sont pas les plus enclins à dévoiler les reconversions lucratives des anciens responsables du bien public. Si le combat des *think tanks* libéraux a beaucoup profité de l'inflexion oligarchique et consumériste de la vie politique, la diffusion de la pensée de marché a été également favorisée par la concentration capitaliste des médias, la sociologie de plus en plus bourgeoise du journalisme et l'orientation mercantile de l'information dans son ensemble.

À la fin des années 70, les chaînes de journaux achètent aux États-Unis les derniers périodiques indépendants. Vingt-cinq conglomérats en viennent à contrôler 52 % de la diffusion en 1978, contre 38 % en 1960[2]. Puis, la concentration progresse encore : en 2004, l'essentiel des médias américains sont détenus par dix sociétés. Les règles permettant d'éviter un monopole de l'information dans une ville ou une région donnée n'ont cessé d'être édulcorées. Jusqu'à une date récente, une entreprise donnée ne pouvait pas, sur un même marché, détenir à la fois une télévision et un journal, ou une chaîne câblée et une télévision hertzienne, ou deux chaînes de

---

1. Gary Wills, « A tale of two cities », *The New York Review of Books*, 3 octobre 1996.
2. Pierre Dommergues, « L'essor du conservatisme américain », art. cité.

télévision à forte audience. De tels seuils imposaient sans doute trop de contraintes à une « économie de liberté ». Et d'autant plus inconvenantes qu'elles concernaient des industriels qui savent être généreux pour les principaux partis et les parlementaires.

Ici, le paradoxe serait savoureux s'il était moins courant. Les penseurs de droite et les *think tanks* qui les abritent ont puissamment contribué à la concentration de l'information, à la constitution ou à la consolidation de monopoles alors même qu'ils n'ont cessé d'invoquer, contre l'État, l'urgence du contrôle local, de la participation individuelle, du fédéralisme et de la démocratie. Mieux : les propriétaires de ces monopoles de l'information, comme Rupert Murdoch, ont popularisé les commentaires des intellectuels néolibéraux en créant, parfois à cet effet, des journaux (le *Weekly Standard*) et des télévisions (Fox News). À croire qu'aussitôt écartés l'État et l'idéologie du service public, le pouvoir tyrannique de l'information cessait de figurer au nombre des problèmes politiques. À croire que le privé pouvait s'arroger un pouvoir médiatique sans autre limite que celle du rendement financier attendu par les actionnaires dès lors qu'il prétendait ne rien rechercher d'autre. « Je ne suis pas certain, expliqua ainsi Michael Powell, président de l'instance de régulation des communications nommé par George W. Bush (et fils de Colin Powell), qu'un conseil d'administration de Wall Street accepterait que les intérêts politiques de Disney et de Murdoch puissent contredire une autre orientation qui serait plus profitable pour leurs firmes[1]. » Vingt ans de pédagogie néolibérale sont passés par là ; les responsables occidentaux du bien public ne perçoivent même plus la nature éminemment politique d'une subordination de la presse aux firmes qui gouvernent la mondialisation. Très tôt, les *think tanks* néolibéraux ont consacré temps et énergie à la déréglementation des télécommunications. Eux voyaient loin. La structuration de l'information autour d'oligopoles privés gouvernés par leurs actionnaires allait accélérer la privatisation de la société tout entière.

En 2004, cinq entreprises contrôlent 80 % des stations de radio et des chaînes de télévision américaines. Pour Michael Powell, qui cite lui même ce chiffre, aucun danger : « Les règles qui contraignent les

---

1. « FCC chairman : consolidation hasn't inhibited variety, fairness », *Boston Globe*, 17 avril 2002.

marchés peuvent différer la satisfaction des consommateurs ou lui nuire. De nombreuses déréglementations ont suscité des plaintes au départ. Mais, une fois mises en œuvre, elles se sont souvent traduites par un épanouissement de l'innovation et de la concurrence, dont les consommateurs ont magnifiquement profité[1]. » L'information, comme la culture ou l'éducation, n'est qu'un produit vendu à des consommateurs sur un marché dans une optique de profit. Et la puissance de l'entreprise reflète l'appréciation du client. C'est ce que Thomas Frank appelle le « populisme de marché », cet étrange élixir qui permet à la droite américaine de stigmatiser comme « élitiste », voire antidémocratique, quiconque s'oppose à une multinationale, puisque la puissance de l'entreprise proviendrait des arbitrages du peuple en sa faveur[2]. Cette conviction a favorisé dans le monde occidental une succession de lois et de réglementations qui ont affermi les oligopoles de la communication et conforté leur orientation mercantile, notamment en dépeçant l'essentiel du service public de l'information. Les nouvelles normes juridiques ont ensuite créé un effet de cliquet empêchant de revenir en arrière.

Dans des médias de plus en plus tributaires, par leur fonctionnement même, d'une logique marchande, le discours des néolibéraux s'est épanoui. Pas celui de leurs adversaires. Aux États-Unis, seuls deux organes d'information importants, le *New York Times* et l'agence Associated Press, assignent encore un journaliste à temps plein au suivi des syndicats. Le militant écologiste Ralph Nader relève à ce propos que « si les questions de fond qui préoccupent les citoyens ne sont guère évoquées par les médias, c'est surtout parce que le pouvoir médiatique [...] est lui-même en pleine concentration au sein d'une demi-douzaine de monopoles privés [...]. Les décisions affectant les reportages n'appartiennent plus aux reporters, mais à des gestionnaires d'entreprise ne perdant pas de vue le fait que ce sont leurs sociétés mères qui licencient, qui polluent, qui corrompent et qui accaparent[3] ». Une « censure »

---

1. *Ibid.* La référence aux « cinq entreprises qui contrôlent 80 % des stations de radio et de télévision » est *in* Michael K. Powell, « Let's have an honest debate on media ownership », *International Herald Tribune*, 29 juillet 2003.
2. Thomas Frank, *op. cit.*
3. Ralph Nader, « Ces grands médias américains qui se disent impartiaux », *Le Monde*, 1ᵉʳ novembre 2000.

aussi vieille que l'histoire du contrôle des populations par le pouvoir aimante alors l'attention du « public » vers les informations les moins dérangeantes pour l'ordre social, dont les entretiens éblouis avec des patrons, reléguant les autres sujets dans les tréfonds de l'invisibilité de masse. « La plupart des choix médiatiques, expliquent Noam Chomsky et Edward Herman, ont pour cause la présélection d'un personnel bien-pensant qui intériorise des idées préconçues et s'adapte aux contraintes exercées par les propriétaires, le marché et le pouvoir politique[1]. » En 1996, par exemple, le Congrès américain, qui venait de supprimer l'aide fédérale aux pauvres, attribua gratuitement des fréquences de programmes alors évaluées à 70 milliards de dollars – elles en valent près de 300 milliards aujourd'hui – à Viacom, Disney, General Electric, propriétaires respectifs des réseaux CBS, ABC et NBC. Protestant contre un don aussi fabuleux, le sénateur John McCain, un républicain, annonça lors du débat parlementaire : « Vous n'entendrez guère parler de cette affaire à la télévision ou à la radio, parce que cela les concerne directement. » De fait, pendant les neuf mois séparant la proposition de loi de son adoption définitive, les trois principaux réseaux d'information ne consacrèrent qu'un total de dix-neuf minutes au sujet. Aucun n'aborda la question de savoir si les plus grosses entreprises de communication ne pouvaient pas payer pour les fréquences que l'État leur offrait.

La question passionna en revanche les *think tanks* conservateurs. La force de leurs idées, ils le savaient, ne pouvait qu'être amplifiée par les structures industrielles que l'État mettait en place et qui conduisaient à offrir aux grandes entreprises privées un pouvoir croissant sur l'information et sur la culture. Simultanément, la règle du « gagnant prend tout », qui allait engendrer un creusement faramineux des inégalités de revenus et de notoriété, installait au-devant de la scène, dans tous les pays, des musiciens milliardaires, des footballeurs milliardaires, des acteurs et des réalisateurs milliardaires, des animateurs de télévi-

---

1. Noam Chomsky et Edward Herman, *La Fabrique de l'opinion publique : la politique économique des médias américains*, Le Serpent à plumes, Paris, 2003, p. LII.

sion milliardaires[1]. Ce principe économique général eut aussi son pendant dans l'information. Plus les journalistes étaient vus et lus, plus ils devenaient (fabuleusement) riches – et assez spontanément portés à défendre l'ordre social. Dès les années 80, les trois présentateurs américains des trois grands journaux télévisés du soir touchaient chacun plus d'un million de dollars par an. Autant dire que 100 % des journalistes les plus connus disposaient de revenus à l'époque réservés à moins de 0,2 % des Américains... Vétéran et ancien médiateur du *Washington Post*, Richard Harwood a résumé en ces termes la métamorphose de sa profession aux États-Unis : « Dans le temps, nous ne décrivions pas l'existence des gens ordinaires : nous en faisions partie. Nous vivions dans les mêmes quartiers. Les reporters se percevaient comme membres de la classe ouvrière [...]. Et puis des gens plus instruits sont devenus journalistes ; le salaire a augmenté ; des jeunes toujours mieux formés ont voulu intégrer la profession. Auparavant, les reporters avaient un niveau de vie légèrement supérieur à celui de leurs voisins de quartier, les ouvriers. Depuis les années 80, les reporters ont un niveau de vie légèrement inférieur à celui de leurs voisins de quartier, les avocats et les patrons. Or les milliers de personnes qui reçoivent des salaires annuels supérieurs à 100 000 dollars sculptent l'image que le public se fait du journalisme [...]. Et leur vie quotidienne les rend effectivement beaucoup plus sensibles aux problèmes des privilégiés qu'au sort des travailleurs payés au salaire minimum[2]. »

---

1. Lire, sur le sujet, Robert Frank et Philip Cook, *The Winner-Take-All Society*, The Free Press, New York, 1995. Les auteurs, économistes américains l'un et l'autre, expliquent que l'une des conséquences de la révolution technologique et de la « mondialisation » a été d'étendre à des secteurs clés de l'économie le modèle de récompense du sport de compétition. La baisse prodigieuse des coûts de transport et de reproduction des écrits, sons et images, conjuguée à la hausse des enjeux économiques, a abouti à ne plus rechercher que le « meilleur » (produit, joueur, avocat, ingénieur, établissement universitaire, mannequin, acteur, patron), où qu'il se trouve, et à le « reproduire » ou à le transporter. En délaissant les autres. La multiplication de ces marchés où le « gagnant prend tout » favorise la concentration industrielle et aggrave assez naturellement le creusement des inégalités (en 1993, Michael Eisner, PDG de Disney, a gagné autant que le produit national brut de la Grenade...).

2. Cité *in* James Fallows, *Breaking the News : How the Media Undermine American Democracy*, Pantheon Books, New York, 1996, p. 75-83.

La transformation du journalisme économique fournit un bon promontoire d'analyse en la matière, aux États-Unis et ailleurs. D'une part, le choix des sujets a délaissé l'univers du travail et de ceux qui travaillent au profit de l'« entreprise » et de ceux qui la dirigent. D'autre part, les patrons de presse ont privilégié pour rédacteurs des spécialistes financiers et des comptables aux dépens des diplômés en sciences humaines, plus susceptibles de comprendre et de s'intéresser à la réalité sociale dans son ensemble. Cette double évolution, entièrement ajustée à la dynamique d'ensemble de la contre-révolution libérale, a, dans le cas de la France, été très bien analysée par Erik Izraelewicz, alors rédacteur en chef du *Monde* où il était responsable du traitement de l'économie (il est ensuite devenu rédacteur en chef des *Échos*) : « Le supplément économique du *Monde*, écrit-il, a été créé dès la fin des années 60 à l'initiative de Paul Fabra. Mais la rubrique sociale a longtemps primé sur l'activité économique. Depuis les années 70, la couverture de l'actualité économique a occupé une place grandissante, avec la création d'une section couvrant indifféremment l'économique et le social. Cette section s'inscrivait bien dans l'optique macroéconomique française. Depuis les années 80, la couverture a une orientation plus microéconomique, avec des articles traitant plus régulièrement de la vie des entreprises (en 1985 est lancé le supplément *Le Monde des affaires*)[1]. » Résumons : d'abord le social prime. Ensuite, le social est fondu avec l'économique, dont la place grandit. Puis les entreprises dominent la rubrique économique et sociale, le microéconomique l'emporte. Enfin, on crée un supplément affaires. Puis ce sera, chaque week-end, *Le Monde Argent*.

Pour expliquer une pédagogie du capitalisme devenue « naturelle » chez les journalistes économiques, tout juste tempérée par la critique ritualisée de ses « excès » ou « dérives », un autre passage du texte d'Erik Izraelewicz est instructif. Il analyse la manière dont le recrutement des journalistes économiques a lui aussi épousé la logique libérale, passant d'une prédilection pour les « généralistes », spécialistes du « fait social global » – la SNCF est

---

1. Erik Izraelewicz, « Le journalisme économique », *Sciences humaines*, septembre 1998.

une entreprise avec un bilan comptable, mais c'est aussi une collectivité humaine et l'instrument d'une politique d'aménagement du territoire –, à des étudiants formés (et déformés) par des études de business et de marketing. « En France, poursuit Izraelewicz, les journalistes qui ont créé le journalisme économique venaient soit de la science politique, soit du domaine social. Ils sont devenus des journalistes économiques sur le tas. Depuis une vingtaine d'années, on assiste à une professionnalisation et à une spécialisation des journalistes économiques. Les plus jeunes ont pour la plupart reçu une formation en sciences économiques : ils sont diplômés soit de l'université ou de Sciences Po (section éco-fi), soit d'une école de commerce. Des journalistes économiques sont parfois directement issus du monde de l'entreprise (où ils ont occupé des fonctions de direction commerciale ou financière)[1]. » Naturellement, rien de tout cela n'est censé avoir la moindre signification « idéologique ». Et les dirigeants du *Monde* ne manquent jamais de hurler au « complot » (c'est un peu leur péché mignon…) chaque fois que quiconque ose analyser l'évolution de leur quotidien en suggérant l'existence d'une inflexion néolibérale, également favorisée dans le cas d'espèce par la place croissante des industries et des banques dans le capital du journal.

Pour solides qu'elles soient, de telles racines ne suffisaient pas à garantir *dans la durée* l'arborescence de la pensée de marché. Le renversement des cycles économiques pouvait un jour favoriser une contre-offensive idéologique progressiste, ou à tout le moins régulatrice, destinée à réagir aux impasses de la mondialisation. Là comme ailleurs, les libéraux ne laissèrent rien au hasard ; leur volontarisme médiatique fut à la mesure de leur activisme politique et de leur détermination intellectuelle. D'une part, ils s'installèrent dans la presse grand public, avec un œil sur les positions d'éditorialistes qui leur permettraient de tout expliquer, y compris l'échec de leurs recommandations précédentes, et de préconiser en guise de remède une dose de libéralisme supplémentaire. D'autre part, pour se prémunir du risque d'éviction

---

1. *Ibid.* La section « éco-fi » (économique et financière) est la plus proche des *business schools*. Lire Alain Garrigou, *Les Élites contre la République : Sciences Po et l'ENA*, La Découverte, Paris, 2001.

– ou, plus vraisemblablement, pour visser les termes du « débat »
à leur avantage –, ils créèrent leur propre presse.

Dans les deux pays pionniers du grand bond en arrière, celui
de Hayek et de Thatcher, celui de Friedman et de Reagan, l'identité des deux vaisseaux amiral journalistiques est connue. Dans
un cas le *Daily Telegraph*, le *Wall Street Journal* dans l'autre.
Les entrepreneurs médiatiques de la conversion idéologique des
élites constituent au départ une avant-garde peu fournie. Dès les
années 60, elle prépara le terrain d'une hégémonie intellectuelle
que la crise des années 70 allait conforter. Au Royaume-Uni, le
principal *think tank* néolibéral, l'Institute of Economic Affairs
(IEA), « bénéficia d'un accès généreux aux pages centrales du
Daily Telegraph. Le *Times* et le *Financial Times*, bien que dotés
d'un lectorat plus restreint et plus spécialisé que le *Daily Telegraph*, jouèrent également un rôle important dans la dissémination des idées économiques de l'IEA. Au sein de ces deux
derniers périodiques, trois journalistes se montrèrent particulièrement performants : Samuel Brittan du *Financial Times* et
Peter Jay et William Rees-Mogg du *Times*. Brittan avait étudié
l'économie à Cambridge (il eut brièvement Milton Friedman
pour instructeur), puis il fut recruté par le ministère des Finances
avant de devenir le principal éditorialiste économique du
Times[1]. » Il avait été keynésien jusqu'à la fin des années 60. Sa
« conversion » au monétarisme – le mot est de lui – fut scellée
après une conférence de Milton Friedman devant l'IEA en 1975.

À ce stade, le mimétisme commençait à opérer en faveur des
contestataires de l'ordre keynésien : « À mesure que des journalistes dominants de la presse dite de qualité passèrent dans le
camp néolibéral, un nouveau sens commun du journalisme
économique se forgea : ce fut le cas au *Daily Telegraph*, au
Times, au *Financial Times*, au *Sunday Times*, au *Daily Mail*, et
même pendant un temps dans le journal de centre gauche, le
Guardian, où le responsable de la rubrique financière était aussi
un converti au monétarisme[2]. » En l'espèce, la conversion
emprunta presque les mêmes chemins ailleurs. Son succès, c'est-

---

1. Richard Cockett, *op. cit.*, p. 184.
2. Keith Dixon, *Les Évangélistes du marché*, *op. cit.*, p. 56.

à-dire sa pérennité, imposait néanmoins que des journaux rétifs au néolibéralisme s'inclinent à leur tour, en bloc ou par appartement. Dans le cas français, *Libération* dans les années 80, *Le Monde* à partir des années 90 furent des courroies de transmission de la nouvelle croyance d'autant plus efficaces qu'on les soupçonnait d'avoir été d'abord réservés à son égard.

Utilisant avec habileté la faribole selon laquelle la plupart des journalistes étaient de gauche parce que plutôt « libéraux » sur les questions de société (peine de mort, avortement, homosexualité), la droite américaine et les *think tanks* n'ont cessé de faire pression sur les médias pour qu'ils équilibrent, au plan économique, le biais qu'on leur imputait ailleurs[1]. Ils n'ont jamais négligé cette question-là, au contraire, y investissant temps et effort. L'un des leaders conservateurs, Richard Viguerie, expliqua même : « Nous n'avons pas besoin de nouvelles idées, mais nous avons besoin de nouvelles techniques pour diffuser des idées vraies qui ont fait leurs preuves[2]. » La démission en 1974 du président Nixon, pourtant réélu triomphalement deux ans plus tôt, confirme cette priorité à leurs yeux. À tort ou à raison, la droite attribue en effet cette humiliation à l'existence, qu'elle juge alors décisive, d'un biais de la presse à son encontre. Que cette perception subsiste près de trente ans plus tard peut sembler remarquable eu égard à l'orientation de moins en moins progressiste des journalistes américains (des autres aussi) et à la nature de plus en plus commerciale du produit qu'ils fabriquent. L'éternel désir d'apaiser les conservateurs aboutira néanmoins à ce que Milton Friedman dispose, dès les années 60, d'une chronique dans la revue *Newsweek*, présumée plutôt de gauche, et d'une série télévisée à la gloire du marché et du secteur privé, « Free to choose », diffusée sur une chaîne de télévision... publique. Le *New York Times*, cible de la droite américaine, ne cesse lui aussi de donner des gages de son « équilibre » en encourageant à sa

---

1. William Kristol a admis : « Les médias de gauche n'ont jamais été très puissants mais cette ligne d'attaque a longtemps permis aux conservateurs d'excuser leurs échecs » (cité *in* Eric Alterman, *What Liberal Media ? The Truth about Bias and the News*, Basic Books, New York, 2003, p. 2).
2. Cité *in* Bernard Sionneau, *op. cit.*

manière contournée et distinguée le retour aux valeurs conserva-trices. Quand le *Washington Post* recrute George Will, une très bonne plume, très marquée à droite, le *New York Times* réplique en engageant William Safire, une très bonne plume, très marquée à droite aussi[1].

Mais rien n'y fait. Puisque les médias restent présumés de gauche – « un corps efféminé de snobs impudents », selon l'expression fameuse du vice-président républicain Spiro Agnew –, les conservateurs vont créer les leurs. Et ce sera un concert relativement harmonieux : *think tanks*, best-sellers, éditorialistes, publications, émissions de radio. Là où la gauche américaine avait échoué – le « mouvement » auquel elle aspirait, coalition des « minorités », ne se coalisa jamais vraiment, ou jamais long-temps ; les mécènes progressistes fragmentèrent leurs dons entre de nombreuses fondations concurrentes aux objectifs aussi spécialisés que disparates (antiracistes, antisexistes, antihomo-phobes, écologistes, pacifistes, etc.) –, la droite, elle, parvient à ses fins. La cohérence de son message l'aide en démultipliant les effets de son accès aux médias.

Ce n'était pas acquis. Pour le parti républicain, en effet, les questions de société, notamment celle de l'avortement, avaient toujours constitué une ligne de fracture potentielle. Pourtant, de la droite religieuse aux « libertariens » du Cato Institute, on sembla se donner le mot : la décentralisation et le refoulement de l'État devinrent les priorités communes. On n'eut garde d'oublier la guerre à la « guerre contre la pauvreté ». Ce fut d'autant plus facile que le démantèlement des programmes destinés aux pauvres faisait l'objet d'un consensus entre moralistes et libertari-ens, les uns y voyant d'abord le remède apporté à la déstabilisa-tion de la « famille traditionnelle » par un État nourricier, les

---

1. Sur ce virage des médias américains, lire Eric Alterman, *op. cit.* Sur le *New York Times* en particulier : Edwin Diamond, *Behind the Times : Inside the New York Times*, Villard Books, New York, 1994. Dans une étude détaillée sur les références faites par la presse aux divers *think tanks*, Andrew Rich et Kent Weaver établissent que le *New York Times* et le *Washington Post*, l'un et l'autre généralement situés « à gauche », ont tendance à défavoriser les *think tanks* les plus progressistes (« Think tanks in the US media », *Harvard International Journal of Press/Politics*, automne 2000).

autres le moyen de réduire, par principe, le rôle de la puissance publique. Deux publicistes, Charles Murray puis Robert Rector, argumentèrent en ce sens. Le second fut très souvent cité par les médias, séduits par son discours tranché et bref. Il expliquait que, la pauvreté étant un phénomène plus moral que matériel, le mariage devait devenir un sujet de préoccupation plus central que la création d'emplois. Or l'aide publique « subventionne les comportements destructeurs et asociaux : plus vous dépensez, plus vous affaiblissez l'éthique du travail, plus vous multipliez le nombre des naissances illégitimes, ce qui est le facteur principal expliquant la plupart des autres problèmes, de l'échec scolaire au crime, en passant par le chômage et les troubles affectifs ». Tout cela ne relevait-il pas un peu de la généralisation caricaturale ? « Je n'y vais pas par quatre chemins quand je crois qu'une loi risque de détruire la civilisation occidentale »[1], répliquait-il avec la tranquillité de ceux qui ont appris ce qu'il faut dire pour tirer le meilleur parti de la paresse de la presse. C'est sur ce socle intellectuel que les parlementaires républicains échafaudèrent la loi, signée par le président Clinton en 1996, qui supprima l'aide fédérale aux pauvres. Les idées ont des conséquences[2].

Le fait que celle-ci ait été reprise et célébrée par le Cato Institute permet de comprendre comment un certain anarchisme a pu devenir hyperlibéral. Petite boutique idéologique créée en 1977 à San Francisco par un ancien étudiant de l'université de Berkeley, le Cato Institute fut longtemps marginalisé par son discours recommandant, entre autres, la fermeture de huit ministères, la « restructuration » de six autres, dont celui des Affaires étrangères – « Dans un monde de communications instantanées, nous n'avons plus besoin de maintenir un réseau global d'ambassades, en particulier dans les paniers percés du tiers-monde[3] » –, le retrait des États-Unis de l'OTAN, du FMI et de la Banque mondiale, la privatisation de la Poste, le remplacement des impôts directs par une taxe sur la consommation... Mais cette boutique est désormais une

---

1. *The Wall Street Journal*, 23 janvier 1995.
2. *Cf.* Richard Weaver, *Ideas Have Consequences*, University of Chicago Press, Chicago, 1948.
3. *The Cato Handbook for Congress*, Cato Institute, Washington, 1995, p. 42.

institution couvée par le *Financial Times*, le *Wall Street Journal* et *The Economist*. Elle occupe à Washington un immeuble ultra-moderne de six étages qui a coûté 13 millions de dollars. L'un des plus généreux mécènes, Charles Koch, est l'héritier d'une fortune pétrolière du Kansas, les autres sont Coca-Cola, Citibank, Shell Oil, Philip Morris et Toyota. « Par principe, nous n'acceptons pas l'argent de l'État », précise le vice-président.

Les cadres du Cato Institute sont devenus membres à part entière de la galaxie républicaine. Sans renoncer à leurs idées « libertaires » en matière d'avortement, d'homosexualité, de drogue, d'immigration libre ou de répression de la délinquance, sans cesser d'exprimer leur opposition à l'actuelle guerre sans fin et sans frontières contre le terrorisme, ils privilégient les thèmes économiques qui les rapprochent de la droite américaine. Même le président de la Heritage Foundation apprécie certaines des idées du Cato Institute : « Tant que les dirigeants républicains s'en inspirent pour la politique économique et commerciale, c'est parfait. Je souhaite seulement qu'ils ne les écoutent pas en matière de défense et de politique étrangère. » Mais, depuis le 11 septembre, les questions de défense et de politique étrangère sont moins que jamais accessoires. Et, pour un « *think tank* des yuppies », comment s'accommoder du bond en avant des dépenses militaires et du bond en arrière des libertés publiques, le tout au nom de la raison d'État ? La coalition tient néanmoins. Ses querelles n'alimentent pas les médias. Les « libertariens » appuient les analyses « sociales » de Murray et Rector nonobstant leurs tonalités puritaines. Les puritains acceptent que ni la question de l'avortement ni celle de l'institutionnalisation des prières à l'école ne comptent au nombre des priorités parlementaires républicaines. Avec un sens politique assez sûr, Ralph Reed, qui a présidé la Coalition chrétienne avant de devenir président du parti républicain de Géorgie et conseiller politique de George W. Bush, fonde ainsi sa confiance en la persistance du courant qui a transformé la politique américaine : « Dans une société fondamentalement conservatrice, les desseins traditionalistes peuvent être défendus par des moyens libertaires. Les conservateurs religieux se gardent de vouloir remplacer l'ingénierie sociale de la gauche par une Terre promise organisée par l'État. Les valeurs que nous défendons sont apprises, pas imposées. […] Des divergences à propos de l'avortement persisteront [entre républicains]. Reconnaissons-les et parlons-en librement tout en insistant sur les priorités qui nous unissent. »

Découvrir ces priorités n'exige pas un effort intellectuel hors du commun. Répéter toujours le même message est la clé d'un bon impact dans les médias. Les objectifs proclamés des trois principaux *think tanks* de droite sont : « développer le type d'études qui favoriseront les intérêts du monde des affaires dans les débats de politique publique » (American Enterprise Institute) ; « formuler et promouvoir une politique conservatrice fondée sur la libre entreprise, un gouvernement limité, la liberté individuelle, les valeurs américaines traditionnelles et une défense nationale puissante » (Heritage Foundation) ; « favoriser une meilleure compréhension des politiques publiques fondées sur les principes de gouvernement limité, de libre marché, de liberté individuelle et de paix » (Cato Institute). Seule la paix fait ici figure d'intruse. Contrairement à ce qu'on imagine, la « modernité » ne pose pas non plus de problème. L'analyse des « futuristes » recoupe assez largement celle des autres, une fois dépouillée de ses intempérances et de ses enthousiasmes presque religieux pour la « troisième vague » du « cyberespace » (au moment où les parlementaires de son parti amputaient les crédits destinés aux repas des écoliers nécessiteux, le président républicain de la Chambre des représentants proposait d'accorder une franchise d'impôt aux parents des ghettos qui offriraient à leur progéniture un ordinateur portable…). Le monopole de la surpuissance et la fin du grand combat planétaire contre la « gauche » d'une part, la généralisation des technologies de l'information de l'autre permettent d'envisager la mise en bière des interventions économiques de l'État, la contre-révolution sociale, le transfert de tous les pouvoirs aux industries déréglementées, pionnières du nouvel âge d'or. Un individu, un clavier : une société. Avec, n'en déplaise au Cato Institute, des églises et des prisons pour maintenir l'ordre. Le mariage d'Internet et de la chaise électrique, en somme.

Les éventuelles dissonances sont d'autant plus faciles à circonscrire que le monde des *think tanks* de droite fonctionne en endogamie permanente, et adossé à des médias bienveillants. William Kristol, l'un des faucons néoconservateurs les plus cités par la presse depuis que Bill Clinton a estimé qu'il était l'« homme qui dit aux républicains ce qu'il faut penser », est le fils de l'historienne réactionnaire Gertrude Himmelfarb et d'Irving Kristol. En 1995, William et Irving s'employaient à « construire un anti-New Deal conservateur » dans deux *think tanks* de droite situés dans le même bâtiment de Washington. La Heritage Foundation et le Cato Institute se réclament des idées « sociales » de Charles Murray, lui-même chercheur à l'American Enterprise Institute. William Bennett et Jack Kemp, anciens ministres du père de l'actuel président, ont codirigé la fondation Empower America tout en restant associés aux travaux de Heritage et même, dans le cas de M. Bennett, à ceux du Hudson Institute, auquel a collaboré Elliott Abrams, actuellement responsable de la politique de George W. Bush au Proche-Orient et gendre de Norman Podhoretz... La confluence idéologique a longtemps été facilitée par une coalition pour l'Amérique qui, à partir de 1993, a regroupé autour de la Heritage Foundation la plupart des *think tanks* de droite. « Nous sommes une même famille, nous assistons aux mêmes réunions[1] », expliquait l'un de ses responsables. Désormais, les réunions de famille du mercredi matin incluent une centaine de personnes, dont des membres de l'administration Bush, des responsables patronaux et les animateurs de médias ultraconservateurs. Tous décidés, pour ne pas se disperser, à arrêter ensemble le « message de la semaine » et à bien choisir les hommes qui dirigeront les administrations fédérales et ceux que le président nommera juges.

Quand les démocrates sont au pouvoir, les *think tanks* servent un peu de gouvernement en exil au parti républicain : le ministre de la Défense Donald Rumsfeld et la conseillère pour la sécurité nationale Condoleezza Rice sont des anciens de la Hoover Institution, le vice-président Richard Cheney et le stratège néoconservateur Richard Perle viennent de l'American Enterprise Institute, la ministre du Travail Elaine Chao est

---

1. Cité *in* Serge Halimi, « Les boîtes à idées de la droite américaine », art. cité.

passée par la Heritage Foundation. Lorsque les républicains dominent Washington, ces boîtes à idées sélectionnent et forment les cadres de l'administration et du Congrès. Les intérêts sont communs, les frictions rares. L'harmonie concourt à l'efficacité de la politique et de sa communication. Les médias dominés par la droite religieuse « abreuvent Bush d'éloges pendant que les prêtres et les prédicateurs traitent sa présidence comme un acte de la Providence. Une procession de chefs religieux qu'il a reçus à la Maison-Blanche témoignent de sa foi pendant que des sites Internet encouragent à jeûner et à prier pour le président[1] ». Les rebelles de droite, y compris de sa fraction la plus extrême, ont cessé de n'être courtisés qu'en période électorale et oubliés ensuite ; leurs doléances sont écoutées, leurs projets et leurs prédications pris en considération. « Vous ne lancez pas de pierres contre un bâtiment quand vous vous trouvez à l'intérieur[2] », commente Ralph Reed. Lui et ses amis escomptent avoir le temps pour eux. « La patience vient avec le pouvoir, confiait Grover Norquist en 2001. Nous allons être au pouvoir l'année prochaine. Et l'année suivante. Et puis celle d'après. Cela nous permet d'appliquer la tactique du salami, comme la gauche l'a fait à notre encontre pendant quarante ans[3]. » Le président de la Heritage Foundation s'entretient deux fois par semaine avec le conseiller politique de George W. Bush, Karl Rove. Lequel connaît Grover Norquist depuis vingt-cinq ans. Ils faisaient les quatre cents coups contre la gauche ensemble à l'université. Ce sont des combattants, ils s'entendent, ils se relaient, ils se font écho. Dans un univers médiatique sensible au postulat « répétition vaut confirmation », cette combinaison n'est pas sans impact.

---

1. Dana Milbank, « Religious right finds its center in Oval Office : Bush emerges as movement's leader after Robertson leaves Christian Coalition », *The Washington Post*, 24 décembre 2001.
2. *Ibid.*
3. Cité *in* Robin Toner, « Conservatives savor their role as insiders in the White House », *The New York Times*, 19 mars 2001. La « tactique du salami » renvoie aux procédés employés par les communistes des démocraties populaires d'Europe de l'Est (Hongrie et Tchécoslovaquie en particulier) pour s'emparer de la totalité du pouvoir en étouffant, puis en éliminant leurs concurrents l'un après l'autre.

Des soutiens communs ont soudé l'édifice. On retrouve presque toujours les mêmes parrainages (Rupert Murdoch) et les mêmes mécènes : John Olin, David Koch, Smith Richardson et Lily, Sarah Scaife, R.J. Reynolds et Philip Morris. On retrouve aussi les mêmes organes de presse : Fox News, le *Wall Street Journal*, le *Washington Times*, le *Weekly Standard*, les programmes de *talk* à la radio (le plus suivi d'entre eux, celui de Rush Limbaugh, attire vingt millions d'auditeurs par semaine). Car, pour ceux qui se croient encore des outsiders, l'important n'est pas seulement de développer des idées, il faut aussi que les parlementaires et les médias les reprennent, les présentent comme fiables et en attribuent la paternité à qui de droit, ce qui attirera de nouveaux auteurs, de nouveaux donateurs et débouchera sur des résultats parlementaires ou réglementaires. « Arsenal idéologique du reaganisme[1] », la Heritage Foundation consacre aux relations publiques une part considérable de ses ressources (dix personnes à plein temps en 1995). « Combattants de la bataille des idées », ses chercheurs « sont dans un camp et ne le dissimulent pas ». Au lieu de publier quelques ouvrages annuels, comme le Hoover Institute ou l'American Enterprise Institute, Heritage diffuse environ trois cent cinquante brochures par an, destinées aux membres du Congrès et aux journalistes. Elles analysent le détail des projets et propositions de loi sans se faire d'illusions sur la puissance de travail de leurs destinataires : les textes sont réputés être suffisamment brefs pour pouvoir être lus pendant que les parlementaires font le trajet entre l'aéroport de Washington et le Capitole. Les autres instituts se préoccupent presque autant de leur marketing et de la fréquence des articles les concernant[2]. Les principaux *think tanks* (on en compte près de

---

1. David Frum, *op. cit.*, p. 30.
2. Kent Weaver, chercheur à Brookings, a constitué un dossier dans lequel, pour chaque année, pour chaque grand titre de périodique, il dispose très précisément de la part respective des références faites à 43 *think tanks*. Tous les ans, la revue de critique des médias *Extra !* publie de son côté le tableau des *think tanks* les plus cités. En 2002, ce furent la Brookings Institution, le Council on Foreign Relations, la Heritage Foundation, l'American Enterprise Institute, le Center for Strategic and International Studies, le Cato Institute, etc. *(Extra !*, juillet-août 2003).

cinq cents au total) bataillent pour démontrer leur influence sur les décisions publiques en s'appuyant en particulier sur des revues de presse. Ils ont tiré les conséquences de l'apparition, dès les années 70, d'un nouveau système politique dans lequel les spécialistes en communication remplacent les notables de partis en déclin.

Au départ, « *think tank* » suggérait recherche, excellence universitaire et rapports presque exclusifs avec les experts conseillant le pouvoir et l'armée. Plus anciennes que les autres, la Rand Corporation (créée en 1946) ou la Brookings Institution (créée en 1916) évoquent encore ce genre de modèle et la production d'études détaillées qui peuvent faire penser à des thèses de doctorat. Les deux registres (militant/expert) ne sont pas contradictoires : la distinction savante sert souvent de maquillage à des préférences de classe. Mais les temps ont changé. La disponibilité, le sérieux des journalistes, le rapport des experts aux médias, aussi. L'accélération qui en découle a débouché sur une métamorphose de la vie intellectuelle, dont certains *think tanks* de droite, bien financés (le budget de la Heritage Foundation est supérieur à celui de tous les instituts de gauche réunis), ont profité plus que les autres. La fiction universitaire (recherche, sérénité, souci du bien public) qu'entretenait l'univers des *think tanks* n'a pas toujours survécu au nouveau climat, plus propre à la croisade qu'à l'enquête. Qui se rendait dans la capitale américaine peu après le triomphe électoral républicain de 1994 y entendait des phrases aussi roides que : « Le New Deal est mort. Il faut enlever le corps et l'enterrer avant que la puanteur ne devienne insupportable. » L'auteur de ce propos délicat était un des dirigeants de la Progress and Freedom Foundation (PFF), créée l'année précédente au service de Newt Gingrich, alors président de la Chambre des représentants, aujourd'hui bretteur du camp néoconservateur. Visiter ce petit *think tank* un jour de semaine en milieu de matinée, c'était découvrir une quinzaine de pièces à peu près vides où l'on ne se bousculait pas pour faire de la recherche. L'un des responsables de PFF, Michael Vlahos, expliquait aussitôt à quel point tout étonnement eût été une preuve d'archaïsme intellectuel : « Ici, nous nous intéressons à la pensée pratique. Nous n'éprouvons pas le désir de rédiger des traités académiques que personne ne lit. Les autres institutions, comme l'American Enter-prise Institute ou Brookings, imitent l'université, analysent à la marge, appartiennent à un univers révolu et souhaitent nourrir un système qui meurt. Notre monde à nous n'est pas un monde d'analyse fermé à la pensée, où le savoir est réparti en fiefs et protégé comme un capital. Nous voulons changer la structure du pouvoir en Amérique et détruire l'État bureaucratique qui est né avec l'ère industrielle[1] ». Fasciné comme M. Gingrich par l'histoire européenne, Michael Vlahos, emblématique d'une nouvelle génération républicaine très idéologique et très agres-sive, ne ménageait ni les généralisations audacieuses ni l'usage des mots « élite » et « corrompue », naturellement réservés à une « gauche » à bout de souffle. Mais, derrière ces mots, on percevait déjà la cohérence d'un propos réclamant que l'Amérique rompe avec son tropisme pour un Vieux Continent (une « vieille Europe ») en déclin : « La domination de la société par une élite d'État a constitué une aberration de l'histoire américaine impu-table à la guerre froide et rendue nécessaire par la menace soviétique. Une classe dirigeante a voulu orchestrer à partir de Washington la gestion impériale du monde. Après 1945, l'impor-tation aux États-Unis des notions européennes de social-démocra-tie fut accélérée par la communauté atlantique et par l'afflux d'universitaires allemands dans les facultés américaines. Corrom-pue et vaniteuse, notre élite a alors cherché désespérément à imiter les comportements de l'élite européenne. »

Est-ce en raison du côté péremptoire de ce genre de certitudes, est-ce le ton très « médiatique » avec lequel elles sont énoncées ? Les arsenaux du réarmement idéologique de la droite publient peu d'ouvrages à prétention scientifique, se contentant souvent, comme Heritage, de mémorandums de trois ou quatre pages distribués aux élus et faxés aux journalistes. « Les métaphores de la science et de la recherche désintéressée qui furent à l'origine de la création et du développement des premiers *think tanks* ont cédé la place aux métaphores du marché et de ses corollaires – promo-

---

1. Cette citation et les propos qui suivent ont été, sauf indication contraire, recueillis lors d'une enquête à Washington. Lire Serge Halimi, « Les boîtes à idées de la droite américaine », art. cité.

tion, lobbying, combat. Elles ont alors attiré des spécialistes des relations publiques et du marketing vers les staffs de la plupart des *think tanks*[1]. » À mesure que l'on évolue, de moins en moins insensiblement, de la science à l'activisme et à la propagande, « la production de savoir importe moins que son packaging, ce qui facilite la tâche des journalistes chargés d'organiser la confrontation entre les experts comme un spectacle[2] ». Dans un système politique où les « communicants » ont pris le pas sur les notables, les exigences de la médiatisation encouragent, là aussi, les institutions et les individus les plus disponibles et les plus disposés à mettre en scène le débat politique. Or, question spectacle, entre une droite de plus en plus dure, mordante, unie, mimant l'éternelle rébellion contre un *statu quo* keynésien dont il ne reste presque rien, et une « gauche » beaucoup plus molle, plaintive, défensive, divisée, le choix est facile.

Se rendre dans les locaux de la Brookings Institution, centriste, permet de mesurer la différence avec les *think tanks* de droite. À l'entrée du grand bâtiment, dont la Brookings est entièrement propriétaire, et sur la couverture de ses publications, les mêmes mots, raisonnables, à l'image d'une des institutions les plus anciennes et les plus respectées du pays, semblent se perdre dans le fracas idéologique de l'instant : « Qu'ici la recherche du savoir soit libre. Que la raison et la bonne volonté gouvernent l'utilisation des connaissances et permettent la conduite des affaires humaines. Que les opinions différentes se rassemblent dans la noble recherche de la vérité et de la sagesse. » Cette altière proclamation de foi ne parvient pas à dissimuler l'essentiel : trop longtemps associée au consensus keynésien, à son rêve technocratique d'un gouvernement d'experts et d'universitaires, au lien entre savoir et pouvoir, la Brookings Institution est en perte de vitesse, image presque caricaturale d'une pensée longtemps unique, obstinément centriste et modérée, libérale et libre-

---

1. James Allen Smith, *The Idea Brokers : Think Tanks and the Rise of the New Political Elite*, The Free Press, New York, 1991, p. 194.
2. Yves Dezalay et Bryant Garth, « Le "Washington Consensus" : contribution à une sociologie de l'hégémonie du néolibéralisme », *Actes de la recherche en sciences sociales*, n° 121-122, mars 1998.

échangiste, financée par des fondations installées dans l'histoire et par les donations des grosses fortunes démocrates. Pour peser encore, elle n'hésite pas à s'associer à sa rivale de l'American Enterprise Institute et à défendre avec elle des causes chères aux néolibéraux, la déréglementation par exemple[1]. Ancien chercheur à Brookings, Joseph White a inventorié tristement les raisons du « glissement » à droite : une nouvelle génération d'activistes républicains, le rôle des Églises fondamentalistes, celui des animateurs de radio ultraconservateurs, l'argent d'une bourgeoisie revancharde, le racolage commercial et la perte d'esprit critique de la presse écrite. Sans oublier ce qui, au fond, est peut-être l'essentiel : la contradiction dans laquelle se débat la « gauche » : « Elle veut redistribuer les revenus mais elle ne fait plus confiance à l'État pour le faire. Or il n'y a pas d'autre moyen, surtout dans un univers dominé par des médias qui vous imposent de tout pouvoir expliquer en moins de trente secondes. » Or trente secondes suffisent à la droite. D'ailleurs, elle a du bon temps quand elle s'exprime. Sa joie, sa confiance, sa truculence, sa férocité et son insouciance crèvent l'écran.

Car, naturellement, la télévision n'a jamais été oubliée. Avant même la création par Rupert Murdoch de Fox News, en 1996, la Free Congress Foundation, proche de l'extrême droite religieuse et convaincue que « les réseaux de télévision existants ne nous permettraient pas de présenter un message basé sur les valeurs traditionnelles », disposait déjà de sa propre chaîne câblée, National Empowerment Television (NET). Elle émettait vingt-quatre heures sur vingt-quatre sous la direction de Paul Weyrich qui, en 1973, avait créé la Heritage Foundation. Et c'est dans les studios de NET que la coalition républicaine se retrouvait à l'antenne, toutes tribus confondues : en 1995, le Cato Institute, qui pourtant n'hésitait pas à stigmatiser l'interdiction des drogues et la censure de la pornographie que réclamaient les religieux, disposait lui aussi d'une émission hebdomadaire. À droite, celui qui croyait au ciel et celui qui n'y croyait pas étaient avant tout

---

1. American Enterprise Institute et Brookings Joint Center for Regulatory Research, *Lessons from Deregulation : Telecommunications and Airlines After the Crunch*, Washington, 2003.

unis par des priorités séculaires. Et, là encore, l'argent ne manquait pas. Les industriels les plus conservateurs savaient se métamorphoser en puits sans fond dès qu'il s'agissait de financer un nouveau journal ou une nouvelle chaîne qui diffuserait la bonne parole. Sans oublier – pourquoi pas ? – un centre de recherche sur les médias capable de prouver que la droite américaine était bâillonnée et que la télévision faisait « ouvertement de la propagande procommuniste[1] »…

---

1. Selon l'organisation conservatrice Accuracy in Media, citée *in* Bernard Sionneau, *op. cit.*

6

Le paradis des maîtres

En 1989, au moment de quitter le pouvoir, M. Reagan peut se réjouir : « Nous voulions changer une nation et nous avons changé le monde. » Nulle trace dans son propos d'une quelconque prudence, d'un gradualisme, d'un sentiment paralysant de la « complexité » des choses. Nul effort destiné à théoriser l'impuissance. Changer le monde, c'est ce à quoi autrefois la gauche aspirait.

Le monde. La droite à son tour a constitué son Internationale, conforté l'influence de ses deux capitales, musclé son corps de doctrine, mandaté ses commissaires, organisé ses congrès, gravé dans le marbre son règlement intérieur[1]. Et, à la différence de l'autre Internationale, celle qui naquit dans l'exploitation des usines avant de devenir État dans le feu des canons du croiseur *Aurore*, l'autre Internationale qui, divisée (Pékin contre Moscou), vieillissante et sans projet, titube déjà au début des années 80, nul polycentrisme ne va caractériser l'univers des nouveaux vainqueurs. Il n'y aura pas, par exemple.

---

1. Dans l'ordre : Washington et New York ; le « libéralisme » ; le Fonds monétaire international (FMI), l'Organisation mondiale du commerce (OMC), l'Organisation de coopération et de développement économiques (OCDE) et la Banque mondiale ; Davos ; les critères de convergence du système monétaire européen et les plans d'ajustement structurels du FMI. La liste n'est pas complète, les organisations militaires, l'OTAN en particulier, ayant été ici laissées de côté. Mais, on le voit, ce système « autorégulé » flotte sur des pilotis solidement arrimés.

un eurocapitalisme social là où on avait imaginé un eurocommunisme démocratique. Mais un pays, irradiant tout l'Empire, lui inspirant sa langue, ses intérêts commerciaux, son droit, ses choix fiscaux, budgétaires et monétaires, sa structure inégalitaire. Une seule puissance, la plus riche et celle où les plus riches sont plus puissants qu'ailleurs, va se consacrer à accroître chez elle puis hors de ses frontières la fortune et la tranquillité des riches et des puissants. C'est-à-dire installer sur terre le paradis des maîtres[1].

On peut imaginer récit plus complexe. La « mondialisation », les « contraintes », les « droits de l'homme », la fin du « totalitarisme », l'individu « sujet », le « métissage », le « village global »… Mais il faut apprendre à se libérer de ces mots-valises trop souvent portés, trop lourds en même temps que trop vides. Car, dans le cas d'espèce, mieux vaut évoquer la conversion des élites économiques, administratives et politiques à un capitalisme déréglementé ; une baisse du coût des transports et des communications qui, de concert avec la généralisation de la micro-informatique, va faciliter les délocalisations déterminées par le rendement financier ; enfin la « chute du Mur », qui accélère la réunification du monde. Avec, à l'arrivée, une concurrence permanente, socialement ciblée, une course-poursuite universelle – et le revenu du 1 % d'habitants le plus riche de la planète qui atteint celui des 57 % les plus pauvres[2]. La réunification du monde aurait pu se produire autrement. Au demeurant, elle ne s'est pas « produite » : elle a été *construite*. Par des hommes, par des politiques, qui ont créé les conditions de sa pérennité, détruisant les voies alternatives afin qu'il n'y ait plus d'alternative.

C'est un socialiste européen qui s'exprime : « Le drame qu'ont du mal à admettre certains de mes camarades de gauche, c'est que le capitalisme a gagné. Nous sommes en économie

---

1. Expression de Noam Chomsky, in *Deux heures de lucidité*, Les Arènes, Paris, 2001, p. 54.
2. Programme des Nations unies pour le développement (PNUD), *Rapport mondial sur le développement humain 2002*, De Boeck & Larcier, Bruxelles, 2002, p. 19.

mondialement ouverte, il n'y a ni régulation, ni limite à la violence de la concurrence. Nous ne construisons pas la société de nos rêves. Nous nous défendons[1]. » Puis notre socialiste – il s'agit de Michel Rocard – enfonce le clou : « Nous nous acharnons à faire comme si nous avions encore d'importantes marges de manœuvre. Or l'unification du monde est faite, qu'elle soit économique, financière, sociale, culturelle, bientôt médicale (voyez les épidémies). Tout combat est mondial, nous n'avons plus d'autonomie [...]. Nous avons accepté une dérégulation générale du système avec des règles du jeu de plus en plus brutales et cruelles. Depuis un quart de siècle se sont imposées les lois de Milton Friedman visant à maximiser le profit sur le champ de l'économie mondiale. Cela donne un peu de croissance, mais les inégalités sociales s'accroissent de façon vertigineuse, avec du chômage, une pression terrible sur la qualité des services publics, sur la protection sociale, l'assurance maladie en particulier[2]. » Ainsi décrite, en des termes qui rappellent un poème de Louis Aragon (« Je suis un faucheur / Ivre de faucher / Qu'on voit dévaster / Sa vie et son champ »), la mondialisation aurait saccagé le champ politique et celui de la démocratie, c'est-à-dire la possibilité de choisir, d'arbitrer un destin collectif. Avec pour résultat une certitude : « On ne peut pas penser contre les marchés. »

Les conjurés du lac Léman

Il a beaucoup fallu penser pour les marchés avant que ne se généralise l'idée qu'on ne pourrait plus le faire contre eux. Au départ de notre histoire, la « véritable internationale du néolibéralisme que Hayek et ses collaborateurs mettent en place[3] » est animée par un sentiment d'inquiétude, pour ne pas dire de panique. En avril 1947, quand la Société du Mont Pèlerin se réunit en

---

1. Michel Rocard, « Loi Fillon : les brutaux et les "mollettistes" », *Le Monde*, 19 juin 2003.
2. *Le Journal du dimanche*, 20 avril 2003.
3. Cécile Pasche et Suzanne Peters, art. cité, p. 205.

Suisse pour la première fois, la guerre froide vient de commencer. Assez naturellement, le mémorandum constitutif de cette « Internationale » libérale fait écho au discours de Fulton de Winston Churchill (mars 1946). Le chef conservateur, tout juste chassé du pouvoir par les électeurs britanniques, a sonné le tocsin aux États-Unis : « De Stettin sur la Baltique à Trieste sur l'Adriatique, un rideau de fer est tombé sur le continent. » Vue des Alpes, la situation n'est guère plus encourageante : « Les valeurs centrales de notre civilisation sont en danger. Les conditions essentielles au maintien de la liberté et de la dignité humaine ont déjà disparu de larges parties de la surface de la Terre. Dans d'autres lieux, ces conditions sont sans cesse menacées par les développements des tendances politiques actuelles. » Même si c'est principalement d'économie que les conférenciers du printemps 1947 ont choisi de s'entretenir, leur ton est bien à la croisade anticommuniste. Anticommuniste et libérale, puisque les choses sont liées, le sacrifice de la « liberté économique » entraînant l'avènement du « totalitarisme ». Bien des années plus tard, au soir de sa vie, Hayek aura motif à se déclarer satisfait du résultat de sa contre-offensive : « D'une certaine manière, la fondation et la première conférence de la Société du Mont Pèlerin qui, je me crois autorisé à le dire, était ma propre idée, […] ont constitué la renaissance d'un mouvement libéral en Europe[1]. »

La référence au Vieux Continent est ici significative. À l'époque, l'idée européenne ne dispose de presque aucune base populaire et ne concerne qu'une fraction des élites. Dopée par les milliards de dollars du plan Marshall, elle est, assez largement, un produit d'exportation américaine. Car cet argent, on l'oublie souvent, va contraindre les différents États du continent à élaborer en commun un « programme européen[2] ». Au moment où se constitue ce que le président Vincent Auriol appelle un « bloc cimenté par l'argent américain[3] », le cadre national est déjà dépassé par la Société du Mont Pèlerin.

---

1. Cité *in* Gilles Dostaler, *op. cit.*, p. 20.

2. Discours du secrétaire d'État américain George Marshall, le 5 juin 1947.

3. Vincent Auriol, *Journal d'un septennat*, tome 1 : *1947*, Armand Colin, Paris, 1970, p. 383.

D'autant plus facilement que ses membres (40 en 1947, 173 en 1951, plus de 450 en 1994) viennent de nombreux pays (vingt et un dès 1951). Bientôt, ils seront issus de plusieurs continents. Dans la nouvelle Internationale, la libérale, la part de l'Europe va d'ailleurs progressivement se trouver divisée de moitié alors que progressent celles de l'Amérique (Hayek quitte la London School of Economics pour une chaire de professeur de sciences sociales et morales à l'université de Chicago en 1950) et de l'Asie[1]. Cet essaimage planétaire n'a pas seulement une portée géographique : « Le déplacement du centre de gravité de l'espace du néolibéralisme de l'Europe vers l'Amérique, relève François Denord, conduit à une dépréciation de ce qui pouvait subsister de "libéralisme social" au profit d'une autre forme de néolibéralisme, celui de l'École de Chicago. » La « mondialisation » crée déjà quelques-unes des conditions de son développement ultérieur...

Au moment où Hayek réunit ses amis – économistes, patrons, hommes politiques –, son désir est de « favoriser l'émergence progressive, sur une base organisationnelle solide, des idéaux néolibéraux dans le cadre d'une Europe qui, selon lui, évoluait sur une mauvaise voie[2] ». Le fédéralisme tente nombre de membres de la Société du Mont Pèlerin, dont Maurice Allais[3]. Ils estiment qu'il permettrait au moins d'endi-

---

1. Entre 1947-49 et 1989, la proportion des membres européens de la Société du Mont Pèlerin passe de 61,2 % à 30,9 %. La part de l'Amérique du Nord passe de 37,9 % à 47,9 %, celle de l'Amérique centrale et latine de 1 % à 9,4 %. L'Asie et l'Océanie, absentes en 1947, représenteront respectivement 7,4 % et 2,9 % des effectifs quarante ans plus tard (*in* François Denord, « Le prophète, le pèlerin et le missionnaire : la circulation internationale du néolibéralisme et ses acteurs », *Actes de la recherche en sciences sociales*, n° 145, décembre 2002).

2. Cité *in* Cécile Pasche et Suzanne Peters, art. cité, p. 195. Concernant la composition sociale de la Société du Mont Pèlerin, un sondage effectué au milieu des années 80 indiquait que 50 % des membres étaient des universitaires très majoritairement économistes, 25 % des patrons, 10 % des employés d'organismes privés de recherche, 7 % des hommes politiques, 5 % des juristes, 2 % des hauts fonctionnaires (R.M. Hartwell, *A History of the Mont-Pelerin Society*, Liberty Fund, Indianapolis, 1995, cité *in* François Denord, art. cité).

3. Le 3 avril 1947, troisième journée de la première réunion de la Société du Mont Pèlerin, Maurice Allais préside la table ronde qui réfléchit sur « Les problèmes et les chances de la Fédération européenne ».

guer la montée du protectionnisme et des « politiques industrielles » dans un continent où de nombreux pays – et pas seulement la France « colbertiste » – paraissent tentés par l'idée de construire et de défendre des champions nationaux dans chacune des principales industries (Électricité de France, Charbonnages de France, Air France). À l'époque, on justifie plutôt le projet européen auprès de l'opinion publique en expliquant qu'il vise à prévenir une nouvelle guerre entre les deux principaux États du Vieux Continent. Dès 1947, les néolibéraux ont cependant d'autres perspectives en tête[1].

La constitution autour de Hayek de ce qui est d'abord une amicale d'économistes néoclassiques voyant avec épouvante leurs préférences battues en brèche à la fois par la constitution de l'Europe de l'Est en bloc soviétique et par la propagation à l'Ouest des virus du « socialisme » et du planisme va accoucher d'un *think tank* un peu particulier. Très idéologique dans la mesure où il cible des intellectuels de droite que leurs convictions économiques et sociales rattachent aux politiques ayant précédé – et précipité – la Dépression des années 30, il est aussi international, ce que la plupart des *think tanks* américains ne sont toujours pas devenus cinquante ans plus tard. Et, déjà, c'est une organisation en réseaux… La Société du Mont Pèlerin se distingue également des boîtes à idées de la droite américaine, avec leurs dizaines de milliers de cotisants et leurs tours à Washington : à la différence des secondes, la première « compte relativement peu de membres, a une structure simplifiée à l'extrême, ne dispose pas d'une trésorerie importante (les cotisations sont peu élevées et les fonds doivent être trouvés lors de chaque réunion). Bref, c'est en quelque sorte une instance immatérielle[2] ».

---

1. Au lendemain de la Seconde Guerre mondiale, le parrainage d'Aristide Briand, de la sécurité collective et du refus d'un nouveau conflit entre la France et l'Allemagne pouvait légitimement fonder le projet européen. Mais le même type d'argument – il faut probablement parler de marketing politique – a été employé par la presse et les milieux dirigeants français pour obtenir, à l'arraché, la ratification en septembre 1992 du traité de Maastricht, pourtant axé sur les questions de politique économique et monétaire.
2. François Denord, art. cité.

En 1946, Hayek invoque Alexis de Tocqueville et l'historien britannique Lord Acton comme « fondation » intellectuelle du travail de reconquête des esprits qu'il entrevoit[1]. Le libéralisme politique lui paraît indissociable d'une extension de la sphère du marché. Hayek explique comme suit le caractère collectif de l'effort auquel il va se consacrer : « J'ai senti un profond désir de rapports plus étroits entre tous ceux qui s'inquiètent gravement des chances de préserver une civilisation libre et qui pensent que si on veut vraiment que les croyances dominantes et les erreurs d'analyse ne nous entraînent pas dans la direction du totalitarisme, il faut non seulement réexaminer toute la relation entre coercition étatique et liberté individuelle mais aussi réviser toutes les conceptions actuelles de l'histoire récente. Dans chaque pays, ceux qui réfléchissent à ces questions sont assurément peu nombreux. Réunis, ils représentent une force considérable et j'ai été frappé par la concordance des objectifs et des conclusions qu'expriment bien des hommes isolés aux quatre coins du globe. Il me paraît évident qu'une coopération plus étroite entre eux améliorerait la qualité et l'impact de leurs travaux[2]. » Au fond, nécessité fait loi : la marginalité extrême, l'isolement des néolibéraux les contraignent à se rassembler ou à se condamner à une forme d'autisme. En avril 1947, lorsqu'ils se retrouvent dix jours durant au bord du lac Léman, ils respirent aussi de découvrir qu'ils ne sont pas aussi seuls qu'ils le redoutaient à vouloir empêcher qu'une « civilisation libre » emprunte à son tour la « route de la servitude ».

---

1. Dans un texte de 1949, « Les intellectuels et le socialisme », Friedrich Hayek cite un passage tiré de l'ouvrage de Lord Acton, *The History of Freedom and Other Essays* (Macmillan & Co. Ltd, Londres, 1922), pour rappeler que parfois « la tâche principale de ceux qui ont confiance dans les principes de base du système capitaliste est de défendre ce système contre les capitalistes eux-mêmes ». Lord Acton mettait en garde contre les conséquences d'éventuelles alliances politiques auxquelles souvent les libéraux doivent se résoudre pour l'emporter : « En tous temps, rares sont les amis sincères de la liberté, et ses triomphes dus à des minorités qui se sont fait entendre en s'associant à des auxiliaires dont les objectifs différaient des leurs. Cette association, qui a toujours été dangereuse, a parfois été désastreuse, en donnant à ses opposants des raisons valables d'opposition » (Friedrich Hayek, « Les intellectuels et le socialisme », *Commentaire*, n° 99, automne 2002).

2. Cité *in* Richard Cockett, *op. cit.*, p. 103.

« Hommes isolés », peut-être, mais pas dépourvus de ressources matérielles ni intellectuelles. Lors de la première réunion de la Société du Mont Pèlerin, les professeurs sont majoritaires ; souvent ils enseignent dans des universités renommées (Chicago, Princeton, London School of Economics, École normale supérieure des Mines de Paris, Institut universitaire des hautes études internationales de Genève, etc.). Ni Walter Lippmann, le pape de l'essayisme libéral aux États-Unis, ni l'économiste français antikeynésien Jacques Rueff n'ont pu venir (ce dernier participera à la réunion suivante, en 1949). La liste des présents a cependant bonne mine : Hayek, bien sûr, mais aussi George Stigler, Milton Friedman, Ludwig von Mises, Karl Popper, Maurice Allais, Wilhelm Röpke, Bertrand de Jouvenel. Quarante ans plus tard, quatre de ces « hommes isolés » auront été consacrés par un « prix Nobel d'économie »[1]. Il faut toutefois se garder ici de l'illusion rétrospective. L'histoire étant écrite par les vainqueurs, les réunions de la Société du Mont Pèlerin paraissent plus décisives qu'elles ne l'étaient aux yeux de leurs contemporains. Internationale pour Internationale, celle des partis communistes suscitait alors infiniment plus d'intérêt et de travaux universitaires ; même aujourd'hui, le collège des cardinaux du Marché convoqué par Hayek en Suisse demeure relativement méconnu, y compris d'un public averti. Son influence n'en est pas moins réelle bien avant l'efflorescence néolibérale des années Thatcher et Reagan. Car, comme le soulignent Cécile Pasche et Suzanne Peters, plusieurs membres de la Société du Mont Pèlerin vont jouer « un rôle direct dans la mise en place des politiques économiques de divers pays européens. C'est, tout d'abord, le cas de Röpke, qui côtoie de très près Ludwig Erhard, le futur ministre des Finances de la nouvelle République fédérale d'Allemagne. Röpke et Erhard conseilleront tous deux le chancelier Konrad Adenauer et le soutiendront dans sa politique néolibérale[2] ».

---

1. Hayek en 1974, Friedman en 1976, Stigler en 1982, Allais en 1988. Sur le caractère trompeur de cette appellation, voir plus haut, note 3 p. 25.
2. Cécile Pasche et Suzanne Peters, art. cité, p. 203. Ludwig Erhard entre à la Société du Mont Pèlerin en 1950. Il sera, par la suite, vice-chancelier d'Allemagne de l'Ouest de 1957 à 1963. Puis il succédera à Adenauer au poste de chancelier. Il occupera cette fonction de 1963 à 1966.

Et la liste des Pygmalion n'est pas complète. Alors que la guerre froide fait rage, redonnant un peu de lustre à une doctrine ultracapitaliste largement disqualifiée par la Grande Crise des années 30, de nombreux « décideurs » des politiques économiques européennes rejoignent le cercle des amis de Hayek : Luigi Einaudi, qui sera président de la République italienne de 1948 à 1955, Jacques Rueff, qui dirigera l'Agence interalliée des réparations à Bruxelles avant de devenir, en 1958, le principal conseiller monétaire de Charles de Gaulle. Sans oublier un représentant du Fonds monétaire international, le ministre des Affaires étrangères hollandais, les ministres des Finances du Brésil et de l'Autriche, les conseillers économiques des gouvernements de Malaisie et de Grèce[1]. Plus tard, près d'un tiers des économistes conseillant Ronald Reagan durant sa campagne présidentielle étaient auparavant passés par la Société du Mont Pèlerin. Tout comme le futur président tchèque Vaclav Klaus. Quant à Margaret Thatcher, elle ne cessera jamais, on l'a vu, d'afficher l'influence que Hayek a exercée sur sa philosophie politique.

De même qu'un socialiste Premier ministre n'est pas toujours un Premier ministre socialiste, il faut néanmoins attendre le basculement – intellectuel, mais également économique et social – des années 70 pour que les néolibéraux se sentent les coudées franches non seulement pour réfléchir en conclave à la société idéale, mais aussi pour en occuper la cabine de pilotage. Loin d'être, comme d'autres, « piégés dans l'État », ils vont alors utiliser la puissance publique pour en faire « l'artisan de son propre désengagement[2] » et favoriser ainsi les forces sociales et les normes juridiques qui leur permettront de poursuivre dans la voie qu'ils se sont fixée. Assez régulièrement, ils parviendront même à imputer les échecs de leurs prescriptions à la trop grande timidité de leurs ordonnances, puisqu'il ne saurait jamais exister à leurs yeux de problème du marché qu'une rasade supplémentaire de marché ne puisse résoudre. Leur prouesse intellectuelle eût été plus aléatoire si, préalablement, lors des réunions périodiques de leur petite chevalerie, les compagnons de Hayek n'avaient pas réfléchi à l'itinéraire ainsi qu'à sa

---

1. *Ibid.*, p. 203 et 204.
2. Selon l'expression de François Denord, art. cité.

destination, s'ils n'avaient pas rendu intellectuellement acceptables des solutions qui semblaient politiquement impensables, s'ils ne s'étaient pas interdit de faire machine arrière et barré tous les itinéraires de délestage. Les difficultés sociales et politiques des années 60 puis la stagflation des années 70 constituèrent leur chance (« Vive la crise ! »). À l'échelle du monde occidental, elles démoralisèrent les gardiens de l'ordre keynésien et provoquèrent une radicalisation de ce néolibéralisme dont la Société du Mont Pèlerin fut l'une des courroies de transmission mondiales. Pendant une longue traversée du désert, à une époque où les organisations économiques internationales (OCDE, FMI, Banque mondiale, etc.) n'étaient pas encore devenues des machines à fabriquer du marché, elle permit à ses membres, triés sur le volet, de tenir bon, de nouer des liens, de conserver la foi, de la tremper, de la répandre. Ce faisant, elle œuvra « à l'universalisation d'une des visions du monde les plus puissantes aujourd'hui » et facilita « l'unification matérielle et symbolique du champ économique mondial »[1]. Le tout en évitant la publicité et la médiatisation. Un parcours exemplaire. Plus d'un demi-siècle après la première réunion de la Société du Mont Pèlerin, on ne compte plus les cénacles internationaux qui agrègent les décideurs de la planète, non pas tant pour leur redonner du courage face à un peuple trop tenté par les chimères collectivistes, mais pour rendre fluide la marche libérale du monde, gommer les malentendus et sujets de friction qui pourraient survenir, préparer les prochaines offensives (éducation, culture, santé). Il ne s'agit plus, comme au temps de Hayek, de regrouper les derniers Mohicans et de tremper leur disposition à la dissidence. La croyance économique a été bouleversée, les anciens hétérodoxes sont devenus les parangons de la pensée dominante et les maîtres à penser des organisations internationales. On ne défend plus une foi, on propage un modèle.

Commission trilatérale, groupe Bilderberg, sommets du G7 (puis du G8), conseils d'administration des multinationales : autant de conclaves où se déploie une « Internationale de l'establishment » et où s'exprime, « pour employer un vocabulaire

---

1. *Ibid.*

économique qui produit toujours un effet de rupture », son
« import-export intellectuel »[1]. Pierre Bourdieu avertit cependant
que « beaucoup de malentendus dans la communication internationale viennent du fait que les textes n'emportent pas leur
contexte avec eux » ; « les récepteurs, étant eux-mêmes insérés
dans un champ de production différent, les réinterprètent en fonction de la structure du champ de réception[2]. » La langue des décideurs qui nous occupe ne se prête pas trop à ce genre de métissage. L'inflexion est plus ou moins prononcée en fonction des
résistances nationales qu'elle affronte, mais le discours d'ensemble ne varie pas. C'est celui du marché, des chiffres et de
l'anglais. L'Internationale qui s'est mise en place a secrété une
vision du monde homogène. Ni diversité ni réinterprétation
possibles. La grille analyse autant qu'elle enferme. Rien ne
ressemble plus aux « débats » annuels de Bilderberg qu'un
rapport de la Commission trilatérale. Rien – vraiment rien ! – ne
distingue les recommandations de l'OCDE relatives à la Corée
de celles adressées à la France, au point qu'on serait tenté
d'imaginer que, si la Lune se constituait demain en État indépendant, l'OCDE l'aviserait sans tarder de favoriser la flexibilité de
ses marchés. L'harmonie du groupe dirigeant est consolidée
quand les individus qui le composent appartiennent à un même
milieu social – et sont déjà d'accord entre eux. « Constructeurs
de modèles, ils échangent leurs impressions comme ces membres
de clubs de modèles réduits, admirateurs réciproques de leurs
petits bateaux, qu'ils contemplent sur le grand bassin des Tuile-
ries, en rêvant de naviguer sur le grand océan du réel[3]. » Leurs
petits bateaux sont devenus notre commun navire.

Le groupe Bilderberg et la Trilatérale fonctionnent l'un et
l'autre à huis clos. Depuis 1954, le premier réunit chaque
année, au printemps, dans un hôtel de luxe différent (d'abord ce
fut l'hôtel Bilderberg, dans une ville néerlandaise), le Gotha de
la finance, de l'industrie, de la politique et des médias. La

---

1. Pierre Bourdieu, « Les conditions sociales de la circulation internationale
des idées », *Actes de la recherche en sciences sociales*, n° 145, décembre 2002.
2. *Ibid.*
3. Bernard Maris, *Des économistes au-dessus de tout soupçon, op. cit.*, p. 68.

Trilatérale, créée une vingtaine d'années plus tard par David Rockefeller et tout aussi opaque, rassemble dirigeants d'entreprises multinationales, hommes politiques, banquiers et universitaires. La différence n'est pas considérable... Dans un cas comme dans l'autre, il s'agit de « créer du lien social » entre ceux qui campent au sommet de leurs pyramides nationales. Les conclavistes de la Société du Mont Pèlerin se dégourdissaient les jambes en visitant le château de Coppet ou en passant leur week-end à Schwyz et à Einsiedeln ; ceux de Bilderberg se reposent, comme le député UMP français Pierre Lellouche, au moment de « prendre un verre au bar avec Kissinger ou Wolfowitz, sans risquer d'être dérangé[1] ». À l'égal de nombre de ses futurs ministres, Jimmy Carter fut un « membre très actif[2] » de la Trilatérale ; son conseiller pour les questions de sécurité, Zbigniew Brzezinski, dirigea cette organisation, dont Raymond Barre présiderait une des réunions[3]. En 1991, avant d'arriver à la Maison-Blanche, Bill Clinton se fit connaître hors des États-Unis lors d'une réunion du groupe Bilderberg, un cénacle que fréquente encore Valéry Giscard d'Estaing. L'Américain David Rockefeller ou le Français Thierry de Mont-

---

1. Christian Losson, Jean Quatremer et Pascal Riché, « Enquête exclusive sur un huis clos où tout peut se dire mais d'où rien ne doit sortir », *Libération*, 5 août 2003. Henry Kissinger est l'ancien secrétaire d'État des administrations Nixon et Ford. En août 2003, Paul Wolfowitz était secrétaire adjoint à la Défense dans l'administration de George W. Bush.

2. Selon un des rapports annuels de la commission, cité *in* Diana Johnstone, « Une stratégie trilatérale », *Le Monde diplomatique*, novembre 1976. Les principaux membres de la Commission trilatérale ayant exercé des fonctions dans l'administration Carter sont : Zbigniew Brzezinski, conseiller pour la sécurité nationale ; Cyrus Vance, secrétaire d'État ; Warren Christopher, secrétaire d'État adjoint ; Richard Cooper, sous-secrétaire d'État aux Affaires économiques ; Anthony Lake, chef du service de planification politique au département d'État ; Michael Blumenthal, secrétaire au Trésor, et son adjoint, C. Fred Bergsten ; Harold Brown, secrétaire à la Défense ; Andrew Young, ambassadeur à l'ONU ; Paul Warnke, directeur de l'agence pour la maîtrise des armements et le désarmement.

3. En avril 2002, la Commission trilatérale bougeait encore assez fort pour parvenir à rassembler une brochette de « décideurs » aussi décisionnaires que le vice-président des États-Unis, Richard Cheney, les ministres américains des Affaires étrangères et de la Défense, Colin Powell et Donald Rumsfeld, et le directeur général de l'OMC, Mike Moore.

brial ont évolué d'une institution à l'autre[1]. Généraux américains, patrons italiens, hommes politiques français, banquiers
britanniques, éditorialistes là où se mouline la propagande de la
« mondialisation » : l'accord entre ces gens, d'excellente
compagnie, va presque toujours de soi. Quand, comme à Bilderberg,
les places sont recherchées (environ une centaine de participants), la satisfaction de compter au nombre des élus apaise des
tensions qui déjà n'existaient pas. Pour le théâtre, les caméras, les
petites provocations, on dispose à la rigueur du Forum économique mondial de Davos.

La création de la Trilatérale en 1973 coïncide avec une période de
doute chez les dirigeants occidentaux : il fallait alors rétablir la
« gouvernabilité » de sociétés devenues trop turbulentes en favorisant, grâce au concours empressé des entreprises multinationales,
une meilleure coopération au sein de la « triade », c'est-à-dire entre
les États-Unis, le Japon et les pays du Vieux Continent[2]. Cette
période de flottement est révolue depuis longtemps. Quand les
réunions de ces Internationales informelles servent encore à quelque
chose, ce n'est pas tant à prescrire ou à cristalliser un consensus – il
est en place, et chacun connaît les évangiles qui le composent – qu'à
consolider des « connivences transversales » et à accueillir d'éventuels nouveaux convertis. Les socialistes, par exemple : pour la
France, Lionel Jospin, Dominique Strauss-Kahn, Laurent Fabius,
Hubert Védrine et Pascal Lamy ont fréquenté les cénacles précités.
Des syndicalistes, également, surtout ceux qui ont déjà compris
qu'ils doivent à leur tour favoriser les « réformes » qu'on leur

---

1. David Rockefeller, patron de la Chase Manhattan Bank, a été l'un des
fondateurs de la Trilatérale et fait partie du comité d'organisation du groupe
Bilderberg. Thierry de Montbrial, directeur de l'Institut français des relations
internationales et éditorialiste associé au *Monde*, est membre de la Trilatérale
depuis 1978 et membre du comité directeur du groupe de Bilderberg. Il participe
également aux rencontres du Forum économique mondial de Davos.
2. La charte fondatrice de la Commission trilatérale la présente ainsi :
« Centrée sur l'analyse des enjeux majeurs auxquels font face l'Amérique du
Nord, l'Europe de l'Ouest et le Japon, la Commission s'attache à développer des
propositions pratiques pour une action conjointe. Les membres de la Commission
regroupent plus de 200 distingués citoyens provenant des trois régions et engagés
dans différents domaines. » Les membres sont nommés par cooptation, les
travaux se déroulent à huis clos et sont confidentiels.

soumet pour prouver qu'ils sont enfin devenus aussi adultes que les autres[1]. La mondialisation de la finance conforte la cohésion des élites de la planète depuis longtemps. Les *global leaders* peuvent donc se montrer accueillants. Miséricordieux, même.

Ces cénacles ne sont pas démocratiques ? C'est en cela qu'ils sont modernes ! La réunion des « pays les plus riches », organisée chaque année depuis 1974, a elle aussi une dimension censitaire, même si dans ce dernier cas ce sont au moins des gouvernements qui se retrouvent. Élus, certes, mais auxquels le poids de leur PNB confère *ipso facto* une majesté particulière. L'actuel dirigeant du parti socialiste français, François Hollande, a souligné l'évidence il y a peu de temps : « Le G8 n'a ni l'efficacité souhaitable ni la légitimité nécessaire. C'est un club de riches et de puissants qui émet des vœux et invite parfois à sa table les plus pauvres sans rien changer aux déséquilibres du monde[2]. » De sa part, une telle lucidité eût gagné à être moins tardive. François Mitterrand organisa en effet deux des sommets les plus fastueux de l'histoire, l'un à Versailles en 1982, l'autre à Paris lors des cérémonies du bicentenaire de la Révolution française. Mieux, ou pis : en juillet 1981, l'homme qui venait deux mois plus tôt d'être élu sur la promesse d'une « rupture avec le capitalisme » rencontrait Ronald Reagan à Ottawa. Ce fut leur premier sommet du G7 à l'un et à l'autre. Mais le choc n'eut pas lieu. Le communiqué final des dirigeants des pays riches fit même état d'une « volonté commune de respecter la logique du marché ».

---

1. L'un des documents de la Commission trilatérale explique : « Dans la société moderne, les responsables des syndicats sont souvent considérés comme les bêtes noires pour le pouvoir étatique. Cependant, lorsque ces leaders sont responsables et qu'ils exercent une autorité effective sur leurs membres, ils sont en fait beaucoup plus un support du pouvoir qu'un défi. Lorsque, par contre, les syndicats sont désorganisés, que leurs membres se rebellent en des grèves sauvages, la formulation d'une politique des salaires au plan national devient impossible » (cité *in* Geoffrey Geuens, *Tous pouvoirs confondus*, EPO, Bruxelles, 2003, p. 33).
2. *Le Journal du dimanche*, 1er juin 2003.

Les policiers de l'ordre néolibéral

Faire « respecter la logique du marché » réclame le concours de forces de l'ordre. Depuis plus de vingt ans, les organisations économiques internationales, autrefois consacrées au « développement », se sont métamorphosées en un détachement armé de l'orthodoxie néolibérale et de son catéchisme : « ouverture », « concurrence », « flexibilité », « réformes ». Joseph Stiglitz, qui fut de 1997 à 1999 l'économiste en chef de la Banque mondiale, a résumé le parcours d'une des structures enfantées par les accords de Bretton Woods, et dont Keynes fut un des principaux architectes : « Une institution publique créée pour remédier à des échecs du marché est à présent dirigée par des économistes qui font très largement confiance aux marchés et très peu aux institutions publiques[1]. » De fait, bien que subsistent des divergences entre elles (l'OCDE a longtemps milité contre le salaire minimum, que défendait de son côté le Bureau international du travail [BIT]), ces organisations internationales estiment que la mondialisation, qui va de soi, confère légitimement des pouvoirs particuliers aux entreprises multinationales et aux détenteurs de capitaux. Mais là où les uns – le BIT et, dans une moindre mesure, la Banque mondiale – réfléchissent avec un certain fatalisme aux meilleurs moyens de « s'adapter à l'économie mondiale[2] », l'OCDE, l'OMC et le FMI bataillent avec un acharnement proche du fanatisme pour que la logique marchande qui fonde le nouvel ordre économique soit poussée à son terme. Autrement dit, qu'elle ne rencontre plus de limites. Le faible degré d'immersion de ces institutions dans les réalités locales qu'elles aspirent à transformer, souvent de fond en comble, affermit leur détermination : en règle générale, raconte Joseph Stiglitz, les plans « sont dictés de Washington et mis en forme au cours de brèves missions de hauts responsables : dès leur descente d'avion, ils

---

1. Joseph Stiglitz, *op. cit.*, p. 256.
2. Bureau international du travail (BIT), *L'Emploi dans le monde 1995*, BIT, Genève, 1995, p. 182. Pour une analyse détaillée de ce rapport et de celui de la Banque mondiale publié presque au même moment, lire Jacques Decornoy, « Travail, capital… Pour qui chantent les lendemains ? », *Le Monde diplomatique*, septembre 1995.

s'immergent dans les chiffres du ministère des Finances et de la banque centrale et, pour le reste, résident confortablement dans les hôtels cinq étoiles de la capitale »[1].

La conversion idéologique des fonctionnaires internationaux n'est pas intervenue *ex nihilo*. Les organisations multilatérales ont accompagné le retournement de croyance économique aux États-Unis et au Royaume-Uni, deux pays fort influents en matière de politique financière (la superpuissance américaine est, par exemple, le seul des 184 États membres du FMI qui dispose d'un droit de veto sur une éventuelle réforme des statuts[2]). Devenues ensuite les relais du nouveau sens commun économique, ces organisations internationales – et plus seulement deux États, fussent-ils deux des plus puissants – ont imposé à tous les autres pays, surtout les plus faibles, les commandements du « consensus de Washington ». La création en 1991, à l'initiative de la France, de la Banque européenne pour la reconstruction et le développement (BERD) a fourni l'un des symboles les plus aboutis de cet accélérateur international de particules libérales, d'abord localisées sur un territoire particulier. Chargée d'encourager les pays de l'Est à privatiser leurs économies, la BERD fut ainsi confiée à son « inventeur » Jacques Attali. Une quinzaine d'années plus tôt, cet économiste de gauche, professeur à l'École polytechnique, avait fait « l'annonce, à terme, d'une *fin du capitalisme* » en même temps qu'il jugeait « irréversible la nécessité du socialisme[3] ». Il était d'ailleurs entré à l'Élysée, en 1981, pour veiller à la nationalisation des principales industries et banques françaises. Moins de deux ans plus tard, Jacques Attali se faisait l'avocat du virage néolibéral de la gauche. Puis, à compter de ce moment, semblable à bien des apôtres relaps, il se distingua en prêchant avec assu-

---

1. Joseph Stiglitz, *op. cit.*, p. 52.
2. Les États-Unis disposeront toujours d'au moins 15 % des voix au FMI, même si leur part diminue à mesure que de nouveaux membres rejoignent l'organisation (elle était de 32 % en 1945, de 20 % en 1981, de 17,7 % en 2000). Or une décision importante réclame une majorité de 85 %. *Cf.* Arnaud Zacharie et Olivier Malvoisin, *FMI, la main invisible*, Labor, Bruxelles, 2003, p. 16.
3. Jacques Attali, *La Parole et l'Outil*, PUF, Paris, 1975, p. 26 et 236. « Fin du capitalisme » est souligné dans le texte (p. 26). Le caractère irréversible de la nécessité du socialisme est proclamé dans l'un des derniers paragraphes de la conclusion dudit ouvrage.

rance le contraire de son ancienne foi. Le capitalisme lui apparut soudain aussi irréversible qu'autrefois le « socialisme relationnel, seule réorganisation non totalitaire possible[1] ». L'international devint sa nouvelle frontière. Il serait dorénavant banquier, nomade, éditorialiste, dramaturge, philosophe, chef d'orchestre, mais surtout patron de ce que, modestement, il estimait être « la première institution internationale à proposer une doctrine à propos de la démocratie, des droits de l'homme et du multipartisme[2] »... En juillet 1993, une gestion apparemment trop soucieuse du confort de l'ancien théoricien du socialisme relationnel obligea Jacques Attali à quitter la présidence de la BERD, où un haut fonctionnaire allemand lui succéda.

Les néolibéraux ont compris assez vite que d'anciens serviteurs du bien public de ce genre pourraient se reconvertir dans des organisations internationales, y être gavés d'avantages sans rapport avec leurs performances et devenir à leur tour d'excellents pédagogues de la « dure et juste loi des marchés financiers[3] ». Pari gagné de manière exemplaire, on le verra, dans le cas de la Nouvelle-Zélande (lire chapitre 7). Aucune institution n'a échappé au nouveau credo. Dans un rapport de 1995, la Banque mondiale, dont la devise est pourtant « Notre rêve : un monde sans pauvreté », explique, sans mesurer la contradiction, que « les décisions concernant les salariés et les conditions de travail sont dictées par des pressions compétitives mondiales[4] ». La même année, le BIT, secrétariat permanent de l'Organisation internationale du travail (OIT), résume à son tour la nouvelle loi d'airain : « La globalisation a réduit l'autonomie économique des États : la mobilité des capitaux a entamé leur influence sur les taux d'intérêt et de change ; la flexibilité des entreprises multinationales a érodé leurs possibilités d'action sur le montant et la répartition géographique des investissements ; la

---

1. *Ibid.*, p. 236.
2. Entretien avec Jacques Attali, *Le Monde*, 24 avril 1991.
3. Rappelons qu'il s'agit là du titre-programme d'un article écrit par un journaliste du *Monde*, le 17 septembre 1998, au moment où une crise monétaire plongeait la Russie ainsi que plusieurs pays d'Amérique latine et d'Asie dans la misère.
4. Banque mondiale, *World Development Report 1995 : Workers in an Integrating World*, Oxford University Press, New York, 1995.

mobilité internationale de la main-d'œuvre technique et spécialisée a rendu plus difficiles l'adoption d'un impôt progressif sur les revenus et la fortune ainsi que le maintien de dépenses publiques élevées. »

Organisation tripartite dont les syndicats sont membres en tant que tels, l'OIT ne peut cependant pas occulter certaines des conséquences, pour le monde du travail, des paramètres qu'elle énonce avec nonchalance : « Cette globalisation fait qu'il est difficile aux gouvernements de renforcer les normes du travail. En effet, ces interventions ont presque immanquablement pour effet d'accroître le coût de la main-d'œuvre et de modifier la répartition du revenu des facteurs au détriment des bénéfices mais au profit des rémunérations. Accroissant la mobilité des entreprises multinationales, la mondialisation leur permet d'échapper à ces inconvénients en transférant leurs activités où les coûts de main-d'œuvre sont moindres. […] Les investisseurs tenant compte dans leurs décisions de la législation du travail et de la manière dont elle est appliquée, la tentation est grande pour les gouvernements d'édulcorer ou de ne pas appliquer les mesures de protection des travailleurs, ou encore de fermer les yeux sur leurs violations[1]. » Capital libre, travail soumis à l'érosion permanente des conquêtes que ses luttes lui ont permis d'arracher, ce sombre tableau n'empêche pas l'OIT – Organisation internationale *du travail*, faut-il le rappeler – de trancher que « la libéralisation des échanges et l'ajustement sont de nature à optimiser la production mondiale et le bien-être en général ». Sans en fournir la moindre preuve, car les catéchismes permettent aussi de proclamer le contraire de ce qu'on vient de démontrer.

Dans la galaxie des organisations internationales, l'OIT fait toutefois figure de mouton noir gauchisant. La Banque mondiale, elle, entrevoyait carrément en 1995 que la mondialisation ferait advenir sur terre un « véritable âge d'or global au vingt et unième siècle ». Au fait, nous y sommes, mais le siècle ne fait que commencer… Les autres institutions multilatérales ne perdent leur temps ni à se résigner ni à prophétiser. Plus puissantes, elles construisent l'ordre que les Internationales néolibérales informelles évoquées plus haut (Société du Mont

---

1. BIT, *L'Emploi dans le monde 1995*, *op. cit.*, p. 82, cité *in* Jacques Decornoy, art. cité.

Pèlerin, Bilderberg, Commission trilatérale) et les *think tanks* britanniques ou américains ont imaginé depuis des décennies. Elles le construisent – mais elles l'imposent aussi. « Le FMI, rappelle Joseph Stiglitz, estimait que les pays à qui il versait de l'argent avaient obligation de lui soumettre tout ce qui pouvait avoir un rapport avec le prêt ; s'ils ne le faisaient pas, c'était une raison suffisante pour le suspendre, que l'initiative fût raisonnable ou non. [...] Cette volonté d'ingérence ressemblait fort à une nouvelle forme de colonialisme. Pour le FMI, ce n'était qu'une procédure administrative normale. [...] Une image peut valoir mille mots, et une photo saisie au vol en 1998 et montrée dans le monde entier s'est gravée dans l'esprit de millions de personnes, en particulier dans les ex-colonies. On y voit le directeur général du FMI [...], Michel Camdessus, un ex-bureaucrate du Trésor français, de petite taille et bien vêtu, qui se disait autrefois socialiste [...], debout, regard sévère et bras croisés, dominant le président indonésien assis et humilié. Celui-ci, impuissant, se voit contraint d'abandonner la souveraineté économique de son pays au FMI en échange de l'aide dont il a besoin[1]. »

Comment ces organisations internationales en sont-elles venues à concilier tant de puissance, d'arrogance et d'incompétence ? Car la règle ne semble souffrir presque aucune exception : plus les autorités économiques d'un pays ont suivi leurs conseils, ceux du FMI en particulier, plus la calamité a été grande pour ses habitants. Une séquence de coïncidences expliquerait-elle la chose ? Il est permis d'en douter : c'est souvent au moment où ces pays maltraités ont envoyé valser les oukases du FMI et recommandé à ses auteurs d'aller voir ailleurs que leur descente aux enfers s'est interrompue (Thaïlande, Corée, Indonésie, Russie, Argentine). Après que le gouvernement malais eut décidé d'imposer le contrôle des capitaux, le produit intérieur brut du pays, qui avait chuté de 7,4 % en 1998, est remonté de 8,5 % en 2000. Mais on aurait tort de croire que, là ou ailleurs, il s'est agi d'une parenthèse sans conséquences. La plupart des Russes éprouvent encore la nostalgie du niveau de vie, médiocre, qui prévalait en 1991. Douze ans après la fin de l'Union soviétique et la prise du pouvoir, à Moscou, par des ultralibéraux conseillés et couvés par le FMI, les

---

1. Joseph Stiglitz, *op. cit.*, p. 59 et 71.

États-Unis, Jacques Chirac, Margaret Thatcher, les médias et une légion d'universitaires occidentaux, etc., la richesse annuelle produite par la Russie reste inférieure de 30 % à celle de 1991[1]. L'idéologie dominante est cependant ainsi bétonnée que ce genre de résultat n'a aucun effet sur les raisonnements de ceux qui continuent de prétendre que des organisations comme le FMI ou l'OMC permettront de mieux « gouverner la mondialisation ». En France, on en trouve même au parti socialiste, dont, il est vrai, deux membres de premier plan, Laurent Fabius et Dominique Strauss-Kahn, ont été pressentis en 1999 pour prendre la tête de l'organisation financière[2]. Et dont un troisième, Pascal Lamy, commissaire européen au Commerce, a qualifié l'OMC d'« ONU du commerce qui marche[3] ». Il est vrai que celui qui la dirige, Mike Moore, est un camarade lui aussi. Il fut précédemment Premier ministre travailliste en Nouvelle-Zélande.

Très tôt, le Royaume-Uni a éprouvé le caractère orienté des conseils du FMI. En 1976, le Premier ministre travailliste James Callaghan fait appel au Fonds monétaire international pour remédier à une nouvelle crise de la livre sterling. L'aide s'accompagne de conditions dont la nature idéologique est patente : il faudra tailler dans les dépenses publiques, sociales en particulier. Callaghan s'exécute et annonce aux militants de son parti la fin du « monde douillet dont nous pensions qu'il durerait éternellement, celui dans lequel il suffisait d'un trait de plume du ministre des Finances pour assurer le plein emploi, la baisse des impôts, la relance par la dépense. Ce monde-là a disparu[4] ». La peur de l'inflation et les diktats monétaristes du créancier ont rempli leur office. « En un sens, comme le soulignent trois spécialistes britanniques, il est erroné de croire que les gouvernements Thatcher représentent une période à part. Les politiques actuelles ont

---

1. « Russian financial crisis five years on », *Financial Times*, 18 août 2003. Lire sur le sujet Jacques Sapir, *Les Économistes contre la démocratie*, Albin Michel, Paris, 2002.

2. Dans le cas de Laurent Fabius, le Premier ministre de l'époque, Lionel Jospin, aurait même fait du lobbying international en ce sens, avant de se heurter à un veto allemand (*cf.* Babette Stern, « FMI : psychodrame à l'européenne », *Le Monde*, 14 mars 2000). De son côté, Dominique Strauss-Kahn fut conseiller à l'OCDE pendant une partie de sa courte traversée du désert ministériel (1993-1997), à une époque où il était également le vice-président du Cercle de l'industrie, un groupe de pression patronal.

3. Entretien dans *Les Échos,* 3 septembre 2003.

4. Cité *in* Richard Cockett, *op. cit.*, p. 187.

été initiées en 1976, au moment où le dernier gouvernement travailliste capitula devant les exigences du FMI relatives aux dépenses publiques[1]. » Depuis, il n'est même plus nécessaire de solliciter les concours du grand argentier international pour subir ses avis. Ce qu'on a appelé le « consensus de Washington » est devenu une litanie de recommandations péremptoires que le FMI et la Banque mondiale rappellent à tort et à travers, y compris à ceux qui ne lui demandent rien. Avec ce « consensus », qu'aucune procédure démocratique n'a jamais validé, il s'agit d'installer, puis de visser en place une politique néolibérale pure et dure d'un bout à l'autre de la planète[2]. En 1998, Paris n'avait pas sollicité le FMI. Cela n'empêcha pas son directeur général, l'ancien socialiste français Michel Camdessus, de lui adresser un paquet de remontrances : « Nous avons accumulé au fil des ans des règles de toutes sortes, toutes inspirées de préoccupations légitimes, de protection des plus faibles, de protection de l'environnement, de régimes particuliers à telle ou telle profession, à telle ou telle industrie, et tout ça fait que l'investisseur préfère aller ailleurs[3]. » Peu importait à M. Camdessus que la France ait été à l'époque l'une des destinations mondiales les plus choyées par les investisseurs. Et peu importe à ses successeurs que, nonobstant les admonestations répétées de l'OCDE ou du FMI, elle le soit demeurée. Au contraire, cette information permettra d'invoquer l'« attractivité » du territoire – ou, si l'on préfère, celle du « site France » – pour déconseiller aux autorités politiques toute orientation susceptible de déplaire aux investisseurs

---

1. Nicholas Costello, Jonathan Michie et Seumas Milne, *Beyond the Casino Economy*, Verso, Londres, 1989, p. 85.

2. On appelle « consensus de Washington » les dix orientations suivantes, énoncées en 1990 par le futur économiste en chef de la Banque mondiale, John Williamson : réduire le déficit budgétaire ; donner la priorité dans les dépenses de l'État à la réalisation des infrastructures et à tout ce qui assure un retour économique plutôt qu'aux subventions diverses ; réformer le système des impôts en élargissant l'assiette des contributions et en réduisant les taux les plus élevés ; libéraliser les marchés financiers ; augmenter le niveau des échanges en favorisant les exportations ; libéraliser le commerce en abaissant les droits de douane ; favoriser l'investissement étranger ; privatiser les entreprises détenues par l'État ; favoriser la dérégulation et la concurrence dans les secteurs de l'économie ; garantir le droit de propriété (et les brevets) pour promouvoir la création de richesses. Ce décalogue de l'« ajustement structurel » est imposé par le FMI et la Banque mondiale aux pays sollicitant l'aide financière des grands argentiers internationaux.

3. « Le FMI critique l'excès de régulations en France », *Le Monde*, 27 février 1998.

étrangers qui, mystérieusement, n'ont pas encore préféré « aller ailleurs ». Il suffira alors de rappeler aux gouvernants que la part de ces investisseurs dans les entreprises du CAC 40 est passée de 10 % en 1985 à plus de 40 % en 2003. En somme, pour le capital, c'est « pile, je gagne, face, tu perds ». Quand l'investisseur rechigne, c'est que la politique du pays est trop sociale ; qu'au contraire il accourre, et il faut aussitôt prévenir ses éventuelles tentations de fuite en le comblant de faveurs supplémentaires. Tout l'art du nouvel ordre mondial est là.

« L'équipe des économistes du FMI est certainement la meilleure du monde parce qu'il est normal que le monde s'offre ça[1]. » Prononcée par le directeur général de l'organisation (précédemment passé par Sciences Po, l'ENA, la direction du Trésor, le poste de gouverneur de la Banque de France), la phrase demeure gravée dans quelques mémoires. Pas seulement en raison de son exquise modestie, mais parce qu'elle ponctue, pour les « meilleurs économistes du monde », une série noire de prévisions ratées et de plans de sauvetage calamiteux. Sur soixante récessions intervenues à l'échelle de la planète, le FMI n'en a d'ailleurs prévu que deux un an avant qu'elles n'éclatent[2]. Après, c'est en général moins difficile. On comprend mieux que, quand la Banque mondiale, sa sœur jumelle de Washington, publie un très ambitieux rapport sur « Le monde du travail dans une économie sans frontières », un avertissement précède sa litanie de doctes avis : « La Banque mondiale ne garantit pas l'exactitude des données figurant dans la présente publication et n'accepte aucune responsabilité quant aux conséquences de leur utilisation[3] »... Une suspicion est devenue théorème : plus le FMI traite un pays, plus la condition du patient empire. Le FMI prête 40 milliards de dollars à l'Indonésie en octobre 1997,

---

1. Michel Camdessus, France Inter, 19 octobre 1998, cité in « Les meilleurs du monde », *Le Monde diplomatique*, novembre 1998. Le jugement de Joseph Stiglitz est moins généreux. Selon lui, les économistes du FMI sont des « cerveaux de troisième ordre issus d'universités de premier ordre » *(« third-rate brains from first rate universities »)* (*Financial Times*, 13-14 juillet 2002). Jacques Sapir préfère qualifier le FMI d'« accident industriel » (Jacques Sapir, *op. cit.*, p. 39).

2. Éditorial « The value of IMF forecasts », *Financial Times*, 27 septembre 2001.

3. Relevé par Jacques Decornoy, art. cité.

58 milliards à la Corée deux mois plus tard. L'année suivante, le PNB indonésien s'écroule (– 15 %), celui de la Corée suit (plus de 6 % de baisse). Inversement, quand, contrevenant aux recommandations du FMI, Moscou laisse filer le rouble en 1998, les « meilleurs économistes du monde » lui annoncent une récession de 7 % l'année suivante. Nouvelle erreur de diagnostic : le décollage russe intervient à cet instant précis, après une décennie de catastrophes. Entre 1998 et 2003, la croissance va même dépasser 35 %[1].

Ce n'est pas tout. Au moment où la déroute oriente ses voiles vers les voisins méridionaux du Texas et de la Floride, que prévoit le directeur général du FMI ? « L'Amérique latine est sur la bonne voie[2]. » Quatre ans plus tard, son successeur constate la désintégration de l'économie argentine et gémit devant le niveau extravagant des taux d'intérêt brésiliens : « De la part des analystes et des marchés, c'est de l'hystérie ce qui se passe actuellement[3]. » Une hystérie qui ne relève pas entièrement du domaine de l'irrationnel puisque, en 2002, le directeur du département des relations extérieures du FMI lâchera devant des experts de Singapour : « Tenant compte des critiques, le FMI n'hésite plus à dire haut et fort que cette libéralisation [du mouvement des capitaux] n'est pas exempte de risques[4]. » N'eût-il pas mieux valu alors hésiter à dire « haut et fort » le contraire pendant tant d'années, au prix de dévastations innombrables imposées à des pays qui n'avaient d'autre recours que de s'exécuter ? Revenu national par habitant divisé par trois, « nouveau-nés aux ventres gonflés dignes des famines africaines », « écoliers réduits à manger du rat ou du crapaud »[5] : voilà le sort échu à l'Argentine, ancien élève modèle du FMI et grenier à blé du

---

1. Pour ces données, voir *The Economist*, 5 septembre 1998 ; *La Tribune*, 11 septembre 1998 ; *La Tribune*, 21 décembre 2001 ; *Financial Times*, 18 août 2003.

2. Michel Camdessus, *US News and World Report*, 14 septembre 1998. Au même moment, Joseph Stiglitz, à l'époque économiste en chef à la Banque mondiale, assénait lui aussi : « Ces économies disposent de bons fondamentaux. Leur avenir radieux ne fait pas de doute » (« A financial taint South America doesn't deserve », *International Herald Tribune*, 19-20 septembre 1998).

3. Horst Köhler, cité in *La Tribune*, 4 juillet 2002.

4. Thomas Dawson, cité in *FMI Bulletin*, 29 juillet 2002, p. 227.

5. Brigitte Hageman, « L'Argentine plonge dans la misère », *Les Échos*, 28 août 2002.

monde. Peu avant de s'exiler au Vatican en quête de quelque misé-
ricorde, le patron des meilleurs économistes du monde admit enfin
lui aussi que les marchés pouvaient faire des « bêtises ». Comme le
FMI : « Un certain nombre de pays se sont laissé entraîner par la
mode de la libéralisation que nous avons contribué à créer et se
sont laissé griser par les financements faciles. » Au fait, quelle
leçon tira-t-il de cette double révélation ? « Cela dit, nous ne chan-
geons pas notre doctrine »[1].

En 1958, Mao Tsé-toung déclenchait le « Grand Bond en
avant ». Quand l'échec terrible de ce mouvement de collectivisation fut consommé, le Comité central du parti communiste
chinois réajusta ses prévisions et renonça aux formes les plus
coercitives de la politique qu'il avait lancée. La position de Mao
Tsé-toung s'en trouva affaiblie jusqu'à la Révolution culturelle
de 1966, au point qu'il dut renoncer à la présidence de la République. Quelques décennies plus tôt, la faillite du « communisme
de guerre » avait obligé Lénine à lancer une « nouvelle politique
économique », la NEP, qui avait amorcé en 1921 un retour partiel
(et provisoire) à la propriété privée. Ni Mao ni Lénine ne passent
pour des modèles de modération – ni d'introspection. Quand,
nonobstant l'échec presque systématique des politiques recommandées par son organisation, le directeur général du FMI
assène : « Nos recommandations étaient les bonnes, mais elles
ont été mal appliquées », son entêtement se situe un peu dans le
registre des proclamations de l'ère stalinienne. À l'époque aussi,
chacun des soubresauts du système n'aboutissait qu'à prolonger
son existence, souvent en durcissant ses traits. Car depuis vingt
ans le libéralisme n'a pas seulement domestiqué la plupart des
organisations internationales. Il a également réussi à obtenir que
leurs échecs, y compris les plus tragiques, soient minorés ou
imputés à une brochette de personnalités corrompues (Boris
Eltsine, Carlos Menem, le général Suharto) qu'il suffisait alors
d'écarter pour que l'essentiel continue comme avant. Imaginons
pourtant qu'une politique économique à vocation égalitaire ait
été pratiquée en Argentine ou en Russie, donnant les résultats

---

1. Michel Camdessus, *Les Échos*, 14 septembre 1998.

que ces pays ont connus depuis dix ans – pillage du bien public, mise en faillite des entreprises locales, effondrement de l'espérance de vie, exportation des richesses nationales dans des paradis fiscaux, criminalisation de l'État –, et le tout sans guerre. Comment douter qu'un tel bilan eût alors été davantage commenté[1] ?

À la différence des réserves de changes ou du taux d'inflation, le nombre de pauvres ne figure pas dans la liste des indicateurs du FMI. Et le chômage ne soucie guère ses experts. S'agit-il là d'une omission sans signification ? Arnaud Zacharie et Olivier Malvoisin estiment au contraire que les conditions imposées aux États qui, en position d'extrême faiblesse, ont imploré l'aide du FMI étaient sans rapport avec le souci du bien commun. Il s'agissait avant tout d'appliquer une idéologie intraitable. On entendait « voir les pays en transition vendre le plus d'entreprises publiques le plus vite possible, sans prendre le temps de garantir le cadre institutionnel indispensable aux règles de saine concurrence ». Les conséquences ? « Les entreprises publiques sont bradées à un secteur privé peu diversifié et on passe de monopoles publics à des monopoles privés. Plus grave, nombre d'entreprises d'État sont cédées pour une bouchée de pain à des proches du pouvoir qui profitent ensuite de l'absence de contrôle sur les mouvements de capitaux pour placer leurs profits à la Bourse de New York ou dans des paradis fiscaux »[2]. En économie de liberté, l'argent doit profiter lui aussi de l'ouverture des frontières. La spéculation monétaire a ensuite pour effet de contraindre les marges de manœuvre des gouvernants. Appauvri, un pays ne parvient pas à rembourser des prêts consentis d'autant plus généreusement par les banques occidentales (JP Morgan, le Crédit Suisse First Boston, la Deutsche Bank et Morgan Stanley, dans le cas de l'Argentine) qu'ils ont été assortis d'une énorme « prime de risque » facturée à l'emprunteur. Qu'à cela ne tienne : le créancier étant

---

1. Dans son livre *Les Économistes contre la démocratie*, Jacques Sapir rappelle qu'en 1991 cinq auteurs éminents, dont Olivier Blanchard (enseignant au MIT et chroniqueur régulier à *Libération*), Richard Layard (conseiller de Tony Blair) et Lawrence Summers (futur ministre des Finances dans l'administration Clinton), avaient recommandé à Boris Eltsine la politique de « thérapie de choc ». Sa faillite ne les a pas fait taire (Jacques Sapir, *op. cit.*, p. 29).

2. Arnaud Zacharie et Olivier Malvoisin, *op. cit.*, p. 47.

prioritaire, le pays endetté n'aura qu'à tailler dans ses dépenses publiques et sociales, ce qui précipitera quelques millions d'habitants supplémentaires dans la misère. Quant aux patrons du FMI, ils organiseront de leur côté des colloques sur l'humanisme planétaire et confieront aux journalistes leur passion pour l'opéra classique.

L'OCDE, chef de chantier de la démolition sociale

Les organisations économiques internationales ne se sont pas contentées d'exercer le rôle de policiers d'un capitalisme dur dans les pays en voie de développement et dans les États de l'ancien bloc soviétique. Elles ont aussi servi de laboratoire intellectuel en vue de la démolition de ce que les économies capitalistes contenaient de propriété collective, de gratuité, de « socialisme ». Avec un parfait unanimisme, la Banque des règlements internationaux (BRI), l'OCDE, le FMI, la Banque centrale européenne (BCE) ont utilisé le haut niveau de chômage des pays occidentaux et l'affaiblissement concomitant des principales organisations syndicales pour préconiser, sans jamais se lasser, le cisaillement des principaux filets de protection sociale conquis par les salariés.

A priori, on pourrait s'étonner que la Banque centrale européenne, chargée de la politique monétaire, se mêle d'analyser le marché du travail au point de publier un tableau comparatif des systèmes d'assurance chômage des membres de l'Union (durée, taux d'indemnité par rapport à la rémunération). Sitôt qu'un gouvernement démocratique proteste contre le niveau des taux d'intérêt fixés à Francfort, la BCE ne lui rappelle-t-elle pas en effet d'un ton pincé que, depuis le traité de Maastricht, ce genre de décisions ne le regarde pas[1] ? Le paradoxe de l'interventionnisme de la BCE est plus saisissant encore pour qui se souvient

---

1. De fait, l'article 109E alinéa 5 du traité sur l'Union européenne énonce qu'à compter du 1er janvier 1994 « chaque État membre entame, le cas échéant, le processus conduisant à l'indépendance de sa banque centrale ». Laquelle, aux termes de l'article 107 du même traité, ne pourra « solliciter ni accepter des instructions des institutions communautaires, des gouvernements des États membres ou de tout autre organisme ».

que l'un des objectifs de la mise en place de cette institution fut précisément d'assurer dans la durée la stabilité des prix, sans devoir tenir compte de pressions gouvernementales liées à... la situation de l'emploi. Présentant son « Plaidoyer pour une Europe monétaire indépendante », le président de la Bundesbank avait même souligné : « Seule une institution indépendante est en mesure de résister aux tentatives, en pratique toujours réitérées par les hommes politiques, d'imprimer à la politique monétaire des objectifs souvent incompatibles avec celui de la stabilité comme [...] la stimulation de la croissance et de l'emploi[1]. » Bref, en Europe, l'État ne peut plus avoir recours à la monnaie pour lutter contre un chômage qui demeure considérable. Mais les banques « indépendantes » ont, elles, le droit de faire usage d'un pouvoir monétaire désormais sans partage pour promouvoir la « flexibilité » du travail, la « mobilité » des salariés et un système de retraite par capitalisation. Le tout en invoquant sans relâche l'hydre d'une inflation à peu près inexistante depuis vingt ans.

Mais ce que le FMI a fait pour la « thérapie de choc » des pays anciennement socialistes, c'est l'OCDE qui en a été, à partir de 1992, le principal architecte dans les pays de la « Vieille Europe » (le Royaume-Uni et les États-Unis purent se dispenser de ses avis, puisqu'ils les avaient inspirés). Dix ans plus tard, l'organisation, qui siège au château de la Muette, dans le XVIe arrondissement de Paris, n'a pas à se plaindre du bilan de son action. D'ailleurs elle ne s'en plaint pas : « Les résultats obtenus à ce jour sont globalement encourageants, même si beaucoup reste à faire[2]. » Avec cet autre « club des pays riches », nulle forfanterie à la mode du FMI. Les avis de l'OCDE ont presque tous fait école : dix grands axes, une soixantaine de recommandations relatives à l'insertion ou à la réinsertion des travailleurs sur le marché. Un ancien conseiller économique auprès de l'organisation résuma ces conseils en 1997 : l'OCDE

---

1. *Le Monde*, 18 janvier 1990.
2. OCDE, *Perspectives pour l'emploi 2002*, OCDE, Paris, juillet 2002, cité *in* « L'OCDE soutient les "politiques actives" des États en faveur de l'emploi », *Les Échos*, 10 juillet 2003.

« continue de préconiser, en conformité avec les thèses néolibérales, une suppression du salaire minimum, la réduction de la durée de prise en charge du chômage, l'accroissement de l'éventail des salaires, la décentralisation des négociations collectives, une réduction du degré de générosité des prestations. Elle est beaucoup moins favorable aux politiques tendant à maintenir la cohésion sociale qu'à celles qui permettent de diminuer le niveau de chômage, même au prix de l'abaissement du revenu[1] ». Voilà qui est clair, à défaut d'être très social.

Dès 1994, l'OCDE a balisé le chemin dans un rapport, issu d'une commande passée deux ans plus tôt. Les versions successives de cette « étude » furent examinées et entérinées par les États membres (vingt-cinq à l'époque, dont la plupart des pays d'Europe de l'Ouest, les États-Unis, le Canada, le Japon et l'Océanie). Le rapport, dont la portée sera considérable dans la mesure où bon nombre de ses recommandations furent – et sont jour après jour – suivies d'effet, annonçait d'emblée : « Pour obtenir un ajustement donné des salaires, il faudra un niveau plus élevé de chômage conjoncturel […]. Lorsque la conjoncture est favorable, la nécessité d'un changement est souvent moins évidente dans les esprits[2]. » À l'époque, « les esprits » semblaient déjà mûrs : « Trente-cinq millions de personnes au chômage. Quinze millions d'autres, peut-être, [qui] ont soit renoncé à chercher du travail, soit accepté, faute de mieux, un emploi à temps partiel. » Cinquante millions d'« exclus » pouvaient ainsi être invoqués comme alibi au durcissement du système économique qui les avait mis à l'écart. Grâce au chômage, les experts surpayés (et surprotégés) du château de la Muette allaient enfin s'attaquer de front au vieil ennemi qui hantait leurs nuits : l'État-providence.

« Conclusions iconoclastes », « un rapport qui fait pièce à nombre d'idées reçues », « un exercice intelligent et lucide » : sitôt connues les conclusions de l'OCDE, la machine à propagande

---

1. Henri Chavranski, *L'OCDE au cœur des mutations*, La Documentation française, Paris, 1997, p. 102.
2. OCDE, *L'Étude de l'OCDE sur l'emploi*, OCDE, Paris, juin 1994. Sauf indication contraire, les citations qui suivent sont tirées de cette étude.

néolibérale embraya, médias de référence et gouvernements confondus. Le secrétaire d'État américain de l'époque, le démocrate Warren Christopher, par ailleurs ancien membre de la Commission trilatérale, venait de sacrer l'organisation parisienne « architecte de l'économie mondiale ». Et, de 1995 à 1998, c'est à cette même institution, comptant moins de trente membres, pas aux Nations unies ni au FMI, que les pays occidentaux confièrent la charge d'enfanter un Accord multilatéral sur l'investissement (AMI). Mais, là, le projet avorta quand des importuns se mêlèrent d'en dévoiler l'intention. Elle était pourtant assez moderne, puisqu'il s'agissait de garantir la primauté des intérêts des entreprises multinationales sur le droit des États.

Les très fameuses propositions de l'OCDE sur l'emploi se révélèrent infiniment plus lourdes de conséquences, même si elles n'étaient guère plus originales. « Iconoclastes », c'était en effet beaucoup dire. Comme la plupart des rapports de l'organisation, celui-ci enchaînait un même diagnostic et les mêmes ordonnances. Le chômage de masse s'expliquait par des marchés du travail trop « rigides », des coûts salariaux trop élevés et une demande de justice sociale trop archaïque. « On peut penser, suggéraient délicatement les "architectes de l'économie mondiale", qu'un creusement de l'écart des salaires stimulerait la croissance de l'emploi. » Après l'avoir « pensé » en son for intérieur, l'OCDE indiqua aux autres, c'est-à-dire aux gouvernements et aux opinions publiques, qu'ils devaient, eux, « repenser toute la gamme des politiques économiques et sociales pour favoriser l'adaptation aux modes de production et d'échange qui se font jour ». Hantée d'ordinaire par le seul niveau de l'inflation, la BRI fit chorus au même moment : « Les arrangements conçus pour protéger les salariés se sont retournés contre les chômeurs. [...] Une proportion importante des salariés restera sans emploi, à moins de rendre les marchés du travail plus flexibles, particulièrement en Europe[1]. » L'absence du FMI dans un tel requiem planétaire des conquêtes sociales en aurait amoindri l'harmonie. Il expliqua donc à son

---

1. *Financial Times*, 14 juin 1994, cité *in* « Les chantiers de la démolition sociale », *Le Monde diplomatique*, juillet 1994.

tour : « Il ne faut pas que les gouvernements européens laissent les craintes suscitées par les retombées de leur action sur la répartition des revenus les empêcher de se lancer avec audace dans une réforme de fond des marchés du travail. L'assouplissement de ceux-ci passe par la refonte de l'assurance chômage, du salaire minimum légal et des dispositions qui protègent l'emploi[1]. » Tout cela pouvait sembler aussi passionnant que le ronronnement d'une photocopieuse. Mais c'était la musique symphonique de la mondialisation. Bien en phase avec la quasi-totalité des titres de la presse puisque, là aussi, la pluralité des avis ne débouchait sur aucun pluralisme des analyses. Un diapason libéral avait accordé les organisations économiques internationales : lutter contre le chômage imposait d'abord selon elles de mener la guerre aux salaires. Que pouvaient faire les États européens face à tant de doctes avis, surtout dès lors qu'ils concordaient – et avaient pour auteurs les experts d'une organisation intergouvernementale ? Résister les eût exposés à une grêle de quolibets et à la sanction des « marchés ». Ils s'inclinèrent d'autant plus volontiers qu'ils en étaient très tentés. Le risque de collision étant devenu manifeste entre le capitalisme mondialisé et déréglementé, d'une part, et le système de relations sociales né des victoires du mouvement ouvrier européen, d'autre part, les experts du château de la Muette recommandaient de démanteler le second pour accélérer le développement du premier : « Une capacité insuffisante d'adaptation au changement est la cause fondamentale des difficultés actuelles. [...] Le changement est déchirant [mais il faut] l'accueillir plutôt que d'y résister par des mesures de limitation de la concurrence. »

L'une des dimensions les plus remarquables de ces rapports – l'« étude » de l'OCDE de 1994 constituant assurément l'un des plus importants et des plus travaillés de ceux de ces vingt dernières années – tient à leur médiocre qualité scientifique. L'hégémonie intellectuelle du néolibéralisme est devenue telle que les « experts » qui la consolident pourraient écrire leurs

---

1. *Bulletin du FMI*, 23 mai 1994.

textes les yeux fermés en se laissant flotter comme un bouchon de liège sur la mer des idées reçues. La plupart des économistes n'ont rien à gagner – et beaucoup à perdre, y compris d'éventuels crédits de recherche – à contester les travaux de l'OCDE ou du FMI ; les médias en sont les phonographes. Ainsi, la fameuse « étude sur l'emploi » de 1994, dont tant de conclusions ont inspiré et inspirent des politiques publiques, fut échafaudée sur la base de comparaisons statistiques notoirement peu fiables, de réfutations désinvoltes et d'occultations délibérées. Dès le départ, l'analyse reposait sur un formidable paradoxe : le contraste que relevait l'OCDE entre « la croissance de l'emploi en Amérique du Nord » et le « niveau élevé du chômage » en Europe n'avait de sens qu'à condition d'entériner telles quelles les statistiques officielles qui, aux États-Unis et au Royaume-Uni, suggéraient une situation idyllique. Or, à la fin d'un chapitre de dix-sept pages comportant trente-huit tableaux (« Faits essentiels »), tout entier construit sur des comparaisons internationales, l'OCDE admettait sans se démonter le moins du monde : « Les sources de données nationales sont généralement fiables en elles-mêmes, mais elles ne se prêtent pas à des comparaisons internationales car elles renvoient à des particularités institutionnelles propres au pays considéré. » Quelques mots suggéraient ainsi qu'on pouvait légitimement douter du sérieux de l'ensemble de l'exercice entrepris. Incidemment, cette phrase permettait d'absoudre les États occidentaux qui transformaient leurs agences de l'emploi en autant de machines à radier les chômeurs ou à oublier de les recenser. Car quel crédit peut-on encore accorder, par exemple, aux données officielles américaines ou britanniques ? Les dirigeants des États-Unis ont eux-mêmes admis qu'une partie de la performance qu'on leur a souvent attribuée en matière d'emplois reposait sur des « aberrations statistiques »[1]. Quant

---

1. Sur les manipulations des chiffres de l'emploi aux États-Unis, *cf.* Serge Halimi, « Éternel retour du "miracle américain" », *Le Monde diplomatique*, janvier 1997. Quand les chômeurs cessent de l'être sitôt qu'ils travaillent une heure par semaine, qu'ils ne sont pas toujours indemnisés et qu'ils ne bénéficient d'aucune couverture sociale, leur décompte officiel a une portée plus que réduite.

au résultat britannique, d'après John Wells, professeur d'économie à l'université de Cambridge, il « oubliait », au moment de la publication du rapport, entre 1 et 2 millions de chômeurs[1]. Or il ne s'agissait pas là d'une étourderie : à l'époque où l'OCDE se fondait sur ses calculs pour célébrer le modèle britannique, l'Employment Service Agency recommandait aux agences locales de l'emploi de proposer aux chômeurs des postes peu qualifiés, mal payés, à horaires difficiles, situés dans des zones où les transports en commun étaient mal assurés, le tout pour tester leur disposition au travail. « Les demandeurs qui refusent pourront perdre le bénéfice de leurs allocations chômage », concluait la circulaire. Sous couvert de combat pour l'emploi, l'« étude » des experts du château de la Muette entérinait donc le durcissement des politiques économiques et sociales mises en œuvre depuis le début de la révolution libérale. Et elle recommandait la généralisation de cette orientation consistant à punir les pauvres. Elle a été suivie.

Quelle alternative ? Là aussi, l'OCDE faisait son travail intellectuel en démolissant toute analyse qu'elle aurait jugée malvenue dans sa petite boîte à outils. D'après elle, la « crise » n'était en aucun cas imputable à une demande globale grevée par le chômage, par la peur du chômage (épargne de précaution) et par la stagnation du pouvoir d'achat des salaires. Elle avait au contraire pour origine une insuffisance de l'offre, provoquée par le coût excessif du travail. En France, cette thèse avait été défendue quelques années plus tôt par Raymond Barre – qui fut le traducteur en français d'un ouvrage de Friedrich Hayek avant de devenir ce Premier ministre sous le règne duquel le nombre de chômeurs allait doubler. Il plaidait dès 1984 en faveur d'une politique de « désinflation sociale compétitive ». Dix ans plus tard, la note 60 de la Fondation Saint-Simon (février 1994), rédigée par Denis Olivennes quelques mois après qu'il eut cessé d'être

---

1. *The Independent*, 2 janvier 1994. En ajustant les statistiques officielles pour prendre en compte les travailleurs découragés qui n'y sont pas recensés, American Express arrivait, en janvier 1994, c'est-à-dire au moment où l'OCDE terminait son « étude », à un taux de chômage japonais de 9,6 % (et non de 2,7 %), britannique de 12,3 % (et non de 9,8 %), américain de 9,3 % (et non de 6,4 %) (cf. *The Amex Bank Review*, 24 janvier 1994).

conseiller aux affaires sociales de Pierre Bérégovoy à Matignon, parla de « préférence française pour le chômage ». Cette dernière formulation fut retenue par le rapport Minc sur *La France de l'an 2000* (octobre 1994), dont trois des commissaires (Francis Mer, Luc Ferry et Jean-Paul Delevoye) siégeraient à partir de 2002 dans le gouvernement de Jean-Pierre Raffarin[1]. Les experts du XVIᵉ arrondissement (château de la Muette), inspirés par ceux du VIIᵉ (Matignon et le Medef), se sont retrouvés plus d'une fois. D'ailleurs, au nombre des « mesures actives » recommandées par l'OCDE en juin 1994 pour favoriser l'insertion ou la réinsertion des travailleurs sur le marché – éventuellement assorties de sanctions financières à l'encontre des chômeurs trop passifs –, on doit citer en France le cas du plan d'aide pour le retour à l'emploi (PARE) signé en juin 2000 par le patronat et par deux organisations au syndicalisme affable (la CFDT et la CFTC).

La plupart des gouvernements occidentaux qui affichaient un « retard » en matière de flexibilité (trop faible) et de salaires (trop élevés) ont désormais fait leur une des conclusions vrillées par les « études » de l'OCDE (on devrait presque parler de manifestes) : c'est la rigidité des rémunérations et des prestations sociales qui crée le chômage. Une telle stigmatisation du « coût du travail » est doublement discutable. Tout d'abord, comme le souligne l'économiste Samir Amin, « elle ignore superbement qu'une quelconque modification des salaires modifie toutes les données de l'équilibre général », en particulier le niveau de la

---

1. Commissariat général du Plan, *op. cit.* Dans la partie titrée « Préférence pour le chômage ou préférence pour l'emploi », on lit : « La plupart des membres [de la commission] analysent la situation actuelle comme résultant de choix collectifs qui nous ont conduits à préférer l'octroi de revenus à l'emploi, c'est-à-dire, implicitement, à "préférer le chômage" » (p. 95). Outre son président, les membres de la commission Minc étaient : Dominique Balmary, Claude Bébéar, Jean-Louis Beffa, Jean Boissonnat, Michel Bon, Isabelle Bouillot, Paul Champsaur, Michel Debatisse, Jean-Paul Delevoye, Bernard Esambert, Luc Ferry, Jean-Paul Fitoussi, Jean-Baptiste de Foucauld, Bertrand Fragonard, Jacques Freyssinet, François Grappotte, Pierre Guillen, Jean-Pierre Landau, Bertrand Landrieu, René Lenoir, Yves Lichtenberger, Bertrand Lobry, Gérard Maarek, Francis Mer, Edgar Morin, Christian Noyer, Michel Pébereau, Laurent Perpère, René Rémond, Pierre Rosanvallon, Rolande Ruellan, Louis Schweitzer, Raymond Soubie, Michel Taly, Alain Touraine.

demande[1]. Ensuite, l'OCDE elle-même – et il faut lui rendre cet hommage – n'a pas dissimulé que, depuis le « choc pétrolier » de 1979, « les parts des salaires dans le revenu national sont généralement retombées à des niveaux égaux, voire inférieurs à ceux des années 70[2] ». Ce qui n'a nullement empêché la progression du chômage dans la plupart des États membres. Quant au rappel que le travail n'est pas un coût qui pèse sur les richesses mais le moteur qui les produit, comment espérer le lire de nos jours dans un rapport officiel ? Au fond, comme le FMI et l'OMC, l'organisation intergouvernementale financée par les contribuables opère à la manière des machines idéologiques privées que sont la Heritage Foundation ou la Société du Mont Pèlerin. Quel que soit le problème économique ou social dont elle se saisit, quelles que soient les données que digèrent ses ordinateurs, elle relaie des idées déjà arrêtées. Elle ne sait plus fabriquer que du marché. Mais, grâce à la légitimité et aux moyens – publics – dont elle dispose, l'OCDE a pu métamorphoser cette vulgate en nouveau sens commun international. Il faudrait, à l'en croire, ne jamais cesser de supprimer « les obstacles aux flux de capitaux, sources de distorsions », « permettre que les ressources s'orientent vers les utilisations où elles sont le plus rentables », « renforcer la concurrence par le biais de la privatisation ». Le cas échéant, on n'hésitera pas à faire appel à l'État. Hérétiques lorsqu'il s'agit de fiscalité ou de relance, les pouvoirs

---

1. Lire Samir Amin, « L'économie "pure", nouvelle sorcellerie », *Le Monde diplomatique*, août 1997. Dans un article de novembre 1996, le *Wall Street Journal Europe*, redécouvrant la relance par la demande, racontait l'histoire d'un patron de restaurant qui, après avoir dû subir un relèvement du salaire minimum, avait augmenté ses prix et découvrait, interloqué, que son commerce était encore plus actif qu'avant. Il expliquait alors : « Nos employés sont nos clients. Et si nos employés disposent d'un pouvoir d'achat supérieur, ils peuvent dépenser davantage » (« US takes rise in minimum wage in stride », *The Wall Street Journal Europe*, 21 novembre 1996). Au moment où cet article paraissait, l'OCDE, imperturbable, publiait son rapport sur les États-Unis. On pouvait y lire : « [L'OCDE] n'approuve pas, en principe, la hausse récemment décidée du salaire minimum. Bien que ce dernier demeure encore relativement faible par rapport aux salaires moyens et bien que cette augmentation puisse réduire certaines inégalités de revenu, il s'agit d'un instrument peu adapté qui risque de mettre en danger les moins qualifiés en réduisant leurs possibilités d'emploi » (OCDE, *Études économiques de l'OCDE : États-Unis 1996*, OCDE, Paris, 1996, p. 12).

2. OCDE, *L'Étude de l'OCDE sur l'emploi, op. cit.*

publics sont sommés d'intervenir dès lors que c'est pour « accentuer la différenciation des salaires selon les régions et selon les professions », « supprimer les réglementations qui rebutent les entreprises nouvelles », et même... lancer des « campagnes de sensibilisation destinées à supprimer toute connotation négative, dans l'opinion publique, à l'égard des défaillances d'entreprise »[1] !

Pour qui rêve d'une « flexibilité » sans autre rivage que ceux de la « compétitivité » et de la déflation salariale, il faut sans cesse allonger le pas dans la voie des politiques inégalitaires qu'initièrent Ronald Reagan et Margaret Thatcher. Les économistes de l'OCDE admettent volontiers que, « dans les pays anglophones, les écarts de salaires se sont creusés pendant les années 80. En revanche, dans les pays d'Europe occidentale, ils sont restés généralement inchangés ». Mais, d'après eux, c'est là que résiderait le problème : « Beaucoup de nouveaux emplois sont à faible productivité [...]. Ils ne sont viables qu'assortis d'un salaire très bas. » Objecte-t-on que, dans ces conditions, « les travailleurs du bas de l'échelle risquent de se trouver en dessous du seuil de pauvreté », la réplique est déjà écrite : « Les sociétés n'ont pas toutes la même vision de ce qui est acceptable en matière d'inégalités. » Le cynisme social se maquille d'autant plus facilement sous les traits du relativisme culturel que les « experts » n'ont, malheureusement pour les salariés, pas eu le temps de tout analyser : « Les coûts sur les plans humain et économique qui peuvent être associés [à l'"effort" recommandé] ne font pas à ce stade l'objet d'une étude approfondie. » C'est un peu comme l'Europe sociale : on s'en occupera, plus tard. L'énigme de voir un pays comme la France, stigmatisé en raison de ses persistantes « rigidités » salariales, attirer davantage d'investissements étrangers que le Royaume-Uni, qu'on aurait imaginé être le paradis des entrepreneurs[2], restera irrésolue elle aussi.

---

1. *Ibid.*
2. Ce fut encore le cas en 2002. En matière d'investissements étrangers reçus, la France se situait largement en tête de tous les pays développés avec 48,2 milliards de dollars, contre 30,1 milliards pour les États-Unis et 25 milliards pour le Royaume-Uni (*in* Hans Christiansen et Ayse Bertrand, *Trends and Recent Developments in Foreign Direct Investment,* OCDE, Paris, juin 2003). Selon le rapport « Compétitivité » du Conseil d'analyse économique, en 2003, la compétitivité-coût de la France s'est améliorée de 20 % depuis 1983, les hauts salaires étant compensés par une productivité meilleure encore (cité *in* Daniel Cohen, « Le déclin français, une idée qui ne passe pas », *Le Monde,* 9 septembre 2003).

Quant à la question du partage des revenus entre capital, travail et investissements, elle n'a pas davantage passionné les experts du château de la Muette[1].

En cela, ils sont semblables aux autres économistes distingués. Rien depuis vingt ans ne les intéresse autant que la mise en cause des éléments principaux du modèle social européen. Le salaire minimum ? Il aurait « souvent pour effet de limiter les possibilités d'emploi pour la main-d'œuvre non qualifiée ». La législation protégeant les salariés ? Elle « peut faire hésiter les employeurs à embaucher du personnel nouveau ». Les conventions collectives ? Il faudrait les « renégocier à un niveau inférieur » : elles « empêchent l'assouplissement du marché du travail et, indirectement, la création d'emploi ». Enfin – et on en oublie –, les aides sociales devraient aussi, flexibilité oblige, être revues à la baisse : « L'empressement des travailleurs à accepter des emplois faiblement rémunérés dépend en partie de la générosité relative des prestations de chômage. [...] Il y a lieu dans tous les pays de raccourcir la durée des droits lorsqu'elle est trop longue *[sic]* ou de rendre les conditions d'admission plus strictes. » « Certes, concède l'OCDE, le type de souplesse que recherchent les entreprises ne coïncide peut-être pas toujours avec les aspirations des travailleurs. » Mais entre « entreprises » et « travailleurs » – le caractère apparemment exclusif de ces deux catégories est en soi une leçon d'économie politique : l'entreprise, ce sont ses patrons – le choix des experts du château de la Muette est évident. Il leur a valu les remerciements du successeur immédiat de Mme Thatcher, qui retrouva dans leurs « études » le produit de ses politiques. « C'est précisément le type de mesures que nous avons appliquées chez nous, expliqua John Major en 1994, notre vision d'une Europe plus flexible est la bonne. »

---

1. À l'époque de l'étude de l'OCDE sur l'emploi, l'Allemagne, dont les coûts salariaux horaires étaient supérieurs de 80 % à ceux du Royaume-Uni et de l'Espagne, de 40 % à ceux de l'Italie, avait un commerce extérieur largement excédentaire, notamment par rapport au Royaume-Uni, modèle de la déréglementation du travail recommandée par l'OCDE. Dans le *Financial Times,* Robert Bischof, patron de la société Jungheinrich, dénoua ce « paradoxe » à l'époque : « Les entreprises britanniques croient qu'elles peuvent compenser leur manque d'investissements en réduisant leurs coûts salariaux. La rigueur du climat financier les y pousse : alors que les sociétés allemandes et japonaises versent 35 % de leurs profits à leurs actionnaires, les sociétés britanniques doivent en restituer 70 % » (10 juin 1994).

Deux ans plus tard, une nouvelle publication de l'OCDE, celle-là consacrée au Royaume-Uni, célébra le modèle anglais de flexibilité totale du travail avec un enthousiasme qui laissa pantois certains des lecteurs les mieux disposés. Théoriquement proscrite, l'extrême politisation de l'organisation intergouvernementale, de même que son rôle de relais du thatchérisme, ne laissait plus aucun doute. « Grâce aux vastes réformes mises en œuvre depuis le début des années 80, le Royaume-Uni […] a aujourd'hui l'un des marchés du travail les moins réglementés des pays de l'OCDE, et les taux de compensation de la perte du revenu, ainsi que les niveaux de prestation sociale, y sont généralement faibles[1]. » Le club des pays riches montrait ainsi un pays en exemple parce qu'il avait réduit plus que les autres les allocations chômage (« taux de compensation de la perte du revenu »). Isolé du Vieux Continent par la Manche et la « charte sociale », le paradis de l'OCDE était en revanche bien soudé aux « forces du marché ». En particulier quand il s'agissait d'en imposer la « dure et juste loi » aux salariés : « Le monopole syndical a été considérablement affaibli dans les années 80. Ce renforcement du pouvoir de négociation du patronat au détriment des travailleurs a contribué à réduire l'avantage de salaire dû à la syndicalisation […]. L'élargissement de l'éventail des horaires de travail, la fréquence réduite des grèves, la souplesse des conditions d'embauche et de licenciement, la décentralisation accrue du système de détermination des rémunérations et des conditions de travail et le creusement des écarts de salaires en fonction des compétences et des variations régionales sont autant de signes manifestes d'une plus grande flexibilité du marché du travail. Ce processus en cours devrait contribuer à réduire le chômage global à mesure que l'expansion se poursuivra[2]. » Tout allait d'autant mieux que l'inégalité salariale venait de retrouver au Royaume-Uni le niveau historique de… 1886[3]. Pour les fonctionnaires du château de la Muette, une telle « dispersion des

---

1. OCDE, *Études économiques de l'OCDE : Royaume-Uni 1996,* OCDE, Paris, 1996, p. 129.

2. *Ibid.,* p. 99 et 117.

3. *Cf.* Stephen Machin, « Wage inequality in the UK », *Oxford Review of Economic Policy,* vol. 12, n° 1, printemps 1996, p. 51. Avant 1886, ce type de statistiques n'existait pas.

revenus » constituait un facteur d'efficience qui « incit[ait] à poursuivre des études ».

Ironisant à peine à la lecture d'un tel manifeste, dont on aimerait pouvoir citer des pages entières, le très libéral *The Economist* suggéra en juin 1996 que « si chaque électeur britannique était un économiste de l'OCDE, les conservateurs pourraient s'attendre à un raz de marée électoral en leur faveur ». Le « raz-de-marée électoral » eut lieu en effet quelques mois plus tard. Au profit des travaillistes… L'OCDE trouva néanmoins sur-le-champ une raison de se féliciter de la victoire de Tony Blair. La première décision de celui-ci fut de concéder son « indépendance » à la Banque d'Angleterre. Mais, rien n'étant décidément parfait sur cette terre, nos experts eurent également motif à regretter le remplacement de John Major : son successeur instaura un salaire minimum au Royaume-Uni. Miracle des miracles, l'OCDE en a pris son parti. Longtemps, elle avait confirmé l'argument de Michael Howard, ministre de l'Emploi de Margaret Thatcher et actuel chef de l'opposition conservatrice : « Si le salaire minimum impose à des employeurs de payer davantage qu'ils ne l'auraient fait en d'autres circonstances, alors certains d'entre eux ne vont pas pouvoir suivre et ils ne proposeront pas d'emplois[1]. » Depuis l'arrivée de Tony Blair au pouvoir, le bon sens néolibéral a été échancré sur ce point. Pour l'OCDE, l'effet du salaire minimum sur l'emploi « peut être à la fois positif et négatif » ; ce n'est plus « un fléau systématique[2] ».

Mieux, il paraîtrait que la réglementation du travail a « peu ou pas d'effet sur le niveau du chômage ». À qui donc désormais se fier si le pape lui-même cesse de croire en Dieu ? Pour relativiser l'esclandre déchaîné par son hérésie, l'OCDE invoqua sur-le-champ une « erreur de communication », un conflit interne à l'organisation entre économistes et experts du marché du travail[3]. L'année suivante, la bourde était oubliée. Et l'OCDE, imperturbable, pouvait psalmodier à nouveau son

---

1. Cité *in* John Rentoul, *Tony Blair, Prime Minister*, Warner Books, Londres, 2001, p. 166.
2. OCDE, *Perspectives de l'emploi 1998*, OCDE, Paris, 1998.
3. *Cf.* Robert Taylor, « OCDE backs down as finding on jobless is attacked », *Financial Times*, 9 juillet 1999.

credo : « Une mise en œuvre complète, adaptée aux différents pays, des recommandations formulées dans la Stratégie de l'OCDE pour l'emploi reste essentielle[1]. » Mais dorénavant l'orthodoxie serait tempérée : va pour le salaire minimum, à condition qu'il soit à la fois suffisamment faible pour encourager la « mobilité du travail » et très supérieur à un éventuel revenu minimum garanti – par crainte que, dans le cas contraire, une personne ne se trouve « dans une situation plus favorable en continuant à percevoir les prestations qu'en travaillant[2] ». En fixant en 1999 le salaire minimum horaire à 3,60 livres sterling, moins que ce qui était prévu dans le programme travailliste de 1992, Tony Blair se situait donc dans l'épure des experts du château de la Muette. Peut-être avait-il compris lui aussi qu'un niveau trop élevé de protection sociale « risque d'accroître les exigences salariales et, par conséquent, le chômage [sic] en réduisant le coût que représente pour les travailleurs la perte de leur emploi »… L'« incitation » financière à travailler quel que soit le salaire, l'OCDE appelle cela suppression du « piège du chômage[3] » ou « politiques actives de l'emploi ». Un siècle plus tôt, on parlait franchement de l'« aiguillon de la faim ».

On reproche souvent aux procureurs du néolibéralisme de ne jamais proposer de « réformes ». En voici une : l'Organisation de coopération et de développement économiques doit être vendue ou dissoute. Depuis 1985, elle n'a cessé d'intimer aux autres de faire des économies pendant que son budget annuel – environ 200 millions de dollars – faisait plus que doubler et que sa comptabilité devenait plus opaque. Tout en recommandant à chacun d'être bien informé et de pouvoir « anticiper », elle radote. Ses pronostics sont notoirement hasardeux : entre décembre 1995 et mai 1996, elle a dû diviser par cinq ses prévisions de croissance de l'Allemagne… pour l'année 1996 ! Peu

---

1. OCDE, « Maîtriser la mondialisation », communiqué de presse du 27 juin 2000.
2. OCDE, *L'Étude de l'OCDE sur l'emploi, op. cit.*
3. OCDE, *Études économiques de l'OCDE : Royaume-Uni 1996, op. cit.,* p. 106. Parfois, le terme est prudemment entouré de guillemets. Pas dans le cas cité.

« compétitive » sur le marché de l'analyse économique, elle mérite donc, en vertu de ses propres principes, d'être « restructurée » par le secteur privé. Au demeurant, elle ne cesse d'expliquer que le contribuable est trop imposé. Pourquoi devrait-il participer plus longtemps au financement d'un organisme qui n'a d'autre obsession que de le dépouiller des quelques droits sociaux que le marché lui laisse ? Le patronat entretient de multiples fondations et dispose du concours empressé de la plupart des journalistes économiques. Il pourrait prendre à sa charge un avocat comme l'OCDE, à la fois docile, international et polyglotte. Cher, aussi, tant il est vrai que les économistes du château de la Muette, du FMI ou de la Banque mondiale ne pratiquent pas souvent l'austérité qu'ils prêchent aux autres. Pour eux, c'est à la fois salaires supérieurs à ceux du marché, régime fiscal d'armateur grec (en France, ils échappent à l'impôt sur le revenu), couverture sociale molletonnée, sécurité de l'emploi, système de retraite en béton, cascade de primes en tout genre[1]. À vendre ! La tâche des gouvernements est déjà difficile. Sans l'OCDE, ils seraient libérés d'une organisation qui ne cesse de les abreuver de ses réprimandes. Ainsi, en moins d'un an, la Suisse, coupable de ne pas privatiser ses banques cantonales dont « la raison d'être a disparu » ; le Québec et l'Ontario, qui étaient « à la traîne et n'avaient toujours pas pris les mesures décisives qui s'imposent pour réduire leurs dépenses » ; l'Allemagne, qui laissait se tenir des négociations salariales aux résultats d'autant plus « décevants » qu'ils prévoyaient « des hausses de salaires étonnamment élevées » ; la France, qui tardait à durcir « sensiblement » sa politique, à opérer des coupes claires dans les « effectifs des fonctionnaires et les dépenses sociales » et – décidément, on ne se refait pas – à « abaisser le salaire minimum par rapport au salaire moyen ». Parfois même, le hasard est contraire à l'OCDE : en novembre 2000, à vingt-quatre heures d'intervalle, on apprit

---

1. *Cf.* Denis Saverot, « Fonctionnaire international, un job en or », *Capital*, janvier 1999. Le mensuel évoquait à propos de l'OCDE le sort de Pierre Lebleu, à l'époque chef de la gestion des ressources humaines, dont le salaire annuel, primes comprises, était de 657 513 francs (environ 100 000 euros) nets d'impôt. Pour les autres, le salaire mensuel à l'OCDE commençait « à partir de 38 000 francs [5 800 euros] mensuels brut non imposables ».

que le pouvoir d'achat des salariés français avait diminué en période d'expansion économique et que l'OCDE redoutait… une poussée des salaires en France[1].

Deux ans après avoir défini sa doctrine pour l'emploi, le *think tank* intergouvernemental sermonnait la plupart de ses États membres : « Les progrès dans la mise en œuvre de la stratégie [définie en 1994] ont été lents et, de l'avis du secrétariat, insuffisants. » La mauvaise note était suivie d'un avertissement : « Le processus a dépassé le stade des recommandations générales pour prendre la forme d'une surveillance multilatérale des politiques suivies par chaque pays »[2]. Les « réformes » des retraites et des indemnités de chômage décidées en 2003 en France et en Allemagne ont bien sûr satisfait l'OCDE. Elle s'impatientait dans ce style inimitable qui exige en général la collaboration de deux auteurs émérites : « Les sanctions en cas de mauvaise volonté d'un demandeur d'emploi n'étaient pas toujours sanctionnées [*sic*] comme il le faudrait[3]. » Désormais, c'est fait – en Allemagne, par un gouvernement social-démocrate et vert. Comme quoi le socialisme de Tony Blair commence à faire école.

Dépourvue de pouvoir de coercition, l'OCDE produit des rapports pseudo-scientifiques auxquels la plupart des médias fournissent un relais docile et qui ont pour objet de conditionner une opinion impressionnable sur ce genre de sujets réputés « techniques ». Le travail de délégitimation est souvent plus facile qu'on ne le croit. Un exemple ? Au moment où l'OCDE publiait ses fameuses « études » sur l'emploi, le Forum économique mondial de Davos établissait son « Rapport annuel sur la compétitivité globale »[4]. Tarif prohibitif (685 dollars) et aspect austère (des milliers d'indices chiffrés), tout avait été prévu pour en écarter les

---

1. Lire « Le pouvoir d'achat des salariés a diminué au troisième trimestre », *La Tribune*, 20 novembre 2000, et « L'OCDE craint une poussée des salaires en France », *Les Échos*, 21 novembre 2000.
2. OCDE, *Accélérer la mise en œuvre : le chômage dans la zone de l'OCDE, 1950-1997*, OCDE, Paris, 1996.
3. Raymond Torres et Peter Tergeist, « Il faudrait aussi baisser les charges sur les bas salaires », *Les Échos*, 16 décembre 2003.
4. World Economic Forum, *The Global Competitiveness Report 1996*, Genève, 1996. Les citations qui suivent sont tirées de ce rapport.

esprits profanes. La méthodologie choisie leur aurait pourtant ouvert les yeux. Les conclusions, on les imagine. Elles auraient pu être formulées indifféremment par le FMI, l'OCDE, la Banque mondiale, le *Financial Times*, l'American Enterprise Institute, etc. : les pays les plus compétitifs sont ceux qui ont des « économies ouvertes, où l'État joue un rôle modeste et où la pression fiscale est basse ». Et puis il y a les nations, les peuples à la traîne. Dont, naturellement, le Vieux Continent, en perte de vitesse : « L'État-providence est un fardeau trop lourd, même pour des pays aussi riches que la France, l'Allemagne et la Suède. » En matière de « compétitivité », un pays de l'Union européenne obtenait cependant de bons résultats d'après les experts de Davos, meilleurs en tout cas que ceux de l'Allemagne, de la France et de la Suède. L'a-t-on deviné ? C'était le Royaume-Uni. Étrange découverte. Même un mauvais étudiant en science économique sait qu'il existe une donnée objective, certes non exclusive, pour apprécier la compétitivité internationale d'un pays : l'état de sa balance commerciale. Au Royaume-Uni, elle était lourdement déficitaire au moment de la publication du rapport. En France, en Suède et en Allemagne, elle était en revanche très fortement excédentaire. Comment le premier État parvint-il donc à surclasser les trois autres ?

C'est ici qu'intervient la méthodologie de l'étude. Car, pour Jeffrey Sachs, professeur à l'université Harvard et responsable du rapport annuel de Davos – après avoir été celui du « traitement de choc » infligé à la Bolivie et à la Russie –, la détermination de la compétitivité internationale se fonde sur « les institutions et les politiques qui permettront une croissance économique rapide ». Or que trouve-t-on parmi les critères retenus ? L'« ouverture de l'économie », le « développement des marchés financiers », la « qualité des institutions politiques », la « flexibilité du marché du travail ». Sans oublier, calculé mathématiquement lui aussi, l'« évitement du coût social de l'emploi »… Deux mille chefs d'entreprise ont répondu au long questionnaire de Jeffrey Sachs. Puis le classement a été dressé – irréfutable puisque le choix des questions était aussi biaisé que l'identité des personnes invitées à y répondre. Sur quarante-neuf, le Royaume-Uni n'a fini que trente-cinquième pour le système éducatif, et quarante-huitième pour la part du revenu national consacrée à l'épargne et à l'investissement. Toutefois, comme cette année-là il était aussi arrivé cinquième pour la « disposition à restructurer », quatrième pour la « flexibilité de l'emploi et du licenciement » et second pour le « prix des communications téléphoniques à l'étranger », il a, fort scientifiquement, battu l'Allemagne. En 2003, cet ordre-là s'était modifié. L'économiste en chef qui avait mitonné le classement indiqua que, si la France avait « quelque peu renforcé sa compétitivité par rapport à ses voisins », il lui restait néanmoins bien du chemin à faire, au prix naturellement de « réformes structurelles fondamentales ». Car ce serpent se mord la queue : il postule que pour être compétitif il faut être libéral ; il interroge ensuite des chefs d'entreprise sur la quantité de libéralisme de leur nation, puis conclut de leurs réponses que, pour améliorer sa compétitivité, chaque pays doit libéraliser un peu plus son économie... « Attractivité », « France qui tombe », etc. : la plupart des débats piégés qui encombrent nos existences sont de cette eau. Souvent, la contre-expertise serait à la portée d'un étudiant en première année de science économique. À condition qu'il en reste encore qui n'aient pas été déjà trop déformés par leur formation[1].

Partant de trois rapports de l'OCDE consacrés, la même année, à trois États membres aussi différents que le Royaume-Uni, la Corée et la Nouvelle-Zélande, nous avons composé un petit glossaire[2]. En incluant dans notre échantillon d'autres

---

1. La même inspiration idéologique préside à l'établissement annuel d'un « index de la liberté économique », lequel est concocté de concert par le *Wall Street Journal* et la Heritage Foundation. Leur dernier classement de cent quarante-cinq États place Hong Kong et Singapour en tête, bien devant la Belgique (22ᵉ) et la Norvège (29ᵉ). En dépit des privatisations mises en œuvre ces dernières années, la France a régressé à la 44ᵉ position (elle était 35ᵉ en 1998), désormais ex æquo avec l'Arménie. Involontairement, la démonstration est donc faite : la liberté du marché n'a qu'un rapport très lointain avec la liberté tout court (*cf.* « Index of economic freedom », *The Wall Street Journal Europe*, 9-11 janvier 2004).

2. Sont cités successivement, presque toujours dans leur ordre d'apparition, des extraits de : OCDE, *Études économiques de l'OCDE : Corée 1996*, OCDE, Paris, 1996 ; puis OCDE, *Études économiques de l'OCDE : Royaume-Uni 1996, op. cit.* ; enfin OCDE, *Études économiques de l'OCDE : Nouvelle-Zélande 1996*, OCDE, Paris, 1996.

« études » consacrées à d'autres États, il aurait été rigoureusement identique. Nous avons d'abord aligné les mots ou groupes de mots auxquels les experts du château de la Muette attribuent une forte connotation positive. Ensuite, les situations ou évolutions qui, toujours selon eux, appellent la réprobation. La deuxième liste découle largement de la première (ce qu'on réprouve est en général le contraire de ce qu'on approuve) ; l'inventaire des mesures gouvernementales que l'OCDE juge diaboliques sera donc beaucoup plus succinct que son long chapelet de recommandations. Le lecteur doit demeurer vigilant : à ses yeux, certains des items de la première liste risquent de renvoyer à des défauts. Qu'il soit bien clair que, pour l'OCDE, ils représentent *tous* autant de vertus.

Dans la catégorie de l'économiquement correct vu par le château de la Muette, on compte à la fois : « politique d'ouverture », « politique industrielle moins interventionniste », « libéraliser le commerce extérieur », « réduire le rôle des entreprises publiques », « restructuration des grandes sociétés pour qu'elles améliorent considérablement leur rentabilité », « libéralisation financière indispensable pour soutenir la croissance », « resserrement budgétaire », « modération très sensible des salaires réels », « rentabilité des entreprises », « progression du salaire réel inférieure à celle de la productivité », « plus grande ouverture de l'économie aux forces du marché et de la concurrence », « accentuation très marquée des disparités de salaires », « multiplication des emplois temporaires », « sentiment de moins grande sécurité de l'emploi », « flexibilité du marché du travail », « privatisations », « flexibilité du travail », « faible progression des salaires », « allonger le délai entre le moment où le salarié quitte ou perd son emploi et le moment où l'allocation est versée », « pas d'obligations légales en matière de protection de l'emploi, sous la forme d'un préavis minimum ou d'une indemnité minimum de licenciement », « taux de syndicalisation tombé d'environ 45 % à 30 % », « grèves de solidarité illégales », « horaires plus flexibles », « la rémunération au rendement a gagné du terrain », « pressions à la baisse sur les salaires ».

Au nombre des méfaits à éviter, on trouve en particulier le « soutien public à l'industrie », l'« instauration d'un régime d'indemnisation du chômage », les « dispositions en matière de sécurité de l'emploi ». Et beaucoup d'autres du même acabit. On s'épargnera de prolonger l'exercice. Ou de souligner la prescience de l'OCDE, qui recommandait à la Corée de poursuivre sa « politique d'ouverture » et de bien comprendre que « la libéralisation financière sera indispensable pour soutenir la croissance[1] » en 1996, c'est-à-dire un an avant que ces orientations, précisément, ne provoquent l'une des dépressions les plus spectaculaires de l'histoire économique contemporaine. À l'époque, les « meilleurs experts du monde » n'étaient pas tous en effet fourrés dans les locaux du FMI. Ils avaient peut-être même noté que le ministre américain du Travail, Robert Reich, comparait souvent la société des pays occidentaux à « trois bateaux, l'un qui coule à toute vitesse, l'autre qui sombre plus lentement, le troisième qui ne cesse de s'élever ». Doit-on alors imaginer qu'ils avaient choisi de charger le bateau qui sombrait lentement (celui des salariés) en prétextant soulager le radeau qui coulait à toute vitesse (les « exclus ») pendant que le paquebot du capital, lui, ne cessait de s'élever ? L'accusation serait excessive. Mais n'est-il pas tout aussi injuste en définitive de soupçonner les meilleurs du monde de ne jamais vouloir ce qu'ils… veulent ?

Partout, le marché dans les têtes

Quand l'Adam Smith Institute de Londres ou la Heritage Foundation de Washington s'efforcent de promouvoir les privatisations dans le monde, on explique qu'il s'agit de la mission que se sont assignée des groupes privés, intellectuellement soudés à la nouvelle droite, des « organisations de propagande idéologique à façade scientifique[2] ». La réponse n'est déjà plus la même quand le Groupe de consultation sur les affaires économiques et monétaires internationales (plus connu sous le nom de « groupe des Trente ») produit un catéchisme, aussitôt repris par

---

1. OCDE, *Études économiques de l'OCDE : Corée 1996, op. cit.*, p. 138.
2. Yves Dezalay et Bryant Garth, « Le "Washington Consensus" », art. cité.

la presse financière : il faudrait « moderniser » la finance, promouvoir l'innovation, « harmoniser » la (dé)réglementation internationale, assurer la libre circulation des capitaux et l'ouverture des marchés, se fier à leur rôle autorégulateur, en particulier en ce qui concerne les fonds spéculatifs et les produits dérivés[1]. Or, dans le groupe des Trente, un *think tank* international appuyé par Morgan Stanley, Merrill Lynch ou encore la Dresdner Bank, on compte le directeur général de la BRI et les gouverneurs des grandes banques centrales. Des fonctionnaires, donc. Avec l'OCDE, l'OMC, la Banque mondiale ou le FMI, une étape supplémentaire est franchie : ce sont à présent des organisations intergouvernementales qui matraquent la *doxa* néolibérale incubée dans les fondations privées de la droite anglo-américaine grâce à l'argent du patronat. Ainsi, au terme d'un assez prodigieux retournement, une architecture institutionnelle largement conçue au lendemain de la guerre pour favoriser la coordination des politiques publiques ne cesse dorénavant de recommander aux États de s'en remettre au marché ; une pensée économique inspirée par Keynes se métamorphose au point de se dissoudre dans une idée. Celle qui veut que la feuille de paie soit l'ennemie de l'emploi.

Revenons sur cette métamorphose. Au début des années 60, la France et sa planification indicative offrent le modèle de modernisation économique en vogue[2]. L'OCDE qui vient de naître (en 1961) est l'héritière d'une Organisation européenne de coopération économique (OECE) dont la première mission avait été de mettre en œuvre le plan Marshall. Quant aux autres institutions intergouvernementales et au système construit à la fin de la guerre, ils ont compté John Maynard Keynes et Pierre Mendès France au nombre de leurs principaux architectes : à Bretton Woods, l'un dirigea la délégation britannique, l'autre la délégation française. Le « mondial » ou l'« international » ne sont donc nullement invoqués à cette époque pour laisser se

---

1. *Cf.* Ibrahim Warde, « Le système bancaire dans la tourmente », *Le Monde diplomatique*, novembre 1998.

2. *Cf.* Andrew Shonfield, *Modern Capitalism : The Changing Balance of Public and Private Power*, Oxford University Press, Londres, 1965.

déchaîner les forces du marché – au contraire[1]. On encourage alors l'idée d'une intervention presque permanente des responsables politiques dans les domaines monétaire, budgétaire, industriel, financier. Évoquant l'hégémonie intellectuelle des années 30, Richard Cockett souligne que, « pendant que les idées de Keynes bénéficient d'une large diffusion et qu'il est consulté par les gouvernements et les hommes politiques de tendances opposées – parce qu'il leur dit ce qu'ils ont envie d'entendre –, les thèses des néolibéraux restent confinées aux revues et aux maisons d'édition universitaires[2] ». Trois décennies plus tard, les choses n'ont pas encore fondamentalement changé. Le maître est mort depuis longtemps (1946), mais sa pensée continue de souder la science économique à un État investi de fonctions qui excèdent largement ses missions « régaliennes »[3]. Acteur, pas seulement arbitre. Cohésion sociale, stabilité monétaire, protection des risques mal couverts par le marché, modernisation du pays : les nouvelles responsabilités économiques de la puissance publique lui imposent de disposer des moyens d'être simultanément éclaireur, entrepreneur et pompier. Dans la rhétorique dominante de l'époque, « les anciennes élites patronales, le monde paysan traditionnel, la "France éternelle" sont autant de figures sociales de l'incompétence économique auxquelles l'État et les modernisateurs entendent substituer un nouvel élan d'efficacité collective[4] ». Jusqu'aux années 70, l'enseignement de l'économie et sa diffusion dans la société confortent la légitimité de l'action publique ; à Sciences Po, les cours de « Politique économique de la France », lorsqu'ils recensent ses acteurs principaux, commencent par

---

1. Pierre Mendès France, qui siégea souvent en tant que gouverneur du FMI entre 1946 et 1959, n'a jamais été un libéral. Attaché à la planification, il s'était fait connaître en écrivant en avril 1929, six mois avant le krach de Wall Street : « L'heure est venue de substituer aux dogmes du laisser-faire, laisser-passer, le statut économique de l'avenir, celui de l'État fort contre l'argent fort » (Pierre Mendès France, *Œuvres complètes*, tome 1, Gallimard, Paris, 1984, p. 104).
2. Richard Cockett, *op. cit.*, p. 54.
3. *Cf.* John Zysman, *Governments, Markets and Growth*, Cornell University Press, Ithaca, 1982, et, pour la France uniquement, Richard Kuisel, *Le Capitalisme et l'État en France*, Gallimard, Paris, 1989.
4. Frédéric Lebaron, *La Croyance économique, op. cit.*, p. 160.

l'« État » avant d'étudier le rôle des entreprises. Par ailleurs, l'influence de l'Union soviétique et la puissance de ses relais politiques dans les pays occidentaux « contribuent à inciter les élites dirigeantes européennes à tenter d'enrôler les citoyens autour d'une vision modernisatrice, qui rendrait possible un certain progrès social tout en préservant l'ordre capitaliste[1] ».

L'importance de la « croyance économique », celle de la légitimité d'une discipline qui se veut « science », progresse pour plusieurs raisons. La multiplication du nombre des cadres, des techniciens – et des économistes – favorise la diffusion dans la société des nouveaux codes de la rationalité ; le journalisme s'intéresse davantage à la réalité des entreprises et de la finance ; le personnel politique apprend à maîtriser la nouvelle langue, tout comme il était autrefois féru de latin, de grec et de droit. En France, Michel Rocard, Raymond Barre, Laurent Fabius et Valéry Giscard d'Estaing afficheront avec insistance leurs connaissances économiques, le dernier allant jusqu'à questionner son concurrent à l'élection présidentielle sur le cours du deutsche Mark. Simultanément, la prégnance d'une analyse marxiste dans le mouvement ouvrier européen conforte une vision de l'histoire assise elle aussi sur la croissance, le développement, l'économie. Quand l'orthodoxie va basculer dans un domaine dont l'importance symbolique n'a cessé de croître, on imagine les effets en chaîne. Car comment les termes d'une bataille ne seraient-ils pas infléchis le jour où une place forte devenue imprenable change de camp avec toutes ses armes et tous ses militaires ? Ce seront souvent les mêmes, en effet, qui – à l'OCDE, à l'ENA, à Sciences Po, à la direction du Trésor, à la Banque mondiale, dans les grandes universités américaines, dans les partis socialistes –, keynésiens hier, deviendront en un tournemain des partisans et des acteurs de premier plan de la grande transformation néolibérale. Désormais, pour eux, l'incompétence, ce sera l'État ; l'efficacité, l'entreprise : « Après la parenthèse historique du fordisme, qui avait vu, à la faveur de la reconstruction et des Trente Glorieuses, une

---

1. *Ibid.*, p. 158.

nouvelle génération de hauts fonctionnaires affirmer leur autonomie et imposer leur rationalité d'État, le cas échéant contre le
capital, la sainte alliance de tous les dominants se reforme autour
de la finance. C'est que tous y trouvent maintenant leur intérêt[1]. » Une longue file de très hauts fonctionnaires semble
n'attendre que de « pantoufler » à la direction de conglomérats
privés. Bien introduits dans les médias et dans la vie politique, ils
y importent leur nouvelle foi. Cette hiérarchie des valeurs, les
plus jeunes l'absorbent sans effort : « En 1980, relève Joseph
Nye, trois quarts des diplômés de la John F. Kennedy School of
Government de Harvard [l'une des ENA américaines] cherchaient ensuite un emploi public. Aujourd'hui, ce n'est le cas que
du tiers d'entre eux. Les chiffres sont identiques dans les autres
établissements du même type[2]. »

Progressivement, la métamorphose devient engrenage,
fondant une légitimité différente et installant les conditions de sa
pérennité : « Le discours dominant, analysent Pierre Bourdieu et
Luc Boltanski, n'est que l'accompagnement d'une politique,
prophétie qui contribue à sa propre réalisation parce que ceux qui
la produisent ont intérêt à sa vérité et qu'ils ont les moyens de la
rendre vraie. [...] Chacun des choix nouveaux que la politique
dominante parvient à imposer contribue à restreindre l'univers
des possibles, ou, plus exactement, à accroître le poids des
contraintes[3]. » La conversion des élites économiques et des pres-
cripteurs idéologiques écarte la nécessité d'une purge. Avec
certains des hommes autrefois programmés pour faire le
contraire, la direction du Trésor va préparer les privatisations, la
Banque de France sacrifier l'économie à la finance, le Fonds
monétaire international imposer le « consensus de Washington »,
les paradigmes de la théorie classique resurgir pour étouffer
l'économie du développement. Le nouvel espéranto international
a l'avantage d'être aussi facile à retenir qu'à répandre. « Premier

1. Frédéric Lordon, *Et la vertu sauvera le monde...*, Raisons d'agir, Paris,
2003, p. 20-21.
2. Joseph S. Nye Jr., « The best and brightest now shun public service »,
International Herald Tribune, 24 août 2001.
3. Pierre Bourdieu et Luc Boltanski, « La production de l'idéologie dominante », *Actes de la recherche en sciences sociales*, n° 2-3, 1976.

postulat, résume Pierre Bourdieu : l'économie serait un domaine séparé gouverné par des lois naturelles et universelles que les gouvernements ne doivent pas contrarier ; deuxième postulat : le marché serait le moyen optimal d'organiser la production et les échanges de manière efficace et équitable dans les sociétés démocratiques ; troisième postulat : la "globalisation" exigerait la réduction des dépenses étatiques, spécialement dans le domaine des droits sociaux en matière d'emploi et de sécurité sociale, tenus pour à la fois coûteux et dysfonctionnels[1]. »

Le système de récompense, intérieur et international, referme un peu plus l'« univers des possibles » ; les axiomes deviennent théorèmes. En 1974, Friedrich Hayek, qui avait reçu le « prix Nobel d'économie », devait encore le partager avec Gunnar Myrdal, dont les positions politiques et idéologiques étaient aux antipodes des siennes. Quelques années plus tard, la voie est libre pour un affichage des préférences ; Stockholm peut dorloter les ultralibéraux sans retenue. Tour à tour Milton Friedman (1976), George Stigler (1982), Gérard Debreu (1983), James Buchanan (1986), Maurice Allais (1988), Ronald Coase (1991), Gary Becker (1992), Robert Fogel (1993) se voient consacrés. Sept en onze ans, et au bas mot… À défaut d'être interdit, le débat devient passablement circonscrit quand les élus, les banquiers, les économistes doivent tous apprendre à se fondre dans l'épure d'orientations néolibérales ou monétaristes présentées comme d'autant plus bienfaisantes qu'elles seraient irréversibles, ou d'autant plus nécessaires qu'elles seront douloureuses : critères de convergence du traité de Maastricht, libre-échange, politiques d'ajustement structurel du FMI. Douloureuses pour les autres, bien entendu.

Les mêmes noms venus du public pantouflent dans le privé, traversent l'Atlantique dans les deux sens, conseillent des *think tanks* et des gouvernements sur chacune des rives. Comme Hayek, Friedman, Buchanan. Leur discipline, l'économie, s'est imposée à d'autres domaines des sciences sociales, mais sous sa forme la plus mathématisée. « Choix rationnel » ou « choix

---

1. Pierre Bourdieu, *Contre-feux 2*, Raisons d'agir, Paris, 1999, p. 26-27.

public » *(public choice)*, la science politique va emprunter la boîte à outils de l'économétriste. En 1992, 40 % des articles de l'*American Political Science Review* partent de ce genre de postulat[1] et, d'un bout à l'autre du pays, les recrutements universitaires rendent claire l'existence d'une école de pensée devenue assez forte pour imposer ses choix sectaires. L'électeur n'est plus qu'un consommateur, et l'élu un entrepreneur. Avec James Buchanan, on veut « montrer que les détenteurs du pouvoir ne font que suivre leurs propres intérêts ou ceux de leurs mandants. Cette démarche sert surtout à justifier les postulats des théoriciens de Chicago en faveur de l'économie de marché puisque les interventions gouvernementales ne feraient que renforcer les rentes de situation. À partir d'une abstraction théorique, le *public choice* devient un outil utilisé pour nourrir et renforcer les arguments tactiques contre les monopoles, l'intervention et la régulation étatiques[2] ». Une telle science, grâce à laquelle on peut combattre intellectuellement les notions d'intérêt général et de service public – sans lesquelles le droit administratif n'a plus de raison d'être –, ne saurait rester confinée aux seuls États-Unis. De fait, elle s'étend. La crise de la dette, l'effondrement du bloc communiste, les conditions attachées aux prêts du FMI permettent avec une rapidité déconcertante que cet économisme particulier règne partout en maître, que les politiques d'austérité soient authentifiées par des experts capables de coopter ensuite des élites à leur image. Pour ne prendre que cet exemple, le « sommet des Amériques » au cours duquel trente-trois chefs d'État décident, à Miami, en décembre 1994, de créer une vaste zone de libre-échange régionale avant l'an 2010 a « des allures de réunion d'anciens élèves des départements d'économie des grandes universités américaines. Au Mexique, le président Carlos Salinas (docteur en sciences économiques de Harvard), architecte des grandes réformes ultralibérales, était acclamé par

---

1. Selon Patrick Lehingue, « L'analyse économique des choix électoraux, ou comment choisir d'économiser l'analyse », *Politix*, n° 40, 1997, cité *in* Mathieu Douérin, *Libéralismes : la route de la servitude volontaire*, Les Éditions de la Passion, Paris, 2003, p. 54.
2. Yves Dezalay et Bryant Garth, « Le "Washington Consensus" », art. cité.

les gardiens du dogme et avait terminé son règne en beauté. Pour le récompenser, l'Amérique en avait fait son candidat à la présidence de la nouvelle Organisation mondiale du commerce ; la compagnie Dow Jones (qui publie le *Wall Street Journal*) l'avait élu à son conseil d'administration. Dix-sept jours plus tard, son successeur, M. Ernesto Zedillo (docteur en sciences économiques de Yale), se débattait dans la pire crise que le pays ait jamais connue[1] ».

La nouvelle vision du monde assimile le marché à « une identité mécanique au sein de laquelle interviennent des acteurs individuels, non coordonnés, et dont aucun n'exerce d'influence particulière, les informations circulant entre eux conduisant à l'ajustement en équilibre[2] ». Plus cette « science économique » dévoile son irréalisme simplificateur, plus elle affiche son impérialisme intellectuel. C'est au moment où elle est balayée par une « marée de mathématisation » qu'elle se mêle de tout expliquer – l'anthropologie, la sociologie, la psychologie, l'histoire, les élections – par le paradigme du marché, par l'idée d'un agent individuel et rationnel qui en permanence calculerait l'utilité pour lui de devenir délinquant plutôt qu'honnête, chômeur plutôt qu'employé, divorcé plutôt qu'époux. Il optimiserait son « capital humain » comme un spéculateur arbitre entre deux devises ou comme un consommateur désargenté achète une poêle à frire plutôt qu'un tapis de bain. « Il est clair, assène James Coleman, professeur de sociologie à l'université de Chicago, que le mariage peut être compris comme une marchandise dont le taux de change serait régi par la contrainte de la monogamie, qui interdit toute variation de quantité destinée à modifier la valeur d'échange[3]. » Son collègue, Richard Epstein, un des principaux penseurs ultralibéraux de l'université de Chicago, s'intéresse aux greffes d'organes. De nombreux malades sont sur liste d'attente. C'est, explique-t-il, que l'« offre » est insuffisante. Sa solution ? L'instauration d'un marché d'organes : « L'énorme

---

1. Ibrahim Warde, « La théorie de l'économiquement correct », *Le Monde diplomatique*, mai 1995.

2. C'est ainsi que Michel Beaud et Gilles Dostaler résument l'utopie néoclassique in *La Pensée économique depuis Keynes*, Seuil, Paris, 1993, p. 190.

3. James Coleman, *Foundations of Social Theory*, Belknap Press, Cambridge, 1990, p. 22.

bénéfice dont jouira un greffé du rein compensera les risques et l'inconfort du donneur, et l'argent servira de solvant qui partagera le gain entre les deux [...]. Dans un tel système, tous les organes non vitaux, les yeux par exemple, pourraient être achetés et vendus[1]. » Une telle proposition comporte un avantage. Ceux qui vont décider de sacrifier un de leurs yeux au « solvant » de l'argent n'appartiendront pas souvent au même groupe social que les lecteurs voyants du *Wall Street Journal*, qui a publié l'idée d'une telle « réforme », puisque leur revenu annuel moyen est de 200 000 dollars. Mais cet avantage pourrait être avancé comme objection par quelques grincheux pour qui la proposition signifie : « riches et malades achètent organes de miséreux en bonne santé ». Richard Epstein a donc prévu des garde-fous : « Les courtiers d'organes devront instituer un processus de sélection rigoureux pour s'assurer que les donneurs le font de leur plein gré. » Au demeurant, le « bénéfice net » d'un tel marché serait incommensurable : « La période de dialyse, pénible et chère, s'en trouvera réduite ; plus les greffes seront fréquentes, plus les techniques chirurgicales se trouveront améliorées ; moins de paperasserie et un plus fort taux de succès réduiront le coût et élargiront l'accès au plus grand nombre ; enfin il y aura moins de décès dès lors que le déficit d'organes créé par l'intervention des pouvoirs publics se trouvera éliminé. » On oublie trop souvent que le libéralisme est d'abord un humanisme.

Les keynésiens estimaient nécessaire (et possible) de stabiliser l'économie afin de procurer une forme de sécurité à ses agents, perçus comme davantage que les protagonistes d'une transaction. Avec le triomphe international de la nouvelle école, le « risque » et l'instabilité sont célébrés, dotés de vertus mobilisatrices. Fontaine de jouvence, ils tiennent en alerte, obligent à se dépasser. L'entreprise et la concurrence dictent alors leur loi aux univers que d'autres paramètres auparavant activaient. Et, selon les mots de Richard Epstein, cette fois dans le *Financial Times*, « le rôle principal de l'État dans la sphère économique doit être limité à la construction d'une infrastructure sociale et légale qui rendra

---

1. Richard Epstein, « Sell your body, save a life », *The Wall Street Journal*, 16 avril 1998.

possible l'opération de marchés libres[1] ». Dans cette veine idéologique, l'OCDE pourra saluer au Royaume-Uni « la fusion récente des ministères de l'Éducation et de l'Emploi, destinée à faciliter le passage de l'école au monde du travail [...]. Une réforme aussi radicale donne des résultats prometteurs[2] ». Et la Banque mondiale pourra conclure : « Les entreprises productives s'épanouissent là où les États accordent la priorité à la définition et à la protection du droit à la propriété[3]. » L'éducation confiée au patronat, la culture au mécénat : les priorités publiques ainsi circonscrites, une page est tournée, voire arrachée. L'insécurité va garantir le progrès et l'inégalité redessiner le sens de l'histoire.

Cette généralisation et cette naturalisation des modes de pensée construits par l'économisme libéral aboutissent à la subordination absolue de la société à l'économie, comparable à celle que Polanyi avait disséquée au XVIIIe et au XIXe siècle. Et l'économie ne peut être que marchande et privée. La « science morale » de Keynes (et de Hayek, contrairement à ce qu'imaginent nombre de ses épigones) devient « science naturelle[4] » calculable, calculée et calculatrice ; l'action humaine échappe à l'irrationnel, sauf lorsqu'il a un prix. Ce « retournement symbolique » va traverser la planète et justifier nombre de nouvelles politiques, y compris publiques (privatisations, transformation de l'ancien « usager » en « client », solvable de préférence, et de l'ancien « agent » en vendeur). Afin de hâter le processus, ses thuriféraires ne cesseront d'alléguer les « contraintes » de la « mondialisation ». Toutefois, comme l'ont souligné Pierre Bourdieu et Loïc Wacquant, une légitimation de ce genre est aussi une « "rhétorique" qu'invoquent les gouvernements pour

---

1. Richard Epstein, « Free markets demand protection », *Financial Times*, 13 octobre 2003.
2. OCDE, *Études economiques de l'OCDE : Royaume-Uni 1996, op. cit.*, p. 111.
3. Banque mondiale, « Doing business in 2004 », Washington, 2003, cité *in* « World Bank discovers the market », éditorial, *The Wall Street Journal*, 8 octobre 2003.
4. En juillet 1938, Keynes écrit : « L'économique est essentiellement une science morale et non pas une science naturelle. C'est-à-dire qu'elle utilise l'introspection et les jugements de valeur » (cité *in* Michel Beaud et Gilles Dostaler, *op. cit.*, p. 33).

justifier leur soumission volontaire aux marchés financiers. Loin d'être, comme on ne cesse de le répéter, la conséquence fatale de la croissance des échanges extérieurs, la désindustrialisation, la croissance des inégalités et la contraction des politiques sociales résultent de décisions de politique intérieure qui reflètent le basculement des rapports de classe en faveur des propriétaires du capital[1] ».

Pour devenir planétaire autant que permanent (c'est en tout cas son aspiration), le basculement a profité de trois transformations : la décomposition du « bloc soviétique » et la fin de la guerre froide ; la disqualification du « tiers-mondisme », c'est-à-dire aussi de tout mode de développement non exclusivement fondé sur le marché et sur le libre-échange ; l'application, enfin, des nouvelles politiques libérales par des formations de gauche autrefois déterminées à les combattre. Évoquer ces transformations séparément n'empêche pas de conserver à l'esprit leur caractère lié (à défaut d'être solidaire : une fraction significative du syndicalisme et du socialisme était depuis toujours anticommuniste, nombre de pays « non alignés » aussi) tant la disparition de chacun des modes de pensée alternatifs au capitalisme dur a presque toujours précipité la crise et la capitulation de ceux qui suivaient. Ce n'est pas la loi des dominos (même inversée) chère aux théoriciens de la guerre du Vietnam. Mais l'observation des tours de Manhattan après le 11 septembre 2001 : la disparition des plus grandes fait bouger le terrain autour d'elles et fragilise mortellement les suivantes, sans jamais les avoir touchées.

Thermidor planétaire

C'est un grand dissident soviétique qui s'exprime, conscient du paradoxe qu'il énonce : « La fin du communisme a aussi marqué la fin de la démocratie. Notre époque n'est pas que post-communiste, elle est aussi post-démocratique. Nous assistons

---

1. Pierre Bourdieu et Loïc Wacquant, « La nouvelle vulgate planétaire », *Le Monde diplomatique*, mai 2000.

aujourd'hui à l'instauration du totalitarisme démocratique ou, si vous préférez, de la démocratie totalitaire[1]. » Loin de libérer un socialisme démocratique, dont l'horizon eût été bouché par la parenté, même éloignée, avec un communisme tyrannique, la fin du « bloc soviétique » sacre en effet le triomphe de la pensée libérale, désormais débarrassée à la fois d'un rival planétaire et d'une mauvaise conscience historique. Au lieu de constituer la réponse du prolétariat à la sauvagerie que lui ont imposée la révolution industrielle et son mode de production, le syndicalisme et le socialisme deviennent, dans la nouvelle pensée dominante, l'enfance, la genèse de la « tentation totalitaire[2] ». Appuyée par des essayistes aux talents intellectuels infiniment moins fulgurants que leurs méthodes de marketing (en France, les « nouveaux philosophes »), relayée sans relâche par des journalistes dépourvus de culture, en particulier historique, cette forme de disqualification par association percute des idées « progressistes » – qui pouvaient avoir été défendues par la démocratie chrétienne –, dès qu'elles rappellent si peu que ce soit aux nouveaux inquisiteurs monomaniaques les banderoles qui défilaient sur la place Rouge. Nombre de conséquences vont découler de ce mode de pensée, légèrement halluciné, aux termes duquel évoquer la condition ouvrière et l'iniquité du capitalisme ouvre la voie du « goulag », et défendre le service public de la Poste revient à nier la Grande Famine en Ukraine. Un historien communiste, Albert Mathiez, avait vu en Lénine « un Robespierre qui a réussi ». La Révolution française devait donc être réévaluée (c'est-à-dire dévaluée) à la lumière de la chute du mur de Berlin, laquelle, de manière presque providentielle, intervint

---

1. Alexandre Zinoviev, *La Grande Rupture*, L'Âge d'homme, Lausanne, 1999, p. 91.
2. Pour reprendre le titre d'un best-seller de Jean-François Revel (Robert Laffont, Paris, 1976). L'auteur se trompait, comme souvent, en imaginant que l'évolution du monde mènerait presque inexorablement au triomphe de l'Union soviétique, que la démocratie allait « périr » et que les communistes allaient « plumer la volaille socialiste ». Il récidiva dans la même veine, notamment en 1981 avec son livre *La Grâce de l'État* (Grasset, Paris, 1981), dont les principales conclusions seront infirmées, elles aussi. Loin d'ouvrir la voie à la destruction du capitalisme en France, l'élection de François Mitterrand en constitua, à terme rapproché, le couronnement.

l'année du bicentenaire. Souvent abandonnée à des intellectuels de petit calibre désireux de prendre dans les médias la revanche de la consécration que leurs pairs ne leur ont pas offerte, la vulgate à la mode ne va cesser d'associer communisme et hitlérisme, d'évoquer une complicité des « totalitarismes » contre les « droits de l'homme » à la sauce américano-britannique. Ainsi, les liens URSS-Allemagne nazie entre 1939 et 1941 ont fait l'objet de mille articles, enquêtes, dossiers spéciaux, émissions de télévision à grand spectacle, souvent bourrés d'erreurs historiques qu'on eût cru réservées à des collégiens paresseux. La complicité, réelle, documentée, entre capitalisme britannique et fascisme italien, franquisme et Troisième Reich, de 1936 à 1940, a paru en revanche moins affriolante[1]. Quant au repêchage, au lendemain de la chute de Berlin, de hauts dignitaires nazis par des services secrets américains mitonnant la prochaine guerre froide, il n'en serait presque plus jamais question. Un intellectuel conservateur comme Raymond Aron, analyste du « totalitarisme » mort en 1983, ne manquait pourtant pas de faire la différence entre l'inspiration et les objectifs des régimes soviétique et nazi : « L'un trahissait ses idées par ses crimes, l'autre les appliquait. » Mais avant même son très étrange bicentenaire, la Révolution française fondait à son tour dans l'épure intellectuelle qu'avaient esquissée les conclavistes du Mont Pèlerin quarante ans plus tôt :

> Le totalitarisme soviétique, explique Frédéric Lebaron, apparaît à la fois comme l'héritier de la « terreur » de 1793 et de l'œuvre de Marx. Les crimes commis dans les États « socialistes », l'oppression politique et l'échec économique sont décrits comme ses aboutissements « inévitables ». La dépréciation du cours symbolique de la notion même de « socialisme » suit celle du « communisme » : avec eux, c'est l'action collective volontariste, celle des syndicats, des partis de gauche, mais

---

1. Chaudement recommandée par François Furet dans *Le Nouvel Observateur* du 5 décembre 1996, l'émission « Les dossiers de l'histoire » consacrée à « Hitler-Staline : liaisons dangereuses », diffusée par France 3, du 30 novembre au 14 décembre 1996 (et souvent rediffusée depuis, en particulier sur le câble), a représenté dans le genre un modèle de médiocrité et de propagande. *Cf.* Serge Halimi, « Falsifications à la télévision », et Gabriel Gorodetsky, « Les dessous du pacte germano-soviétique », *Le Monde diplomatique*, juillet 1997.

aussi plus largement des organisations qui ont mis en place l'économie sociale de marché qui se trouvent fortement affaiblies. [...] À travers le « communisme », autant que l'Union soviétique et les partis qui s'en réclament, c'est en fait l'ensemble des institutions issues de l'ordre « keynésien » qui font l'objet d'une forme de disqualification, qu'on pourrait dire « par contamination ». La notion de « propriété collective » est victime d'un discrédit proportionnel à la violence des expériences de « collectivisation ». Par suite, la propriété publique, les biens publics, l'intervention régulatrice de l'État apparaissent comme autant de « premiers pas » sur le chemin vers la servitude, selon la formule de Hayek, qu'incarnerait au plus haut degré la soumission de l'individu à des systèmes politiques et économiques « totalitaires ». La volonté politique de contrôler les mécanismes de marché est assimilée à une intervention intempestive et arbitraire dans le cours des choses, qui ne peut entraîner que des « catastrophes » (sur le modèle des famines consécutives aux collectivisations forcées). La mise en place de systèmes élargis de protection sociale est considérée comme le premier pas d'une étatisation de la vie privée qui atteint son point culminant dans l'absorption des individus par l'État total. L'intervention des syndicats et l'action collective sont considérées comme des entraves au fonctionnement « normal » de l'entreprise, qui la menacent d'une paralysie semblable à celle que connaît alors l'Union soviétique[1].

En même temps qu'elle légitime le durcissement de la société de marché là où ce mode de production opère déjà, la victoire du capitalisme en ex-Union soviétique crée une nouvelle aire d'expérimentation dans des États pour qui c'est l'année zéro. Le vide dû à la disparition brutale du mode d'organisation des pays de l'Est (propriété collective, marchés garantis à l'intérieur du Comecon, contrôle social exercé par la bureaucratie et par la police) laisse derrière lui une page blanche. Souvent sollicités par de nouvelles autorités désorientées, les penseurs néolibéraux américains et britanniques y impriment aussitôt leurs conceptions les plus audacieuses. Les « lois » du matérialisme historique se renversent. Le « socialisme réellement existant » n'est plus qu'une parenthèse à fermer, l'antichambre d'un capitalisme

---

1. Frédéric Lebaron, *La Croyance économique*, *op. cit.*, p. 174-175.

d'entreprise dorénavant libéré de toute contrainte. Devant la perspective de cette Grande Révolution culturelle à rebours, certains – tels Guy Sorman en France, Jimmy Goldsmith en Grande-Bretagne, le *Wall Street Journal* ou le journaliste-essayiste Thomas Friedman aux États-Unis – ne peuvent réprimer l'expression de quelques transes : « La renaissance du libéralisme, depuis les années 80, a emporté sur son passage toutes les idéologies antérieures qui privilégiaient l'État central et le socialisme. Sur tous les continents, des dictatures sont tombées, des frontières ont été abolies, des goulags anéantis. La mondialisation escortée et amplifiée par de nouveaux moyens de communication a ouvert des horizons de liberté et de prospérité à des milliards d'individus. Dans toutes les civilisations, l'esprit d'entreprise, délesté des interdits et des entraves réglementaires, s'est réveillé : une nouvelle croissance a porté l'Occident à des niveaux de prospérité sans précédent et arraché à la misère des civilisations entières. Des nations, que bien à tort l'on croyait vouées à la tyrannie par quelque fatalisme culturel, s'éveillent à la démocratie libérale[1]. » Mais il ne s'agit pas seulement de se réjouir. Il faut aussi indiquer le chemin aux retardataires. Dont la France, en l'occurrence, puisque selon le même auteur, s'exprimant cette fois dans un journal américain qui apparemment n'a pas décelé la facétie du propos, l'Hexagone, loin d'être une démocratie libérale comme on le croyait, était devenu « la dernière république soviétique ». Un simple mouvement de grève victorieux dans la fonction publique y avait suffi : « Au bout du compte, les soviets l'ont emporté, nous apprit donc M. Sorman. En 1917, les conseils populaires ne servaient que de couverture au putsch bolchevik. Près d'un siècle plus tard, l'utopie soviétique est réalisée. Pas en Russie, mais en France[2]. » Concédons aux ultralibéraux l'avantage de la vertu qu'ils cultivent : la chance (ou la notoriété) sourit aux plus audacieux d'entre eux. Y compris quand leurs propos pourraient faire douter de leur raison.

« Sur le Continent, le courant intellectuel dominant est favorable aux marchés » : en 1984, Jean-François Revel et Bruno Lazitch

---

1. Guy Sorman, *Le Figaro*, 14 avril 2003.
2. Guy Sorman, *The Wall Street Journal*, 27 mars 2000.

claironnent la bonne nouvelle à destination de leurs amis de la droite américaine. « Il y a dix ans, écrivent-ils alors dans le *Wall Street Journal*, la plupart des universitaires, des étudiants, des essayistes et des journalistes citaient régulièrement Marx, Mao, Marcuse, Galbraith et Sartre. Leur auteur le plus conservateur était Keynes. Aujourd'hui tous ces noms ont disparu *[sic]* et les plus à la mode sont ceux de Hayek, Schumpeter, von Mises, Friedman et Debreu. Il est extrêmement difficile, en France en particulier, de trouver un théoricien marxiste (mais quelqu'un qui ne soit pas communiste parce qu'il serait trop ennuyeux dans le cas contraire). Bientôt, quand il leur faudra équilibrer un colloque ou un débat, les Européens devront importer leurs marxistes des États-Unis, où on en produit encore un certain nombre[1]. » Avec le temps, l'idée d'un triomphe des conceptions américaines va s'installer au point de constituer, en partie, une illusion rétrospective. En juillet 1989, alors que le mur de Berlin n'en avait plus que pour quelques semaines, les dirigeants de Washington admettaient en effet redouter le déclin de leur pays et l'avènement d'un « monde multipolaire, qui ne sera pas nécessairement un endroit plus paisible » : « Nous avons battu les Soviétiques sur la ligne d'arrivée, explique alors Lawrence Eagleburger, l'un des responsables du département d'État, mais cette ligne, nous l'avons franchie à bout de souffle. Nous n'avons plus la capacité d'autrefois pour influencer le cours des événements et pour défendre nos intérêts dans le monde[2]. » Une forme de nostalgie affleure même à l'époque : « En dépit de tous ses risques et de toutes ses incertitudes, la guerre froide fut caractérisée par un système de relations internationales remarquablement stable et prévisible. On ne peut pas en dire autant de la période comprise entre la naissance des États-nations d'Europe et le déclenchement de la Seconde Guerre mondiale[3]. » Car c'est le Japon qui semble avoir le vent en poupe quand tombe le mur de Berlin. Or son capitalisme, à la fois très

---

1. Jean-François Revel et Bruno Lazitch, « Continental mainstream is a free-market current », *The Wall Street Journal*, 12 décembre 1984.
2. Discours de Lawrence Eagleburger, secrétaire d'État adjoint, le 13 septembre 1989 à l'université de Georgetown.
3. *Ibid.*

protectionniste et chaperonné par le ministère de l'Industrie et du Commerce extérieur (MITI), est fort éloigné du modèle hayékien. Ou de celui de Jean-François Revel. La roue n'a pas encore tout à fait tourné. Bientôt la rotation sera complète.

Perceptible depuis les années 70, l'essoufflement économique et social du modèle soviétique entraîne celui du « tiers-mondisme ». A priori, les deux choses sont distinctes, mais la troisième voie que nombre de pays du Sud envisagent d'emprunter perd son équilibre quand l'une des deux autoroutes du développement conduit à une impasse. L'importance stratégique de certains États non alignés obligeait jusqu'alors les deux superpuissances à les ménager commercialement et financièrement en échange de leur bienveillance sur la scène internationale. Une fois la grande partie terminée, le joueur victorieux (l'Occident capitaliste) n'a plus besoin d'alliés, mais de marchés. Il va donc rechercher la capitulation économique des pays du Sud, coupables, dans les années 70, d'avoir montré leur force en suscitant « chocs pétroliers » et cartels de matières premières. Les nécessités de la lutte contre le communisme avaient imposé de désamorcer les risques d'explosion sociale dans le tiers-monde, et pour cela d'y lutter contre la pauvreté, le cas échéant en concédant à ces pays crédits et avantages commerciaux. Avec l'arrivée de M. Reagan au pouvoir, le tiers-monde passe du statut d'allié qu'on veut s'adjoindre, y compris par la force, à celui d'adversaire qu'on entend corriger. La découverte de substituts aux matières premières et la pression d'un endettement croissant rendent les pays du Sud plus vulnérables. Grâce, notamment, au Fonds monétaire international et à la Banque mondiale, qui vont utiliser la détérioration des termes de l'échange comme un levier, les États-Unis parviennent à imposer des politiques d'« ajustement structurel » qui, presque partout, se traduisent par la même panoplie de saignées successives : réduction des dépenses publiques, des salaires et de la consommation, dévaluations, privatisations. Les conséquences de ces liquidations en chaîne du patrimoine national sont désormais connues : escalade des inégalités et de la pauvreté ; priorité accordée au remboursement de la dette extérieure, au détriment par exemple des nécessités de la lutte contre les grandes épidémies ; sacrifice de l'environnement sur l'autel des cultures intensives d'exportation.

Au total, explique un ancien responsable de la Banque mondiale, la planète n'avait jamais assisté à de tels flux financiers vers le Nord « depuis les pillages de l'Amérique latine par les conquistadors[1] ». La « nouvelle liberté » née de l'effondrement des régimes communistes permet d'étendre à l'Est les contraintes de la « thérapie de choc ». Une analyse sociale – c'est-à-dire en termes de classes sociales – doit néanmoins compléter ici un panorama qui, autrement, paraîtrait trop exclusivement national. Le « Sud » n'est pas plus un bloc que le « Nord » : les gouvernants du tiers-monde ont souvent agi comme les fondés de pouvoir de l'Occident. Inversement, les entreprises multinationales ont délocalisé leurs ateliers de production partout où elles trouvaient stabilité politique et main-d'œuvre à bon marché.

Pour les États les plus pauvres, la corrélation est évidente entre l'existence d'un « camp socialiste » et l'option d'un mode de développement autonome, c'est-à-dire qui ne serait pas entièrement orienté par le secteur privé et par l'ouverture commerciale. Une fois le second autodétruit, la possibilité d'envisager autre chose que le « consensus de Washington » devient plus périlleuse. D'ailleurs, les cercles intellectuels qui annoncent le déferlement de l'impérialisme soviétique au moment de son déclin terminal sont souvent proches ou identiques à ceux qui tonnent contre le « tiers-mondisme ». Ainsi, en 1983, François Furet, Alain Besançon et quelques autres de moindre acabit fondent une Internationale de la résistance qui hallucine dans son appel constitutif : « Lentement, mais sûrement, le système totalitaire étend sa domination sur le monde. Après avoir soumis le Vietnam, le Cambodge, le Laos, l'Éthiopie, l'Angola, le Yémen du Sud et finalement l'Afghanistan, il fait peser une menace chaque jour plus précise sur des pays comme le Salvador, l'Argentine, la Thaïlande... La menace principale qui pèse aujourd'hui sur la liberté est l'impérialisme soviétique[2]. »

---

1. Pour cette citation et pour une analyse plus détaillée de la stratégie occidentale à l'égard du tiers-monde, lire Walden Bello (avec Shea Cunningham et Bill Rau), *Dark Victory : The United States, Structural Adjustment and Global Poverty*, Food First Books, San Francisco, 1994.

2. Cité *in* Alain Gresh, « Une fondation au-dessus de tout soupçon », *Le Monde diplomatique*, mai 1985.

Lorsqu'une fondation, Liberté sans frontières, aspire elle aussi, en 1985, à libérer ces peuples du joug communiste, elle n'hésite pas à associer « liberté » et adoption du mode de développement homologué par les *think tanks* de la droite occidentale : « Il n'y avait rien d'anormal, voici trente ans, à ce que des pays nouveaux explorent diverses voies d'accès au progrès. Mais […] des pays qui décollent sont condamnés parce que leur modèle de croissance ne correspond pas aux préceptes tiers-mondistes. Dans d'autres, au contraire, qui adoptent un programme conforme à ces prescriptions, les successions de catastrophes sont présentées comme des modèles à suivre bien après que les faits ont démenti les espérances. À la Chine du Grand Bond en avant ont succédé, entre autres, comme référence, le Vietnam et ses nouvelles zones économiques, la Tanzanie de l'Ujamaa, le Ghana de N'Krumah, le castrisme cubain et, dernier en date, le Nicaragua sandiniste[1]. » Des « diverses voies d'accès au progrès » d'autrefois, il n'en demeure plus qu'une. Pour les pays pauvres qui vont l'emprunter, le progrès ne sera pas toujours au bout de la route.

La désagrégation de l'Union soviétique comporte toutefois l'avantage de contraindre les États-Unis à se prétendre, par intermittence, plus soucieux du respect des formes démocratiques à l'extérieur de leurs frontières qu'à l'époque où tous les coups leur paraissaient permis contre l'« empire du Mal ». « Prenez l'exemple du Brésil, qui a, dans les sept ou huit dernières années, connu un développement très spectaculaire, expliquait ainsi Samuel Huntington en 1976. Il aurait eu de grandes difficultés à accomplir cela avec un régime démocratique[2]. » Ainsi que le releva Claude Julien à l'époque, les « sept ou huit dernières années » correspondaient « à la phase dure, sanglante, de la dictature militaire au Brésil ». Friedrich Hayek salua lui aussi les performances des quelques pays qui, parce qu'ils avaient « adopté le système de la libre entreprise, ont été capables d'élever de manière significative

---

1. *Ibid.* Créée par Médecins sans frontières, cette fondation comptait dans son conseil d'administration et son conseil scientifique Jean-Claude Casanova, Jean-François Revel, Emmanuel Le Roy Ladurie, Alain Besançon, etc.

2. *In* « Is democracy dying ? », *US News and World Report*, 8 mars 1976, cité *in* Claude Julien, « Une bête à abattre : le "tiers-mondisme" », *Le Monde diplomatique*, mai 1985.

le niveau de vie de leurs populations : cela vaut pour la Corée du Sud, pour le Brésil[1] ». Deux irréprochables démocraties, là encore.

Avant de devenir un des piliers intellectuels de la Commission trilatérale, Samuel Huntington avait trempé sa conception des droits de l'homme dans les rizières d'Indochine. C'est là que les présidents Johnson et Nixon appliquèrent sa stratégie dite de l'« urbanisation forcée » : « Le principe en était simple : par les bombardements, le napalm, les bombes à billes ou à fléchettes, les défoliants, etc., on rendait inhabitables les campagnes et les villages afin de contraindre les populations paysannes à s'entasser dans les camps de réfugiés. Elles étaient ainsi à l'abri de l'endoctrinement du Vietcong, et celui-ci, dans les espaces ainsi désertés, ne pouvait plus évoluer "comme un poisson dans l'eau"[2]. » La réussite de cette entreprise fut à la hauteur de son excellence morale. Quant au discours sur les droits de l'homme dont deux présidents démocrates se firent les inlassables porte-voix, il n'empêcha ni le premier (Jimmy Carter) de laisser faire la junte indonésienne contre Timor-Oriental – à une époque où l'Union soviétique existait encore –, ni la future secrétaire d'État du second (Bill Clinton) de répliquer à une journaliste américaine qui lui avait suggéré qu'un « demi-million d'enfants » irakiens avaient péri des suites de l'embargo américain, que c'était là « un choix très difficile mais... oui, nous pensons que le prix à payer est justifié[3] ». Là, l'Union soviétique n'existait plus pour « justifier » pareil prix. Et le 11 septembre pas encore.

---

1. *In* « Is democracy dying ? », art. cité.
2. Claude Julien, « Une bête à abattre : le "tiers-mondisme" », art. cité.
3. Émission « 60 minutes », CBS News, 12 mai 1996. La journaliste Leslie Stahl avait posé la question : « Nous avons appris qu'un demi-million d'enfants sont morts [à cause des sanctions contre l'Irak], c'est-à-dire plus d'enfants morts qu'à Hiroshima. Est-ce le prix à payer ? » Réponse de Madeleine Albright, alors ambassadrice des États-Unis auprès des Nations unies dans l'administration Clinton : « Je pense que c'est un choix très difficile mais... oui, nous pensons que le prix à payer est justifié » *(It's worth it)*. Dans ses Mémoires, parues en 2003, Madeleine Albright regrette son « coup de folie » : « À peine avais-je prononcé ces mots que j'aurais voulu pouvoir revenir en arrière et les ravaler. Irréfléchie, maladroite et inacceptable, ma réponse était une terrible erreur » (Madeleine Albright, *Madame le secrétaire d'État...*, Albin Michel, Paris, 2003, p. 339).

L'action des États-Unis au service de régimes militaires plus ou moins tyranniques eut une conséquence politique majeure favorisant l'internationalisation du néolibéralisme qui nous occupe. À partir du milieu des années 80, à défaut de combattre une fantomatique expansion de l'influence soviétique en Amérique centrale et ailleurs, la présence au pouvoir de juntes pro-occidentales impitoyables parvint en effet à modérer – ou à terroriser – les formations de gauche. Leur aggiornamento centriste eut lieu dans le creuset des filatures et des tortures. « Le triomphe du néolibéralisme et de son nouveau projet économique, résume l'universitaire brésilien Emir Sader, ne peut être séparé du démantèlement de la gauche par les dictatures. Avec sa longue tradition de luttes pour les droits économiques et sociaux et son histoire de démocratie politique, le Chili n'aurait pas servi de fer de lance à ce projet sans la violente répression menée par le général Pinochet, qui détruisit toute l'ossature ayant fait de ce pays une référence latino-américaine et même mondiale[1]. » Autrement dit, la récurrence d'expériences douloureuses chaque fois que la gauche tenta de défier le modèle occidental et les multinationales américaines (Chili, Guatemala, Salvador, Nicaragua, Brésil, Argentine, etc.) aboutit à la dissuader d'emprunter ce chemin-là. Et à la convaincre de se satisfaire d'un capitalisme nappé d'une couche de progrès social, assez fine pour ne susciter ni l'ire des « marchés » ni celle des armées.

Ce projet rencontra assez naturellement l'« impérialisme de la vertu des grandes fondations philanthropiques [américaines] créées par la première génération des *condottieri* capitalistes Rockefeller, Carnegie, Ford... et aujourd'hui copiées par leurs successeurs Milken, Soros ou Gates[2] ». Comme l'expliquent Yves Dezalay et Bryant Garth, « pour se préserver des militaires, les militants ou les intellectuels n'eurent guère d'autre choix que d'accepter la protection que leur offrait la Fondation Ford, sous forme de bourses de recherche et de séjours sur les campus nord-

---

1. Emir Sader, « Année cruciale pour la gauche latino-américaine », *Le Monde diplomatique*, février 2003.
2. Yves Dezalay et Bryant Garth, « L'impérialisme de la vertu », *Le Monde diplomatique*, mai 2000.

américains[1] ». Un tel parrainage déboucha sur une conversion aussi « douce » que fondamentale. Adossés aux piliers américains de la « stratégie réformiste d'un capitalisme éclairé », les militants de gauche, surtout quand ils étaient d'origine bourgeoise, en vinrent à emprunter à leur tour la grille de lecture politique anglo-américaine, c'est-à-dire à privilégier les questions des « droits de l'homme », du légalisme et de l'universalisme, sur celle, autrefois centrale pour eux, de l'égalité économique et de l'anti-impérialisme. Ainsi balisée, l'alternance devint moins dangereuse pour les possédants. Les *pronunciamentos* militaires s'espacèrent[2]. Finalement, c'est peut-être *aussi* comme cela qu'on doit comprendre la phrase de Paul Craig Roberts, d'abord éditorialiste au *Wall Street Journal*, puis vice-ministre des Finances dans la première administration Reagan, enfin chercheur au Cato Institute : « Les réformes économiques et politiques lancées par le gouvernement militaire chilien du général Augusto Pinochet pendant les années 70 et 80 ont créé une démocratie constitutionnelle et une économie florissante qui font l'envie de l'Amérique latine[3]. » La conclusion du professeur d'économie de Harvard, Robert Barro, citée dans le chapitre précédent prend alors tout son sens : « Nul n'a fait davantage que Pinochet et ses conseillers pour démontrer la supériorité de l'économie de marché sur le socialisme[4]. »

Le général putschiste fut en tout cas un pionnier. En Amérique latine, l'un des modes de développement favoris des années 60 était l'industrialisation autocentrée. Souvent nationalistes ou « populistes », les gouvernements de la région protégeaient leurs industries intérieures de la concurrence internationale. Et ils comptaient sur le contrôle des capitaux pour éviter que l'argent

---

1. *Ibid.* Lire sur le même sujet Yves Dezalay et Bryant Garth, « Droits de l'homme et philanthropie hégémonique », *Actes de la recherche en sciences sociales*, n° 121-122, mars 1998.

2. *Cf.* Ignacio Ramonet, « Chancelante démocratie », *Le Monde diplomatique*, octobre 1996.

3. Paul Craig Roberts, « How Chile may lose all the ground it has gained », *Business Week*, 17 juillet 1995. Dans cet éditorial, l'auteur protestait contre le projet du président chilien de l'époque, Eduardo Frei, de revenir sur l'amnistie accordée aux responsables du coup d'État militaire du 11 septembre 1973 et de ses suites.

4. Voir plus haut, p. 209.

de leurs compatriotes ne s'investisse ailleurs. Autour de la Commission économique des Nations unies pour l'Amérique latine (CEPAL), une école intellectuelle avait fourbi des armes contre le libéralisme et le libre-échangisme depuis le début des années 50. Plutôt que de voir dans le mode de développement occidental un exemple à suivre, dans la planète une économie globale, dans le système d'échange international un marché mondial, la CEPAL soulignait les relations de dépendance entre centre et périphérie et documentait la détérioration progressive des termes de l'échange entre ces deux pôles. Jusqu'en 1973 et la « crise de l'énergie », les pays du tiers-monde ne cessaient de devoir exporter davantage de matières premières pour pouvoir importer une quantité identique de produits manufacturés : dans le premier cas, l'augmentation de la productivité était faible ; dans le second, elle ne l'était pas. Au demeurant, c'était le client du Nord qui décidait des prix réglés à ses fournisseurs du Sud. Les économistes de la CEPAL entendaient rompre avec cet ordre-là. Leurs priorités, qui s'appuyaient sur les forces sociales progressistes et sur les partis de gauche, tournaient le dos aux orientations néolibérales et aux ratiocinations sur l'interdépendance. Il fallait, selon eux, protéger les industries naissantes, cesser d'obliger les pays périphériques à dépendre de leurs exportations, les inciter à privilégier plutôt le marché national. Ces orientations imposaient de défendre les salaires pour créer une demande intérieure qui absorberait les productions issues des industries domestiques naissantes, peu compétitives sur le marché mondial.

Le refus de l'interdépendance voulue par les multinationales et la sympathie à l'égard de la propriété collective des moyens de production rend cette stratégie d'ensemble plus marxisante que keynésienne. C'est au Chili, siège de la CEPAL, qu'elle connaît un sanglant choc en retour. Après son arrivée au pouvoir à la tête d'une coalition d'unité populaire, en septembre 1970, le président socialiste Salvador Allende procède à la nationalisation des mines de cuivre, à l'expropriation de certaines terres, et favorise des formes d'autogestion ouvrière dans les industries nationalisées. Il est renversé trois ans plus tard par un coup d'État militaire appuyé par la CIA. Les orientations du général Pinochet vont constituer le

premier exemple de la mise en œuvre d'un libéralisme pur et dur
dans le monde occidental. La politique économique de Santiago est
abandonnée aux « Chicago Boys ». La dictature militaire leur
offre une discrétion totale qui leur permet d'agir à leur guise en
utilisant les Chiliens comme des souris de laboratoire. Privatisations, restitution des terres à leurs anciens propriétaires, révision
du droit du travail dans un sens systématiquement défavorable
aux salariés, système de retraite abandonné à des fonds de pension
privés, couplage du peso et du dollar : c'est la fête du marché et de
la mitraillette. La « science économique » n'est pas absente : en
1975, le général Pinochet nomme ministre de l'Économie un
diplômé de l'université de Chicago, Sergio de Castro. L'année
suivante, celui-ci hérite du portefeuille des Finances, plus stratégique, et abandonne son ancien ministère à un autre diplômé de
l'université de Chicago, Pablo Baraona. La banque centrale est
elle aussi confiée à des anciens élèves de Milton Friedman.
On comprend que les libéraux préfèrent attribuer à Margaret
Thatcher plutôt qu'à un général putschiste la palme d'éclaireur de
leur contre-révolution. Mais c'est à Santiago, pas à Londres, dans
le sang, pas dans les urnes, que la « route de la servitude » a connu
son premier coup d'arrêt.

Pour se convaincre de la « supériorité de l'économie de marché »,
la gauche n'a pas toujours eu besoin de prétexter l'appréhension
d'une dictature militaire. Sur le Vieux Continent, un sentiment de
nécessité a suffi, souvent conforté par la conversion néolibérale de
la quasi-totalité des élites économiques et administratives. L'invocation de l'« Europe » contre les « extrémismes » et les « populismes »
a également permis de dissoudre dans un « gros et mol estomac » les
fragments des histoires nationales les moins assimilables par l'ordre
nouveau. La révolution, la laïcité, la République. « L'avenir dira,
écrivait Régis Debray au moment du bicentenaire de 1789, si
l'"intégration européenne" désignera ou non la meilleure façon
qu'avait l'Europe d'enlever de sa chaussure le petit caillou français, que lui avait glissé en partant, la vilaine, notre Révolution[1]. »
Dans l'imposition du nouveau catéchisme, on ne saurait oublier le

----

1. Régis Debray, « Êtes-vous démocrate ou républicain ? », *Le Nouvel
Observateur*, 30 novembre 1989.

rôle que jouèrent les médias, désormais peuplés de gauchistes convertis au capitalisme, rebaptisé « démocratie », tantôt par aversion rétrospective pour leurs anciennes amours, tantôt par conviction que la démolition de l'État par les libéraux prolongeait (avec plus de chances de succès) leur projet libertaire de jeunesse[1]. La prise en main de la presse et de l'édition par des multinationales assura à ce genre d'analyse tous les débouchés nécessaires. Au point que même les censures s'affichèrent le plus benoîtement du monde. Commentant en octobre 1999 la très tardive traduction en français de son livre *L'Âge des extrêmes*, l'historien britannique Eric Hobsbawm avoua sinon un soupçon, du moins une « forte impression » : « Si j'avais fait précéder le texte de ce livre d'un mea culpa pour mon passé communiste, il y aurait eu moins de résistances à sa publication dans la France des années 80. » L'éditeur Pierre Nora – de gauche, directeur d'une collection prestigieuse chez Gallimard, responsable d'une revue qui avait fait du « débat » intellectuel sa marque de fabrique autant que son titre – confirmera promptement l'existence de ce maccarthysme éditorial dont il avait été l'un des principaux agents dans le cas d'espèce : « Sans doute, aucun éditeur d'intérêt général ne se détermine en fonction d'orientations politiques ou idéologiques : la plupart, au contraire, s'honorent de pratiquer le pluralisme et de ne considérer que la qualité d'un ouvrage. Mais tous, bon gré mal gré, sont bien obligés de tenir compte de la conjoncture intellectuelle et idéologique dans laquelle s'inscrit leur production. [...] Il y a de sérieuses raisons de penser que ce livre *[L'Âge des extrêmes]* apparaîtrait dans un environnement intellectuel et historique peu favorable. D'où le manque d'enthousiasme à parier sur ses chances. [...] L'attachement, même distancé, à la cause révolutionnaire, Eric Hobsbawm le cultive certainement comme un point d'orgueil, une fidélité de fierté, une réaction à l'air du temps ; mais en France, et en ce moment, il passe mal. C'est ainsi, on n'y peut rien[2]. » La naturalisation du marché avait exercé ses miracles au

---

1. Sur le sujet, qui a inspiré nombre d'ouvrages, on n'oubliera pas de lire Guy Hocquenghem, *Lettre ouverte à ceux qui sont passés du col Mao au Rotary*, Agone, Marseille, 2003 (éd. originale 1986).
2. Pierre Nora, *Le Débat*, n° 93, janvier-février 1997.

service des politiques néolibérales. Le débat intellectuel en subissait à son tour les sévices (« C'est ainsi, on n'y peut rien »). Appliqué aux idées, ce genre de science restait néanmoins capricieux. Ainsi, le livre d'Eric Hobsbawm sur les chances desquelles Gallimard avait refusé de parier sortit malgré tout. Et il « passa » beaucoup moins « mal » auprès du public que la plupart des neuf essais d'Alain Minc que l'éditeur de la rue Sébastien-Bottin s'était acharné à publier, au risque, pour au moins l'un d'entre eux, d'être poursuivi (et condamné) pour plagiat[1].

« Vous avez vécu à l'abri de protections inadmissibles »

Le basculement de la croyance économique, la mise au pas du tiers-monde et la désintégration du bloc communiste pouvaient ne pas suffire. Il fallait aussi prévenir toute tentation de revenir un jour sur les « réformes », tout espoir d'enchâsser à nouveau l'activité marchande dans le contrat social. Le culte de l'« ouverture des frontières » permit précisément de légitimer, de pérenniser dans chaque nation la concurrence « permanente ». Il faudrait dorénavant, comme les ouvrières métallos décrites par Simone Weil en 1936, « serrer les dents. Tenir. Comme un nageur sur l'eau. Seulement avec la perspective de nager toujours jusqu'à la mort[2] ». Avant même les premiers cahots de l'ordre keynésien, un double registre se dessine chez les promoteurs du libre-échange. Il ne s'agit pas de promettre le paradis – emplois à foison, richesse des nations, brassage culturel. Cela vient plus tard, à mesure que le chômage s'installe, que baisse le pouvoir d'achat des salaires et que l'extrême droite reprend des couleurs. Dans les années 60, comme la situation économique est plutôt satisfaisante, le décloisonnement des marchés nationaux opère au son churchillien d'une exigence de sang, de larmes et de courage. Mais le registre est réversible. Qui le souhaite peut aussi entonner ce chant avec, dans la voix, les accents

---

1. Lire, pour les attendus éclairants de cette condamnation, « Le PPA frappé au cœur », *PLPL*, n° 8, février 2002.

2. Simone Weil, « La vie et la grève des ouvrières métallos », *La Révolution prolétarienne*, 10 juin 1936, in *Écrits historiques et politiques*, vol. 2, Gallimard, Paris, 1991, p. 355.

pétainistes du sacrifice à consentir après une longue jouissance protectionniste, désormais jugée immorale. Car le discours libre-échangiste
ne recule pas devant le recours à la peur. Il admoneste l'enfant gâté, le
sommant d'exsuder sur-le-champ le prix de ses bombances. En
France, Georges Pompidou explique dès 1967 – c'est-à-dire bien
avant l'épuisement des Trente Glorieuses, la « crise de l'énergie », etc. –
que la concurrence internationale (européenne, dans le cas d'espèce)
impose la fin de la « paresse ». Les lendemains libéraux ne vont pas
chanter, au contraire. Dix ans après la signature du traité de Rome, qui
débouche sur la Communauté économique européenne (devenue
Union européenne en novembre 1993), l'avenir qu'annonce le
Premier ministre du général de Gaulle arbore les couleurs de la
« préoccupation permanente » :

> Ce que je souhaiterais pour ma part, c'est que ceux qui s'adressent
> aux industriels, aux commerçants et à ceux qui dirigent l'économie,
> au lieu de leur dire : « Ça va mal et c'est la faute du gouvernement »,
> leur disent : « Vous avez pendant cinquante ans vécu à l'abri de pro-
> tections inadmissibles. Pendant cinquante ans, vous étiez tranquilles,
> chacun produisait sa petite affaire sans savoir à quel prix de revient et
> la vendait avec son petit bénéfice ; il y avait de bonnes frontières
> douanières ; il n'y avait aucune concurrence et le client français était
> traité comme un client qui était obligé de payer ce qu'on lui donnait
> au prix qu'on demandait. Et puis tout à coup, on va se trouver dans ce
> qu'on nous a demandé, c'est-à-dire la liberté de concurrence, et la
> liberté de concurrence cela veut dire que ceux qui produisent le mieux
> et le meilleur marché gagnent. Et, à ce moment-là, bon nombre de nos
> industriels et de nos commerçants commencent à prendre peur. Mais
> c'est eux qui l'ont souhaité, ce Marché commun, qui l'ont réclamé. Et
> d'ailleurs, ils ont eu raison. Seulement, il faut en prendre les risques, il
> faut dire qu'à partir de ce moment-là, il n'y a plus de repos. Vous me
> parliez tout à l'heure de crainte, eh bien, je vous dirai ceci : nous
> vivrons, et l'économie française, et les industriels, et les commerçants
> français, doivent vivre désormais dans la préoccupation permanente.
> Il s'agit de se dire qu'ils sont toujours menacés par la concurrence,
> qu'il faut toujours qu'ils fassent mieux, qu'il faut toujours qu'ils pro-
> duisent à meilleur compte, qu'ils vendent de la meilleure marchandise
> à meilleur prix, et c'est cela la loi de la concurrence et la seule raison
> d'être du libéralisme. Car, si ce n'est pas cela, je ne vois pas pourquoi
> on se livrerait à ce genre de spéculation, pourquoi on prendrait tous

ces risques et tous ces dangers. Nous serons donc en risque permanent et, le gouvernement en est parfaitement conscient, son rôle est de diminuer ces risques, parfois, mais son rôle n'est certainement pas d'inviter les gens à la paresse en leur créant de nouvelles protections[1].

Plus jamais de repos : la guerre économique. Dix-sept ans plus tard, une des plus impressionnantes émissions de propagande patronale diffusées en France, « Vive la crise ! », reprend cette thématique de Père Fouettard. Elle y met d'autant plus d'entrain que, sans être d'anciens banquiers comme Georges Pompidou, les professeurs d'austérité (Yves Montand, Christine Ockrent, Serge July, Laurent Joffrin, Alain Minc, Michel Albert, etc.) appartiennent eux aussi aux catégories les plus cossues de la population. La crise, ils n'en souffriront pas trop. Sous le titre « Est-ce si grave ? », la première partie de leur émission fait observer que « les Européens n'ont jamais autant consommé. Pour la plupart d'entre eux, la crise ne serait qu'un mot, seulement un décor. Pas un drame[2] ». Conformément à la pédagogie de la soumission qui se déploie sous le pavillon de complaisance de la « mondialisation », les souffrances sociales des années 80 sont relativisées à la fois dans le temps (le précédent de 1929 est invoqué) et, surtout, dans l'espace (Tahar Ben Jelloun parle des « enfants gâtés » occidentaux). On ne compte donc pas les réserves d'« avantages acquis » dans lesquelles le capital pourra piocher sans drame. Le sempiternel « coût du travail » à la mode OCDE est au coin du bois ; c'est parce qu'ils réclament « toujours plus », selon le titre d'un ouvrage à succès de François de Closets, que les Français auraient des réflexes corporatistes face aux mutations du monde contemporain. D'ailleurs, « dans une deuxième partie ("Dur !"), les auteurs soulignent que "grâce à sa

---

1. Cité in *Le Monde*, 2-3 juillet 1967. Le documentaire de Gilles Balbastre, *Le chômage a une histoire* (France 5, décembre 2001), inclut un passage de cette allocution télévisée.

2. Cité *in* Frédéric Lebaron, *La Croyance économique, op. cit.*, p. 178. L'auteur consacre plusieurs pages de son livre à l'analyse de cette émission. Lire également Pierre Rimbert, « Il y a quinze ans, "Vive la crise !" », *in* « Le nouveau capitalisme », *Manière de voir*, n° 72, décembre 2003.

prospérité, l'Europe a vécu la crise à crédit. Un par un, elle a perdu tous ses privilèges. Aujourd'hui, il faut payer"[1] ».

Bizarrement, à mesure que le prix à « payer » s'élève, en particulier pour les catégories populaires, l'ouverture des frontières aux capitaux et aux marchandises est parée de toutes les vertus : la paix, la tolérance religieuse, les droits de l'homme, le progrès de l'humanité, la lutte contre le terrorisme… Quand génération après génération, vie après vie, pendant des siècles, l'économie stagnait et le monde paraissait immobile, il fallait (à moins de réduire le nombre de bouches à nourrir) soit conserver sa fortune (en hommes et en capitaux) en lui interdisant de fuir, soit s'emparer de celle des autres. Malthusianisme, colbertisme, mercantilisme et impérialisme rustique évoluaient souvent d'un même pas. Et Colbert ordonnait : « Créons des manufactures d'État, réglementons les affaires et mettons en place des barrières protectionnistes, afin que nulle richesse ne sorte du Royaume. On ne peut augmenter l'argent dans un royaume [sans] qu'en même temps l'on en ôte la même quantité dans les États voisins[2]. » Dans les années 80, la conviction va s'installer, au contraire, que le développement économique et social est indissociable de la multiplication des échanges internationaux.

En février 1993, à peine plus d'un mois après son arrivée à la Maison-Blanche, Bill Clinton prononce son grand discours-programme sur le libre-échange. Il commence par reprendre l'idée d'un jeu à somme nulle, où les perdants de la mondialisation sont nombreux : « Il est surprenant et même douloureux que le village global auquel nous avons consacré tant d'efforts ait fait autant pour alimenter le chômage et les bas salaires de notre peuple[3]. » Mais, comme souvent en la matière, le tropisme libre-échangiste est tellement prégnant que le remède suggéré est sans rapport avec le sombre diagnostic, avec la conscience que l'internationalisation favorise bien davantage le capital que le travail. Car cette machine à misère et à bas salaires, l'Amérique démocrate entend en accélérer la cadence : « La vérité de notre époque est et doit être la

---

1. Frédéric Lebaron, *La Croyance économique*, *op. cit.*, p. 178.
2. Cité in *Capital*, août 2003.
3. Bill Clinton, discours devant l'American University, 26 février 1993.

suivante : l'ouverture et le commerce nous enrichiront en tant que nation. Cela nous incite à innover. Cela nous oblige à affronter la concurrence. Cela nous assure de nouveaux clients. Cela favorise la croissance globale sans laquelle aucun pays riche ne peut espérer s'enrichir. Cela garantit la prospérité de nos producteurs, qui sont eux-mêmes consommateurs de services et de matières premières[1]. » Infirmée par plusieurs siècles d'histoire économique – nombre de pays, dont le Japon, mais aussi les États-Unis, ont garanti leur développement abrités par des protections commerciales (tarifs douaniers) et adossés à des politiques publiques qui contredisaient les règles de la concurrence (aides à l'industrie nationale) –, cette succession de postulats débouche logiquement sur un morceau de bravoure. Le président Clinton enchaîne en effet en entonnant la ritournelle que les gouvernants, les patronats et les médias du monde occidental ne vont cesser de psalmodier pour justifier le traité de Maastricht en 1992, celui de l'Alena l'année suivante, enfin, à partir de 1995, les « rounds » de libéralisation du GATT et de l'OMC : « Ainsi que l'ont relevé les philosophes, de Thucydide à Adam Smith, les habitudes du commerce contredisent celles de la guerre. Tout comme les voisins qui se sont entraidés pour construire leurs étables respectives sont ensuite moins tentés d'y mettre le feu, ceux qui ont élevé leurs niveaux de vie mutuels sont moins susceptibles de s'affronter. Si nous croyons à la démocratie, nous devons donc nous employer à renforcer les liens du commerce[2]. »

La foi peut déplacer les montagnes. En particulier quand son credo est à ce point mémorisable. Dix ans après le président américain, le commissaire européen Pascal Lamy, un socialiste, répète le catéchisme habituel : « Je pense, pour des raisons historiques, économiques, politiques, que l'ouverture des échanges va dans le sens du progrès de l'humanité. Que l'on a provoqué moins de malheur et de conflit quand on a ouvert les échanges que quand on les a fermés. Là où le commerce passe, les armes s'arrêtent. Montesquieu l'a dit mieux que moi[3]. » Une telle

---

1. *Ibid.*
2. *Ibid.*
3. Pascal Lamy, débat avec José Bové, *Le Nouvel Observateur*, 4 septembre 2003

conviction n'a pas empêché les États-Unis, qui ont choisi de « faire du commerce un élément prioritaire de la sécurité américaine », d'imposer des sanctions commerciales ou des embargos à nombre de pays dont ils désapprouvent tantôt l'orientation politique, tantôt l'absence de libertés religieuses[1]. Quelques mois après le discours devant l'American University, l'enthousiasme des États-Unis pour le commerce international trouve au demeurant une traduction plus prosaïque que les paris pacifistes de Montesquieu. Dans son discours sur l'état de l'Union de janvier 1994, le président démocrate précise : « En un an, avec l'Alena, avec le GATT, avec nos efforts en Asie et notre Stratégie nationale pour l'exportation, nous avons fait davantage pour *ouvrir les marchés mondiaux aux produits américains* que n'importe qui depuis deux générations[2]. » Les États-Unis se montreront même tellement actifs en la matière que leur ministre du Commerce périra au cours d'une mission de promotion des « produits américains » en ex-Yougoslavie, pays où la guerre faisait encore rage.

L'idée que la croissance passe par les exportations, que la liberté des mouvements de capitaux favorise une allocation efficiente de l'investissement, que les marchés sont autorégulateurs, qu'en la matière toute intervention de l'État ne peut qu'être contre-productive, a enfanté nombre de traités libre-échangistes. Au moment où ces accords étaient ratifiés – en Europe, aux États-Unis, en Amérique latine –, chacun savait qu'ils représentaient une forme d'assurance contre toute résurgence du nationalisme latino-américain, contre toute réhabilitation des politiques de développement autocentré autrefois associées au « populisme », au « progressisme », au socialisme. Les coalitions politiques et parlementaires qui ratifièrent cette libéralisation des échanges ont reflété ce choix

---

1. En mars 1996, le président Clinton signe la loi Helms-Burton qui durcit les sanctions commerciales contre Cuba et contre les pays qui « font du trafic » avec l'île. À la fin du premier mandat présidentiel du très libre-échangiste Bill Clinton, soixante et une mesures de ce genre ont été prises pour les motifs les plus divers (droits de l'homme, libertés religieuses, prolifération nucléaire, avortement...). Vingt-six pays sont concernés – et plus de la moitié de la population mondiale. In *International Herald Tribune*, 24 juin 1998.

2. Bill Clinton, discours sur l'état de l'Union, 28 janvier 1994. C'est moi qui souligne.

idéologique. Aux États-Unis, 75 % des élus républicains à la
Chambre des représentants votèrent, le 17 novembre 1993, pour
l'Alena et, malgré les adjurations libre-échangistes du président
Clinton, 60 % des élus démocrates contre. En France, une majorité
de l'électorat de gauche rejeta quelques mois plus tôt, en septembre
1992, le traité de Maastricht, en revanche soutenu par les couches les
plus bourgeoises et les plus médiatisées de la société, ainsi que par
89 % des parlementaires. Chaque fois, un clivage culturel et social
opposa un pays instruit et privilégié à un autre qui refusait l'avenir
qu'on lui proposait parce que, pendant vingt ans, au nom de la
modernité et du libre-échange, son sort n'avait cessé de se dégrader.
Chaque fois, Royaume-Uni excepté, les moyens d'information se
transformèrent en officines de propagande dignes de régimes autoritaires. Tous titres confondus, unis contre les pelés, les galeux, les
enragés qui refusaient le progrès des marchés, l'ouverture, la
culture, l'humanisme, la paix. Le *New York Times* et le *Wall
Street Journal*, *Libération* et *Paris-Match*. En la matière, les plus
libéraux n'étaient d'ailleurs pas toujours là où on le croyait. Ainsi,
à la veille de la consultation populaire sur le traité de Maastricht,
nul ne versa aussi bas dans le fanatisme que *Le Monde*. Tel un
auteur de bandes dessinées dépourvu du moindre talent, son très
libéral directeur n'hésita pas en effet à opposer « deux France, une
France de la peur, de la préservation des corporatismes, du rejet
de l'autre, de l'indifférence au monde, et une France confiante,
ouverte sur l'extérieur, convaincue que les réponses du passé ne
conviendront pas à un vingt et unième siècle où huit à dix
milliards d'hommes seront à quelques heures les uns des autres ».
Sa conclusion suscita des remous : « Il faut le dire en pesant ses
mots : un "non" au référendum serait pour la France et l'Europe la
plus grande catastrophe depuis les désastres engendrés par l'arrivée de Hitler au pouvoir[1] ». « En pesant ses mots »…

---

1. « Les enjeux du "oui" », *Le Monde*, 19 septembre 1992. Avec le charme
attendrissant de ces journalistes qui, par inadvertance, prennent parfois leurs
lecteurs pour des imbéciles, le directeur du *Monde* « expliquait » deux jours plus
tard : « Il n'était évidemment pas dans mon intention de suggérer cette absurdité
que les conséquences pour la France et l'Europe d'un "non" au référendum
puissent être mises sur le même plan que celles du nazisme » (*Le Monde*,
21 septembre 1992). Évidemment pas. Et « absurdité » en effet.

« Interdépendance » : le terme peut suggérer la solidarité. Il lui est en vérité aussi étranger que la « mondialisation » à l'idée d'« internationalisme ». Mais le discours de la fausse commisération est en place : l'« ouverture » va contribuer au développement des pays pauvres ; les critiques d'un capitalisme planétaire veulent en réalité protéger le mode de développement du Nord en interdisant au Sud d'y concourir, et d'en profiter à son tour[1]. En somme, les libéraux, de droite ou de gauche, tentent de généraliser au reste de la Terre le *trickle down* évoqué par David Stockman en 1981 (voir p. 221) : après avoir gavé les déshérités du Nord, les miettes du festin des riches vont agrémenter les repas frugaux du tiers-monde. Vingt ans plus tard, les pays du Sud dont le niveau de vie s'est élevé sont souvent (en Asie notamment) ceux qui ont enfreint les règles du libre-échange. Bien d'autres se sont appauvris, en particulier dans l'arrière-cour des États-Unis. Pour morigéner à son tour les adversaires des politiques commerciales occidentales, George W. Bush en est revenu aux grands classiques de la droite américaine : « Je suis fermement opposé à une stratégie et à une philosophie qui, en s'efforçant d'empêcher les échanges, enferment les gens dans la pauvreté [et] privent les pays en voie de développement de leurs chances de croissance. [...] Ils peuvent le dire avec tous les mots qu'ils veulent, mais ils condamnent les gens à la misère. [...] Ceux qui sont prospères doivent mettre en place les politiques nécessaires pour renforcer cette prospérité : moins d'impôts, moins de réglementation, et plus de libre-échange[2]. » Depuis vingt ans, existe-t-il en vérité un seul problème qu'on ait prétendu résoudre par d'autres remèdes que ceux-là ? Et quand l'état du malade empire, les docteurs néolibéraux ont recours à la technique de tous les médecins de Molière. Leur propos n'est pas « de s'interroger sur la méthode, mais de dire qu'une société qui réagit aussi mal est indigne de

---

1. Selon l'une des phrases préférées de Daniel Cohen, éditorialiste associé au *Monde*, « les plus pauvres se révoltent moins contre l'exploitation par le capitalisme que contre le fait que le capitalisme les ignore ! ».
2. Entretien publié in *Le Monde*, 19 juillet 2001.

leurs soins, que les mauvais effets du remède sont dus à la mauvaise nature du patient[1] ».

À défaut de profiter aux peuples vivant dans la « misère », l'ouverture des frontières a verrouillé en place le modèle occidental en livrant la plupart des secteurs clés de l'économie à des entreprises multinationales ou fonds de pension américains. Elle a favorisé la flexibilité du marché du travail en généralisant la menace d'une délocalisation. Elle a installé le discours sur l'obsolescence de la nation, prélude à la grande entreprise de démolition de l'État. Mieux : comme trois miracles ne viennent jamais seuls, la montée de l'extrême droite en Europe et du « nativisme » aux États-Unis a permis de stigmatiser toute critique du libéralisme commercial en l'assimilant à un refus de l'« ouverture des frontières », de la polyphonie universelle, du « métissage ». Bref, à de la xénophobie, pour ne pas dire à du racisme. Dans l'esprit d'un client quotidien de la presse de référence, les exemples de raccourcis de ce genre doivent être assez nombreux pour qu'il soit inutile d'en citer un seul en particulier. La confusion entre immigration et commerce est cependant ignorante ou mensongère. Car en lisant son journal, qui place sans cesse la question des immigrés au centre des débats, qu'il les défende ou qu'il les fustige, comment le lecteur pourrait-il imaginer, par exemple, que les personnes nées à l'étranger ne représentaient en 2000 que 2,9 % de la population mondiale, contre près de 10 % au XIXe siècle[2] ? Au terme d'une entreprise de diversion performante, l'ouverture des marchés est devenue ouverture sur le monde. Pour le plus grand avantage des sociétés transnationales, qui exercent un contrôle quasi total des transactions et qu'il faudra sans cesse appâter par un flot de faveurs fiscales, retenir d'aller ailleurs grâce à des subventions. Ces entreprises sont mobiles, le travail beaucoup moins. À qualité égale, la variable

---

1. Paul Thibaud, *Et maintenant... : contribution à l'après-mitterrandisme*, Arléa, Paris, 1995, p. 35. Thibaud s'en prend ici aux responsables de la Banque de France, dont le gouverneur de l'époque, Jean-Claude Trichet, architecte d'une politique monétariste calamiteuse au début des années 90, est devenu président de la Banque centrale européenne en octobre 2003.
2. Selon l'Organisation internationale pour les migrations, Genève, étude citée par le *Financial Times*, 30 juillet 2003.

d'ajustement est donc son prix : le salaire. Et, sur ce sujet-là, l'OCDE nous a tout expliqué.

Un petit retour historique permet de mesurer l'importance des enjeux, parfois incompris tant on s'est acharné à présenter comme inévitables des politiques qui avaient été pensées et construites pour aboutir aux « contraintes » auxquelles on devrait ensuite se soumettre. Après l'expérience des années 30, rappelle Frédéric Lordon, « le contrôle des changes, le rétrécissement des marchés de capitaux, le déploiement d'un régime de croissance autocentrée dans lequel le commerce extérieur tient une place marginale sont les conditions structurelles qui rendent possibles, d'une part, un modèle de politique économique orienté vers l'activité et l'emploi, d'autre part, la négociation de compromis institutionnalisés favorables au salariat. […] Le mouvement d'internationalisation puis de financiarisation de l'économie permet précisément de défaire cet arrangement institutionnel. Ainsi la contrainte extérieure, par l'impératif de compétitivité, puis surtout la contrainte financière, par l'impératif de rémunération des actionnaires, apparaissent-elles rétrospectivement comme deux formidables machines à discipliner le salariat[1] ». Mais, pour reprendre la formule de Luc Boltanski, les gouvernants et les médias contribuent à ce « travail idéologique de dissimulation du travail idéologique ». L'argument de la concurrence internationale est un atout décisif en la matière tant la mécanique commerciale échappe à la maîtrise de ceux qu'elle broie. Elle permet de libéraliser en feignant de n'avoir d'autre choix. Et de stigmatiser les protestataires éventuels comme autant de « paresseux » qui s'obstinent à vouloir vivre « à l'abri de protections inadmissibles ».

La « compétitivité » et la « création de valeur », poursuit Frédéric Lordon, ont pour immense avantage d'être sans visage, contraintes impersonnelles et anonymes, et de toute façon hors de portée de l'État. Évidemment, il ne faut pas y regarder de trop près si l'on veut conserver tout leur pouvoir rhétorique à ces faux-semblants : derrière l'abstraite « création de valeur » ou les impersonnels « marchés », il y

---

1. Frédéric Lordon, *op. cit.*, p. 22-23.

a des investisseurs institutionnels et des intérêts très identifiables ; quant à l'État, c'est bien toujours à lui et à ses politiques publiques que l'on doit les grandes transformations de structure : c'est l'État qui négocie à l'OMC et participe aux tractations autour de l'Accord multilatéral sur l'investissement (AMI), c'est lui qui valide les règles européennes de la concurrence, lui encore qui déréglemente les marchés de capitaux, etc. Ainsi va le double langage de la puissance publique à l'époque de la « mondialisation », vocable dont il faudra bien se séparer un jour si l'on veut se défaire des images de fatalité impersonnelle et de processus sans sujet qu'il charrie très opportunément. Car la « mondialisation » n'est pas cette force sans tête, et donc sans prise, qu'on nous propose aimablement de considérer dans sa positive nécessité. Pour une très large part, c'est le politique qui agit la « mondialisation », qui décide la libéralisation des marchés (aujourd'hui celui de l'énergie, demain celui de la santé, après-demain celui de l'éducation), mais pour se retrouver, en un désarmant mélange de machiavélisme et d'ingénuité, dans une situation qu'il a lui-même créée, et qui a pourtant objectivement la propriété de lui échapper complètement. Une fois lancées, les machines à discipliner fonctionnent toutes seules et rien ne peut les arrêter, pas même l'État qui a contribué à les produire. Mais tel est bien finalement l'effet qu'il s'agissait d'obtenir : après avoir fait oublier le coup de force créateur originel, ne plus répondre de rien. Que peut le politique aux diktats de la finance, gémit le politique… après avoir installé la finance[1] ?

Il était présumé de gauche et penseur d'une grande confédération syndicale. Au moment où s'amorçait à peine le virage néolibéral des socialistes français, alors présenté comme une parenthèse, Pierre Rosanvallon en théorisa la nécessité et la durée. Il le fit en arguant précisément des contraintes du commerce international : « Dans une économie ouverte, la marge de manœuvre est étroite. On n'échange pas que des biens et des services, ce sont inévitablement des politiques économiques que l'on finit également par être contraint d'importer[2]. » Émanant d'un homme aux réseaux innombrables et présenté comme l'un des théoriciens de la CFDT, la portée d'une telle recommanda-

---

1. *Ibid.*, p. 23-24.
2. Pierre Rosanvallon, « Le choc déflationniste et après », *Libération*, 23 juin 1982.

tion fut considérable. À l'époque de la publication de cet article dans *Libération*, en juin 1982, les politiques économiques que la France devait « importer » ne pouvaient que ressembler à celles de ses grands voisins et partenaires commerciaux. En l'occurrence l'Allemagne d'Helmut Kohl, la Grande-Bretagne de Margaret Thatcher, les États-Unis de Ronald Reagan. Or, pour Pierre Rosanvallon, théoricien de la deuxième gauche rocardienne et précurseur de la future « troisième voie » blairiste (lire chapitre suivant), il ne s'agissait nullement d'essayer de réduire la contrainte qu'exerçait une « économie ouverte » sur une politique socialiste, mais d'accepter – voire d'accueillir avec reconnaissance – l'étroitesse de la marge de manœuvre des gouvernants. Elle leur interdirait de « faire des bêtises » ou, pour le dire autrement dans le cas français, de rester fidèles un jour de plus à leur programme de « rupture avec le capitalisme ». Pour celui qui, avec Alain Minc, François Furet et Pierre Nora, s'apprêtait à lancer la Fondation Saint-Simon dans les salons de l'hôtel Lutétia en décembre 1982, ce nœud coulant du commerce international allait précipiter la « fin de l'exception française », dont il consignerait le décès six ans plus tard dans un ouvrage rédigé avec deux de ses amis, Jacques Julliard et François Furet[1]. Parfois, c'est ainsi que s'écrit l'histoire : au plus fort d'une bataille, un homme vient susurrer aux combattants d'une tranchée, ou d'une barricade, que leur position est (malheureusement) indéfendable, qu'il leur faut se replier. Et, quelques heures plus tard, on le distingue au premier rang de la cohorte des assaillants. La « mondialisation » – et plus encore le discours qu'elle justifia : tantôt promesse de liberté et de droits de l'homme, tantôt proclamation d'impuissance à transformer l'ordre social, souvent les deux à la fois – constitua une machine de guerre cauteleuse de ce genre, dressée contre toute volonté de contenir le capitalisme total et permettant de défaire le contrat social en invoquant les contraintes internationales. Ne plus penser l'impensable, c'est contribuer à garantir qu'il n'adviendra

---

1. François Furet, Jacques Julliard, Pierre Rosanvallon, *La République du centre : la fin de l'exception française*, Fondation Saint-Simon et Calmann-Lévy, Paris, 1988.

pas. Il ne reste plus ensuite qu'à feindre de déplorer les constats qu'on a contribué à produire. C'est-à-dire, dans le cas d'espèce, cette « ouverture des frontières » qui, comme l'explique l'ancien syndicaliste désormais recru d'honneurs, précipite « la normalisation de la France par rapport aux démocraties anglo-saxonnes dans lesquelles la politique est depuis déjà longtemps singulièrement refroidie[1] ».

Le fait demeure, qu'on s'en réjouisse ou qu'on le déplore. En l'état actuel du rapport de forces, mondial rime avec libéral ; globalisation avec recherche des conditions d'optimisation de l'offre, concurrence fiscale et déchaînement des forces du marché. Les zones de libre-échange ont rarement pour principaux soucis le bon exercice de la citoyenneté et le contrôle démocratique de la surpuissance du secteur privé. La Commission européenne est plus libérale que l'ensemble des États qu'elle représente. Et l'actuelle ritournelle sur la « régulation mondiale » qui tient lieu de programme et de prière aux socialistes et aux Verts européens a des accents d'autant plus présomptueux ou factices que l'expérience historique de la gauche lui a fait conjuguer volontarisme social et cadre national, contrainte internationale et impuissance politique. Ce qui était déjà vrai au temps du Front populaire, quand le désir de renouer l'entente cordiale avec les conservateurs britanniques avait interdit à Léon Blum de dévaluer suffisamment le franc et de se porter au secours de l'Espagne républicaine, ne le serait pas moins soixante ans plus tard. En 1997, quelques jours avant de devenir Premier ministre, Lionel Jospin affirmait : « Si on évacue le cadre national, si on commence à raisonner en réseaux internationaux (marchés ou autres), on évacue la démocratie. [...] La nation est ce qui préserve deux choses : la démocratie et la notion de solidarité entre tous les membres d'une même communauté et, notamment, entre les élites et le reste de la population[2]. » Avec l'approche, puis le passage du millénaire, avec l'occupation des ministères, la conception de la démocratie et de la solidarité nationale du chef socialiste deviendra moins ambitieuse : « On ne peut pas interdire le licenciement. On pourrait aussi interdire le

---

1. Pierre Rosanvallon, « Malaise dans la représentation », in *ibid.*, p. 145.
2. Entretien avec *Le Nouvel Observateur*, 22 mai 1997.

chômage ou la maladie. Il ne faut pas que la législation française s'écarte trop de ce qui existe dans d'autres pays [...] autrement nous serions pénalisés[1]. » Quand « ce qui existe dans d'autres pays » est en partie le résultat de normes internationales et juridiques privilégiant le capital et l'entreprise, quand les organisations multilatérales veillent au respect des règles ainsi usinées, la « pénalisation » frappe à l'évidence davantage un type de projet collectif qu'un autre. Il reviendra au demeurant à Lionel Jospin d'entériner, en mars 2002, lors du sommet des chefs d'État ou de gouvernement de l'Union européenne, l'allongement de cinq ans de la durée du travail pour « sauver » le système de retraite, et la privatisation du marché de l'énergie pour garantir la « concurrence »[2].

Nul n'a mieux résumé cette « discipline » qui désormais interdirait d'améliorer les conditions d'existence des salariés occidentaux, « sortants privilégiés » dans un marché du travail planétaire, que le penseur ultralibéral Richard Epstein, déjà célèbre pour avoir recommandé la mise en place d'un marché d'organes : « On entend à nouveau parler de protections supplémentaires pour les travailleurs, destinées à compenser le risque individuel et l'insécurité. Mais leur conséquence serait de favoriser les sortants privilégiés tout en imposant des niveaux de précarité plus élevés encore aux salariés potentiels qui restent en dehors du marché du travail et aspirent à y trouver leur place. Car les chefs d'entreprise vont réclamer moins de travailleurs si leur coût augmente. Les partisans de ces nouvelles protections s'accrochent cependant à la croyance naïve selon laquelle les employeurs n'auraient "pas le choix" et devraient satisfaire de telles exigences. Ils ont confiance qu'au bout de la route le niveau du chômage ne bougera pas, même si les salaires et les

---

1. Entretien sur Europe 1, 6 juin 2001. Deux ans plus tôt, le Premier ministre socialiste avait déjà réagi à l'annonce de 7 500 suppressions d'emplois par Michelin en expliquant sur France 2, le 13 septembre 1999 : « Il ne faut pas tout attendre de l'État. Je ne crois pas qu'on puisse administrer désormais l'économie. Ce n'est pas par la loi, les textes, qu'on régule l'économie. [...] Tout le monde admet maintenant l'économie de marché, toutes les forces politiques françaises pratiquement – sauf peut-être l'extrême gauche dont je ne sais pas comment elle ferait fonctionner l'économie. »

2. Lire Bernard Cassen, « Est-il encore utile de voter après le sommet de Barcelone ? », *Le Monde diplomatique*, avril 2002.

charges augmentent. Cependant, confrontés à des règles rigides et nocives, les employeurs ne restent pas les bras croisés : ils n'ont aucun remords à réduire leurs effectifs et à délocaliser leurs opérations. L'exode des emplois modifie le jeu réglementaire. L'importation de biens produits à l'étranger, et même de services, dans des régimes à bas prix est ce qui discipline le mieux les marchés du travail locaux[1]. » De son côté, Michel Rocard a déjà admis que « les impôts sur le capital sont les plus énergiques incitateurs à la délocalisation et donc au chômage[2] ». Les sociaux-démocrates allemands ont fait un constat presque identique de la nouvelle impuissance publique : « Il est clair, souligne le ministre Hans Eichel, que, dans le futur aussi, l'État renoncera à un pilotage fin de la conjoncture via la politique budgétaire. Cela ne fonctionne pas dans des économies internationalisées et inter-dépendantes. Des mesures expansives unilatérales se déverse-raient à l'étranger, ce qui gaspillerait leur efficacité. Je ne fais que rappeler les expériences douloureuses de la stagflation, qui ont été liées à ces tentatives de pilotage dans les années 70[3]. » Chaque État se voit ainsi enfermé dans des « réformes » sans fin qui déshabillent son système d'assurance sociale et réduisent la politique à n'être plus que l'ombre jetée par les grosses sociétés sur le monde. « Le libre flux des capitaux, résume Noam Chomsky, instaure ce qu'on appelle parfois un "parlement virtuel" du capital mondial, lequel a un pouvoir de veto sur les orientations gouvernementales qu'il juge irrationnelles[4]. »

Négocié par l'OCDE, interrompu en 1998 – mais appelé à revenir sous une autre forme, car les néolibéraux, eux, ne renoncent jamais ! –, l'Accord multilatéral sur l'investissement (AMI) a suggéré l'ampleur des attentes du « parlement virtuel ». Dans son esprit, l'AMI ne faisait que reprendre les dispositions de l'Accord de libre-échange nord-américain, entré en vigueur en janvier 1994.

---

1. Richard Epstein, « Free markets demand protection », art. cité.

2. Michel Rocard, « Loi Fillon : les brutaux et les "mollettistes" », art. cité.

3. Hans Eichel, ministre social-démocrate des Finances, cité par Arnaud Leparmentier, « Outre-Rhin, le gouvernement social-démocrate abandonne le keynésianisme », *Le Monde*, 12-13 novembre 2000.

4. Noam Chomsky, « Irrevocable Trust », traduit sous le titre *La Conférence d'Albuquerque*, Allia, Paris, 2001, p. 51.

Peu d'observateurs l'ont noté à l'époque, mais l'Alena établit déjà un système d'arbitrage privé pour les investisseurs étrangers désireux de poursuivre les États membres. Au cas où une décision gouvernementale « assimilable à une forme d'expropriation » réduit les possibilités de profit de ces entreprises étrangères, des compensations sont de droit. Le journaliste américain William Greider cite plusieurs cas de procédures de ce genre, qui prouvent le degré de mise en tutelle des autorités publiques : l'entreprise canadienne Methanex a réclamé 970 millions de dollars à la Californie, coupable d'avoir interdit un additif pétrolier à base de méthanol que l'État juge cancérigène ; l'entreprise américaine Ethyl Corporation a réclamé 250 millions de dollars (et en a obtenu 13) au Canada quand Ottawa a proscrit un autre additif, soupçonné celui-là d'endommager les pots catalytiques ; le Mexique a dû payer 16,7 millions de dollars à une entreprise de traitement de déchets dont la municipalité de Guadalcazar voulait interrompre les activités sur son territoire, redoutant les effets de ces derniers sur la qualité de l'eau. La simple menace d'une procédure de ce genre fournit aux investisseurs un instrument de pression contre les États. Et l'appréciation toujours plus généreuse du droit à la propriété (puisqu'il devient difficile de mettre en péril des profits *escomptés*) affronte de plein fouet le principe de la souveraineté populaire. « Qui a couronné les investisseurs internationaux, faisant d'eux les nouveaux monarques des valeurs publiques[1] ? » interroge William Greider. Un traité, tout simplement. Négocié par le président républicain George Herbert Bush, soumis au Congrès par son successeur, le président démocrate William Jefferson Clinton, et voté dans chacune des chambres par des parlementaires des deux partis. Une fois encore, la puissance publique s'est faite l'instrument de son dessaisissement. Au profit d'une « société civile » présentée par les libéraux comme la « sphère de la liberté et de la responsabilité où règnent les contrats et les conventions, dont l'importance par rapport à l'État mesure le degré de maturité démocratique d'un pays[2] ».

---

1. William Greider, « Sovereign corporations », *The Nation*, 30 avril 2001.
2. Denis Kessler, cité *in* « Kessler, grosse tête et forte tête », *Les Échos*, 16 janvier 2001.

La concordance entre la place du secteur privé dans un pays et sa « maturité démocratique » n'apparaît pas toujours à l'œil nu. Le cas de Boris Eltsine est assez connu pour qu'il ne soit pas utile de le détailler. L'Occident le célébra comme un démocrate alors qu'il avait fait tirer des obus à Moscou contre le Parlement avant de le dissoudre, au mépris de toute disposition constitutionnelle (octobre 1993). Puis l'Occident continua de fermer les yeux quand la pratique gouvernementale du président russe commença à ressembler prodigieusement à un pillage familial des ressources de l'État (avec, il est vrai, l'onction du FMI et l'appui de la banque d'affaires Goldman Sachs, dont deux des principaux dirigeants furent successivement ministres des Finances dans l'administration Clinton). En 1994, à l'autre bout du monde, dans le Chiapas, la Chase Manhattan Bank recommandait au gouvernement mexicain d'écraser les zapatistes et de truquer les élections pour rassurer des marchés financiers soucieux de « stabilité ». « Même si le Chiapas ne menace pas fondamentalement la stabilité du Mexique, les investisseurs estiment le contraire, expliquait une note confidentielle. Le gouvernement devra donc éliminer les zapatistes afin de démontrer qu'il contrôle effectivement le territoire national. » Anticipant des élections dans cinq États « où l'opposition a toujours été forte » et qui par surcroît allaient intervenir dans un contexte de crise monétaire, ce qui rendait « hautement improbable » la victoire du parti au pouvoir, les experts de la banque des Rockefeller suggéraient alors : « Le gouvernement Zedillo devra s'interroger sérieusement pour savoir s'il doit ou non autoriser la victoire de l'opposition au cas où ce serait le résultat des urnes[1] »...

Internationales informelles ou institutions intergouvernementales au service du capital, conversion droitière des élites, naturalisation des modes de pensée marchands, stigmatisation de toute initiative de transformation progressiste dans l'histoire, consécration savante des postulats néolibéraux, « ouverture des frontières » au gouvernement d'entreprise : la mondialisation parlait déjà d'une seule voix, pleine d'assurance. Quand d'importantes formations de gauche ajoutèrent leurs cymbales au concert, elle

---

1. Cité *in* Alexander Cockburn et Ken Silverstein, « The demands of capital », *Harper's*, mai 1995.

devint assourdissante. Les fondations de la social-démocratie allemande et les *think tanks* proches de Tony Blair envoyèrent leurs missionnaires libéraux dans les jeunes démocraties d'Europe de l'Est. Le socialiste français Hubert Védrine en vint à imaginer qu'il n'y avait plus, en 2000, de politique étrangère de gauche « car les valeurs de gauche ont conquis le discours des relations internationales[1] ». La conquête fut brève, apparemment. En réalité, l'effet de domino a presque toujours joué en faveur des valeurs individualistes et marchandes. Chaque mutation droitière d'un parti socialiste important rendait plus aléatoire ailleurs la persistance d'un militantisme social. Jean-Pierre Chevènement confie qu'« un grand intellectuel brésilien, Emir Sader, [lui] a dit, à Porto Alegre, en janvier de cette année [2001], combien l'idée qu'il n'y avait pas d'autre politique possible, énoncée en France en 1983, avait été démoralisante pour la gauche du tiers-monde[2] ». Les conséquences du renoncement français ne furent pas moindres en Europe : « L'expérience mitterrandienne, indique Keith Dixon, qui avait au début suscité intérêt et espoir en Grande-Bretagne, fonctionne encore aujourd'hui dans le discours des modernisateurs britanniques comme l'illustration définitive de l'impuissance de toute politique nationale qui va à l'encontre des tendances dominantes de l'économie mondiale[3]. » Les experts de Tony Blair ne seraient pas ingrats. Après avoir éradiqué le radicalisme du parti travailliste britannique (lire chapitre 7), ils ont franchi la Manche pour conseiller Dominique Strauss-Kahn et la fraction la plus libérale du parti socialiste français.

L'intériorisation d'une certaine impuissance face à la « mondialisation » n'aboutit pas seulement au refus d'analyser sa nature – celle d'une construction politique susceptible d'être un jour remise en cause en fonction d'autres objectifs et au profit d'autres catégories sociales. Elle favorise aussi l'adaptation continue de chaque État aux nouvelles règles – ou foucades – du marché. Avec les risques que cet « ajustement structurel »

---

1. *Libération*, 20 juin 2000.
2. Jean-Pierre Chevènement, « La gauche s'est rendue sans avoir combattu », entretien paru dans *Le Monde*, 5 mai 2001.
3. Keith Dixon, *Un digne héritier*, Raisons d'agir, Paris, 2000, p. 31.

comporte en cas de bourrasque boursière, monétaire, commerciale. Mais, pour les investisseurs occidentaux et leurs mandants, le risque a largement disparu. Financier ? Le FMI ou l'État du cru continue d'appliquer la règle du *too big to fail* (trop gros pour faire faillite) quand il secourt en priorité les grandes banques et les industriels engagés dans une mauvaise passe. Politique ? Chaque élection au cours de laquelle s'affrontent des partis autrefois différenciés est précédée d'un serment d'allégeance des contestataires potentiels aux nouveaux « acquis libéraux ». Cet engagement leur garantit en retour la bienveillance de « marchés » dont l'humeur capricieuse est devenue le baromètre du possible et de l'impensable. « Les politiques n'aiment pas reconnaître, admet Philippe Séguin, que là où la démocratie existe, on décide de moins en moins et qu'à l'inverse, là où on décide de plus en plus, il n'y a pas de démocratie. Certaines décisions fondamentales sont prises à l'échelle européenne ou planétaire, de manière formelle ou informelle, sur un mode libéral voire ultralibéral, sans que les peuples aient voix au chapitre[1]. » On se félicite de la généralisation des consultations électorales dans des zones géographiques autrefois habituées aux coups d'État. Mais pourquoi l'armée, les États-Unis ou les multinationales envisageraient-ils encore des *pronunciamentos* militaires quand la gauche ne les menace plus de nationaliser les mines de cuivre, de mieux répartir les richesses, de s'intéresser aux paysans sans terre, de démanteler les latifundia ? En 2002, au moment de l'élection présidentielle brésilienne, les incertitudes politiques étaient par exemple tempérées par le fait que 80 % des crédits consentis au pays par le Fonds monétaire international ne devaient être versés qu'après le verdict de l'électeur. Le *Wall Street Journal* expliquait à l'époque : « Le prêt du FMI est structuré de telle manière que les candidats de gauche favoris des sondages, Luiz Inacio Lula da Silva et Ciro Gomes, devront poursuivre les politiques économiques conservatrices du président sortant, Fernando Henrique Cardoso[2]. » Pour le futur président, « Lula », honorer

---

1. Philippe Séguin, entretien, *Le Figaro*, 18 août 2003.
2. *The Wall Street Journal Europe*, 14 août 2002.

les conditions précédemment souscrites auprès du FMI constitua même « un engagement sacré ». Le système était verrouillé, et l'électeur brésilien prévenu : non seulement son vote avait été vidé d'une partie appréciable de sa substance, mais ses éventuelles humeurs contestataires lui seraient facturées séance tenante. L'ancien ministre des Finances, Delfim Netto, résuma la chose : « Les deux grandes institutions de ce début de siècle sont le marché et l'urne. Quand l'un exagère trop, l'autre se charge de le corriger[1]. » Un grand patron français compléterait le propos à sa manière, au moment de sa chute : « L'État m'a toujours demandé la même chose que le marché. Quand le marché me demandait sur l'air des lampions des acquisitions, l'État me disait : faites-en ! Quand le marché me demandait de vendre, l'État le demandait aussi. Si l'État ne sert que de porte-voix au marché, quelle est sa légitimité[2] ? » Question pertinente, mais illumination un peu soudaine de la part d'un chef d'entreprise qui, quelques années plus tôt, avait fait le voyage à New York pour actionner, épanoui, le carillon de Wall Street. Sonnant ainsi, conformément à la décision d'un gouvernement socialiste, la subordination de France Telecom aux humeurs de la Bourse.

Bonne gouvernance électorale

L'« affaire » fit moins de bruit que les détails anatomiques d'une relation extraconjugale dans le Bureau ovale. Elle se déroula pourtant dans la même demeure. En 1996, on apprit qu'en échange de copieuses contributions financières un escroc libanais, un marchand d'armes chinois et un mafieux russe avaient été reçus à la Maison-Blanche par Bill Clinton. À l'époque, tout était tarifé : une donation de trois à cinq chiffres (en dollars) permettait d'assister au cinquantième anniversaire du président des États-Unis, en tête à tête ou par écran interposé

---

1. *La Tribune*, 9 août 2002.
2. Intervention de Michel Bon le 25 mars 2003 devant les députés constituant la commission d'enquête sur les entreprises publiques, citée in *Le Figaro*, 26 mars 2003.

(selon le montant versé). Pour quatre chiffres et plus, c'était le « goûter » *(coffee)* à la Maison-Blanche. Au moins cinq chiffres ouvraient les portes de « la chambre de Lincoln ». Le multiculturalisme étant apparemment déjà de règle en cette matière, aucune « préférence nationale » ne venait amoindrir le montant des recettes. Le *New York Times* rationalisa sans tarder la nouvelle équation : « L'économie américaine est devenue de plus en plus internationale et les sociétés étrangères éprouvent un intérêt croissant pour le système politique américain. [...] Tout cela brouille le clivage entre politique intérieure et commerce extérieur. Cette tendance est peut-être inévitable. Les électeurs du président américain sont maintenant globaux[1]. » Pas seulement ses « électeurs » : quatre des conseillers du président précédent, George H. Bush, avaient ensuite, le plus ouvertement du monde, représenté les intérêts d'une liste « à la Prévert » de vingt-six entreprises privées ou États étrangers – Mitsubishi, les prunes de Californie, le cheikh d'Abou-Dhabi, l'Institut du tabac... Au demeurant, peu importe. L'intérêt national américain n'est pas davantage menacé quand un haut fonctionnaire loue ses talents à la province du Manitoba ou à la banque de Santander qu'il ne le serait si ce grand serviteur de l'État se mettait plutôt au service d'un marchand de canons ou d'un pollueur, eux bien américains.

La projection de l'influence de l'empire irradie la plupart de ses provinces. La politique « à l'américaine » étend ainsi ses effets à la planète. Pendant que le FMI et la Banque mondiale diffusent les évangiles économiques et financiers du « consensus de Washington », les conseillers en communication formés aux États-Unis essaiment dans le reste du monde leurs techniques conçues pour amplifier – et pour manipuler – les plus petites différences. C'est-à-dire les seules encore autorisées. Chez eux, ils voguent déjà sans effort d'un parti à l'autre. Leur navette symbolise l'effacement des clivages idéologiques en même temps qu'il le nourrit. À l'étranger, l'exemple a pris souche, y compris dans le pays qui enfanta les concepts de « droite » et de « gauche ». En 1995, Jacques Pilhan est ainsi passé sans coup férir du rôle de conseiller en communica-

---

1. Roger Cohen, « Global forces batter politics », *The New York Times*, 17 novembre 1996.

tion de François Mitterrand à celui de conseiller en communication de Jacques Chirac. D'abord le commerce des marchandises, ensuite celui des suffrages : l'électeur est aussi un consommateur. Quelle que soit leur marque, produits et partis font à peu près le même usage. La mondialisation, c'est aussi cela.

Pendant que se généralisent des campagnes sans contenu, les partis dépérissent, le poids de l'argent et du marketing électoral s'accroît, les taux d'abstention s'élèvent. D'Argentine en Estonie, d'Israël au Royaume-Uni, le conseil politique à l'occidentale devient une industrie en expansion, largement monopolisée par quelques vedettes américaines. Tous ces développements ne sont pas sans rapport avec l'extension d'une idéologie du « juste milieu » qui, rassemblant les « modernes » de droite comme ceux de gauche, pose comme acquises les règles d'une société de marché. Et abandonne alors aux seuls « populistes » la question des inégalités, pourtant susceptible, quand on l'aborde, d'endiguer les flots de l'apathie civique. Jeune journaliste, Sidney Blumenthal avait disséqué dès 1980 l'apparition d'« un nouveau pouvoir dans la politique américaine » : les conseillers en communication y étaient « permanents », les élus « éphémères ». Il avait également souligné que, pour accroître la proportion des électeurs flottants influençables par le marketing politique, ces stratèges encourageaient l'effacement des partis et exagéraient la portée des petites querelles symboliques aisément manipulables auprès d'une masse dépolitisée. Vingt ans plus tard, Sidney Blumenthal était devenu le conseiller du président Clinton, l'ami de Tony Blair, l'un des penseurs de la « troisième voie ». Il pratiquait à temps plein ce qu'il avait dénoncé au terme de la présidence de Jimmy Carter[1]. Dans l'intervalle, le modèle qu'il avait analysé s'était emparé de la Terre. Les quatre principaux « consultants » des deux campagnes présidentielles de Bill Clinton – le trio de 1992 (James Carville, George Stephanopoulos et Stanley Greenberg) et le solo de 1996 (Richard Morris) –, mais aussi Arthur Finkelstein, conseiller de plusieurs élus républicains, avaient mondialisé leurs opérations. Ils avaient servi de stratèges aux dirigeants du Brésil, du Honduras, de

---

1. Lire Sidney Blumenthal, *The Permanent Campaign*, Simon & Schuster, New York, 1980.

la Grèce, de l'Équateur, du Panama, de l'Afrique du Sud, du Royaume-Uni, de l'Italie et de l'Allemagne. Sans oublier, en 1999, Israël et l'Argentine, où chacun des grands partis (travailliste et Likoud en Israël, péroniste et radical en Argentine) fit appel à des conseillers américains ne connaissant presque rien du « terrain » et ne parlant ni l'hébreu ni l'espagnol. Aussi spécialisés en somme que les experts de l'OCDE et du FMI dont ils représentent le pendant électoral. Une fois installé à la Maison-Blanche, Sidney Blumenthal n'y vit plus aucun inconvénient : « Leurs techniques professionnelles peuvent être employées au service de n'importe quel objectif et dans n'importe quel endroit, en fonction des circonstances. Peu importe le programme ou le candidat[1] »…

« Peu importe le candidat », à condition toutefois qu'ils parlent tous à peu près d'une même voix. Richard (« Dick ») Morris, par exemple, a pu simultanément servir le président Clinton et rester en contact avec son adversaire républicain Robert Dole. Cette acrobatie fut facilitée par le fait que le leader démocrate de l'époque décida d'étouffer son concurrent conservateur en reprenant à son compte nombre de ses propositions politiques. Il était « temps pour le parti démocrate de sacrifier sa pureté idéologique afin de valoriser son potentiel électoral », expliquait-on alors dans son entourage. C'est parce que cet opportunisme est devenu presque universel – et paraît particulièrement prisé par les partis « de gauche » – que les techniques et les conseillers américains voyagent plus souvent qu'avant.

Mais le rapport de cause à effet n'est pas aussi linéaire qu'on l'imagine. Le consultant venu des États-Unis ne transforme pas la manière de faire de la politique là où il débarque. Il débarque là où – « mondialisation » et « contraintes » obligent – la politique se rapproche déjà du « modèle américain ». Ce « modèle » ne répugne d'ailleurs pas aux emprunts. La démarche de Bill Clinton en 1996 (qui servirait ensuite à Tony Blair et à Gerhard Schröder) conduisit le président des États-Unis à reprendre à son

---

1. *In* Serge Halimi, « Faiseurs d'élections made in USA », *Le Monde diplomatique*, août 1999. On y retrouvera les références précises à certains des propos évoqués dans les paragraphes qui suivent.

compte les idées républicaines les plus populaires (« loi et ordre », contrôle des dépenses sociales) afin d'inciter la droite à la fuite en avant qui lui serait fatale auprès des électeurs modérés. Or c'est en France que Dick Morris eut l'illumination d'une telle approche, qu'il qualifia de « triangulation », ou de « troisième voie » : « La stratégie que Clinton et moi-même développâmes à la fin de l'année 1994 eut pour modèle celle de Mitterrand face à Chirac en 1986. J'avais travaillé avec des membres de l'équipe Chirac dans les années 80. La manière dont Mitterrand le combattit fut superbe. Ignorant ceux qui lui conseillaient d'affronter Chirac pied à pied, il le laissa privatiser l'essentiel de ce qui avait été nationalisé [après 1981]. Il accéléra la mise en œuvre du programme de Chirac, expliquai-je à Clinton, pour apaiser les frustrations qui avaient provoqué la victoire de la droite en 1986. Ainsi, il parvint à soustraire ces sujets-là du débat public. "Et Chirac perdit en 1988", ajouta le président[1]. » Une métaphore résume cette troisième voie-là : il faut « permettre à la vague de balayer la rive pour lui retirer sa puissance ».

L'appel aux consultants américains s'explique en partie par l'apparition de nouvelles techniques de communication exigeant qu'on ait recours à leurs praticiens les plus éprouvés. Mais elle repose surtout sur des données politiques de fond directement en rapport avec notre propos. Comme l'analysa le *Wall Street Journal* en 1999, avec délectation, « la fin de la guerre froide et l'expansion corrélative de la démocratie et de l'économie de marché ont provoqué un déplacement de la politique vers le centre, comme c'est depuis longtemps le cas aux États-Unis. Le résultat, c'est que les campagnes électorales à l'étranger ressemblent de plus en plus en style et en substance à celles qu'on connaît en Amérique. Tout comme le libre-échange et l'ouverture des marchés de capitaux ont créé une économie à l'échelle de la planète, la vie politique des pays culturellement les plus divers commence à céder devant ce

---

1. Dick Morris, *Behind the Oval Office. Winning the Presidency in the Nineties*, Random House, New York, 1997, p. 37 et 269. Les erreurs de date faites par l'auteur (et par l'éditeur), qui semblent croire que la première cohabitation entre François Mitterrand et Jacques Chirac s'est déroulée entre 1985 et 1987, ont été corrigées ici.

que le président Clinton a appelé "la logique inexorable de la mondialisation"[1] ». Consultant américain d'origine péruvienne, Sergio Bendixen, qui enchaîne campagnes locales aux États-Unis et campagnes présidentielles en Amérique latine, a complété l'analyse en connaissance de cause : « Les principales questions sociales et politiques sont les mêmes d'un pays à l'autre. Le débat est limité à un espace de plus en plus étroit. Et nous, les Américains, nous sommes les experts des campagnes qui reposent sur peu de chose[2]... »

Au Salvador, le rapprochement idéologique fut spectaculaire en 1999. D'un côté, le candidat de la droite (Arena), Francisco Flores, cherchait à moderniser l'image d'un parti compromis par son association aux escadrons de la mort. Il fit appel à un consultant démocrate de Caroline du Nord ayant déjà travaillé en Australie, à Malte, en Suède et en Ukraine, qu'il chargea de le « préparer aux nouvelles réalités de l'économie mondiale ». En face, la gauche salvadorienne (FMLN) eut elle aussi recours à un consultant américain. Et les deux partis, qui s'étaient combattus les armes à la main quelques années plus tôt, rivalisèrent pour occuper le même espace politique. « S'ensuivit, raconte le *Wall Street Journal*, le genre de campagne que des électeurs américains n'auraient aucun mal à comprendre. Le candidat du FMLN, Facundo Guardado, un ancien commandant de guérilla, modéra son image et promit qu'il ne remettrait pas en question les réformes néolibérales comme, par exemple, la privatisation des industries publiques. Il expliqua dans une de ses publicités télévisées que "l'avenir du Salvador ne se résume ni à la gauche ni à la droite, mais aux vraies solutions". M. Flores n'avait toutefois pas l'intention de laisser son adversaire monopoliser le créneau du centre. Il évita donc tout discours polémique et baptisa sa cause "Nouvelle Alliance". Puis il s'efforça de rassurer ceux que l'expansion économique avait laissés en rade, confiant dans un entretien : "Si les marchés sont la locomotive du progrès, l'État doit veiller à ce

---

1. John Harwood, « A lot like home : campaign strategists give foreign elections that American cachet », *The Wall Street Journal*, 24 mars 1999.
2. *Ibid.*

que chacun puisse rattraper les wagons"[1]. » Le « créneau du centre » est donc ici plus topographique qu'idéologique. D'un côté, la gauche entérine les politiques néolibérales qui lui interdisent tout projet de transformation sociale ; de l'autre, la droite, le temps d'une élection, ne fait qu'exprimer verbalement sa sollicitude à l'égard des pauvres, son souci de la « fracture sociale ». Dans le cas du Salvador, c'est sans doute préférable à la guerre civile. Mais ailleurs ?

En 1928, Edward Bernays, neveu de Sigmund Freud et père de la publicité américaine, avouait un regret : « La politique n'a pas su adapter les méthodes du business en matière de distribution de masse des idées et des produits. » Désormais, les méthodes du business sont d'autant plus prisées en politique que les partis ont perdu beaucoup de leur substance ; les campagnes se sont personnalisées et la communication joue un rôle clé. Plus les sujets de consensus (autrement dit ceux qui ne font plus débat) sont nombreux, plus l'électorat est démobilisé et plus les sujets qui font la différence peuvent devenir accessoires. Une fois ces derniers identifiés, « le principe est le même pour une campagne politique et pour une entreprise, explique Peggy Noonan, l'ancienne stratège de George Herbert Bush : tout le monde doit marteler la même chose sans jamais se lasser ». Groupes témoins et sondages sont les techniques qui permettent d'ajuster la communication politique aux « attentes du public ». En 1996, M. Clinton suivit personnellement la confection de chacun des spots de sa campagne, auxquels le parti démocrate consacra 85 millions de dollars. L'un d'eux expliquait, « triangulation » oblige : « Généraliser la peine de mort, c'est comme cela que nous protégeons l'Amérique. » De leur côté, les républicains et leur candidat d'alors, Robert Dole, ne s'en laissaient pas conter. Explorant à leur tour les mécanismes les plus avancés de la persuasion démocratique, ils réunissaient des groupes témoins et leur demandaient de répondre à quatre-vingt-trois questions, comme : « Si Bob Dole était un animal, quel serait-il ? Pourquoi ? » Ensuite, un « groupe curseur » *(dial group)* réagissait, seconde par

---

1. *Ibid.*

seconde, à des enregistrements du candidat en déplaçant une manette (0 = très mauvais, 100 = très bon). Collés les uns aux autres, les passages qui avaient obtenu plus de 80 constitueraient ensuite la trame des prochains discours de « Bob » Dole[1]. Le résultat n'était pas garanti, puisque le républicain fut battu. Mais par un adversaire, Clinton, qui opéra de la même manière...

L'universalisation des techniques américaines rencontre encore plusieurs limites. Les législations étrangères sont souvent beaucoup plus restrictives que celle des États-Unis : Israël n'autorise les spots électoraux que dans les trois semaines précédant le scrutin ; la France plafonne les dépenses électorales et prohibe toute publicité politique au cours des trois derniers mois de la campagne. Dans certains pays pauvres, la médiocrité du système de télécommunications interdit au demeurant le recours aux sondages téléphoniques instantanés. Et, partout, l'efficacité des manipulateurs de symboles postule l'existence d'une vaste classe moyenne apathique et peu politisée, oscillant entre deux coalitions de moins en moins différenciées.

Accentuée par la « mondialisation », la pression des publicitaires sur la vie politique s'affirme pourtant à l'échelle du monde. Au Salvador, le candidat de droite a suivi les conseils de son Pygmalion de Caroline du Nord et renoncé aux grands meetings des campagnes latino-américaines. Il y a substitué des « événements » à la Reagan (c'est-à-dire chorégraphiés pour la télévision) et des publicités produites par une firme dont McDonald's et American Airlines étaient les principaux clients. Loin du Salvador, le directeur de communication de l'Israélien Benyamin Netanyahou a avoué regretter « les discours d'une heure dans des salles de réunion surchauffées et les longues harangues en place publique, désormais en voie d'être remplacés par des clips politiques[2] ». Le publicitaire français Jacques Séguéla, ancien conseiller de François Mitterrand et de Lionel Jospin, a d'ailleurs proposé que la majorité des fonds électoraux servant à payer « les frais de meetings organisés dans l'unique but de leurs deux minutes de retransmission au

---

1. *In* Bob Woodward, *The Choice*, Simon & Schuster, New York, 1996.
2. Adam Nagourney, « Sound bites over Jerusalem », *The New York Times Magazine*, 25 avril 1999.

journal télévisé » soient plutôt « utilisés en spots[1] ». Ainsi, l'argent public alimenterait sans détour inutile sa fortune privée et celle de sa firme. Observant en 1996 les résultats électoraux en Israël et en Russie (où un conseiller américain s'était chargé de la campagne de Boris Eltsine), le président Clinton aurait conclu : « Les candidats qui ont utilisé les techniques américaines en matière de sondages et de médias l'ont emporté[2]. » La causalité est moins absolue et moins exclusive que cela. Ce qui n'interdit pas de réfléchir aux conséquences de ces « techniques » de marketing et à la vacuité du débat politique qu'elles ont nourri. Dans le Royaume-Uni de Tony Blair, les *spin doctors* du parti travailliste ont tellement manipulé la presse et menti aux habitants que le crédit du gouvernement – le sien et les suivants – est atteint pour longtemps. Aux États-Unis, l'élection est devenue un exercice à la fois censitaire et manipulateur ; le taux d'abstention est l'un des plus élevés du monde – il approche 50 % le jour de l'élection simultanée du président, du vice-président, de tous les représentants, du tiers des sénateurs et d'une partie des maires et des gouverneurs. La réduction de la vie publique aux « débats » biaisés que concoctent deux coalitions presque identiques a préparé le terrain des consultants américains. Restreignant à peu de chose le « champ des possibles », la « mondialisation » économique a ainsi garanti les termes d'un débat démocratique tellement « apaisé » que ses principaux protagonistes s'accordent pour ne plus remettre en cause des orientations dont, pourtant, presque tout dépend.

Cette « surclasse » mondiale qui tient les rênes

L'imposition du capitalisme de marché à l'échelle de la planète contraignit ses concepteurs à être très actifs. Simultanément, elle se trouva favorisée par la désactivation politique des groupes sociaux qu'elle prendrait pour cibles. « L'économie globale, ironisa l'essayiste américain Lewis Lapham, est un mécanisme très

---

1. Jacques Séguéla, « Pas de pub, pas de vote », *Le Monde*, 18 juin 1999.
2. Selon Dick Morris, *op. cit.*, p. 261.

coûteux et très délicat qui exige la participation des investisseurs à la place des citoyens[1]. » Cette asthénie civique a énormément profité du caractère prétendument mondial de la « mondialisation ». Chaque « décideur » put se défausser sur les décisions des autres. Déjà, il y a un siècle, aux États-Unis, Edwin Markham, maître d'école, poète et journaliste, réfléchissait ainsi aux justifications apportées au travail des enfants : « L'usine, nous dit-on, doit dégager un profit, faute de quoi les actionnaires protesteront. Houspillé par son conseil d'administration, le patron va alors morigéner le contremaître, qui se retournera contre ses ouvriers. Il est long, ce fouet dont l'extrémité strie le dos des enfants. Doit-on encore s'étonner que les actions des usines de coton rapportent 25 %, 35 %, voire 50 % par an ? Oui, mes maîtres, cela paie de moudre le dos des petits en poudre de dividende. "Enlevez-nous le travail des enfants et nous irons ailleurs" est la menace habituelle des propriétaires d'usine et de leurs lobbyistes dans les couloirs des parlements. Et, hélas ! nous vivons dans une civilisation où ce genre de chantage porte[2]. » Le texte a cent ans, mais il évoque presque irrésistiblement nombre de nos actuels hommes politiques, les avocats d'une baisse des salaires destinée à guérir une imaginaire « préférence pour le chômage », les maîtres chanteurs à la délocalisation, les journalistes économiques rivés aux cours de la Bourse qui avalisent chaque « réforme », c'est-à-dire chaque régression, en invoquant le développement, le « coût du travail », la concurrence, la « mondialisation ». En 1993, Patrick Devedjian, futur ministre des Libertés locales dans le gouvernement de Jean-Pierre Raffarin, indiquait dans un rapport parlementaire : « On ne peut à la fois déplorer la misère du tiers-monde et lui interdire de se développer en utilisant cette misère même comme un atout[3]. »

---

1. Lewis Lapham, « Economic correctness », *Harper's*, février 1997.

2. Edwin Markham, « The hoe-man in the making », *Cosmopolitan*, septembre 1906, cité *in* Judith Serrin et William Serrin, *Muckraking : The Journalism that Changed America*, The New Press, New York, 2002, p. 6.

3. Rapport de la mission d'information de la commission des Finances de l'Assemblée nationale sur l'organisation du libre-échange, 1993. Alors député RPR, Patrick Devedjian ne faisait que reprendre un point de vue courant dans la presse économique. Lire « Enfants rois », *Le Monde diplomatique*, janvier 1995. Selon le dernier rapport de l'Organisation internationale du travail, 211 millions d'enfants de 5 à 14 ans travaillent dans le monde.

Lui faisant écho, un professeur d'économie à l'université Cornell, aux États-Unis, suggéra que la solidarité avec le tiers-monde imposait de s'accommoder du sort des petits forçats des briqueteries pakistanaises ou des ateliers de confection de tapis du Maroc : « Mis dans l'impossibilité d'exporter les produits fabriqués par des enfants, les pays du tiers-monde risquent d'interdire ce type de labeur. Or ce serait un désastre pour nombre de familles menacées de périr si leurs enfants n'ont plus le droit de travailler[1]. » Ce genre de discours est souvent accompagné de considérations – insolites dans la presse d'affaires – sur le respect des « différences culturelles ». Aux uns l'exploitation des mineurs, aux autres les dividendes qu'elle procure. Le fouet est long, et la main qui le tient, ce sont les cinq doigts du marché. D'abord, la contrainte sociale permet le « développement » des pays pauvres. Puis elle impose aux pays « riches », ou plus précisément à leurs habitants les plus mal lotis, de renoncer, « compétitivité » oblige, aux protections qu'ils ont réussi à arracher au prix de décennies de luttes. Le « prix Nobel d'économie » Gary Becker a un jour vendu la mèche : « Le droit du travail et la protection de l'environnement sont devenus excessifs dans la plupart des pays développés. Le libre-échange va réprimer certains de ces excès en obligeant chacun à rester concurrentiel face aux importations des pays en voie de développement[2]. » Autrefois, on devait envoyer la garde nationale ou les compagnies de CRS pour réprimer ces « excès ». À présent, le commerce et l'invocation des « contraintes de la mondialisation » suffisent. D'ailleurs, les élites locales, parfois associées au partage des bénéfices, avalisent elles aussi le discours d'impuissance. Comment se révolter, alors ? Où ? Contre qui ? Le déchaînement du marché paraît incompréhensible, mais il est déchaîné parce qu'on a, en connaissance de cause, rompu ses chaînes. Et que, pour tenir, le système s'appuie sur la non-révolte que produit une machine technocratique et idéologique destinée à démoraliser, à dépolitiser et à détruire. « Un gouvernement expert,

---

1. Kaushik Basu, « Some poor families need child labor », *International Herald Tribune*, 30 novembre 1994.
2. Gary Becker, « Nafta : the pollution issue is just a smokescreen », *Business Week*, 9 août 1993.

écrit l'historien et philosophe Jacques Rancière, intériorise la loi d'une sorte de gouvernement planétaire imaginaire qui, quotidiennement, répartirait, selon les indices du jour, les infimes marges de possibilité de redistribution des charges et des profits. Il nous dit aussi, bien sûr, que ces infimes marges sont également celles qui séparent la prospérité optimale de la catastrophe généralisée. Donc, la politique, en ce sens, s'identifie à la gestion, et à l'autodémonstration infinie que l'on fait ce qui seul est possible. Ce qui généralement, d'ailleurs, s'accompagne d'une sorte de rage à démontrer que l'impossible est impossible, par évidence tautologique, mais aussi par le rappel indéfini de ce que coûte la volonté de réaliser l'impossible[1]. »

L'invocation de l'impuissance devant l'« impossible » a énormément profité à ceux qui affectaient le plus de s'y être résignés. Jamais certains malades n'ont paru mieux portants. Dans le cœur de l'empire, une fraction non négligeable de la bourgeoisie américaine est devenue une oligarchie permanente et héréditaire grâce à son contrôle des usines automatisées, des réseaux de communication, des circuits de financement des deux grands partis. Cooptant quelques Noirs et Hispaniques à des fonctions de responsabilité, transformant la « droite » et la « gauche » en deux factions d'un même consensus, cette « surclasse » *(overclass)* qui raffole de nomadisme et de modernité n'a eu de cesse de camoufler sa propre domination en entretenant au sein des catégories populaires des divisions d'ordre ethnique, culturel et racial, souvent exacerbées par des politiques de ségrégation sociale. Ainsi tranquille, la « surclasse » a peaufiné un projet cohérent visant (grâce à l'immigration et au libre-échangisme) à mettre les travailleurs occidentaux en concurrence avec le prolétariat du tiers-monde[2]. Dire que ces orientations ont fait le jeu de l'extrême droite est à la fois énoncer une évidence et se situer très en deçà des réalités. Car, pour la « surclasse », aucune opposition

---

1. Jacques Rancière, « Politique/Polémique/Possible », *in* Rencontres de Châteauvallon, *Pour une utopie réaliste*, Arléa, Paris, 1996, p. 85.
2. Lire sur le sujet Michael Lind, *The Next American Nation*, The Free Press, New York, 1995. C'est dans ce livre que le concept de « surclasse », qui sera repris en France par des auteurs peu scrupuleux, a été théorisé.

à ses desseins ne pouvait être plus providentielle que celle des racistes et des xénophobes. En procurant une couverture internationaliste et humaniste à son projet colonial et marchand, elle a réussi à rallier à cette entreprise des forces de gauche, des journalistes, des intellectuels et des artistes qui avaient matériellement intérêt à son succès, mais pour qui la seule soumission à la modernité capitaliste n'eût pas suffi.

La naturalisation du libéralisme n'est pas uniquement affaire d'idéologie. Les nouvelles structures sociales, les formes d'organisation et de management nées de la « mondialisation » ont contribué à casser les éventuelles résistances qui auraient pu enrayer ce projet. La classe ouvrière, par exemple, s'est trouvée fragmentée par les nouvelles techniques d'individualisation du travail (primes au mérite, cercles de qualité), par l'éclatement des statuts (contrats à durée déterminée, intérim), par la dévalorisation du rôle des travailleurs qualifiés (traditionnellement à la pointe des combats syndicaux et politiques) et par une institution scolaire prompte à dévaloriser la culture ouvrière[1]. Simultanément, la nouvelle dynamique libérale a conforté sa clientèle en élargissant le groupe des propriétaires, des investisseurs, et la part des avoirs des ménages constituée d'actions (passée aux États-Unis de 10 % en 1980 à 23 % vingt ans plus tard). Puis, à mesure que les services rendus par l'État se sont dégradés, l'idée s'est généralisée que les marchés offriraient peut-être une protection supérieure contre le « risque ». En France, des inspecteurs des finances se sont employés à privatiser le bien public, ont conçu le verrouillage de l'actionnariat par des noyaux durs, avant de prendre eux-mêmes la tête des entreprises qu'ils venaient de « rendre à l'économie[2] ». Ce petit groupe, souvent issu de la « noblesse d'État », qui dans plusieurs pays a organisé le recul de l'État à son avantage, dispo-

---

1. *Cf.*, sur tous ces points, Stéphane Beaud et Michel Pialoux, *Retour sur la condition ouvrière*, Fayard, Paris, 1999.
2. En décembre 2000, Jean-Marie Messier, alors flamboyant PDG de Vivendi Universal, expliquait : « Les privatisations, c'est rendre à l'économie des entreprises en constatant simplement que l'État est un mauvais actionnaire » (« Arrêt sur images », La Cinquième, 10 décembre 2000). L'ancien élève de Polytechnique et de l'ENA semblait oublier que bien des entreprises publiques n'avaient pas été arrachées par l'État « à l'économie », mais au néant.

sait de moyens et de réseaux d'influence pour théoriser une nouvelle marche du monde dont les lucratives promesses lui apparaissaient au premier chef. Trois ministres des Finances occidentaux – Francis Mer (Arcelor), Paul O'Neill (Alcoa) et Robert Rubin (Goldman Sachs) – sont passés presque à la même époque de la direction d'une multinationale privée à celle d'un grand ministère économique. Arminio Fraga gérait les fonds de la firme de George Soros avant d'être gouverneur de la banque centrale du Brésil ; le Premier ministre italien Silvio Berlusconi fut simultanément l'homme le plus riche du pays et le propriétaire de trois des sept chaînes de télévision nationale. Et ainsi de suite.

Parfois invoquées avec fatalisme, les « contraintes de la mondialisation » furent bien douces pour certains gouvernants. Le 25 mai 2002, le quotidien britannique *The Guardian* révélait, par exemple, que Margaret Thatcher avait enregistré sa demeure londonienne de 3 millions de livres au nom d'une entreprise offshore (Bakeland Property Ltd, Jersey). Cela permit à la Dame de fer d'économiser environ 100 000 livres de droits d'enregistrement et d'épargner à ses héritiers près de 900 000 livres de droits de succession. Le plus légalement du monde. Nombre de contributeurs au parti travailliste ont usé du même stratagème pour échapper à l'impôt. Dont un certain David Potter, assez généreux pour verser 90 000 livres au New Labour de Tony Blair et assez pédagogue pour donner en 1999, à Downing Street, une conférence sur la « création de richesse »[1]. Comment alors ne pas être tenté de penser que « la "mondialisation" n'est pas une nouvelle phase du capitalisme, mais une "rhétorique" qu'invoquent les gouvernements pour justifier leur soumission volontaire aux marchés financiers. Loin d'être, comme on ne cesse de le répéter,

---

1. « Tax loopholes on homes benefit the rich and cost UK millions », *The Guardian*, 25 mai 2002. Le quotidien donne d'autres exemples de ce genre. Du côté des donateurs travaillistes, la maison londonienne du magnat pharmaceutique Tony Tabatznik appartenait à une société panaméenne, le palais d'été du patron de l'acier Lakshmi Mittal à une société offshore, la deuxième résidence côtière de Christopher Ondaatje (qui avait versé 2 millions de livres au parti travailliste) était enregistrée au nom d'une autre société offshore. La résidence de Mohammed Al Fayed (250 000 livres offertes au parti conservateur dans les années 80) était au nom d'une société liechtensteinoise.

la conséquence fatale de la croissance des échanges extérieurs, la désindustrialisation, la croissance des inégalités et la contraction des politiques sociales résultent de décisions de politique intérieure qui reflètent le basculement des rapports de classes en faveur des propriétaires du capital[1] ».

La fiscalité est un excellent poste d'observation en la matière. La révolte d'une fraction des contribuables – en Californie, mais aussi en Suède – contre le poids et l'arbitraire de l'impôt a, depuis le milieu des années 70, débouché sur une remise en cause, d'abord oblique puis brutale, du prélèvement progressif sur le revenu. Ce principe avait paru à ce point essentiel dans l'arsenal des démocraties qu'il est évoqué dans la Déclaration des droits de l'homme et du citoyen de 1789. Les néolibéraux ont présenté la progressivité comme injuste (et inefficace) alors qu'elle vise précisément à raboter les inégalités. Partie des États-Unis, l'idée d'un taux unique appliqué à tous les contribuables (*flat tax*) n'y a pas encore triomphé. Mais elle est devenue loi dans plusieurs pays étrangers. « C'est un succès prodigieux », se réjouit Alvin Rabushka, chercheur au Hoover Institute et inspirateur des « réformes » fiscales de plusieurs États d'Europe de l'Est. Les républiques baltes ont les premières franchi le pas. La Russie les a suivies, puis l'Ukraine et la Slovaquie. En Russie, la tranche la plus basse de l'impôt sur le revenu se situait à 12 % en 2001. C'était celle qu'acquittaient 70 % des contribuables. Désormais, le taux est unique : 13 %... Pour l'économiste russe Vladimir Redkin, l'absence de réaction vigoureuse de la part de la population face à un tel cadeau aux plus opulents doit beaucoup au fait que nul n'imagine plus voir les riches et les puissants payer leur part du fardeau commun. « À quoi sert un système progressif qu'on n'applique pas[2] ? » interroge-t-il avec l'impayable candeur de ceux qui rendent une politique inopérante avant de prétexter qu'elle ne marche pas pour la supprimer. En Slovaquie, un prélèvement unique de 20 % remplace à la fois l'impôt sur le revenu (dont l'ancien barème allait de 10 % à 38 %), celui sur les sociétés et celui sur les plus-values. Les droits de

---

1. Pierre Bourdieu et Loïc Wacquant, art. cité.
2. *Business Week*, 26 mai 2003. « Why have a progressive tax system that doesn't work ? »

succession vont, eux, carrément disparaître. Même les inspirateurs américains de ce type de mesures n'ont pas été aussi loin[1].

La courroie de transmission européenne

C'est le grand paradoxe : l'Union européenne, qui devait pérenniser un modèle distinct des États-Unis, a servi d'incubateur, sur le Vieux Continent, à un ordre social se rapprochant du type américain. Depuis plusieurs décennies, quelle que soit l'orientation politique affichée des gouvernants, la dynamique impulsée par la « construction européenne » a favorisé l'enchaînement d'étapes libérales. Le voyage semble sans retour, chaque éventuel problème se voyant opposer comme solution la perspective d'une nouvelle fuite en avant, chaque verdict négatif des citoyens étant immanquablement suivi par une nouvelle consultation électorale. Jusqu'à ce que le « oui » l'emporte. Et lui est irréversible. La machine à faire du marché ne connaît qu'une direction, la marche avant. En 1999, treize gouvernements de centre gauche, sociaux-démocrates ou socialistes sur quinze n'ont pas réussi – ni tenté, d'ailleurs – à infléchir d'un iota l'inspiration néolibérale de l'édifice bruxellois. Une surprise que l'on doit juger relative : la construction fut présidée pendant près de dix ans (1985-1995) par Jacques Delors, et elle avait été largement édifiée par des commissaires de gauche. En 2003, Ernest-Antoine Seillière, président du Medef, était fondé à exulter : « La contrainte européenne joue à plein pour orienter notre pays dans le sens d'une certaine forme de réforme [...]. La contrainte européenne est installée dans la société française[2]. » Trois ans auparavant, son président délégué, Denis Kessler, avait estimé : « L'Europe est une machine à réformer la France malgré elle[3]. »

---

1. Aux États-Unis, la « réforme » Bush du printemps 2001 a enclenché une baisse des taux de 39,6 % à 35 % pour la tranche de revenus la plus élevée, de 36 % à 33 %, de 31 % à 28 %, de 28 % à 25 % pour les trois autres. La suppression des droits de succession est prévue en 2010. Mais, en 2010, M. Bush ne sera plus président.
2. Europe 1, 27 août 2003.
3. Cité in *La Tribune*, 4 décembre 2000.

Bien avant d'enfanter un projet constitutionnel qui veut sacraliser « un marché unique où la concurrence est libre et non faussée », Valéry Giscard d'Estaing pouvait prétendre : « L'Europe de Maastricht, c'est la nôtre. C'est une Europe libérale fondée sur nos idées politiques et économiques[1]. »

Au lendemain de la guerre, une telle issue n'était pas acquise. De grandes formations politiques proeuropéennes et modérées dénonçaient l'ordre bourgeois. La collaboration de certains patronats nationaux avec l'occupant allemand conduisit même parfois des partis démocrates-chrétiens issus de la Résistance à se référer au prolétariat. En France, par exemple, le président du MRP proclama à la Libération que les deux principaux « droits des hommes de droite » étaient d'abord « de se tromper », ensuite « de ne plus être des hommes de droite[2] ». Au même moment, un des responsables d'une formation centriste, l'UDSR, qui se trouverait étroitement associée à la « construction européenne », affirma, presque théâtral : « La déclaration de 1789 est la charte de la bourgeoisie triomphante ; elle n'a proclamé que les droits de cette bourgeoisie. Elle est maintenant ensevelie dans le passé comme la classe qui l'a portée avec elle et qui glisse sur le déclin de l'évolution sociale. Aujourd'hui, nous devons proclamer les droits de la classe qui lui succède, les droits des travailleurs[3]. » Enfin, on l'a rappelé, le plan Marshall, qui allait favoriser une approche européenne des problèmes économiques du continent, n'était pas libéral. Une partie significative des crédits qu'il ouvrit fut d'ailleurs versée à des entreprises nationalisées.

La logique du marché allait néanmoins l'emporter. Pas seulement en raison du contexte d'épuisement du modèle fordiste et « social-démocrate ». Là encore, le quarteron d'intellectuels hayékiens va jouer sa partie, conscient des possibilités qu'ouvre à ses projets une mise en cause de l'État-nation. Dès 1947, dans

---

1. TF1, 4 juin 1992. Quelques semaines plus tard, Laurent Fabius, alors premier secrétaire du parti socialiste, lui opposa : « Le traité en lui-même n'est pas socialiste, mais il n'est ni libéral ni conservateur » (*Le Figaro*, 24 juin 1992).

2. Georges Bidault, cité *in* Georgette Elgey, *La République des illusions, 1945-1951*, Fayard, Paris, 1965, p. 36.

3. René Capitant, in *ibid.*, p. 194. Les deux autres responsables de l'UDSR à l'époque étaient René Pleven et François Mitterrand.

son ouvrage *La Communauté internationale*, l'un des principaux penseurs du néolibéralisme, Wilhelm Röpke, identifie son objet de détestation. La souveraineté nationale, voilà l'ennemi ! « Le socialisme, affirme Röpke, est la politique qui élève à la énième puissance la souveraineté nationale. Et si cela est vrai du socialisme, nous devons étendre ce jugement à toutes les tendances prônant l'économie dirigée des marchés, les subventions publiques méthodiques et les injections de pouvoir d'achat pour assurer le plein emploi, le nationalisme monétaire (qui se désintéresse d'une mise en ordre internationale des devises), la prédominance monopolisante des groupes, la prévoyance sociale de l'État qui entraîne le discrédit de l'épargne privée – bref, à toutes les tendances qui [...] entraînent une hausse de la souveraineté nationale jusqu'au point absolu[1]. » Dans ces conditions, précisent Cécile Pasche et Suzanne Peters, « la reconstruction de l'Europe après la guerre, puis l'intégration européenne devaient, selon Röpke, s'inspirer des principes du libéralisme et donner l'occasion d'enrayer le collectivisme ambiant. Le fédéralisme fournit la forme politique adéquate pour cette reconstruction. Mais une fédération, qu'elle soit nationale ou internationale, suppose en premier lieu un ordre économique non socialiste. Röpke en conclut que la fédération européenne dans le sens d'une fédération libérale doit nécessairement passer par la destruction du socialisme. La réintégration de l'économie mondiale n'est possible qu'à condition que le collectivisme, corps étranger, soit expulsé et donc détruit. Ce travail doit commencer par une révision des politiques nationales, cause de cette désintégration, par le biais d'une dépolitisation de la vie économique et donc du rétablissement d'une économie de marché : l'État doit transférer toutes ses compétences, excepté celles concernant l'ordre et la justice, au marché, au droit privé, à la propriété privée, en d'autres termes, selon l'auteur, à la "société"[2] ». De nos jours, on est qualifié de « prophète » pour beaucoup moins que cela.

---

1. Wilhelm Röpke, *La Communauté internationale*, Constant Bourquin, Genève, 1947 (1945), p. 40, cité *in* Cécile Pasche et Suzanne Peters, art. cité, p. 214.
2. Cécile Pasche et Suzanne Peters, art. cité, p. 215.

Quelques décennies plus tard, la droite libérale et les chefs d'entreprise ont compris que l'Europe va constituer pour eux, selon les termes d'Alain Madelin au moment du traité sur l'union monétaire, « une assurance-vie contre le socialisme ». C'est-à-dire, pour être plus précis, contre toute possibilité de défense et d'extension des acquis sociaux. En 1992, un responsable du patronat français détaille cette manière de voir sans biaiser : « Le souvenir des accords de Grenelle après 1968, celui de la politique désastreuse menée de 1981 à 1983 sont présents dans l'esprit des chefs d'entreprise. Pour eux, Maastricht ferme définitivement la porte à de tels débordements. Il interdit un laxisme de gauche et permet de faire supporter à la BCE [Banque centrale européenne] et au Conseil européen la responsabilité d'une politique de rigueur. L'encadrement strict de l'évolution des salaires, la perspective d'une réduction des charges sociales par un allègement des prélèvements obligatoires par rapport à la moyenne de nos partenaires sont autant d'éléments sérieux pour justifier l'accord du CNPF [devenu ensuite le Medef]. De même qu'il serait inconcevable que l'âge de la retraite, la couverture des dépenses de maladie, les allocations familiales, etc., suivent un régime différent en Bretagne ou dans le Poitou-Charentes, il faut admettre que l'Union européenne signifie, à terme, un alignement des prélèvements sociaux sur la base d'une moyenne communautaire. La France étant de loin en flèche en matière de couverture sociale, les entreprises peuvent espérer une réduction de leurs charges[1]. » Une telle analyse, que l'évolution historique semble avoir confirmée point par point, ramène à peu de chose le discours de la plupart des socialistes du Vieux Continent sur « l'Europe, moyen de défendre les acquis sociaux ». D'ordinaire plus disert et moins clair, le sociologue Alain Touraine a eu un jour un résumé saisissant : « En France, le mot libéralisme était imprononçable, alors on en a trouvé un autre, Europe[2]. »

---

1. Robert Pelletier, « Le traumatisme de Maastricht », *Le Monde*, 23 juin 1992.
2. Alain Touraine, « Le marché, l'État et l'acteur social », *Cultures en mouvement*, n° 17, mai 1999, cité *in* André Bellon et Anne-Cécile Robert, *Le Peuple inattendu*, Syllepse, Paris, 2003, p. 57.

Machine à « réformer » – au sens de « corriger », comme dans « maison de correction » – les sociétés malgré elles, construction idéologique qui permet de stigmatiser tout refus du projet libéral en le qualifiant aussitôt de « nationaliste », voire de « xénophobe », « l'Europe » va aider les gouvernants à feindre de subir ce qu'ils ont choisi. En 1994, fort d'une majorité parlementaire de droite sans précédent dans l'histoire nationale, le Premier ministre français Édouard Balladur confie à une commission de personnalités cornaquées par l'essayiste Alain Minc, également président du conseil de surveillance du *Monde*, la responsabilité d'un rapport du Plan sur *La France de l'an 2000*. Parvenus « à une vision commune des enjeux, hormis sur de rares sujets[1] », les rapporteurs admettent sans tarder que la monnaie unique constitue « un forceps pour réformer la société française » et qu'il est préférable de « parvenir au compromis démocratique en court-circuitant intelligemment les corps intermédiaires ». En un sens, l'extrême technicité des procédures européennes va permettre, au même titre que le triomphe des mathématiques en économie, d'assurer que les choix qui seront faits, présentés comme autant de « contraintes », échappent au plus grand nombre, « corps intermédiaires » ou peuple souverain. « Soixante pour cent des décisions législatives nationales, rappelle Bernard Cassen, ne sont en fait que du droit communautaire dérivé. En d'autres termes, quelle que soit la majorité politique accédant au pouvoir dans un pays donné, elle n'a d'autre option que de se mouler dans un ordre libéral déjà "sanctuarisé" par les traités[2]. »

« Ordre libéral sanctuarisé » ou « forceps » : le choix des mots importe peu en définitive. Il permet toutefois de comprendre que le « libéralisme », vendu aux États-Unis et en Grande-Bretagne à l'intérieur du paquet-cadeau de l'autoritarisme réactionnaire et du moralisme victorien, ailleurs iceberg immergé dans un océan d'« Europe » et de mélange culturel, n'a presque jamais réussi à s'imposer démocratiquement sous ses seules couleurs. Même ses avocats les plus fervents

---

1. Commissariat général du Plan, *op. cit.*, p. 12.
2. Bernard Cassen, « Europe, une convention pour rien », *Le Monde diplomatique*, juillet 2003.

conviennent qu'il s'apparente souvent « à une sorte de cahier des charges imposé par les contraintes extérieures[1] ». Il est donc paradoxal d'entendre des responsables de gauche proclamer la nécessité de « créer l'outil communautaire afin de pouvoir s'en servir, ensuite, pour mener des politiques publiques d'inspiration keynésienne[2] », ou imaginer que « l'Europe est la seule utopie concrète dont nous disposions aujourd'hui, le seul levier avec lequel nous pouvons agir sur la mondialisation[3] ». L'outil et l'utopie n'ont cessé d'être actionnés par les héritiers de Friedrich Hayek et de Wilhelm Röpke pour réaliser leurs desseins en circonvenant l'étape d'une improbable ratification démocratique. Incapables d'instruire la population des mérites des transformations qu'ils avaient en vue, les libéraux « ont peu à peu adopté une méthode indirecte : accroître la pression, par l'internationalisation juridique et économique, pour obtenir les réformes souhaitées[4] ». Certains ont d'ailleurs laissé éclater leur morgue aristocratique pour une plèbe ignorante, péché habituel des architectes de la « construction européenne » et rhétorique courante de ses innombrables avocats dans les médias. Ainsi, Yves-Thibault de Silguy, alors commissaire à Bruxelles (il pantoufla ensuite dans une multinationale), lâcha un jour, au beau milieu d'une campagne électorale hexagonale : « J'ai le sentiment que le niveau de culture économique est en France inférieur à celui des pays européens. On en est resté aux modèles keynésiens de l'État omniprésent et régulateur, devant relancer l'économie par la demande en soutenant les consommateurs et les entreprises, et en laissant filer son déficit budgétaire en cas de crise économique. Ces modèles étaient valables avant la libération des capitaux. Ils sont désormais périmés. Je rappelle que la décision de libéralisation de ces mouvements de

---

1. Termes choisis par Jacques Rigaud, Pierre Manent, Christian Stoffaes et Jean Miguel Pire (« Aux sources de la vie civique moderne : le libéralisme », *Le Figaro*, 23 juin 2003), qui ont appelé en France à la « création d'une fondation pour l'étude et le développement des idées libérales ».

2. Michel Rocard, cité in *Le Monde*, 17-18 mai 2003.

3. Pierre Moscovici, ancien ministre socialiste des Affaires européennes, interrogé par *Le Monde des idées*, LCI, 19 avril 2003.

4. Paul Thibaud, *op. cit.*, p. 28.

capitaux a été prise pour l'Europe, le 12 juin 1988 – sous le gouvernement de gauche[1]. »

Au moins, les choses sont dites. L'élargissement communautaire a hâté la péremption de l'ancien modèle social en ajoutant au nombre des « copropriétaires » une dizaine de pays à bas salaires. Ils accroîtront la pression concurrentielle sur les économies de la « vieille Europe », dont les mécanismes de protection des populations sont moins rudimentaires – et désormais plus menacés. Avec un sens louable de la litote, la présidente de la délégation socialiste française au Parlement européen admet qu'« il est clair que le point d'équilibre d'une Europe à 25 ne sera pas le projet socialiste[2] ». L'Europe sera en vérité d'autant moins socialiste que sa politique économique se résume à une politique de la concurrence, et que sa politique monétaire reste à ce point hantée par la panique de l'inflation que même l'éventualité d'une déflation ne semble jamais l'apaiser. Quant au moins-disant fiscal, il débouche sur un moins-disant social. Un éditorialiste conservateur l'a relevé sans trop s'en plaindre : « Dire la vérité impose d'expliquer aux Européens de l'Ouest qu'ils ne peuvent espérer maintenir leur niveau de vie ; que plus ils s'accrocheront aux avantages acquis, plus ceux-ci s'écrouleront vite ; que pour la première fois depuis longtemps, les générations de demain vivront plus difficilement que celles d'aujourd'hui ; et que, s'ils veulent conserver l'avantage compétitif – au sens classique du terme – que leur confère, pour encore peu de temps, leur maturité économique, c'est à la condition de transformer radicalement et rapidement la mécanique[3]. » Tel un puits sans fond, la libéralisation oblige à toujours davantage de libéralisme.

---

1. Yves-Thibault de Silguy, « La monnaie unique est irréversible », *Le Figaro Magazine*, 16 mai 1997. Défendu en France par le parti socialiste, le RPR (actuelle UMP), l'UDF et la quasi-totalité des médias, le traité de Maastricht a défini un processus en trois étapes pour parvenir à une monnaie unique, une politique monétaire commune et une banque centrale européenne. La première étape a été engagée le 1er juillet 1990 avec la libération complète des mouvements de capitaux. Depuis le 1er janvier 2002, les principales monnaies nationales européennes, à l'exception de la livre sterling et du franc suisse, n'ont plus cours et ont été remplacées par l'euro.

2. Pervenche Berès, « Chez les socialistes, il y a un grand malaise sur l'Europe », entretien publié in *Libération*, 25 septembre 2003.

3. Jean de Belot, « Le défi d'une révolution copernicienne », *Le Figaro*, 30 juillet 2003.

Présenté par les socialistes et par certains syndicalistes comme la contrepartie nécessaire d'une Europe sociale – qui ne tardera pas[1]... –, le marché unique en a détruit la perspective. « Là où la fiscalité pénalise l'économie, la concurrence intraeuropéenne exercera une pression telle que nos futurs gouvernements devront renoncer à quelques aberrations qui alimentent d'importantes sorties de capitaux, exulte le très libéral chroniqueur économique du *Figaro Magazine*. Citons-en trois : l'ISF, l'impôt sur les bénéfices des entreprises et les tranches supérieures de l'impôt sur le revenu. [...] De la libération des prix à la flexibilité accrue du travail en passant par la fiscalité, *c'est à notre engagement européen, et à lui seul, que nous devons autant de réformes successives que nous n'aurions pas su, ou pas pu mener par nous-mêmes*[2]. » Faut-il en être surpris ? Le traité de Maastricht se proposait (article 102A) de conforter « une économie de marché ouverte, où la concurrence est libre, favorisant une allocation efficace des ressources ». En octobre 2003, au moment de passer le relais à Jean-Claude Trichet, le président de la Banque centrale européenne Wim Duisenberg pouvait donc morigéner une dernière fois les gouvernements du continent : « Davantage de réformes sont nécessaires et urgentes pour réduire les rigidités structurelles des marchés du travail et des marchandises[3]. » La recommandation valut à son auteur le salut chaleureux du *Wall Street Journal* et de la Hoover Institution : « Il a été l'homme qu'il fallait, à la place qu'il fallait, au moment où il fallait[4]. » Et, deux bonheurs n'arrivent jamais seuls, son successeur pensait comme lui.

---

1. « L'Europe de Maastricht est une étape favorable pour les salariés européens [...], la CFDT se prononce clairement et franchement en faveur de la ratification » (affichette encartée dans *Syndicalisme Hebdo*, n° 2417, 2 septembre 1992), cité *in* Jean-Claude Aparicio, Michel Pernet et Daniel Torquéo, *La CFDT au péril du libéral-syndicalisme*, Syllepse, Paris, 1999, p. 84.
2. Yves Messarovitch, « L'Europe et l'impôt », *Le Figaro Magazine*, 26 février 2002. C'est moi qui souligne. L'auteur des lignes citées est connu pour ses ouvrages hagiographiques consacrés à des patrons : Bernard Arnault, François Michelin, Jean-Marie Messier.
3. *Ibid.*
4. Melvin Krauss, « "Dim Wim" bests the "Maestro" », *The Wall Street Journal Europe,* 3-5 octobre 2003.

L'*aggiornamento* néolibéral des socialistes du Vieux Continent – ce fameux « Bad Godesberg » qu'on leur enjoint sans cesse de rejouer – est indissociable de la pédagogie européenne qui a métamorphosé nombre d'hommes de gauche partis à Bruxelles pour y organiser un marché commun protégé, une politique industrielle volontariste et une Europe sociale, en apôtres des mérites de la déréglementation. Dès 1990, un socialiste français qui résista davantage que d'autres à ce Canossa sans fin, admettait : « Nous avons fait notre Bad Godesberg. Nous l'avons fait le 23 mars 1983 à 11 heures du matin. Le jour où nous avons choisi d'ouvrir les frontières et de ne pas sortir du système monétaire européen, nous avons choisi une économie de marché[1]. » Il aurait pu ajouter « ouverte, où la concurrence est libre »... « Il faut, expliqua Laurent Fabius en 1999, dans un contexte désormais ouvert, diminuer les prélèvements qui pèsent sur notre société et sur notre économie. Cela favorisera l'activité, donc l'emploi. La gauche ne court pas beaucoup de risques d'être battue par la droite, mais elle peut l'être par les impôts et par les charges[2]. » Devenu ministre de l'Économie et des Finances, Laurent Fabius lançait un an plus tard un plan de baisse des impôts et des charges. Lequel n'empêcha pas la gauche d'être largement « battue par la droite ».

Complétant un tour d'horizon désenchanté de la « construction européenne » par un coup d'œil sur les symboles graphiques qui lui tiennent lieu de monnaie unique, Régis Debray a conclu : « L'Union est la combinaison institutionnelle de toutes les libres circulations possibles, une mosaïque de communautés juxtaposées, sans services publics, sans école laïque, sans responsabilité militaire, avec un Parlement qui délibère sans décider et toutes les conquêtes du

---

1. Henri Emmanuelli, France Inter, 9 février 1990. En 1959, le parti socialiste allemand (SPD) décida de renoncer à l'option révolutionnaire lors de son congrès de Bad Godesberg. L'exemple n'a cessé d'être opposé par des commentateurs paresseux aux socialistes français qui, depuis plusieurs dizaines d'années, ne cessent de dire – et de prouver – qu'ils ont fait et refait leur Bad Godesberg. Lors du congrès de Toulouse du parti socialiste (octobre 1985), Jacques Huntzinger expliquait déjà à la tribune : « Nous avons fait notre Bad Godesberg. C'était Épinay [en juin 1971] »...

2. *Le Monde*, 25 août 1999. Laurent Fabius était alors président de l'Assemblée nationale.

mouvement ouvrier revues à la baisse […]. La monnaie unique fait défiler des artéfacts, non des visages. Des allégories, non des paysages. Aucun nom propre. Aucune devise. L'Institut monétaire européen a tenu à donner de l'Europe une "représentation appropriée". Pour symboliser l'esprit d'ouverture, on a dessiné au recto des fenêtres et des portails ; et au verso, des ponts, symboles de communication. 5 euros, une baie antique, un aqueduc. 10 euros, un portail roman, un pont de pierre, etc. […] Une Europe virtuelle, flottante, sans pilotis dans l'indiciel et le charnel, se représente de façon appropriée par des ponts suspendus en l'air, des fenêtres donnant sur rien, des piliers et culées posés sur le vide[1]. »

Un « volapük intégré » livré à des juristes, à des industriels et à des banquiers n'a pas oublié la culture, mais au sens de culture publique ou politique. Celle-là importe, puisqu'il va falloir en changer. Non pas à cause de la pression extérieure, mais grâce à elle. Sous l'impulsion de Bruxelles, une série sans fin de « réformes » ont été entreprises dans les pays européens sans que leurs gouvernements respectifs en endossent frontalement la nécessité (ni l'éventuelle impopularité). Quand, par exemple, en mai 1992, un cabinet socialiste s'attaque en France au régime de travail dans les ports maritimes, le secrétaire d'État à la Mer invoque la nécessité d'un « changement culturel ». Le député communiste du Havre lui oppose que le projet gouvernemental découle plutôt du lien entre construction européenne et destruction d'un syndicalisme de combat, concurrence planétaire et mise en cause des conquêtes ouvrières. Il s'attire alors cette réponse éclairante : « Je ne crois pas que l'on puisse figer une situation sociale en perpétuant un monde fermé, replié sur son histoire et ses traditions, même glorieuses. Les dockers se sont placés en marge de toute l'évolution sociale de notre pays[2]. » En marge ? Les dockers constituaient plutôt, un peu à la manière des mineurs et des ouvriers du livre, un corps de métier dont les batailles contre le patronat avaient scandé l'histoire sociale de la France. Très organisés, très syndicalisés et très radicaux, ils avaient donc cessé d'être pertinents dans une Europe libérale et dépolitisée

---

1. Régis Debray, *La République entre le glaive et le code*, notes de la Fondation Marc Bloch, Paris, novembre 1998, p. 54 et 61.
2. Charles Josselin, cité in *Le Monde*, 15 mai 1992.

qui ne sait plus construire ses ponts et ses aqueducs qu'entre les portails des privatisations et les corridors du libre-échange.

Au moment de la mise en place de la monnaie unique, 331 économistes européens s'inquiétaient. « Le monde du travail paiera la note des récessions économiques sous forme de chômage accru, de baisse des salaires et de flexibilité aggravée[1]. » D'une part, les critères de convergence accordent la préférence à la « stabilité » sur l'emploi. D'autre part, du fait de leur rigidité, une discipline militaire plus prussienne que libérale organise le marché unique. En 1997, le ministre allemand des Finances annonçait : « Il n'y aura aucune renégociation du mécanisme de sanctions prévu dans le pacte de stabilité. » Puis il précisa son propos : « Le pacte de stabilité ne sera remis en cause ou affecté sous aucun prétexte. Pas une virgule ou une décimale n'en seront changées »[2]. Quelques années ont passé, l'Allemagne, encombrée d'un déficit budgétaire qui excède de plus d'un point, et pas d'une « décimale », le seuil autorisé, a changé de ton. Mais le respect de règles aussi absurdes demeure à l'ordre du jour. Un seul costume pour tous : que l'Europe soit en déflation ou en croissance, qu'individuellement ses membres empilent les excédents ou accumulent les dettes, que leur démographie soit prometteuse ou menaçante. Et, sauf s'ils sont trop puissants pour qu'on puisse raisonnablement escompter la leur faire payer, une lourde amende pour les États contrevenants. Même les économies planifiées apparaissaient plus souples que cela. Moins dominées en tout cas par une classe moyenne vieillissante qui, pour gonfler son bas de laine déjà dodu, privilégie dorénavant la rente[3].

---

1. Cité in *The Guardian*, Londres, 13 juin 1997.
2. Theo Waigel, cité respectivement in *International Herald Tribune*, 12 juin 1997, et *Financial Times*, 16 juin 1997.
3. Lire, sur ce point, l'analyse de l'économiste Alain Cotta, in *Une glorieuse stagnation*, Fayard, Paris, 2003. Alain Cotta relève que la participation aux élections conforte cette évolution : les retraités votent à 80 %, les jeunes actifs à 30 %.

« Nous sommes tous américains »

Réélu triomphalement à la Maison-Blanche, Ronald Reagan vient de prêter serment. Quelques jours plus tard, en février 1985, Alain Minc tranche : « La réussite des États-Unis exerce une pression diffuse pour nous obliger à combattre nos propres rigidités. Saluons le miracle ; acceptons le mystère ; et, surtout, suivons l'exemple[1]. » Ancien dissident proche de la gauche intellectuelle européenne, Vaclav Havel lui emboîtera le pas quelques années plus tard : « L'Amérique est mon modèle de société[2]. » Pendant sa détention en Allemagne, le socialiste Léon Blum avait traité le parti communiste français de « parti nationaliste étranger[3] », tellement étranger en fait qu'il était convenu de le décréter « ni à droite, ni à gauche, mais à l'est ». Le contexte a changé du tout au tout, mais est-il illégitime de retourner ce genre de critiques contre certains de leurs auteurs, ou de leurs héritiers politiques, et d'estimer que l'américanophilie est le seul nationalisme – étranger ou domestique – qu'ils acceptent encore ? Le paradoxe de cet attachement conforte son caractère bizarre : les États-Unis sont un pays aussi nationaliste (ses dirigeants les qualifient de « nation indispensable du monde ») qu'il est sincèrement offusqué par le nationalisme des autres. Les Américains revendiquent l'universalisme, mais à demeure. Ils ne s'intéressent d'ailleurs pas beaucoup au monde extérieur et ne voyagent presque jamais[4]. Peu importe aux américanophiles, qui parfois semblent n'être ni à droite, ni à gauche, mais à l'ouest.

---

1. *L'Expansion*, 8 février 1985.
2. Cité *in* Régis Debray, *op. cit.*, p. 57.
3. Léon Blum, *À l'échelle humaine*, Gallimard, Paris, 1971, p. 110. Cette qualification de « parti nationaliste étranger » est également reprise quelques lignes plus bas.
4. Lire Minxin Pei, « The paradoxes of American nationalism », *Foreign Affairs*, mai-juin 2003. Dans cet article, l'auteur recense un certain nombre d'études qui établissent que moins d'un Américain sur quatre a voyagé à l'étranger au cours des cinq années précédentes (77 % pour les Allemands, 66 % pour les Canadiens, 60 % pour les Français) et que, même quelques mois après les attentats du 11 septembre 2001, seuls 26 % des Américains disaient suivre de près l'actualité internationale.

Dans l'« Encyclopédie des idées reçues » composée par Pierre Bourdieu et Luc Boltanski, « Amérique » est une des premières entrées, ordre alphabétique oblige. On découvre donc cette citation du libéral Michel Poniatowski, qui date de 1972 : « Les USA constituent un modèle sociologique de dix à quinze ans en avance sur nous et de trente à quarante sur les pays de l'Est. » L'homme de main de Valéry Giscard d'Estaing ne prenait aucun risque : l'Amérique est toujours en avance, la France ou l'Europe toujours en retard. Les deux dernières décennies du siècle n'ont fait que répéter cette rengaine que les vieillards d'aujourd'hui entendaient déjà avant d'apprendre à parler. Dorénavant, elle déborde les confins du monde occidental. Même en Chine, c'est l'Amérique dans les têtes : « Pour la génération qui a grandi après la Révolution culturelle, explique l'historien des idées Wang Hui, le seul savoir valable vient de l'Occident, plus précisément des États-Unis. L'Asie, l'Afrique, l'Amérique latine, pour ne pas parler de l'Europe, hauts lieux de la connaissance et de la culture, sont sorties de l'orbite intellectuelle chinoise. La répudiation de la Révolution culturelle est devenue un moyen de défendre l'idéologie dominante et la politique gouvernementale : toute critique du néolibéralisme est taxée de "régression irrationnelle", tandis que les critiques du socialisme et de la tradition chinoise sont mobilisées pour justifier l'adoption de modèles de développement occidentaux et de discours téléologiques sur la modernisation[1]. »

Qu'a donc l'Amérique de si exceptionnel ? Dans presque chaque bibliothèque de la planète, des rayonnages entiers d'ouvrages ont tenté de répondre. Inutile d'y ajouter, d'autant que, on l'a vu, le modèle a changé. Et puis des modèles, il y en a mille dont quelques-uns, tout aussi américains, qui contestent le modèle. Quand il chantait la société du *Ni Marx ni Jésus* à la fin des années 60, Jean-François Revel ne soupçonnait pas qu'il transformerait vingt ans plus tard cette célébration en adulation de Reagan et du marché. Est-il là, enfin, le modèle ? Une société moins étatiste, moins égalitaire, moins sociale, plus individualiste ? Dans

---

1. Wang Hui, « Aux origines du néolibéralisme en Chine », *Le Monde diplomatique*, avril 2002.

ce cas, le modèle ne tomba pas du ciel ; il fut, lui aussi, comme les autres, construit socialement et politiquement. Un élément le distinguait : le refus de parler de classes, alors même que les polarisations sociales étaient plus fortes qu'ailleurs. Car le « rêve américain » de la mobilité a toujours effacé une réalité d'inégalités. Politiquement et socialement, le prolétariat américain fut souvent mal servi. Est-ce à présent au tour de ceux des autres pays ?

« J'avoue que dans l'Amérique j'ai vu plus que l'Amérique[1] », écrivait Tocqueville à propos de ce qui n'était encore ni une superpuissance ni un exemple. Depuis, le discours sur les États-Unis est devenu à la fois plus politique et plus intéressé. Il y a près d'un demi-siècle, Simone de Beauvoir estimait déjà que « l'Amérique est le pays où l'oppression capitaliste a triomphé ». Dressant en 1999 la liste des « réformes » que la France gagnerait à entreprendre sans tarder (« moderniser » le secteur public, « assouplir » le marché du travail, etc.), l'hebdomadaire libéral *The Economist* semblait faire écho à Simone de Beauvoir, mais sur un mode ravi : « Nombre de ces changements obligeraient les Français à épouser certains des traits du modèle américain[2]. » Souvent, l'intérêt pour les États-Unis ne concerne en effet ni l'étendue du pays, ni sa richesse, ni les folklores de son peuple, mais d'abord et surtout l'aboutissement d'une histoire nationale peu transformée par le projet révolutionnaire. La spécificité, l'exception américaine, c'est de n'avoir jamais abrité de mouvement socialiste puissant et durable, de résister plus longtemps que les autres à la construction d'un « État-providence » (et de le démanteler plus promptement qu'ailleurs), d'accepter sans angoisse un niveau d'inégalité supérieur à celui du pays le plus inégalitaire d'Europe. Si l'exceptionnalisme américain, c'est bien cela avant tout, c'est-à-dire la tranquillité d'une classe sociale qui transforme la société et le monde à l'image de ses intérêts particuliers, on comprend mieux le type d'universalisme que défendent les proaméricains, autochtones et étrangers, quand ils stigmatisent le particularisme – ou le nationalisme – de leurs

---

1. Alexis de Tocqueville, *De la démocratie en Amérique*, Robert Laffont, Paris, 1986, p. 49.
2. Dossier spécial consacré à la France, *The Economist*, 5 juin 1999.

adversaires « retardataires ». Lesquels peuvent être leur propre peuple, au passé trop indocile et qu'il conviendrait de discipliner avec la règle de fer de la « modernité ». Pour les gouvernants américains et pour leurs obsédantes caisses de résonance médiatiques dispersées sur les cinq continents, tout autre modèle est frappé d'illégitimité. Pourquoi les États-Unis résisteraient-ils à la tentation de pousser l'avantage quand ils ont à ce point cessé d'être « exceptionnels » qu'ils deviennent presque l'exemple universel ?

La convergence est-elle déjà réalisée, y compris en matière d'imitations positives : le féminisme, le mouvement écologique, l'affirmation des minorités raciales, nationales, culturelles et sexuelles ? Si la réponse est affirmative, le capitalisme est devenu une donnée acquise – « le moins mauvais système économique qui existe », comme l'a qualifié le socialiste espagnol Felipe Gonzalez – dont il faudrait uniquement se soucier de corriger les iniquités, les incertitudes les plus menaçantes pour sa stabilité, sans oublier de lui donner un visage plus féminin et plus coloré. Un tel projet n'est pas hors de portée. Le capitalisme a certes trouvé un bon terreau outre-Atlantique, mais c'est un modèle qui peut se cultiver hors sol, sans protestantisme, sans chaise électrique, sans mythe de la « frontière ». Fernand Braudel nous a en effet rappelé que « les pays du Nord n'ont rien inventé, ni dans la technique, ni dans le maniement des affaires. Amsterdam copie Venise, comme Londres copiera Amsterdam, comme New York copiera Londres. Ce qui est en jeu, chaque fois, c'est le déplacement du centre de gravité de l'économie mondiale, pour des raisons économiques, et qui ne touchent pas à la nature propre ou secrète du capitalisme[1] ». On peut comprendre toutefois que le pays qui accueille à son tour le « centre de gravité de l'économie mondiale » voie là une marque singulière de prédestination, laquelle lui confère en retour quelques droits et beaucoup d'avantages. Ce qui n'arrange pas forcément les affaires des autres. Espérant calmer les appréhensions que la « mondialisation » faisait naître chez lui, le président Clinton déclara en

---

1. Fernand Braudel, *La Dynamique du capitalisme*, *op. cit.*, p. 69-70.

1996 : « Au dire de certains, l'interdépendance croissante des différents pays menacerait la nation et les valeurs américaines. Il s'en faut de peu que la vérité ne soit exactement l'inverse. Ce sont les valeurs et les principes américains – la liberté, l'auto-détermination, l'économie de marché – qui se diffusent dans le monde entier. Ce sont les entreprises américaines qui profitent le plus de la mondialisation du commerce[1]. » Pour le moment, c'est sans doute exact. Mais le caractère national d'une entreprise américaine est-il encore établi le jour où elle délocalise ses activités et ses emplois du Midwest vers la Chine ?

En 2003, en tout cas, cinquante-sept des cent plus grosses multinationales avaient leur siège social aux États-Unis ; depuis sa création en 1969, trente-cinq des cinquante-trois lauréats du « prix Nobel d'économie » ont été américains. N'en déplaise aux essayistes qui parient à intervalles réguliers sur le déclin de la superpuissance, la succession n'est pas encore ouverte. Plus généralement, « le modèle de la politique économique qui est partout mise en œuvre universalise le cas particulier de l'économie américaine, à laquelle il donne ainsi un énorme avantage compétitif, pratique, et aussi symbolique, puisqu'il la justifie d'exister comme elle existe[2] ». Pierre Bourdieu et Loïc Wacquant ont précisé ce propos : « La notion fortement polysémique de "mondialisation" a pour effet, sinon pour fonction, d'habiller d'œcuménisme culturel ou de fatalisme économiste les effets de l'impérialisme américain et de faire apparaître un rapport de forces transnational comme une nécessité naturelle[3]. » On pourrait alors s'étonner que, dotés de tels avantages, auxquels il faut ajouter ceux que procure le contrôle d'une monnaie de réserve – « Le dollar est notre monnaie mais c'est votre problème », expliquait déjà au début des années 70 le ministre des Finances John Connally à ses « alliés » européens –, les États-Unis enregistrent des résultats économiques et sociaux aussi médiocres. En 1998, en pleine période d'expansion, l'Amérique accomplissait

1. Bill Clinton, *Quand histoire et espoir se rencontrent*, Odile Jacob, Paris, 1996, p. 212.
2. Pierre Bourdieu, *Contre-feux 2*, *op. cit.*, p. 26.
3. Pierre Bourdieu et Loïc Wacquant, art. cité.

la performance, alors cruellement soulignée par un rapport du Programme des Nations unies pour le développement (PNUD), d'être simultanément en tête de dix-sept pays riches pour le revenu par habitant et en dernière position pour le bilan en matière de lutte contre la pauvreté. Mieux, en dépit d'une multiplication par six de la consommation nationale depuis le milieu des années 70, le nombre des indigents était supérieur en 1998 au niveau atteint un quart de siècle plus tôt[1]. Et on ne mentionne ici ni le gouffre abyssal du commerce extérieur (environ 500 milliards de dollars de déficit en 2003), ni le fait qu'en une seule décennie le pays soit passé du statut de principal créancier de la planète à celui de son premier débiteur.

Une seule décennie. Ce fut celle des années Reagan, dont la politique inspira l'Occident. Il est difficile aujourd'hui d'imaginer l'enthousiasme qu'éprouvèrent à cette époque les classes dirigeantes de la planète pour un modèle américain dont la dureté sociale s'accusait. Partout, de la droite à la gauche – en France, du *Figaro Magazine* au *Nouvel Observateur* et à *Libération* –, des journalistes et des hommes politiques se firent les copistes des tracts républicains et chantèrent à tue-tête : « L'Amérique est de retour ! » Organe de masse de la droite impériale, le *Wall Street Journal* se délecta alors qu'autant d'enthousiasme ait converti des cercles distingués qu'on aurait imaginés rétifs au langage riche en métaphores télévisées et en homélies réactionnaires du président des États-Unis. « La France vire à droite : vive Reagan », titra le quotidien. Car, en 1984, partout où la correspondante du journal était passée, elle n'avait vu que « grands sourires », « signes de victoire ». « Sur les Champs-Élysées, sur les grands boulevards, sur la rive gauche, aux Halles et à Beaubourg, dans les cafés de quartier, dans les restaurants élégants, dans le métro, dans une boulangerie des profondeurs plébéiennes du XIIIe arrondissement *[sic]*, cela ne s'arrêtait pas. Le plus souvent, surtout si c'était à l'intérieur d'un établissement, le Français libérait sa conscience en me détaillant la chance que nous avions, nous les Américains, d'avoir Reagan pour président, et la chance pour le monde d'avoir le président Reagan, alors qu'eux, hélas, allaient devoir subir trois

---

1. *The Guardian*, 9 septembre 1998.

ans de plus François Mitterrand. Je commençais à imaginer ce que les soldats américains avaient dû éprouver quand on les acclama à l'époque de la libération de la France. »

L'article en question aurait pu n'être qu'amusant, représentatif du type de sottise ethnocentrique que les Américains lisent en guise d'information sur les autres pays, lesquels tantôt les adorent, tantôt les haïssent. Mais la suite de la carte postale était moins distrayante par ce qu'elle révélait de la contamination reaganienne de l'intelligentsia hexagonale : « Cette américanophilie s'est étendue à des cercles que je n'aurais pas imaginés, poursuivait le *Wall Street Journal*. Hachette, le plus gros éditeur français, a attribué un prix international de la paix à l'ambassadrice des États-Unis à l'ONU, Jeane Kirkpatrick. Deux ans plus tôt, la distinction précédente avait couronné Anouar el-Sadate à titre posthume. Plusieurs centaines de personnes étaient entassées dans l'élégant pavillon Gabriel, près de la place de la Concorde, et, quand l'ambassadrice Kirkpatrick acheva son allocution de remerciement dans un français parfait, elles l'accueillirent comme une héroïne. La manière dont la foule se pressait autour d'elle alors qu'elle déambulait de pièce en pièce me rappela les réactions que provoquait Brigitte Bardot à l'apogée de sa carrière. Madame l'Ambassadrice était devenue une star. La télévision diffusa en direct, à une heure de grande écoute, le discours et la réception[1]. »

Il est peut-être bon à ce stade de rappeler que les groupies français de Jeane Kirkpatrick – éditeurs, intellectuels, hommes politiques –, sans doute déchaînés (et à juste titre) contre les violations des droits de l'homme dans les pays communistes, ne voyaient apparemment pas malice à acclamer à Paris l'une des avocates les plus acharnées de la politique des États-Unis en Amérique centrale. Tellement intraitable que, par crainte de déplaire à la meurtrière junte argentine, elle s'était opposée au soutien que l'administration Reagan avait apporté à Margaret Thatcher au moment de la guerre des Malouines. Ailleurs aussi, en 1984, l'administration Reagan frayait de près avec les escadrons de la mort. Car Jeane Kirkpatrick, récipiendaire d'un prix interna-

---

1. Cynthia Grenier, « France turns right : vive Reagan », *The Wall Street Journal*, 28 novembre 1984.

tional de la paix attribué par un groupe lié à la production d'armes de guerre, avait théorisé que les régimes « autoritaires » d'extrême droite – dont, à l'époque, celui du général Pinochet – étaient par essence moins dangereux que les régimes « totalitaires » proches de l'Union soviétique. Il arrivait aux premiers, expliquait la Brigitte Bardot du pavillon Gabriel, d'être remplacés, aux seconds jamais. On mesure aujourd'hui la pertinence d'une telle analyse, dont Jean-François Revel, André Glucksmann, etc., se firent en France les relais empressés. L'article du *Wall Street Journal* ne manquait pas d'évoquer d'autres noms pleins de mérite et tout autant emblématiques de « l'atmosphère générale d'enthousiasme passionné pour Ronald Reagan et l'Amérique » : Guy Sorman, Bernard-Henri Lévy, Georges Suffert… Un peu plus tard, on retrouverait les paraphes de quelques-uns de ces intellectuels-là, et ceux de beaucoup d'autres, au bas d'un appel de soutien à la politique du président républicain en Amérique centrale[1]. « La France n'avait jamais été comme ça auparavant », concluait la journaliste, encore tout attendrie d'avoir reçu, au lendemain de la réélection de Ronald Reagan, des appels de félicitation venus de l'Hexagone. Elle les cita en français dans le texte de son article : « Que c'est magnifique, cette victoire de Reagan. Vous, les Américains, vous avez de la chance. »

Et nous avions tous de la chance de pouvoir profiter de leur chance. Sans remonter à Jean Monnet, qui fut à la fois l'architecte de la planification française, le père de la Communauté européenne du charbon et de l'acier (CECA) et l'homme de confiance des Américains, un flux idéologique est devenu routine entre l'Europe et les États-Unis. En 1981, on évoque, déjà blasé, « la circulation de part et d'autre de l'Atlantique, d'un langage homogène, celui des managers occidentaux : dans les rapports de l'OCDE, de la Commission trilatérale, du VIIIᵉ Plan, par exemple, c'est non seulement la même thématique, mais le même vocabu-

---

1. *Le Monde*, 21 mars 1985. Jean-François Revel fut cité comme une référence lors de la convention du parti républicain en août 1984 à Dallas. L'orateur qui le cita était une oratrice, Jeane Kirkpatrick, opposant la reaganophilie de l'intellectuel français au ressentiment de la gauche américaine « qui commence toujours par critiquer les États-Unis » *(they always blame America first)*.

laire qu'on retrouve, depuis le "changement" et l'"adaptation", jusqu'au fameux "consensus"[1] ». Vingt ans plus tard, la circulation ne s'est pas interrompue, au contraire. Mais le modèle qu'elle essaime à l'orée du XXIᵉ siècle ne comporte plus les mêmes marchandises technocratiques. Et moins que jamais elle se soucie de consensus. Évoquant la « nation phare de l'humanité tout entière », Loïc Wacquant souligne que « la domination sans précédent qu'elle exerce, par un double mouvement articulé d'attraction – par l'intermédiaire du *brain drain* [la fuite des cerveaux] – et d'exportation – à travers ses *think tanks*, fondations, circuits commerciaux et maints organismes dits non gouvernementaux – dans la circulation internationale des biens symboliques, média, art, droit, science, philanthropie, la met en position d'inculquer à toute la planète la vision particulière qu'elle a d'elle-même et du monde. L'Amérique a bien ceci d'exceptionnel qu'elle est la première société de l'histoire dotée des moyens matériels et symboliques d'imposer son impensé politique et social comme cadre de pensée universel et, ce faisant, de transmuer ses particularités en normes, voire en idéal transhistorique. Pour les faire ensuite advenir en transformant partout la réalité à son image[2] ».

Il faut croire que l'« impensé politique et social » est assez puissant pour s'imposer aussi à la contestation. Quand il était encore un homme de gauche, Jean-François Revel avait relevé que bien des formes prises à la fin des années 60 par les « nouveaux mouvements sociaux » européens consistaient en « des imitations du prototype américain ». Vingt ans plus tard, l'inspiration, qui ne s'est pas démentie, porte davantage à conséquence. La plupart des opposants aux politiques de Washington ont incorporé dans leurs lexiques et dans leurs techniques les derniers outils du marketing politique américain, en particulier la mise en scène théâtrale et l'obsession de la télévision. Si aucun Dick Morris ou George Stephanopoulos n'a encore émergé de leurs rangs, c'est que le don de communication des contestataires et des « humanitaires », au moins aussi aigu que

---

1. Tristan Florenne, « Le langage des gestionnaires de l'État », *Le Monde diplomatique*, mai 1981.
2. Loïc Wacquant, « Sur l'Amérique comme prophétie auto-réalisante », *Actes de la recherche en sciences sociales*, n° 139, septembre 2001.

leur radicalité, rend ce genre de conseil extérieur moins nécessaire. Analysant en particulier la démarche des ONG soucieuses de « vertu civique », Yves Dezalay et Bryant Garth ont noté : « Le succès de la stratégie médiatique de ces organisations leur a imposé une logique d'entreprise : elles sont en concurrence pour l'attention des médias comme pour obtenir les financements des grandes fondations philantropiques, sans lesquelles elles ne pourraient survivre. Et ces dernières, s'inspirant des *venture capitalists*, se revendiquent ouvertement comme de véritables "banques d'affaires symboliques", dont les investissements et les conseils en stratégie doivent préparer leurs protégés à affronter la compétition très vive qui règne sur le marché de la vertu civique. Un marché [...] sous hégémonie nord-américaine[1]. » Au total, le jeu paraît dorénavant bien balisé. Les États-Unis inspirent les politiques économiques néolibérales du monde occidental en même temps qu'ils canalisent sous forme de contestation humanitaire et sociétale l'opposition que ces politiques suscitent : « Après avoir été, aux côtés de la CIA, un des principaux véhicules de la stratégie du *containment*, la Fondation Ford a financé et protégé toute la nouvelle génération d'ONG qui sont à la pointe des luttes internationales en matière de droits de l'homme ou de l'environnement, précisent Yves Dezalay et Bryant Garth. Si l'on veut expliquer ce partage des tâches de domination, il n'y a nul besoin d'une quelconque conspiration [...]. La proximité sociale est le meilleur garant d'une connivence[2]. »

Cette « connivence » a été confortée par un passage dans les universités américaines. Leurs départements d'économie ont formé des générations d'étudiants étrangers parfois devenus ensuite hommes d'affaires, ministres ou présidents de leurs pays respectifs. Dans la foulée des « Chicago Boys » du Chili (plusieurs conseillers économiques du général Pinochet étaient diplômés de l'université catholique de Santiago, qui entretenait un programme d'échange – subventionné ! – avec l'université de Chicago), des fournées d'économistes néolibéraux ont exporté le modèle des privatisations dans des contrées jusqu'alors acquises aux doctrines du

---

1. Yves Dezalay et Bryant Garth, « Droits de l'homme et philantropie hégémonique », art. cité.
2. *Ibid.*

développement autocentré et aux stratégies industrielles d'inspiration étatique. Pour s'en tenir à l'Amérique latine, l'ancien président mexicain Ernesto Zedillo, le ministre de l'Économie et le gouverneur de la Banque centrale nommés par son successeur Miguel de la Madrid, lui-même diplômé de Harvard, l'ancien ministre des Finances argentin Domingo Cavallo et l'actuel chef de l'État péruvien Alejandro Toledo ont tous acquis leur formation économique aux États-Unis à une période où ce genre d'études étaient dominées par l'école néolibérale. Ernesto Zedillo dirigeait en 2002 un centre d'études sur la mondialisation à l'université Yale, celle-là même qui lui avait appris lorsqu'il était jeune homme que « le modèle protectionniste était épuisé tant pour le Mexique que pour le reste de l'Amérique latine ». Quant à Domingo Cavallo, ancien étudiant de Harvard puis *visiting professor* à la New York University, il estime qu'à partir des années 80 « les économistes s'accordaient pour dire qu'en définitive la libéralisation commerciale et financière profiterait à tout le monde[1] ». Sauf peut-être aux Argentins...

Selon une étude récente, plus de la moitié des 3 000 étudiants qui décrochent chaque année aux États-Unis des diplômes de troisième cycle en économie viennent de pays étrangers. Quarante ans plus tôt, la proportion était de 20 %. Deux tiers des auteurs des quinze principales revues économiques mondiales sont américains ; trois quarts d'entre eux sont titulaires d'un doctorat d'économie obtenu aux États-Unis[2]. Les étudiants étrangers, issus de familles bourgeoises et instruites, ont en général pour projet de revenir dans leurs pays où ils occuperont des emplois de haut niveau dans la fonction publique, dans l'univers des affaires et dans l'université[3]. Un mélange culturel de ce genre ne comporte aucun risque pour l'idéologie de marché. En 1987, les hauts fonctionnaires mexicains qui négociaient avec la Banque mondiale lui concédèrent davantage que ce qu'elle attendait. Nulle nécessité de les contraindre : ils croyaient

---

1. Cité *in* « Globalization gets mixed report card in US universities », *The Wall Street Journal*, 2 décembre 2002.
2. « Less ink for US economists », *Business Week*, 30 juillet 2001. *Business Week* notait cependant que la proportion d'auteurs américains était encore plus forte dix ans plus tôt : 77 %.
3. *Ibid.*

aux mêmes vertus que Washington. Le correspondant du *Financial Times* notait à l'époque : « Le Mexique a réduit ses protections commerciales au-delà de ce que la Banque mondiale exigeait. […] Les deux parties se sont accordées sur presque tout […]. Les économistes de la Banque mondiale et les officiels mexicains passaient souvent leurs week-ends ensemble à réfléchir aux meilleures politiques possibles. Ils sont d'ailleurs souvent diplômés des mêmes universités américaines et amis[1]. »

On s'est gardé d'évoquer la dimension militaire de cette hégémonie. La succession d'interventions armées conduites par les États-Unis rend cet aspect des choses suffisamment voyant. « La seule solution de rechange au leadership américain, c'est l'anarchie internationale[2] », assène en 1997 l'ancien conseiller à la sécurité du président Carter. Presque au même moment, Thomas Friedman donne à cette intuition intéressée une formulation plus pédagogique. Dans son livre *The Lexus and the Olive Tree*, dont de longs extraits seront repris par l'édition dominicale du *New York Times*, ordinairement tirée à 1 800 000 exemplaires, cet éditorialiste tout terrain (et tous médias) explique : « Sans les hommes en colère surpuissants d'une Amérique forte, le monde serait infiniment moins stable. L'intégration économique de la planète requiert la disposition de la puissance américaine à utiliser sa force contre ceux qui, de l'Irak à la Corée du Nord, menaceraient le système de mondialisation. La main invisible du marché ne peut pas fonctionner sans un poing caché – McDonald's ne peut prospérer sans McDonnell Douglas, qui construit les F-16. Et le poing caché qui rend le monde sûr pour les technologies de la Silicon Valley s'appelle l'armée, la force aérienne, la force navale et les marines des États-Unis[3]. »

À l'époque, George W. Bush était toujours gouverneur du Texas. Et les tours du World Trade Center, encore debout.

---

1. Damian Fraser, « Mexico growing intimacy with World Bank », *Financial Times*, 3 mars 1992, cité *in* Marion Fourcade-Gourinchas et Sarah L. Babb, « The rebirth of the liberal creed : paths to neoliberalism in four countries », *American Journal of Sociology,* novembre 2002.

2. Zbigniew Brzezinski, *Foreign Affairs*, septembre 1997.

3. Thomas Friedman, *The Lexus and the Olive Tree*, Farrar, Straus & Giroux, New York, 1999, p. 372-373.

7

La gauche, à son tour

> « Ce n'est plus une question de droite et de gauche. Il y a l'équipe au pouvoir et celle qui se prépare à la remplacer » (Hervé de Charrette, président délégué de l'UDF[1]).

Le parallèle est éclairant. Deux conservateurs doctrinaires, Margaret Thatcher et Ronald Reagan, sont suivis par deux héritiers plus pragmatiques, John Major et George H. Bush, lesquels sont battus par deux hommes « de gauche », Bill Clinton et Tony Blair, qui l'un et l'autre rendent le pouvoir à leur camp, mais après y avoir greffé les idées de l'adversaire. Parfois, ils gouverneront avec plus de dureté encore que leurs prédécesseurs : le discours dominant sur le « courage » impose à la gauche d'en faire preuve en rompant brutalement avec ses valeurs.

Nouvelle-Zélande, Allemagne, Espagne, Australie, Brésil, Italie, etc. : à partir des années 80, la conversion de la gauche opère à l'échelle de la planète. Dès 1970, le manifeste des Tories britanniques dévoile une ambition stratégique qui laisse rêveur trois décennies plus tard : « Nous pensons que le parti conservateur a le droit de gouverner de manière à ce que notre peuple profite tellement des avantages d'un marché libre dans une société libre que la seule chance pour les travaillistes de revenir au pouvoir soit que ce parti ait cessé d'être socialiste[2]. »

---

1. Hervé de Charrette, *The Economist*, 23 janvier 1999.
2. Cité *in* Richard Cockett, *op. cit.*, p. 177.

C'est ce type d'alternance qui intervient quand, en 1997, Tony Blair interrompt dix-huit années de règne conservateur. Le nouveau Premier ministre travailliste s'est rendu à Canossa depuis longtemps : « Concernant Maggie Thatcher, soyons honnêtes avec nous-mêmes : la gauche a eu tort de s'opposer à certaines choses faites par la droite dans les années 80[1]. » Des « choses » qui, selon lui, « représentaient, avec le recul du temps, des actes nécessaires à la modernisation[2] ». À peine en place, Blair demande aux syndicats de coopérer « avec les directeurs d'entreprise pour assurer la compétitivité de l'industrie britannique ». Son ministre Peter Mandelson, par ailleurs idéologue du New Labour proclame que les travaillistes sont devenus un « parti du marché capitaliste[3] ». Étiquette politique mise à part, l'alternance britannique de 1997 est à ce point réduite qu'en juin 2001 *The Economist*, hebdomadaire des milieux financiers londoniens, appelle à reconduire l'équipe des « nouveaux travaillistes » de Tony Blair, « seul conservateur crédible ». Le journal de la City commence par se justifier : « Le Blair que nous soutenons est celui qui admire Margaret Thatcher et a suivi beaucoup de ses politiques. » Puis, sous couvert de bienveillance apitoyée pour les conservateurs, il enfonce le clou : « Ils ont eu une tâche ardue depuis 1997 puisque le Labour leur a volé leurs politiques et qu'il est difficile de combattre ses propres idées[4]. »

La France connaît une configuration de ce genre à partir de 1983-84. Les socialistes accomplissent alors ce qu'ils qualifient eux-mêmes de « sale boulot » de la droite. Ils y parviennent si bien que, cherchant en 2001 à expliquer des sondages municipaux peu prometteurs pour lui, le député RPR Philippe Séguin avance : « On peut tomber sur le paradoxe que dès lors que les idées de la droite ont triomphé, ceux qui sont porteurs de ces valeurs ne paraissent pas avoir une utilité particulière[5]. »

---

1. *Libération*, 22 novembre 1999.
2. Cité in *Financial Times*, 22 novembre 2000.
3. Cité *in* Seymour Martin Lipset, « L'américanisation de la gauche européenne », *Commentaire*, automne 2001.
4. « The choice is clear », éditorial, *The Economist*, 2 juin 2001.
5. France Inter, 14 février 2001.

Quelques semaines plus tard, le candidat du bloc conservateur à la mairie de Paris n'hésite pas à fustiger « la gauche des hôtels particuliers, des fortunes toutes faites, du fric, de la globalisation néolibérale, de la pensée unique, généreuse avec l'argent des autres, jamais avec le sien, qui a pactisé avec la finance, la globalisation, le communautarisme, qui a trahi l'homme au profit de l'argent. Jadis, la gauche butait sur le mur de l'argent. Maintenant c'est elle qui le construit[1] ». Un an plus tôt, de l'autre côté de l'Atlantique, le président Clinton appâtait de manière tout aussi paradoxale les électeurs du camp d'en face : « Si vous voulez vivre comme un républicain, votez pour un démocrate[2] ! » La gauche ayant été balayée à l'élection présidentielle française de 2002 et les démocrates battus aux États-Unis deux ans plus tôt, sa technique de cooptation des thèmes de l'adversaire qui souvent suscite l'admiration des commentateurs n'est pas aussi infaillible qu'on le prétend.

Si l'identité de la « gauche » paraît suffisamment embourgeoisée pour qu'elle puisse espérer séduire un électorat privilégié, politiquement plus mobilisé, en sens inverse la droite n'a plus à démontrer que les catégories populaires sont pour elle davantage que des terres de mission. Le « drame moral » déploré en 1938 par les fondamentalistes du marché a changé de sens : la droite a cessé d'être suspectée de socialisme, et la gauche revendique son libéralisme. Réductions d'impôt, déréglementations et privatisations ont d'autres architectes que les thuriféraires de Hayek et de Friedman. « Les sociaux-démocrates, expliquera en Nouvelle-Zélande le Premier ministre travailliste David Lange, doivent accepter l'existence d'inégalités économiques parce qu'elles représentent la locomotive qui tire le reste de l'économie. » Lui faisant chorus, son homologue australien Bob Hawke déclare en 1989 que « le transfert d'une part du revenu national, des salaires vers les profits, a favorisé notre croissance économique »[3]. Ronald Reagan ne prétendait pas autre chose.

---

1. Philippe Séguin, meeting à Paris, le 7 mars 2001, cité *in* « Séguin dénonce "la gauche du fric" », *Le Figaro*, 7 mars 2001.
2. Convention démocrate, Los Angeles, 14 août 2000.
3. Pour ces deux citations, Seymour Martin Lipset, « Still the exceptional nation ? », art. cité.

À partir des années 80, la voie sociale-démocrate d'un compromis entre capital et travail cesse d'être praticable. Elle supposait l'existence d'un rapport de forces qui a désormais basculé. La libéralisation des marchés financiers décuple le pouvoir des actionnaires et l'influence de ceux qui parlent en leur nom. Les catégories populaires, qui n'ont plus la puissance nécessaire pour rendre une partie des coups qu'on leur inflige, se résignent alors que le capitalisme cesse de paraître « à visage humain ». Autant dire que, quand les socialistes modérés abandonnent tour à tour le Plan, le secteur public, les instruments de contrôle du marché, il n'y a plus, derrière ces abandons, de repli possible sur les terres d'un libéralisme social. Ces pâturages ont été engloutis eux aussi. Le « socialisme » n'est plus à l'ordre du jour au moment où le capitalisme redevient sauvage.

« Tous les mouvements dont le peuple a pris l'initiative ont donné le contraire de ce que le peuple en attendait », assénait, un peu trop péremptoire, le jeune Léon Blum en 1892. Mais, dorénavant, il ne s'agit pas seulement de la tension, presque inévitable, entre projets et réalisations. Ce n'est même plus, comme autrefois, que la gauche a renoncé à changer la vie, que la logique du système capitaliste pèse plus lourd que ceux qui aspirent à le transformer sans le combattre. C'est plutôt que la plupart des contraintes, des institutions ou des transformations qui menacent d'entraver l'éventuelle éclosion d'un « autre monde » ont, depuis vingt ans, été consolidées par les politiques et par les pratiques de ce qui tient lieu de gauche au pouvoir. Aux États-Unis, le président Clinton colle parfaitement au registre idéologique des républicains contre qui il a été élu en 1992 quand, quatre ans plus tard, il se félicite que « notre administration [a] réduit de 250 000 personnes la taille du gouvernement fédéral. En proportion de la population active, c'est désormais la plus faible depuis que Franklin Roosevelt a prêté serment en 1933[1] ». En France, au Royaume-Uni, en Nouvelle-Zélande, mais aussi ailleurs, c'est souvent la gauche qui va abandonner le contrôle de la monnaie à une banque centrale indépendante. C'est souvent elle qui va enserrer les marges de

---

1. Déclaration du 30 septembre 1996, citée *in* John Gerring, *Party Ideologies in America 1828-1996*, *op. cit.*, p. 282.

manœuvre budgétaires dans l'étau de l'euro et de ses critères de convergence. C'est souvent elle qui va accepter que les services publics (télécommunications, transports, postes, énergie) cèdent sans cesse devant les assauts des croisés bruxellois de la concurrence et du marché. En d'autres termes, là où, par exemple, François Mitterrand avait, en 1981, bénéficié d'une certaine latitude, forgée dans le feu des précédentes conquêtes de la gauche, ses successeurs se résignent à gérer les contraintes que les gouvernements socialistes des années 80 et 90 ont entérinées, voire mises en place. Qu'ils le souhaitent ou non, ils seront à l'avenir les timoniers d'une chaloupe nationale encastrée dans une flottille européenne, elle-même devenue zone de libre-échange. En reniant leurs traditions d'origine pour mieux camper, thème après thème, sur le terrain traditionnel de la droite libérale, les partis nés de la matrice ouvrière ou socialiste ont espéré démontrer que ce terrain, ils savent parfois l'occuper mieux que les libéraux eux-mêmes. Sans une « révolution » de ce type, la victoire de ces derniers n'eût pas été tout à fait complète, car elle n'eût pas été tout à fait pérenne. À terme, l'alternance politique est en effet toujours possible, probable même, tant les partis au pouvoir s'usent vite. Cette alternance peut survenir, elle n'implique plus d'alternative. Le triomphe de Hayek paraît complet.

Il ne doit pas tout à la « bataille des idées » tant les idées sont produites par des structures au moins autant que par des cerveaux. « Les pensées dominantes ne sont pas autre chose que l'expression idéale des rapports matériels dominants, avançaient Marx et Engels, l'expression des rapports qui font d'une classe la classe dominante ; autrement dit, ce sont les idées de sa domination[1]. » Qu'on accepte ou non cette analyse, il est certain par exemple que le relâchement du lien de la gauche avec les syndicats devient plus « naturel » quand ces derniers se trouvent en position de faiblesse. La torpeur érudite des intellectuels radicaux porte davantage à conséquence quand, par ailleurs, les syndicats ont perdu la volonté et les moyens d'imposer leur interprétation des rapports sociaux. Enfin, l'assise de classe d'un parti influe sur sa vision du monde.

---

1. Karl Marx et Friedrich Engels, *L'Idéologie allemande*, *op. cit.*, p. 111.

En 1997, Gerhard Schröder, alors chef de l'opposition, approuve les positions monétaires rigoristes du président de la Bundesbank. Il s'en justifie ainsi : « Hans Tietmayer n'est pas seul à tenir à la stabilité de la monnaie. L'opinion allemande et en particulier les épargnants, qui sont en grande partie des électeurs du SPD, partagent son point de vue[1]. » Autrefois, la défense des salaires et des retraites ouvrières préoccupait infiniment plus la gauche européenne que le revenu des épargnants. « Le socialisme, c'est quand la liberté arrive dans la vie des gens les plus pauvres », expliquait alors l'antifasciste Carlo Rosseli.

Pierre Bourdieu et Luc Boltanski dissèquent la « production de l'idéologie dominante » en 1976. Leur analyse va correspondre de mieux en mieux à la situation à mesure que surgiront des flancs de la gauche les nouveaux démocrates de Jimmy Carter, puis de Gary Hart, puis de Bill Clinton, le néotravaillisme néo-zélandais, australien ou blairiste, le social-libéralisme continental : « Le passé n'est jamais évoqué positivement, constataient les deux sociologues ; il n'apparaît que comme "frein" qu'il faut "débloquer", "facteur de retard" qu'il faut neutraliser. [...] Par l'intermédiaire de l'opposition entre le "clos" et l'"ouvert", entre l'"esprit de clocher" et l'esprit cosmopolite, on peut retrouver l'opposition entre le "bloqué" et le "débloqué", le "cloisonnement" et le "décloisonnement", bref, toutes les antithèses impliquées dans les oppositions entre la France et l'"Amérique"[2]. » Repris à leur compte par des formations théoriquement critiques de l'ordre social, le millénarisme libéral est en effet péremptoire. « Tout est neuf » ; « nous vivons la fin d'un cycle » ; « rien n'est possible comme avant » ; « c'est la vie ». Les explications avancées se répètent elles aussi, presque systématiquement déconnectées des acteurs et des facteurs qui les ont produites : ce serait la faute à la mondialisation, au déclin de la classe ouvrière, à l'essor de l'individualisme. Et on détaille les rouages de cette nouvelle fatalité : la concurrence internationale proscrirait la régulation à l'ancienne ; l'hétérogénéité sociale rendrait illusoires les grands combats frontaux d'autrefois ;

---

1. Entretien au *Figaro*, 12 juin 1997.
2. Pierre Bourdieu et Luc Boltanski, « La production de l'idéologie dominante », art. cité, *in* Pierre Bourdieu, *Interventions 1961-2001*, *op. cit.*, p. 138.

le refus de financer les biens collectifs, la dilution du sens de l'intérêt général découleraient d'un basculement culturel à l'issue duquel chacun a préféré assurer ses propres « risques ». Autour ce canevas-là, mille articles d'Alain Touraine, d'Anthony Giddens et mille discours de Bill Clinton ont été écrits, abondamment plagiés par les « grands commentateurs ». Autant les écrits de Hayek, de Keynes ou de Marx ont de l'éclat, autant l'ennui exsude des pages commises par les libéraux de « gauche ». Que ces derniers l'aient emporté malgré tout indique à quel point le terrain était déjà labouré pour qu'ils s'y installent. Et souligne le pouvoir relatif des idées quand elles ne sont pas adossées à de puissantes forces sociales.

Giuseppe di Palma revisite en 1973 les analyses de Daniel Bell relatives à la « fin des idéologies ». Du tableau intellectuel que le professeur de science politique, spécialiste de l'Europe à l'université de Berkeley, dessine à cette occasion découlent nombre des postulats qui seront repris par les socio-libéraux trente ans plus tard : « Un affadissement de l'économie traditionnelle et des distinctions de classe a été le résultat de la perméabilité croissante, de la complexité, de l'efficacité de la production et de l'organisation dans les sociétés industrielles. [...] Les idéologies globalisantes ont été affaiblies ou sont devenues marginales et les politiques de l'intransigeance, de la confrontation idéologique entre groupes sociaux ont cédé le pas aux politiques du compromis et à des accords de fond sur les principales questions qui divisaient auparavant la gauche et la droite[1]. » L'analyse peut paraître prophétique tant elle en rappelle d'autres du même genre, qu'on a beaucoup lues depuis. Mais, à l'orée d'une décennie de triomphes sans partage pour une droite peu encline aux « politiques du compromis », c'était plutôt mal vu. D'autant, comme le détaillerait Christopher Lasch, que l'explication d'une déradicalisation prolétarienne par « les clichés d'un embourgeoisement ouvrier » était fausse, y compris au moment précis où elle était énoncée[2].

---

1. Giuseppe di Palma, *The Study of Conflict in Western Society : A Critique of the End of Ideology*, General Learning Press, Morristown, New Jersey, 1973.
2. *Cf.* Christopher Lasch, *Le Seul et Vrai Paradis*, *op. cit.*, p. 417 et p. 431-440, pour la démonstration.

La quête du juste milieu

« Il y a toujours un parti de la mémoire et un parti de l'espoir. » En mai 1984, le démocrate Gary Hart énonce cette dialectique politique et imagine qu'il se situe plutôt dans le camp de l'« espoir ». À l'entendre, la « mémoire » culturelle et sociale de la gauche américaine doit être abandonnée à ceux qu'attendrissent vieilles breloques, montres à gousset et voyages en diligence. Le discours de Gary Hart insistant, au nom du modernisme, sur le nécessaire relâchement du cordon ombilical entre le parti démocrate et le monde du travail a eu d'innombrables résonances ailleurs. « Tendre les bras vers l'avenir », la dialectique du « nouveau » ou du « futur », que l'on valorise *ipso facto* en même temps que l'on fustige de manière tout aussi réflexive le « vieux » ou l'« archaïque », composent autant de figures familières de la rhétorique politicienne. Le social-libéralisme ne se conçoit pas sans elles. Au moment où Gary Hart met en cause l'attachement, selon lui vétuste, de l'aile alors majoritaire du parti démocrate au syndicalisme, la rengaine « post-idéologique » permet déjà, sous couvert de modernité, de solder un héritage social jugé trop pesant, insuffisamment performant. Et de « tendre les bras » aux classes moyennes supérieures qui, plus que jamais, monopolisent le pouvoir économique, politique, médiatique et culturel. Dans cette gauche aussi, le capitalisme (re)devient la jeunesse du monde.

En France, 1984 est l'année de l'arrivée de Laurent Fabius à Matignon. Le « jeune Premier ministre » que François Mitterrand « a donné à la France » annonce aussitôt que son projet sera de « moderniser et rassembler ». Par antiphrase, les deux verbes suggèrent deux reproches envers la « vieille gauche » : sa proximité avec les ouvriers des industries « traditionnelles », son sectarisme politique quand elle combat certaines des « idées nouvelles » lancées par la droite. Les cibles visées, directement ou par ricochet, par ce discours prétendument œcuménique mais souvent empreint de morgue sociale ne sont pas toujours sourdes. Aux États-Unis, Walter Mondale, soutenu par l'AFL-CIO, réagit aussitôt : « La vérité est la suivante : pour Gary Hart, si vous

vous battez pour l'égalité, vous défendez des intérêts corporatistes ; si vous cédez à la pression du lobby des médecins, vous
défendez une idée nouvelle. Si un ouvrier lutte pour un meilleur
salaire, il est âpre au gain ; si vous augmentez les impôts des plus
pauvres pour donner davantage aux patrons les plus riches, vous
comprenez les nouvelles technologies. Tout ça, moi je ne
l'accepte pas. Et je ne suis pas prêt à renoncer à mes convictions
pour suivre la mode de cette saison électorale[1]. » Deux ans plus
tard, en 1986, lui aussi en butte aux quolibets des médias et des
modernistes de son camp, Pierre Mauroy paraît faire écho à
Walter Mondale : « Ne nous laissons pas impressionner par les
miroirs truqués qui nous sont tendus. Lorsqu'on s'affirme et que
l'on défend les positions de la gauche, on se fait traiter d'archaïque.
Si, au contraire, on se laisse aller aux modes du temps, au conformisme du moment, on est moderne. Si on prend l'air de dire de
grandes choses sans avancer une seule idée, on est médiatique[2] ! » Dans des contextes fort différents (les démocrates américains sont alors dans l'opposition, les socialistes français au
pouvoir), le parallélisme des positionnements peut sembler
saisissant. Quant au fond de l'affaire, le bilan est clair : les
« modernes » et les « médiatiques » vont l'emporter aux États-
Unis et en France. Et presque partout ailleurs.

Les États-Unis avaient déjà connu le New Deal de Franklin
Roosevelt, la nouvelle frontière de John Kennedy, la nouvelle
société de Lyndon Johnson. En 1984, ce furent donc les « idées
nouvelles » de Gary Hart, catalogue de réflexions et de propositions
expertes présentées dans un ouvrage-programme brillamment
titré *Une nouvelle démocratie*[3]. Le projet d'ensemble préfigure le
clintonisme et le blairisme, y compris au plan du style, ce qui
n'est pas un compliment. Quand il déclare sa candidature à
l'investiture du parti démocrate en février 1983, le sénateur du
Colorado part du postulat de l'échec de la puissance publique

---

1. Déclaration faite en mars 1984, citée *in* Serge Halimi, *À l'américaine*,
op. cit., p. 135-136.
2. Cité in *Le Monde*, 2 septembre 1986.
3. Gary Hart, *A New Democracy : A Democratic Vision for the 1980's and
Beyond*, Quill, New York, 1983.

(Vietnam, guerre à la pauvreté, inflation). Il fait appel à Pat
Caddell, sondeur, ancien conseiller politique de Jimmy Carter
adepte des thématiques antiestablishment. Un fil d'Ariane va
guider leur stratégie électorale : les Américains aiment l'idée des
idées nouvelles, mais ne veulent surtout pas savoir ce qu'elles sont
précisément. Les énoncer en détail conduirait à décevoir, d'autant
que souvent elles paraissent fort techniques, voire technocratiques :
d'une lecture aussi envoûtante que celle d'un annuaire, le livre de
Gary Hart témoigne à sa manière de la « bureaucratisation du
langage » analysée par Christopher Lasch et qui caractérise dorénavant la plupart des textes sociaux-libéraux.

Le candidat démocrate destine prioritairement les propositions
de son ouvrage à la « minorité civilisée » des cadres yuppies (le
mot, dérivé de *young urban professionals*, surgit à cette époque
et est employé sur-le-champ pour décrire les partisans de Gary
Hart). Aux autres, il tiendra un message très publicitaire, très
creux, très porteur aussi dans un pays où la dépolitisation a déjà
accompli quelques ravages : « Il y a d'un côté la mémoire et de
l'autre l'espoir. Le choix de 1984 n'est pas entre gauche et droite,
mais entre passé et avenir. Les politiques du passé ne peuvent pas
résoudre les problèmes de l'avenir. Reagan et Mondale sont
archaïques. Le vieil ordre doit s'effacer, les vieux politiciens
céder la place[1]. » Insistance sur les clivages de génération, mise
en veilleuse des distinctions idéologiques et sociales, utilisation
et manipulation de la télévision : devant un tel attirail, un des
concurrents démocrates du sénateur du Colorado réagit par une
boutade : « Gary Hart est un gentil garçon, mais nous sommes
tous en train de vieillir en attendant sa première idée nouvelle. »

Presque toujours, le « gentil garçon » se présente comme
l'avocat d'une voie médiane entre les républicains ultralibéraux
(comme Reagan) et les démocrates travaillistes (comme Mondale).
Face au « faire » interventionniste et au « laisser-faire » reaganien,
il revendique la synthèse miraculeuse du « faire faire ». L'État
devrait, selon lui, inciter les partenaires sociaux à négocier des
accords qui favoriseront la compétitivité de l'économie sans trop

---

1. Gary Hart, débat démocrate du 5 mai 1984.

mettre à mal le pacte social. L'idée n'est pas originale et le dépassement proposé s'apparente à une ficelle aussi vieille que le centrisme ou le « ni-nisme », c'est-à-dire la définition de son positionnement par son refus symétrique des points de vue prétendument « extrêmes » des uns et des autres. Mais, justement, rien n'est mieux ajusté à la pseudo-objectivité de la non-pensée journalistique que ce credo-là. Aux États-Unis et ailleurs : en France, il tient lieu d'épure pour les copies de Sciences Po[1]. Hart invoque donc l'objectif de justice, mais espère l'atteindre par la croissance plutôt que par la redistribution. Un peu comme Tony Blair dix ans plus tard, il enjoint à son parti de rompre avec un héritage égalitariste qui, prétend-il, le coupe des « classes moyennes ». Simultanément, il propose au pays de tourner la page de l'ultralibéralisme car, selon lui, Ronald Reagan aurait « ressuscité pour la première fois depuis cinquante ans le conflit de classes dans la société américaine ». Resurgit ainsi le rêve irénique et technocratique d'une politique apaisée, décrispée, débarrassée du politique, qui évoque alors le retour à l'âge d'or des années Kennedy et au règne des experts. Les temps ayant changé, les néodémocrates aspirent non pas à intégrer politiquement les couches populaires, mais à les reléguer au rôle de force d'appoint d'intérêts plus privilégiés que jamais dans la société américaine.

Une autre différence interdit en 1984 de trop espérer le retour à la stabilité dépolitisée de l'ère keynésienne. La croissance économique a cessé d'être automatique et, pour nombre de démocrates, la puissance publique n'est plus la force positive qu'elle paraissait être dans les années 60. Ce postulat sous-tendait déjà le pessimisme de Jimmy Carter et de la plupart des intellectuels néoconservateurs (Irving Kristol, Daniel Bell, James Wilson). Le républicain Richard Nixon avait précédemment dénoncé les politiques publiques de lutte contre la pauvreté – des « programmes qui perpétuent la dépendance » –, mais l'engagement financier de

---

1. *Cf.* Alain Garrigou, *op. cit.* L'auteur donne ce résumé de « la pensée sciences po » : « La "réforme" est toujours "nécessaire" mais "difficile" à imposer face aux "résistances" au changement ; l'élitisme est universel mais il faut le rendre plus juste, c'est-à-dire "républicain" ; l'"exception française" change et perdure. Des maux rôdent toujours, anciens comme le "totalitarisme", ou plus récents comme le "populisme" » (Alain Garrigou, *op. cit.*, p. 96).

l'État sur ce terrain continua à progresser deux fois plus vite en dollars constants de 1969 à 1977 (administrations Nixon et Ford) qu'entre 1961 et 1969 (administrations Kennedy et Johnson)[1]. Jimmy Carter se montra moins généreux, et de plus en plus disposé à importer au sein du parti démocrate le discours républicain opposant une « éthique du travail » à une « éthique de l'assistance ». Travail, avenir, connaissance : comme toujours, les experts seraient aux postes de commandement, leur intelligence leur permettant d'accoucher de synthèses prodigieuses, de faire comme l'avare de Molière, bonne chère avec peu d'argent. Justement, explique Gary Hart, « ce n'est pas de plus de puissance que nous avons besoin, mais de davantage de réflexion ». Lui oppose-t-on, par exemple, pour tester son « intelligence », l'hypothèse d'un conflit d'intérêts entre ceux qui vivent dans la « ceinture de rouille » du Midwest et ceux qui, en Californie et au Massachusetts, profitent de l'essor des nouvelles technologies ? Le sénateur du Colorado riposte aussitôt que l'informatique et les robots vont revitaliser les industries traditionnelles, ce qui lui permet d'associer le destin menacé des ouvriers aux innovations des ingénieurs et des électroniciens. La politique publique qu'entrevoit Gary Hart vise alors à accélérer la migration des travailleurs et des capitaux vers les nouveaux pôles de croissance et d'emplois. Pour atteindre cet objectif, il invoque la coopération entre capital et travail, la « synthèse entre les méthodes économiques d'Adam Smith et les objectifs sociaux de Roosevelt ».

À défaut d'être très nouveau, ce filon du synchrétisme est inépuisable : « Pour préserver nos valeurs traditionnelles, nous devons adopter de nouvelles approches. » Le discours général se veut dépassionné, dépolitisé, mais l'élection de Ronald Reagan est passée

---

1. En dollars constants (valeur 1986), le coût des programmes de lutte contre la pauvreté était de 15 milliards de dollars avant 1962. Il progressa de 27 milliards de dollars pendant les deux années suivantes de l'administration Kennedy (1962-1963) et pendant celle de son successeur Lyndon Johnson (1963-1969). Puis la progression s'accéléra – 54 milliards de dollars au cours des administrations Nixon et Ford (1969-1977) –, avant de se ralentir sensiblement pendant la présidence de Jimmy Carter (+ 16 milliards de dollars). Avec la première administration Reagan (1981-1985), la progression devint recul (– 5 milliards de dollars). *Cf.* David Stockman, *op. cit.*, p. 410.

par là, ni aberrante, ni temporaire. Il convient d'en intégrer les conséquences. La productivité devient donc l'un des principaux critères
d'appréciation de la qualité du social, lequel cesse d'être le terrain sur
lequel se constitue une identité collective et conflictuelle. Bien avant
que Tony Blair n'impose au parti travailliste d'entériner l'essentiel de
l'héritage thatchérien, Gary Hart propose aux démocrates de
comprendre le message du triomphe républicain : « La vague conservatrice des années 70 et 80 et la révolte anti-impôts ont prouvé que la
meilleure manière d'arriver à plus de justice sociale n'était pas de
faire payer les bénéficiaires de revenus moyens, au risque de les
précipiter dans les bras de Reagan. Il importe, au contraire,
d'augmenter les revenus des classes moyennes afin de les rassurer
financièrement et de libérer leurs instincts charitables[1]. »

Soutenu par les syndicats, le parti démocrate, en 1984,
conserve une image protectionniste. C'est même l'un des éternels reproches que les médias lui jettent à la figure. Les
néodémocrates vont donc défendre un libéralisme commercial à
la fois ajusté à la vulgate journalistique et en phase avec les intérêts des yuppies qui conduisent des voitures (étrangères) plus
souvent qu'ils ne les construisent : « Quand il s'agit de
commerce international, assène Gary Hart, plus, c'est toujours
mieux. » Ce qui, on le sait bien, n'est pas vrai pour tout le monde.
Mais, reprenant les analyses de l'économiste de Harvard Robert
Reich (qui deviendra en 1993 ministre du Travail de Bill
Clinton), Hart estime que, mondialisation oblige, rien ne peut
plus sauver « le mythe du made in USA » auquel s'accrochent
encore les élus démocrates du Midwest qui, devant les caméras,
démolissent parfois à coups de marteau des automobiles impor-
tées du Japon : « Une campagne publicitaire, résumera plus tard
Robert Reich, est conçue en Grande-Bretagne, filmée au Canada
et montée à New York. Une voiture de sport est financée au
Japon, dessinée en Italie et assemblée dans l'Indiana grâce à des
composants électroniques inventés au New Jersey et fabriqués
au Japon. Une Pontiac de General Motors inclut des pièces déta-
chées venues de neuf pays étrangers qui se répartissent 60 % du

---

1. Cité *in* Serge Halimi, *À l'américaine, op. cit.*, p 194

prix de vente de la voiture[1]. » Les syndicalistes américains, que cette leçon n'impressionne qu'à moitié, répliquent avec acidité que, protégés de la concurrence étrangère, les professeurs d'université et les journalistes sont plus libres que d'autres de ne pas se soucier de l'origine nationale des ordinateurs qui éditent leurs manifestes libre-échangistes.

Quatre ans après l'élection de Ronald Reagan, la différence entre démocrates et républicains n'a cependant pas disparu en matière économique et sociale. Les premiers attendent encore de l'État qu'il favorise la transition d'un monde industriel à un autre ; les seconds prétendent s'en remettre au « marché ». En revanche, la nécessité de la croissance, une réforme de la fiscalité incitatrice d'investissement, un élagage de l'État social font déjà l'objet d'un accord assez large, en dépit de plusieurs années de politiques radicales – et radicalement orientées à droite. L'échec cinglant de Walter Mondale en novembre 1984 va garantir la victoire des démocrates les plus proches des milieux d'affaires. Ils créent un groupe, le Democratic Leadership Council (DLC), que Bill Clinton présidera avant d'accéder à la Maison-Blanche. Souvent originaires du Sud, ses membres ont voté à l'occasion en faveur des budgets de l'administration Reagan. Ils entendent « moderniser » la doctrine démocrate dans un sens toujours plus conservateur, par souci déclaré de « chasser là où on trouve des canards », autrement dit de reconquérir l'électorat qui a basculé à droite. Sous couvert de pragmatisme électoral et de partenariat avec les entreprises, ils vont donner sans cesse plus de gages aux intérêts privilégiés et marquer encore davantage leurs distances avec les syndicats, défenseurs présumés d'intérêts catégoriels devenus trop exigeants. Lorsqu'il était gouverneur de l'Arkansas, Bill Clinton s'était lui-même « inspiré de la grande tradition économique du Sud, qui consiste à dire aux industriels : "Venez chez nous. Nos salaires sont bas, nous n'avons pas de syndicats. Notre réglementation en matière d'environnement est très peu contraignante, et nous vous offrirons tous les abattements fiscaux que vous voudrez"[2] ».

---

1. Robert Reich, « The myth of "Made in USA" », *The Wall Street Journal*, 5 juillet 1991.
2. Brownie Ledbetter, directeur de l'Arkansas Public Policy Project, *International Herald Tribune*, 23 mars 1992.

Au fil des ans, le rapprochement entre les deux grands partis américains intervient aussi sur les terrains de la politique étrangère et de la lutte contre le crime. Gary Hart était à la fois hostile à la stratégie guerrière de Ronald Reagan en Amérique centrale et opposé à la peine de mort (comme Walter Mondale). Au moment de la présidence Clinton, ces zones de désaccord entre républicains et démocrates ont disparu. Partisan actif du châtiment suprême, le gouverneur de l'Arkansas a également accueilli avec faveur la plupart des initiatives extérieures musclées de ses prédécesseurs Reagan et Bush (aide aux contras du Nicaragua, invasion de la Grenade, bombardement de Tripoli, guerre du Golfe). Au point qu'en août 1992 trente-trois intellectuels néoconservateurs, dont Paul Nitze, ancien conseiller du président Reagan pour les questions nucléaires, et Samuel Huntington, théoricien de la lutte anti-subversive dans le tiers-monde, appellent à voter Clinton contre le père de l'actuel président. Ils expliquent que, comme eux, le « nouveau démocrate » était favorable à « l'utilisation si nécessaire des forces américaines aériennes et navales contre le régime national-communiste de Serbie », qu'il a « résisté à ceux qui, dans son parti, proposaient des coupes insensées dans le budget militaire », « favorisé une pression accrue contre Fidel Castro et ceux qui menacent la démocratie dans notre hémisphère » et « reconnu qu'aucun accord israélo-arabe concernant la Cisjordanie ne sera possible s'il ne satisfait pas les besoins de sécurité légitimes d'Israël »[1]. Ces néoconservateurs ne font pas un mauvais pari : la présidence de Bill Clinton, une des plus droitières du siècle, les comblera à bien des égards.

Le recentrage de la « gauche » – « nouveau réalisme » en Grande-Bretagne et aux États-Unis, « culture de gouvernement » en France – intervient sur fond de victoire idéologique des néolibéraux les moins portés au compromis. Quand l'idée se généralise, dans les années 80 et 90, qu'il n'y a plus guère de différence entre les principales formations politiques, cela signifie que la culture du marché et le culte des « gagnants » l'ont emporté partout, y compris dans le camp de ceux qui autrefois

---

1. Annonce parue dans *The New York Times*, 17 août 1992.

défendaient des formes de propriété collective et la cause des
« exploités ». Dès février 1970, un sondage de la Sofres interrogeait : « Pendant longtemps on a distingué en France deux
grandes tendances, la gauche et la droite. Estimez-vous qu'à
l'heure actuelle cette distinction a encore un sens ou qu'elle est
dépassée[1] ? » En lisant cet énoncé, on pensera que rien n'a
changé ; on aura tort. Car, à l'époque, ou bien la question est
stupide, ce qui n'est pas impossible, ou bien elle vise à suggérer
que, en 1970, sous la houlette de Jacques Chaban-Delmas et de
son conseiller Jacques Delors, la droite mène une politique
sociale qui l'éloigne de ses habituels thèmes de prédilection.
Au point de lui permettre de brouiller à son avantage les repères
avec la gauche. En revanche, quand trente ans plus tard *Le
Monde* prétend que « l'idéologie dominante, aujourd'hui aux
États-Unis comme en Europe, n'est ni de droite ni de gauche ;
elle est marquée par l'indifférence à l'idéologie et par la
méfiance envers tous les systèmes de pensée articulés[2] », cette
saillie est révélatrice de tout autre chose. Bien sûr, le propos est
d'abord idiot, la prétendue « indifférence à l'idéologie » se
traduisant en 2000 par l'adhésion généralisée du monde politique
aux canons du capitalisme le plus inégalitaire. Mais l'auteur de
l'article n'est pas malhonnête. Le triomphe du « système de
pensée » néolibéral est en effet devenu invisible au journaliste
du *Monde* qui le propage. Ce système fait désormais corps avec
lui et avec son journal. « Ni de droite ni de gauche », écrit-il,
d'autant plus incapable de percevoir que l'ère « post-idéologique »
tire toujours dans le même sens que ce sens, il l'a emprunté lui
aussi. Deux auteurs français résumeront cette métamorphose
en un exemple : « L'histoire retiendra que celui qui milita
dans le premier gouvernement de François Mitterrand pour la
nationalisation de toutes les banques du pays en 1981 et le
ministre qui met sur le marché la dernière d'entre elles vingt
ans plus tard sont une seule et même personne, Laurent

---

1. *In* Pierre Bourdieu et Luc Boltanski, « La production de l'idéologie dominante », art. cité.
2. Lucas Delattre, « Trois leçons américaines pour l'Europe », *Le Monde*, 16
décembre 2000.

Fabius[1]. » La pseudo-« fin des idéologies » et des « grands récits », c'est donc bien celle, exclusive, des idéologies et des récits de gauche. Pour qu'une égale « méfiance » atteigne tous les « systèmes de pensée articulés », il eût fallu que quelques hayékiens désertent leur camp et se convertissent aux thèses de leurs adversaires. Le mirobolant journaliste du *Monde* peut-il en citer de nombreux exemples ?

Lionel Jospin doit répondre en novembre 1981 à la question : « À quoi ressemblera la France dans dix ans ? » À « une société mixte où la justice sociale, les valeurs collectives, le droit des travailleurs seront beaucoup plus développés qu'aujourd'hui, une société dans laquelle l'exploitation du travail, les autres formes d'oppression auront sévèrement reculé[2] », rétorque celui qui est alors premier secrétaire du PS. Quand l'échéance de la prophétie intervient, la France et le monde ne correspondent pas tout à fait au vœu du futur Premier ministre socialiste. Milton Friedman, en revanche, n'a pas à se plaindre de la décennie qui vient de s'écouler. Il s'en félicite donc en 1990 : « Il y a dix ans, beaucoup de gens croyaient que le socialisme était un système viable, et même plus prometteur que les autres pour garantir la prospérité matérielle et la liberté humaine. Rares sont ceux qui croient encore cela. [...] Il y a dix ans, beaucoup de gens étaient convaincus que le capitalisme, basé sur des marchés privés libres, représentait un système profondément déficient, incapable d'assurer la prospérité et la liberté humaine. Aujourd'hui, l'opinion la plus courante est que le capitalisme constitue au contraire le seul système permettant d'atteindre ce double objectif[3]. » Il n'y a dans un tel constat pas la moindre trace d'une « indifférence à l'idéologie ».

---

1. Vincent Giret et Bernard Pellegrin, *20 ans de pouvoir, 1981-2001*, Seuil, Paris, 2001, p. 60.

2. *L'Express*, 20 novembre 1981, cité *in* Gérard Leclerc et Florence Muracciole, *Jospin, l'héritier rebelle*, Lattès, Paris, 1997.

3. Milton et Rose Friedman, *op. cit.*, avant-propos de janvier 1990, p. IX.

Dépasser le passé ou le liquider ?

Les « nouveaux démocrates » américains et les « nouveaux travaillistes » britanniques ne cherchent pas, eux, à maquiller leur conversion en prétendant que les idéologies seraient mortes. Alors que les socialistes français se rendaient au mur des Fédérés jusqu'à une date récente, évoquaient tendrement le Front populaire et se prétendaient inspirés par Jean Jaurès, les anglo-saxons ont choisi d'être francs. L'absence de partis situés à leur gauche ainsi qu'un mode de scrutin impitoyable les autorisent à lancer une gigantesque opération de ravalement idéologique sans ruse sémantique inutile. Pour eux, « faire de l'histoire » – ou la refaire – constitue « une antidote à la nostalgie ». Au point que « la gauche britannique elle-même, note Eric Hobsbawm, finit par admettre que certains des chocs impitoyables que Mme Thatcher avait administrés à l'économie étaient probablement nécessaires[1] ». Le blairiste Anthony Giddens va plus loin, n'hésitant pas à résumer l'ensemble des politiques travaillistes de l'après-guerre à « une histoire de chamailleries et d'autodestruction [...]. L'orientation prise en 1945 en faveur de la planification centralisée – à laquelle une partie des travaillistes restèrent attachés jusqu'aux années 80 – a sans conteste largement expliqué le déclin relatif du Royaume-Uni[2] ». C'est peu ou prou ce qu'avançaient Friedrich Hayek et Margaret Thatcher.

Les néotravaillistes visent la liquidation d'une tradition politique socialiste en même temps qu'ils veulent réhabiliter l'héritage libéral. Ce sont les deux préalables jumeaux au révisionnisme sans limites auquel ils aspirent. Dans une tribune destinée à un public français, Tony Blair enfonce le clou en novembre 2002. Un an plus tôt il a été reconduit dans ses fonctions, alors qu'à Paris ses amis socialistes se voyaient réexpédiés dans leurs foyers. Sous couvert de les instruire et de les inspirer, le chef du parti travailliste paraphe un texte que Margaret Thatcher aurait pu écrire, et Ronald Reagan prononcer :

Entre les années 40 et 70, le gouvernement [britannique] a cherché à

---

1. Eric Hobsbawm, *op. cit.*, p. 537.
2. Anthony Giddens, « History as antidote to nostalgia », *Financial Times*, 5-6 juillet 2003.

traiter les problèmes sociaux et économiques à travers la planification et l'intervention de l'État. En Grande-Bretagne, aux États-Unis, les sociaux-démocrates, qui avaient une vision libérale de la « société permissive », ont rompu tout lien entre équité et responsabilité personnelle. Ils pensaient qu'il était du devoir inconditionnel de l'État de subvenir aux besoins et d'assurer la sécurité de tous. Dans cette logique, les individus ne devaient rien en retour. Au début des années 70, ce langage qui ne parlait que de droits entamait la notion de civisme et minait la lutte contre la délinquance et le déclin social. [...] Cette politique eut des conséquences dévastatrices dont les effets perdurent aujourd'hui. Au milieu des années 90, la délinquance était en hausse, l'effondrement de la famille et les dégâts de la drogue s'accéléraient, les inégalités sociales s'étaient aggravées. De nombreux quartiers devinrent la proie du vandalisme, de la violence criminelle, de l'incivilité. La reconnaissance élémentaire du caractère mutuel et réciproque des devoirs et du respect, qui fonde la société civile, semblait perdue. On avait la sensation que le tissu moral dont était faite la collectivité était en train de se défaire[1].

Inutile de perdre son temps à démonter pièce après pièce un tel mécano de slogans conservateurs. Il suffit de relever que, pour le leader travailliste, l'aggravation des inégalités « au milieu des années 90 » n'était pas d'abord due aux politiques néolibérales (Margaret Thatcher et John Major avaient occupé le pouvoir de 1979 à 1997), mais à l'héritage socialiste... Un an avant de succéder aux conservateurs, Tony Blair avait déjà malaxé le badigeon philosophique qui lui permettrait de poursuivre leur politique. Il tenait en deux mots, que Bill Clinton martelait dans chacun de ses discours : opportunité, responsabilité. « Le marxisme était essentiellement déterministe, résume le chef socialiste britannique. C'était une tentative de rendre la politique scientifique, ce qu'elle n'est pas. La politique, c'est les gens. La nature humaine est complexe. Il y a la volonté, la responsabilité individuelle. Nous pouvons choisir et décider[2]. » La « complexité » de la nature humaine n'interdit pas les décryptages les plus simples. « Opportunité » : en novembre 2000,

---

1. Tony Blair, « Pour une société forte et équitable », *Le Monde*, 14 novembre 2002.
2. Entretien accordé en avril 1996 au *Sunday Telegraph*, cité in *Financial Times*, 26-27 avril 2003.

Gordon Brown, chancelier de l'Échiquier, annonce « le niveau d'imposition directe le plus bas depuis trente ans[1] ». « Responsabilité » : Tony Blair tonne que « les délinquants s'en tirent trop facilement » et promet : « Nous veillerons à ce que les gens paient pour leurs crimes[2]. » On peut en somme appliquer aux néotravaillistes britanniques le compliment qu'Alain Touraine avait offert aux mitterrandistes français moins de trois ans après leur victoire de mai 1981 : « Le mérite essentiel du gouvernement de gauche est de nous avoir débarrassés de l'idéologie socialiste[3]. »

Est-ce un si grand mérite ? Filant en 1984 la métaphore orwellienne de l'année, Ronald Reagan appelait les Américains à choisir entre « un monde matérialiste et terne où Big Brother dirige en fonction des promesses faites à des intérêts catégoriels et un monde d'aventures où, tous les jours, chacun se fixe comme objectif des rêves impossibles, des étoiles lointaines et le Royaume de Dieu ». Le propos rappelle qu'alors le communisme (« matérialiste et terne ») était encore en place et que le président américain cherchait à y associer le parti démocrate… Toutefois, la disparition du bloc soviétique ne va guère conforter une social-démocratie dorénavant libérée de tout cousinage historique avec des régimes autoritaires. Ainsi que l'avaient escompté les disciples de Hayek, elle va en revanche contribuer à liquider la question de l'alternative au néolibéralisme. L'ancien dissident russe Alexandre Zinoviev l'a résumé mieux que d'autres : « Aujourd'hui, les socialistes au pouvoir dans la plupart des pays d'Europe mènent une politique de démantèlement social qui détruit tout ce qu'il y avait de socialiste justement dans les pays capitalistes[4]. » Issu d'une tendance travailliste appelée « Solidarity » en hommage au syndicat anticommuniste polonais, Tony Blair suivra la voie de Lech Walesa. Elle ne mène pas à l'autogestion ouvrière, mais à un capitalisme dur. Et, loin de déboucher sur le démantèlement des empires, elle va précipiter l'alignement de Londres et de Varsovie sur l'*imperium* des États-Unis. L'agonie du communisme et la fin de la

---

1. *Les Échos,* 9 novembre 2000.
2. Tony Blair, « Pour une société forte et équitable », art. cité.
3. Alain Touraine, RTL, 22 janvier 1984, cité *in* Jacques Julliard, « Éditorial », *Intervention,* n° 9, mai-juin-juillet 1984.
4. Alexandre Zinoviev, *op. cit.*, p. 93.

peur qu'il inspirait affranchissent les classes dirigeantes occidentales de toute disposition au compromis social. Ce genre de prudence leur paraît désormais inutile. Elles vont exprimer leur libération avec tant d'ostentation que, dès 1986, même le directeur du *Nouvel Observateur* s'inquiète d'un « révisionnisme » trop destructeur. « Je m'avise, écrit Jean Daniel, que plus j'oublie la gauche, plus la droite se rappelle à moi. Que la fin de la guerre civile verbale qui divise les Français n'est perçue par certains à droite que comme le commencement de leur règne. Que les armes que nous remisons au vestiaire le jour nous sont dérobées la nuit pour être retournées contre nous. Que notre révisionnisme œcuménique se transforme en dogme chez nos adversaires. [...] Il fallait se justifier, il y a une quinzaine d'années, de ne pas être anticommuniste. Aujourd'hui, il faut prouver qu'on l'est à tout instant. Il faudrait même établir qu'on n'a plus rien à voir avec une quelconque aspiration à n'importe quelle forme de socialisme[1]. » Près de vingt ans ont passé et il n'y a pas grand-chose à changer à ce tableau désolé de la scène intellectuelle.

L'effacement du communisme dans le mouvement ouvrier européen n'a nullement signifié la victoire du réformisme sur la révolution, le triomphe posthume de Léon Blum sur Maurice Thorez. Au demeurant, le célèbre discours de Tours du chef socialiste ne remettait pas en cause la dictature du prolétariat et présentait une analyse tellement acérée du capitalisme et de ses aliénations qu'elle conduisait à douter de la viabilité de la réforme et de la voie électorale[2]. Depuis un quart de siècle, la

---

1. Jean Daniel, « Éloge des intellectuels », *Le Nouvel Observateur*, 15 août 1986.
2. « Le débat n'est pas entre une conception réformiste et une conception révolutionnaire, explique Léon Blum dans son discours du congrès de Tours en décembre 1920, mais bien entre deux conceptions révolutionnaires fondamentalement différentes. Le réformisme, ou plus précisément le révisionnisme, n'existe plus. » Puis, dans un article de mai 1924, Léon Blum rappellera les violations par la droite du verdict des urnes quand il lui fut trop défavorable, pour s'interroger : « Si le socialisme se liait définitivement par le respect juré de la légalité, il risquerait de jouer un jeu de dupes. [...] L'influence du patron et du propriétaire ne pèse-t-elle pas sur les électeurs, avec la pression des puissances d'argent et de la grande presse ? Tout électeur est-il libre du suffrage qu'il émet, libre par la culture de sa pensée, libre par l'indépendance de sa personne ? Et, pour le libérer, ne faudrait-il pas précisément une révolution ? » (cité *in* Serge Halimi, *Quand la gauche essayait*, Arléa, Paris, 2000, p. 73 et 94).

dévaluation de l'héritage révolutionnaire de la gauche européenne s'est donc doublée d'une réécriture très arrangeante de
l'histoire de la social-démocratie permettant, par exemple, à
Dominique Strauss-Kahn et à Laurent Fabius de se réclamer de
Jean Jaurès. Une fondation qui porte ce nom est même devenue
un *think tank* recyclant en France les idées de Tony Blair...

Le déclin électoral et syndical du communisme n'a pas davantage favorisé cette fraction de la gauche qui, en France, se
réclamait de Mai 68, des « mouvements sociaux », et revendiquait,
comme Michel Rocard en juin 1977, une culture « régionaliste,
décentralisatrice, méfiante devant les réglementations et soucieuse
d'expérimentations[1] ». Le triomphe social des individus issus de
cette famille politique ne fait aucun doute ; ils ont investi nombre
de postes de commandement dans la politique, l'industrie, la
banque, les médias. Mais leur réussite individuelle a eu l'effacement de leur orientation idéologique initiale (« contrôle ouvrier »,
autogestion) pour contrepartie. Proche de la famille « décentralisatrice et méfiante devant les réglementations », Paul Thibaud
concède l'échec politique de ses amis : « La société française ne se
sent pas libérée, mais abandonnée, quand son État fait de l'absentéisme, quand la politique n'assure plus la charge du lien social. De
ce point de vue, les présupposés de la deuxième gauche ont été
infirmés[2]. » En tombant, le mur de Berlin a emporté avec lui
davantage qu'un régime bureaucratique et policier.

La révolution était le produit d'une dynamique sociale, d'un
projet et d'une espérance. Simone Weil le relevait à l'époque du
Front populaire : « C'est quelque chose quand on est misérable et
seul que d'avoir pour soi l'Histoire[3]. » Avec les années 80, la date
de péremption de cette espérance est atteinte ; le carrosse redevient
citrouille ; les masses prolétaires cessent de préfigurer les « lendemains qui chantent » et ne sont plus, dans le discours dominant,
que des « exclus » titubant entre chômage et expression de

---

1. Congrès de Nantes du parti socialiste. Michel Rocard opposait cette
culture à celle de la « première gauche », « jacobine, centralisatrice, étatique,
nationaliste et protectionniste ».
2. Paul Thibaud, *op. cit.*, p. 74.
3. Simone Weil, « Méditations sur l'obéissance et la liberté », in *op. cit.*, p. 132.

rancœurs xénophobes. Assez vite, l'idéal révolutionnaire se voit transmué en pathologie terroriste, jacobine dans le cas français, en un désir délirant d'égalité et de pureté. Les socialistes européens se réjouissent, estimant qu'ils installent définitivement leur monopole à gauche. « L'histoire a tranché ce débat, répète encore Pierre Moscovici en 2003 : le communisme comme modèle et comme système est mort avec la chute du mur de Berlin en 1989, suivi de la disparition de l'Union soviétique en 1991. La social-démocratie l'a définitivement emporté[1]. » En vérité, le basculement qui intervient affaiblit aussi la légitimité historique des socialistes. Il va les condamner non seulement à ajuster leurs principes à leurs pratiques, mais leurs pratiques à celles d'une droite qui se durcit. Même le bilan social, plutôt honorable, des gouvernements auxquels ils ont participé pendant les Trente Glorieuses va être mis en cause par le nouveau discours, antitotalitaire puis anti-inégalitaire, qui, maille après maille, attaquera la cotte de l'État-providence. En 1981, Jacques Attali est entré à l'Élysée pour aider de ses conseils éclairés une politique de nationalisation. Après avoir quitté le palais présidentiel pour diriger une banque qui impulse les privatisations en Europe de l'Est, le socialiste de marché analyse son chemin de Damas (qui pour lui aura été pavé d'or) : « La social-démocratie ne se comprenait qu'avec le mur de Berlin. Et personne n'a vu qu'elle était morte avec sa chute [...]. La modernité et le marché ne font plus qu'un depuis ce mois de novembre 1989. [...] Si la gauche n'incarne plus l'avenir et l'utopie, la gauche est morte. Or, aujourd'hui, le couple marché-démocratie, au centre de l'idéologie américaine, incarne la nouvelle utopie[2]. »

Espérant que la disparition de l'Union soviétique va leur permettre de critiquer plus librement le secteur privé dès lors que les thèmes « populistes » ne sont plus discrédités par le contexte de guerre froide, les démocrates américains vont s'exposer à une déconvenue du même ordre. Car, au moment où cette disparition intervient, la base sociale et financière de leur parti n'a plus qu'un rapport très lointain avec les catégories populaires. Les deux grandes formations politiques du pays sont devenues les instruments des

---

1. Pierre Moscovici, *Un an après*, Grasset, Paris, 2003, p. 283.
2. Cité *in* Vincent Giret et Bernard Pellegrin, *op. cit.*, p. 38-39.

milieux d'affaires. Il ne s'agit plus seulement d'« idées »
communes : désormais les élus démocrates sont trop associés aux
intérêts privilégiés pour se permettre d'évoquer la question de
classe sous une forme ou sous une autre. Les priorités intellectuelles de la droite et les structures économiques qui les confortent
sont assez enracinées pour que l'interprétation d'un bouleversement historique aille dans le « bon » sens. Examinant en 1984 une
France dans laquelle presque tous les pouvoirs d'État sont détenus
par des socialistes, Claude Julien raille ce qui tient lieu de nouvelle
lecture dominante des trente années d'après guerre et d'« État-
providence » : « Grâce à l'expansion, le goulag était doré, mais
c'était un goulag. L'augmentation du niveau de vie, l'automobile
et la télévision pour tous, les textiles et l'électronique importés
d'Orient, les fruits et légumes de contre-saison, l'allongement des
week-ends et des vacances, etc., le rendaient confortable, mais
c'était quand même un goulag en zone tempérée[1]. » Les conforts
de la liberté que les libéraux de droite et de gauche promettent à
l'électorat populaire se révéleront plus éprouvants pour lui que ses
petits malheurs d'autrefois dans un goulag en zone tempérée.

En août 1991, anticipant de quelques semaines la fin de
l'Union soviétique, un homme politique de centre gauche, acadé-
micien de surcroît, rompt avec l'ébriété démocratique du
moment. Jean-Denis Bredin donne un contenu mélancolique aux
proclamations éblouies sur la fin de l'histoire.

> Est-il permis, demande-t-il, tandis que montent les feux d'artifice,
> brûlant les dogmes, réchauffant les derniers inquiets, tandis que les
> pays riches invitent aimablement les pays pauvres à leur ressembler,
> est-il permis de regarder en arrière, juste un moment [...] ? Est-il pos-
> sible d'avancer que le socialisme n'eût peut-être été, chez nous, qu'un
> radicalisme autrement dénommé, s'il n'y avait eu le communisme qui
> le surveillait, qui le talonnait, toujours prêt à lui prendre sa place, le
> communisme qui l'empêchait de dériver trop vite, ou trop fort ? Est-il
> permis d'avancer que tantôt dérangeant, tantôt épaulant le reste de la
> gauche, le communisme français, étrange gardien d'un catéchisme

_____

1. Claude Julien, « Le corset libéral », *Le Monde diplomatique*, novembre
1984.

universel, porteur d'une terrible légitimité, a aidé le socialisme français à tenir son cap, que sans lui le Front populaire n'eût pas été un front populaire, que l'Union de la gauche n'eût sans doute été qu'une union des centres, ou un rêve, et que beaucoup de lois sociales seraient encore attendues ? Est-il possible d'avancer que tous ces entêtés, ces sectaires, ces grévistes infatigables, ces envahisseurs de nos usines et de nos rues qui fichaient le désordre, ces obstinés qui ne cessaient de réclamer des réformes en rêvant de la Révolution, ces marxistes, à contre-courant de l'Histoire, qui empêchèrent le capitalisme de bien dormir, nous leur devons beaucoup[1] ?

Quand il ne réclame pas sur France Culture qu'on débaptise les lycées Louis Aragon ou Paul Eluard, même Jean-Claude Casanova concède l'évidence : « Le paysage politique français a glissé à droite avec la disparition du communisme et l'empirisme de la gauche socialiste qui a maintenant le sens du gouvernement et l'expérience des affaires et occupe, d'une certaine manière, la position qui était hier celle du centre droit[2]. » On mesure la tornade idéologique qui est intervenue en se souvenant que, onze jours avant l'élection de François Mitterrand à la présidence de la République, Maurice Papon, alors ministre du Budget dans le gouvernement de Raymond Barre, annonçait que « la victoire du candidat socialiste conduirait à une collectivisation brutale ou rampante qui ferait de nous la Pologne de l'Occident[3] ». Cassandre se retrouvera en effet en prison quelques années plus tard, mais pour d'autres raisons.

À bas les syndicats et vive les médias !

Le glissement à droite des partis de gauche n'imposait pas qu'ils rompent avec les syndicats. Dans nombre de pays occidentaux, l'orientation réformiste ou conservatrice du mouvement ouvrier a permis aux partis « progressistes » au pouvoir de combattre le communisme ou le « tiers-mondisme » sans que cela pose de

---

1. Jean-Denis Bredin, « Est-il permis ? », *Le Monde*, 31 août 1991.
2. *La Croix*, 23 mai 1998.
3. Maurice Papon, meeting à Bourges, 29 avril 1981, cité *in* Vincent Giret et Bernard Pellegrin, *op. cit.*, p. 24.

problème particulier. De la même manière, l'AFL-CIO, qui se satisfait d'une collaboration avec le patronat américain, joue un rôle d'arrière-garde face aux mouvements d'émancipation du prolétariat noir, des femmes et des diverses minorités ethniques, culturelles ou sexuelles du pays. La situation change avec l'offensive antisyndicale de la droite américaine ou britannique à partir de 1979. Car la perspective d'un retour de la « gauche » au pouvoir pose aussitôt le problème d'une éventuelle abrogation des mesures antiouvrières prises sous le règne de Margaret Thatcher ou de Ronald Reagan. D'un côté, les syndicats réclament la mise en bière des dispositions légales et réglementaires qui ont favorisé la précarité de l'emploi, les atteintes au droit de grève, le rabotage des garanties d'hygiène et de sécurité. De l'autre, les partis de centre gauche qui leur sont liés jugent que leur retour aux affaires passe par un accroissement de leur attractivité politique auprès des employeurs et des classes moyennes conservatrices. Laquelle dépend souvent de leur éloignement du monde du travail.

Les médias sont un des protagonistes de ce débat. Eux qui ne réclament pas souvent que la droite prouve son sens de l'intérêt général en prenant le risque de mécontenter sa clientèle de patrons et de professions libérales exigent en revanche que la gauche et les démocrates affichent leur indépendance en sectionnant le cordon ombilical qui les rattache encore au mouvement ouvrier, qu'ils rompent avec les syndicats comme on rompt avec la mafia. À mesure que la puissance de ce mouvement décline, en partie à cause des dispositions qu'on a prises contre lui, en partie parce que la classe ouvrière ne trouve plus dans le syndicalisme l'expression de sa condition sociale, une telle orientation paraît plus prometteuse que coûteuse. Pour la faire passer, il suffit à la gauche d'agiter comme un grelot le danger de l'extrême droite, d'expliquer à ses partisans que l'alternance impose une révision doctrinale douloureuse et que, de toute manière, avec les autres ce serait pire. Une partie du mouvement ouvrier se persuade à son tour qu'« il n'y a pas d'alternative » aux politiques qui vont durablement l'affaiblir. Or cette idée d'un tunnel sans fin constitue un puissant ferment de démobilisation et de défaite. Aux États-Unis, l'expérience ratée d'un néotravaillisme à l'américaine scelle la victoire des idées économiques de la nouvelle droite au sein du parti démocrate. Le pouvoir d'entraînement du « modèle américain » donnera ensuite à cette percée des prolongements européens. En particulier au

Royaume-Uni, devenu « terre d'accueil et sas d'acclimation[1] » des orientations pensées et appliquées en Amérique.

En octobre 1983, treize mois avant le scrutin présidentiel américain, l'AFL-CIO annonce qu'elle a choisi son candidat. Ce sera Walter Mondale. Il compte à l'époque sept concurrents démocrates. Aucune élection primaire n'est encore intervenue pour les départager face à Ronald Reagan, qui sollicite sa réélection. Le choix syndical rompt avec une tradition. Auparavant, l'AFL-CIO pouvait laisser comprendre où allaient ses préférences (le sénateur Henry Jackson plutôt que le gouverneur Jimmy Carter en 1976, par exemple), mais elle attendait la décision de la convention du parti démocrate pour soutenir le candidat que celle-ci venait de désigner. Cette posture (officielle) de neutralité pendant les primaires ménageait la suite. Elle présentait cependant l'inconvénient de ranger l'AFL-CIO derrière un candidat qui pouvait être mauvais de son point de vue et qu'elle aurait ensuite du mal à « vendre » à ses treize millions de membres et au pays. En intervenant plus tôt, les syndicats espéraient peser en faveur d'un meilleur choix. En 1983, les convenances usuelles sont donc mises de côté : l'AFL-CIO s'engage non seulement contre le parti républicain, mais aussi contre les candidats démocrates qui affrontent l'élu qu'elle vient de présélectionner. Les syndicats escomptent être un atout décisif pour Walter Mondale (ils lui permettront en effet de remporter les primaires). Ils prennent aussi le risque de devenir la cible de tous ses concurrents. Le président de l'AFL-CIO, Lane Kirkland, explique : « Le combat de Mondale est notre combat, un combat pour notre place légitime dans la vie de cette nation. » De son côté, le candidat démocrate affiche ses alliances lui aussi : « Chaque fois que les travailleurs d'Amérique ont eu besoin d'aide, j'étais là. Reagan a créé dans ce pays une attitude de mépris vis-à-vis des travailleurs et de leurs droits. Il faut que ça change[2]. »

---

1. La formule est employée par Loïc Wacquant à propos des politiques de lutte contre l'« insécurité » (« Ce vent punitif qui vient d'Amérique », *Le Monde diplomatique*, avril 1999). Elle peut être généralisée à d'autres domaines.
2. Cité *in* Serge Halimi, *À l'américaine, op. cit.*, p. 169. L'ensemble du chapitre 4 de cet ouvrage, « Mondale, ou l'échec d'un travaillisme à l'américaine », relate les conditions de l'implication de l'AFL-CIO dans la campagne électorale de 1984. On y trouvera les références à plusieurs des citations qui suivent.

L'implication des syndicats se justifie sans effort. En lançant le bal des déréglementations (transports routiers, compagnies aériennes), les politiques de Jimmy Carter avaient directement pesé sur le niveau de rémunération des salariés. Chaque entreprise d'un secteur déréglementé invoquait les nécessités de la concurrence pour imposer à ses employés des concessions supplémentaires en matière de salaires et de garanties sociales. Un tel contexte avait nui à la mobilisation du mouvement ouvrier en faveur du président démocrate sortant qui, on l'a vu plus tôt, n'obtint qu'une minorité des suffrages des syndicalistes au moment de l'élection générale l'opposant en novembre 1980 à Ronald Reagan et à un candidat indépendant. Ce résultat calamiteux (à moins de 60 %, voire de 65 % des voix dans cet électorat a priori très démocrate, la victoire du candidat républicain est presque acquise[1]) fut suivi par une guerre aux syndicats, initiée depuis la Maison-Blanche. En 1984, même les membres de l'AFL-CIO les plus soucieux de demeurer sur le terrain social étaient donc bien obligés d'admettre qu'une partie de leurs problèmes avaient une origine politique : encouragement législatif et présidentiel aux briseurs de grève et aux violations du droit du travail, « loi de la jungle dans les relations industrielles » (pour reprendre les termes de Lane Kirkland), délocalisations des emplois des bastions militants du Midwest vers le Sud, déréglementations, libre-échange, « désarmement unilatéral » dans la « guerre commerciale », baisse brutale du taux de syndicalisation et du nombre de grèves alors que le pouvoir d'achat ouvrier reculait et que le salaire minimum restait gelé. Au demeurant, la faiblesse du mouvement sur le terrain industriel, attestée par une succession de grèves conclues par autant de défaites cinglantes, rendait plus attirante encore une réponse – un remède – issue du champ politique.

Le traitement comportait des risques de complications. Plusieurs candidats démocrates, et en particulier Gary Hart, plus associé que les autres au thème de la modernisation du parti, transformèrent en sujet de polémique le soutien apporté à Walter

---

1. En 2000, Al Gore obtint près de deux fois plus de suffrages syndiqués que George W. Bush, avec qui il fit jeu égal au plan national.

Mondale par l'AFL-CIO[1]. Après l'avoir sollicité eux-mêmes, il prétendirent, faisant de nécessité vertu, que leur échec à l'obtenir prouvait leur souci d'indépendance... Ainsi, pour la première fois, plusieurs aspirants démocrates à l'investiture présidentielle assimilaient l'action politique du mouvement ouvrier à une pression dans la vie publique, peu ou prou comparable au lobbying d'une compagnie pétrolière. C'était là reprendre et valider la thématique du parti républicain, pour qui le syndicalisme représente la pression égoïste d'« intérêts catégoriels ». Lors d'un des premiers débats de la campagne des primaires de 1984, Gary Hart interpella Walter Mondale : « L'AFL-CIO a décidé de vous soutenir parce que, comme l'a dit son dirigeant, vous n'avez jamais eu le moindre désaccord avec eux. Pouvez-vous me citer une seule question de politique économique sur laquelle vous avez exprimé une opinion différente de celle du mouvement syndical ? » Puis, précisant sa pensée à toutes fins utiles, il ajouta : « Moi, je ne saute pas chaque fois que l'AFL-CIO tire ma chaîne. »

Jusqu'alors, si les candidats démocrates (Kennedy, Johnson, Humphrey, McGovern, Carter) n'avaient pas toujours, loin de là, pris en compte les revendications du mouvement syndical, ils n'avaient jamais tiré argument de leur distance au cours d'une campagne électorale, en particulier avant d'engager la lutte contre un président républicain qui, lui, avait tout concédé aux milieux d'affaires. En répondant à Gary Hart, Mondale voulut remettre les choses au point : « Ce n'est pas moi qui soutiens leurs positions [celle des syndicats], c'est eux qui me font confiance. Je suis candidat à la présidence des États-Unis, pas à celle du mouvement syndical. Mais les travailleurs ont le droit

---

1. Le syndicat des camionneurs, les Teamsters, l'un des plus importants du pays, n'était alors plus membre de l'AFL-CIO. Célèbre pour sa corruption (en 1982, l'ancien président des Teamsters, Roy Williams, atterrit dans un pénitencier fédéral), il prit carrément position en 1984 pour Ronald Reagan, comme il l'avait fait en 1980, en partie parce qu'il était alors mécontent de la déréglementation des transports routiers décidée par Jimmy Carter. En 1988, les Teamsters se prononcèrent à nouveau en faveur du candidat républicain à la Maison-Blanche (George Herbert Bush). Depuis 1991, les orientations du syndicat des camionneurs sont à nouveau en phase avec celles des autres organisations syndicales. Les Teamsters ont d'ailleurs rejoint l'AFL-CIO.

d'avoir un président qui les comprenne parce que, depuis quatre ans, ils ont été victimes d'une politique qui les a pris pour cible. » L'échec de sa campagne sembla sanctionner le projet d'un néotravaillisme à l'américaine. Ce fut en tout cas l'explication la plus courante, en particulier dans les grands médias. Mondale remporta la bataille de la nomination grâce aux syndicats (qui lui versèrent cinq millions de dollars au cours des primaires, neuf millions pendant l'élection générale, et qui mobilisèrent en sa faveur cent cinquante mille volontaires lors du choc final contre Reagan). Mais il perdit la guerre. Lane Kirkland n'avait plus qu'à tirer les leçons amères de ce qui venait de se produire dans le camp de ses amis politiques : « Pour un démocrate, appeler les syndicats "intérêt catégoriel" est peut-être une "nouvelle idée" mais, dans ce cas, elle est mauvaise. En réalité, la seule "idée nouvelle" de Gary Hart, c'est le progressisme antisyndical. »

Cette idée nouvelle allait faire son chemin aux États-Unis. Ailleurs aussi. Car la conclusion généralement tirée de l'échec de Mondale fut que l'onde de choc de la révolution conservatrice obligeait dorénavant tous ses adversaires à se situer sur le terrain qu'elle avait transformé, quitte à reprendre certaines de ses idées. Faute de quoi, prétendait-on, une succession de défaites électorales deviendrait inéluctable. Trois dans le cas américain (1980, 1984, 1988), quatre dans le cas britannique (1979, 1983, 1987, 1992). Ce n'est donc pas par hasard que la stratégie politique de Blair épousa à ce point celle de Clinton et poussa le révisionnisme doctrinal aussi loin[1]. Pour l'aile conservatrice du parti démocrate, la réélection triomphale de Ronald Reagan en 1984 avait signifié qu'il fallait à la fois prendre ses distances avec les Noirs (pour obtenir les suffrages des Blancs du Sud) et avec les syndicats (pour séduire les « yuppies »). Il convenait surtout de se rapprocher un peu plus des « entreprises », de défendre les privatisations et le libre-échange. Autant d'orientations qui devaient permettre

---

1. Responsable des sondages au sein du parti travailliste britannique, Philip Gould se rendit aux États-Unis en 1992 à la demande du candidat Bill Clinton, qui souhaitait comprendre comment John Major avait, contre toute attente, remporté les élections d'avril 1992. Après avoir instruit le candidat démocrate des raisons de l'échec des travaillistes, Philip Gould revint en Grande-Bretagne pour expliquer aux travaillistes comment les démocrates l'avaient emporté aux États-Unis.

simultanément de rassurer les électeurs du centre et de financer des campagnes dont la teneur publicitaire (c'est-à-dire le coût) augmentait à mesure que les distinctions entre les programmes paraissaient moins tranchées.

Toujours sur la défensive, « ceux des démocrates qui acceptent encore qu'on les appelle progressistes, relevait l'éditorialiste américain William Pfaff en 2003, passent une bonne partie de leur temps à certifier qu'ils ne sont pas vraiment socialistes, qu'ils n'ont jamais été communistes et ne sont attachés ni aux réglementations, ni aux impôts, ni à la révolution sexuelle, ni à la défense de certaines catégories. De leur côté, les républicains ont réussi à réinterpréter les réglementations publiques de manière à les assimiler presque toujours à du socialisme. Les impôts sont systématiquement décriés. L'idée qu'une initiative du privé serait toujours meilleure, plus efficiente, plus proche du consommateur est devenue croyance canonique. À tel point que les faits contraires ne peuvent pas l'ébranler, comme par exemple ces crimes et ces larcins perpétrés par de grosses entreprises privées et dévoilés depuis deux ans[1] ». Sitôt achevée cette évocation du scandale Enron, l'éditorialiste du *Los Angeles Times* revint sur l'échec majeur de la présidence Clinton. Le hasard faisant mal les choses, ce fut aussi sa principale initiative progressiste : « Le plan destiné à créer un système national d'assurance médical a été attaqué avec beaucoup de violence par les républicains et assimilé à une "socialisation de la médecine" soumettant les individus au contrôle des bureaucrates en même temps qu'il enlèverait leur indépendance aux médecins. À la place de cela, le Congrès a voté pour un système d'assurances privées qui donne aux bureaucrates employés par les compagnies d'assurances le droit de limiter les options médicales des Américains et qui transforme les docteurs en employés des entreprises de gestion de soins. Rares sont les électeurs qui ont remarqué qu'ils reçoivent du secteur privé la même chose que ce qu'ils ont refusé de recevoir de l'État[2]. » Dans le second cas, les décisions sont prises par des élus ; dans le premier, par des actionnaires.

---

1. William Pfaff, « The democrats don't know their job : on the defensive », *International Herald Tribune*, 11 janvier 2003.
2. *Ibid.*

Cette succession de capitulations (ou de « modernisations ») a un sens. Afin de mieux reconquérir ceux qui l'ont abandonnée, la gauche s'éloigne des groupes qui lui sont restés les plus fidèles. On sanctionne la loyauté pour récompenser la « désertion ». On néglige en somme ceux qu'au soir de sa victoire du 10 mai 1981 François Mitterrand avait appelés « les humbles militants pénétrés d'idéal[1] » afin de courtiser à leur place l'électorat flottant le moins politisé. Le soutien des syndicats n'est utile que si ces derniers acceptent de ne rien demander, de ne rien obtenir et de rester discrets. Car c'est là une des leçons les plus éclatantes de l'élection américaine de 1984, puis des suivantes : le candidat des syndicats mobilise les médias contre lui. « Soit on nous décrit comme une espèce en voie de disparition, notait un militant ouvrier américain pendant les années Reagan, soit on présente notre puissance comme une menace pour la République. » Le parti démocrate et les partis socialistes ne sont pas plus imperméables que les autres à cet air du temps, à ces mots qui « sont partout, dans toutes les bouches. Ils courent comme monnaie courante, on les accepte sans hésiter, comme on fait d'une monnaie, d'une monnaie stable et forte, évidemment[2] ». La gauche de gouvernement va alors s'imprégner de la nouvelle pensée dominante, qui perçoit dans le monde ouvrier non pas l'agent de transformations progressistes, mais un repaire conservateur d'intérêts catégoriels, un monopole déployant d'énormes ressources au service de corporations butées.

L'accusation ne serait pas entièrement infondée si elle signifiait que la xénophobie et le sexisme d'une partie du mouvement syndical lui ont parfois interdit de prendre en compte les impératifs de sa propre reproduction militante. Mais ce n'est guère de cela qu'il s'agit avec l'idéologie patronale et les jérémiades éternelles de la droite conservatrice contre le « toujours plus », contre la paresse et

---

1. Dans sa première déclaration de président élu, au soir du 10 mai 1981, François Mitterrand remercia « ces femmes, ces hommes, humbles militants pénétrés d'idéal, qui, dans chaque commune de France, dans chaque ville, chaque village, toute leur vie, ont espéré ce jour où leur pays viendrait enfin à leur rencontre ».

2. Pierre Bourdieu, « L'architecte de l'euro passe aux aveux », *Le Monde diplomatique*, septembre 1997

les bombances fantasmées des salariés. La *doxa* régnante est devenue tellement prégnante qu'elle s'exprime de manière apparemment innocente, y compris quand elle repose sur des falsifications historiques. Un exemple est révélateur. Aux États-Unis, Samuel Gompers, l'une des plus grandes figures du mouvement ouvrier, est presque systématiquement évoqué dans les grands médias pour n'extraire de ses décennies de luttes et de discours qu'un seul mot, toujours le même. À la question : « Que voulons-nous ? », il aurait répondu : « Davantage ! » On mesure sans peine l'usage d'un propos aussi lapidaire quand il s'agit de souligner l'absence de projet social du syndicalisme américain. Mais la réponse médiatisée de Gompers n'est pas complète. Et l'omission en dénature le sens. Il avait en effet répondu : « Davantage d'écoles et moins de prisons, davantage de savoir et moins de vice, davantage de loisirs et moins de cupidité, davantage de justice et moins de vengeance. » C'était certes un peu plus long, trop pour la télévision. Plus vraisemblablement, cette contraction sied à la vulgate renvoyant sans cesse au mouvement ouvrier sa corruption, sa protection des incompétents, sa résistance au changement, ses salaires (excessifs) qui lestent la compétitivité des entreprises, ses contrats de travail (rigides) qui nuisent à la flexibilité, un culte du droit de l'ancienneté déconnecté de la productivité des salariés, etc. « Les reportages sur le mouvement syndical sont à la fois rares et hostiles », relève la *Columbia Journalism Review* dès 1984. Beaucoup moins hostile, et permanente, la rhapsodie médiatique célébrant les vertus innovatrices et le charisme des entrepreneurs. La gauche néolibérale fut peut-être trop désireuse de voir se diffuser un tel discours dans la société pour ne pas en avoir rédigé elle-même quelques fragments avant de les entonner à son tour. Évoquant les journalistes de son pays, un syndicaliste américain a expliqué : « Il y a trente ans, ils étaient avec nous dans les bistros, à présent ils dînent avec des industriels. » De ces dîners, les journalistes ne sont pas sortis indemnes. Le mouvement ouvrier non plus.

En 1984, la candidature Mondale s'appuie sur le soutien des notables, de l'appareil, des élus (maires et parlementaires). Elle fait la démonstration douloureuse de leur perte d'influence dans un univers dominé par les médias audiovisuels. Gary Hart admet à l'époque que « tous les élus de ma génération passent bien à la télé. Autrement, ils n'auraient jamais été élus ». Bien que quelques niches cathodiques aient été attribuées à une poignée de personnages « extrémistes », hauts en couleur, dont les médias peuvent exploiter le narcissisme et les cabotinages, l'évolution de l'information et la trivialisation du « débat » politique ont en effet conforté l'influence, aux États-Unis et ailleurs, d'une gauche libérale, du juste milieu, affable, humanitaire, soucieuse d'arrondir les angles, ajustée aux attentes journalistiques et à l'idéologie centriste des rédactions, atlantiste, connivente avec les dominants. En particulier quand ces derniers possèdent un groupe de presse.

L'histoire est édifiante. Au printemps 1992, on croit que les travaillistes britanniques, conduits par Neil Kinnock, vont enfin remporter les élections. Les conservateurs, qui ont débarqué Margaret Thatcher l'année précédente, semblent usés par treize années de pouvoir. Mais, le 9 avril 1992, jour du scrutin, la une du *Sun* (un tabloïd du groupe Murdoch, diffusé à plus de trois millions d'exemplaires) frappe particulièrement fort. Elle représente une ampoule électrique, avec le titre : « Si Kinnock l'emporte aujourd'hui, que la dernière personne à quitter la Grande-Bretagne n'oublie pas d'éteindre derrière elle » (« *If Kinnock wins today, will the last person to leave Britain please turn out the lights* »). Une dizaine d'années plus tard, *The Economist* tirera la leçon de l'histoire. Elle éclaire d'une lumière particulière le néotravaillisme de Tony Blair. « Kinnock, note *The Economist*, manquait peut-être des qualités requises pour être un bon Premier ministre, mais les tabloïds conservateurs ne lui ont pas laissé la moindre chance. Pour Peter Mandelson et Alastair Campbell, qui ont vécu de l'intérieur la destruction de M. Kinnock, la manie de tout contrôler et l'obsession de la manipulation viennent de leur désir d'épargner à Tony Blair un destin du même ordre. À cette fin, M. Blair a été formaté et vendu directement aux propriétaires de la presse la plus réactionnaire comme un gagneur et comme le véritable héritier de Margaret Thatcher. Avant de devenir Premier ministre, M. Blair soupait fréquemment en compagnie de Lord Rothermere, propriétaire du *Daily Mail*. Et il s'est même rendu en Australie [en 1995] à l'invitation de Rupert Murdoch, patron de la News Corporation, un des principaux groupes de presse mondiaux, rien que pour prononcer un discours sur le leadership devant les cadres supérieurs du *tycoon*[1]. » À l'époque, pour justifier un étrange voyage de vingt-deux heures de vol (dans chaque sens) destiné à convaincre le porte-drapeau de l'extrême droite médiatique de la justesse des positions « socialistes », Tony Blair explique : « Refuser l'occasion de s'adresser directement au principal groupe de médias, pas seulement en Grande-Bretagne mais dans le monde, aurait signifié que nous ne voulions pas vraiment gagner. L'idée que nous ne devrions pas plaider notre cause auprès d'une partie de la presse – surtout si elle nous a été hostile – est ridicule[2]. » L'égard particulier et la plaidoirie sont d'autant mieux reçus par le jury un peu particulier de thatchériens et de reaganiens purs et durs à qui ils sont destinés que le leader travailliste plaide à cette occasion : « Sur certains points, Thatcher et Reagan ont eu raison. Mettre davantage l'accent sur l'entreprise. Récompenser le succès au lieu de le pénaliser. Casser les corporations associées à la bureaucratie d'État. Là-dessus, Thatcher a été radicale, pas conservatrice. Mais, au bout du compte, son projet a mieux défié et détruit des attitudes et des prescriptions dépassées qu'il n'a construit et créé[3]. »

Construire et créer sur les fondations que le thatchérisme lui a léguées, voilà la mission que s'assigne le chef d'une opposition travailliste dorénavant baptisée le « centre gauche moderne ». La rencontre australienne s'avère fructueuse pour les deux parties. En juillet 1995, M. Murdoch concède qu'une de ses publications, le *Sunday Times*, a diffamé l'année précédente un ancien dirigeant du parti travailliste en titrant délicatement sur toute la largeur de sa une : « KGB : Michael Foot était notre agent ». Peu après, les journaux du groupe Murdoch, le *Sun* en tête, rendent compte avec chaleur du discours prononcé par Tony Blair pendant le congrès annuel du Labour (octobre 1995). Enfin, cinq ans après avoir détruit Neil Kinnock, le *Sun* appelle à voter travailliste... Son propriétaire n'aura pas à le regretter. En mars 1998, lors d'une conversation avec son homologue italien, Romano Prodi, le Premier ministre Tony Blair plaide en faveur du projet de Rupert

---

1. *The Economist,* 31 mai 2003. M. Murdoch contrôle le *Times*, le *Sun*, *News of the World* et le *Sunday Telegraph*, soit 40 % du tirage des quotidiens britanniques.
2. *The Guardian*, 27 juillet 1995, cité *in* John Rentoul, *op. cit.*, p. 279-280.
3. *Ibid.*, p. 280.

Murdoch d'acquérir la société Mediaset dirigée par Silvio Berlusconi. La tentative n'aboutit pas, le patron de News Corporation reculant devant le prix de vente (3,2 milliards de dollars) réclamé par l'homme d'affaires italien, qui n'est pas encore président du Conseil de son pays[1]. Mais quel citoyen britannique ordinaire aurait obtenu que son Premier ministre fasse personnellement du lobbying auprès d'une figure politique étrangère pour défendre ses intérêts privés ? Cinq ans plus tard, en 2003, la loi britannique libéralisant le secteur de la communication permet, de fait, à Murdoch de se retrouver en position dominante dans les médias. Elle est aussitôt comprise comme un renvoi d'ascenseur destiné à un patron de presse compréhensif pour le gouvernement. Que M. Murdoch ne soit pas britannique (mais australo-américain), qu'il exècre la gauche et les syndicats, qu'il serve de mécène aux néoconservateurs américains donne un relief particulier à sa bonne entente avec le chef d'un parti créé par le mouvement ouvrier.

Pour la gauche européenne, les conséquences d'une connivence de ses dirigeants avec les grandes familles qui détiennent les moyens d'information et d'édition (News Corporation au Royaume-Uni, Hachette-Lagardère en France, Bertelsmann en Allemagne, etc.) vont au-delà de la défense d'intérêts capitalistes particuliers. L'alternative du genre « les syndicats ou les médias », « le militantisme ou le *talk-show* », « la défense argumentée d'un programme ou le spot de publicité », concerne en effet d'autres domaines que la communication. Désormais, ni les choix en matière de politique pénale (répressive), de politique commerciale (libre-échangiste) ou de politique étrangère (atlantiste et europhobe au Royaume-Uni, européiste en France) ne sont entièrement étrangers aux tropismes des médias et de leurs patrons. « Il y a des moments, notait *The Economist* en mai 2003, où on a le sentiment que le ministre de l'Intérieur [britannique] David Blunkett prend ses ordres auprès des éditorialistes du *Daily Mail*. Inversement, adossé au soutien enthousiaste de la plupart des médias, M. Blair s'est senti assez fort au moment de

---

1. *Cf.* Jean-Claude Sergeant, « M. Rupert Murdoch, empereur des médias », *Le Monde diplomatique*, janvier 1999.

la guerre d'Irak pour s'opposer à son parti[1]. » Le faux « contre-pouvoir » de la presse conforte le nouveau pouvoir des marchés, dont les médias sont des acteurs de premier plan[2]. La gauche le sait, et elle a choisi de s'en accommoder. Non pas par souci de « modernité », mais parce qu'elle en a peur. On chercherait en vain dans son programme – quand elle en a un – une critique de l'ordre médiatique ne se contentant pas de déplorer quelques symptômes isolés de la manipulation, mais s'attaquant à ses racines. Sur ce terrain-là, l'extrême gauche et les « altermondialistes » ne se comportent pas différemment[3].

Coauteur avec Noam Chomsky d'une enquête minutieuse sur la « fabrique de l'opinion publique » aux États-Unis, Edward Herman a évoqué cette dimension souvent occultée par qui cherche à comprendre les prudences ou les capitulations de la gauche depuis vingt ans : « Je suis très sensible à la thèse défendue par James Curran, un spécialiste britannique des médias, qui relie la mort en Grande-Bretagne, dans les années 80, d'une presse social-démocrate, d'une part, le déclin du travaillisme et le triomphe du thatchérisme (que démontre douloureusement la victoire de Tony Blair), d'autre part. Trois journaux sociaux-démocrates – le *Daily Herald*, *News Chronicle* et *Sunday Citizen* – ont disparu ou ont été rachetés par des gens comme Rupert Murdoch au début des années 80 puis ont été transformés en journaux de droite ou en feuilles à scandale. Le *Daily Herald*, en particulier, proposait un traitement de l'actualité qui contestait les systèmes de représentation dominants de l'audiovisuel comme de la presse de référence. Sa perte et celle des deux autres journaux ont affaibli le monde du travail, la social-démocratie, en provoquant l'absence

---

1. *The Economist,* 31 mai 2003. En juillet 2003, Rupert Murdoch censure un éditorial critiquant Blair et ses mensonges irakiens dans *News of the World*, l'un des périodiques qu'il contrôle.

2. À la fin de l'année 2000, réunies, TF1, Canal+ et M6 pesaient davantage en Bourse que le secteur automobile (*Challenges*, Paris, novembre 2000). Les valeurs médias ont baissé depuis.

3. *Cf.* Serge Halimi et Pierre Rimbert, « Contestation des médias et contestation pour les médias », *in* Alain Accardo *et al.*, *Médias et censure*, Éditions de l'université de Liège, Liège, 2004.

d'une analyse alternative qui offrait une représentation aux inté-rêts des groupes sociaux n'appartenant pas à l'élite[1]. »

La solution pour les travaillistes, qui ont intégré cette nouvelle donne médiatique jusqu'à être possédés par elle, ce fut la poli-tique à l'américaine, le *spin*, l'obsession de la présentation, de la mise en scène, de la manipulation, les *war rooms* permettant de réagir instantanément aux mauvaises nouvelles (et de détruire le crédit de leurs messagers). Ce fut aussi le rôle croissant des sondages dans la détermination des idées dont le Labour devait se défaire pour progresser chez les conservateurs modérés dont il courtisait les suffrages. « Ils gèrent le parti comme un journal, raconte Andrew Rawnley, chroniqueur à l'*Observer*. Le conseiller en communication Alastair Campbell est le directeur du *"Daily Blair"*, il distille les exclusivités : le *Sun* sera ainsi le premier à connaître la date des élections législatives de 2001. Avant même la reine et les ministres du cabinet[2]. »

Les syndicats ou les médias ? Si parfois le choix s'est posé en ces termes, c'est aussi que des patrons de médias (Murdoch en Grande-Bretagne, Hersant en France, Gannett et Knight-Ridder aux États-Unis) ont trouvé en face d'eux des organisations de sala-riés très aguerries (les ouvriers du livre) auxquelles il leur est arrivé de livrer une guerre sans merci. À Detroit, en 1995, les patrons de presse décident, par exemple, de remplacer les grévistes de manière permanente et d'héliporter la production de journaux au-dessus des têtes des piquets de grève qui encerclent l'imprimerie. L'un des instruments de ce combat contre les syndicats fut souvent la remise en cause des dispositions confortant la puissance des organisations ouvrières – comme le monopole d'embauche (ou *closed shop* dans les pays anglo-saxons) – conquises, en particulier par les typographes, dans un contexte social beaucoup plus mili-tant. De façon paradoxale et habituelle à la fois, c'est à l'État que les libéraux ont eu recours pour défaire un arrangement souvent issu de la « société civile », c'est-à-dire construit par le rapport de forces entre patrons et salariés. Au Royaume-Uni, pas moins de

---

1. Article publié sur le réseau Internet Znet (www.zmag.org), le 5 juillet 1999. Lire aussi Noam Chomsky et Edward Herman, *op. cit.*
2. *Le Figaro Magazine*, 26 juillet 2003.

sept lois, acclamées par les patrons de presse et qui n'ont pas été pour rien dans la passion qu'ils éprouvèrent pour Margaret Thatcher, ont transfomé le système de protection syndicale le plus favorable d'Europe en l'un des plus faibles. À tel point qu'il est désormais difficile d'organiser une grève légale dans ce pays, surtout quand elle fait appel à la solidarité d'entreprises sous-traitantes ou étrangères à l'objet du conflit.

La remise en cause du monopole d'embauche syndical éclaire doublement la démarche des néotravaillistes. D'une part, elle rappelle à quel point ils se sont montrés soucieux de liquider les éléments de leur programme ou de leur histoire qui heurtaient l'électorat de centre droit. D'autre part, elle souligne le rôle que l'invocation de l'Europe leur a fourni dans ce cas précis. Au départ, le monopole d'embauche syndical a pour objet de ne pas permettre à un salarié non syndiqué de profiter du résultat d'une lutte sociale qui aurait été lancée par ses camarades de travail sans son concours. Les partisans de ce système estiment au demeurant que même les « avantages acquis » dont va profiter ce salarié non syndiqué en intégrant son entreprise, loin d'être octroyés par la providence, sont le résultat des combats passés, arrachés par les syndicats. Le monopole d'embauche présente un caractère contraignant qui l'expose à la critique, mais si le syndicat auquel le salarié est tenu d'adhérer est réellement démocratique, le problème de la représentation et de la coercition n'est pas fondamentalement différent de celui que soulève le paiement obligatoire de l'impôt. Il s'agit au fond d'opposer, légitimement, le principe de la solidarité et de la mémoire ouvrières aux tire-au-flanc individualistes, voyageurs clandestins des traditions et des conquêtes collectives.

Pour les conservateurs britanniques, cette question ne représente pas une obsession au départ, Margaret Thatcher ayant d'abord expliqué : « Nous ne pensons pas que ce soit juste. Mais ce n'est pas parce que nous n'aimons pas quelque chose que je peux légiférer sur le sujet[1]. » Le problème surgit avec une nouvelle acuité en 1989. La Dame de fer vient de qualifier la

---

1. Conférence de presse du 13 septembre 1977, citée *in* John Rentoul, *op. cit.*, p. 157.

charte sociale européenne de « charte socialiste », ce qui dans sa bouche n'est pas un compliment. Porte-parole travailliste à l'emploi, un jeune député du nom de Tony Blair réagit en défendant ce texte plus centriste et formel que socialiste. Or une des dispositions de la charte – la liberté d'adhérer ou de ne pas adhérer à un syndicat – contredit la règle du *closed shop* qui concerne encore deux millions d'emplois britanniques, dont ceux de la plupart des typographes. Le futur Premier ministre travailliste utilise alors la charte sociale pour faire passer plus facilement la suppression du monopole d'embauche. En décembre 1989, il annonce au *Financial Times* que son parti, s'il revenait au pouvoir, ne « prendrait pas uniquement ce qui lui [convient] » *(pick and choose)* dans le texte européen. La charte sera acceptée en bloc. Pour le parti travailliste, la règle du *closed shop* a donc vécu. Le syndicat des imprimeurs (NGA), qui n'a pas été informé du revirement au préalable, se montre mécontent ? Tant mieux : ne reproche-t-on pas justement au parti travailliste d'être trop dépendant des organisations syndicales qui l'ont créé ? La déréglementation du marché du travail est engagée. Elle ouvrira la voie à d'autres « ajustements » travaillistes. Après le rétablissement de la « liberté d'association », ce seront, en rafales rapides, la promesse de ne pas renationaliser British Telecom, l'acceptation du système monétaire européen (qui impose à l'époque une politique monétariste de défense de la livre contre le deutsche Mark), le renoncement officiel à l'objectif du plein emploi... Pendant la campagne électorale de 1997, Tony Blair est paré pour répondre aux attaques du parti conservateur qui le soupçonne de vouloir revenir à la législation syndicale des années 70 : « Le changement que nous proposons laisserait la loi britannique demeurer la plus restrictive du monde occidental en matière de droit syndical[1]. »

Quelques années plus tôt, en 1992, des mineurs en grève se sont opposés une fois de plus aux responsables modérés de la confédération syndicale. Par crainte de perdre l'appui de l'« opinion publique », ces derniers plaident pour le respect d'une légalité blindée

---

1. *The Times*, 3 mars 1997, cité *in* John Rentoul, *op. cit.*, p. 311.

de dispositions antiouvrières. Avec l'amertume de ceux qui ont compris qu'ils vont disparaître, des mineurs leur objectent : « Ce que nous venons d'entendre est méprisable. Vous devriez relire votre histoire syndicale. Si tout le monde avait obéi aux lois quand elles étaient injustes, il n'y aurait jamais eu de confédération syndicale, il n'y aurait jamais eu de parti travailliste[1]. » Mais l'histoire des mineurs se termine. Leur militantisme farouche leur a valu le titre d'« assassins de la classe dirigeante », la puissance de leur syndicat en a fait des « tsars de l'énergie du monde industriel », Margaret Thatcher a dénoncé en eux l'incarnation de l'« ennemi intérieur »[2]. Pour casser leur volonté et leur force, pour discréditer Arthur Scargill, leur chef charismatique, tous les moyens seront bons, y compris les plus vils. Pendant dix ans, les services secrets britanniques et américains (MI5 et CIA) fabriquent des informations suggérant que Scargill, d'autant plus menaçant qu'il est populaire auprès des siens, aurait trahi son pays au profit la Libye et détourné des fonds. La presse amplifie la calomnie, mais c'est un peu sa raison sociale dans un cas de ce genre. L'un des dénonciateurs d'Arthur Scargill est un agent secret britannique infiltré auprès du chef syndicaliste et chargé de lutter contre la « subversion » dans les syndicats. Ses « révélations » lui ont été payées 80 000 livres par le *Daily Mirror*[3]. Déjà engagé dans une opération de séduction des classes moyennes, le parti travailliste de Neil Kinnock ne fait rien pour défendre des militants ouvriers jugés trop indociles, et il se lave les mains de leur terrible échec, au terme d'une année de grève. Quant à la justice, elle tient son rôle habituel de gardienne de l'ordre social. Cette histoire-là et sa conclusion sont en somme moins naturelles qu'on l'imagine. À terme, l'activité des mines était condamnée. Mais la destruction de tout une industrie a mobilisé de nombreux acteurs et a été précipitée par la haine de classe pour ceux qui y travaillaient.

---

1. Enquête à Doncaster en novembre 1992, pendant la grève des mineurs. *In* Serge Halimi, « Paysages de récession en Angleterre », *Le Monde diplomatique*, janvier 1993.
2. Lire sur le sujet Seumas Milne, *The Enemy Within : MI5, Maxwell and the Scargill Affair*, Verso, Londres, 1994.
3. Le syndicat des mineurs dépensera dix fois cette somme en frais de justice. Lire, sur le sujet, Seumas Milne, « Scargill's accuser "was MI5 agent" », *The Guardian*, 22 juillet 1993.

Tony Blair comprend assez vite ce qui lui reste à faire : voler au secours de la victoire, profiter des décombres du militantisme des mineurs pour mener à bien son projet de « rénovation ». La tradition de lutte n'aura plus de place dans sa grande formation de « centre gauche ». « Je voudrais, explique-t-il en 1997, une situation comme celle des démocrates et des républicains aux États-Unis. Là-bas, personne ne met en doute une seconde que les démocrates sont un parti favorable au business. Nul ne devrait non plus se poser la question à propos du New Labour[1]. » Mission accomplie. Six mois après le retour au pouvoir des travaillistes, le directeur général de la confédération patronale britannique déclare ses mandants « très satisfaits de constater que M. Blair parle à présent notre langue, la langue du business[2] ». Le Premier ministre travailliste laisse également entendre que le mouvement ouvrier aurait été définitivement remplacé par de « nouveaux mouvements sociaux ». Ce vernis progressiste et sociétal, on le retrouve ailleurs qu'au Royaume-Uni, où il est adossé à de réelles réformes institutionnelles (effacement de la chambre des Lords, dévolution des pouvoirs à l'Écosse et au pays de Galles). L'ensemble débouche sur une métamorphose sociale et politique à l'échelle du continent. « Les partis de gauche, souligne José Vidal-Beneyto, surtout au sud de l'Europe, qui maintenaient des liens encore forts avec les organisations syndicales les brisent les uns après les autres : Portugal, Espagne, Italie, etc. Exit donc le monde du travail. Mais cette rupture de liens appauvrit la base réelle du socialisme démocratique, augmente la volatilité du vote, affaiblit la crédibilité du projet de transformation sociale et réduit les partis socialistes à de simples participants aux joutes électorales, seulement préoccupés, comme les autres, par la conquête politique du pouvoir[3]. »

---

1. *Financial Times*, 16 janvier 1997, cité in John Rentoul, *op. cit.*, p. 362.
2. Adair Turner, directeur général de la Confederation of British Industry (CBI), *The Sun*, 15 novembre 1997, cité in John Rentoul, *op. cit.*, p. 250.
3. José Vidal-Beneyto, « La social-démocratie privatisée », *Le Monde diplomatique*, juillet 1999.

Le marché et l'ordre

Une dizaine d'années avant l'arrivée au pouvoir de Tony Blair, un opposant de gauche à la nouvelle orientation travailliste, plus centriste, décrivait ainsi les « modernisateurs » de son parti : « Ils sont un composé de costumes bien coupés, de téléphones sans fil, de bloc-notes et d'échantillons représentatifs[1]. » Lors du congrès annuel de 1988, Neil Kinnock, qui deviendra plus tard vice-président de la très libérale Commission européenne, venait de déclarer : « L'économie que nous avons est une économie de marché et nous devons la faire opérer mieux que ne le font les conservateurs. » Dans ce qui sonnait déjà comme son chant du cygne, Arthur Scargill avait répliqué : « Je n'ai pas adhéré au parti [travailliste] pour que le capitalisme fonctionne mieux qu'avec les conservateurs[2]. » Désormais, ce débat ne fait plus débat. « Le New Labour a beaucoup et bien travaillé pour obtenir sa crédibilité de bon gestionnaire, juge en février 2002 un responsable du patronat britannique. Sa gestion a permis d'assainir les finances. Sa maîtrise de la macroéconomie est excellente. Sa rigueur et la bonne stratégie adoptée depuis son arrivée au pouvoir, dans le droit fil des dispositions prises par John Major auparavant, portent leurs fruits. Globalement donc, [nous sommes] satisfait[s] de ce "travaillisme" qui en a fini avec la théologie socialiste qui pénalisait jadis les entreprises. [...] L'approche du gouvernement dans son rapport avec les entreprises et les syndicats est la bonne et nous l'apprécions comme il se doit[3]. » Au même moment, Pierre Moscovici, alors ministre français des Affaires européennes, explique aux lecteurs du *Financial Times* que la victoire du blairisme représente « une excellente nouvelle pour la gauche et pour l'Europe », un « exemple admirable pour les autres sociaux-démocrates », la

1. Ron Todd, secrétaire général du syndicat des transports (Transport and General Worker's Union), cité *in* Craig Whitney, « Laborites : the ideals still divide », *The New York Times*, 7 octobre 1988.
2. *Ibid.* Arthur Scargill a quitté le parti travailliste quelques années plus tard.
3. Digby Jones, directeur général de la Confederation of British Industry (CBI), *Le Figaro*, 11 février 2002.

preuve qu'« un bon leader, de bons résultats et un bon programme[1] » permettent de gagner les élections. Instruit par cet « exemple admirable », Pierre Moscovici conseillera quelques mois plus tard la campagne présidentielle de Lionel Jospin…

Il faut insister sur ce point : le bilan politique du virage néolibéral de la gauche n'est pas aussi probant que les médias le martèlent afin de viser cette orientation une fois pour toutes. En France, c'est en réclamant la « rupture avec le capitalisme » que François Mitterrand remporte la victoire en 1981 ; c'est en proclamant que son programme n'est « pas socialiste » que Lionel Jospin rédige l'épitaphe de ses ambitions présidentielles vingt et un ans plus tard. Jimmy Carter, premier président démocrate à avoir rompu avec le New Deal en affirmant la nécessité d'éliminer des « programmes sociaux qui sont un gâchis d'argent » et en pariant que « l'approche gagnante pour les démocrates » impose « le mariage de la responsabilité fiscale et du conservatisme »[2], sera aussi le premier président des États-Unis depuis Herbert Hoover à se voir refuser un second mandat. Huit années de politiques conservatrices (aux plans économique, social, pénal, commercial) laissent le parti de Bill Clinton dans un état beaucoup plus dégradé qu'au moment où il s'en est emparé : en 1994, les démocrates perdent pour au moins dix ans la majorité à la Chambre des représentants qu'ils détenaient depuis 1954. Les républicains, très minoritaires au sein des exécutifs locaux quand Bill Clinton entre à la Maison-Blanche, contrôlent vingt-neuf des cinquante postes de gouverneurs dix ans plus tard, dont ceux des États les plus peuplés (Californie, Texas, New York, Floride, etc.). Les médias insistent sur les revers du travaillisme britannique dans les années 80 et sur le déclin précipité du parti communiste français depuis 1973 pour en déduire l'impasse électorale d'un radicalisme de gauche. Cela ne doit pas dissimuler les échecs, nombreux aussi, de la voie modérée. Ronald Reagan bat Jimmy Carter ; George W. Bush succède à Bill Clinton ; Silvio Berlusconi s'impose à des formations de centre

---

1. Pierre Moscovici, « Blair's triumph is good for Europe », *Financial Times*, 12 juin 2001.
2. Jimmy Carter, *Keeping Faith : Memoirs of a President*, Bantam Books, New York, 1982, extraits publiés in *Time Magazine*, 11 octobre 1982.

gauche ; l'actuelle impopularité de Gerhard Schröder n'est aucunement endiguée, au contraire, par ses politiques néolibérales de « réforme » de l'État social. On peut assurément avancer, en sens inverse, que 1987 marque la première reconduction d'un gouvernement travailliste néo-zélandais depuis 1938 ; 1988, le premier renouvellement de bail à l'Élysée pour un président socialiste ; 1996, la première réélection d'un démocrate à la Maison-Blanche depuis Franklin Roosevelt ; 2001, la première confirmation d'une majorité parlementaire travailliste par les électeurs britanniques à l'issue d'une législature. Mais, dans chacun de ces cas, auxquels on pourrait ajouter celui de l'Espagne, la « victoire » d'une stratégie centriste permet avant tout aux idées libérales de trouver à gauche des relais zélés, pas de conduire dans la durée une politique alternative à celle de la nouvelle droite[1].

La « loi » et l'« ordre ». Dans ce domaine aussi, les idées conservatrices vont bourgeonner sur des terres a priori peu hospitalières. Bien sûr, ni la délinquance ni le crime ne peuvent être traités avec indifférence par des partis attachés au bien public et qui concourent pour les suffrages de leurs concitoyens. Il est également certain que les quartiers populaires paient un tribut plus lourd que les autres en matière d'insécurité physique. Mais c'est aussi le cas en matière de logement dégradé, d'emploi introuvable, de transport difficile, de pauvreté concentrée, de cumul de tous ces problèmes sur un même territoire. La « modernisation » de la gauche n'a donc pas tenu à la reconnaissance de l'existence ou de la persistance d'une délinquance, mais à la déconnexion croissante entre ce problème et les autres. Par crainte de se voir accuser de rechercher des « excuses sociologiques » à l'insécurité (pour reprendre une formule de Lionel Jospin), le parti démocrate américain d'abord, les partis socialistes européens ensuite ont entériné une analyse individualiste de la criminalité, de plus en plus intéressée par la pathologie du

---

1. Felipe Gonzalez, qui assura trois mandats électoraux de suite, de 1982 à 1996, transforma son parti en défenseur des privatisations et de l'OTAN. *The Economist* estima que sa politique économique faisait paraître son gouvernement « un peu à la droite de Madame Thatcher » (« As Gonzales glides rightward », *The Economist,* 11 mars 1989).

criminel[1]. C'est avec le président Clinton que le virage est pris aux États-Unis, que le discours et les pratiques répressives s'emballent. Être un « nouveau démocrate », c'est se déclarer partisan de l'incarcération de masse et de la peine de mort. Dans sa campagne de réélection de 1996, le président Clinton, instruit par la désastreuse campagne de Michael Dukakis en 1988 (lire chapitre 4), théorise sa rupture avec la thématique trop compréhensive de son parti et se prévaut de son bilan répressif à la Maison-Blanche :

> J'étais déterminé à changer tout cela. Déterminé à punir les criminels, pas à excuser leur comportement. […] Et, surtout, déterminé à assurer une meilleure présence de la police au centre de tous les quartiers d'Amérique. […] Le maintien de l'ordre doit s'accompagner de peines sévères. Notre loi contre la criminalité et, plus récemment, notre loi anti-terroriste visaient cet objectif. Nous avons poussé les États à respecter pour leurs prisonniers les règles qu'applique l'État fédéral pour les siens, c'est-à-dire les obliger à effectuer 85 % de leur peine sans liberté conditionnelle. Pour les récidivistes graves, nous avons fait de « trois délits et vous vous retrouvez au trou » la loi. Nous avons étendu l'application de la peine de mort à près de soixante crimes violents, dont le meurtre d'un policier fédéral, et limité la faculté de faire appel des condamnés à mort. […] Nous avons appliqué les mesures de couvre-feu à La Nouvelle-Orléans. […] Et j'ai soutenu et ratifié la loi de Megan, du nom de Megan Kanka, une petite fille de sept ans qui avait été violée et tuée il y a deux ans par un agresseur d'enfants deux fois condamné qui habitait sa rue. La nouvelle loi exige des États qu'ils signalent aux communautés les agresseurs et les violeurs d'enfants relâchés ou en liberté conditionnelle. […] Nous avons fait du terrorisme un délit fédéral, accru le rôle du FBI, promulgué la peine de mort pour ce chef d'accusation[2].

Ici, la modernisation idéologique du parti démocrate rappelle l'Angleterre victorienne davantage que la Silicon Valley. Avec la

---

1. Ce basculement des approches a été formalisé au Royaume-Uni : « Les citoyens, clame le ministre des Affaires européennes, ne soutiendraient pas des partis de gauche qui prétendent trouver des justifications sociologiques à la délinquance au lieu de se montrer moralement solidaires avec ses victimes » (Denis MacShane, « Tony Blair ou le réformisme permanent », *Le Monde*, 18 novembre 2003).

2. Bill Clinton, *op. cit.*, p. 107 à 118, sauf pour la dernière citation relative au terrorisme, qui se trouve p. 203.

loi des « trois délits et vous vous retrouvez au trou » (« *three strikes and you're out* »), il ne s'agit pas seulement de punir des criminels. Même un voleur à la tire, en particulier s'il est noir, peut dorénavant passer le restant de sa vie en prison[1]. Élégamment rappelé à des fins électorales, le catalogue répressif du président Clinton ne lui interdit pas, en 1996, de nourrir quelques projets d'avenir : « Il nous reste encore beaucoup de travail à faire. Cette année, j'ai proposé une loi pour rendre encore plus sévère le traitement réservé aux jeunes délinquants[2]. » Le « nouveau démocrate » n'a pas choisi pour rien de titrer son livre-programme *Quand histoire et espoir se rencontrent.*

L'inflation carcérale américaine est déconnectée d'un éventuel envol de la délinquance. Si, comme le signalait Loïc Wacquant en 1997, « le nombre des détenus américains a quadruplé depuis le milieu des années 70, alors que la criminalité n'a guère augmenté, et s'est même nettement infléchie à partir de 1993, c'est que le recours à l'emprisonnement s'est élargi et banalisé. Au fil des ans, la détention s'est appliquée avec une fréquence et une sévérité accrues à l'ensemble des délinquants, petits ou grands, et des criminels, dangereux ou pas. [...] Les prisons américaines regorgent de condamnés qui n'auraient pas été jetés derrière les barreaux il y a vingt ans[3] ». Que s'est-il passé ? L'une des explications majeures nous conduit sur les pas d'un coupable familier, les médias, leur racolage sécuritaire dans le cas d'espèce. Leur

---

1. Le cas s'est produit en mars 1995 en Californie. Après le vote par l'État d'une loi prévoyant une peine de prison échelonnée entre vingt-cinq ans et la perpétuité, un voleur de pizza avait été condamné à vingt-cinq ans de prison, avec impossibilité d'être libéré avant vingt ans. Ses deux précédent délits étaient un vol et une détention de drogue. Or ce genre de situation est beaucoup plus représentatif des nouvelles victimes du durcissement des lois pénales que celui des assassins en série pour cause de laxisme judiciaire qui fut invoqué pour le justifier. Deux ans après le vote de la loi dite du *« three strikes »*, c'est-à-dire au moment où le président Clinton en tirait gloire, le magazine *Harper's* (décembre 1996) estimait que 65 des condamnés à la troisième reprise avaient commis précédemment un viol ou un meurtre, mais que pour 5 900 d'entre eux, parfois condamnés à perpétuité, les délits antérieurs étaient mineurs ou relevaient d'une possession de stupéfiants.

2. Bill Clinton, *op. cit.*, p. 119.

3. Loïc Wacquant, « Crime et châtiment en Amérique de Nixon à Clinton », *Archives de politique pénale*, 1998.

pression va en effet imposer un discours répressif « à l'ensemble des politiciens comme aux procureurs et aux juges, dont les postes sont électifs et pour qui le soupçon de laxisme équivaut à un arrêt de mort professionnel. Car le crime est devenu un sujet de prédilection des journalistes. Il permet en effet aux médias de faire du spectacle à peu de frais en flattant la fascination morbide du public pour la violence. C'est ainsi que la criminalité envahit la une des journaux et les écrans de télévision jusqu'à saturation lors même que son incidence baisse dans le pays[1] ». Une fois de plus, les structures économiques de l'information, appuyées par les dispositions propres des journalistes, impriment à la culture civique un tour ajusté à la révolution conservatrice. La règle ne vaut pas seulement pour les États-Unis et pour la droite. Elle s'applique aussi à quelques médias de référence[2].

Spécifique aux États-Unis, la question de la peine de mort a permis, en raison de sa forte portée symbolique, de dissimuler les similarités croissantes entre le système punitif américain et ses imitations européennes, britannique d'abord, continentales ensuite. Pourtant, les assonances clintoniennes du discours néotravailliste apparentent souvent ce dernier à une forme de plagiat. Tony Blair s'inspire une fois de plus du « nouveau démocrate » au moment où il martèle : « C'est l'incapacité des deux grands partis à apporter une réponse cohérente à la criminalité et aux comportements antisociaux qui m'a rendu si déterminé à réviser de fond en comble la position des travaillistes quand, en 1992, je suis devenu ministre de l'Intérieur du contre-gouvernement (Shadow Home Secretary)[3]. [...] Les problèmes que pose le système nous sont apparus :

---

1. *Ibid.* Pour des données chiffrées sur ce matraquage médiatique aux États-Unis, lire « Un journalisme de racolage », *Le Monde diplomatique*, août 1998.

2. Afin de doper les ventes de son édition du 1er-2 août 2001, *Le Monde*, par exemple, distribuera aux kiosques des affichettes indiquant : « Délinquance. Alerte ! »...

3. La tradition britannique veut que l'opposition constitue un « cabinet fantôme » permettant au parti à l'écart du pouvoir de constituer son équipe de spécialistes capable d'opposer à chaque ministre en exercice un porte-parole connaissant les dossiers en question. En France, François Mitterrand tentera de mettre en place ce dispositif à partir de 1966. Ce sera le « contre-gouvernement ». L'idée fut assez vite abandonnée.

[...] une justice qui penche du côté du criminel et qui a besoin d'être rééquilibrée au profit de la victime ; une police qui manque de marge de manœuvre ; des peines qui ne sont pas à la mesure de la gravité des crimes. [...] Les délinquants s'en sortent trop facilement. [...] Nous allons veiller à ce que les gens paient pour leurs crimes[1]. »

Le blairisme ne se soucie pas seulement de « crimes ». Il a également promu la lutte des services de la police londonienne contre les mendiants et les clochards. « Il est important, souligne Tony Blair quelques semaines avant de devenir Premier ministre, d'affirmer que nous ne tolérerons plus les infractions mineures. L'idée de base, c'est de dire : oui, il est tout à fait légitime d'être intraitable envers les sans-domicile qui sont sur la voie publique[2]. » L'école buissonnière fera l'objet de la même vigilance : « De trop nombreux parents continuant de fermer les yeux sur l'absentéisme de leurs enfants, nous nous emploierons à ce qu'il soit plus facile de les sanctionner[3]. » Loïc Wacquant a qualifié cette nouvelle doctrine de fait du monde occidental de « "libéral-paternaliste", car elle est libérale en haut, à l'égard des entreprises et des catégories privilégiées, et paternaliste et punitive en bas, envers ceux qui se trouvent pris en tenaille par la restructuration de l'emploi et le recul des protections sociales ou leur reconversion en instrument de surveillance[4] ». La synthèse libérale-paternaliste prétend néanmoins se soucier du sort des défavorisés : la liberté des entreprises est destinée à permettre à ces dernières de créer davantage d'emplois ; la répression de la délinquance doit rétablir la tranquillité dans les quartiers pauvres. Mais il s'agit aussi, pour la société, de proposer des repères, ou d'imposer des sanctions, à un individu déstabilisé par les changements, la perte des protections que le capitalisme induit dans sa vie.

---

1. *The Observer*, 10 novembre 2002, cité dans « La gauche écartelée », *Le Débat*, n° 124, mars-avril 2003.

2. *The Guardian*, 10 avril 1997, cité *in* John Rentoul, *op. cit.*

3. *The Observer*, 10 novembre 2002, cité *in* Tony Blair, « Ma vision pour la Grande-Bretagne », *Le Débat*, n° 124, mars-avril 2003.

4. Loïc Wacquant, « La prison est une institution hors la loi », *L'R de réel*, mai-juin 2000.

Promotion de la famille, protection des mineurs, « loi et ordre », le tout couplé avec une pratique économique qui exalte le libéralisme. Intellectuellement, la panoplie est aussi cohérente que le mélange « libéral-libertaire » ; politiquement, elle trouve des appuis ailleurs que dans les couches sociales favorisées, « bourgeoises et bohèmes » (les bobos). Mais que lui reste-t-il de gauche ? Pour les néoprogressistes, la question est mal posée : ils estiment que la « troisième voie » relève de la gauche dès lors que ses partisans disputent le pouvoir à la droite ; elle serait de gauche en ce qu'elle parvient à priver les partis conservateurs des idées électoralement porteuses de responsabilité et d'obligation. Car il s'agit bien en définitive d'accompagner la nouvelle révolution capitaliste. Le discours blairiste sur la « société de partenaires » *(stake-holder society)* maquille d'un verbalisme moralisateur la consolidation de la société des actionnaires. Famille, école, collectivités locales et institutions sociales sont mobilisées pour contrebalancer par des discours civiques sans grande portée la puissance anomique de l'économie de marché. En invoquant une collaboration harmonieuse entre « partenaires » de l'« entreprise », la troisième voie évacue en effet les rapports de pouvoir et de domination dont cette entreprise est le lieu. La « participation » gaulliste, qui partageait cette illusion coopérative, ne confondait pas l'intérêt national avec celui des entreprises ayant localisé leur siège social sur le « site France ». Il s'agit d'autre chose avec la troisième voie. Et les thématiques clintoniennes et néotravaillistes se recouvrent, ce qui est logique puisque la seconde plagie la première : « Les sociaux-démocrates en Grande-Bretagne et aux États-Unis, précise Tony Blair, avaient une vision libérale de la "société permissive", dissociaient la justice de la responsabilité personnelle. [...] Si l'individualisme de la nouvelle droite des années 80 et 90 a en partie restauré la responsabilité personnelle, il a trop souvent abandonné à eux-mêmes les individus et les communautés[1]. »

Pour Amitai Etzioni, théoricien d'un « communautarisme » auquel Bill Clinton fera référence sans relâche dans les

---

1. *The Observer*, 10 novembre 2002, cité *in* Tony Blair, art. cité.

premières années de sa présidence, il faut « dépasser le vieux débat entre gauche et droite et concentrer son attention sur le rôle des communautés, de la culture et des vertus plutôt que sur la question du secteur privé ou de l'État[1] ». Le glissement est providentiel, pour des partis qui ont renoncé à l'idée de réformes de structure et dont le trésor de guerre est alimenté par les entreprises. Avec la fin de l'ère Reagan, poursuit Etzioni, « les néoconservateurs et leurs partisans ont commencé à réagir à l'individualisme exacerbé qui s'était développé. Le pays aspirait profondément à une approche intellectuelle moins unilatérale : une troisième voie entre les adorateurs du marché et la gauche interventionniste, une approche qui n'ignorerait pas les valeurs morales fondamentales[2] ». La preuve de ce basculement du monde, Etzioni l'a d'ailleurs trouvée dans… des moteurs de recherche : « Au cours des années 90, précise-t-il un peu faraud, la locution "droits et responsabilités" est apparue 6 183 fois rien que dans les cinquante principaux journaux[3]. » Bill Clinton peut par conséquent devenir le premier président américain à abolir un programme social fédéral (l'aide aux familles monoparentales sans ressources) dès lors qu'il veille à proclamer en même temps son attachement à l'esprit de communauté. La « troisième voie » impose ce petit effort de présentation. En d'autres temps, le pape et la démocratie chrétienne y ont fait également référence pour marquer leur opposition symétrique au « collectivisme athée » et au « capitalisme hédoniste », bien qu'entre ces deux maux leurs coups aient toujours été très inégalement distribués. Une telle influence religieuse s'est d'ailleurs retrouvée chez Jacques Delors ou chez Tony Blair. Dans le cas de Bill Clinton, en revanche, les admonestations présidentielles aux adolescents des milieux populaires leur enjoignant de demeurer vertueux et chastes ont paru moins inspirées par les leçons de sa propre expérience.

---

1. Amitai Etzioni, *My Brother's Keeper : A Memoir and a Message*, Rowman & Littlefield, Lanham, 2003, cité in *The Nation*, 14 juillet 2003.
2. *Ibid.*
3. *Ibid.*

La Nouvelle-Zélande, éprouvette du libéralisme total

Il existe au moins un pays où un parti de gauche a pris l'initiative d'une politique de droite, par projet et non pas par opportunisme ou par « contrainte »[1]. Bill Clinton et Tony Blair ont *prolongé* une révolution conservatrice déjà en cours dans leur pays. Cette révolution, les travaillistes néo-zélandais l'ont *déclenchée* sur leur territoire avec une détermination de fer. Emblématique à beaucoup d'égards, un tel cas mérite qu'on s'y arrête et qu'on le détaille. En 1984, la Nouvelle-Zélande s'est lancée dans une transformation radicale. Pionnière de l'État-providence, elle va se métamorphoser en laboratoire de la société de marché. Au point que, très vite, tous les « décideurs » de la planète lui décerneront des notes flatteuses et intimeront aux pays européens « retardataires » de s'inspirer de son exemple. Séduisant un parti de gauche de tradition ouvrière, c'est le volontarisme libéral d'un petit groupe de hauts fonctionnaires qui enclenche le grand chambardement.

« Les résultats de la Nouvelle-Zélande demeurent remarquables », indique la première phrase du rapport que l'OCDE consacré à ce pays une dizaine d'années après son basculement dans le capitalisme total[2]. Toutes les institutions, fondations, publications de l'ordre néolibéral international font chorus : l'OMC félicite la Nouvelle-Zélande, les classements de compétitivité concoctés à Davos et dans les *think tanks* ultralibéraux la placent en tête de peloton (en 2004, elle est troisième derrière Hong Kong et Singapour sur l'« index des libertés économiques » établi par la Heritage Foundation et le *Wall Street Journal*), la Banque mondiale et le secrétariat du Commonwealth

---

1. L'utilisation de guillemets autour du mot « contrainte » découle de la conviction de l'auteur que les dirigeants socialistes et sociaux-démocrates (les autres aussi) avancent souvent cet argument pour dissimuler tantôt leur préférence libérale, tantôt leur absence de volonté politique. Voir, dans le cas de la France, Serge Halimi, *Quand la gauche essayait, op. cit.*, qui détaille cette analyse en étudiant les grands choix de politique économique des radicaux-socialistes, des socialistes et des communistes en 1924-1926, 1936-1938, 1944-1947 et 1981-2002.

2. OCDE, *Études économiques de l'OCDE : Nouvelle-Zélande 1996, op. cit.*, p. 1.

y envoient des délégations à un rythme endiablé, le patronat français enjoint à l'Hexagone d'« imiter » le modèle des antipodes. « Chaque mois ou presque une délégation internationale vient nous rendre visite pour nous demander les recettes de notre succès », confie en 2003 une fonctionnaire du ministère de l'Agriculture et de la Sylviculture à une journaliste du *Monde*, elle aussi éblouie par le « modèle » néo-zélandais[1]. Même l'hebdomadaire anglo-saxon des « décideurs » ne résiste pas à la tentation de rompre avec son détachement légendaire. En 1996, il explique à ses lecteurs : « Pourquoi, demanderez-vous, *The Economist* consacre-t-il tant de place à la Nouvelle-Zélande ? C'est que depuis une décennie la Nouvelle-Zélande a appliqué davantage de réformes économiques défendues par ce journal qu'aucun autre pays[2]. » Un argument sans réplique. En 1997, tant d'adulation amusait Murray Sherwin, vice-gouverneur de la Banque centrale néo-zélandaise : « Ces jours-ci, c'est une coulée ininterrompue d'hommes politiques, de patrons et de journalistes qui se répand sur Wellington. Ils viennent d'Asie, d'Europe et d'Amérique latine. L'étude de nos privatisations, déréglementations et réformes de la fonction publique est presque devenue une industrie[3]. » Dans son bureau de l'université d'Auckland, Jane Kelsey, juriste et économiste, formule sans qu'on la prie la question à laquelle elle a déjà répondu cent fois : « Chaque observateur de nos réformes se demande comment un pays autrefois renommé comme lieu de naissance de l'État-providence, première nation à avoir dès 1893 accordé le droit de vote aux femmes, mondialement célèbre pour ses combats en faveur d'un environnement propre, vert et libre de tout nucléaire, a pu ainsi, presque d'une nuit à l'autre, devenir la vitrine du néolibéralisme.

---

1. Lire, en particulier, l'article de Florence de Changy, « Les jusqu'au-boutistes néo-zélandais », *Le Monde*, 20 mai 1997. La phrase d'accroche de cet article reflète assez exactement la teneur du reste du texte : « En treize ans, la Nouvelle-Zélande est passée du tout-État au tout-marché. Une réussite. »

2. *The Economist*, 19 octobre 1996.

3. Sauf indication contraire, les citations qui suivent proviennent d'entretiens que j'ai réalisés en Nouvelle-Zélande en février 1997 et qui ont servi de matière à trois articles publiés par *Le Monde diplomatique* en avril 1997 (« La Nouvelle-Zélande, éprouvette du capitalisme total »), mai 1997 (« Quand la Nouvelle-Zélande supprime les fonctionnaires ») et août 1997 (« Un village néo-zélandais à l'heure du marché »).

Et en particulier comment un gouvernement travailliste, avec son passé social-démocrate, a pu aller aussi loin dans cette direction[1]. »

La Nouvelle-Zélande est un modèle. Mais pas celui qu'elle imagine. Lorsqu'on les étudie de près, ses performances économiques ne sont guère spectaculaires. Certes, à l'aune d'une OCDE qui, sur ce point, se contente de très peu, les taux de chômage et de pauvreté sont redevenus corrects, en partie parce que l'économie du pays a fini par bénéficier du dynamisme de la région Asie-Pacifique. Mais la croissance est inférieure à la moyenne, le niveau de formation médiocre, la productivité stagnante, la balance des échanges déséquilibrée. Il n'y a pas là de quoi donner des leçons au monde – à l'Australie, dont les « réformes » économiques seraient trop lentes, à l'Europe, qui subventionnerait à l'excès ses agriculteurs –, comme le font à intervalles réguliers des médias néo-zélandais dont la médiocrité excède celle de leurs confrères étrangers. En revanche, pour qui veut comprendre comment on révolutionne une société de fond en comble afin d'imposer presque partout le primat du marché, comment on utilise à cet effet les instruments du volontarisme politique et de la guerre idéologique, comment on convertit les transfuges de gauche amoureux de « modernité » avant de les rejeter ou de les corrompre, comment on profite, pour arriver à ses fins, du désarroi des militants socialistes et syndicalistes, de la tendance des intellectuels à abandonner l'économie et les questions de classe pour se préoccuper de « société civile » et de « minorités » ethniques ou sexuelles, alors là, oui, le cas de la Nouvelle-Zélande est exemplaire.

La révolution qu'elle a vécue commence un 14 juillet. Le 14 juillet 1984, le parti travailliste arrive au pouvoir sans savoir encore qu'il deviendra le grand architecte du capitalisme total. Jusque-là, le pays a connu une grande stabilité politique (la droite ayant gouverné pendant vingt-neuf des trente-cinq années précédentes) et, surtout, idéologique. Le keynésianisme et l'État-

---

1. *Cf.* Jane Kelsey, « Paper for Iceland » (texte d'une conférence). Lire aussi Jane Kelsey, *The New Zealand Experiment*, Auckland University Press, Auckland, 1995.

providence dominent presque tous les esprits. Y compris ceux des conservateurs du National Party. Leur dirigeant de l'époque, Robert Muldoon, Premier ministre et ministre des Finances depuis 1975, épouse ouvertement les thèses interventionnistes et protectionnistes qui ont assuré la prospérité du pays. Autoritaire, il n'hésite ni à geler les prix et les salaires, ni à engager l'État dans des entreprises industrielles aussi dispendieuses que périlleuses (les « Think Big Projects »). En somme, ni Ronald Reagan, ni Margaret Thatcher ; ni vent d'Amérique, ni vent d'Angleterre : la droite néo-zélandaise croit encore aux grands combinats. La santé est gratuite, l'éducation aussi, on prend sa retraite à soixante ans. Pour que tout change, il fallait que M. Muldoon tombe. Il tombe.

Donald Brash, qui a été gouverneur de la Banque centrale pendant quatorze ans avant de se faire élire député de droite en 2002, nous permet de comprendre la suite des événements. De 1966 à 1971, il travaille à la Banque mondiale. Et c'est là-bas, à Washington, qu'il opère sa conversion. Keynésien il était, monétariste il devient. En juin 1996, il s'en explique dans une conférence d'hommage à Friedrich Hayek donnée à Londres devant le *think tank* thatchérien Institute of Economic Affairs. Son intervention célèbre le fondateur de la Société du Mont Pèlerin : « Même si leurs architectes n'en étaient pas toujours conscients, les réformes néo-zélandaises ont le goût de Friedrich Hayek. Car le déclin de la Nouvelle-Zélande, après la Seconde Guerre mondiale, a illustré la logique implacable que dénonçait Hayek dans son livre *La Route de la servitude*. À la fin des années 30, la Nouvelle-Zélande faisait comme aujourd'hui l'objet d'attentions internationales. Mais à l'époque c'est parce qu'elle était un pionnier de l'État-providence, […] une forme de servage, même si elle différait du type État policier et camp de concentration qui dominait l'Europe à l'époque [en 1944] où Hayek rédigeait son ouvrage. » Sitôt faite cette généreuse concession, M. Brash précise : « 1984 fut rendu possible par l'effondrement spectaculaire des résistances mentales à la contre-révolution intellectuelle que Hayek avait lancée dans les années 40. […] Le débat économique a impliqué une équipe, réduite mais stratégiquement bien placée, de hauts fonctionnaires, d'intellectuels et d'hommes politiques, réunis autour de Roger Douglas »[1]. Le témoignage de Donald Brash éclaire à sa manière le rôle qu'a joué la bataille des idées – en l'occurrence le triomphe de celles de Friedrich Hayek et de Milton Friedman – dans les décisions économiques néo-zélandaises. Il révèle aussi à quel point, depuis 1980, la pensée néolibérale a réussi à séduire indifféremment la droite et la gauche, transformant l'alternance politique en un jeu à risque nul pour le capital. En cela la démonstration néo-zélandaise, certes plus aboutie qu'ailleurs, n'a fait que précéder la leçon de choses française (septennats de François Mitterrand), américaine (présidence de Bill Clinton) et britannique (conversion de Tony Blair au thatchérisme).

Plus qu'aucun Premier ministre, Roger Douglas a été le grand stratège des « réformes » (souvent qualifiées là-bas de « Rogernomics », comme on parle de « Reaganomics » aux États-Unis). Son parcours personnel est éclairant : député du parti travailliste en 1969 (il a alors trente-deux ans), il en devient le porte-parole pour les questions financières en 1983. Ministre de 1984 à 1990, il se reconvertira ensuite, précise son site Internet, dans l'activité de conseil « en matière de privatisation et de réforme de structure dans des pays aussi divers que la Russie, le Brésil, le Mexique, le Pakistan, le Canada, le Pérou, le Vietnam, la Chine, l'Australie, l'Afrique du Sud et Singapour. L'essentiel de son travail de consultant a été réalisé pour le compte de la Banque mondiale[2] ». En 1993, cet ancien militant travailliste crée un parti ultralibéral, l'Association des consommateurs et contribuables (ACT), représenté au Parlement à partir de 1995.

Entre 1984 et 1988, Roger Douglas est ministre des Finances du gouvernement travailliste présidé par David Lange. Son ambition, étrange et mal comprise à l'époque : appliquer à son pays les remèdes alors expérimentés par Ronald Reagan aux États-Unis et par Margaret Thatcher en Grande-Bretagne, un

1. Donald Brash, *New Zealand's Remarkable Reforms*, The Institute of Economic Affairs, Londres, 1996, p. 17-20.
2. Voir le site http://www.rogerdouglas.org.nz/world1.htm.

pays auquel les Néo-Zélandais sont particulièrement liés pour des raisons à la fois historiques et commerciales (le Commonwealth absorbe à l'époque l'essentiel des exportations de l'île). Prononçant une conférence devant la Société du Mont Pèlerin en novembre 1989, Roger Douglas y expose son volontarisme ultralibéral, deux termes qui ne sont antinomiques que pour des commentateurs ignorants de l'histoire économique. Il reprendra presque mot à mot les termes qui suivent en juin 1990, à l'occasion d'un séminaire organisé cette fois par la Banque mondiale : « Les études de l'OCDE démontrent que les hommes politiques ont tendance à éviter les réformes de structure jusqu'à ce qu'ils y soient contraints par la stagnation économique, la chute de la monnaie ou un autre désastre coûteux de ce genre. [...] Quand la situation économique est suffisamment grave pour susciter l'inquiétude du public, les partis ont encore tendance à éviter de traiter la question en soudoyant les électeurs pour les détourner des problèmes véritables. [...] Je cherche à démontrer, au contraire, que les hommes politiques peuvent lancer des actions qui débouchent sur des résultats bénéfiques avant que les événements ne leur forcent la main. Quand nous avons mis en œuvre des politiques de qualité, les sondages nous ont été favorables. Quand nous nous sommes contentés de moins, les études d'opinion ont signalé une poussée du mécontentement[1]. »

Les politiques mises en œuvre par les travaillistes sont peut-être « de qualité » aux yeux de leurs architectes. Toutefois, une chose est certaine : elles ne sont pas socialistes, mais thatchériennes. Là encore, une perception de crise économique précipite la remise en cause des arrangements précédents. Avec un paradoxe : le *statu quo* plutôt interventionniste dont s'accommodait la droite néo-zélandaise est balayé par les politiques ultralibérales d'une gauche qui vient de faire campagne sur le thème du « plein emploi ». Devant les membres de la Société du Mont Pèlerin, le travailliste que Roger Douglas est encore au moment de son exposé rappelle ses postulats de juillet 1984 : « La Nouvelle-Zélande est une

---

1. Roger Douglas, discours devant la Société du Mont Pèlerin, 28 novembre 1989 (voir http://www.rogerdouglas.org.nz/world1.htm).

nation dont le maintien du niveau de vie de ses habitants dépend du profit commercial qu'elle tire de ses échanges avec la concurrence sur le marché mondial. Nos producteurs doivent par conséquent être aussi efficients et innovateurs que leurs concurrents. Il fallait donc que la Nouvelle-Zélande entreprenne des réformes d'ensemble destinées à nous faire subir tout de suite les coûts de l'ajustement afin de profiter ensuite de ses bénéfices à moyen terme[1]. » L'inventaire des « réformes » qui suivent a ceci de particulier qu'*aucune* ne relève du répertoire habituel de la gauche : « Instituer une politique monétaire anti-inflationniste, déréglementer le secteur financier, ouvrir les industries surprotégées à la concurrence internationale, améliorer la qualité des dépenses publiques afin de réduire le coût imposé à l'initiative privée, augmenter la transparence des décisions gouvernementales pour qu'apparaisse leur coût réel, supprimer les subventions et abattements pour que les exportateurs doivent vivre par le marché ou mourir, rendre notre marché du travail plus réactif aux opportunités offertes par le marché, réduire tous les taux d'imposition marginaux afin d'offrir à nos concitoyens davantage d'incitations, améliorer l'allocation des ressources disponibles en créant un terrain égal pour tous afin que ces ressources se dirigent vers les secteurs offrant les meilleurs rendements aux investisseurs et à la nation[2]. » Quelques années plus tard, l'appréciation de ces réformes est fonction de l'identité des juges. Mais le fait demeure : elles ont été entreprises. Et par une formation politique issue des syndicats ouvriers.

L'administration d'un remède de cheval contre les « servitudes » de l'État-providence exige un prétexte. « Une crise est nécessaire pour permettre d'enclencher la dynamique », concède Donald Brash. Elle survient en 1984 sous forme de bourrasque monétaire, sans doute précipitée par des hauts fonctionnaires du ministère des Finances qui escomptent la chute de Robert Muldoon (« le dernier socialiste »), un conservateur trop peu inspiré à leur goût par l'exemple de Mme Thatcher. Par un hasard étrange, un rapport du FMI sur la Nouvelle-Zélande, meurtrier

---

1. *Ibid.*
2. *Ibid.*

pour la gestion du gouvernement sortant, « fuite » trois jours avant le scrutin décisif. Il proclame que l'économie stagne, que les fermiers ont remplacé leurs anciens marchés du Commonwealth par des subventions publiques, que la balance des paiements prend la forme d'un précipice. La crise monétaire s'envenime au lendemain de la victoire travailliste. Pour répondre dans l'urgence, Roger Douglas a une idée. C'est aussi celle des fonctionnaires « hayékiens » du ministère des Finances, souvent convertis à la nouvelle croyance après un passage par une organisation économique internationale (OCDE, FMI, Banque mondiale). La dévaluation, inévitable, est suivie de l'abandon des parités de change fixes et du contrôle des capitaux. La libéralisation financière intervient ensuite. Mais ce n'est qu'un début.

Car, explique aussitôt Douglas, une dévaluation ne rendra pas les produits néo-zélandais plus compétitifs si les exportateurs augmentent leur prix pour préserver leur rémunération en monnaie locale. Il faut donc faire pression sur eux. Douglas décide alors de favoriser les importations afin d'interdire aux industriels néo-zélandais d'agir à leur guise sur un marché trop protégé. Et, pour réaliser des économies qui vont rassurer les places financières, il supprime aussi les subventions agricoles. La libéralisation financière débouche ainsi sur l'ouverture commerciale. L'effet de cliquet est enclenché. La logique paraît imparable. Le contexte de crise réduit les opposants au silence. Et puis tout va si vite… D'ailleurs, tout ne fait que commencer. Pour réduire les déficits budgétaires, il faut privatiser. Pour vendre les entreprises publiques à un bon prix, il faut attirer les investisseurs étrangers. Pour attirer les investisseurs étrangers, il faut baisser les impôts directs et rendre les salaires plus « raisonnables ». Puis la couverture sociale des salariés devient à son tour trop dissuasive dans le nouveau monde concurrentiel ainsi créé. L'explosion du chômage (il passe de 4 % à 11 % de la population active entre 1987 et 1991) surgit à point nommé pour faire taire les protestations « corporatistes » de ceux qui disposent encore d'un emploi. Et dès lors qu'en se taisant ils démontrent leur sens des responsabilités, on ne doit pas accepter que le « piège de la pauvreté » s'active, c'est-à-dire que les chômeurs narguent les salariés en étant presque autant payés qu'eux, mais à ne rien faire. On réduit donc leurs allocations. Puis celles des veuves par souci de solidarité. Et ainsi de suite.

Ancien secrétaire général du parti travailliste, Rob Allen rappelle la situation d'alors : « L'agriculture opérait dans un environnement très protégé. Jusqu'aux années 60, nous avions vécu une ère de prospérité dans une sorte de colonie de vacances. Le parti national défendait les agriculteurs, nous les syndicats. Soudain nous avons compris qu'il fallait qu'on se réveille, qu'on conquière notre place dans le monde. Or le parti national perpétuait le *statu quo* et un régime interventionniste socialiste. En 1982-83, nous nous dirigions tout droit sur les récifs. » Pour changer de cap, la nouvelle équipe travailliste n'hésite pas. Elle emprunte la boussole de ce que M. Allen admet être l'« idéologie de la nouvelle droite ». Mais il nuance son propos : « Beaucoup de réformes devaient être faites. On ne pouvait pas continuer à isoler la Nouvelle-Zélande du reste du monde ; il fallait s'adapter à l'économie moderne. Bien sûr, nous l'avons fait à un rythme qui a généré beaucoup de souffrances. Et nous avons meurtri notre propre électorat. Mais une économie qui ressemblait un peu trop à celle des pays de l'Est ne fonctionnait plus. L'État devait se désengager. » Car voyager en Nouvelle-Zélande, y interroger les acteurs et les observateurs du grand retournement, c'est souvent entendre deux histoires opposées mais symétriques. Pour la quasi-totalité d'une droite qui, une fois M. Muldoon écarté, a mené à leur terme les « réformes » lancées par les socialistes, tout allait mal avant 1984. Et tout a été mieux ensuite, surtout entre 1990 et 1997, au moment du retour au pouvoir d'un parti national devenu entre-temps thatchéro-reaganien. Ceux qui à gauche ont rompu avec les travaillistes estiment en revanche que l'éden communautaire et pastoral des années 60 a été remplacé par l'enfer de Dante. Seuls les socialistes pataugent un peu, ni vraiment honteux de leurs « réformes » capitalistes, ni tout à fait fiers d'elles. Mais, revenus au pouvoir en 1997, ils les gèrent. Car, à ce stade, peu importe le débat intellectuel et politique, l'appréciation contrastée de l'inventaire : le passé a été détruit. Il ne reviendra pas.

Karl Polanyi soulignait que rien n'était moins naturel, rien n'exigeait autant d'interventions, de législations, d'interdictions, de sanctions, que le libéralisme et la concurrence. En Nouvelle-Zélande, pour enfanter la société de marché, la machine de l'État a dû tourner à plein régime. Il a fallu arracher leurs subventions aux agriculteurs ; privatiser les télécommunications, les banques, les chemins de fer, les forêts ; les vendre à des multinationales étrangères ; répandre partout (y compris dans la culture, l'école, l'hôpital) le modèle sacré de l'évaluation et de l'efficience ; légiférer pour confier à la Banque centrale le contrôle exclusif de la monnaie ; créer un impôt de 10 % sur la consommation de tous les biens et services afin de financer la réduction sensible du barème de prélèvement sur le revenu ; légiférer encore pour aligner le droit du travail sur le droit commercial ; légiférer toujours pour démanteler la fonction publique et contractualiser tous ses emplois de direction ; amputer les allocations sociales ; retarder de cinq ans l'âge de la retraite et réduire son montant, de 5 % à 27 % selon les cas. « Les réformes, c'est comme un pansement que l'on arrache, résume le responsable d'un syndicat agricole. Il faut tout faire d'un seul coup car on ressent la douleur moins longtemps[1]. »

Tel un général, Roger Douglas a détaillé, une fois la bataille gagnée, sa stratégie de 1984 : « N'essayez pas d'avancer pas à pas. Définissez clairement ce que sont vos objectifs et rapprochez-vous-en par grands bonds qualitatifs. Les intérêts en place sous-estiment toujours leur propre capacité à s'adapter à un environnement dans lequel l'État supprime rapidement les privilèges sur un front très étendu. [...] Une fois que le programme de réformes commence à être mis en œuvre, ne vous arrêtez qu'après l'avoir mené à terme : le feu de vos adversaires est moins précis quand il doit viser une cible qui ne cesse de bouger[2]. » Économiste et auteur d'un livre de référence sur « la privatisation de la Nouvelle-Zélande », Brian Easton commente : « Une fois la décision prise, la rapidité et le progrès par sauts qualitatifs sont essentiels : toute autre approche se heurterait à la

---

1. Cité *in* Frédéric Therin, « Le "zéro subvention" des prospères fermiers néo-zélandais », *Le Monde*, 11 septembre 2003.

2. Roger Douglas, *Unfinished Business*, Random House, Auckland, 1993, p. 215-238.

résistance des intérêts en place. Dès lors qu'il y a urgence, aucune consultation n'est possible. Mais Douglas croit que le public soutiendra les réformes à mesure qu'il en percevra les avantages, y compris l'abolition des privilèges. Cette recette est d'autant plus paradoxale qu'elle a été exposée lors d'une réunion de la Société du Mont Pèlerin, fondée par Friedrich von Hayek et honorant Karl Popper, dont l'engineering social est de nature essentiellement gradualiste. Là, la Blitzkrieg est à la fois "le rêve de Platon et la réalité de Lénine, ceux d'un ordre politique élitiste guidé dans l'exercice du pouvoir absolu par sa connaissance supposée d'une réalité essentielle"[1]. »

Depuis une dizaine d'années, certains intellectuels de centre gauche (Anthony Giddens au Royaume-Uni, Pierre Rosanvallon et Monique Canto-Sperber en France) cherchent à défendre le néolibéralisme économique en invoquant leur attachement au libéralisme politique. Comment ne pas être frappé, au contraire, par le caractère directif, souvent centralisé, parfois secret, des décisions essentielles qui prétendent rendre aux individus des attributions que l'État leur aurait confisquées ? Ni Margaret Thatcher, ni François Mitterrand, ni Roger Douglas, ni même Ronald Reagan n'auraient mené leur politique néolibérale à son terme sans le concours d'un appareil d'État qu'ils tenaient solidement en mains. Et qui leur permit de faire à peu près tout ce qu'ils voulurent[2]. En Nouvelle-Zélande, chaque « réforme » en entraîne une autre conformément aux plans d'une poignée d'individus. Dans son très beau cabinet

---

1. Brian Easton, *The Commercialization of New Zealand*, Auckland University Press, Auckland, 1997, p. 81. La référence à Platon et à Lénine renvoie au livre de Anthony Flew, *An Introduction to Western Philosophy : Ideas and Argument from Plato to Popper*, Thames & Hudson, Londres, 1989.

2. Aux États-Unis, l'existence d'un « système de contre-pouvoirs » n'empêche pas les présidents américains d'avoir les coudées franches chaque fois qu'ils confortent les intérêts des milieux d'affaires, déjà bien défendus par le Congrès. Même au temps des présidences Reagan et Bush (père), marquées par l'existence continue d'une majorité parlementaire démocrate à la Chambre des représentants, les principaux choix fiscaux et budgétaires de l'administration républicaine ont été entérinés sans grande difficulté. Quand George H. Bush proposa, en 1991, de dépenser 82,7 milliards de dollars pour la santé, les démocrates réclamèrent 83,4 milliards ; quand il proposa un budget de 179,8 milliards pour l'aide sociale, les démocrates préférèrent 180,1 milliards ; quand il réclama 295,3 milliards pour la défense, les démocrates proposèrent exactement le même montant…

d'avocat spécialisé dans le droit des affaires, le président du parti national Geoffrey Thomson explique en 1997 : « Les travaillistes s'en sont d'abord pris aux agriculteurs, Douglas ayant confié : "On n'a pas à s'en préoccuper, ils ne votent pas pour nous." Nous n'avons pas été d'accord, pensant que les changements ne devaient pas cibler une catégorie particulière. Mais, au moins, le parti travailliste a lancé les réformes. Certes, il a dû s'y résigner à cause de la crise et il s'est presque engagé sur cette voie par accident : *il se trouvait dans un train express dont il ne pouvait plus descendre*. Une fois qu'il a commencé, il a cependant fait preuve de détermination. » « Détournement, embuscade, vitesse : avant que les gens aient le temps de réfléchir, passez à autre chose[1] », résume plus crûment un ancien ministre opposé aux politiques mises en œuvre.

La réforme progresse par ricochets. Privés de toutes leurs subventions, ceux des agriculteurs qui n'ont pas fait faillite réclament à leur tour la libéralisation totale des échanges et des réglementations, espérant pouvoir survivre en achetant, acheminant, employant là où ce sera le moins cher. Ils deviennent partisans d'une réduction des dépenses publiques qui, croient-ils, allégera la pression sur les taux d'intérêt et provoquera une baisse du dollar néo-zélandais. Ce qui aura alors des effets sur leur secteur économique presque entièrement dépendant des exportations. Roger Douglas peut dorénavant compter sur le soutien que les agriculteurs et les petits patrons apporteront aux « réformes » suivantes, y compris la mise en concurrence des services publics.

Au départ, le gouvernement travailliste parle de rendre les entreprises nationales plus « efficientes » en les gérant comme des sociétés privées. Puis, après y avoir licencié à tour de bras (de 1987 à 1990, la Poste supprime 30 % de ses emplois ; les télécommunications, 47 % ; les chemins de fer, 60 %), il en vend la plupart. Même si David Lange et la majorité des ministres socialistes ne le comprennent pas à l'époque, la restructuration n'est en effet qu'une étape préalable à la privatisation, laquelle se traduira par la cession des actifs publics à des acheteurs étrangers. Le syndicaliste Peter Harris récite la liste : « Nous avons vendu les télécommunications et

---

1. Winston Peters, cité dans le documentaire d'Alister Barry, *Someone Else's Country* (Communauty Media Trust, PO Box 3563, Wellington).

les chemins de fer aux Américains, les forêts aux Américains et aux Japonais, les banques aux Australiens, les assurances aux Britanniques, les compagnies aériennes aux Australiens et aux Britanniques. » Un député indépendant complète : « Nous sommes devenus des métayers sur nos propres terres. » En l'occurrence, les souhaits de l'« opinion publique » importent peu. Ou pas du tout. La restructuration de la Poste, par exemple, passe mal : le pays était équipé de 1 200 bureaux en 1987 ; dix ans plus tard, on en compte à peine 300. Une journée a marqué les esprits – et l'histoire des « réformes » : le vendredi 5 février 1988, à dix-sept heures, 432 bureaux de poste ferment pour ne jamais rouvrir. Dans des centaines de villages, les habitants sont alors privés de l'agence qui leur servait aussi de banque. À la Poste, on répond : « C'est un problème que les banques doivent résoudre, pas nous. » Si le service du courrier perdait de l'argent, le téléphone en rapportait. Dès que l'on prévoit de privatiser le téléphone (c'est fait en 1990 et, en moins de sept ans, les profits dégagés vont équilibrer le prix payé par l'acheteur), la logique de la rentabilité des bureaux supplante celle du service postal. Les forêts domaniales sont vendues elles aussi. Peu importe que 4 % seulement des Néo-Zélandais approuvent la décision prise[1].

Chargé des affaires sociales dans un des ministères de droite, Roger Sowry résume les « trois pieds du tabouret » des réformes : « Les trois premières années du gouvernement travailliste [1984-1987] avaient été consacrées à la libéralisation des marchés financiers. Les trois suivantes [1987-1990] à vendre des entreprises publiques. Quand nous sommes arrivés au pouvoir, nous avons pris le taureau par les cornes et fait ce que les travaillistes ne pouvaient pas entreprendre eux-mêmes. Ils avaient supprimé les subventions des agriculteurs et des industriels, s'en prenant à des gens qui n'étaient pas leurs électeurs. Mais ils s'étaient gardés de toucher ceux qui les soutenaient : les programmes sociaux n'avaient pas été remis en cause, les syndicats bénéficiaient toujours de privilèges. C'est nous qui avons libéré le marché du travail, réduit le niveau des prestations sociales, vendu les forêts et permis la création de prisons privées. »

---

1. *Cf.* le documentaire d'Alister Barry, *Someone Else's Country*.

Le « troisième pied du tabouret » : le 15 mai 1991, la loi (car c'est encore une loi…) sur les contrats de travail entre en vigueur. Il faut bien, n'est-ce pas, si l'on veut réduire le niveau du chômage, que les conditions d'embauche soient attractives pour les investisseurs. La loi supprime donc tous les acquis des syndicats, réglemente le droit de grève, aligne la législation sociale, contrat de travail compris, sur celle du privé. Facétieux ou pressés de faire la fête, les patrons célèbrent depuis leur « libération » le 1er mai. « Il n'y a pas d'obligations légales en matière de protection de l'emploi, sous la forme d'un préavis minimum ou d'une indemnité minimum de licenciement », exulte l'OCDE, qui salue dans la Nouvelle-Zélande le pays membre de l'organisation « dont le système de négociation des salaires est le plus déréglementé[1] ». En quatre ans, le nombre des syndiqués chute de 45 % ; celui des jours de grève est divisé par dix. « C'est parce que les salariés sont satisfaits », estimera un des ministres du Travail. L'éditorialiste de l'hebdomadaire patronal la *National Business Review* complète le plus sérieusement du monde : « Comme en Europe de l'Est, une fois que vous donnez au peuple le goût de la démocratie, il ne veut plus revenir en arrière. Moi-même, je revois avec horreur l'État-providence dont j'étais autrefois si fier. » Il n'y aura pas de « retour en arrière ». Entreprises privatisées et vendues à l'étranger, syndicats en miettes : à supposer que les projets existent, où seraient les instruments et les forces capables d'impulser une éventuelle solution alternative ?

Avant les « réformes », chaque étudiant néo-zélandais recevait une allocation mensuelle de l'État et les études étaient gratuites. Désormais, l'allocation n'est versée qu'aux plus pauvres, et depuis 1989 les droits d'inscription qui couvrent environ 25 % des frais d'étude sont supérieurs à plusieurs milliers d'euros par an. La santé a elle aussi cessé d'être gratuite. Un responsable hospitalier s'en explique : « Le concept d'un hôpital public offrant tous les services nécessaires à une communauté ne correspond plus à la réalité. Dans le secteur de la santé, il y a à présent de nombreux

---

1. OCDE, *Études économiques de l'OCDE : Nouvelle-Zélande 1996*, *op. cit.*, p. 70.

fournisseurs de services qui dépendent plus ou moins de financements publics[1]. » C'est ce genre d'organisation que Tony Blair
rêve d'importer au Royaume-Uni pour remédier à une crise
hospitalière créée par une pénurie chronique de concours budgétaires. Car la « progression logique » qui mène d'un système
public et gratuit à une industrie largement privée et financée par
des assurances (ou par des frais d'inscription dans le cas des
universités) passe presque toujours par les mêmes étapes, en
Nouvelle-Zélande et ailleurs. On commence par prétendre que le
système centralisé ne marche pas, qu'il est bureaucratique, génère
des gâchis. Il faut donc le décentraliser – « proximité » oblige –,
abandonner aux régions la gestion de leurs budgets – là, on invoque la « responsabilité » locale –, créer un marché de l'éducation
ou de la santé pour déterminer des prix qui vont permettre d'orienter et de contrôler la gestion. Ensuite, tantôt on fermera les
hôpitaux (ou écoles, ou bureaux de poste) dont on a découvert
qu'ils ne sont plus rentables, tantôt on nouera des « partenariats »
avec des entreprises locales, tantôt on reviendra sur la gratuité des
soins et des études, tantôt on déléguera au secteur privé une part
croissante du travail d'éducation ou de santé (on commence en
général par le gardiennage, le nettoyage, la restauration). Le plus
souvent, on entreprendra les quatre « réformes » à la fois. La
restructuration devient une habitude. Les sous-traitants auxquels
l'entreprise publique ou l'administration fait appel pour des activités autrefois conduites en interne se révèlent d'autant plus
concurrentiels que leurs personnels ne bénéficient pas d'un statut
protégé. L'estimation devient une obsession. L'ambassade de
Nouvelle-Zélande en France doit, par exemple, calculer l'importance de chacune de ses activités pour ajuster ses allocations financières en conséquence. Le comptable peut être content, les chiffres
de Paris sont très précis : 57 % du travail des diplomates est lié aux
relations bilatérales, 40 % aux rapports avec l'OCDE (très
attentionnée, on l'a vu), 2 % à la représentation auprès de l'Algérie
(dont la mission de Wellington en France est également chargée) et
1 % aux autres organisations multilatérales, au nombre desquelles

---

1. John Ayling, *Otago Daily Times*, 22 février 1997.

l'Unesco, on imagine. Le compte y est. C'est préférable : il y a quelques années, le ministère néo-zélandais de l'Environnement (Department of Conservation) avait refusé de rapatrier la dépouille d'un alpiniste en expliquant que « la récupération d'un corps ne fait pas partie de nos activités budgétées ».

Si la privatisation est rampante, la précarité aussi. Cela ne les empêche pas d'avancer, appartement après appartement, à l'intérieur même des administrations publiques vendues par tranche, au rythme des embarras de trésorerie des collectivités locales auxquelles l'État transfère plus volontiers les missions de service public que les financements permettant de les assurer. Proximité, responsabilité, partenariats : la « réforme » procède toujours dans la même direction. C'est la spirale de Hayek à l'envers, la chute des dominos a changé de sens. On ne doit jamais s'arrêter en cours de route. « Nous devons franchir la rivière, expliquait le directeur de la Business Roundtable néo-zélandaise pendant les années 80. Nous sommes à présent au milieu du gué et nous allons nous noyer si nous ne faisons rien[1]. » Quand, quelques semaines après une victoire électorale du gouvernement travailliste favorisée par l'enrichissement des petits porteurs, le krach boursier de New York d'octobre 1987 provoque en Nouvelle-Zélande la plongée des cours la plus forte du monde occidental, comment réagit Roger Douglas ? C'est la preuve, explique-t-il, que « nous devons accélérer le processus de réforme au lieu de l'interrompre ».

A priori paradoxal, le rôle dirigeant joué par des travaillistes pendant le « big-bang » néolibéral s'explique de deux manières. Côté gouvernement, on abandonne la marche des affaires à une poignée de ministres économiques et à leurs experts sans toujours comprendre où cette marche conduira. Côté militants, on se préoccupe d'autres choses et d'autres causes, d'ailleurs légitimes (le combat écologiste et antinucléaire, la lutte des femmes, les droits des homosexuels, les revendications culturelles et sociales des Maoris). Sans imaginer que les transformations économiques en cours induiront forcément un changement de société, puis le rendront irréversible. Un des dirigeants de la

---

1. Propos de Ron Trotter rapportés dans le documentaire d'Alister Barry, *Someone Else's Country*.

confédération syndicale, Peter Harris, plante le décor : « Le gouvernement Muldoon était très autoritaire et très conservateur. Tous ceux qui souhaitaient sa chute ont donc soutenu le parti travailliste, progressivement devenu la coalition des anti-Muldoon. S'y sont retrouvés les syndicats, bien sûr, mais aussi les écologistes, les féministes, les militants de l'égalité raciale. Et même les néolibéraux. Puis chacun ne se soucia que d'obtenir ce qu'il voulait du nouveau gouvernement : les pacifistes, un retrait de l'alliance militaire dirigée par les Américains ; les militants antiapartheid, la rupture des relations diplomatiques avec l'Afrique du Sud ; les syndicalistes, un renforcement du droit de grève. Au demeurant, les travaillistes de base étaient économiquement anal-phabètes, prêts sur ce sujet à se satisfaire des explications de leurs dirigeants. » On perçoit ici les dangers des stratégies de « mise en réseaux » ou de « coalition de l'arc-en-ciel ». Elles permettent de ne pas laisser de côté une question trop longtemps perçue comme secondaire (dans le mouvement ouvrier, l'égalité des femmes fut souvent subordonnée aux autres avancées, les droits des homosexuels oubliés ou combattus, la sensibilité écologique absente, etc.). Toutefois, il arrive qu'il y ait des prio-rités. Dans les années 80, la contre-révolution marchande impo-sait que la question économique occupe une place centrale dans les réflexions de la gauche. Mais l'économisme de certaines forces politiques ou syndicales disqualifiées par l'effondrement du « modèle socialiste », patent dès la décennie précédente, affrontait au demeurant la montée en puissance des questions « sociétales » associées à la contre-culture des années 60. Dans ce contexte tourmenté, les seuls « marxistes primaires » qui eurent le champ libre furent ceux de l'ultradroite. Ils purent agir tranquilles : leurs adversaires regardaient ailleurs. Bruce Jesson, l'un des principaux intellectuels de gauche néo-zélandais, le rappelle : « Quand deux ou trois ministres travaillistes ont basculé du côté de la nouvelle droite néolibérale, il n'y avait pas de structure intellectuelle prête à s'y opposer. Les adversaires des réformes se sont tus pour ne pas nuire au combat antinucléaire de David Lange [le sabotage du *Rainbow Warrior* par des militaires français eut lieu en juillet 1985]. Et, puisqu'on ne remettait pas en cause leur monopole d'embauche dans certains secteurs, les syndicats ne se sont pas davantage manifestés. »

En 1984, le parti travailliste espérait à la fois freiner l'activisme de l'État, ses « grands projets » financièrement et écologiquement destructeurs, et « mettre un terme à la privatisation » – à l'époque bien modeste – des actifs publics... Ni le nouveau Premier ministre, David Lange, ni son adjoint, Geoffrey Palmer, avocats l'un et l'autre, n'avaient la moindre compétence économique. Désigné comme chef du parti travailliste en 1983, Lange s'était même aussitôt fait gloire de son ignorance en la matière : « Je ne suis pas un économiste. Je suis fier de déclarer que je ne suis pas un économiste. Et je ne suis pas sur le point de me prosterner devant l'autel pour feindre d'être un économiste[1]. » Autant dire que, en matière de politique monétaire, financière, industrielle, l'essentiel des décisions furent déléguées à une troïka de ministres, Roger Douglas, Richard Prebble et David Caygill, dont les deux premiers allaient plus tard passer à droite... Or la troïka ne faisait que refléter l'avis des hauts fonctionnaires du ministère des Finances – souvent formés par l'OCDE, la Banque mondiale, les universités américaines –, désireux de transformer leur petit pays longiligne en éprouvette de la société de marché. Ce que le conservateur Robert Muldoon ne leur avait pas permis d'entreprendre, le socialiste David Lange le rendrait possible grâce à Roger Douglas. Les hauts fonctionnaires ultralibéraux avaient converti la troïka, la troïka convaincrait le Premier ministre et M. Palmer, les cinq membres du gouvernement feraient ensuite adopter leurs propositions par le cabinet. Et dès lors que le cabinet regroupait une partie appréciable du groupe parlementaire travailliste, lui-même majoritaire dans une assemblée nationale dotée de tous les pouvoirs... Cette révolution-là compta en définitive beaucoup moins d'acteurs que la prise du palais d'Hiver. Mais, pour eux, le climat international de l'époque était porteur : à partir de 1983, dopé par les taux de croissance inespérés de l'économie américaine, le reaganisme paraît triompher partout, pas seulement là où la droite est au pouvoir. Comme le

---

1. Propos rapportés dans le documentaire d'Alister Barry, *Someone Else's Country*.

rappelle Donald Brash : « À la fin de 1984, les ministres des Finances de six pays de l'OCDE – la Nouvelle-Zélande, l'Australie, l'Espagne, la France, la Suède et le Royaume-Uni – étaient des porte-parole actifs de la libéralisation. Or tous sauf un [le Royaume-Uni] appartenaient à des gouvernements de gauche[1]. »

L'occasion, les hommes, les institutions ; mais aussi les idées. Rarement révolution fut plus idéologique. Le ministère des Finances était entièrement acquis aux leçons enseignées à l'université de Chicago, qui privilégient la rigueur théorique plutôt que les données concrètes susceptibles de souiller la pureté du modèle. La société s'adapterait, forcément. D'ailleurs, même si Donald Brash admettait en 1996 que « les Néo-Zélandais restent ambivalents, voire hostiles aux tourbillons des douze dernières années[2] », la société s'est effectivement adaptée tant bien que mal – certains habitants infiniment mieux que d'autres. Or la question des inégalités, justement, ne passionnait pas vraiment les décideurs. En 1986, les travaillistes créent une Commission royale sur la politique sociale. Deux ans plus tard, elle rend son rapport. « Dans les 4 004 pages, relève l'économiste Brian Easton, deux concernent la pauvreté. Le rapport compte 1 500 000 mots : celui de pauvreté apparaît 157 fois, celui de pauvre 342 fois. Celui de Maori, 6 278 fois[3]. » Les Maoris étant à la fois plus pauvres que les autres et plus tributaires des emplois publics qui avaient disparu, les sujets n'étaient pas tout à fait distincts, mais en Nouvelle-Zélande comme ailleurs il valait mieux parler de « minorités » que de classes. Alors, les inégalités ? Le ministre des Affaires sociales renvoyait au ministère des Finances pour les détails. Là-bas, on admettait qu'il n'y avait pas d'« analyse adéquate » sur la question et qu'on devait, de toute manière, tenir compte de la « découverte de la dynamique » en économie. Qui était pauvre aujourd'hui, demain deviendrait riche. Par conséquent, ainsi que le souligna une commission du Plan dès 1983, il fallait « établir une différence entre équité et égalité ». En cherchant beaucoup, on déniche quand

---

1. Donald Brash, *op. cit.*, p. 46. En France, il s'agissait du gouvernement de Laurent Fabius ; en Espagne, de celui de Felipe Gonzalez.
2. *Ibid.*
3. Brian Easton, *op. cit.*, p. 48.

même une étude sur la question. Elle « suggère que l'écart des revenus s'est resserré entre les années 1950 et 1977. Ensuite, il s'est creusé. Cette tendance s'est accélérée entre 1987 et 1991[1] ». L'écart se serait stabilisé depuis. Au total, le revenu des 10 % de Néo-Zélandais les plus riches a progressé de 18,7 % entre 1981 et 1991, celui des 10 % les plus pauvres a perdu 19 % dans la même période[2]. On a fait pire ailleurs.

« Le succès politique des adeptes de la privatisation, rappelle l'économiste Brian Easton, ne s'explique ni par leur brio intellectuel ni par leur capacité à résister au feu roulant de la critique et du scepticisme. La vérité, c'est qu'un petit groupe se trouvait là où il fallait et obtint l'appui politique qu'il fallait. Il fut ainsi en mesure d'utiliser sa position stratégique et son accès privilégié à l'information économique pour interdire et détruire tout projet alternatif[3]. » Pour les ultralibéraux, « là où il fallait », c'était... au cœur de l'appareil d'État. Roger Kerr a dirigé pendant plus de dix ans un lobby patronal, la Business Roundtable, regroupant les chefs des soixante plus grosses entreprises du pays, désormais en majorité étrangères. Quelques années plus tôt, il était économiste au ministère des Finances. Il admet donc bien volontiers que « les réformes néo-zélandaises ont été imaginées au sein de la fonction publique, par le Trésor et par la Banque centrale. La critique du keynésianisme et le désir de procéder à l'ajustement structurel nous sont venus des réunions internationales organisées par l'OCDE, la Banque mondiale, le FMI, etc. Nous avons

---

1. George Barker, *Income Distribution in New Zealand*, Institute of Policy Studies, Wellington, 1996, p. 24. L'OCDE, pour qui l'« élargissement de la distribution des revenus » est plutôt une vertu, estime que « durant les dix années précédant mars 1994 [c'est-à-dire pendant la décennie des grandes "réformes"], le revenu disponible réel a diminué en valeur absolue de 4 % pour les quintiles à bas revenu [les 40 % les plus pauvres] et de 5 % pour les quintiles à revenu moyen [les 40 % du milieu], et c'est seulement pour le quintile supérieur [les 20 % les plus riches] qu'il a augmenté de 2 % » (OCDE, *Études économiques de l'OCDE : Nouvelle-Zélande 1996, op. cit.*, p. 80). L'éventail est plus ouvert quand on étudie des tranches de population moins épaisses.

2. Jane Kelsey, « Paper for Iceland », *op. cit.* En 1993, les 20 % de Néo-Zélandais les plus riches collectaient 45 % du revenu national, contre 3 % pour les 20 % de Néo-Zélandais les plus pauvres.

3. Brian Easton, *op. cit.*, p. 138.

également tenu compte de ce qu'écrivaient des *think tanks* comme le Cato Institute, la Heritage Foundation, l'Institut des affaires économiques de Londres. Membre moi-même de la Société du Mont Pèlerin, je fais de mon mieux pour rester en contact avec ce réseau ». On le voit, tout notre petit monde se retrouve à Wellington. Pour Roger Kerr et pour ses amis, le combat continue. Le culte de l'argent, de l'individu, de l'efficience affronte encore des résistances nourries par des traditions d'insularité et de solidarité qu'une tornade d'« ouverture » et de « réformes » n'a pu oblitérer. La Nouvelle-Zélande n'est pas encore l'Amérique. Mais elle s'en est rapprochée. En particulier quand la gauche tenait le gouvernail.

Quels instruments pour une autre politique ?

« Notre projet historique est de promouvoir la libre entreprise. Mais ce n'est pas facile, parce que nous devons faire ça avec un peuple qui n'a pas de culture économique[1]. » Si cette définition du « projet historique » du parti socialiste français est d'une franchise assez déconcertante (dont on comprend que Michel Rocard réserve l'expression à un journaliste américain plutôt qu'à des militants de gauche mal dégrossis), le raccourci ne fait injure ni au bilan de François Mitterrand, ni à celui de ses héritiers. Quatre ans après l'arrivée de Lionel Jospin à Matignon, le président du Medef, Ernest-Antoine Seillière, se déclarait globalement satisfait : « Il y eut une époque, ça a duré vingt ans, 1983-2003, on a inscrit la retraite à 60 ans comme un droit et un principe en même temps d'ailleurs, je vous le signale, qu'on a fait toutes les nationalisations. Depuis on privatise, la gauche privatise, le parti socialiste privatise. Eh bien, c'est la même chose pour la retraite à soixante ans. Ça a duré vingt ans[2]. »

---

1. Michel Rocard, « Plus ça change », *Newsweek*, 16 juin 1997.
2. Europe 1, 17 janvier 2001. Le parti socialiste a été au pouvoir pendant quinze de ces vingt années : de 1981 à 1986 (gouvernements Mauroy puis Fabius) ; de 1988 à 1993 (gouvernements Rocard, Cresson, puis Bérégovoy) ; enfin, de 1997 à 2002 (gouvernement Jospin).

Dans des cas pareils, on évoque le « syndrome de Nixon à Pékin ». De même que seul un anticommuniste militant pouvait rompre avec la politique américaine d'isolement de la République populaire de Chine en rencontrant lui-même Mao Tsétoung en février 1972, seule la gauche, explique-t-on souvent, pouvait procéder au dynamitage d'une partie de l'État social sans qu'une protestation populaire ou syndicale en découle. C'est ce qui s'est passé en Nouvelle-Zélande. En juillet 2003, le *Wall Street Journal* reprenait l'antienne, cette fois à propos de l'Allemagne, dans un éditorial titré « Peut-être que ce chancelier, lui, pourra » : « Si seul Richard Nixon, réputé pour son conservatisme, a pu aller en Chine, peut-être faut-il un social-démocrate pour réformer l'État-providence allemand. Nous avons, en tout cas, eu une indication de ce type avec l'annonce faite lundi [21 juillet 2003] par Gerhard Schröder d'un accord lui permettant de remettre sur pied un système de santé allemand qui ne tient plus debout[1]. » Certains socialistes européens ont transformé ce paradoxe en démonstration de leur courage. C'est en rompant avec leur programme et avec les espérances de leur électorat qu'ils comptaient établir leur crédit d'hommes d'État. « Est-ce que vous ne trouvez pas, interrogeait ainsi Laurent Fabius en 1986 dans une émission de télévision, que souvent c'est à nous qu'est revenu de faire le sale boulot, précisément parce qu'il n'avait pas été fait avant ? Et ce sale boulot, c'est un déchirement à chaque fois, lorsqu'il faut fermer une entreprise parce qu'elle n'a plus de marché. […] Mais ce boulot, pour reprendre cette expression, c'est la gauche, et c'est son honneur, qui l'a fait, parce que c'est l'intérêt du pays et parce qu'à terme nous pourrons créer des emplois[2]. » Six ans plus tard, le Premier ministre socialiste Pierre Bérégovoy irait jusqu'à reprocher à un gouvernement allemand de droite son incapacité à « maîtriser les coûts

---

1. « Maybe this chancellor can », éditorial, *The Wall Street Journal Europe*, 23 juillet 2003. Six ans plus tôt, un autre journal américain, *Time Magazine*, filait la même métaphore à propos du gouvernement Jospin : « Paradoxalement, les socialistes, comme Nixon quand il a reconnu la Chine, se trouvent dans une meilleure position que la droite pour faire aboutir des réformes libérales de marché » (*Time Magazine*, 16 juin 1997).

2. « L'Heure de vérité », Antenne 2, 8 janvier 1986.

de production » et, plus précisément, son consentement à un « dérapage salarial »[1].

Sans vouloir abuser des rappels historiques de ce genre – l'exercice est devenu facile, ce qui ne retire rien à son caractère pédagogique –, souvenons-nous que François Mitterrand précisait avant de parvenir à l'Élysée : « Ne nous trompons pas sur les véritables responsables de la politique économique qui inspire toutes les autres. Nous savons bien qui inspire [celle de Valéry Giscard d'Estaing, qui, selon les socialistes, avait débouché sur un total de 1 600 000 chômeurs] : c'est le capitalisme international […]. Il lui faut répartir assez pour que les masses exploitées restent au niveau le plus bas de la révolte, quand on peut se contenter d'administrer la misère, toujours éviter les révolutions, aménager le capitalisme, faire du centrisme et quelquefois même jouer à la gauche[2]. » Oui, quelquefois… Au moment de quitter le pouvoir en laissant derrière lui un million de chômeurs supplémentaires, François Mitterrand ne pouvait donc conclure sa présidence que sur une théorisation d'impuissance : « Ni vous ni moi n'y pouvons rien [au chômage] dès lors qu'en automatisant – la troisième révolution industrielle depuis le début du XIXe siècle –, dès lors qu'on peut fabriquer plus vite et pour moins cher des produits. Et vous pourrez dire tout ce que vous voudrez – et moi aussi – aux chefs d'entreprise, ils iront toujours là où il y a la meilleure productivité, le meilleur rendement et le meilleur profit[3]. » « Évidemment, avait averti Lionel Jospin dès 1981, si on ne veut pas changer les structures économiques, on est pris dans ce piège[4] »…

---

1. Europe 1, 27 janvier 1992.
2. Propos datant de 1980-1981 et diffusés lors d'une émission de Daniel Mermet, « Là-bas si j'y suis », France Inter, 2002.
3. Entretien télévisé du 14 juillet 1993, cité dans le documentaire de Gilles Balbastre, *Le chômage a une histoire* (France 5, décembre 2001).
4. Il ajoutera en 1992 : « Notre vie publique est dominée par une étrange dichotomie. D'un côté on reproche au pouvoir le chômage, le mal des banlieues, les frustrations sociales, l'extrémisme de droite, la désespérance de la gauche. De l'autre, on le somme de ne pas se départir d'une politique économique et financière qui rend très difficile le traitement de ce que l'on dénonce » (Lionel Jospin, « Reconstruire la gauche », *Le Monde*, 11 avril 1992).

Incontournables comme il se doit, les « contraintes » de structure nées du nouvel ordre économique ont, « évidemment », servi à la gauche pour justifier sa médiocre disposition à changer les choses. Elles ont également permis de circonscrire à presque rien la marge d'action d'une politique de transformation sociale. L'instrumentation de plus en plus conservatrice de l'histoire a joué, elle aussi, un rôle démobilisateur en persuadant, via les médias, la plupart des citoyens de la nature inédite des obstacles s'opposant à une politique différente de celle qu'on leur imposait. Telle une pédagogie du renoncement permanent, la rhétorique sur la « mondialisation » est intervenue à point nommé pour seriner que jamais auparavant les autorités politiques ne s'étaient trouvées aussi démunies. La réalité est tout autre. Dans le cas de la France, Pierre Guidoni, responsable de la revue théorique du parti socialiste et spécialiste de l'histoire de la gauche, a admis que François Mitterrand avait disposé de *davantage* de leviers d'action que la plupart de ses prédécesseurs : « Léon Blum n'a jamais, à aucun moment de sa carrière politique, imaginé, rêvé une situation où il y aurait au service du projet des socialistes à la fois le poids et la force d'un président de la République élu au suffrage universel, une majorité absolue à l'Assemblée nationale, l'essentiel des collectivités locales et presque tout le mouvement syndical[1]. » On sait ce que François Mitterrand en a fait. La même remarque vaut pour les leviers économiques. Le radical Édouard Herriot buta en 1924 contre le mur de l'argent et le « plébiscite quotidien des porteurs de bons du Trésor » (les « marchés » d'alors) ; Léon Blum put imputer son renversement en 1937 au fait que « la bourgeoisie détenait le pouvoir ; elle n'a voulu ni l'abandonner ni le partager » ; les gouvernements de la Libération durent subordonner une partie de leurs ambitions aux exigences du bailleur de fonds, de farine et de charbon américain. Mais, au moins, la gauche léguait presque chaque fois à ses successeurs de nouveaux instruments de pouvoir et de savoir : la conscience de l'importance de la maîtrise de la monnaie (Herriot), la découverte de l'efficacité d'une politique de relance

---

1. Pierre Guidoni, « L'actualité de Léon Blum », *Recherche socialiste*, mars 2000.

keynésienne (deuxième gouvernement Blum), le contrôle d'un secteur public et nationalisé offrant à un gouvernement démocratique quelques instruments d'action autonomes (période de la Libération). Les deux septennats mitterrandiens ont ceci de particulier qu'ils ont détruit la plupart de ces outils, un résultat d'autant plus étonnant que l'équipe arrivée au pouvoir le 10 mai 1981 avait un projet rigoureusement inverse. Est-ce, dans ces conditions, pour ne plus jamais avoir la faculté (ou la tentation) de prendre des mesures de gauche que l'ensemble de « la classe dirigeante s'est inscrite au fichier des interdits de politique[1] » en constitutionnalisant le libéralisme à l'échelle de l'Europe ? Dix ans après avoir inauguré, en 1981, un secrétariat d'État chargé de l'« extension du domaine public », les socialistes français admettaient en tout cas que, pour eux, « le temps des grandes réformes avec un R majuscule est révolu. La réforme Réponse à tout, c'est une conception archaïque et dangereuse[2] ». Il ne s'agissait ici, cependant, que des réformes de gauche. Car sur le chantier des autres, les libérales, ils allaient montrer énormément d'allant. À tel point qu'une décennie après avoir accédé au pouvoir ils s'assignaient une ambition qu'on eût jugée paradoxale en d'autres temps : « Nous voulons valoriser et réhabiliter l'action publique comme nous avons su réhabiliter le rôle de l'entreprise privée[3]. » Une chose après l'autre, en effet. Mais réhabiliter le privé constituait-il vraiment la mission prioritaire des socialistes dans un monde déjà refaçonné par la contre-révolution libérale ?

Or la question de la propriété des moyens de production surdétermine le reste. Pour le comprendre, il n'est même pas nécessaire d'être d'accord avec le François Mitterrand du congrès d'Épinay qui, ressuscitant une formation moribonde, clamait le 11 juin 1971 : « Celui qui n'accepte pas la rupture,

---

1. Expression de Bernard Cassen, notée lors d'une réunion d'Attac, une association créée en juin 1998 pour se « réapproprier ensemble l'avenir de notre monde » (selon la plate-forme fondatrice).

2. Michel Charzat, responsable du projet socialiste de décembre 1991 (« Un nouvel horizon »), *Le Quotidien de Paris*, 22 mai 1992.

3. Parti socialiste, *Un nouvel horizon : projet socialiste pour la France*, Gallimard, Paris, 1992.

celui qui ne consent pas à la rupture avec l'ordre établi, avec la société capitaliste, celui-là, je le dis, il ne peut pas être adhérent du parti socialiste ! » Dans ce domaine, les choses paraissent assez simples. Si la puissance publique ne dispose pas des moyens de conduire ou d'orienter une politique économique (monnaie, budget, secteur public, contrôle des investissements), elle n'a d'autre choix que d'offrir aux chefs d'entreprise nationaux et aux investisseurs étrangers des conditions de rentabilité supérieures à celles qu'ils trouveraient ailleurs. S'adressant six mois après l'arrivée au pouvoir de Lionel Jospin à ceux qui rêvaient encore de contenir le capitalisme au moyen de chartes sociales, de codes d'éthique ou d'appels au civisme, le rédacteur en chef de la revue *La Pensée* observait à bon droit : « Penser pouvoir aménager des "niches de solidarité sociale" sans toucher au mode de régulation du capital est irréaliste, la recherche du profit financier vampirisant l'ensemble de la société. On ne peut rassembler d'un côté "économie", "marché" et "capitalisme", en mettant ailleurs le "social" et le "politique" : dans la réalité, tout cela est imbriqué[1]. » Les socialistes et les sociaux-démocrates sont cependant passés maîtres dans l'exercice qui consiste à la fois à dénoncer « les forces du marché [qui] menacent le cadre de la civilisation[2] » et à ne rien faire – au contraire – pour endiguer l'extension de la sphère marchande. Mieux, ils n'hésitent pas, le cas échéant, à reprocher à la gauche « radicale » son verbalisme impuissant quand elle refuse de les aider.

Le drame de Bourdieu, qui est en train de renoncer à sa fonction d'intellectuel, expliquait ainsi Michel Rocard en 1999, c'est qu'il est passé à une dénonciation prophétique sans y incorporer le moindre contenu de proposition pratique. Et ça, c'est totalement effrayant. Il réveille un peu cette mythologie de l'affrontement sur la méthode alors que tout le monde sait que la méthode de l'à-coup, du brutal, de la révolution, n'a jamais marché nulle part et que maintenant les transformateurs efficaces de société sont ceux qui savent entrer dans un système de

---

1. Joël Biard, « Réalisme de gauche et transformation sociale », *L'Humanité*, 3 novembre 1997.
2. Lionel Jospin, congrès des partis socialistes européens, Malmö, 5-6 juin 1997, cité par *Le Monde*, 9 juin 1997.

décision de plus en plus complexe pour y provoquer des pas en avant de 1 % de redistribution du produit national brut [...], des choses comme ça qu'on ne fera que si tout ce qui se veut révolutionnaire entre dans cette mécanique-là [...]. Bourdieu ne nous aide en rien. Il consolide des conformismes et il crée de la mauvaise conscience là où on n'en a rien à faire. Il nous en faudrait de la bonne pour continuer un boulot de plus en plus infernal, parce que la société est dure à changer[1].

C'est la mécanique d'un tel raisonnement qui est infernale. Son auteur estime, on l'a vu, que l'« unification du monde est faite » autour des idées de Milton Friedman (lire chapitre précédent, p. 291). Il juge en conséquence que les socialistes n'ont plus de marge de manœuvre et que, par exemple, « dans la compétition mondiale sauvage que nous connaissons [...], les impôts sur le capital sont les plus énergiques incitateurs à la délocalisation et donc au chômage[2] ». Partant de tels postulats, qui rejoignent les conclusions des démocrates américains, des néotravaillistes du Commonwealth, des sociaux-démocrates et des Verts allemands, Michel Rocard aimerait, en plus, que « tout ce qui se veut révolutionnaire » se rallie à sa vision désenchantée, entérine la quasi-totalité des transformations de marché déjà réalisées et appuie un projet politique et social qui n'envisage rien de plus ambitieux que « 1 % de redistribution » supplémentaire. Quel crédit auraient en effet les partis de gauche institutionnels s'ils réclamaient à présent des « réformes de structure » attaquant le pouvoir qu'ils ont concédé au secteur privé ? Un des conseillers du parti socialiste français et de la CFDT, Zaki Laïdi, a même intégré les préférences des ultralibéraux américains au point de défendre l'idée de permis de polluer. « En pratique, expliquait-il en 2003, ils ont l'avantage de permettre d'évaluer les coûts de la dépollution arbitrés par le marché, et de stimuler la recherche en matière de techniques de dépollution, grâce à leur mise en concurrence. On comprend alors que l'enjeu central n'est plus de placer abstraitement un bien public "hors marché", *mais, au contraire, de l'inscrire*

---

1. Michel Rocard, intervention aux rencontres de Pétrarque, juin 1999, enregistrement diffusé en septembre 1999 par France Culture.
2. Michel Rocard, « Loi Fillon : les brutaux et les "mollettistes" », art. cité.

dans une logique de marché pour que soit préservée sa valeur de bien public[1]. » Ne pas se situer sur ce terrain-là exposera-t-il bientôt au reproche de s'en tenir à une « dénonciation prophétique » ? L'idée d'une remise en cause, même très partielle, de la propriété privée semble en tout cas absente de la réflexion collective. Elle a cessé de faire débat entre les principaux partis de gouvernement. Une telle occultation bénéficie du concours des grands médias, qui se trouveraient bien embarrassés par un sujet concernant au premier chef leurs propriétaires (Lagardère, Bouygues, Bertelsmann, Murdoch, Viacom, Mediaset, etc.). Eux non plus ne demandent pas mieux que de parler – et de faire parler – d'autre chose.

Trente ans après que les néolibéraux britanniques purs et durs eurent créé, en 1973, le Groupe de Selsdon pour convertir aux vertus du marché un parti conservateur jugé trop mou (lire chapitre 5), les néotravaillistes de Tony Blair ont repris à leur compte les éléments fondamentaux du programme thatchérien. Au point qu'en mai 2003 une centaine de parlementaires se déclarent opposés aux plans de leur Premier ministre visant « à réformer le système britannique de santé publique pour y introduire des éléments de privatisation[2] ». Dès lors que « ce qui compte, c'est ce qui marche », M. Blair estime en effet que même en matière de santé publique « il est impératif d'augmenter les possibilités de choix à l'intérieur des services et entre les services. Ce serait une erreur d'exclure le secteur privé si nous voulons sérieusement innover et progresser[3] ». À ceci près toutefois que, si le système britannique (NHS) est en faillite, si de nombreux patients se rendent à l'étranger pour y être soignés, si le NHS dépense davantage en frais de justice à la suite des poursuites pour incurie et négligence qui lui sont intentés qu'en construction d'hôpitaux, c'est qu'il a été saigné à blanc par un manque de crédits publics. À ceci près aussi que la privatisation des transports publics les a rendus plus lents, plus chers, plus dangereux et moins ponctuels. Que le retard déjà fréquent des trains devient presque

---

1. Zaki Laïdi, « Le social-mondialisme », *Le Débat*, n° 124, mars-avril 2003. C'est moi qui souligne.
2. *Financial Times*, 3-4 mai 2003.
3. Entretien avec *Le Nouvel Observateur*, 12 juin 2003.

systématique avec la chute de feuilles d'arbre en automne et un « mauvais type de neige » en hiver. Que l'éclatement du système ferroviaire a dilué les responsabilités et multiplié les accidents. De telles défaillances restent néanmoins sans effet sur la poursuite des politiques qui les ont provoquées car au Royaume-Uni l'« effet de cliquet » joue en faveur des acquis thatchériens. En France, nonobstant le « droit d'inventaire » que réclamèrent les successeurs de François Mitterrand, son bilan néolibéral ne fut pas non plus remis en cause par ses amis socialistes. Évoquant la situation des employés du secteur public et des administrations affectées aux tâches sociales, Pierre Bourdieu soulignait pourtant dès 1992 : « Une des raisons majeures du désespoir de tous ces gens tient au fait que l'État s'est retiré, ou est en train de se retirer, d'un certain nombre de secteurs de la vie sociale qui lui incombaient et dont il avait la charge : le logement public, la télévision et la radio publiques, l'école publique, les hôpitaux publics, etc., conduite d'autant plus stupéfiante ou scandaleuse, au moins pour certains d'entre eux, qu'il s'agit d'un État socialiste dont on pourrait attendre qu'il se fasse le garant du service public comme service ouvert et offert à tous, sans distinction… […] Dix ans de pouvoir socialiste ont porté à son achèvement la démolition de la croyance en l'État et la destruction de l'État-providence entreprise dans les années 70 au nom du libéralisme[1]. »

Que dire alors du Royaume-Uni, où les socialistes français les plus modernes voient une nouvelle Jérusalem… En juin 2001, quatre jours avant les élections qui vont le reconduire à Downing Street, Tony Blair répond aux questions de la BBC. Dans un de ses éditoriaux, le *Wall Street Journal* relate la scène avec ravissement :

M. Paxman (BBC). – Pensez-vous qu'une entreprise puisse gagner trop d'argent ?

M. Blair. – Je ne crois pas que si elle opère dans un marché concurrentiel, ce soit le travail de l'État d'intervenir et de dire à une entreprise : « Vous gagnez trop d'argent. »

M. Paxman. – Croyez-vous qu'un individu puisse gagner trop d'argent ?

---

1. Pierre Bourdieu, « La main gauche et la main droite de l'État », in *Contre-feux*, Raisons d'agir, Paris, 1998, p. 10-14.

M. Blair. – Non, ce n'est pas ma façon de voir les choses. Vous voulez dire, limiter les revenus de quelqu'un ? Non, vraiment, non. Pour quoi faire ? Vous pouvez passer votre vie à empêcher de gagner de l'argent ceux qui gagnent le plus et, dans le marché international d'aujourd'hui, vous les faites fuir à l'étranger. La chose à faire, c'est de permettre à ceux qui dans nos sociétés n'ont pas d'opportunités de progresser.

M. Paxman. – Mais où est la justice si on impose au même taux quelqu'un qui gagne 34 000 livres [environ 50 000 euros] et quelqu'un qui gagne 34 millions de livres ?

M. Blair. – Mais la personne qui gagne 34 millions, si elle paie le taux maximum sur les 34 millions, paiera beaucoup plus d'impôts que celle qui gagne 34 000 livres... Le taux est moins important en la matière que le montant que les gens acquittent[1].

Il est assez rare qu'un dialogue aussi long fraie son chemin dans un éditorial du grand journal d'affaires américain. Le choix s'impose néanmoins de lui-même quand un échange comme celui-ci concerne un des principaux dirigeants de l'Internationale socialiste. Si on suit le raisonnement de Michel Rocard, faut-il, au Royaume-Uni aussi, que toutes les forces de gauche aident Tony Blair dans son « boulot infernal » dès lors que « la société est dure à changer » ?

Ces dernières années, il est arrivé que même les néoprogressistes les mieux disposés à l'égard du nouveau capitalisme butent contre certaines de ses contraintes. « Tu n'as pas été élu pour faire la politique économique de Wall Street », lance Hillary Clinton à son mari. Robert Rubin, alors directeur du National Economic Council, leur expliquera : « Ce sont les riches qui prennent les décisions économiques. Les attaquer, c'est affaiblir l'économie, ce qui aboutit à affaiblir le président[2]. » Dès le 7 janvier 1993, avant même sa prise de fonctions, le président démocrate nouvellement élu doit arbitrer entre la fidélité à ses promesses électorales, pourtant modestes, de relance par la dépense et le sacrifice sur l'autel de la rigueur

---

1. « Blair's victory », éditorial, *The Wall Street Journal Europe*, 8-9 juin 2001.
2. *In* Bob Woodward, *The Agenda : Inside the Clinton White House*, Simon & Schuster, New York, 1994, p. 200 et 239.

budgétaire des engagements pris devant le pays en des termes pourtant sans réplique. « Ce ne sont pas là seulement des propositions économiques, a-t-il annoncé en les présentant, mais le moyen de sauver l'âme même de notre nation[1]. » Relance ? Rigueur ? Bill Clinton hésite. Et puis, furieux, accablé, pressé par ceux de ses conseillers (dont Robert Rubin, ancien patron de la banque Goldman Sachs et futur ministre des Finances) qui lui expliquent que « si les hommes d'affaires imaginent que son administration ne croit pas au système capitaliste, ils ne créeront pas d'emplois », le président démocrate démontre son « sens des responsabilités ». Par crainte de voir s'envoler le niveau des taux d'intérêt, dont il n'est pas le maître, il lui faudra rassurer l'homme orchestre de la politique monétaire américaine, le très républicain Alan Greenspan. « Vous voulez dire, réplique-t-il aux membres les plus droitiers de son cabinet, que le succès de mon programme ainsi que mes espoirs de réélection dépendent de la Réserve fédérale et d'une fichue poignée de courtiers sur le marché des obligations ? [...] Nous allons donc devoir aider les marchés financiers et punir ceux qui nous ont élus. Mais où sont donc tous les démocrates parmi vous ? Car j'espère que vous comprenez que maintenant nous, nous sommes plutôt des républicains à la manière d'Eisenhower [...]. Nous accordons la priorité à la réduction des déficits, au libre-échange et au marché obligataire. N'est-ce pas extraordinaire ? Je n'aurai donc pas de budget démocrate avant 1996. Aucun des investissements, aucune des choses sur lesquelles j'ai fait campagne[2]. »

Dans le monde refaçonné par les années 80, plus besoin d'être chef d'un Front populaire pour devoir composer avec les marchés. Même la Maison-Blanche bute contre le « mur de l'argent » s'il lui prend la fantaisie exceptionnelle d'envisager une politique progressiste. Quant au « budget démocrate », nul n'en verra jamais la couleur. Ni en 1996 ni plus tard. « Si je veux qu'on m'écoute sur quelque sujet que ce soit, je dois d'abord montrer un budget en équilibre, résume Bill Clinton en

---

1. Discours de Georgetown, 20 novembre 1991, cité in *ibid.*, p. 30.
2. *Ibid.*, p. 84 et 165.

mai 1995. Une fois que j'y parviens, je peux parler de programmes progressistes. Mais si je ne montre pas un budget en équilibre, on ne m'écoutera pas sur le reste[1]. » Résultat : le président démocrate va léguer à son successeur un excédent budgétaire considérable que ce dernier transformera en un déficit abyssal (521 milliards de dollars prévus en 2004) en baissant massivement les impôts des plus riches. Sans, cette fois, que M. Greenspan et la Réserve fédérale s'y opposent[2]. Tout est dans l'ordre. Huit ans d'administration démocrate et une croissance d'une durée sans précédent n'auront rien changé à ce fait que déplorait le président Clinton lui-même : « Nous sommes la seule nation industrielle occidentale à ne pas faire bénéficier tous les salariés de moins de soixante-cinq ans d'un système d'assurance maladie[3]. » Il s'attirera au moins, quelques années plus tard, le satisfecit d'Arthur Laffer, « inventeur » de la politique de l'offre : « Au début de sa campagne, je me méfiais de Bush fils car j'avais détesté la politique de son père. Le premier président Bush avait augmenté les impôts et ravagé l'économie. Heureusement, entre-temps, il y a eu Bill Clinton, qui a été aussi un excellent président : il a réussi à faire voter par le Congrès l'Accord de libre-échange nord-américain (Alena). Il a renommé deux fois Alan Greenspan à la Fed, il a obtenu la plus grande réduction de la taxe sur les plus-values de l'histoire américaine. En outre, il a énormément baissé les dépenses publiques et dégagé des excédents budgétaires[4]. »

La mise en œuvre d'orientations égalitaires ne repose pas nécessairement sur l'action de l'État. Par la grève, le contrat (d'autant plus favorable au salarié que la menace de grève est redoutée par l'employeur), les ouvriers et les employés ont pu

---

1. Cité *in* Robert Rubin, *In an Uncertain World*, Thomson/Texere, New York, 2003. Extrait publié par le *Financial Times*, 10 novembre 2003.
2. La réduction d'impôt de George W. Bush, élu dans les conditions qu'on connaît quelques semaines plus tôt, fut adoptée le 6 avril 2001 par le Congrès des États-Unis ; 43 % du total de l'abattement ont bénéficié au 1 % d'Américains le plus riche. Plusieurs parlementaires démocrates, dont quinze sénateurs, votèrent en faveur de cette mesure.
3. Bill Clinton, *op. cit.*, p. 78.
4. Arthur Laffer, entretien au *Figaro*, 3 février 2004.

améliorer leurs conditions de travail. Souvent, les mobilisations de la base (qu'on pense, en France, à juin 1936 ou à mai 1968) ont enclenché la mécanique des lois sociales. Elles ont aussi freiné ou empêché les régressions. Cette puissance ouvrière ne pèse plus comme avant. Un tel effacement a eu pour conséquence de rendre possible le type de politique économique et sociale qui autrement eût été impensable. Dès lors que l'on pouvait prévoir cette conséquence, on pouvait aussi la préparer, anticiper ce qui la favoriserait et précipiter ainsi les effets qu'elle produirait. C'est donc souvent à dessein que la classe ouvrière a été cassée à la fois par le chômage, par les nouvelles techniques d'individualisation du travail (primes, cercles de qualité), par la marginalisation des salariés qualifiés (qui dans l'histoire sociale s'étaient placés à la pointe des combats syndicaux et politiques) et par une institution scolaire et médiatique prompte à dévaloriser la culture ouvrière[1]. Au bout de la route, interrogent Stéphane Beaud et Michel Pialoux, « d'une classe ouvrière susceptible de mobiliser durablement les esprits et les cœurs, que reste-t-il ? À première vue, des individus isolés, atomisés, divisés entre eux, soumis de plus en plus à l'intensification du travail et qui semblent avoir renoncé à l'action collective [...]. Tout se passe comme si, au long de ces dix dernières années, les ouvriers s'étaient repliés sur eux-mêmes, réduits au silence par la force des choses et par la manière dont on fait silence sur eux [...]. Ils ont quitté l'horizon mental des faiseurs d'opinion (intellectuels, journalistes, hommes politiques, etc.) [...]. Disons-le brutalement : les ouvriers, qui avaient pour eux la force du nombre, ont peu à peu cessé d'être craints et ne font plus peur aux dirigeants [...]. Résultat : la morgue, l'arrogance et les diverses formes de mépris des "dominants", longtemps bridées par l'existence d'une culture politique ouvrière (institutionnalisée), se sont libérées et s'étalent parfois sans complexes[2] ».

---

1. Lire, sur le sujet, Stéphane Beaud et Michel Pialoux, *Retour sur la condition ouvrière*, *op. cit.* Lire aussi Gilles Balbastre, « Le monde du travail interdit de télévision », *Le Monde diplomatique*, juin 1996.

2. *Ibid.*, p. 13-16.

Ces changements sociaux et culturels représentaient autant de *conditions* nécessaires à la mise en place des politiques néolibérales, « mondialisation » comprise. Mais, par effet de miroir, souvent on ne voit en ces conditions que des *conséquences* de la grande transformation marchande. Or ce n'est pas seulement que la flexibilité de l'emploi a pour *conséquence* de casser les ressorts du recrutement syndical, c'est aussi que la faiblesse des syndicats représente une des *conditions* de l'imposition de la flexibilité de l'emploi. Ce n'est pas seulement que l'éventuelle imposition d'un service minimum dans les entreprises publiques aurait pour *conséquence* d'amenuiser la portée d'un préavis de grève, c'est aussi que l'absence de perturbations occasionnées par un mouvement revendicatif dans les transports, l'énergie ou la Poste est une des *conditions* permettant de retirer aux salariés une arme qui leur permet encore de faire reculer un gouvernement décidé à leur arracher de nouveaux avantages. Pourtant, à gauche, on prétextera parfois la disparition du levier ouvrier (qui aurait permis d'agir dans le bon sens) pour se disculper des retournements les plus spectaculaires en feignant ainsi de ne pas mesurer à quel point la puissance de ce levier avait été amoindrie par une suite de décisions politiques. Il incombait, par exemple, aux ouvriers de Michelin de se mobiliser contre l'annonce de licenciements, expliqua le Premier ministre Lionel Jospin juste après avoir annoncé que lui ne pouvait rien faire dès lors qu'il s'agissait d'une entreprise privée. En vérité, une fois que les instruments d'action de l'État ont été détruits ou vendus, une fois que les forces sociales susceptibles d'inspirer et d'accompagner une autre orientation ont été démoralisées et cassées, on ne peut rien faire en effet…

À moins de faire autrement. Mais la perspective de grandes victoires sociales s'éloigne avec la baisse du taux de syndicalisation, lequel est également déprimé par la cession au privé des services publics où les organisations ouvrières pesaient d'un poids particulier[1]. Car la privatisation s'inscrit aussi dans la perspective du combat contre les syndicats. Par effet de retour,

---

1. Selon *Les Échos*, 21 novembre 2000, la part des entreprises publiques dans l'ensemble de l'emploi salarié a été divisée par deux entre 1986 et 2000, pour ne plus représenter que 5,3 % du total.

l'échec des mobilisations ouvrières permet ensuite au pouvoir et au patronat de lancer de nouvelles « réformes ». Au Royaume-Uni, l'impopularité des mouvements de grève de 1979 favorise l'arrivée au pouvoir de Margaret Thatcher, qui utilisera la défaite des mineurs en 1985 pour affûter les lois antisyndicales visant à paralyser le mouvement ouvrier. En Allemagne, c'est un gouvernement de gauche qui, en 2003, tire parti de la déconfiture des métallurgistes d'IG Metall pour décider à la fois la baisse du taux maximum d'imposition des hauts revenus (de 48,5 % à 42 %) et l'allongement de la durée du travail. Un revers syndical enchante généralement les gouvernements, à qui il laisse les mains plus libres. Pour une majorité de gauche, il s'agit cependant d'une victoire à la Pyrrhus. Quand le taux de syndicalisation allemand passe de 35 % en 1991 à 22 % en 2003, l'affaissement d'un des piliers du parti social-démocrate l'oblige à être plus tributaire encore des milieux d'affaires. Mais, sans instrument d'action économique (politique commerciale, monnaie, secteur public) et sans outil de mobilisation sociale, peut-il faire autrement que gérer le pays au gré des humeurs des employeurs et des investisseurs ?

La chose devient plus naturelle encore quand les syndicats contribuent au nouveau cours en garantissant l'échec des oppositions qu'il pourrait provoquer. En France, dès 1985, le secrétaire général de la CFDT, soucieux de voir son organisation rompre pour de bon avec son image gauchiste, annonce à un quotidien partageant la même obsession du « relookage » que « la vieille mythologie syndicale a vécu. Le rapport à la grève a changé. Elle est devenue impopulaire parce que de nombreux salariés sont conscients qu'elle met en difficulté des entreprises qui ont déjà du mal à maintenir leurs emplois. [...] Le plus grand acquis syndical depuis 1981 (et peut-être depuis 1968), c'est d'avoir imposé l'économie de la grève [...]. Le syndicat a gagné une partie pour les salariés, celle de leur éviter de faire des grèves[1] ». La CFDT ne se paie pas de mots. Souvent elle pèse pour que les grèves échouent : « L'habitude a été prise, rappellent trois de ses anciens responsables, d'intervenir dans le cours des conflits pour

---

1. Edmond Maire, in *Libération*, 29 octobre 1985, cité *in* Jean-Claude Aparicio, Michel Pernet, Daniel Torquéo, *op. cit.*, p. 17-18 et 22.

siffler la fin de la récréation : le conflit cheminot [de 1986] en a, le premier, fait les frais : dès les premières concessions annoncées par la direction, Edmond Maire se prononce publiquement pour la reprise rapide du travail. Le coup sera renouvelé à l'occasion de la grève des agents des finances en 1989, lors du référendum de Christian Blanc à Air France en 1993 et, bien sûr, à l'occasion du conflit de la SNCF en 1995. Le grand mouvement des infirmières de 1988 est jugé, d'un bloc et sans nuance, corporatiste comme celui des camions jaunes de la Poste la même année[1]. » En 2003, enfin, la CFDT apprécie comme un « compromis acceptable » la réforme des retraites présentée par le gouvernement de Jean-Pierre Raffarin. Son verdict est rendu public au moment où ce « compromis acceptable » jette dans la rue des millions de salariés.

Il ne s'agit pas seulement de grèves. Depuis 1983, la CFDT, dont plusieurs dizaines de militants ont intégré des cabinets ministériels socialistes, incite presque toujours à l'acceptation des normes dominantes un gouvernement de gauche déjà peu disposé à les combattre. Le syndicat choisit la voie des compromis avec le patronat au moment où ce dernier se montre déterminé à ne rien céder et à exiger toujours plus. Dès 1986, Edmond Maire suggère à ses camarades de reconnaître la légitimité du chef d'entreprise. Six ans plus tard, le secrétaire général Jean Kaspar décourage la recherche de moyens de politique économique qui permettraient d'encadrer le marché[2]. En 1993, Nicole Notat regrette que Renault n'ait pas ouvert son capital : « La question est de savoir si, pour mettre en œuvre une politique industrielle comportant des alliances souvent nécessaires, il faut privatiser ou non et à quelle hauteur. » La question de « nationaliser à quelle hauteur » n'est pas posée... Plus tard, la secrétaire générale menace le parti socialiste « de rapports pour le moins tendus et conflictuels » s'il demeure « tenté par l'opposition pure et dure, la radicalisation des propositions »[3]. Et la modération des propositions syndicales ne concerne pas seulement la France : « Loin

---

1. Cités in *ibid.*, p. 21.
2. Cf. *ibid.*, p. 42.
3. *Le Monde*, 23 août 1994.

d'être une menace pour les pays industrialisés, explique la CFDT, la mondialisation est une opportunité de croissance supplémentaire et d'emplois[1]. » Économie de la grève, apologie de l'ouverture du capital, modération salariale, défense de la mondialisation : quand un syndicat important défend ces positions-là, la gauche politique a le champ libre pour entonner à son tour la même sérénade.

Au service de qui ?

Pour ne plus devoir ni s'offusquer, ni même s'étonner de la porosité des partis socialistes au libéralisme, il suffit de suggérer que la gauche a changé de base. Et qu'elle applique les orientations attendues par son nouvel électorat, plus privilégié. L'une des conclusions courantes de la théorie des politiques publiques est, comme le soulignent Seymour Martin Lipset et Gary Mars, que « les variations en matière d'action de l'État, de politiques sociales et d'inégalités économiques sont étroitement corrélées au degré d'influence politique que les classes inférieures exercent au sein des partis sociaux-démocrates qui concourent au gouvernement[2] ». On imagine la conséquence d'une règle de ce genre quand, entre gauche au pouvoir et catégories populaires, le divorce est prononcé. Or le phénomène observé aux États-Unis dès les années 60 s'est propagé ailleurs. L'origine de classe des électeurs a cessé d'être un marqueur distinguant les principaux partis de gouvernement. En France, le parti socialiste comptait en 1998 16 % d'ouvriers et d'employés, 23 % de professeurs et d'instituteurs, 45 % de cadres supérieurs et de professions intermédiaires[3]. Si la sociologie des adhérents n'est plus très populaire depuis longtemps, l'électorat épousait davantage, jusqu'à une date récente, les

---

1. Résolution « Le syndicalisme face aux défis de la mondialisation », congrès confédéral de la CFDT, Lille, décembre 1998, citée *in* Jean-Claude Aparicio, Michel Pernet, Daniel Torquéo, *op. cit.*, p. 77.

2. Seymour Martin Lipset et Gary Mars, *op. cit.*, p. 285.

3. Estimation du Centre d'étude de la vie politique française (Cevipof), citée in *Le Monde*, 16 mai 2003.

contours de la démographie nationale (la France comptait 56,4 %
d'ouvriers et d'employés en 2002). En 1997, Lionel Jospin pouvait
encore relativiser l'importance du vote d'extrême droite dans les
catégories populaires : « On est sidéré, bien sûr, de voir la proportion d'ouvriers qui votent pour Le Pen, même si Le Pen n'est pas
aujourd'hui majoritaire, heureusement, dans l'électorat ouvrier
– c'est le parti socialiste qui l'est[1]. » Deux ans plus tard, devenu
Premier ministre, il propose « une nouvelle alliance entre les classes
moyennes, les classes populaires et les exclus ». On en connaît le
résultat : au premier tour de l'élection présidentielle, le candidat du
parti socialiste, qui avait obtenu 41 % des suffrages des ouvriers et
39 % de ceux des employés en 1988, ne recueille plus que 13 % des
voix dans chacune de ces deux catégories quatorze ans plus tard[2].
La liquéfaction de la gauche dans l'électorat populaire a en général
profité à l'abstention. Au Royaume-Uni, elle a atteint 40,6 % en
2002. La même année, lors du premier tour de l'élection législative
française, son taux national était de 35,5 %, mais 40 % chez les
employés, 44 % chez les ouvriers, 59 % chez les chômeurs[3].

En novembre 2000, une nette majorité des électeurs blancs
sans diplôme ni gros revenus (60 % chez les hommes) envoie
George W. Bush à la Maison-Blanche[4]. Les propositions économiques du candidat républicain n'expliquent assurément pas ce
choix. La nonchalance du gouverneur texan, qui n'a jamais feint
d'être un « spécialiste » jonglant avec les dernières statistiques
pour mieux entortiller l'électeur, son affichage religieux, qui peut
passer pour de la rectitude morale, un discours sur les « valeurs »
souvent en rupture avec les catégories de pensée sophistiquées
des intellectuels et des experts, tout cela a dû jouer. Ronald
Reagan, on l'a vu, avait parfait l'usage d'une proximité intellec-

---

1. Entretien avec *Le Nouvel Observateur*, 22 mai 1997.
2. Pascal Perrineau et Colette Ysmal (dir.), *Le Vote de tous les refus : les
élections présidentielles et législatives de 2002*, Presses de Sciences Po, Paris,
2003, tableau p. 226.
3. Enquête de la Sofres publiée in *Le Monde*, 15 juin 2002. Dès lors qu'il
s'agit de sondages, une méthode d'enquête à la fiabilité incertaine, ces données,
comme celles du Cevipof, doivent être appréhendées comme des ordres de gran-
deur approximatifs.
4. Lire Andrew Levison, « Who lost the working class ? », *The Nation*,
14 mai 2001.

tuelle avec l'Amérique profonde. Mais, plus fondamentalement, pourquoi les catégories populaires auraient-elles dû être mobilisées par un candidat démocrate, Albert Gore, également fils de très bonne famille, aussi proche des milieux d'affaires que son adversaire, héritier désigné par un président qui s'était excusé devant ses bailleurs de fonds d'avoir trop augmenté les impôts des riches ? Un président qui avait largement fait appel à des banquiers pour constituer son équipe (le ministre des Finances, le ministre du Budget, le directeur de cabinet).

D'après le social-libéral Jean-Baptiste de Foucauld, « la gauche moderne pratique un certain optimisme de marché[1] ». Deux phénomènes l'expliquent, dont les effets se sont mutuellement confortés. D'une part, la dévalorisation de la classe ouvrière, de plus en plus convaincue de son déclin, ce qui contribue à l'accélérer. D'autre part, la tentation croissante des grandes formations de gauche de regarder ailleurs, c'est-à-dire vers les classes moyennes.

Il y a, expliquait Lionel Jospin en 1997, une partie des milieux populaires qui, outre leur déclassement, outre les traumatismes qu'ils subissent, ou les menaces qui pèsent sur leur vie quotidienne, y compris l'insécurité, ne retrouvent plus les repères qui étaient les leurs auparavant. Il y a une partie des Français qui, actuellement, se sentent oubliés, niés, méprisés, que l'on regarde comme ceux qui ne seront pas capables de suivre le train de la modernisation. […] À une époque, quand on était ouvrier en France, quand on appartenait à la classe ouvrière, on n'avait certes pas un statut social majeur, on était confronté à l'exploitation, on avait des difficultés de vie concrètes, mais il y avait une conscience de soi. Individuellement, on n'était pas valorisé dans la société réelle ; mais, comme individu appartenant à un groupe, on était valorisé historiquement, sans parler de la mission prêtée à la classe ouvrière. Ce n'est plus le cas. Aujourd'hui, un ouvrier subit l'exploitation, sa vie quotidienne est difficile, mais il ne peut plus donner un sens à sa catégorie sociale[2].

---

1. Cité in *Le Monde*, 8 juin 2002. Énarque, Jean-Baptiste de Foucauld fut conseiller technique auprès de Jacques Delors, ministre de l'Économie, des Finances et du Budget de 1982 à 1984, commissaire du Plan de 1992 à 1995. Il est l'auteur en 1987 de l'expression « désinflation compétitive », un concept clé du rapport Minc-Balladur de 1994.
2. Entretien avec *Le Nouvel Observateur*, 22 mai 1997.

L'analyse est juste, mais paraît extérieure à celui qui la formule, un peu comme si la réalité décrite avait été enfantée par des forces naturelles qu'aucune politique, y compris de gauche, ne pourrait jamais plus entraver. En tout cas le propos resta sans conséquence sur les orientations gouvernementales socialistes.

Aux États-Unis aussi, un clivage culturel et social oppose une Amérique instruite et prospère à une autre qui craint pour son avenir parce que, depuis vingt ans, au nom de la modernité, son sort n'a presque jamais cessé de se détériorer. Cette fracture, le débat sur l'Alena la fit ressortir en 1993, et un parlementaire démocrate proche des préoccupations ouvrières l'exprima, contre le président Clinton, devant une Chambre des représentants silencieuse : « Les travailleurs américains qui s'opposent à ce traité n'ont pas des diplômes de Harvard. Ils n'ont pas étudié les modèles économiques. La plupart d'entre eux n'ont jamais entendu parler d'Adam Smith. Mais ils savent que les cartes sont biaisées. Ils savent qu'il n'est pas juste de leur demander de concurrencer des salariés mexicains qui gagnent 1 dollar de l'heure. [...] Le matin, ils partent avec leur casse-croûte, ils pointent dans leurs entreprises, ils versent leur cœur et leur âme dans chaque salaire qu'ils reçoivent. Nous n'avons pas le droit de les laisser en rade[1]. » Là aussi, on sait ce qu'il advint.

Puisque les ouvriers devenaient invisibles (tout en demeurant très nombreux), qu'ils dédaignaient les urnes, qu'ils étaient au mieux « oubliés, niés, méprisés » (Jospin), au pire caricaturés comme racistes, sexistes, homophobes et partisans de l'extrême droite, la gauche de gouvernement décida de courtiser des groupes sociaux à la fois moins susceptibles de la reléguer dans le camp des « perdants » de la mondialisation et plus distingués. Ce basculement des clientèles conforta la cohérence sociale de politiques économiques conservatrices tout en permettant de les vendre comme progressistes une fois celles-ci recouvertes d'un badigeon mêlant « ouverture », « modernité », refus du « repli » et antiracisme. De Clinton à Blair, de la Nouvelle-Zélande aux

---

1. David Bonior, cité *in* « Triomphe ruineux pour l'administration démocrate », *Le Monde diplomatique*, décembre 1993.

Verts allemands, le modèle a opéré comme à la parade. Il s'est résumé en cinq mots : tout pour les classes moyennes !

La catégorie comporte un avantage électoral : il est difficile de la circonscrire. Une fois écartés de son champ magnétique les « deux cents familles » d'autrefois et les « exclus » d'aujourd'hui, il reste largement de quoi garnir les urnes de bulletins sonnants et trébuchants. Déjà, dans les années 30, évoquant la clientèle du parti radical socialiste (dont le président d'alors, Édouard Herriot, prétendait avoir inventé l'expression « Français moyen »), Emmanuel Berl soulignait que les radicaux « ne savent pas bien où les gros finissent et où les petits commencent ». Pour Philip Gould, un ancien publicitaire proche de Tony Blair, le flou vise le même calcul : « Plus de 60 % des gens pensent désormais qu'ils appartiennent à un degré ou à un autre à la classe moyenne. [...] La politique de masse est devenue une politique de la classe moyenne. Gagner au XXIe siècle signifie obtenir son soutien[1]. » Une telle imprécision sociologique – car suffit-il de penser qu'on appartient « à un degré ou à un autre » à une catégorie, elle-même indéfinie, pour qu'une identité sociale en découle ? – a pour avantage d'évacuer la question ouvrière, celle de l'exploitation et, partant de là, celle de la relation conflictuelle entre travail et capital. Non sans résultat si l'on en juge à la place croissante qu'occupent dans le « débat public » les exhibitions individualistes et les questions d'identité, conformément à une évolution déjà ancienne aux États-Unis.

Nous vivons, observe Alain Accardo, dans une société où les individus sont *socialement conditionnés* à prendre conscience d'eux-mêmes, non pas comme membres d'une classe sociale déterminée, et singulièrement d'une classe exploitée, dépossédée et dominée de diverses façons, mais seulement comme des individus parmi d'autres, des monades réduites à leurs seules forces individuelles et condamnées à une compétition sans fin [...]. Dans une telle société ramenée à un nuage d'"électrons libres", animés du mouvement brownien de la concurrence généralisée, les seuls critères en vertu

---

1. Philip Gould, *The Unfinished Revolution : How Modernisers Saved the Labour Party*, Abacus, Londres, 1999, p. 396, cité *in* Laurent Bouvet, « Qu'est-ce que la troisième voie ? », *Le Débat*, n° 124, mars-avril 2003.

desquels peuvent éventuellement s'opérer des regroupements et des mobilisations identitaires sont des critères sans rapport immédiat avec la condition de classe, tels que les caractères éthiques, culturels ou sexuels, qui permettent à la rigueur de dénoncer des inégalités et des injustices réelles et de développer des luttes bien ciblées, mais qui n'entraînent aucune remise en cause explicite des rapports de domination inhérents à la structure des classes puisque ces luttes ne visent qu'à rétablir une égalité des droits (entre hommes et femmes, jeunes et vieux, Blancs et gens de couleur, hétéros et homos, etc.) à l'intérieur d'un système de pouvoir reposant sur une distribution parfaitement arbitraire du capital qu'on a cessé de contester dans son principe même[1].

Ici, Alain Accardo évoque une question centrale dans les débats politiques actuels, aux États-Unis et en Europe. Dans quelle mesure les problèmes d'intégration des enfants d'immigrés, atteints de plein fouet par les bouleversements économiques nés de la « mondialisation » et du recul de l'État social, ne sont-ils pas systématiquement traduits – en particulier par les médias, mais aussi à cause d'une certaine carence syndicale – en questions ethniques, religieuses, culturelles[2] ? Dans quelle mesure la polarisation autour des « identités » a-t-elle contribué à la dispersion de la gauche ? Ce sujet a mobilisé les intellectuels néoconservateurs américains, parfois soutenus en France par des auteurs comme Alain Finkielkraut. Selon eux, une tradition universelle judéo-chrétienne affrontait l'assaut de gauchistes diplômés – Allan Bloom les appela des « vandales avec doctorat » – prétendant imposer le point de vue des « minorités ». Il fallait au contraire rechercher l'« excellence », privilégier l'assimilation, insister sur les valeurs absolues. Et, de fait, tout cela serait à la fois plutôt européen, blanc et masculin. Ce culte de l'universalité fut avancé pour combattre une idéologie selon laquelle classe, race et sexe détermineraient l'appréhension des

1. Alain Accardo, « Succession Lagardère : la norme ou l'énorme », *Le Passant ordinaire* (Bègles), n° 45-46, juin-septembre 2003. C'est Alain Accardo qui souligne.
2. *Cf.* Gérard Noiriel, « Petite histoire de l'intégration à la française », *Le Monde diplomatique*, janvier 2002.

choses. La « fin du communisme » a rendu plus aigu encore le désir de certains de ces conservateurs d'en découdre : est-ce au moment où l'ordre occidental triomphe qu'il faudrait le diluer dans une quête de la « diversité » ? Pourquoi ne pas se sentir chez soi dans le monde maintenant qu'on en tient fermement les rênes ? Les décombres de l'« empire du Mal » sont venus à point nommé ancrer dans la modernité une angoisse aussi ancienne que celle de Juvénal devant ce qui semble être désintégration, vulgarité et perte de cohérence. Par effet de retour, cette appréhension a permis de légitimer l'apologie de certaines hiérarchies élitistes sans lesquelles il n'y aurait que décomposition sociale et balkanisation. Pour la droite américaine, le prétendu surgissement d'une « tour de Babel » d'appartements cloisonnés par les identités aura eu au moins cet intérêt de ressusciter le chromo nostalgique du bon vieux pays d'autrefois, dont la démocratie, l'instruction, l'indépendance et le refus des préjugés constituaient les talismans unificateurs.

À cette analyse en lévitation sur l'univers social, la gauche « multiculturelle » a eu tendance à opposer un discours geignard, parfois fruste, volontiers provocateur, morcelant un peu plus un pays, les États-Unis, avant tout éclaté du fait de ses inégalités économiques. Souvent intellectuelle et aisée, cette gauche a fait elle aussi l'impasse sur la question sociale, dévaluée concurremment au groupe ouvrier. Elle s'est ensuite persuadée de sa persistante radicalité en privilégiant les clivages de genre et de groupes, organisant par exemple certains cursus universitaires autour de l'origine nationale, raciale, ou du sexe des auteurs à étudier. À ce compte-là, Marx et Nietzsche se valaient parce que mâles européens et blancs l'un et l'autre. Il aurait mieux valu, comme le suggéra Paul Thomas, professeur de théorie politique à l'université de Berkeley, « faire une lecture féministe de Machiavel plutôt que de rechercher les fantômes féministes contemporains de Machiavel[1] ». Et au lieu de se prétendre « offensé » par la lecture des auteurs grecs qui justifiaient l'esclavage, il eût été facile de souligner la contradiction sous-jacente à une théorie démocratique s'accommodant d'une hiérarchie des races et des

---

1. Cité *in* Serge Halimi et John Seery, « La force des préjugés dans le débat sur l'enseignement », *Le Monde diplomatique*, avril 1991.

sexes. Ainsi, au faux universalisme autoritaire s'est opposée une diversité « libertaire » tout aussi factice. Très vite, une connivence de fait est apparue entre la stratégie de diversion de la droite (parler de morale, de valeurs et de patriotisme pour rassembler derrière soi des groupes sociaux que le nouveau capitalisme attaque de front) et le sectarisme narcissique de la gauche « multiculturelle ». L'une et l'autre, résume Russell Jacoby, « se chamaillent pour savoir quels livres devraient être enseignés alors que peu de livres sont lus et que l'éducation suffoque sous le poids du mercantilisme. Professeurs et étudiants s'affrontent pour déterminer quels mots violent les droits de quel groupe alors que c'est la société qui devient de plus en plus violente. Les citoyens discutent du multiculturalisme alors que le pouvoir irrésistible de la publicité et de la télévision crée une monoculture en matière d'habillement, de musique et de voitures[1] ».

Sur le sujet, il est très facile de railler la droite. Le *Wall Street Journal*, le *Times* de Londres ou *Le Figaro* se montrent toujours prompts à fustiger le déclin du niveau de la culture et de la civilité ; ils « vénèrent le marché et gémissent devant le type de société que ce marché sécrète ». Mais c'est surtout aux universitaires « progressistes » et à ces classes moyennes supérieures qui souvent constituent les cadres intellectuels de la gauche que des analystes comme Jacoby (et Lasch avant lui) réservent leur verve, ciblant tout à la fois leur isolement géographique, leurs privilèges, leur mépris du peuple, leur désertion du combat social : « Étudiants devenus professeurs sans jamais quitter l'université, ils ne se soucient plus d'écrire pour le grand public. Leurs collègues et leurs conférences constituent leur univers. Ils croient que les couloirs de leurs départements sont les tranchées de cette fin de siècle[2]. » Et ce n'est que le début de la remontrance. Il y a aussi l'exagération du pluralisme culturel à base ethnique et sexuelle, la croyance que le langage de la subversion devrait être opaque, la conviction que c'est en purifiant l'expression de ses scories peu civilisées qu'on créera un monde respirable, le bavardage incessant sur les senti-

---

1. Russell Jacoby, *Dogmatic Wisdom : How the Culture Wars Divert Education and Distract America*, Doubleday, New York, 1994, p. XII-XIII.
2. *Ibid.*, p. 161.

ments, le culte de la thérapie de groupe. La droite américaine doit une part de sa victoire à ces guirlandes dérisoires apposées avec fierté sur un monde inégalitaire au moment où on a renoncé à le transformer. Une telle enflure identitaire n'a pas seulement laissé la droite tranquille. Elle a aussi permis l'ascension d'une gauche qui, comme le suggère Alain Accardo, s'est jugée quitte de déclarer forfait sur le terrain du combat contre le capital dès lors que les conseils d'administration des multinationales et le cabinet du président des États-Unis seraient dorénavant commandés par un état-major paritaire et métissé.

« Vingt ans après [1981], tous les sociologues le disent, avancent deux journalistes conquis par le social-libéralisme, les classes populaires ne sont plus les mêmes : les ouvriers d'hier, métallo-communiste ou sidérurgiste cégétiste, se sont fondus dans l'anonymat politique de la grande classe moyenne pour devenir informaticiens ou fonctionnaires[1]. » Peu importe dans le cas d'espèce que la plupart des sociologues affirment le contraire. De ce genre de construction idéologique découlent des conséquences politiques de première importance : si le groupe ouvrier a « fondu », si la classe moyenne s'arrête aux portes de la « surclasse » ultraprivilégiée, la gauche peut faire à peu près n'importe quoi au plan économique et fiscal, surtout si ce n'importe quoi correspond déjà aux priorités de la droite en la matière. Elle peut même remettre en cause un impôt progressif auquel les conservateurs avaient dû se résigner. Reprenant une analyse à ce point proche de celle de la droite américaine qu'il utilise à son tour la très peu scientifique « courbe de Laffer », Anthony Giddens a expliqué : « Nous devons tenir compte de la mobilité sociale vers le haut. Bill Gates s'est enrichi à partir de rien. Personne ne devrait se voir refuser la possibilité de faire fortune, et de révéler ainsi ses talents. Retrancher en outre même une part considérable des revenus de Bill Gates n'aiderait pas substantiellement les autres [...]. Il n'est plus possible ni souhaitable aujourd'hui de remettre au goût du jour ces systèmes d'impôts sur les revenus fortement dénivelés qui avaient cours dans beaucoup de pays il y a de cela une trentaine d'années. Tous les ont abandonnés, certains plus

---

1. Vincent Giret et Bernard Pellegrin, *op. cit.*, p. 45.

radicalement que d'autres. Ce changement s'est fait sous la contrainte d'une grande partie de l'électorat le plus aisé, qui n'acceptait pas de payer de si hauts niveaux d'impôt. La célèbre courbe de Laffer a d'ailleurs bien montré que ceux-ci favorisaient l'évasion fiscale[1]. »

Ici, on doit préciser en quoi consiste cette « grande partie de l'électorat le plus aisé » qui paraît avoir l'oreille des socialistes « modernes ». En France, pays où la gauche a, pour la première fois de son histoire, abaissé en 2000 la tranche supérieure de l'impôt sur le revenu, le revenu mensuel moyen d'un ménage tourne autour de 2 100 euros. Si chacun est assurément libre de mimer des convictions socialistes en se souciant prioritairement des familles qui gagnent trois fois plus, mieux vaut savoir quand même qu'avec 6 000 euros « on ne se situe plus au sein des classes moyennes, même "supérieures", comme on le dit trop souvent, mais bien parmi les 5 % des catégories aisées[2] ». Or la ficelle de l'imprécision devient habituelle. En 1997, Bill Clinton signe une réduction d'impôt prétendument destinée aux classes moyennes *(middle class tax cut)*. La moitié de l'abattement fiscal favorise des contribuables qui gagnent plus de 93 000 dollars par an, à une époque où le revenu annuel médian se situe entre 23 000 et 32 000 dollars[3]. George W. Bush n'aura qu'à rendre plus favorable encore aux riches son allègement du « fardeau » fiscal pesant sur les épaules des « classes moyennes » : invoquer les petits et les moyens pour favoriser les gros n'est pas seulement la technique du lobby des agriculteurs. Quand la gauche y a recours à son tour, de surcroît après avoir supprimé ou rogné la

---

1. Anthony Giddens, « La troisième voie et ses réponses aux critiques », *in* Anthony Giddens et Tony Blair, *La Troisième Voie : le renouveau de la social-démocratie,* Seuil, Paris, 2002, p. 200-201.

2. *Alternatives économiques*, mai 2002. En 2003, le revenu médian des Français se situait à 1 330 euros nets par mois. En haut de l'échelle, 10 % des foyers français gagnaient plus de 3 530 euros par mois. Les ménages « à hauts revenus » (1 % de la population) affichaient un revenu disponible de 8 883 euros, et 32 000 ménages (0,1 % des foyers fiscaux) gagnaient plus de 25 580 euros par mois.

3. Louis Uchitelle, « The middle class : winning in politics, losing in life », *The New York Times*, 19 juillet 1998. Ici, le revenu annuel médian est calculé pour les 20 % d'Américains du « milieu », c'est-à-dire ceux situés entre les 40 % les plus pauvres (qui gagnent moins de 23 000 dollars) et les 40 % les plus riches (qui gagnent plus de 32 000 dollars).

couverture sociale des plus pauvres, sa « modernité » devient un peu grinçante. Et les termes employés perdent leur sens.

Conservateur – mais fils d'acteur itinérant et de trapéziste –, l'ancien Premier ministre John Major a parlé il y a une dizaine d'années d'une « société sans classes ». Rarement les mots et les choses ont été à ce point désaccordés. Au Royaume-Uni, ailleurs aussi, « si les classes ont changé, les barrières entre elles restent faites de la même argile : argent, éducation, famille, situation professionnelle. Loin de se réduire, les écarts se creusent entre les deux extrêmes, et l'identité propre de chacun des pôles se durcit[1] ». Surclasse et « nouveaux valets » : une armée d'employés de maison, mal payés, travaillant quelques heures par-ci, quelques heures par-là, s'emploient à servir ceux d'en haut, gardent leurs résidences, leurs bureaux, nettoient leurs hôpitaux, leurs écoles. Les dépenses britanniques de cuisiniers, femmes de ménage, nurses et jardiniers ont ainsi été multipliées par huit en dix ans[2]. Mais pour préserver le mythe de la mobilité, pour protéger une société de caste, on compte toujours assez de nouveaux riches au parcours largement médiatisé, des « Bill Gates enrichis à partir de rien ». Les loisirs et la culture, prétendument égalisateurs, confortent à leur tour un mur social qui s'est durci. Trente millions de Britanniques (deux tiers des adultes) jouent à la loterie nationale, une institution imaginée par Lord Rothschild pour financer les « bonnes causes ». Les recettes considérables de cette loterie dépendent « de manière disproportionnée des paris des pauvres[3] ». Avec les fonds tirés de cet impôt régressif, l'État achète des toiles de maître à des propriétaires cossus qu'il

---

1. Andrew Adonis et Stephen Pollard, *A Class Act : The Myth of Britain's Classless Society*, Hamish Hamilton, Londres, 1997, p. IX.

2. *Ibid.*, p. 101 : de 524 millions de livres au milieu des années 80 à près de 4 milliards de livres dix ans plus tard. On sait que ces dépenses ouvrent souvent le droit à un abattement fiscal substantiel. En France, dans une certaine limite, la moitié des salaires et charges sociales du personnel de maison sont carrément déduites de l'impôt dû – et non pas du revenu imposable. Au nom de l'emploi.

3. *Ibid.*, p. 270. Soixante-treize pour cent des ouvriers jouent, contre quarante-huit pour cent des cadres supérieurs. Et la part du revenu investi dans le jeu *diminue* avec le revenu. En 1995, les recettes s'élevaient déjà à 4,4 milliards de livres (environ 7 milliards d'euros).

enrichit un peu plus, et il ouvre un nouveau bâtiment de la Tate Gallery à deux pas du *Financial Times*...

Quand Tony Blair et ses amis exaltent les classes moyennes et le « centre radical » qui politiquement les définirait (encore un emprunt à Bill Clinton !), c'est aussi que l'aisance matérielle conférerait une profondeur civique particulière. En 2002, Dominique Strauss-Kahn a ainsi expliqué que « du groupe le plus défavorisé, on ne peut malheureusement pas toujours attendre une participation sereine à une démocratie parlementaire. Non pas qu'il se désintéresse de l'Histoire, mais ses irruptions s'y manifestent parfois dans la violence[1] ». Reste alors pour les socialistes à déterminer qui compose le « socle » sur lequel repose une démocratie apparemment menacée par les éternelles « classes dangereuses ». À défaut d'être autant inspirée par Jean Jaurès que le titre de son livre dans laquelle on la trouve, la réponse de Dominique Strauss-Kahn ne manque pas de logique : « Ce sont donc les membres du groupe intermédiaire, constitué en immense partie de salariés, avisés, informés et éduqués, qui forment l'armature de notre société. Ils en assurent la stabilité, en raison même des objectifs intergénérationnels qu'ils poursuivent. Ces objectifs reposent sur la transmission à leurs enfants d'un patrimoine culturel et éducatif, d'une part, *d'un patrimoine immobilier et quelquefois financier d'autre part, qui sont les signes de leur attachement à l'"économie de marché"*[2]. » Stabilité de la société, transmission du patrimoine, y compris « quelquefois financier », « attachement à l'économie de marché » : le projet historique de la gauche est à peu près redéfini de manière identique des deux côtés de la Manche. Pour enfoncer le clou – mais dans la main de quel apôtre ? –, Dominique Strauss-Kahn pose dans son livre une question aussi

---

1. Dominique Strauss-Kahn, *La Flamme et la Cendre*, Grasset, Paris, 2002, p. 51.
2. *Ibid.* C'est moi qui souligne. Interrogé par Edwy Plenel, directeur de la rédaction du *Monde*, dans son émission de LCI (19 janvier 2002), Dominique Strauss-Kahn expliquera même : « Prolétaire, ça veut dire quoi ? [...] Ça n'est pas non plus quelqu'un qui n'a que ses chaînes à perdre, comme on disait, qui n'a rien, *ce sont des tas de gens comme vous, comme moi.* » À ce compte, la France vit sous le régime de la dictature du prolétariat...

rhétorique que révélatrice : « Chiens de garde de l'État-providence, les socialistes vont-ils se laisser enfermer dans ce rôle dont on peut redouter qu'il traduise une véritable et profonde démission de la raison[1] ? » Rien à redouter en ce qui le concerne : la raison l'emportera.

L'« idée » de classe paraissait plus difficile à contester quand la classe ouvrière était visible en tant que telle, et pas seulement sous la forme médiatiquement dominante d'une armée anéantie dont les soldats seraient tout juste bons à remâcher leur défaite et leur douleur. L'illumination de la disparition d'un groupe social aussi nombreux ou l'illusion qu'il se serait fondu dans une classe moyenne obèse ont percuté la gauche en partie parce que ses dirigeants et ses conseillers appartiennent plus souvent qu'avant à la grande bourgeoisie. Or, comme Christopher Lasch le rappelait en 1995 dans *La Révolte des élites*, le problème des riches n'est pas seulement qu'ils sont devenus infiniment trop riches (aux États-Unis, 1 % des Américains possèdent, après impôt, davantage que les 40 % de leurs concitoyens les plus pauvres[2]). C'est aussi que leur argent les isole davantage qu'avant des réalités quotidiennes des autres, les maintenant dans un cocon d'abstractions et d'images, de réalités virtuelles et d'univers simulés. La « révolte des élites », y compris de celles qui se proclament de gauche, c'est d'abord leur état de sécession sociale, leur déclaration d'indépendance. La mobilité du capital a fait d'elles des touristes dans leur propre pays, les consommateurs d'un « bazar global » qui « parlent entre eux un dialecte inaccessible ». À l'écart des villes industrielles, non dépendants des services publics et de la protection sociale, protégés de la violence ordinaire, « ils se sont retirés de la vie commune et ne veulent plus payer pour ce qu'ils ont cessé d'utiliser ». Dédaigneux d'un peuple – le leur – dont ils méprisent les valeurs et que, grâce aux médias, ils veulent persuader de son incompétence, ils se proclament nomades et « citoyens du monde ». Tout en refusant les respon-

---

1. *Ibid.*, p. 55.
2. D'après les chiffres de 2003. *Cf.* « US rich get richer, and poor poorer, data shows », *International Herald Tribune*, 25 septembre 2003.

sabilités que la citoyenneté implique[1]. « La redistribution est près d'avoir atteint ses limites, en même temps que certains de ses objectifs, tranche Dominique Strauss-Kahn avec un aplomb déconcertant. La fin que poursuit le socialisme, ajoute-t-il, n'est pas de réaliser une conception formelle de l'égalité, mais de garantir la capacité pour chaque individu de développer, librement et pleinement, sa propre personnalité au sein de la vie sociale[2]. » Soit, mais c'est déjà le projet du libéralisme.

En 1971, François Mitterrand vient de prendre le contrôle du parti socialiste, dont il n'était pas membre quelques jours plus tôt. S'adressant à une assemblée militante, il tonne contre le pouvoir. « Pendant ces quinze ans, qu'a-t-on fait pour le peuple ? » « Rien ! » répond la foule. François Mitterrand reprend : « Pour les travailleurs ? » Même réponse de la foule. L'orateur enchaîne : « Pour les paysans ? Pour les ouvriers ? Pour les commerçants ? Pour les artisans ? Pour les cadres ? Pour le peuple ? » La réplique ne varie pas. Le chef socialiste marque une pause. Puis il s'exclame : « Pour les maîtres des sociétés internationales ? » Cette fois, la foule hurle : « Tout ! » François Mitterrand sourit : « Alors je vois qu'on m'a compris. » La scène a du charme, un peu élégiaque peut-être. Mais, question analyse sociale, les réponses pèchent. Entre 1956 et 1971, « on » – c'est-à-dire surtout la droite gaulliste et pompidolienne – a beaucoup « fait » pour les commerçants, les paysans, les cadres. Et même un peu pour les ouvriers et pour le « peuple ». La pression sociale et politique plaidait en ce sens. En 1997, les socialistes français reviennent au pouvoir ; les « quinze ans » qui précèdent ont largement été les leurs. Fraîchement nommé ministre de l'Économie et des Finances, Dominique Strauss-Kahn en tire, honnêtement, le bilan au cours d'une conférence de presse à Bercy. En quinze ans, explique-t-il, la part des salaires dans le produit intérieur brut français est passée de 68,8 % à 59,9 %. Pour la première

---

1. Lire Christopher Lasch, *La Révolte des élites*, Climats, Castelnau-le-Lez, 1996.
2. Dominique Strauss-Kahn, *op. cit.*, p. 25 et p. 73. Il reprend à son compte une citation de Monique Canto-Sperber, une philosophe qui cherche à réconcilier socialisme et libéralisme en avançant qu'ils seraient historiquement liés.

fois depuis des décennies, les entreprises ont acquis une capacité excédentaire de financement. La chose est tellement inhabituelle (elles financent en général leurs investissements en empruntant[1]) que le nouveau ministre estime qu'une part du chômage français « trouve sa source dans un partage de la valeur ajoutée trop défavorable aux salariés pour que les entreprises puissent bénéficier d'une croissance dynamique[2] ».

Cette question de l'affectation de la valeur ajoutée constitue une denrée très rare dans les discours des socialistes français. Ils préfèrent y opposer un « socialisme de la production » avant tout soucieux de création de richesses. La redistribution n'a-t-elle pas « atteint certains de ses objectifs » ? Invoquant John Rawls, la gauche libérale estime même qu'il serait préférable que les inégalités restent fortes si c'est la condition qui stimule l'économie[3]. En dernière analyse, les « exclus » en profiteront eux aussi. En 1994, la commission Minc, nommée par Édouard Balladur mais dans laquelle se retrouvent nombre de penseurs de la gauche modérée (Pierre Rosanvallon, Jean-Paul Fitoussi, Alain Touraine, Edgar Morin), officialise ce basculement idéologique. Elle revendique « le principe d'équité par opposition à l'aspiration égalitaire qui a bercé toute l'histoire sociale d'après-guerre[4] ». La commission (qui, on l'a vu, compte trois futurs membres du gouvernement Raffarin) dénonce naturellement la « frilosité » avant de plaider qu'une « société dynamique, en forte croissance et offrant des espoirs de progrès

---

1. Un quotidien économique commentera cet excédent de financement en relevant qu'« il est rare que des entreprises soient créancières nettes d'une nation ; ce cas n'est prévu dans aucun manuel d'économie » (*La Tribune*, 2 juin 1997).

2. Dominique Strauss-Kahn, conférence de presse du 21 juillet 1997. Les données citées rejoignent celles des comptes de la nation. Entre 1982 et 1997, la part des salaires dans le produit intérieur brut français est passée de 68,8 % à 59,9 %, le profit passant, lui, de 25,6 % en 1982 à 30,7 % en 1997 (il avait même atteint 32 % en 1993, avant le retour de la droite au pouvoir...) (« Comptes de la nation », *Analyses et documents économiques*, n° 72, juin 1997).

3. Ces inégalités, François Mitterrand a concédé que la croissance, loin de les réduire, les multiplie : « Les effets mécaniques du redressement économique sur les structures d'un système capitaliste produisent automatiquement des inégalités nouvelles » (« 7 sur 7 », TF1, 25 mars 1990).

4. Commissariat général du Plan, *op. cit.*, p. 87.

individuel, pourra sans doute davantage tolérer d'inégalités qu'une société dont l'économie croît moins vite[1] ». Lutter en priorité contre elles briderait le moteur à créer des richesses, provoquant davantage de pauvreté. Le président du patronat français est plus brutal quelques années plus tard : « On ne peut pas mener les combats d'aujourd'hui avec un regard concentré sur l'infirmerie[2]. »

Sous un nouvel habillage, la thèse conservatrice de l'« effet pervers » progresse à l'intérieur de la gauche. On oppose aux avocats de la redistribution que leur ambition est méritoire, morale même, mais que son application ne pourra que contredire leurs attentes. Un rapport du Plan avec son sillage d'industriels distingués, d'intellectuels complexes et de grands experts a ainsi ressuscité le vieil adage du « On ne tue pas la poule aux œufs d'or ». Pendant les années Reagan, John Galbraith raillait cet égoïsme social dissimulé sous la parure de la compassion désolée en détaillant dans un court article les artifices permettant de « libérer sa conscience de la présence des pauvres » : « Le premier moyen part de l'idée irréfutable que la plupart des actions qu'on peut entreprendre en leur faveur impliquent d'une façon ou d'une autre la puissance publique. On argumente alors que l'État est fondamentalement incompétent, sauf quand il s'agit de concevoir et de fabriquer des armes ou de gérer le Pentagone. Incompétent et inefficace, il ne faut donc pas lui demander d'aider les pauvres. Ce serait un gâchis ou une solution pire que le mal[3]. » Pour secourir les indigents, ne reste alors qu'une solution, celle de Ronald Reagan : la marée montante qui soulève tous les bateaux. Pas très socialiste ? Sans doute, mais la gauche libérale n'ayant rien trouvé de mieux, il lui faut à son

---

1. *Ibid.*, p. 87 et 88.

2. Ernest-Antoine Seillière, France 2, 22 janvier 1998. Le patron du Medef, un industriel qui a souvent fait appel à l'État, se félicitait à l'époque des déclarations du Premier ministre socialiste, Lionel Jospin, signifiant au mouvement des chômeurs son refus d'une « société d'assistance ». Sur ce sujet, lire Laurent Cordonnier, *Pas de pitié pour les gueux*, Raisons d'agir, Paris, 2000.

3. John Galbraith, *Harper's*, novembre 1986. Sur la thèse de l'« effet pervers », lire Albert Hirschman, *op. cit.*

tour précipiter l'arrivée des crues. C'est-à-dire baisser les impôts, gaver la poule pour qu'elle ponde davantage, soudoyer le capital dans l'espoir qu'il agira en vue du bien commun. « Regardez ce qui se passe aux États-Unis, s'enthousiasme Anthony Giddens. Depuis dix ans, les riches sont devenus plus riches. Mais on assiste aussi maintenant à une élévation du niveau de vie des communautés les plus défavorisées. C'est vrai également à l'échelle de la planète[1]. »

Un socialisme antisocialiste

La gauche libérale ne veut plus traîner les pieds. Le vieux monde s'en va et c'est tant mieux ; le mouvement ouvrier passe le relais aux nouveaux « acteurs sociaux », presque toujours issus des classes moyennes. L'entreprise, avec ses valeurs – compétitivité, prise de risque –, réveille la société par les « défis » qu'elle lui lance et par le « progrès » qu'elle lui impose. Devant ce nouveau capitalisme, ou sa nouvelle offensive, les socialistes modérés et les néotravaillistes prétendent réagir un peu comme Marx face à la révolution industrielle. La transition, expliquent-ils, comporte son cortège de dislocations et de malheurs, mais elle est grosse d'excitations, de jeux, d'imprévu, de mise en bière des traditions sociales les plus pesantes. Le « risque » les grise d'autant plus qu'eux-mêmes ne risquent rien. Et qu'ils méprisent ou ignorent ceux qui n'auront pas de seconde chance et pour qui « débloquer la société » représente tout autre chose qu'une découverte jubilatoire d'adolescent en phase de bouillonnement hormonal. « J'essaye de faire une distinction entre un libéral de gauche et un libéral de droite, explique cyniquement Alain Minc en 1984. La distinction ? Le libéral de droite croit que le marché est le meilleur moyen d'obtenir un optimum économique, mais qu'il faut faire en sorte de maintenir un certain nombre de stabilisateurs pour que la société ne bouge pas trop, même si on atteint l'optimum économique. *Le libéral de gauche, donc moi, croit que*

---

1. Entretien avec *Capital*, novembre 1999.

le marché, outre un certain nombre de vertus économiques, peut être un moyen assez brutal de changer la société et que, de ce point de vue, il faut le laisser jouer à plein[1]. » La nouvelle gauche, ce serait en somme le libéralisme de droite, mais avec des « stabilisateurs » en moins et de la « brutalité » en prime. Au moment où les travaillistes lancent leur révolution libérale-libertaire en Nouvelle-Zélande, c'est plutôt bien vu. Tony Blair viendra plus tard, parachevant et théorisant la transformation du parti autrefois créé par les syndicats britanniques en celui de la modernité capitaliste et sociétale. À Milan, il sermonne en 1999 ses camarades socialistes du continent : « Les États-Unis et l'Union européenne doivent apprendre l'un de l'autre. Nous ne pouvons pas contester que le taux de chômage américain est plus bas que le nôtre, et leur taux de croissance plus élevé. Les prix de leurs produits sont souvent plus compétitifs. Cela ne veut pas dire qu'il faut saborder le modèle social européen. Mais il faut le moderniser [...]. Dans ce monde des nouvelles technologies et de la concurrence internationale qui avance à toute vitesse, les entreprises ont besoin de flexibilité, d'accès facile aux marchés. Pour les salariés, la sécurité vient de l'employabilité, pas des lois rigides de protection sociale[2]. »

En 1984, Gary Hart estimait qu'il était nécessaire d'ajuster la doctrine de la gauche américaine à l'ordre économique façonné par les politiques de la nouvelle droite. Avec Tony Blair et les néoprogressistes, ce qui était nécessaire devient souhaitable. La mondialisation ne les contraint pas, elle les libère. Ils parlent de « transformer le changement en progrès[3] ». Mais, pour eux, le changement *est* progrès, « émergence d'une société civile mondiale ». Le caractère essentiel du projet de « troisième voie », précise Ralf Dahrendorf, ancien directeur de la London School of Economics, « est plus implicite qu'explicite : il s'agit de son optimisme. [...] Ce sens de l'opportunité positif et orienté vers l'avenir séduit d'abord

---

1. « Apostrophes », Antenne 2, 1984, *in* Gilles Balbastre, *Le chômage a une histoire* (France 5, décembre 2001). C'est moi qui souligne.
2. Discours de Tony Blair devant la conférence des partis sociaux-démocrates, Milan, 2 mai 1999.
3. Tony Blair, « La troisième voie. Une politique nouvelle pour le nouveau siècle », *in* Anthony Giddens et Tony Blair, *op. cit.*, p. 258.

ceux qui ne se sentent pas menacés, notamment la nouvelle classe globale des gens qui espèrent tirer profit des modifications intervenues dans les forces de production[1] ». La « troisième voie » sociale-libérale, c'est l'internationalisme de marché ; la « nouvelle frontière » de Kennedy détestée de l'action redistributive de l'État. S'adressant à « ce jeune pays que je veux diriger, confiant en lui-même et en son avenir », Tony Blair expliquait, en une association audacieuse : « Nous sommes tous désormais internationalistes que cela nous plaise ou non. Nous ne pouvons refuser de participer aux marchés mondiaux si nous voulons la prospérité[2]. »

À l'image des quadragénaires ou des quinquagénaires hantés par la peur de vieillir, de ne plus être « dans le coup », l'obsession adolescente du « nouveau » hante les sociaux-libéraux. Quand les blairistes français lancent plusieurs groupes de réflexion autour de Dominique Strauss-Kahn, un adjectif encombre leurs intitulés : « Nouvelle croissance, nouvelles inégalités, nouvelles solidarités » ; « La société française et la nouvelle alliance » ; « Penser les nouvelles régulations ». La rupture avec le passé tient lieu de projet. Le passé de la gauche, en particulier. Et ce projet n'est pas secret : il faut, résume Philip Gould, « gagner le prochain siècle comme nous avons perdu le précédent ». Or, aux yeux des néoprogressistes, quelles ont été les machines à perdre de ces vingt dernières années ? Un indice met sur la piste : dans les quarante-quatre pages du programme travailliste pour les élections de 2001, on ne trouve ni le mot « socialisme » ni celui de « gauche »[3]. Quinze ans plus tôt, Michel Rocard avait expliqué à son ami François Furet : « L'avenir de la France ne sera en de bonnes mains que si prend le pouvoir celle des deux coalitions qui a le plus efficacement balayé idéologiquement chez elle[4]. » S'agit-il

---

1. Ralf Dahrendorf, « The third way and liberty », *Foreign Affairs,* septembre-octobre 1999.
2. Tony Blair, « Doctrine of the international community », Chicago, 22 avril 1999.
3. Selon *Le Figaro*, 30 mai 2003.
4. Michel Rocard, « Une méthode en politique. Entretien avec François Furet », *Le Débat,* janvier-mars 1986. Dans sa « Lettre à tous les Français » (18 423 mots), qui constituait son programme pour l'élection présidentielle de 1988, François Mitterrand n'avait pas utilisé une seule fois le terme « socialisme ». Mais la « gauche » était encore là…

de balayer l'idée du socialisme ? La chose est dite autrement. Pour les néoprogressistes, il convient plutôt d'en revenir au libéralisme de centre gauche britannique, une fois celui-ci épuré de ses pulsions égalisatrices et interventionnistes qu'on juge désormais « contre-productives ». La « réforme » se résume alors au refoulement actif des réglementations nationales (au nom de la modernité européenne et du « doux commerce » de Montesquieu) sur fond de pieuse invocation d'une prochaine régulation internationale (justice, chartes sociales, protection de l'environnement) destinée à rendre soutenable – ou durable – le monde tel qu'il tourne. Les régimes staliniens renforçaient la dictature pour mieux garantir la démocratie ; les néo-progressistes « libèrent » le marché national pour mieux le réglementer à l'échelle européenne ou mondiale. Dans ce genre de construction intellectuelle où les deux étapes d'un même projet doivent s'enchaîner alors qu'elles se contredisent, le fabuliste nous a prévenus contre les (faux ?) gribouilles : un « tiens » vaut mieux que deux « tu l'auras » ; l'un est sûr, l'autre ne l'est pas.

L'adéquation du socialisme antisocialiste aux attentes des couches dominantes est à peu près totale. Il protège leurs intérêts en mimant le progrès, le progressisme même. Serait-ce la reprise du « tout changer pour que rien ne change » ? À ceci près que la formule de Giuseppe Tommasi di Lampedusa avait un bouillonnement révolutionnaire et national pour contexte. Risquant d'être balayée, l'aristocratie italienne devait lâcher du lest pour se préserver. Nous sommes à mille lieues de ce type de situation. Il suffit aux Tancrède d'aujourd'hui de changer moins de choses et, surtout, il leur est possible d'imputer le coût de la transformation aux moins favorisés. Ils s'y résoudront d'autant plus aisément que ces « gueux » ne font pas partie de leur clientèle et qu'ils éprouvent à leur égard un dédain sans limite. Mieux vaut toutefois éviter l'affichage de ce choix de classe, comme par exemple les franchises d'essayiste qui ont conduit Dominique Strauss-Kahn à réfléchir trop haut à l'absence de « sérénité » du « groupe le plus défavorisé ». Or rien de plus facile que de naturaliser le nouvel ordre social en invoquant en plus le courage qu'on aurait à s'y fondre. Ainsi, pour Zaki Laïdi, la gauche doit « renoncer aux tentations simplificatrices » et « se rallier au principe de réalité ». Elle « parviendra mieux à se trouver une identité en assumant son ancrage dans une société libérale qu'en continuant de faire "comme si" elle était engagée dans une lutte héroïque contre cette société »[1]. Une telle recherche d'identité conduit les néoprogressistes sur des sentiers déjà battus par d'autres randonneurs. « Notre but, admet ainsi Tony Blair, est d'éliminer les obstacles à la flexibilité du marché du travail. » Le Premier ministre britannique tient parole. En octobre 2003, son gouvernement rabroue Valéry Giscard d'Estaing, alors chargé de rédiger un projet de constitution européenne, quand l'ancien président conservateur fait savoir que le texte devrait à son avis inclure une charte garantissant le droit de grève[2]. Être de gauche, c'est aussi apprendre à la droite à être vraiment de droite.

Pour les internationalistes de marché, l'essentiel est cependant de ne jamais passer eux-mêmes pour des réactionnaires. Le renversement dialectique entre parti de l'ordre et parti du mouvement représente l'une de leurs grandes victoires. Autrefois le conservatisme impliquait d'abord la protection des rapports de production capitalistes, dans lesquels les socialistes voyaient l'instrument des « maîtres des sociétés internationales ». Le « mouvement », en revanche, qualifiait tous ceux qui luttaient contre le maintien de cet ordre social favorable aux possédants. Avec la conversion de la gauche à la révolution libérale, le « progrès » est devenu la mondialisation (assimilée à l'internationalisme). Et la « réaction », la défense d'un État social qui menacerait le travail en en surchargeant le coût. Ancien maoïste et proche de Michel Foucault, François Ewald est devenu conseiller du Medef. Il est donc bien placé pour analyser ce renversement de définition qui lui permet de tenir son nouveau rôle en prétendant ne s'être jamais renié. « On va dans la rue, écrit-il en 2003, non pas tant pour réformer que pour conserver les acquis et défendre l'état des choses. Les

---

1. Zaki Laïdi, *2002 : le parti de la réforme est mort, vive la réforme*, note de la Fondation En temps réel, 2002. Zaki Laïdi a précédemment été le conseiller de Daniel Cohn-Bendit, qui fut tête de liste des Verts français aux élections européennes de 1999.

2. Lire Daniel Dombey et George Parker, « UK fears charter stance on strikes », *Financial Times*, 4 octobre 2003.

mêmes qui, hier, entonnaient les thèmes révolutionnaires et voulaient changer la vie se réfugient dans une attitude de préservation. Ceux qui se vantaient d'appartenir au pays de la révolution, de la transformation et des avant-gardes sont devenus des conservateurs[1]. » Dans la joaillerie des repentis, ce bijou dialectique n'est cependant ni le premier ni le mieux taillé. À peine plus de quinze ans après Mai 1968, Alain Minc convertissait déjà avec ravissement les enfants des barricades, anarchistes compris, en fourriers des idées de la nouvelle droite américaine. « Extraordinaire capacité de "récupération" – pour parler la langue des cortèges de nos vingt ans – qui fait du marché un espace où peuvent se cristalliser les désirs individuels, le rêve autogestionnaire, l'ambition d'autonomie ! [...] Le marché est en effet un instrument révolutionnaire. Nos clivages culturels se sont organisés suivant une ligne qui a laissé l'apanage du marché aux conservateurs et les principes d'organisation les plus conservateurs de la société aux forces politiques théoriquement progressistes. La voix de quelques anarcho-syndicalistes a vite été étouffée au début du siècle, quand ils affirmaient la capacité révolutionnaire du marché[2]. » Présentant ce « capitalisme soixante-huitard » aux lecteurs de sa revue, Pierre Rosanvallon évoquait à l'époque l'inquiétude d'un de ses amis : « Nous n'avons pas fait la deuxième gauche pour servir de tremplin idéologique à la deuxième droite[3]. » Entrevoir un danger ne permet pas toujours de s'y soustraire.

---

1. François Ewald, « Les sept crises de l'État-providence », *Les Échos*, 8 juillet 2003.

2. Alain Minc, « Un capitalisme soixante-huitard », *Intervention*, n° 9, mai-juin-juillet 1984. Ce passage est tiré du livre d'Alain Minc, *L'Avenir en face* (Seuil, Paris, 1984). L'analyse de la récupération de certains thèmes de la contestation par le nouveau capitalisme « post-soixante-huitard » est développée en 1982 *in* Charles Sabel, *Work and Politics : The Division of Labor in Industry*, Cambridge University Press, Cambridge, 1982. Lire aussi Luc Boltanski et Ève Chiapello, *op. cit.*

3. Pierre Rosanvallon, « Libéralisme de droite, libéralisme de gauche », *Intervention*, n° 9, mai-juin-juillet 1984. L'auteur de l'avertissement était Jacques Julliard, alors directeur de la revue qui comptait parmi ses rédacteurs Patrick Viveret (rédacteur en chef), Daniel Lindenberg, Pierre Rosanvallon, Alain Touraine, Pierre Hassner, Alain Bergounioux, Pascal Perrineau, Alain Finkielkraut, Patrick Rotman.

Autant la genèse des idées thatchériennes et reaganiennes révèle une percée intellectuelle, autant celle des conceptions de la deuxième gauche – ou de la deuxième droite – s'apparente à un recopiage. Dans le premier cas, on renverse un sens commun. Dans le second, on le confirme. Et plus précisément trois de ses axiomes : le socialisme est mort, les ambitions réformistes de la social-démocratie sont hors de portée, il n'y a pas d'alternative au capitalisme de marché. La modestie de la tâche des néo-progressistes éclaire la lecture de leurs travaux[1]. Tantôt ils rappellent les platitudes de la *doxa* managériale et de son écriture automatique replète des mots « défi », « moderne », « crise », « complexe », « nouveau ». Tantôt ils évoquent, plus simplement, la lecture des journaux de la veille. L'écart entre ces deux registres reste assez ténu pour que la transition de l'un à l'autre ne soit pas trop éprouvante. Les textes puisés dans les boîtes à idées du social-libéralisme sont ajustés à la médiocrité des pages « Idées » des quotidiens « de référence » qui d'ailleurs en font leur pitance. Ils y pullulent, de même qu'on les retrouve dans quantité de rapports et de commissions gouvernementales mobilisant inlassablement les mêmes hauts fonctionnaires, grands patrons « éclairés », journalistes à gages et intellectuels consacrés par les médias.

La Fondation Saint-Simon, créée en 1982 pour « dépasser certaines pesanteurs du passé et en finir avec la diabolisation antérieure de toute culture de gouvernement, pour ouvrir intellectuellement un nouvel espace à la pensée réformatrice », fut l'un des réservoirs intellectuels qui alimentèrent nombre de groupes de réflexion destinés à préparer l'ajustement structurel de la France[2].

---

1. Pour lancer le club À gauche, en Europe, successeur de fait de la Fondation Saint-Simon, Dominique Strauss-Kahn, Michel Rocard et Pierre Moscovici n'hésitent pas à égrener un chapelet de lieux communs : « Ce club est né d'un constat simple : le monde a changé. [...] Face à ces mutations, les schémas d'analyse politiques traditionnels ne semblent plus adaptés. Nous croyons que la crise actuelle de la gauche européenne et du débat démocratique appelle une nouvelle grille de lecture, de nouveaux instruments d'action – un projet pour la France et l'Europe de demain. »
2. Voir Laurent Bonelli, « Ces architectes en France du social-libéralisme », *Manière de voir*, n° 72, décembre 2003-janvier 2004, p. 82-85, et *Le Passé d'une fondation. Projet intellectuel, groupes mobilisés et conditions sociales de la naissance de la Fondation Saint-Simon*, mémoire de DEA, université Paris X-Nanterre, 1997.

Inspiré par Jean-Baptiste de Foucauld, le rapport Minc, par exemple, a été produit par une commission comptant dix-sept énarques, cinq polytechniciens – et treize membres de la Fondation Saint-Simon. Dans son cénacle d'experts, qu'on ne saurait confondre avec une confrérie de rebelles, on retrouve les PDG de Saint-Gobain, de Renault, de la BNP, d'Usinor Sacilor, d'Altedia Communication, des sociétés Sodiaal et Legrand. Sans oublier le président de Bolloré Technologies et le directeur général de la banque Pallas Stern[1]. Au total, une femme et zéro syndicaliste.

L'une des idées centrales des rapporteurs, « La préférence française pour le chômage » (une note de la Fondation Saint-Simon publiée en février 1994 sous la plume de l'ancien conseiller de Pierre Bérégovoy à Matignon, Denis Olivennes, portait déjà ce titre), n'est elle-même que la resucée d'une exigence ancienne de Raymond Barre : celle d'une « désinflation sociale compétitive ». Plus familier des rencontres huppées de Davos que des réunions syndicales, l'ancien Premier ministre avait en effet pourfendu dès mars 1984 une « défense aveugle et simpliste[2] » des salaires, laquelle selon lui débouchait sur la croissance du chômage. L'augmentation du nombre de demandeurs d'emploi avait pourtant coïncidé avec la baisse du pouvoir d'achat des salaires. Cela ne pouvait prouver qu'une chose : la baisse n'avait pas été suffisante ; du fait d'un consensus social malavisé, l'augmentation des rémunérations et des charges avait excédé celle de la productivité. C'était fini, « mondialisation » oblige. Dès 1982, les socialistes français eux-mêmes, conformément aux souhaits du FMI et de l'OCDE, désindexent les salaires sur les prix, une orientation que l'économiste Alain Cotta assimilera à un « don Delors » au patronat. L'offrande correspond à un prélèvement de 230 milliards de

---

1. Respectivement Jean-Louis Beffa, Louis Schweitzer, Michel Pébereau, Francis Mer, Raymond Soubie, Michel Debatisse, François Grappotte, Bernard Esambert et Laurent Perpère.
2. Raymond Barre, *Faits et Arguments*, mars 1984. J'emprunte ce développement sur la genèse et le cheminement en France de la « préférence française pour le chômage » à David Horvath, auteur d'une présentation sur le sujet lors d'une conférence consacrée à la Fondation Saint-Simon, les 6 et 7 juin 2003, à l'université de Birmingham (Royaume-Uni).

francs sur les salaires[1]. Le ministre socialiste en question s'en félicitera quelques années plus tard : « Nous avons obtenu la suppression de l'indexation des salaires sans une grève[2]. » La « défense de la monnaie », qui constitue l'obsession des dirigeants français jusqu'au milieu des années 90, oblige ensuite la société à poursuivre dans la voie de la « désinflation compétitive[3] ». Au prix d'un nouvel envol du chômage.

Inspirés par les *think tanks* américains, les penseurs de la deuxième gauche française réunis autour de la Fondation Saint-Simon ou des institutions britanniques comparables ont toujours cherché à associer intellectuels, médias, hauts fonctionnaires et milieux d'affaires. Conseiller de nombreux grands patrons tout en se proclamant de gauche, Alain Minc fut le trésorier de la fondation. Jean Peyrelevade en constitua une recrue appréciée : ayant été directeur adjoint de Pierre Mauroy au moment où le Premier ministre socialiste mettait en musique les nationalisations de 1982, sa venue à Saint-Simon donnait au grand retournement un éclat particulier. Plus tard, Jean Peyrelevade deviendrait banquier (il fut PDG du Crédit Lyonnais de 1993 à 2003). Le président de la Société des lecteurs du *Monde* et lui ne manquaient pas d'amis dans les médias, ce qui leur permit d'injecter plus facilement dans les veines de la société leurs théories de la rationalité. Et ce qui conféra une coloration de gauche à des idées qui ne l'étaient pas. La télévision publique, le quotidien *Libération*, d'anciens intellectuels et artistes communistes ou socialistes appuyèrent également de leur influence, on l'a vu, ce tournant conservateur lors de l'émission « Vive la crise ! ». En même temps qu'elle avait recours à des financements privés, la fondation et ses auteurs furent donc l'enfant chéri des journalistes et des éditeurs (les éditions du Seuil et Calmann-Lévy en particulier). Ses architectes étaient

---

1. Environ 35 milliards d'euros. *In* Alain Cotta, *La France en panne*, Fayard, Paris, 1991, p. 46.

2. Cité *in* Jean Lacouture et Patrick Rotman, *Mitterrand, le roman du pouvoir*, Seuil, Paris, 2000, p. 132.

3. Souvent martelée par Pierre Bérégovoy, l'idée en était que la défense de la parité du franc par rapport au mark contraignait la France à avoir un niveau d'inflation égal ou inférieur à celui de son voisin.

souvent eux-mêmes chroniqueurs, éditorialistes, voire actionnaires de titres de presse. Ils choisirent de s'attacher le concours
d'autres grands noms du métier plutôt que celui de pigistes,
mais, paraît-il, uniquement en raison du talent des impétrants :
« Serge July, Anne Sinclair, Franz-Olivier Giesbert, je dirais
que c'est différent, expliquait Pierre Nora, ils représentent la
partie la plus intelligente des médias[1]. » Si on ajoute à ces noms
ceux de Laurent Joffrin (successivement chef du service économique de *Libération*, puis directeur de la rédaction du *Nouvel
Observateur*, de *Libération*, puis à nouveau du *Nouvel Observateur*) ou de Yann de L'Écotais (qui dirigea *L'Express*), on
comprendra que les idées « intelligentes » de la Fondation
Saint-Simon ne manquèrent jamais de relais dans l'opinion. À
ce stade, c'est ce qui comptait. Car les élites politiques et administratives, elles, avaient déjà été converties[2]. Les socialistes,
qui ne doutent plus que leurs idéaux d'autrefois sont devenus
incompatibles avec la « complexité de la réalité moderne », ne
cessent en conséquence de faire pénitence, de promettre tous
les trois ans qu'ils accompliront leur « Bad Godesberg », de
proposer une « nouvelle » offre politique : plus pragmatique,
plus consensuelle, plus innovante. Dans les cénacles dominants
et dans les salles de rédaction, le blairisme passe pour l'étalon
de la modernité de la gauche[3]. Ailleurs, c'est plus difficile :

---

1. Laurent Bonelli, *op. cit.*, p. 72.
2. Depuis 2001, la République des idées a emboîté le pas à la Fondation Saint-
Simon, autodissoute en 1999. Présidée par Pierre Rosanvallon, elle a pour trésorier
Jean Peyrelevade, également membre du conseil de surveillance de *L'Express*. La
revue *Esprit* et les éditions du Seuil constituent ses principaux points d'appui. La
Fondation Jean Jaurès, le club À gauche en Europe et l'association En temps réel
s'inscrivent dans le même courant idéologique.
3. « M. Jospin fera l'Europe s'il est vraiment le Tony Blair qu'attend la gauche
française » (Bernard-Henri Lévy, *Le Point*, 7 juin 1997) ; « Le New Labour et sa
"troisième voie" constituent sans doute une exception à la misère idéologique de la
social-démocratie européenne [...]. Dans le paysage de la gauche européenne, c'est
la seule touche d'audace apparue ces dernières années » (Daniel Vernet, *Le Monde*,
26-27 mai 2002) ; « Tony Blair a bouleversé le travaillisme britannique en prenant
de vrais risques intellectuels et politiques. La gauche française devrait s'inspirer
d'un tel chambardement » (Denis Jeambar, *L'Express*, 8 mai 2003) ; « Je n'aime
pas du tout Mme Thatcher et j'aime beaucoup Blair » (Jean-Claude Casanova,
France Culture, le 18 octobre 2003). Etc.

depuis 1995, dans plusieurs pays européens, les archaïques paraissent de plus en plus jeunes…

Soucieux de parfaire leur connaissance du monde de l'entreprise, l'historien François Furet et le syndicaliste Pierre Rosanvallon participèrent aux conseils d'administration de filiales de Saint-Gobain et purent ainsi observer « en direct la reconversion de Isover[1] ». Le patronat, sans cesse mieux introduit dans les milieux socialistes, a pu, de son côté, y mesurer les progrès de ses idées. En France, l'ex-gauchiste Denis Kessler a confié au socialiste Pascal Lamy la direction de la commission de prospective du CNPF (l'actuel Medef). Président du conseil de surveillance du principal groupe d'assurances du monde, Claude Bébéar concède aux anciens défenseurs de l'État-providence qu'ils ont su, en se rendant à ses raisons, contribuer à « changer les mentalités » et « rendre les réformes possibles » :

> Jospin a procédé à des privatisations, ce qui compte tenu de son électorat demandait un certain courage […]. L'arrivée de Pierre Bérégovoy au ministère des Finances avait permis d'introduire un certain libéralisme dans l'économie, notamment en autorisant les stock-options en France ! […] De deux choses l'une : soit vous êtes un élu, soit vous vous consacrez à l'animation d'un laboratoire d'idées pour alimenter les acteurs de la politique. D'où l'importance des fondations allemandes et des *think tanks* américains et britanniques qui ont permis d'assurer la continuité du débat politique de ces pays – j'en veux pour preuve les constantes références de Tony Blair à Margaret Thatcher. C'est cette démarche intellectuelle qui me passionne, car je suis convaincu qu'il faut créer une ambiance générale pour changer les mentalités et rendre les réformes possibles. Il y a vingt ans nous étions quelques assureurs à avoir chargé Denis Kessler et Dominique Strauss-Kahn d'une étude sur les fonds de pension. Ils avaient démontré tout l'intérêt de ces fonds, s'opposant en cela à l'opinion générale, et il nous a fallu vingt ans d'explications, de conférences pour faire admettre à 80 % de la population qu'il était salutaire de compléter par une dose de capitalisation la retraite par répartition. Convaincre demande de la patience : tout l'art de gouverner consiste à faire passer les idées et à apprécier le moment où elles peuvent être mises en application[2].

---

1. Cité *in* Laurent Bonelli, *op. cit.*, p. 12.
2. Entretien avec *Le Figaro Magazine*, 13 juillet 2002.

La patience et l'art de gouverner ont dû payer. Juste avant les élection législatives de mars 1993, le ministre français de l'Industrie et du Commerce extérieur, Dominique Strauss-Kahn est interrogé par le *Wall Street Journal* sur « ce qui va changer si la droite l'emporte ». Sa réponse : « Rien. Leur politique économique ne sera pas très différente de la nôtre[1]. » Quelques jours plus tard, une chose au moins a changé : il n'est plus ministre. Il se lance alors dans le lobbying et y trouve avantage. Redevenu ministre, il explique : « C'est normal qu'on fasse l'aller-retour entre le monde de la politique et celui de l'entreprise et c'est même souhaitable. On ne peut pas être un bon ministre de l'Économie si on n'a jamais travaillé avec les entreprises[2]. » Le balancier est en place : Entreprises – État, État – Entreprises. Le public est privatisé dans les structures et dans les têtes. En Europe comme en Amérique, à gauche comme à droite. Avec les responsables socialistes de très haut niveau qu'elles ont recrutés depuis quinze ans, invoquant au pouvoir les « valeurs de la République » et pantouflant dans le privé, les sociétés multinationales pourraient presque constituer un gouvernement en exil. Et en exil de la gauche. Détruire la croyance populaire en la possibilité d'une transformation des rapports de domination et prouver à l'establishment que les socialistes au pouvoir ne cherchent qu'à gérer au mieux le système en place constituent en définitive les deux faces d'une même médaille. Quelles sont encore les lignes de démarcation intelligibles par ceux qui n'ont pas de places à défendre ? La politique étrangère de Jacques Chirac est plus distante des États-Unis que celle de Tony Blair, laquelle est presque impossible à distinguer de celle de Silvio Berlusconi. Sur le terrain des dépenses sociales, la droite française célèbre l'exemple d'un chancelier social-démocrate qui « met un peu fin à une atmosphère de gratuité totale tous azimuts pour essayer de responsabiliser[3] ». Et, en matière de répression de la délinquance,

---

1. *The Wall Street Journal Europe*, 18 mars 1993.
2. « Culture et dépendances », France 3, 13 mars 2002.
3. Déclaration de Jacques Barrot, président du groupe UMP à l'Assemblée nationale, sur Radio Classique, 3 septembre 2003. « Quand je suis avec Tony Blair et Gerhard Schröder, je suis quasiment le plus à gauche », a complété le Premier ministre Jean-Pierre Raffarin (*Le Monde*, 22 janvier 2004).

Anthony Giddens admet : « La politique des travaillistes sur la criminalité fait partie d'une stratégie plus large. Il s'agit de ne laisser de côté aucun sujet que les conservateurs puissent s'approprier[1]. »

À l'époque où le parti communiste était puissant et où certains contestataires lui reprochaient de ne pas faire la révolution, les socialistes adoptaient par intermittence le registre du « pas d'ennemis à gauche ». Ils se cherchaient une nouvelle jouvence en attirant chez eux gauchistes, pacifistes et autogestionnaires. Désormais, c'est plus souvent le « pas d'ennemis à droite ». Avec un raffinement supplémentaire. Celui qui consiste à présenter comme une marque d'attention pour les milieux populaires un discours sécuritaire destiné à les rassurer au moment où ils éprouvent les coups de boutoir des politiques néolibérales qui ont détruit les unes après les autres les protections qui leur conféraient une sécurité. Pour distinguer la gauche de la droite, que reste-t-il encore ? En octobre 2002, Gary Becker, « prix Nobel d'économie » en 1992 grâce à ses travaux assimilant un individu qui se marie et qui procrée à une entreprise qui investit dans le « capital humain », a suggéré une réponse quelques jours seulement avant l'élection de « Lula » da Silva à la présidence du Brésil. « Pourquoi tant d'hommes d'affaires soutiennent-ils Lula ? Un des éléments d'explication tient à leur conviction qu'un homme de gauche est plus susceptible de faire face aux problèmes du Brésil sans remettre en cause le progrès accompli pendant les années 90. Le même raisonnement permet de comprendre pourquoi le Royaume-Uni s'est tourné vers Tony Blair et son nouveau parti travailliste après les réformes de marché considérables mises en œuvre par Margaret Thatcher et John Major. [...] Le Brésil continue d'avoir une législation du travail archaïque qui décourage les employeurs de procéder à des embauches. Avec Lula, qui a la confiance des syndicats, l'éventualité d'une déréglementation du marché de l'emploi est plus vraisemblable qu'avec un président conservateur. Tout comme il avait fallu en Nouvelle-Zélande que ce soit le parti travailliste qui

---

1. Anthony Giddens, « New Labour : un deuxième mandat pour la troisième voie », *Les Échos*, 1ᵉʳ août 2001.

libère le marché du travail[1]. » Pour que l'arrivée au pouvoir de l'ancien dirigeant syndical des métallos de Sao Paulo suscite une telle sérénité, voire une telle expectative chez un théoricien reaganien pur et dur, la gauche ne doit plus signifier grand-chose. Et il y a en effet deux façons de briser les résistances à une politique d'ajustement structurel. La première (Thatcher, Reagan) : les affronter en cassant les organisations ouvrières. La seconde (Mitterrand, les travaillistes néo-zélandais, Blair) : les désamorcer en obligeant les syndicats et les partis de gauche à endosser des politiques qui ne peuvent qu'accélérer leur déclin ou leur normalisation.

On ne s'étonnera donc pas qu'à gauche, de Sartre à Giddens, l'expression « troisième voie » ait progressivement changé de sens. En février 1948, quand Jean-Paul Sartre et David Rousset lancent, dans un texte publié par *Esprit*, leur Rassemblement démocratique révolutionnaire, ils dénoncent à la fois « les pourrissements de la démocratie capitaliste » et « la limitation du communisme à sa forme stalinienne »[2]. Leur troisième voie, c'est le communisme moins la police. Un « vrai » socialisme, si on préfère. Une trentaine d'années plus tard, au lendemain de l'élection de François Mitterrand à l'Élysée, la définition du nouveau président de l'Assemblée nationale n'est pas fondamentalement différente : « Pour nous, explique le socialiste Louis Mermaz, il ne s'agit pas de chercher une troisième voie entre le modèle capitaliste et le modèle soviétique. Il s'agit de chercher une troisième voie *entre le modèle soviétique, que je réfute, et le modèle social-démocrate*, auquel je reproche de faire des expériences qui durent plus ou moins longtemps et de rendre le pouvoir aux conservateurs[3]. » Cette troisième voie se faufile ainsi entre le parti communiste et les partisans du modèle suédois, entre la propriété étatique des moyens de production et

---

1. Gary Becker, « If Lula wins, free markets will survive », *Business Week*, 21 octobre 2002. En réalité, on l'a vu, si c'est bien le parti travailliste qui a entrepris la plupart des réformes néolibérales en Nouvelle-Zélande, c'est plutôt le parti national (droite) qui a déréglementé le marché du travail.

2. Cité *in* Herbert Lottman, *La Rive gauche : du Front populaire à la guerre froide,* Seuil, Paris, 1981, p. 362.

3. Europe 1, 26 octobre 1981. C'est moi qui souligne.

l'autogestion à la scandinave. Puis le ton des socialistes français change, la perspective du socialisme disparaît. En février 1986, Henri Emmanuelli admet : « Les socialistes ont longtemps rêvé d'une troisième voie entre le socialisme et le capitalisme. À l'évidence elle n'est plus possible. La solution, c'est de choisir clairement l'un des deux systèmes et d'en corriger les excès. Nous avons choisi l'économie de marché[1]. » Cette perspective n'enchante guère le ministre du Budget d'alors, mais elle lui paraît s'imposer en raison des contraintes monétaires de la « construction européenne ». En 1991, enfin, le choix auquel les socialistes français se sont résignés depuis des années est gravé dans le marbre de leur nouveau programme : « Le capitalisme borne notre horizon historique[2]. »

Avec Tony Blair, on passe d'une obligation à laquelle on se soumet en rechignant à la préférence déclarée. Il s'agit d'une « "troisième voie" *entre le socialisme à la mode ancienne et la droite*. L'entreprise et l'équité étaient en concurrence. Elles doivent être partenaires. Sans encourager l'entreprise, nous ne créerons pas la richesse[3] ». L'économie sociale de marché cesse même d'être « sociale ». Invité à définir « le programme économique de la troisième voie », Anthony Giddens répond : « La flexibilité accrue du marché du travail, la réforme des systèmes de protection sociale, l'encouragement à l'activité plutôt qu'un simple programme de redistribution sont les priorités[4]. » Ainsi, ce qui, en 1984, était encore le « sale boulot » de la droite s'apparente dorénavant au nouvel âge de la gauche. Présentant un programme libéral de « réformes » devant lesquelles ses prédécesseurs chrétiens-démocrates avaient calé, Gerhard Schröder s'exclame : « L'Allemagne bouge ! » Dans quel sens ? Un de ses conseillers répond : « La social-démocratie s'émancipe de syndicats qui sont dans l'impasse. Elle a une chance d'avoir un avenir. S'il parvient à moderniser l'État-providence, le chancelier a la possibilité de

---

1. Henri Emmanuelli, entretien au *Nouvel Observateur*, 21 février 1986.
2. Parti socialiste, *Un nouvel horizon, op. cit.*, p. 82.
3. Discours de Tony Blair devant la conférence des partis sociaux-démocrates, Milan, 2 mai 1999. C'est moi qui souligne.
4. Anthony Giddens, « Plaidoyer pour la troisième voie », entretien réalisé par Olivier Guez, *Alternatives économiques*, décembre 1999.

donner une nouvelle direction à sa politique[1]. » Avec les démocrates américains, la politique consistant à couper l'herbe sous le pied à leurs adversaires (qualifiée tantôt de « triangulation », tantôt de « troisième voie ») avait pour vocation, on s'en souvient, de « permettre à la vague [conservatrice] de balayer la rive pour lui retirer sa puissance ». Le résultat, on le connaît à présent : la vague de gauche relaie la vague de droite et provoque l'insécurité permanente dans les échelons les moins privilégiés de la société.

Obsédé par la nouveauté, le propos néoprogressiste se veut moderne. Il s'apparente pourtant à un retour en arrière. Tout se passe comme si, après une parenthèse d'un siècle et demi, la gauche était revenue au discours libéral qui la caractérisait quand elle dédaignait la question sociale, quand le mouvement ouvrier n'était pas encore mouvement, quand les syndicats n'existaient pas ou bougeaient à peine. Les « républicains opportunistes » tels Jules Ferry ou Léon Gambetta en France, les libéraux tel William Gladstone au Royaume-Uni, c'était alors la gauche. Et eux aussi privilégiaient les couches moyennes ou « montantes », « groupe central » de l'époque. Ces libéraux accomplirent une œuvre réelle de démocratisation politique et sociale, ils élargirent le droit de suffrage, se préoccupèrent d'instruction et d'hygiène publique. Puis ils s'effacèrent comme force progressiste dominante, remplacés par des nouveaux venus plus radicaux qu'eux et tirant leur puissance d'une population ouvrière en expansion, désireuse de voir ses organisations politiques ou syndicales prendre elles-mêmes les rênes du pouvoir ou casser ce qu'il contenait d'oppression et d'aliénation. Quand Monique Canto-Sperber propose à la gauche de « ramener le socialisme à sa voie libérale. Là est son seul espoir de survie comme mouvement politique crédible pour le monde d'aujourd'hui[2] », cet oxymore ne peut avoir de sens pour un socialiste que si la question de la propriété a cessé d'être pertinente. Un tel postulat suppose que l'appropriation privée du travail et l'exploitation qui en découle ne consti-

---

1. Heinrich August-Winkler, conseiller de Gerhard Schröder, cité *in Le Monde*, 23 juillet 2003.
2. Lire en particulier Monique Canto-Sperber, *Les Règles de la liberté*, Plon, Paris, 2003.

tuent plus de nos jours un problème particulier. Pour le croire, sans doute vaut-il mieux être philosophe et ne pas trop quitter son domicile.

Le « parti de la réforme » est devenu bicéphale. Socialement et idéologiquement, ses deux têtes se distinguent à peine, même si elles se chamaillent encore autour de thèmes symboliques (culture, traditions, mœurs), un peu pour donner le change. Sur ces sujets aussi, au demeurant, il est de plus en plus souvent question de faire débattre les hommes de bonne volonté, intellectuels et experts de préférence, de les rapprocher, de rompre avec « l'idéologie » qui « pollue » les débats, de se poser les « vraies questions », d'y apporter les réponses appropriées – c'est-à-dire celles que l'on connaît déjà. En créant la Fondation Saint-Simon, Pierre Nora entendait favoriser la « rencontre des gens ayant des moyens avec des gens qui ont des idées » et « rendre sa dignité à l'exercice intellectuel que l'engagement politique a discrédité »[1]. Apparemment, le bilan des dernières décennies inspire à notre historien une fierté sans mélange, au moins sur ce point : « Comme il y a eu les Trente Glorieuses de l'économie, il y a eu les Trente Glorieuses de l'intelligence[2]. » Et on s'étonne que l'intelligence suscite autant de méfiance ?

---

1. Cité *in* Laurent Bonelli, *op. cit.*, p. 14.
2. Radio France Internationale, 10 novembre 2002.

Conclusion

« Rien n'est plus répréhensible à mes yeux que cette disposition à fuir, cette désertion si caractéristique d'une position de principe difficile dont on sait pertinemment qu'elle est juste. Cette peur de paraître trop politique et revendicatif, ce besoin d'approbation de la part d'un tenant de l'autorité ; ce désir de maintenir une réputation d'objectivité et de modération dans l'espoir d'être sollicité, consulté ou de siéger dans quelque comité prestigieux, afin de se maintenir au sein du courant dominant, et de recevoir peut-être un jour un diplôme, un prix, une ambassade » (Edward Said[1]).

Goldwater, Reagan, Thatcher, Hayek, Friedman : notre monde ressemble chaque jour un peu plus à leurs rêves. Eux ont assez tenu à les réaliser pour ne jamais renoncer, pour aider les « lois de l'histoire » à basculer de leur côté. En 1964, l'un des penseurs de la droite américaine, William F. Buckley, s'adresse aux jeunes militants conservateurs qui pendant des mois entiers ont organisé des milliers de réunions publiques, collé des millions d'enveloppes, distribué des tracts aux portes des usines et des bureaux. Il sait que son propos va les décevoir. Ils attendent la victoire, ils sentent leur nombre et leur foi, ne croient ni aux sondages ni aux médias. Buckley, lui, demeure lucide. Pour énorme qu'elle soit, la mobilisation du peuple de droite au service de Barry Goldwater ne suffira pas. Pas cette fois, pas encore. Le pays n'est pas prêt ; ce serait trop tôt d'ailleurs, la bataille des idées ne fait que commencer. Buckley lui-même n'a que trente-neuf ans.

---

1. Edward Said, *Des intellectuels et du pouvoir*, Seuil, Paris, 1994, p. 116.

En septembre 1964, il annonce donc « la défaite imminente de Barry Goldwater » à un public d'étudiants républicains persuadés du contraire. C'est le silence, la consternation, quelques sanglots aussi. Puis, avec son style inimitable, très vieille Angleterre, précis et précieux à la fois, Buckley leur explique : « Une pluie diluvienne a gorgé une terre assoiffée avant que nous ayons eu le temps de nous préparer. L'élection de Barry Goldwater supposerait l'inversion des courants constitutifs de l'opinion publique américaine, elle exigerait que cette brigade ardente de dissidents publics dont vous êtes la météore incandescente tout à coup se métamorphose en une majorité du peuple américain, lequel, subitement, surmonterait une lassitude fortifiée par une génération entière, absorberait la vraie signification de la liberté dans une société où la vérité est occluse par les mystifications verbeuses de milliers de savants, de dizaines de milliers d'ouvrages, de millions de kilomètres de papier journal ; un peuple américain qui, prisonnier pendant toutes ces années, parviendrait subitement à fuir avec nonchalance les murs d'Alcatraz et, marchant d'un pas léger sur les mers infestées de requins et de courants contraires, trouverait enfin la sûreté sur la rive[1]. » La rive, terre promise, demeurait cependant dans la ligne de mire. Les requins seraient chassés, les courants domptés. Pas cette fois, plus tard. Mais à condition de mobiliser des recrues, « pas seulement pour le 3 novembre, mais pour les prochains novembres, afin d'instiller l'esprit conservateur chez tant de gens que bientôt nous verrons dans cette élection non pas les cendres de la défaite, mais les graines bien plantées de l'espoir. Celles qui fleuriront un beau novembre à venir – si l'avenir existe[2] ». La suite, on la connaît.

La roue a tourné. Sa rotation n'est pas conclue. Les pages qui précèdent ont rappelé l'art et la manière qu'eurent les héritiers de Goldwater de marcher d'un pas léger sur les mers. Les circonstances historiques et les transformations sociales les encouragèrent ; les appuis financiers ne leur firent pas défaut. Mais, au-delà, il n'est pas inutile, à une période où dans le camp de leurs adversaires les « graines de l'espoir » sont moins pré-

---

1. Cité *in* Rick Perlstein, *op. cit.*, p. 472-473.
2. Cité in *ibid.*, p. 473.

sentes que les ferments du découragement, de souligner tout ce
que le projet libéral a comporté de volonté et de détermination.
Jusqu'au jour où les « mystifications verbeuses », les « milliers
de savants », les « dizaines de milliers d'ouvrages », les
« millions de kilomètres de papier journal » ont rejoint Buckley
et son auditoire. Pour renverser l'irréversible, ils ont détruit les
foyers de résistance, imposé l'idée que leur victoire serait inéluctable, converti les décideurs à leur cause, pris le contrôle idéologique des principaux partis, créé les conditions de l'impuissance
publique, enclenché l'effet de cliquet libéral, assimilé « mondialisation » et ouverture sur l'universel, réduit les impôts afin
d'accroître les déficits, utilisé les déficits pour ronger l'État
social, déniché, enfin, dans chacun de leurs échecs l'irréfragable
preuve que les « réformes » n'avaient pas été poussées assez loin.
Avec une feuille de route aussi détaillée, les libéraux n'eurent
guère le temps de musarder. Juste celui, on imagine, de sourire
en entendant ou en lisant si souvent les proclamations péremptoires d'une « fin des idéologies », assurément bouffonnes dans le
contexte du déploiement méthodique d'une doctrine dorénavant
assimilée à la « seule politique possible ».

« Nous voulons tout »

À l'époque des grèves insurrectionnelles de l'automne chaud
italien, en 1969, les murs des usines Fiat de Turin avaient la
parole, comme ceux de Paris un an plus tôt. On y lisait : « Nous
voulons tout ». Depuis trente ans, ils n'ont pas obtenu beaucoup.
Leur monde a été défait. À cause des revers essuyés au cours de
tant de combats défensifs, souvent pour préserver des industries
et des emplois, y compris à des conditions d'exploitation aggravées. Du fait aussi des nouvelles techniques de production qui, en
pourchassant tous les « temps morts » au nom de la rationalisation et de la concurrence, leur ont interdit de souffler, d'aller
chercher une pièce, de croiser un collègue, d'échanger quelques
mots, de transformer un lieu de travail en un terrain de mobilisation et de solidarité de classe. En raison encore de la sous-estima-

tion persistante de leur nombre, y compris par eux-mêmes, et de l'occultation de leur existence par les partis et par les médias[1]. Mais du fait également de la répression antisyndicale qui suscite toujours moins d'échos que les cotations du CAC 40. Sans oublier le délitement de la vieille alliance avec les intellectuels : « La disqualification du personnel politique communiste et de l'histoire du communisme, notent Stéphane Beaud et Michel Pialoux à propos de la France, est allée de pair avec la disqualification symbolique du groupe ouvrier, laissant exsangue le PCF et abandonnant les ouvriers à la haine sociale […]. Au temps de la forte inscription ouvrière dans l'espace politique et syndical, les représentants traditionnels de la classe ouvrière – les militants syndicalistes – et leurs alliés dans le champ intellectuel (journalistes, universitaires, essayistes, romanciers…) assuraient une représentation décente, plus ou moins fidèle des classes populaires. Ils veillaient au grain, si l'on ose dire. On sentait même, sur ce sujet, une certaine autocensure des bien-pensants, qui ne s'aventuraient jamais trop sur un terrain aussi sensible. La défaite ouvrière a, d'une certaine manière, libéré les esprits revanchards. […] Avec la défection de la plupart des intellectuels gagnés à d'autres causes, les ouvriers se sont laissé imposer une vision d'eux-mêmes qui a grandement contribué à leur démoralisation[2]. » Là encore, rien de naturel. Le découragement est fils de la défaite ; la défaite est favorisée par la désyndicalisation ; la désyndicalisation est accélérée par les techniques d'individualisation du travail, de mise en concurrence des ouvriers, de répression des militants. Et cette répression, justement, passe toujours mieux quand le découragement rôde, quand la casse de l'identité ouvrière ouvre la voie à la construction ou au durcissement

---

1. Dans son dossier « La guerre sociale » (n° 13, février 2003), *PLPL* rappelle que *Le Monde*, par exemple, a titré « Enquête sur la France des oubliés » une série d'articles sur les ouvriers. Lesquels avaient été « oubliés » par *Le Monde*… Ils surgirent dans les médias après le 21 avril 2002, c'est-à-dire une fois que le vote Le Pen permit aux journalistes de redécouvrir une catégorie sociale qui n'existe à leurs yeux que quand elle leur pose un problème. Lire sur le même sujet Stéphane Beaud et Michel Pialoux, *Violences urbaines, violence sociale : genèse des nouvelles classes dangereuses*, Fayard, Paris, 2003.

2. Stéphane Beaud et Michel Pialoux, *Violences urbaines, violence sociale*, *op. cit.*, p. 385-386.

d'autres clivages, aisément manipulables par les gouvernants et par les médias (générations, nationalités, religions, salariés du privé contre fonctionnaires). Pour que le libéralisme passe, il fallait d'abord qu'il saccage le foyer d'où partaient les grandes résistances.

Ce n'était pas tout. Il fallut aussi créer les conditions de l'impuissance publique, c'est-à-dire construire ce corridor des « réformes » à l'intérieur duquel des portes claquent sitôt qu'on en franchit le seuil, pour mener à d'autres portes qui s'ouvrent sitôt qu'on avance. Jusqu'où ? Les libéraux connaissaient la destination. Une porte qui se ferme : Bretton Woods ; une porte qui s'ouvre : la libéralisation du marché des capitaux. Et puis, quelques pas plus loin dans le corridor, la spéculation qui se déchaîne, les marchés financiers qui arbitrent les politiques des États et deviennent hyperpuissance. Avec dans la presse tous ces titres dont ils sont devenus le sujet, qu'ils « craquent », soient « troublés » ou « rassurés », mais indifférents la plupart du temps aux joutes politiques dont dorénavant ils n'auront plus rien à redouter. Une autre porte se ferme, la marche reprend. Un peu plus loin, la direction des opérations des entreprises est retirée aux industriels et aux ingénieurs, confiée à des fonds de pension peu au fait des métiers, des hommes et des territoires parce que avant tout soucieux d'équarrir les morceaux les moins savoureux de la bête, de vendre les autres au meilleur compte, de mettre en concurrence chacun avec tous, l'électroménager et la grande distribution, Moulinex et Casino, afin là encore de débusquer le rendement maximum. Il est forcément provisoire, il va falloir tenir son rang au prix d'efforts et de sacrifices de chaque instant[1]. « Plus ce despotisme proclame ouvertement le profit comme son but ultime, plus il devient mesquin, odieux, exaspérant[2] », écrivaient déjà Marx et Engels en 1848. Odieux, exaspérant, mais pas imprévisible. Milton Friedman nous avait prévenus, lui qui a

---

1. *Cf.* le documentaire de Gilles Balbastre, *Moulinex ou la mécanique du pire* (France 5, mars 2004), et, sur le même sujet, Frédéric Lordon, art. cité. L'un des principaux actionnaires de Moulinex avant son naufrage, Jean-Charles Naouri, est ensuite devenu patron de Casino.

2. Karl Marx et Friedrich Engels, *Manifeste du Parti communiste*, op. cit., p. 42.

formé des légions d'étudiants en business dans cette idée qu'un patron ne doit surtout pas se fixer d'autre tâche que celle de maximiser le gain des actionnaires de l'entreprise qu'il dirige. Eux risquent, explique-t-il, de tout perdre en cas de faillite alors que les salariés, de leur côté, bénéficient de protections et d'indemnisations. Le raisonnement de Friedman est presque sans défaut. À un détail près : les investisseurs ne risquent que leur épargne, les travailleurs perdent leurs conditions d'existence.

Corridor ? Effet de cliquet ? Peu importe la métaphore quand sa destination est identique : le débat entre réforme et révolution est devenu caduc. À quoi sert de marcher moins vite si on veut se rendre ailleurs ? Pascal Salin, qui a dirigé la Société du Mont Pèlerin, a au moins raison sur un point : « Parler de réformer le capitalisme est absurde. On réforme la Constitution, pas le capitalisme. Le capitalisme n'est pas une institution, c'est un système spontané d'autorégulation entre les êtres humains. Donc, on l'accepte ou pas, mais on ne le réforme pas[1]. » Sur la planète entière, les décideurs l'acceptèrent. Partout, les mêmes portes qui se ferment, les mêmes portes qui s'ouvrent. Des travaillistes néo-zélandais se métamorphosent en consultants ès-privatisations de la Banque mondiale, un des artisans socialistes de la « rigueur » en France, Michel Camdessus, devient directeur général du Fonds monétaire international, c'est-à-dire commissaire politique de l'ordre libéral. Les pays n'en sont pas au même point, les mécanismes et l'état des forces politiques diffèrent ? Peu importe. Mû par la même urgence, chacun va bouger dans le même sens, arpenter des stratégies économiques qui se ressemblent[2]. En septembre 2000, quand la droite n'a plus le contrôle de l'exécutif ni aux États-Unis ni dans aucun grand pays européen à l'exception de l'Espagne, le *Wall Street Journal*, loin de s'affoler, y voit au contraire la preuve que « Reagan et Thatcher ont transformé le visage du conservatisme avec tant de succès que les partis de gauche, le New Labour en particulier, ont

1. *L'Express*, 10 octobre 2002.
2. *Cf.* l'analyse comparée des « réformes » libérales au Mexique, au Chili, en France et au Royaume-Uni, *in* Marion Fourcade-Gourinchas et Sarah L. Babb, art. cité.

trouvé qu'il était politiquement plus expédient pour eux de se rallier à ses principes. On peut même avancer qu'ils ont mieux retenu les leçons du reaganisme et du thatchérisme que la droite traditionnelle. Quand avez-vous entendu pour la dernière fois un homme politique vous parler de nationaliser l'industrie[1] ? ». Cette porte-là fut verrouillée derrière elle il y a plus de vingt ans. La propriété privée des moyens de production, de communication, de l'éducation, de la culture ne fait plus guère l'objet de « débats ».

Dans « nationalisation », il y a nation ; dans « mondialisation », il y a monde. On voudrait croire à un hasard sémantique. Mais, tout de même, assimiler l'actuel « Capitalistes de tous les pays, unissez-vous ! » à une forme d'internationalisme, il fallait le faire. On comprend que des ex-gauchistes devenus patrons de journaux en instance d'être cotés en Bourse aient investi dans un tel détournement de la formule célèbre du *Manifeste* ; mais les autres, pourquoi feindraient-ils de ne pas voir que sur le terrain de l'international *tel qu'il est* il y a moins souvent le genre humain que l'éternelle mise en concurrence, moins souvent la solidarité des travailleurs que les alliances du capital ? Le national obligeait les forces sociales à s'entendre ou à se combattre ; la « mondialisation » permet aux gagnants du système de ramasser la mise avant qu'elle ne soit taxée et d'utiliser la mobilité qu'on leur a donnée pour jouer cette mise ailleurs. Ou pour agiter cette menace afin de consolider un peu plus à leur avantage l'inégal rapport de forces entre ceux qui ont un monde à gagner sur un clavier de téléphone et ceux qui, chaînes de montage aux pieds, sont moins susceptibles de quitter l'atelier d'électroménager d'Argentan pour devenir éditorialistes libre-échangistes au *New York Times*.

Ce n'est pas sa qualité scientifique qui soutient le discours sur la « mondialisation » – chacun sait que la plupart des pays développés ne le sont devenus que parce qu'ils n'ont *pas* respecté les « lois de l'avantage comparatif », que dans le cas contraire le Japon fabriquerait encore des tricots de coton et des jouets à bon

---

1. « No thunder on the right : why did capitalism's triumph hurt the friends of laisser-faire ? », éditorial, *The Wall Street Journal Europe*, 8 septembre 2000.

marché –, mais l'effet d'intimidation qu'il répand. Même chez les contestataires qui, pour déférer une fois de plus aux sommations de la presse, se sont proclamés « altermondialistes », comme si le mot « mondialisation » devait être protégé des outrages d'une opposition frontale, comme si la globalisation économique signifiait autre chose que « l'internationalisation d'une finance libéralisée[1] », comme s'il pouvait y avoir le moindre rapport entre ce dessein-là et l'internationalisme qui constitue leur projet légitime. Cette défense d'un terme qui ne devrait paraître cher qu'à ceux qui profitent des effets de son opération pratique n'est pas sans lien avec l'origine sociale de ses locuteurs. Qu'ils rêvent d'accélérer la « mondialisation » ou qu'ils promettent de l'amender, ils confortent l'idée de l'obsolescence des États, et par là le sentiment que les luttes sociales, locales et nationales sont perdues d'avance, que tout se joue ailleurs, dans des cénacles sur lesquels la plupart d'entre nous n'ont pas prise[2]. L'isolement social des catégories populaires, la distance entre profanes et professionnels sont aggravés par la priorité trop exclusive que les libéraux comme les « altermondialistes » accordent aux débats et aux forums internationaux. Ainsi que le souligne Yves Dezalay, « quelles que soient par ailleurs leurs divergences scientifiques ou idéologiques, ces concurrents ont tout avantage à ne pas saper la mystification entretenue par les controverses sur la mondialisation. Ce consensus *a minima* est d'autant plus facile à réaliser que la dynamique de l'affrontement conduit les adversaires à mettre en œuvre des combinaisons assez voisines de compétences savantes et de capital social cosmopolite, au service de stratégies qui se répondent comme en écho, d'un forum à l'autre. Le marché de l'expertise internationale est un marché élitiste, protégé par des barrières à l'entrée aussi discrètes qu'efficaces. Pour y accéder, il faut disposer de compé-

---

1. Définition donnée par Jacques Sapir, *op. cit.*, p. 74.
2. Alors secrétaire au Trésor dans l'administration Bush, Paul O'Neill a même expliqué en 2002 : « Vous connaissez un pays qui fixe le montant et la destination des prêts qu'il accorde aux autres pays ? Le taux de change ? Non, ce sont les marchés qui décident. [...] Un pays n'a pas de taux d'épargne, un pays est une fiction. On a dépassé ce stade. Les frontières entre les pays étaient des constructions humaines. Elles ont disparu » (*Les Échos*, 11 avril 2002).

tences culturelles et linguistiques, qui relèvent pour l'essentiel d'un capital social hérité. Avant d'être renforcées et légitimées par des cursus scolaires internationaux très coûteux, les prédispositions à l'international sont l'apanage des héritiers de lignées familiales cosmopolites, que l'on retrouve même parmi les critiques de la mondialisation. […] Ce qu'on qualifie de mondialisation n'est donc rien d'autre que la poursuite des affrontements nationaux, au nom d'une prétention à incarner des valeurs universelles. Au lieu de s'affronter sous les drapeaux britannique, français ou allemand, les nouveaux missionnaires de la modernité préfèrent se regrouper sous des bannières comme le monétarisme, les droits de l'homme ou le développement durable[1] ». Bariolées et festives, les rencontres internationales des adversaires de la mondialisation libérale s'apparentent souvent à des conférences de presse planétaires davantage qu'à la démonstration qu'un autre monde est possible.

Le discours dominant a changé ? Chacun est en effet libre de soupirer qu'il faudrait que le capitalisme comporte un surcroît d'humanité, d'éthique, d'écologie, de mélange, chacun est libre d'imaginer qu'il suffit qu'il l'ait dit pour qu'une révolution dans le royaume des mots enfante un changement dans le domaine des choses. Mais, sur la terre ferme du « ici et maintenant », même le désintéressement exige qu'on y ait intérêt. Le capitalisme n'a pris un « visage humain » que quand des luttes sociales et politiques l'y ont contraint. Dans un contexte de découragement politique et de désactivation des catégories populaires, les idées de marché n'ont plus autant besoin qu'avant d'être appréciées, aimées, célébrées : le monde s'organise autour d'elles de façon « naturelle ». Une crise et ça repart, toujours dans le même corridor, ou dans le même entonnoir. Le libéralisme français requérait au départ le talent de Giscard d'Estaing ; plus tard, Raffarin suffira. Sans alternative, sans instrument et sans intention de transformer les rapports de

---

1. Yves Dezalay, « Les courtiers de l'international : héritiers cosmopolites, mercenaires de l'impérialisme et missionnaires de l'universel », *Actes de la recherche en sciences sociales*, mars 2004. Lire aussi Franck Poupeau, « Revenir aux luttes : éléments pour une critique de la contestation », *Agone*, n° 26-27, 2002.

forces et les structures, les débats citoyens ne peuvent être que des palliatifs qui habillent de bonne conscience une résignation au monde tel qu'il est.

Il est révélateur à cet égard que même les contestataires les plus désireux d'engager la « bataille des idées » comptent sur le concours des médias pour la mener… Et se plient à toutes les compromissions, à toutes les mises en scène pour que cette assistance intervienne. Il leur arrive d'être déçus, forcément. Ils ont été gentils, ils ont parlé à leur tour, ils se sont gardés d'analyser les rouages de l'information, ils ont quémandé qu'on publie leurs points de vue – gratuitement, en plus ! – dans une presse qui, elle, se vend doublement, à la fois à ses lecteurs et à ses annonceurs. Leur candeur serait émouvante si elle n'était parfois surmontée d'une dose de convenance personnelle permettant de prétendre que les médias de marché pourraient devenir un instrument d'émancipation sociale du seul fait qu'ils consentent à vous donner la parole. Et d'imaginer que l'influence de la contestation est indexée sur la notoriété télévisée de ceux qui la représentent. Le compte n'y est pas. « Certes, la visibilité du mouvement est extrême et nos adversaires sont obligés de nous prendre au sérieux, mais nous n'avons encore rien gagné, admet Susan George, vice-présidente d'Attac, dans un de ses nombreux entretiens. Ni annulation de la dette, ni réforme radicale de la Banque mondiale, du FMI ou de l'OMC. Ni suppression des paradis fiscaux, ni ralentissement de la spéculation sur les marchés financiers. Ni victoire dans l'impôt international[1]. » Les « altermondialistes », puisque c'est le terme que certains préfèrent, ont beau répéter, prouver qu'aucune corrélation n'a jamais été établie entre degré d'ouverture et bonne performance économique, entre protection de l'emploi et niveau du chômage, entre inégalités sociales et taux de croissance, entre privatisations et moindre coût ; on ne les écoute pas. Ils ont beau rappeler que depuis que l'Europe est engoncée dans ses « rigidités », qu'elle « tombe », elle aurait dû s'appauvrir durablement, ce qui n'est pas le cas ; on ne les écoute pas. La lancinante petite musique des chroniques

---

1. Susan George, « Oui, l'Europe est le recours du monde », *Le Nouvel Observateur*, 12 février 2004.

économiques charrie chaque matin son sermon contraire. Les réformes n'ont rien arrangé ? C'est précisément, répond-on, qu'elles n'ont pas été assez loin. Reagan et Bush ont provoqué des déficits budgétaires supérieurs *en proportion* à ceux qui faisaient hurler à la banqueroute dans la France de Mitterrand quand elle s'essayait à une politique de gauche. Certitude de reprise dans un cas, assurance de faillite dans l'autre. Un essaim de journalistes et d'experts veille au grain. Dans le premier pays il aurait fallu privatiser davantage, dans l'autre aussi. Et dans l'hypothèse où... Inutile d'achever la question puisque là encore la réponse est garantie : il faudrait privatiser.

Il paraît que le capitalisme doute. Cela ne se voit pas. Allemagne : l'ancienne compagnie publique de chemin de fer a été transformée en société par actions le 1er janvier 1994. Son PDG souhaite qu'elle entre en Bourse en 2005. Elle n'a plus de mission d'utilité publique[1]. Royaume-Uni : « La privatisation n'a pas vraiment été assez loin », expliqua il y a peu de temps un éditorialiste du *Wall Street Journal* à propos... des chemins de fer britanniques. Prendre ce mode de transport reste « cent fois plus sûr que marcher dans la rue », et le nombre de décès serait gonflé par le fait que la statistique recense les « ivrognes qui tombent du train »[2]. France : le droit général des entreprises privées ne prévoit pas que les syndicats participent au conseil d'administration, comme c'était le cas à France Telecom. La prochaine « normalisation des instances représentatives », l'« adaptation du statut des fonctionnaires au statut de l'entreprise », ce sera donc leur éviction des organes de décision et de contrôle[3]. Salaire au mérite au ministère des Finances, primes d'objectif dans la police, chèques départ pour le personnel administratif, autant d'attaques contre les principes sur lesquels reposait le statut de la fonction publique. États-Unis : les deux principaux candidats à l'élection présidentielle de 2004 ont renoncé aux financements publics pour ne pas avoir à respecter un plafond de dépenses électorales ; le spéculateur

---

1. *Le Figaro Entreprises*, 9 février 2004.
2. Allister Heath, « Privatization is getting a bum rap », *The Wall Street Journal Europe*, 27-28 octobre 2003.
3. *Le Figaro Économie*, 20 octobre 2003.

George Soros devient le principal mécène du parti démocrate. Espagne : le patronat réclame qu'on limite la gratuité de la santé et de l'éducation aux personnes nécessiteuses. « De la liquidation de la solidarité collective à la charité publique », cette évolution se retrouve ailleurs[1]. Dorénavant, même la « charité » doit être calculée au sou près étant bien entendu, comme nous l'a expliqué le tendre économiste Christian Saint-Étienne, que « les RMIstes sont des maximisateurs de profits[2] ». C'est même à leurs performances en la matière qu'on les reconnaît le mieux.

On peut débattre tout son soûl : les structures d'une transformation qu'on eût jugée impossible il y a trente ans sont en place. Qui imaginait alors que la Snecma serait privatisée, que Gaz de France achèterait sur les antennes de la radio publique des spots de publicité dans lesquels un « consommateur » anonyme hurle : « Dans six mois, le marché de l'énergie va être libre. Je vais être libre, libre, libre[3] ! » Et ce n'est qu'un début. Pascal Salin, penseur original, a recommandé que l'Afrique privatise ses troupeaux d'éléphants pour mettre fin aux braconnages, car on ne défendrait bien que ce qui vous appartient. Il vaut mieux ne pas sourire : désormais, Pascal Salin et ses amis de la Société du Mont Pèlerin sont majoritaires dans le jury d'agrégation de sciences économiques[4]. Et, depuis vingt ans, ils sont plus souvent parvenus à leurs fins que ceux qui ironisaient à leur propos. Pendant que la gauche est modérée, geignarde, courtoise, toujours sur la défensive, les libéraux ne manquent jamais d'idées audacieuses. L'un d'eux vient de trouver le remède aux tensions persistantes entre la Serbie et le Kosovo. Le lecteur a-t-il

---

1. *Cf.* « De la liquidation de la solidarité collective à la charité publique », *Le Monde libertaire*, 19 février 2004.

2. Raphaëlle Bacqué, « Les chiraquiens mettent le cap au "centre droit" », *Le Monde*, 12 février 2000, cité *in* Laurent Cordonnier, *op. cit.*, p. 10. Par arrêté du Premier ministre Jean-Pierre Raffarin, Christian Saint-Étienne a été nommé le 15 janvier 2004 membre du Conseil d'analyse économique en raison de ses « compétences dans le domaine de l'analyse économique » (*Journal officiel*, n° 14, 17 janvier 2004, p. 1318).

3. Campagne diffusée par France Inter au début de l'année 2004.

4. Président du jury d'agrégation 2003-2004, Pascal Salin s'y retrouve avec trois autres membres du groupe fondé par Friedrich Hayek : Gérard Bramoulle, Enrico Colombatto et Bertrand Lemmenicier.

déjà compris ? Il s'agit pour la province albanophone d'acheter son indépendance. La Serbie vendrait le Kosovo comme Napoléon vendit la Louisiane. Un prix est même suggéré : entre 50 millions et 1 milliard d'euros. Ce serait, paraît-il, « une solution moderne, de marché, aux problèmes complexes[1] » d'un peuple encore insuffisamment pénétré de la signification du progrès. L'auteur de la proposition est banquier à Vienne, il écrit dans le *Wall Street Journal*. Il fut ambassadeur de Bosnie auprès de l'Union européenne et de l'OTAN pendant la guerre du Kosovo.

En résumant le « basculement du monde » auquel nous avons assisté depuis un quart de siècle, Michel Beaud a également évoqué les projets qu'on trouve dans les cartons du libéralisme. Ceux dont nous risquons de « débattre » demain.

Un enfant et son père se promènent dans la campagne ; soudain l'enfant s'arrête, inquiet, et demande : « Dis, papa, à qui on paie ? » Parcs de loisirs, pistes de ski de fond à péage, plages payantes... de moins en moins d'activités de plein air échappent à l'argent. L'eau de la fontaine était gratuite ; dans les villes, des porteurs d'eau en vendirent, assez tôt, la livraison ; aujourd'hui, l'eau du robinet est payante parce qu'elle est devenue une marchandise produite ; et la vente (en bouteilles, bonbonnes ou « fontaines » pour les collectivités) des eaux minérales ou de source progresse dans tous les archipels d'opulence de notre monde ; tandis que, dans nombre de bidonvilles, le contrôle d'un robinet d'eau douteuse est occasion de racket. La production de l'eau potable est devenue une activité économique à part entière ; demain, pour certains pays, ce sera son importation.

Un processus semblable a commencé pour l'air : air purifié ; bouffées d'oxygène payantes à certains carrefours de Mexico ; constructions de plus en plus nombreuses impliquant l'air conditionné ; projets de « cités artificielles » que préfigurent quelques prototypes. Insidieusement se met en place l'air-marchandise. Prenons la santé. Apparemment, il a toujours fallu payer médecins et apothicaires. En profondeur, tout a changé : systèmes de santé de

---

1. Vitomir Miles Raguz, « Let's just sell Kosovo », *The Wall Street Journal Europe*, 15 octobre 2003.

plus en plus coûteux, enjeux de recherche, de production et de marché des laboratoires pharmaceutiques, lobbies médicaux. [...] L'argent domine, comme il tend de plus en plus à le faire pour l'éducation et la formation, la presse, la culture, l'art, le sport, les loisirs... De même dans le domaine du stockage, de la diffusion et du traitement électroniques des informations. On aurait pu imaginer que s'instaure une gratuité, de type service public ou d'un type nouveau. Mais ce sont les logiques du marché et du profit qui prédominent, un petit nombre de groupes capitalistes pesant à la fois sur l'essor des besoins, la définition des normes et la structuration de l'offre.

Ainsi s'élargit, se renforce le règne de la marchandise. Mais ce n'est plus principalement à travers la multiplication et l'amoncellement des marchandises matérielles, comme on a pu le pressentir au XIXe siècle et l'observer au XXe, aux plus beaux jours de la société de consommation. Ce sera – cela commence à être – la marchandisation de tous les moments de la vie des hommes, de toutes les fonctions des sociétés et, de plus en plus, de toutes les dimensions d'une Terre réduite à n'être que l'environnement des hommes. En bref, la marchandisation de l'homme, des sociétés et de la Terre[1].

Les ouvriers de Turin ne proclament plus « Nous voulons tout ». Le registre de l'ambition, de l'utopie, de la démesure est devenu la marque déposée de ceux à qui il ne manque rien. Contre eux, des victoires ponctuelles demeurent possibles. Mais, au-delà, il faut que tout change pour que quelque chose change.

Imiter le volontarisme des libéraux au moment de leur traversée du désert permettrait plus souvent aux contestataires de ne pas abandonner la proie pour l'ombre, leur épargnerait de confondre résultats obtenus et feux de la rampe. Pourtant, cela ne suffirait pas. Ils souffrent en effet de plusieurs handicaps inconnus de leurs devanciers et actuels adversaires. On l'a vu, ce serait pécher par idéalisme que d'attribuer le retournement des années 80 au seul travail idéologique des *think tanks*, des institutions économiques internationales, des intellectuels et des

---

1. Michel Beaud, « Dis, papa, à qui on paie ? », *Manière de voir*, n° 72, décembre 2003. Lire aussi Michel Beaud, *Le Basculement du monde*, La Découverte, Paris, 1997.

journalistes qui firent rimer « modernité » avec soumission aux exigences du patronat. Le volontarisme intellectuel d'une droite n'hésitant pas à invoquer les thèses du communiste italien Antonio Gramsci sur la nécessaire conquête de l'hégémonie culturelle n'a atteint ses fins qu'en raison d'une modification du rapport de forces social et politique. Plus tard, les dégâts sociaux du néolibéralisme favorisèrent son succès électoral et politique : un capitalisme sauvage libéra un populisme réactionnaire. De droite ou de gauche, les gouvernants menèrent une politique favorable aux riches. Puis, avec le concours des médias détenus par les possédants, ils convertirent une possible colère ouvrière née de défaites économiques en une panique identitaire. Et en une demande de « loi et d'ordre ». Pour ce faire, ils disposèrent d'armes sur lesquelles les adversaires de la mondialisation libérale ne doivent pas compter : les grandes entreprises ne vont pas financer les recherches de qui entend détruire leur pouvoir ; les médias, désormais entre les mains des multinationales et régis par des logiques de marché, les discréditeront dès que nécessaire. Autant le savoir et éviter ainsi ce cycle fait d'illusions prophétiques sitôt que le système grince (krach boursier de 1987, crise monétaire de 1998, explosion de la bulle Internet) et de découragement quand il redémarre de plus belle.

La guerre peut aussi servir à rétablir l'ordre.

La guerre et la peur

Dans l'heure qui suivit l'attaque contre le World Trade Center et le Pentagone, la conseillère de Steve Byers, ministre du Commerce et de l'Industrie dans l'équipe de Tony Blair, expédia le courrier suivant à des collègues et hauts fonctionnaires du ministère : « C'est un très bon jour pour faire ressortir et passer en douce toutes les mesures que nous devons prendre. » On aura compris qu'il s'agissait plutôt de mesures impopulaires. En tout cas, les effets des attentats du 11 septembre ont paru tellement providentiels pour les gouvernants américains et pour les cercles qui les soutiennent que des légions de paranoïaques ont été

encouragés à croire à l'existence d'un complot destiné à faire
oublier l'affaire Enron ou à enrichir la firme Halliburton. Ceux
que les libertés publiques incommodent, ceux qui ne voient dans
le monde et dans chaque pays que clash culturel, ethnicisation des
rapports sociaux et guerre des civilisations n'ont assurément pas
eu à se plaindre des années consécutives au 11 septembre 2001.
La mobilisation militaire permanente a permis de faire tenir la
société par la peur et par le risque extérieur. L'antiterrorisme a
pris la place de l'anticommunisme. La promesse libérale ayant
épuisé la plupart de ses charmes, la manipulation du risque est
venue à point nommé.

La « menace islamique » occupe depuis longtemps la pensée
des faucons américains marginalisés par la fin de l'Union soviétique, écartés de la Maison-Blanche par le père de l'actuel président et qui manifestaient souvent une sympathie particulière
pour la droite israélienne. Guerroyant contre les modérés, ils rongeaient leur frein dans de nombreux *think tanks*, inspiraient une
fraction du parti démocrate, resserraient leurs liens avec la droite
religieuse, profitaient de leur sur-représentation dans les médias
– ceux de Rupert Murdoch et le *Wall Street Journal* en particulier. Le combat « pour la démocratie » va offrir une ambition
messianique à une droite qui a atteint la plupart de ses objectifs
mobilisateurs et qui, hormis quelques combats d'arrière-garde en
faveur de l'abstinence et du caractère sacré du mariage hétérosexuel, peine à se trouver un dessein collectif plus exaltant que la
privatisation de la sécurité sociale. Reste que l'ambition proclamée par le président Bush dès le 14 septembre 2001 – « débarrasser le monde du Mal » – est sans rapport avec ses projets électoraux de l'année précédente. Le gouverneur du Texas reprochait
alors aux démocrates leur « arrogance » diplomatique et se promettait de diriger l'Amérique de manière à ce qu'elle redevienne
« une nation humble »...

Il y a trente ans, les partisans de la « politique de l'offre »
attendaient l'occasion politique de sortir leur courbe de Laffer ;
les néoconservateurs, eux, escomptaient que le surgissement
d'un nouveau danger leur permettrait de surmonter l'indifférence
que leur projet impérial suscitait auprès des militaires, des
médias, des élus et du grand public. « Les attentats terroristes du

11 septembre 2001 vont changer la donne politique, explique Bernard Sionneau. Ils offrent à la nouvelle équipe présidentielle et aux faucons la possibilité de justifier la définition et la mise en œuvre d'une nouvelle doctrine de sécurité dont les axes les plus importants ont été définis entre 1997 et 2000 à partir de propositions faites depuis près de trente ans par les grandes fondations et *think tanks* conservateurs, puis relookés au début des années 90, pour prendre en compte la disparition de l'Union soviétique. [...] Les attentats n'ont fait que permettre à l'administration d'obtenir les moyens financiers et l'appui du Congrès, indispensables pour transformer ces observations et recommandations en politiques publiques et justifier une augmentation massive des crédits de la défense[1]. » On avait traité d'illuminés les néoconservateurs de leur trempe, ils répliquaient à présent qu'ils avaient toujours compté au nombre des sages qui savent comment le monde tourne : « Ceux que l'idéologie détermine sont les modérés. Ils ignorent les faits qui les gênent et préconisent des solutions vouées à l'échec. Les réalistes, les pragmatiques sont les faucons *[hard-liners]*. [...] Les États-Unis peuvent ne pas réussir à entraîner un pays dans la démocratie. Mais là où cette porte est verrouillée par la serrure du totalitarisme, la puissance américaine est le seul moyen de la faire céder[2]. » Oubliant toute son humilité, le président Bush ressuscita un impérialisme à la mode de Rudyard Kipling : « Si les valeurs que nous défendons sont assez bonnes pour notre peuple, elles sont assez bonnes pour les autres. » La vieille ficelle de l'« antiaméricanisme » avait déjà été utilisée au moment du maccarthysme et des lois Taft-Hartley pour disqualifier, voire criminaliser, toute dissidence politique et sociale. C'était reparti. Le raisonnement se voulait sans réplique : « Les extrémistes religieux et les militants athées, les sunnites et les chiites, les communistes et les fascistes : au Proche-Orient, ces catégories se mélangent. Toutes débordent d'un réservoir de rage combustible.

---

1. Bernard Sionneau, « Réseaux conservateurs et Nouvelle Doctrine américaine de Sécurité », in *Annuaire français de relations internationales*, tome IV, Bruylant, Bruxelles, juin 2003.

2. David Frum et Richard Perle, « America's pragmatic neocons », *The Wall Street Journal Europe*, 7 janvier 2004.

Et elles n'ont qu'une seule cible : les États-Unis[1]. » Comme il n'y a pas de petits profits dans une guerre, fût-elle « contre le terrorisme », l'administration Bush utilisa aussi la création d'un département de la Sécurité intérieure pour retirer à ses nouveaux salariés, souvent issus d'autres administrations fédérales qui venaient d'être réorganisées, les droits à la négociation collective de leurs conditions de travail et aux protections accordées aux fonctionnaires. Puis elle brisa une grève des dockers en faisant savoir aux syndicats qu'« une interruption du travail serait traitée comme une atteinte à la sûreté nationale et que l'État était disposé à recourir aux forces armées pour remplacer les grévistes[2] ». Le ministre de la Défense, Donald Rumsfeld, expliqua que tout le fret, pas seulement les cargos destinés à l'armée, serait considéré comme ayant une valeur militaire.

Les néoconservateurs se reconnaissent dans un slogan qu'ils appliquent à tous les sujets : « La seule stratégie de sortie est la victoire. » Les victoires doivent s'accumuler puisque George W. Bush a estimé : « En un peu plus d'une génération, nous avons assisté à la plus grande avancée de la liberté en 2 500 ans d'histoire de la démocratie[3]. »

Selon que vous serez puissants ou misérables

L'établissement de bilans de la mondialisation est devenu une petite industrie. Écarts des revenus, nombre de pauvres, pourcentages, richesse réelle : parfois il suffit d'un changement de formulation infime pour que la conclusion s'inverse. Cela peut permettre aux mêmes de dire une chose puis son contraire. De célébrer, tel Elie Cohen, les privatisations et le libre-échange avant de « découvrir » que décidément le remède aggrave

---

1. David Frum et Richard Perle, *An End to Evil : How to Win the War on Terror*, Random House, New York, 2003, cité in *The Economist*, 10 janvier 2004.
2. Rick Fantasia, « L'État américain engagé contre les syndicats », *Le Monde diplomatique*, juillet 2003.
3. George W. Bush, discours devant le National Endowment for Democracy, Washington, 6 novembre 2003, cité *in* Quentin Peel, « No democracy is immune to extremism », *Financial Times*, 8 janvier 2004.

souvent l'état du patient. De railler les contestataires qui, selon lui, « miment l'éternel combat des damnés de la Terre contre les maîtres du monde[1] », avant de confirmer doctement la plupart de leurs analyses : « Aujourd'hui, on *[sic]* découvre que la libéralisation économique et la fantastique croissance qui a été celle des États-Unis au cours des dix dernières années n'ont pas profité aux pays les plus pauvres [...]. Ces pays, à qui l'on avait dit : "Plus on libéralisera, plus on participera au festin du développement", tombent de haut : au contraire, ils régressent. [...] Et s'enfoncent dans une pauvreté insoutenable[2]. » Même l'économiste en chef de la Banque mondiale doute à présent des vieilles ordonnances que son institution avait prescrites : « Quant aux inégalités, je crois qu'on est obligé de reconnaître qu'elles ont augmenté au cours des vingt dernières années dans le monde en développement comme dans la plupart des pays industrialisés. Et plusieurs études tendent à montrer que l'ouverture au commerce international a joué un rôle dans cette évolution. [...] La question des privatisations des infrastructures que la Banque a recommandées pendant une période doit être regardée d'un œil neuf. Car nous nous rendons compte qu'elles n'ont pas toujours été bénéfiques pour les populations[3]. » L'un « découvre », l'autre se « rend compte ». Mais leur lucidité d'aujourd'hui n'est pas encore à la mesure de leur arrogance d'hier.

Au fond, ne soyons pas surpris du résultat : ce n'est pas pour enrichir le tiers-monde que les classes dirigeantes occidentales ont libéré les forces de la « mondialisation ». C'est pour qu'elles leur profitent. Et c'est ce qui s'est produit. Le Programme des Nations unies pour le développement (PNUD) établissait en 1997 que la richesse des dix personnes les plus opulentes était alors supérieure à celle des quarante-huit pays les plus pauvres, que l'homme le plus riche du Mexique possédait autant que les dix-

1. Elie Cohen, *L'Ordre économique mondial : essai sur les politiques de régulation*, Fayard, Paris, 2001, p. 7, cité *in* Jacques Sapir, *op. cit.*, p. 73.
2. Elie Cohen, « La question Nord-Sud est rouverte », *L'Express*, 20 septembre 2001.
3. François Bourguignon, économiste en chef de la Banque mondiale, préface, in *Bilan du monde, édition 2004*, Société éditrice du *Monde*, p. 11.

sept millions de ses compatriotes les moins favorisés[1]. Quelques mois plus tard, le quotidien britannique *The Guardian* calculait que le revenu de Goldman Sachs était supérieur à celui de la Tanzanie alors que l'essentiel du premier était réparti entre cent soixante et un partenaires, la totalité du second entre vingt-six millions d'habitants. Les cent soixante et un, au nombre desquels on comptait le grand architecte des politiques économiques de Bill Clinton, Robert Rubin, pouvaient en 1993 s'acheter 3 navettes spatiales, 22 580 BMW coupé, 18 600 000 téléphones portables Sony[2]. Pour eux aussi, la mondialisation fut heureuse, « la dure et juste loi des marchés financiers » une croix légère à porter. Quant aux autres, ils furent invités à réduire le coût de *leur* travail, concurrence oblige. Mais, en juillet 2001, un T-shirt de la marque Gap vendu 12,99 dollars aux États-Unis n'incluait dans son prix de vente que la somme de 11,6 cents, reversée sous forme de salaire à la Salvadorienne qui l'avait cousu. Soit 0,89 %[3]. On peut imaginer que les publicitaires, les artistes, les sportifs, les avocats, les députés, les ministres, les journalistes que Gap mobilisa pour vendre ses tricots reçurent davantage. Leur travail à eux ne se trouva dévalué par aucune loi de la concurrence. Chacun des membres du cabinet du président Bush étant, par exemple, millionnaire en dollars, leur proximité sociale avec l'ouvrière salvadorienne ne fut pas telle que l'injustice de son sort dût les aveugler aussitôt[4]. Quant à l'équipe Clinton, son féminisme affiché ne s'encombra jamais de telles broutilles.

« C'est le Nord qui a gagné », « L'Amérique triomphe ». Non, vous n'y êtes pas : « La Chine s'éveille », « La France tombe », « L'Amérique décline ». C'est à l'incontinence de telles généralisations qu'on discerne tantôt la présence d'un grand éditorialiste,

---

1. *Cf.* Larry Elliott et Victoria Brittain, « Seven richest could wipe out world poverty », *The Guardian*, 12 juin 1997.

2. *Cf.* Ian Katz, « Goldmine Sachs », *The Guardian*, 10 décembre 1993.

3. « Harper's Index », *Harper's*, juillet 2001, d'après le National Labor Committee, New York.

4. En Amérique latine, selon la Banque mondiale, les 10 % d'habitants les plus riches de la région perçoivent 48 % du revenu total contre 1,6 % pour les 10 % les moins riches. *Cf.* « World Bank warns on income divide », *Financial Times*, 8 octobre 2003, et Lamia Oualalou, « L'Amérique latine, championne des inégalités », *Le Figaro*, 21 octobre 2003.

tantôt celle d'un essayiste dont le commerce principal est d'occuper les médias. Rien ne leur interdit de badigeonner leurs fulgurances de doctes commentaires liés aux concepts d'Équité, de République, de Religion, d'Intégration, d'Universel, de Clash des civilisations. L'exercice n'exige aucun savoir particulier, tout juste un système d'archives : la superpuissance « tombe » tous les trois ou quatre ans, puis, tel l'aigle impérial, s'envole avec autant de régularité[1]. Si la « mondialisation » a créé son lot de gagnants et de perdants, on les rencontre souvent à l'intérieur des mêmes pays. Que les États-Unis soient une « hyperpuissance » ou qu'ils « tombent », l'essentiel de la richesse créée depuis 1983 a bénéficié aux 1 % d'Américains les plus opulents. Depuis 1970, le revenu après impôts de cette catégorie a beau s'être envolé (+ 157 %), les salaires moyens réels, eux, n'ont progressé que de 10 %[2]. Plus intéressant encore, la très forte augmentation des dépenses de logement, de garde d'enfant, d'assurance maladie, de déplacement, imputable à des systèmes publics déficients (HLM, crèches, santé, transports en commun) a eu pour résultat que le revenu discrétionnaire d'une famille américaine moyenne avec deux enfants dont, en 1970, un des parents travaillait était alors supérieur à celui de la même famille *trente ans plus tard avec les deux parents au travail*. Autant dire que même la libération des femmes a été récupérée par la machine inégalitaire, puisqu'elle a permis un déplacement supplémentaire de la valeur ajoutée en faveur du capital[3]. Est-ce là un signe général de « déclin » ? Pas

1. Rien que depuis 1979, les États-Unis ont connu, au plan économique, trois cycles de « déclin médiatique » (1979-1982, 1986-1991, 1993-1994), avant de redevenir tout-puissants le même nombre de fois (1983-1986, 1991-1992, 1994-2001).

2. In *US News and World Report*, 18 novembre 2002. Le revenu moyen après impôt des 1 % d'Américains les plus riches était de 862 700 dollars en 2000, le triple de sa valeur en 1979.

3. Le revenu discrétionnaire de la famille moyenne était d'environ 17 900 dollars (valeur 2000) en 1970, de 17 035 dollars trente ans plus tard. Dans le premier cas, on a déduit des 38 700 dollars de revenu annuel (valeur 2000) les 20 800 dollars de dépenses fixes (logement, garde des enfants, assurance maladie, transports et impôts). Dans le second, on a déduit des 67 800 dollars de revenu annuel les 50 765 dollars que les dépenses fixes absorbent (*in* Elizabeth Warren et Amelia Warren Tyagi, *The Two Income Trap*, Perseus Books, Cambridge, 2003, cité in *International Herald Tribune*, 5 septembre 2003).

pour les 5 millions d'Américains qui disposent d'une fortune supérieure à 1 million de dollars, encore moins pour les 240 000 qui
peuvent se prévaloir de dix fois ce montant. Quant aux 35 millions
d'Américains pauvres, quelle est leur hyperpuissance avec moins
de 9 200 dollars par an ? Nord ou Sud, la règle ne s'est pas
démentie : aux décennies keynésiennes pendant lesquelles
l'accroissement de la productivité était à peu près redistribué aux
cerveaux et aux muscles qui l'avaient produit ont succédé trente
années au cours desquelles le capital a (presque) tout pris. Entre
1946 et 1973, le salaire américain avait augmenté à peu près autant
que la productivité (+ 80 %). Depuis, c'est dix fois moins vite :
l'un emprunte péniblement l'escalier (+ 7 %) pendant que l'autre
demeure dans l'ascenseur (+ 66 %). Situation à peu près identique
en Amérique latine : le revenu par tête, qui avait progressé de 75 %
entre 1960 et 1980, n'a plus augmenté que de 7 % après cette date[1].
Alors, la révolution libérale et la « mondialisation » furent-elles
une bonne ou une mauvaise chose ? Réponse : ça dépend pour qui.

L'étonnant, c'est que de tels résultats aient pu éclore dans un
système aux formes démocratiques, où les partis politiques
concourent à l'expression du suffrage universel, où la liberté
d'expression semble garantie. Pour les libéraux à la mode de
Hayek, la démocratie avait précisément pour danger de confier le
pouvoir politique à des majorités parfois insuffisamment
soucieuses du droit de la propriété et par conséquent tentées de
multiplier politiques redistributives et distorsions économiques
de toutes sortes. En 1973, les auteurs du rapport de la Commission trilatérale sur la gouvernabilité des sociétés se montraient
d'ailleurs inquiets dans la conclusion de leur étude : « L'heureuse congruence des facteurs dans un sens démocratique a
atteint son terme[2]. » Le retournement qui suivit a témoigné de
leur bonne fortune, mais aussi de leur savoir. À partir des années
80, l'État intervenait pour déterminer, sans jamais le proclamer,
qui pourra faire pression sur lui, qui devra s'en garder. C'est tout

---

1. Mark Weisbrot (codirecteur du Center for Economic and Policy Research,
Washington DC), « Nothing to celebrate », Znet, 31 août 2003, et Mark Weisbrot,
« Economists in denial », *The Washington Post*, 5 août 2002.
   2. Michel Crozier, Samuel Huntington et Joji Watanuki, *op. cit.*, p. 158.

le sens des politiques socialement très typées qui sont alors conduites. Les « entreprises » disposent davantage qu'avant de la liberté d'aller ailleurs ou de ne maintenir leur activité qu'à des conditions de coût croissantes pour la collectivité (chantage aux subventions, dégradation des conditions de rémunération et de travail, etc.). Inversement, les salariés constatent que leur outil syndical d'intervention et de riposte essuie des assauts répétés, quand il ne se transforme pas en auxiliaire du patronat. Dans la boîte noire des groupes de pression dont, en bonne théorie plura-liste à l'américaine, le jeu détermine les politiques publiques, la puissance d'un des électrons décuple tandis que celle de l'autre décline. Alors qu'en apparence rien n'a changé au fonctionne-ment de la démocratie, la « congruence des facteurs » se met à pencher très nettement – et très « naturellement » – en faveur des projets du capital. L'embourgeoisement de la représentation poli-tique opère dans le même sens.

Cela n'empêche pas l'expression de lamentations de la « frac-ture sociale » (Jacques Chirac), y compris quand cette fracture, on l'élargit, ou l'incantation d'un « socialisme de la production » (Dominique Strauss-Kahn), y compris quand on a soi-même *privatisé* ces moyens de production. Mais le caractère factice de ces proclamations aboutit surtout à disqualifier un peu plus l'outil politique face à la puissance économique. Les utilisateurs attitrés de l'un parlent et paradent, les acteurs de l'autre contrai-gnent leurs marges d'action. En octobre 2001, quand la crise de leur compagnie aérienne convainc les Suisses de l'arrogance de leurs banquiers, cette illumination soudaine entraîne de la part du très libéral parti radical l'exigence de davantage « d'humain au milieu de l'économie ». À ce niveau d'onctuosité, l'hypocrisie devait susciter des réactions : « Nous vivons dans une république de petits copains. Aussi longtemps que le parti radical est financé par les banques et les milieux d'affaires et que leurs députés touchent des jetons de présence dans les conseils d'administra-tion de ces sociétés, rien ne changera[1]. » Voilà qui n'était pas mal

---

1. Pierre Hazan, « La toute-puissance des marchés en accusation : après Swissair, les Helvètes découvrent des vertus à la régulation politique », *Libéra-tion*, 5 octobre 2001.

vu, et qui s'applique à d'autres pays que la Suisse. La boîte noire produit les impulsions patronales qu'on escompte, le système politique garantit ensuite qu'elles seront amplifiées, mais aussi légitimées, par des politiques gouvernementales. Il faut encore assurer l'ordre intellectuel, décupler dans la fameuse autant que fumeuse « société civile » la parole des maîtres en même temps qu'on dévalue celle de leurs contestataires, surtout s'ils sont assez braves pour croire qu'ils vont « mobiliser l'opinion » grâce aux médias. Une fois conclue cette triple opération économique, politique et idéologique, la « crise de la démocratie » devient un mauvais souvenir. La nécessaire « apathie de certains groupes » va permettre de les dépecer sans tirer un coup de feu.

Un an après la ratification du traité de Maastricht dans les conditions qu'on se rappelle, le vote du traité de l'Alena éclaira, en 1993, le fonctionnement d'une démocratie pervertie par l'obsession de toujours faire payer les pauvres. L'histoire mérite qu'on la détaille. Le représentant démocrate Esteban Torres s'était fait élire au Congrès en s'affirmant « à gauche, dans la tradition du syndicalisme américain, opposé au traité de l'Alena[1] ». Il changea d'avis… moyennant la promesse que sa circonscription californienne abriterait le siège de la Banque nord-américaine de développement. Les élus de la Caroline et du Tennessee se montraient-ils un peu rétifs ? Ce fut au tour des lobbies industriels de se mettre en branle. American Airlines, qui annonçait pourtant 5 000 suppressions d'emplois et avait menacé de licencier définitivement son personnel navigant en grève, promit aux parlementaires deux lignes aériennes entre leurs circonscriptions et Londres. Dallas obtint la construction de deux avions-cargos C 17 ; San Diego, la modernisation de son système d'égout ; la dixième circonscription du Texas, 10 millions de dollars pour un centre de recherche agricole ; la vingt-neuvième, autant pour la construction d'un port, etc.

Le Mexique et le Canada, eux aussi, ont dû payer. En Floride, Tom Lewis, qui avait « travaillé à ouvrir le marché japonais aux exportations américaines de bœuf et d'agrumes », s'était égale-

---

1. *In* Michael Barone et Grant Ujifusa, *Almanach of American Politics, 1994*, National Journal, Washington, 1993, p. 171.

ment engagé à « protéger les producteurs de tomates » de son État. Pour cette raison, il « s'opposa à l'Alena en 1992 »[1]. En 1993, la tomate fut protégée et l'Alena votée. Toujours en Floride, James Bacchus exigeait que la réduction des droits de douane sur les exportations mexicaines d'agrumes et de légumes frais ne dépasse pas 15 %. On lui donna satisfaction. Les exportations mexicaines de sucre furent, elles, plafonnées à 150 000 tonnes par an au lieu de 250 000. Quant au Canada, il accepta d'exporter moins de blé et de beurre d'arachide. Ainsi, produit par produit, au terme de longs maquignonnages (dont on aimerait vérifier la compatibilité idéologique avec les grands principes du libéralisme), les partisans de l'Alena ont arraché les suffrages d'élus qui leur manquaient. Il ne resta plus ensuite aux deux partenaires nord-américains des États-Unis qu'à consentir aux nouvelles conditions d'un traité de libre-échange qu'on leur avait présenté comme à prendre ou à laisser, et que le Parlement canadien avait déjà ratifié... Convaincu de l'avantage considérable qu'il tirerait de l'accord (emplois, investissements), le Mexique entreprit de persuader le représentant de la vingt-deuxième circonscription de Floride de voter pour l'Alena en lui promettant d'extrader un de ses propres ressortissants recherché aux États-Unis pour viol. Dix ans après, les salaires réels dans l'industrie mexicaine sont inférieurs à ce qu'ils étaient en 1994. Ce qui n'empêche pas les emplois d'être à présent délocalisés en Chine, où c'est encore moins cher[2].

Tous les anciens présidents des États-Unis, tous les anciens secrétaires d'État, tous les « prix Nobel d'économie », presque tous les journaux : pour défendre ce traité négocié par son prédécesseur Bush, Bill Clinton bénéficia du soutien compact des élites de son pays. Les grands médias firent chorus. Le *Wall Street Journal* reproduisit sous forme d'éditorial le texte « inspiré » du discours « éloquent » du président Clinton en faveur de l'Alena, oubliant pour une fois de lui reprocher de « promouvoir le

---

1. Pour ces trois citations extraites de sa profession de foi électorale, *ibid.*, p. 308.
2. Selon le cabinet de conseil Mac Kinsey, un ouvrier mexicain sur une ligne d'assemblage gagne 1,47 dollar par heure, un Chinois 59 cents (*Le Figaro Économie*, 31 décembre 2003).

socialisme »[1]. Pour identifier avec une honnêteté scrupuleuse les industries et les emplois menacés par le traité, *Business Week* choisit, photo à l'appui, d'insister à deux reprises sur le secteur économique sensible de la « fabrication des balais » *(broom-making)* en crin et en bruyère[2]. Une étude récente vient de prendre la mesure de l'objectivité médiatique quand les intérêts des industriels sont en cause : le *Washington Post* publia 19,2 mètres de colonnes de commentaires favorables au traité, contre 3,35 mètres d'opinions hostiles. Dans les articles du même journal, les experts cités étaient partisans de l'Alena dans 71 % des cas, opposés dans 17 % seulement. Concernant le *New York Times*, l'écart n'était que de trois contre un. Pour arranger le tout, le porte-parole consacré de la « gauche » dans un des débats télévisés réguliers défendit la position de la droite : « Soutenir l'Alena est un acte de courage. S'y opposer est une lâcheté et la preuve que vous capitulez devant les pressions des syndicats[3]. » Les rapporteurs de la Commission trilatérale sur la gouvernabilité des sociétés dévoilaient en 1973 une certaine fascination pour l'organisation et l'efficience des partis communistes de l'époque. L'autorité n'y était pas discutée, la hiérarchie pouvait « manipuler une masse docile, prendre des décisions difficiles, réagir vite, et le tout en respectant les délais prescrits[4] ». Sur tous ces points, les partis communistes semblent avoir trouvé plus fort qu'eux.

Dans la compétition les opposant aux libéraux, les contestataires cumulent les handicaps. Un « troupeau électronique » d'investisseurs contourne le pouvoir des États. L'alternance politique détermine l'amplitude de la pente d'une même ligne. Le marché s'installe, y compris dans nos cerveaux, obligés de comparer en permanence les prix et les services : hier les forfaits

1. Respectivement *The Wall Street Journal*, 17 septembre 1993, et *The Wall Street Journal Europe*, 1er novembre 1993.
2. *Business Week*, 14 décembre 1992 et 22 novembre 1993.
3. *In* Eric Alterman, « A spectacular success », *The Nation*, 2 février 2004. Lire aussi John R. MacArthur, *The Selling of « Free Trade » : Nafta, Washington and the Subversion of American Democracy*, Hill & Wang, New York, 2000.
4. Michel Crozier, « Western Europe », *in* Michel Crozier, Samuel Huntington et Joji Watanuki, *op. cit.*, p. 50-51. Michel Crozier savait gré aux communistes d'avoir « contribué à restaurer l'ordre dans les universités italiennes, françaises, et même allemandes ».

de téléphones portables, demain les abonnements au gaz, comme si notre intelligence du monde devait être absorbée par un buvard permanent de consommation permettant de rendre plus naturelle la transformation du monde en marchandise. Et puis il y a les écoles que l'on met en concurrence pour pouvoir orienter dès le plus jeune âge ses enfants vers les meilleurs lycées, qui eux-mêmes préparent aux meilleures universités. Il y a aussi les hôpitaux, les villes, les régions que l'on classe pour apprendre comment échapper au destin perdant de qui ne privilégie pas à chaque instant son salut individuel. Diversions, classements, palmarès, consommation, narcissisme : chaque fois la presse est là, comme elle était déjà aux fourneaux pour casser les syndicats, chanter les « réformes », héroïser les riches.

Mais les systèmes en place s'emploient toujours à conforter leurs intérêts, à élargir leur contrôle, à installer leur hégémonie. « L'entrepreneur capitaliste, expliquait Antonio Gramsci, crée à ses côtés le technicien d'industrie, l'expert en économie politique, les organisateurs d'une culture nouvelle, d'un système juridique nouveau[1]. » Cela n'a pas empêché nombre de régimes de tanguer ou de sombrer, parfois au moment où on proclamait leur éternité. Les républicains étaient peu nombreux avant la prise de la Bastille ; quelques années avant le krach de Wall Street, même l'Internationale communiste entrevoyait la « stabilisation du capitalisme » ; Alain Minc titrait un de ses ouvrages sur l'Europe *Le Syndrome finlandais* trois ans avant la chute du mur de Berlin.

« *Une aventure intellectuelle, un acte de courage* »

Les surprises réclament quand même qu'on les prépare. Les libéraux n'ont pas compté sur les lois du marché des idées pour imposer leur philosophie. Pour l'assistant de Barry Goldwater, il valait mieux là aussi s'inspirer d'un précepte de Mao Tsé-toung : « Donnez-moi deux ou trois hommes dans chaque village, et je

---

1. Cité *in* Edward Said, *op. cit.*, p. 20.

m'en empare[1]. » Il n'y parvint pas à la première tentative. Mais lui et ses amis accordèrent toujours une importance majeure au corps à corps idéologique engagé par un petit nombre de militants intellectuels que relaieraient plus tard ceux que Hayek appelait les « brocanteurs d'idées », c'est-à-dire « les journalistes, les professeurs, les ministres, les conférenciers, les publicitaires, les commentateurs de radio, les écrivains, les caricaturistes et les artistes – qui peuvent tous être passés maîtres dans la technique de la transmission d'idées, mais qui sont généralement des amateurs en ce qui concerne la substance de ce qu'ils transmettent »[2]. En tout cas, il n'était pas question de se contenter de prolonger les tendances existantes, de se dissoudre dans l'air du temps, de se plier à l'agenda des médias, à leurs débats et à leurs exigences. Il fallait au contraire préparer l'infléchissement des courbes puis leur retournement – patiemment, avec ténacité, le cas échéant sans hésiter à combattre tous les jaboteurs d'idées à la mode. Le travail idéologique, le volontarisme politique et le militantisme feraient naître une nouvelle demande. « Lorsque nous avons commencé, expliquait en 1993 Edwin Feulner, président de la Heritage Foundation, on nous qualifiait d'"ultradroite" ou d'"extrême droite". Aujourd'hui, nos idées – qui sont basées sur les mêmes principes philosophiques qu'il y a deux décennies – appartiennent au courant dominant[3]. » Dix ans plus tard, en février 2003, au moment où le président George W. Bush annonça devant l'American Enterprise Institute la guerre à venir contre l'Irak, un des responsables de ce *think tank* semblait faire écho à Edwin Feulner : « Avant, nous étions des extrémistes. Aujourd'hui, nos idées sont au pouvoir. Comme quoi, un groupe tenace peut s'imposer grâce à ses arguments[4]. »

La droite et la gauche libérale ne cessent d'invoquer un ordre des marchés, une Jérusalem du capitalisme, une religion qu'on ne

---

1. *In* Rick Perlstein, *op. cit.*, p. 39.
2. Friedrich Hayek, « The intellectuals and socialism », *The University of Chicago Law Review*, vol. 16, n° 3, printemps 1949, cité *in* Friedrich Hayek, art. cité.
3. Edwin Feulner, *The Heritage Foundation 1993 Annual Report. 1973-1993 : Twenty Years*, Heritage Foundation, Washington, 1993, p. 7-8.
4. Ruel Gerecht, cité in *Le Nouvel Observateur*, 27 mars 2003.

doit pas discuter, naturelle et éternelle. Rien n'était plus étranger à Hayek qu'une telle capitulation de l'intelligence et de la volonté. Un de ses textes de 1949 pourrait même servir de modèle à ses adversaires chaque fois que la terreur d'être trop audacieux les paralyse :

Nous devons être en mesure de proposer un nouveau programme libéral qui fasse appel à l'imagination. Nous devons à nouveau faire de la construction d'une société libre une aventure intellectuelle, un acte de courage. Ce dont nous manquons, c'est une Utopie libérale, un programme qui ne serait ni une simple défense de l'ordre établi, ni une sorte de socialisme dilué. Mais un véritable radicalisme libéral qui n'épargne pas les susceptibilités des puissants (syndicats compris), qui ne soit pas trop sèchement pratique, et qui ne se confine pas à ce qui semble politiquement possible aujourd'hui. Nous avons besoin de leaders intellectuels, prêts à résister aux séductions du pouvoir et de la popularité, et qui soient prêts à travailler pour un idéal, quand bien même ses chances de réalisation seraient maigres. Ils doivent avoir des principes chevillés au corps, et se battre pour leur avènement, même s'il semble lointain. Les négociations politiques : qu'ils les laissent aux hommes politiques ! Le libre-échange et la liberté d'entreprendre sont des idéaux qui peuvent encore éveiller l'imagination des foules. Mais un simple « libre-échange modéré » ou un « assouplissement des réglementations » ne sont ni respectables intellectuellement, ni susceptibles d'inspirer le moindre enthousiasme. La principale leçon qu'un libéral conséquent doit tirer du succès des socialistes est que c'est leur courage d'être utopiques qui leur a valu l'approbation des intellectuels ainsi que leur influence sur l'opinion publique, qui rend chaque jour possible ce qui, récemment encore, semblait irréalisable. Ceux qui se sont souciés exclusivement de ce qui semblait réalisable dans tel état de l'opinion se sont constamment rendu compte que tous leurs projets devenaient politiquement impossibles en raison de l'évolution d'une opinion publique qu'ils n'avaient rien fait pour guider. [...] Si nous retrouvons cette foi dans le pouvoir des idées qui fut la force du libéralisme dans sa grande époque, la bataille n'est pas perdue[1].

---

1. Friedrich Hayek, art. cité.

Comment imaginer aujourd'hui que le combat contre le libéralisme peut produire autre chose que des déconvenues s'il ne remet pas en cause des piliers de l'ordre marchand aussi déterminants que le libre-échange et la privatisation des services publics, celle de l'enseignement, de l'information, de la culture, de l'école ? Comment prétendre qu'il serait, sur ces sujets, interdit d'envisager autre chose qu'un « libre-échange modéré » ou une privatisation « citoyenne » ? À l'aune d'une telle timidité, la relecture du rapport de la Commission trilatérale une trentaine d'années après sa publication permet de mesurer l'importance du basculement conservateur des intellectuels. En 1973, Huntington s'alarmait de les voir lancer un « défi important » à l'ordre social, afficher « leur dégoût de la soumission des gouvernements démocratiques au "capitalisme de monopole" », se consacrer « au dévoilement et à la délégitimation des institutions »[1]. Plus baroque encore à la lumière de ce qui a suivi, la Trilatérale s'inquiétait de voir ces intellectuels épandre leur « culture d'adversaire » *(adversary culture)* grâce au concours des journalistes, en qui Michel Crozier identifiait une « très importante source de désintégration des diverses formes de contrôle social », notamment quand ils « tendent à s'organiser de manière à résister à la pression des intérêts financiers et gouvernementaux »[2]. À l'époque, les journalistes célèbres vendaient moins souvent, il est vrai, leur notoriété aux grandes entreprises, ne bénéficiaient pas de stock-options ; les directeurs de journaux de référence français ne gagnaient pas non plus près de 400 000 euros par an, ni les responsables de l'information de la principale chaîne nationale trois fois cette somme. Depuis, leur boussole morale s'est alignée sur celle de « l'intellectuel de service, dont la compétence est à louer ou à vendre[3] ».

Si les *think tanks* ont installé l'acceptation d'une pensée mercenaire, promptement relayée par des médias de marché, la véritable « guerre à l'intelligence » a eu pour principaux soldats la « petite bande de je-sais-tout au pouvoir [...], ces membres de

---

1. Michel Crozier, Samuel Huntington et Joji Watanuki, *op. cit.*, p. 6-7.
2. *Ibid.*, p. 34-35.
3. Edward Said, *op. cit.*, p. 79.

professions libérales, experts, consultants, en un mot d'intellectuels, dont la principale fonction est de faire autorité dans leur
domaine tout en gagnant beaucoup d'argent[1] ». Il suffit d'identifier les mécènes les mieux dotés – le département d'État, les
multinationales, la Rand Corporation, les médias – pour deviner
les terrains de réflexion les plus lucratifs. Ces sujets de « débat »
sont souvent à la fois les plus anodins, les plus creux et les plus
courus, de Loft Story à la « société civile », en passant par les
« droits de l'homme ». À condition de réserver sa fougue et ses
effets de scène aux seuls territoires qu'on lui assigne ou qu'il
devine, le penseur ne court aucun danger. Bon employé du
pouvoir, il pourra profiter d'un « système fondé sur la récompense du conformisme intellectuel et la participation volontaire à
la poursuite d'objectifs qui n'ont pas été fixés par la science,
mais par l'État[2] ». Ou par les entreprises, ce qui, par gros temps
d'endogamie entre les deux univers, revient souvent au même.
Ce sombre tableau comporte une touche de lumière. Les récompenses sociales du « conformisme intellectuel » sont en effet
devenues telles qu'elles encouragent l'indolence de ceux que
Pierre Bourdieu appelait les « *fast thinkers*[3] », spécialistes de la
pensée jetable. Hayek pouvait équilibrer le peu d'appuis dont il
disposait au départ par l'ampleur de son travail et par son acharnement militant. Tels les soldats d'Hannibal en Italie, ses héritiers ont en revanche le cerveau et les muscles atrophiés par les
délices de Capoue dans lesquelles ils se prélassent depuis un
quart de siècle.

Mais face à eux, il n'y a pas foule. L'intellectuel « en tant
qu'outsider, "amateur" et perturbateur de l'ordre établi [...],
auteur d'un langage qui tente de parler vrai au pouvoir[4] », se fait
d'autant plus rare qu'il bénéficie peu du concours des spécialistes, y compris ceux qui se disent engagés sur le terrain des
sciences sociales. Ceux dont Bourdieu déplorait dans un de ses
derniers textes que leur « énergie critique reste enfermée dans les

---

1. *Ibid.*, p. 13-15.
2. *Ibid.*, p. 97.
3. Pierre Bourdieu, *Sur la télévision*, Raisons d'agir, Paris, 1996, p. 30.
4. Edward Said, *op. cit.*, p. 10 et 15.

murs de la cité savante, pour partie par une vertu scientifique mal comprise, […] pour partie par l'effet des habitudes de pensée et d'écriture qui font que les spécialistes trouvent plus facile, et aussi plus payant, du point de vue des profits proprement académiques, de réserver les produits de leur travail pour des publications scientifiques qui ne sont lues que de leurs pareils[1] ». De telles manières de mandarin, outre qu'elles concèdent le terrain à des essayistes assimilables à la roue de secours de l'État-spectacle, confortent une image d'universitaires jargonnants en circuit fermé qui permet ensuite à la droite, quand elle en a besoin, de pratiquer son poujadisme anti-intellectuel prétendument soucieux de proximité avec le peuple et le pays d'en bas. L'université, la culture, au lieu d'être les pôles d'une certaine autonomie, voire d'une certaine résistance à l'ordre qui reconstruit le monde, s'apparentent à des enclaves protégées – et qui protègent ceux qui y vivent à l'affût d'un poste dans une commission, d'une subvention, d'une autorité sociale, lesquelles ne serviront à leur tour que d'autres nomenklaturistes du savoir[2]. Mais s'ils ne sortent jamais de la « cité savante », quel secours sont-ils en droit d'attendre de ceux qui résident ailleurs le jour où l'université et la science sont à leur tour attaquées ?

La partie n'est pas perdue. Même ceux qui égrènent avec conviction la liste des obstacles interdisant aux vaincus du jour de penser l'impensable à leur tour – marchés financiers, critères de convergence, position sociale renforcée des défenseurs de l'ordre économique, rapprochement idéologique des principaux partis – doivent concéder le défaut de l'armure des conservateurs. N'en déplaise à Hayek, l'« acte de courage » du « radicalisme libéral » ne mobilise qu'une fraction modeste de l'opinion. Il est douteux que « le libre-échange et la liberté d'entreprendre » soient vraiment ou redeviennent un jour « des idéaux qui peuvent éveiller l'imagination des foules ». Dans ces conditions, comme l'observent Seymour Martin Lipset et Gary Mars, « le mouvement de bascule apparemment universel en faveur du capitalisme

---

1. Pierre Bourdieu, *Contre-feux 2*, op. cit., p. 9.
2. *Cf.* Russell Jacoby, *The Last Intellectuals : American Culture in the Age of Academe*, Basic Books, New York, 1987.

pourrait ne pas durer. Le capitalisme, le marché, ne constitue pas une utopie, même au seul plan économique. Au mieux, il fait miroiter la promesse d'une loterie, mais comme toutes les récompenses de ce genre le gros lot n'échoit jamais qu'à une petite minorité de joueurs [...]. Au demeurant, à la différence du socialisme, le capitalisme, qui ne promet d'éliminer ni la pauvreté, ni le racisme, ni le sexisme, ni la pollution, ni la guerre, fait très peu appel à l'idéalisme des jeunes et des intellectuels. De nouveaux mouvements, de nouvelles idéologies, et même les vieilles quand elles laissent espérer réformes et utopies, vont apparaître et réapparaître [...]. Le combat entre la gauche, les avocats du changement, et la droite, les défenseurs du *statu quo*, n'est pas terminé[1] ». Ceci sous la plume de deux politistes américains modérés, et dans un ouvrage destiné à expliquer pourquoi les États-Unis n'ont jamais connu un parti socialiste puissant. Et l'on peut ajouter que l'augmentation de la production n'est pas généralement perçue comme un projet aussi attachant que la famille, l'amitié, la tradition, la solidarité, qu'au moment où l'ambition du développement économique mobilisa les peuples ce fut souvent grâce à un messianisme patriotique, idéologique ou religieux. L'algèbre morte de la mondialisation heureuse et son cortège de dommages collatéraux – environnement, égalité, gratuité – bénéficient d'un appui fragile.

Longtemps, les délocalisations n'ont posé de problème qu'aux partis dont les électeurs payaient le tribut des fermetures d'usines et d'ateliers. Mais il ne s'agit plus seulement d'ouvriers spécialisés. La base sociale des gouvernants est attaquée quand des employés qualifiés, des juristes, des programmeurs informatiques voient leurs emplois filer au nom des logiques qu'ils jugeaient plus exaltantes à l'époque où elles se choisissaient d'autres victimes. Et les commissaires politiques du « groupe intermédiaire avisé, informé et éduqué » cher à Dominique Strauss-Kahn ne peuvent pas aussi facilement qu'avant se défausser de leurs responsabilités sur des mécanismes qu'ils ont armés en connaissance de cause. Même Davos et la Brookings

---

1. Seymour Martin Lipset et Gary Mars, *op. cit.*, p. 292-293.

Institution s'inquiètent. Charles Schumer, sénateur démocrate de New York, doit constater que les emplois de certains de ses électeurs partent en Inde et en Chine. Cela aiguise sa réflexion sur la question : il reconsidère à présent quelques-uns de ses « postulats fondamentaux », estime que « cela ne correspond pas au modèle du libre-échange quand les emplois qualifiés quittent le pays ». Un reaganien aussi intraitable que Paul Craig Roberts, aujourd'hui chercheur au Cato Institute, s'inquiète que les étudiants américains « consacrent de plus en plus de temps à chercher un emploi qui risque ensuite de leur être coupé sous le pied ». Sans doute lassés de voir les centres d'appel de la Lloyd Bank et les sociétés de services informatiques de la Silicon Valley quitter Newcastle et Palo Alto pour Hyderabad ou Bangalore, les libéraux parlent de réglementer les délocalisations. Le Sénat américain a voté un texte en ce sens en janvier 2004. Invoquant les nécessités de la concurrence, des multinationales comme Hewlett-Packard s'y opposent, plaidant qu'« aucun emploi n'est réservé à l'Amérique par un acte du Seigneur. Nous devons être compétitif pour chacun d'entre eux »[1]. Les principes de ce genre sont d'autant plus sacrés que chaque dollar d'activité délocalisée rapporte 58 cents à l'entreprise qui délocalise, que les centres d'appel indiens ne consacrent que 30 % de leurs dépenses aux frais de personnel (pas syndicalisé) contre 70 % aux États-Unis et au Royaume-Uni. La même logique menaçant de s'étendre prochainement à des professions de plus en plus spécialisées (y compris de conseil juridique, médical, éditorial), les effets positifs du libre-échange pourraient bien ne plus seulement être mis en doute par des ouvriers populistes mal dégrossis. Si des ingénieurs, des diplômés de troisième cycle, des polyglottes entrent dans la danse de la contestation, l'ordre libéral va devoir trouver autre chose comme réponse à l'inquiétude générale que le rabâchage des théories de Ricardo. Et si demain des économistes, des avocats, des journalistes, des essayistes, des nouveaux philosophes pakistanais ou mauriciens faisaient concurrence aux écono-

---

1. *Cf.* pour ces citations Edward Alden, « Heat under US white collars », *Financial Times*, 28 janvier 2004. La seconde est de Carly Fiorina, directrice générale de Hewlett-Packard.

mistes, avocats, journalistes, essayistes et nouveaux philosophes occidentaux, le néolibéralisme serait en difficulté.

En 1936, le programme électoral du Front populaire était d'une extrême timidité. On n'y trouvait ni les 40 heures, ni les congés payés, ni les conventions collectives. Car la gauche avait peur de faire peur. Alors ? Alors il y eut ce que Simone Weil appela à l'époque le « grand élan sorti des entrailles de la masse, ingouvernable, [qui] a desserré soudain l'étau de la contrainte sociale, fait admettre comme évidentes des choses tenues six mois plus tôt pour scandaleuses[1] ». Les « choses scandaleuses » ne sont pas les mêmes, les réponses qu'elles appellent prendront d'autres formes ? Assurément, mais est-il interdit d'user de temps en temps de l'histoire à d'autres fins que celle de la démobilisation permanente ? Nous avons connu des temps plus difficiles encore. Et puis ça a fini par finir. L'illusion s'est déchirée d'une fatalité qui condamnerait toujours les mêmes à écouter et à subir. Car des victoires, il y en eut. Un patronat qui cessa de se croire de droit divin, un État à qui il arriva d'être moins tenu par le mur de l'argent, un internationalisme qui n'avait rien à voir avec la concurrence permanente des exploitations, des conquêtes sociales qui n'étaient pas inéluctables – la volonté actuelle de les anéantir le montre assez. Nous avons connu d'autres ambitions collectives que celle de punir les pauvres, d'autres définitions de la liberté que celle de choisir entre deux marques de produit. Cette utopie-là vaut bien celle des autres. Et c'est aussi grâce à elle que nous savons que nous ne sommes pas condamnés à vivre dans le monde où nous vivons.

---

1. Simone Weil, « Examen critique des idées de révolution et de progrès », in *op. cit.*

BIBLIOGRAPHIE

Ouvrages

Accardo Alain *et al.*, *Médias et censure*, Éditions de l'université de Liège, Liège, 2004.

Acton Lord John Dalberg, *The History of Freedom and Other Essays*, Macmillan & Co. Ltd, Londres, 1922.

Adonis Andrew et Pollard Stephen, *A Class Act : The Myth of Britain's Classless Society*, Hamish Hamilton, Londres, 1997.

Albright Madeleine, *Madame le secrétaire d'État...*, Albin Michel, Paris, 2003.

Alterman Eric, *What Liberal Media ? The Truth about Bias and the News*, Basic Books, New York, 2003.

American Enterprise Institute et Brookings Joint Center for Regulatory Research, *Lessons from Deregulations : Telecommunications and Airlines After the Crunch*, Washington, 2003.

Aparicio Jean-Claude, Pernet Michel et Torquéo Daniel, *La CFDT au péril du libéral-syndicalisme*, Syllepse, Paris, 1999.

Attali Jacques, *La Parole et l'Outil*, PUF, Paris, 1975.

Auriol Vincent, *Journal d'un septennat*, tome 1 : *1947*, Armand Colin, Paris, 1970.

Baldassari Mario (éd.), *Keynes and the Economic Policies of the 1980's*, St. Martin's Press, New York, 1992.

Banque mondiale, *World Development Report 1995 : Workers in an Integrating World*, Oxford University Press, New York, 1995.

Barber Benjamin, *The Truth of Power : Intellectual Affairs in the Clinton White House*, Norton, New York, 2001.

Barker George, *Income Distribution in New Zealand*, Institute of Policy Studies, Wellington, 1996.

Barone Michael et Ujifusa Grant, *Almanach of American Politics*, National Journal, Washington, 1993.

Beaud Michel, *Le Basculement du monde*, La Découverte, Paris, 1997.

Beaud Michel et Dostaler Gilles, *La Pensée économique depuis Keynes*, Seuil, Paris, 1993.

Beaud Stéphane et Pialoux Michel, *Retour sur la condition ouvrière*, Fayard, Paris, 1999.

—, *Violences urbaines, violence sociale : genèse des nouvelles classes dangereuses*, Fayard, Paris, 2003.

Bell Daniel, *The End of Ideology*, The Free Press, New York, 1960.

Bello Walden (avec Shea Cunningham et Bill Rau), *Dark Victory : The United States, Structural Adjustment and Global Poverty*, Food First Books, San Francisco, 1994.

Bellon André et Robert Anne-Cécile, *Le Peuple inattendu*, Syllepse, Paris, 2003.

Berger Suzanne, *Notre première mondialisation*, Seuil, Paris, 2003.

Black Earl et Black Merle, *The Vital South : How Presidents are Elected*, Harvard University Press, Cambridge, 1992.

Blum Léon, *À l'échelle humaine*, Gallimard, Paris, 1971.

Blumenthal Sidney, *The Permanent Campaign*, Simon & Schuster, New York, 1980.

—, *The Rise of the Counter-Establishment : From Conservative Ideology to Political Power*, Times Books, New York, 1986.

—, *The Clinton Wars*, Farrar, Straus & Giroux, 2003.

Boltanski Luc et Chiapello Ève, *Le Nouvel Esprit du capitalisme*, Gallimard, Paris, 1999.

Bonelli Laurent, *Le Passé d'une fondation. Projet intellectuel, groupes mobilisés et conditions sociales de la naissance de la Fondation Saint-Simon*, mémoire de DEA, université Paris X-Nanterre, 1997.

Bourdieu Pierre, *Sur la télévision*, Raisons d'agir, Paris, 1996.

—, *Contre-feux*, Raisons d'agir, Paris, 1998.

—, *Contre-feux 2*, Raisons d'agir, Paris, 1999.

—, *Les Structures sociales de l'économie*, Seuil, Paris, 2000.

—, *Interventions 1961-2001 : science sociale et action politique*, Agone, Marseille, 2002.

Brash Donald, *New Zealand's Remarkable Reforms*, The Institute of Economic Affairs, Londres, 1996.

Braudel Fernand, *La Dynamique du capitalisme*, Flammarion, Paris, 1985.

—, *L'Identité de la France*, vol. 2 : *Les Hommes et les Choses*, 1re partie, Arthaud, Paris, 1986.

Bunks R.V., *The Future of Communism in Europe*, Wayne State University Press, Detroit, 1968.

Bureau international du travail, *L'Emploi dans le monde 1995*, BIT, Genève, 1995.

—, *Key Indicators of the Labor Market*, BIT, Genève, 1999.

Burnham Walter Dean, *The Current Crisis in American Politics*, Oxford University Press, New York, 1982.

Callahan David, *$1 Billion for Ideas : Conservative Think Tanks in the 1990's*, National Committee for Responsive Philanthropy, Washington DC, mars 1999.

Cambiaire André de, *L'Autoconsommation agricole en France*, Armand Colin, Paris, 1952.

Cannon Lou, *Reagan*, Perigee Books, New York, 1984.

Canto-Sperber Monique, *Les Règles de la liberté*, Plon, Paris, 2003.

Carter Jimmy, *Keeping Faith : Memoirs of a President*, Bantam Books, New York, 1982.

Chavranski Henri, *L'OCDE au cœur des mutations*, La Documentation française, Paris, 1997.

Chomsky Noam, *Responsabilité des intellectuels*, Agone, Marseille, 1999.

—, *Deux heures de lucidité*, Les Arènes, Paris, 2001.

—, *La Conférence d'Albuquerque*, Allia, Paris, 2001.

—, *De la guerre comme politique étrangère des États-Unis*, Agone, Marseille, 2002.

Chomsky Noam et Herman Edward S., *La Fabrique de l'opinion publique : la politique économique des médias américains*, Le Serpent à plumes, Paris, 2003.

Christiansen Hans et Bertrand Ayse, *Trends and Recent Developments in Foreign Direct Investment*, OCDE, Paris, juin 2003.

Clinton Bill, *Quand histoire et espoir se rencontrent*, Odile Jacob, Paris, 1996.

Clinton Bill et Gore Al, *Putting People First*, Times Books, New York, 1992.

Club de Rome, *Halte à la croissance ?*, Fayard, Paris, 1972.

Cockett Richard, *Thinking the Unthinkable : Think Tanks and the Economic Counter-Revolution, 1931-1983*, Fontana Press, Londres, 1995.

Cohen Elie, *L'Ordre économique mondial : essai sur les politiques de régulation*, Fayard, Paris, 2001.

Coleman James, *Foundations of Social Theory*, Belknap Press, Cambridge, 1990.

Commissariat général du Plan, *Rapport au Premier ministre de la commission présidée par Alain Minc, La France de l'an 2000*, La Documentation française et Odile Jacob, Paris, 1994.

Cordonnier Laurent, *Pas de pitié pour les gueux*, Raisons d'agir, Paris, 2000.

Costello Nicholas, Michie Jonathan, Milne Seumas, *Beyond the Casino Economy*, Verso, Londres, 1989.

Cotta Alain, *La France en panne*, Fayard, Paris, 1991.

—, *Une glorieuse stagnation*, Fayard, Paris, 2003.

Crotty William J. (éd.), *The State of Democracy in America*, Georgetown University Press, Washington DC, 2001.

Crozier Michel, Huntington Samuel, Watanuki Joji, *The Crisis of Democracy : Report on the Governability of Democracies to the Trilateral Commission*, New York University Press, New York, 1975.

Dalton George (éd.), *Primitive, Archaic, and Modern Economies : Essays of Karl Polanyi*, Beacon Press, Boston, 1971.

Debray Régis, *La République entre le glaive et le code*, notes de la Fondation Marc Bloch, Paris, novembre 1998.

Dewey John, *Democracy and Education*, Macmillan, New York, 1961.

Diamond Edwin, *Behind the Times : Inside the New York Times*, Villard Books, New York, 1994.

Dictionnaire des sciences économiques, PUF, Paris, 2001.

Dixon Keith, *Les Évangélistes du marché*, Raisons d'agir, Paris, 1999.

—, *Un digne héritier*, Raisons d'agir, Paris, 2000.

Djilas Milovan, *La Nouvelle Classe*, La Table ronde, Paris, 1957.

Dostaler Gilles, *Le Libéralisme de Hayek*, La Découverte, Paris, 2001.

Douérin Mathieu, *Libéralismes : la route de la servitude volontaire*, Les Éditions de la Passion, Paris, 2003.

Douglas Roger, *Unfinished Business*, Random House, Auckland, 1993.

Easton Brian, *The Commercialization of New Zealand*, Auckland University Press, Auckland, 1997.

Easton Nina, *Gang of Five : Leaders at the Center of the Conservative Crusade*, Simon & Schuster, New York, 2000.

Edsall Thomas Byrne et Edsall Mary, *Chain Reaction : The Impact of Race, Rights and Taxes on American Politics*, Norton, New York, 1991.

Elgey Georgette, *La République des illusions, 1945-1951*, Fayard, Paris, 1965.

Etzioni Amitai, *My Brother's Keeper : A Memoir and a Message*, Rowman & Littlefield, Lanham, 2003.

Fallows James, *More Like Us : Making America Great Again*, Houghton Mifflin, Boston, 1989.

—, *Breaking the News : How the Media Undermine American Democracy*, Pantheon Books, New York, 1996.

Fantasia Rick et Voss Kim, *Des syndicats domestiqués : répression patronale et résistance syndicale aux États-Unis*, Raisons d'agir, Paris, 2003.

Ferguson Thomas et Rogers Joel, *The Hidden Election : Politics and Economics in the 1980 Presidential Campaign*, Random House, New York, 1981.

Feulner Edwin, *The Heritage Foundation 1993 Annual Report. 1973-1993 : Twenty Years*, Heritage Foundation, Washington, 1993.

Fischer Claude, Hout Michael, Jankowski Martin Sanchez, Lucas Samuel, Swidler Ann et Voss Kim, *Inequality by Design : Cracking the Bell Curve Myth*, Princeton University Press, Princeton, 1996.

Fitoussi Jean-Paul, *La Démocratie et le Marché*, Grasset, Paris, 2004.

Frank Robert et Cook Philip, *The Winner-Take-All Society*, The Free Press, New York, 1995.

Frank Tom, *Le Marché de droit divin : capitalisme sauvage et populisme de marché*, Agone, Marseille, 2003.

Franklin Benjamin, *Conseils pour s'enrichir*, Arléa, Paris, 1997.

Friedman Milton et Friedman Rose, *Free to Choose*, Harcourt, Orlando, 1990.

Friedman Thomas, *The Lexus and the Olive Tree*, Farrar, Straus & Giroux, New York, 1999.

Frum David, *Dead Right*, Basic Books, New York, 1994.

Frum David et Perle Richard, *An End to Evil : How to Win the War on Terror*, Random House, New York, 2003.

Furet François, Julliard Jacques, Rosanvallon Pierre, *La République du centre : la fin de l'exception française*, Fondation Saint-Simon et Calmann-Lévy, Paris, 1988.

Galbraith John, *Le Nouvel État industriel*, Gallimard, Paris, 1974.

—, *Chroniques d'un libéral impénitent*, Gallimard, Paris, 1982.

Garrigou Alain, *Les Élites contre la République : Sciences Po et l'ENA*, La Découverte, Paris, 2001.

Gaulle Charles de, *Mémoires de guerre*, Plon, Paris, 1999.

Gerring John, *The Development of American Party Ideology : 1828-1992*, thèse de l'université de Californie, Berkeley, 1993.

—, *Party Ideologies in America 1828-1996*, Cambridge University Press, Cambridge, 2001.

Gerschenkron Alexander, *Economic Backwardness in Historical Perspective*, Harvard University Press, Boston, 1962.

Gerth Hans H. et Mills C. Wright (éd.), *From Max Weber : Essays in Sociology*, Oxford University Press, New York, 1946.

Geuens Geoffrey, *Tous pouvoirs confondus*, EPO, Bruxelles, 2003.

Giddens Anthony et Blair Tony, *La Troisième Voie : le renouveau de la social-démocratie*, Seuil, Paris, 2002.

Gilder George, *Wealth and Poverty*, Basic Books, New York, 1989 (texte original publié en 1981).

Gingrich Newt, *To Renew America*, HarperCollins, New York, 1995.

Giret Vincent et Pellegrin Bernard, *20 ans de pouvoir, 1981-2001*, Seuil, Paris, 2001.

Giscard d'Estaing Valéry, *Démocratie française*, Fayard, Paris, 1976.

Gitlin Todd, *The Twilight of Common Dreams : Why America is Wracked With Culture Wars*, Metropolitan Books, New York, 1995.

Gould Philip, *The Unfinished Revolution : How Modernisers Saved the Labour Party*, Abacus, Londres, 1999.

Gourevitch Peter, *Politics in Hard Times : Comparative Responses to International Economic Crises*, Cornell University Press, Ithaca, 1986.

Greider William, *Who Will Tell the People ? The Betrayal of American Democracy*, Simon & Schuster, New York, 1992.

Halberstam David, *The Best and the Brightest*, Random House, New York, 1969.

Halimi Serge, *À l'américaine : faire un président*, Aubier-Montaigne, Paris, 1986.

—, *Quand la gauche essayait*, Arléa, Paris, 2000.

Hancock Graham, *Lords of Poverty : The Power, Prestige, and Corruption of the International Aid Business*, Atlantic Monthly Press, New York, 1989.

Hart Gary, *A New Democracy : A Democratic Vision for the 1980's and Beyond*, Quill, New York, 1983.

Hartwell R.M., *A History of the Mont-Pelerin Society*, Liberty Fund, Indianapolis, 1995.

Hatcher Patrick Lloyd, *The Suicide of an Elite : American Internationalists and Vietnam*, Stanford University Press, Stanford, 1990.

—, *Economic Earthquakes : The Impact of Defense Reductions, California as a Test Case*, Institute of Governmental Studies, Berkeley, 1994.

Hayek Friedrich, *Prix et production*, Calmann-Lévy, Paris, 1975.

—, *Droit, législation et liberté*, vol. 1 : *Règles et ordre*, PUF, Paris, 1980.

—, *Le Mirage de la justice sociale*, PUF, Paris, 1981.

—, *Droit, législation et liberté*, vol. 3 : *L'Ordre politique d'un peuple libre*, PUF, Paris, 1983.

—, *La Présomption fatale : les erreurs du socialisme*, PUF, Paris, 1993 (texte original publié en 1988).

—, *La Route de la servitude*, PUF, Paris, 2002.

Herrnstein Richard et Murray Charles, *The Bell Curve : Intelligence and Class Structure in American Life*, The Free Press, New York, 1994.

Hirschman Albert O., *Deux siècles de rhétorique réactionnaire*, Fayard, Paris, 1991.

Hobsbawm Eric, *L'Âge des extrêmes : histoire du court XXe siècle*, Complexe-*Le Monde diplomatique*, 1994.

Hocquenghem Guy, *Lettre ouverte à ceux qui sont passés du col Mao au Rotary*, Agone, Marseille, 2003 (édition originale 1986).

Hodgson Godfrey, *The World Turned Right Side Up : A History of the Conservative Ascendancy in America*, Houghton Mifflin, New York, 1996.

Hofstadter Richard, *The Age of Reform*, Random House, New York, 1955.

Hough Jerry et Fainsod Merle, *How the Soviet Union is Governed*, Harvard University Press, Cambridge, 1980.

Huntington Samuel, *Political Order in Changing Societies*, Yale University Press, New Haven, 1968.

Jacoby Russell, *The Last Intellectuals : American Culture in the Age of Academe*, Basic Books, New York, 1987.

—, *Dogmatic Wisdom : How the Culture Wars Divert Education and Distract America*, Doubleday, New York, 1994.

Jaurès Jean, *Œuvres*, tome 7 : *L'Affaire Dreyfus 2*, Fayard, Paris, 2001.

Johnson Chalmers, *MITI and the Japanese Economic Miracle*, Stanford University Press, Stanford, 1982.

Kelsey Jane, *The New Zealand Experiment*, Auckland University Press, Auckland, 1995.

Keynes John Maynard, *The End of Laisser-Faire*, Agone, Marseille, 1999.

Kopkind Andrew, *The Thirty Years' Wars*, Verso, Londres, 1995.

Kuisel Richard, *Le Capitalisme et l'État en France*, Gallimard, Paris, 1989.

Lacouture Jean et Rotman Patrick, *Mitterrand, le roman du pouvoir*, Seuil, Paris, 2000.

Laïdi Zaki, *2002 : le parti de la réforme est mort, vive la réforme*, note de la Fondation En temps réel, 2002.

Lasch Christopher, *The Agony of the American Left*, Vintage Books, New York, 1969.

—, *La Révolte des élites*, Climats, Castelnau-le-Lez, 1996.

—, *La Culture du narcissisme*, Climats, Castelnau-le-Lez, 2000.

—, *Le Seul et Vrai Paradis*, Climats, Castelnau-le-Lez, 2002.

Lebaron Frédéric, *La Croyance économique : les économistes entre science et politique*, Seuil, Paris, 2000.

—, *Le Savant, le Politique et la Mondialisation*, Éditions du Croquant, Bellecombe-en-Bauges, 2003.

Lénine, *Que faire ?*, in *Œuvres complètes*, tome 5, Éditions sociales, Paris, 1965.

Lichtenstein Nelson, *The Most Dangerous Man in Detroit : Walter Reuther and the Fate of American Labor*, Basic Books, New York, 1995.

Lind Michael, *The Next American Nation*, The Free Press, New York, 1995.

Lipset Seymour Martin et Mars Gary, *It Didn't Happen Here : Why Socialism Failed in the United States*, Norton, New York, 2000.

Longuet Stéphane, *Hayek et l'école autrichienne*, Nathan, Paris, 1998.

Lordon Frédéric, *Et la vertu sauvera le monde...*, Raisons d'agir, Paris, 2003.

MacArthur John R., *The Selling of « Free-Trade » : Nafta, Washington and the Subversion of American Democracy*, Hill & Wang, New York, 2000.

Maddison Angus, *L'Économie mondiale : une perspective millénaire*, OCDE, Paris, 2001.

Malabre Alfred Jr., *Lost Prophets : An Insider's History of the Modern Economists*, Harvard Business School Press, Boston, 1994.

Marcuse Herbert, *L'Homme unidimensionnel : étude sur l'idéologie de la société industrielle*, Minuit, Paris, 1968.

Maris Bernard, *Des économistes au-dessus de tout soupçon, ou la grande mascarade des prédictions*, Albin Michel, Paris, 1990.

—, *Keynes, ou l'économiste citoyen*, Presses de Sciences Po, Paris, 1999.

Marx Karl, *Le Capital*, livre I, in *Œuvres*, vol. 1, Gallimard, « Bibliothèque de la Pléiade », Paris, 1963.

Marx Karl et Engels Friedrich, *Manifeste du Parti communiste*, Éditions sociales, Paris, 1970.

—, *L'Idéologie allemande*, Éditions sociales, Paris, 1982.

Massey Douglas et Denton Nancy, *American Apartheid : Segregation and the Making of the Underclass*, Harvard University Press, Cambridge, 1993.

Mauss Marcel, « Essai sur le don », in *Sociologie et anthropologie*, PUF, Paris, 2003.

McNamara Robert S., *In Retrospect : The Tragedy and Lessons of Vietnam*, Times Books, New York, 1995.

Mendès France Pierre, *Œuvres complètes*, tome 1, Gallimard, Paris, 1984.

Michéa Jean-Claude, *Impasse Adam Smith : brèves remarques sur l'impossibilité de dépasser le capitalisme sur sa gauche*, Climats, Castelnau-le-Lez, 2002.

Michels Robert, *Les Partis politiques. Essai sur les tendances oligarchiques des démocraties*, Flammarion, Paris, 1971.

Milne Seumas, *The Enemy Within : MI5, Maxwell and the Scargill Affair*, Verso, Londres, 1994.

Minc Alain, *L'Avenir en face*, Seuil, Paris, 1984.

Mitchell Greg, *The Campaign of the Century : Upton Sinclair's Race for Governor of California and the Birth of Media Politics*, Random House, New York, 1992.

Morris Dick, *Behind the Oval Office. Winning the Presidency in the Nineties*, Random House, New York, 1997.

Moscovici Pierre, *Un an après*, Grasset, Paris, 2003.

Noonan Peggy, *What I Saw at the Revolution : A Political Life in the Reagan Era*, Random House, New York, 1990.

OCDE, *L'Étude de l'OCDE sur l'emploi*, OCDE, Paris, juin 1994.

—, *Accélérer la mise en œuvre : le chômage dans la zone de l'OCDE, 1950-1997*, OCDE, Paris, 1996.

—, *Études économiques de l'OCDE : Corée 1996*, OCDE, Paris, 1996.

—, *Études économiques de l'OCDE : États-Unis 1996*, OCDE, Paris, 1996.

—, *Études économiques de l'OCDE : Nouvelle-Zélande 1996*, OCDE, Paris, 1996.

—, *Études économiques de l'OCDE : Royaume-Uni 1996*, OCDE, Paris, 1996.

—, *Perspectives de l'emploi 1998*, OCDE, Paris, 1998.

—, *Perspectives pour l'emploi 2002*, OCDE, Paris, juillet 2002.

Okun Arthur, *Equality and Efficiency : The Big Tradeoff*, The Brookings Institution, Washington, 1975.

Packenham Robert, *Liberal America and the Third World : Political Development Ideas in Foreign Aid and Social Sciences*, Princeton University Press, Princeton, 1973.

Palma Giuseppe di, *The Study of Conflict in Western Society : A Critique of the End of Ideology*, General Learning Press, Morristown, New Jersey, 1973.

Parmet Herbert, *The Democrats : The Years after FDR*, Oxford University Press, New York, 1976.

Parti socialiste, *Un nouvel horizon : projet socialiste pour la France*, Gallimard, Paris, 1992.

Perlstein Rick, *Before the Storm : Barry Goldwater and the Unmaking of the American Consensus*, Hill & Wang, New York, 2001.

Phillips Kevin, *Wealth and Democracy : A Political History of the American Rich*, Broadway Books, New York, 2002.

PNUD, *Rapport mondial sur le développement humain 1996*, Economica, Paris, 1996

—, *Rapport mondial sur le développement humain 2002*, De Boeck & Larcier, Bruxelles, 2002.

Polanyi Karl, *La Grande Transformation*, Gallimard, Paris, 1983.

Rand Ayn, *Capitalism : The Unknown Ideal*, Signet, New York, 1967.

Rencontres de Châteauvallon, *Pour une utopie réaliste*, Arléa, Paris, 1996.

Rentoul John, *Tony Blair, Prime Minister*, Warner Books, Londres, 2001.

Revel Jean-François, *La Tentation totalitaire*, Robert Laffont, Paris, 1976.

—, *La Grâce de l'État*, Grasset, Paris, 1981.

Ricardo David, *Des principes de l'économie politique et de l'impôt*, Flammarion, Paris, 1977.

Rogin Michael, *Ronald Reagan, the Movie and Other Episodes in Political Demonology*, University of California Press, Berkeley, 1987.

Röpke Wilhelm, *La Communauté internationale*, Constant Bourquin, Genève, 1947 (1945).

Ross Kristin, *May '68 and its Afterlives*, University of Chicago Press, Chicago, 2002.

Rothenberg Randall, *The Neo-Liberals : Creating the New American Politics*, Simon & Schuster, New York, 1984.

Rubin Robert, *In an Uncertain World*, Thomson/Texere, New York, 2003.

Rusher William, *The Rise of the Right*, William Murrow, New York, 1984.

Sabel Charles, *Work and Politics : The Division of Labor in Industry*, Cambridge University Press, Cambridge, 1982.

Said Edward, *Des intellectuels et du pouvoir*, Seuil, Paris, 1994.

Sapir Jacques, *Les Économistes contre la démocratie*, Albin Michel, Paris, 2002.

Saunders Frances Stonor, *Qui mène la danse : la CIA et la guerre froide culturelle*, Denoël, Paris, 2003.

Schumpeter Joseph, *Capitalism, Socialism and Democracy*, Harper & Row, New York, 1976.

Scott James, *The Moral Economy of the Peasant*, Yale University Press, New Haven, 1976.

Serrin Judith et Serrin William, *Muckraking : The Journalism that Changed America*, The New Press, New York, 2002.

Shonfield Andrew, *Modern Capitalism : The Changing Balance of Public and Private Power*, Oxford University Press, Londres, 1965.

Simon William, *A Time for Truth*, Berkley Books, New York, 1979.

Sinclair Upton, *La Jungle*, Mémoire du livre, Paris, 2003.

Smith Adam, *Enquête sur la nature et les causes de la richesse des nations*, PUF, Paris, 1995.

Smith James Allen, *The Idea Brokers : Think Tanks and the Rise of the New Political Elite*, The Free Press, New York, 1991.

Stiglitz Joseph, *La Grande Désillusion*, Fayard, Paris, 2002.

Stockman David, *The Triumph of Politics : Why the Reagan Revolution Failed*, Harper & Row, New York, 1986.

Strauss-Kahn Dominique, *La Flamme et la Cendre*, Grasset, Paris, 2002.

Suskind Ron, *The Price of Loyalty : George W. Bush, the White House, and the Education of Paul O'Neill*, Simon & Schuster, New York, 2004.

Taylor Frederick, *The Principles of Scientific Management*, Norton, New York, 1967.

Teixeira Ruy et Rogers Joel, *America's Forgotten Majority*, Basic Books, New York, 2000.

Thatcher Margaret, *10, Downing Street*, Albin Michel, Paris, 1993.

The Cato Handbook for Congress, Cato Institute, Washington, 1995.

The Cold War & the University, The New Press, New York, 1997.

Thibaud Paul, *Et maintenant... : contribution à l'après-mitterrandisme*, Arléa, Paris, 1995.

Thurow Lester, *The Zero-Sum Society : Distribution and the Possibilities for Economic Change*, Basic Books, New York, 1980.

Tocqueville Alexis de, *Souvenirs*, Robert Laffont, Paris, 1986.

—, *De la démocratie en Amérique*, Robert Laffont, Paris, 1986.

Wacquant Loïc, *Les Prisons de la misère*, Raisons d'agir, Paris, 1999.

—, *Punir les pauvres*, Agone, Marseille, 2004.

Warde Ibrahim, *Oligopolistic Structures and the Evolution of Political Economy : US Responses to Decline*, thèse de l'université de Californie, Berkeley, 1988.

Warren Elizabeth et Tyagi Amelia Warren, *The Two Income Trap*, Perseus Books, Cambridge, 2003.

Weaver Richard, *Ideas Have Consequences*, University of Chicago Press, Chicago, 1948.

Weber Max, *L'Éthique protestante et l'esprit du capitalisme*, Gallimard, Paris, 2003.

Weil Simone, *Écrits historiques et politiques*, vol. 2, Gallimard, Paris, 1991.

Werth Alexander, *France 1940-1955*, Holt & Company, New York, 1956.

Wolfe Tom, *Le Gauchisme de Park Avenue*, Gallimard, Paris, 1972.

Woodward Bob, *The Agenda : Inside the Clinton White House*, Simon & Schuster, New York, 1994.

—, *The Choice*, Simon & Schuster, New York, 1996.

World Economic Forum, *The Global Competitiveness Report 1996*, Genève, 1996.

Zacharie Arnaud et Malvoisin Olivier, *FMI, la main invisible*, Labor, Bruxelles, 2003.

Zinn Howard, *Une histoire populaire des États-Unis, de 1492 à nos jours*, Agone, Marseille, 2002.

Zinoviev Alexandre, *La Grande Rupture*, L'Âge d'homme, Lausanne, 1999.

Zysman John, *Governments, Markets and Growth*, Cornell University Press, Ithaca, 1982.

Articles

« A financial taint South America doesn't deserve », *International Herald Tribune*, 19-20 septembre 1998.

« A look at tax reform », *The Wall Street Journal Europe*, 13 octobre 2003.

« As Gonzales glides rightward », *The Economist*, 11 mars 1989.

« Blair's victory », éditorial, *The Wall Street Journal Europe*, 8-9 juin 2001.

« Cashing in », *The Washington Post National Weekly Edition*, 4 décembre 1995.

« Les chantiers de la démolition sociale », *Le Monde diplomatique*, juillet 1994.

« Comptes de la nation », *Analyses et documents économiques*, n° 72, juin 1997.

« De la liquidation de la solidarité collective à la charité publique », *Le Monde libertaire*, 19 février 2004.

« Enfants rois », *Le Monde diplomatique*, janvier 1995.

« Les enjeux du "oui" », *Le Monde*, 19 septembre 1992.

« FCC chairman : consolidation hasn't inhibited variety, fairness », *Boston Globe*, 17 avril 2002.

« Le FMI critique l'excès de régulations en France », *Le Monde*, 27 février 1998.

« La gauche écartelée », *Le Débat*, n° 124, mars-avril 2003.

« Globalization gets mixed report card in US universities », *The Wall Street Journal*, 2 décembre 2002.

« La guerre sociale » (dossier), *PLPL*, n° 13, février 2003.

« Index of economic freedom », *The Wall Street Journal Europe*, 9-11 janvier 2004.

« Is democracy dying ? », *US News and World Report*, 8 mars 1976.

« Less ink for US economists », *Business Week*, 30 juillet 2001.

« Maybe this chancellor can », éditorial, *The Wall Street Journal Europe*, 23 juillet 2003.

« No thunder on the right : why did capitalism's triumph hurt the friends of laisser-faire ? », éditorial, *The Wall Street Journal Europe*, 8 septembre 2000.

« L'OCDE craint une poussée des salaires en France », *Les Échos*, 21 novembre 2000.

« L'OCDE soutient les "politiques actives" des États en faveur de l'emploi », *Les Échos*, 10 juillet 2003.

« Le pouvoir d'achat des salariés a diminué au troisième trimestre », *La Tribune*, 20 novembre 2000.

« Le PPA frappé au cœur », *PLPL*, n° 8, février 2002.

« Putting war aside, President renews push for big tax cut », *International Herald Tribune*, 16 avril 2003.

« Russian financial crisis five years on », *Financial Times*, 18 août 2003.

« Séguin dénonce "la gauche du fric" », *Le Figaro*, 7 mars 2001.

« Stayin' alive », *US News and World Report*, 2 juillet 2001.

« Tax loopholes on homes benefit the rich and cost UK millions », *The Guardian*, 25 mai 2002.

« The choice is clear », éditorial, *The Economist*, 2 juin 2001.

« The constant dividers in American politics ? Race, abortion issues », *The Wall Street Journal Europe*, 19 décembre 2002.

« The curse of nepotism », *The Economist*, 10 janvier 2004.

« The value of IMF forecasts », *Financial Times*, 27 septembre 2001.

« The worst system except all others », éditorial, *Financial Times*, 4 mai 2002.

« Those young Americans », *The Economist*, 6 septembre 2003.

« Time to act », *Business Week*, 14 septembre 1998.

« Un journalisme de racolage », *Le Monde diplomatique*, août 1998.

« US rich get richer, and poor poorer, data shows », *International Herald Tribune*, 25 septembre 2003.

« US takes rise in minimum wage in stride », *The Wall Street Journal Europe*, 21 novembre 1996.

« World Bank discovers the market », éditorial, *The Wall Sreet Journal*, 8 octobre 2003.

« World Bank warns on income divide », *Financial Times*, 8 octobre 2003.

« Would you like your class war shaken or stirred, sir ? », *The Economist*, 6 septembre 2003.

Accardo Alain, « Succession Lagardère : la norme ou l'énorme », *Le Passant ordinaire* (Bègles), n° 45-46, juin-septembre 2003.

Alden Edward, « Heat under US white collars », *Financial Times*, 28 janvier 2004.

Alterman Eric, « A spectacular success », *The Nation*, 2 février 2004.

Amin Samir, « L'économie "pure", nouvelle sorcellerie », *Le Monde diplomatique*, août 1997.

Baker Russel, « Mr Right », *The New York Review of Books*, 17 mai 2001.

Balbastre Gilles, « Le monde du travail interdit de télévision », *Le Monde diplomatique*, juin 1996.

Barnes James, « Banker with a cause », *National Journal*, 3 juin 1993.

Barro James, « One Pinochet legacy that deserves to live », *Business Week*, 17 janvier 2000.

Bartley Robert L., « Thirty years of progress – mostly », *The Wall Street Journal*, 20 novembre 2002.

Basu Kaushik, « Some poor families need child labor », *International Herald Tribune*, 30 novembre 1994.

Beaud Michel, « Dis, papa, à qui on paie ? », *Manière de voir*, n° 72, décembre 2003.

Becker Gary, « Nafta : the pollution issue is just a smokescreen », *Business Week*, 9 août 1993.

—, « If Lula wins, free markets will survive », *Business Week*, 21 octobre 2002.

Belot Jean de, « Le défi d'une révolution copernicienne », *Le Figaro*, 30 juillet 2003.

Biard Joël, « Réalisme de gauche et transformation sociale », *L'Humanité*, 3 novembre 1997.

Blair Tony, « Pour une société forte et équitable », *Le Monde*, 14 novembre 2002.

—, « Ma vision pour la Grande-Bretagne », *Le Débat*, n° 124, mars-avril 2003.

Bonelli Laurent, « Ces architectes en France du social-libéralisme », *Manière de voir*, n° 72, décembre 2003-janvier 2004.

Bourdieu Pierre, « L'architecte de l'euro passe aux aveux », *Le Monde diplomatique*, septembre 1997.

—, « Les conditions sociales de la circulation internationale des idées », *Actes de la recherche en sciences sociales*, n° 145, décembre 2002.

Bourdieu Pierre et Boltanski Luc, « Encyclopédie des idées reçues et des lieux communs en usage dans les lieux neutres », *Actes de la recherche en sciences sociales*, n° 2-3, 1976.

—, « La production de l'idéologie dominante », *Actes de la recherche en sciences sociales*, n° 2-3, 1976.

Bourdieu Pierre et Wacquant Loïc, « La nouvelle vulgate planétaire », *Le Monde diplomatique*, mai 2000.

Bourguignon François, préface, in *Bilan du monde, édition 2004*, Société éditrice du *Monde*, p. 11.

Bouvet Laurent, « Qu'est-ce que la troisième voie ? », *Le Débat*, n° 124, mars-avril 2003.

Bredin Jean-Denis, « Est-il permis ? », *Le Monde*, 31 août 1991.

Broder David, « The GOP's southern strand », *The Washington Post National Weekly Edition*, 21 octobre 2002.

Browning Edgar, « How much more equality can we afford ? », *The Public Interest*, printemps 1976.

Cassen Bernard, « Est-il encore utile de voter après le sommet de Barcelone ? », *Le Monde diplomatique*, avril 2002.

—, « Europe, une convention pour rien », *Le Monde diplomatique*, juillet 2003.

Changy Florence de, « Les jusqu'au-boutistes néo-zélandais », *Le Monde*, 20 mai 1997.

Chevènement Jean-Pierre, « La gauche s'est rendue sans avoir combattu », *Le Monde*, 5 mai 2001.

Cockburn Alexander et Silverstein Ken, « The demands of capital », *Harper's*, mai 1995.

Cohen Daniel, « Le déclin français, une idée qui ne passe pas », *Le Monde*, 9 septembre 2003.

Cohen Elie, « La question Nord-Sud est rouverte », *L'Express*, 20 septembre 2001.

Cohen Roger, « Global forces batter politics », *The New York Times*, 17 novembre 1996.

Cox Michael et Alm Richard, « Why some Americans want more poverty », *The Wall Street Journal Europe*, 10 novembre 1999.

Craig Roberts Paul, « How Chile may lose all the ground it has gained », *Business Week*, 17 juillet 1995.

Crane Sylvia, « Le président Carter, des promesses électorales aux actes », *Le Monde diplomatique*, avril 1978.

Dahrendorf Ralf, « The third way and liberty », *Foreign Affairs*, septembre-octobre 1999.

Daniel Jean, « Éloge des intellectuels », *Le Nouvel Observateur*, 15 août 1986.

Debray Régis, « Êtes-vous démocrate ou républicain ? », *Le Nouvel Observateur*, 30 novembre 1989.

Decornoy Jacques, « Travail, capital... Pour qui chantent les lendemains ? », *Le Monde diplomatique*, septembre 1995.

Delattre Lucas, « Trois leçons américaines pour l'Europe », *Le Monde*, 16 décembre 2000.

Delhommais Pierre-Antoine, « La dure et juste loi des marchés financiers », *Le Monde*, 17 septembre 1998.

Denord François, « Le prophète, le pèlerin et le missionnaire : la circulation internationale du néolibéralisme et ses acteurs », *Actes de la recherche en sciences sociales*, n° 145, décembre 2002.

Dezalay Yves, « Les courtiers de l'international : héritiers cosmopolites, mercenaires de l'impérialisme et missionnaires de l'universel », *Actes de la recherche en sciences sociales*, mars 2004.

Dezalay Yves et Garth Bryant, « Le "Washington Consensus" : contribution à une sociologie de l'hégémonie du néolibéralisme », *Actes de la recherche en sciences sociales*, n° 121-122, mars 1998.

—, « Droits de l'homme et philanthropie hégémonique », *Actes de la recherche en sciences sociales*, n° 121-122, mars 1998.

—, « L'impérialisme de la vertu », *Le Monde diplomatique*, mai 2000.

Dombey Daniel et Parker George, « UK fears charter stance on strikes », *Financial Times*, 4 octobre 2003.

Dommergues Pierre, « L'essor du conservatisme américain », *Le Monde diplomatique*, mai 1978.

Ehrenreich Barbara, « Third party, mainstream hopes », *The New York Times*, 26 octobre 2000.

Elliott Larry et Brittain Victoria, « Seven richest could wipe out world poverty », *The Gardian*, 12 juin 1997.

Epstein Richard, « Sell your body, save a life », *The Wall Street Journal*, 16 avril 1998.

—, « Free markets demand protection », *Financial Times*, 13 octobre 2003.

Ewald François, « Les sept crises de l'État-providence », *Les Échos*, 8 juillet 2003.

Fantasia Rick, « L'État américain engagé contre les syndicats », *Le Monde diplomatique*, juillet 2003.

Florenne Tristan, « Le langage des gestionnaires de l'État », *Le Monde diplomatique*, mai 1981.

Fourcade-Gourinchas Marion et Babb Sarah L., « The rebirth of the liberal creed : paths to neoliberalism in four countries », *American Journal of Sociology*, novembre 2002.

Frank Tom, « Let's talk class again », *London Review of Books*, 21 mars 2002.

—, « Cette Amérique qui vote George W. Bush », *Le Monde diplomatique*, février 2004.

Fraser Damian, « Mexico growing intimacy with World Bank », *Financial Times*, 3 mars 1992.

Friedman George, « Russian economic failure invites a new stalinism », *International Herald Tribune*, 11 septembre 1998.

Friedman Milton, « Tax cuts = smaller government », *The Wall Street Journal Europe*, 20 janvier 2003.

Frum David et Perle Richard, « America's pragmatic neocons », *The Wall Street Journal Europe*, 7 janvier 2004.

George Susan, « Comment la pensée est devenue unique », *Le Monde diplomatique*, août 1996.

—, « Oui, l'Europe est le recours du monde », *Le Nouvel Observateur*, 12 février 2004.

Giddens Anthony, « Plaidoyer pour une troisième voie », *Alternatives économiques*, décembre 1999.

—, « New Labour : un deuxième mandat pour la troisième voie », *Les Échos*, 1ᵉʳ août 2001.

—, « History as antidote to nostalgia », *Financial Times*, 5-6 juillet 2003.

Gingrich Newt, « L'Amérique, seul guide du monde », *Le Monde*, 2 mars 1995.

Gitlin Todd, « La droite américaine manipule le sentiment national », *Le Monde diplomatique*, novembre 1995.

Gorodetsky Gabriel, « Les dessous du pacte germano-soviétique », *Le Monde diplomatique*, juillet 1997.

Greider William, « The education of David Stockman », *The Atlantic*, décembre 1981.

—, « Sovereign corporations », *The Nation*, 30 avril 2001.

—, « The right's grand ambition : rolling back the 20ᵗʰ Century », *The Nation*, 12 mai 2003.

Grenier Cynthia, « France turns right : vive Reagan », *The Wall Street Journal*, 28 novembre 1984.

Gresh Alain, « Une fondation au-dessus de tout soupçon », *Le Monde diplomatique*, mai 1985.

Guidoni Pierre, « L'actualité de Léon Blum », *Recherche socialiste*, mars 2000.

Hageman Brigitte, « L'Argentine plonge dans la misère », *Les Échos*, 28 août 2002.

Halimi Serge, « Dans les bas-fonds de la campagne électorale américaine », *Le Monde diplomatique*, décembre 1988.

—, « Paysages de récession en Angleterre », *Le Monde diplomatique*, janvier 1993.

—, « L'université de Chicago, un petit coin de paradis au cœur du ghetto », *Le Monde diplomatique*, avril 1994.

—, « Les boîtes à idées de la droite américaine », *Le Monde diplomatique*, mai 1995.

—, « Élections américaines : des jeux sans enjeu », *Le Monde diplomatique*, novembre 1996.

—, « Éternel retour du "miracle américain" », *Le Monde diplomatique*, janvier 1997.

—, « Quand ceux qui signent les chèques font les lois », *Le Monde diplomatique*, février 1997.

—, « La Nouvelle-Zélande, éprouvette du capitalisme total », *Le Monde diplomatique*, avril 1997.

—, « Falsifications à la télévision », *Le Monde diplomatique*, juillet 1997.

—, « Un village néo-zélandais à l'heure du marché », *Le Monde diplomatique*, août 1997.

—, « Faiseurs d'élections made in USA », *Le Monde diplomatique*, août 1999.

Halimi Serge et Seery John, « La force des préjugés dans le débat sur l'enseignement », *Le Monde diplomatique*, avril 1991.

Halimi Serge et Wacquant Loïc, « Quand les entreprises "investissent" 4 milliards de dollars », *Le Monde diplomatique*, décembre 2000.

Harwood John, « A lot like home : campaign strategists give foreign elections that American cachet », *The Wall Street Journal*, 24 mars 1999.

Hayek Friedrich, « Les intellectuels et le socialisme », *Commentaire*, n° 99, automne 2002.

Hazan Pierre, « La toute-puissance des marchés en accusation : après Swissair, les Helvètes découvrent des vertus à la régulation politique », *Libération*, 5 octobre 2001.

Heath Allister, « Privatization is getting a bum rap », *The Wall Street Journal Europe*, 27-28 octobre 2003.

Heilbroner Robert, « Economics by the book », *The Nation*, 20 octobre 1997.

House Karen Elliott, « Letter from the publisher, a report to *The Wall Street Journal*'s world-wide readers », *The Wall Street Journal Europe*, 8 janvier 2004.

Hui Wang, « Aux origines du néolibéralisme en Chine », *Le Monde diplomatique*, avril 2002.

Izraelewicz Erik, « Le journalisme économique », *Sciences humaines*, septembre 1998.

Johnstone Diana, « Une stratégie trilatérale », *Le Monde diplomatique*, novembre 1976.

Jospin Lionel, « Reconstruire la gauche », *Le Monde*, 11 avril 1992.

Julien Claude, « Le corset libéral », *Le Monde diplomatique*, novembre 1984.

—, « Une bête à abattre : le tiers-mondisme », *Le Monde diplomatique*, mai 1985.

Julliard Jacques, « Éditorial », *Intervention*, n° 9, mai-juin-juillet 1984.

Katz Ian, « Goldmine Sachs », *The Guardian*, 10 décembre 1993.

Kopkind Andrew, « The lair of the black panther », *The New Republic*, 13 août 1966.

—, « Blue collars and white racism », *Mayday*, 11 octobre 1968.

—, « Famille, féminisme et droite américaine », *Agone*, n° 28, 2003.

Krauss Melvin, « "Dim Wim" bests the "Maestro" », *The Wall Street Journal Europe*, 3-5 octobre 2003.

Laïdi Zaki, « Le social-mondialisme », *Le Débat*, n° 124, mars-avril 2003.

Lapham Lewis, « Economic correctness », *Harper's*, février 1997.

—, « When in Rome », *Harper's*, janvier 2003.

Lehingue Patrick, « L'analyse économique des choix électoraux, ou comment choisir d'économiser l'analyse », *Politix*, n° 40, 1997.

Leparmentier Arnaud, « Outre-Rhin, le gouvernement social-démocrate abandonne le keynésianisme », *Le Monde*, 12-13 novembre 2000.

Levison Andrew, « Who lost the working class ? », *The Nation*, 14 mai 2001.

Lipset Seymour Martin, « Still the exceptional nation ? », *The Wilson Quarterly*, février 2000.

—, « L'américanisation de la gauche européenne », *Commentaire*, automne 2001.

Lordon Frédéric, « Comment la finance a tué Moulinex », *Le Monde diplomatique*, mars 2004.

Losson Christian, Quatremer Jean et Riché Pascal, « Enquête exclusive sur un huis clos où tout peut se dire mais d'où rien ne doit sortir », *Libération*, 5 août 2003.

Machin Stephen, « Wage inequality in the UK », *Oxford Review of Economic Policy*, vol. 12, n° 1, printemps 1996.

MacShane Denis, « Tony Blair ou le réformisme permanent », *Le Monde*, 18 novembre 2003.

Markham Edwin, « The hoe-man in the making », *Cosmopolitan*, septembre 1906.

Melloan George, « What ever happened to the US labor movement ? », *The Wall Street Journal*, 4 septembre 2001.

—, « Some reflections on my 32 years with Bartley », *The Wall Street Journal Europe*, 16 décembre 2003.

Messarovitch Yves, « L'Europe et l'impôt », *Le Figaro Magazine*, 26 février 2002.

Milbank Dana, « Religious right finds its center in Oval Office : Bush emerges as movement's leader after Robertson leaves Christian Coalition », *The Washington Post*, 24 décembre 2001.

Milne Seumas, « Scargill's accuser "was MI5 agent" », *The Guardian*, 22 juillet 1993.

Minc Alain, « Un capitalisme soixante-huitard », *Intervention*, n° 9, mai-juin-juillet 1984.

Moscovici Pierre, « Blair's triumph is good for Europe », *Financial Times*, 12 juin 2001.

Nader Ralph, « Ces grands médias américains qui se disent impartiaux », *Le Monde*, 1er novembre 2000.

Nagourney Adam, « Sound bites over Jerusalem », *The New York Times Magazine*, 25 avril 1999.

Noiriel Gérard, « Petite histoire de l'intégration à la française », *Le Monde diplomatique*, janvier 2002.

Nye Joseph S. Jr., « The best and brightest now shun public service », *International Herald Tribune*, 24 août 2001.

OCDE, « Maîtriser la mondialisation », communiqué de presse du 27 juin 2000.

Oualalou Lamia, « L'Amérique latine, championne des inégalités », *Le Figaro*, 21 octobre 2003.

Paget Karen M., « Lessons of right-wing philanthropy », *The American Prospect*, septembre-octobre 1998.

Pasche Cécile et Peters Suzanne, « Les premiers pas de la Société du Mont Pèlerin, ou les dessous chics du néolibéralisme », in *Les Annuelles*, Éd. Antipodes, Lausanne, août 1997.

Peel Quentin, « No democracy is immune to extremism », *Financial Times*, 8 janvier 2004.

Pei Minxin, « The paradoxes of American nationalism », *Foreign Affairs*, mai-juin 2003.

Pelletier Robert, « Le traumatisme de Maastricht », *Le Monde*, 23 juin 1992.

Pfaff William, « The democrats don't know their job : on the defensive », *International Herald Tribune*, 11 janvier 2003.

Piketty Thomas, « La baisse des taux supérieurs de l'impôt sur le revenu ne stimulerait pas l'économie », *Le Monde*, 6 novembre 1998.

Poupeau Franck, « Revenir aux luttes : éléments pour une critique de la contestation », *Agone*, n° 26-27, 2002.

Powell Michael K., « Let's have an honest debate on media ownership », *International Herald Tribune*, 29 juillet 2003.

Raguz Vitomir Miles, « Let's just sell Kosovo », *The Wall Street Journal Europe*, 15 octobre 2003.

Ramonet Ignacio, « Chancelante démocratie », *Le Monde diplomatique*, octobre 1996.

Reich Robert, « The myth of "Made in USA" », *The Wall Street Journal*, 5 juillet 1991.

Reilly David, « At top levels, US still leads in pay », *The Wall Street Journal*, 24 novembre 2003.

Revel Jean-François et Lazitch Bruno, « Continental mainstream is a free-market current », *The Wall Street Journal*, 12 décembre 1984.

Rich Andrew et Weaver Kent, « Think tanks in the US media », *Harvard International Journal of Press/Politics*, automne 2000.

Rigaud Jacques, Manent Pierre, Stoffaes Christian et Pire Jean Miguel, « Aux sources de la vie civique moderne : le libéralisme », *Le Figaro*, 23 juin 2003.

Rimbert Pierre, « Il y a quinze ans, "Vive la crise !" », *in* « Le nouveau capitalisme », *Manière de voir*, n° 72, décembre 2003.

Rocard Michel, « Une méthode en politique. Entretien avec François Furet », *Le Débat*, janvier-mars 1986.

—, « Plus ça change », *Newsweek*, 16 juin 1997.

—, « Loi Fillon : les brutaux et les "mollettistes" », *Le Monde*, 19 juin 2003.

Rosanvallon Pierre, « Le choc déflationniste et après », *Libération*, 23 juin 1982.

—, « Libéralisme de droite, libéralisme de gauche », *Intervention*, n° 9, mai-juin-juillet 1984.

Sader Emir, « Année cruciale pour la gauche latino-américaine », *Le Monde diplomatique*, février 2003.

Salin Pascal, « Le Smic, machine à exclure », *Libération*, 29 mai 1995.

Samuelson Robert, « Global capitalism, RIP ? », *Newsweek*, 14 septembre 1998.

Sanger David, « As election approaches, Bush embraces activism », *International Herald Tribune*, 2 janvier 2004.

Saverot Denis, « Fonctionnaire international, un job en or », *Capital*, janvier 1999.

Schumpeter Joseph, « The instability of capitalism », *Economic Journal*, vol. XXXVIII, 1928.

Séguéla Jacques, « Pas de pub, pas de vote », *Le Monde*, 18 juin 1999.

Sergeant Jean-Claude, « M. Rupert Murdoch, empereur des médias », *Le Monde diplomatique*, janvier 1999.

Silguy Yves-Thibault de, « La monnaie unique est irréversible », *Le Figaro Magazine*, 16 mai 1997.

Sionneau Bernard, « Réseaux conservateurs et Nouvelle Doctrine américaine de Sécurité », in *Annuaire français de relations internationales*, tome IV, Bruylant, Bruxelles, juin 2003.

—, « Les réseaux de la galaxie conservatrice américaine : composantes principales et stratégies d'influence », in *Réseaux et pouvoirs* (sous la direction de Michel Bergès), L'Harmattan, Paris, à paraître.

Stern Babette, « FMI : psychodrame à l'européenne », *Le Monde*, 14 mars 2000.

Stockman David, « The Social Pork Barrel », *The Public Interest*, printemps 1975.

Taylor Robert, « OCDE backs down as finding on jobless is attacked », *Financial Times*, 9 juillet 1999.

Therin Frédéric, « Le "zéro subvention" des prospères fermiers néo-zélandais », *Le Monde*, 11 septembre 2003.

Toner Robin, « Conservatives savor their role as insiders in the White House », *The New York Times*, 19 mars 2001.

Torres Raymond et Tergeist Peter, « Il faudrait aussi baisser les charges sur les bas salaires », *Les Échos*, 16 décembre 2003.

Touraine Alain, « Le marché, l'État et l'acteur social », *Cultures en mouvement*, n° 17, mai 1999.

Uchitelle Louis, « The middle class : winning in politics, losing in life », *The New York Times*, 19 juillet 1998.

Vidal Gore, « The end of history », *The Nation*, 30 septembre 1996.

Vidal-Beneyto José, « La social-démocratie privatisée », *Le Monde diplomatique*, juillet 1999.

Vogel David, « Why businessmen distrust the State : the political consciousness of American corporate executives », *British Journal of Political Science*, n° 8, 1978.

Wacquant Loïc, « Quand le président Clinton "réforme" la pauvreté », *Le Monde diplomatique*, septembre 1996.

—, « Crime et châtiment en Amérique de Nixon à Clinton », *Archives de politique pénale*, 1998.

—, « Ce vent punitif qui vient d'Amérique », *Le Monde diplomatique*, avril 1999.

—, « La prison est une institution hors la loi », *L'R de réel*, mai-juin 2000.

—, « Sur l'Amérique comme prophétie auto-réalisante », *Actes de la recherche en sciences sociales*, n° 139, septembre 2001.

Warde Ibrahim, « La théorie de l'économiquement correct », *Le Monde diplomatique*, mai 1995.

—, « Quand le libre-échange affamait l'Irlande », *Le Monde diplomatique*, juin 1996.

—, « Le système bancaire dans la tourmente », *Le Monde diplomatique*, novembre 1998.

Weber Henri, « Où va la gauche française ? », *Le Débat*, n° 124, mars-avril 2003.

Weil Simone, « La vie et la grève des ouvrières métallos », *La Révolution prolétarienne*, 10 juin 1936.

Weisbrot Mark, « Economists in denial », *The Washington Post*, 5 août 2002.

—, « Nothing to celebrate », Znet, 31 août 2003.

Wessel David, « In Bush's US tax plan, the tricky question is how to tax the wealthy », *The Wall Street Journal Europe*, 2 janvier 2003.

Whitney Craig, « Laborites : the ideals still divide », *The New York Times*, 7 octobre 1998.

Wiener John, « Olin money tree : dollars for neocon scholars », *The Nation*, 1er janvier 1990.

Wills Gary, « A tale of two cities », *The New York Review of Books*, 3 octobre 1996.

Zogby John, « Watch the rise of America's investor class », *Financial Times*, 5 mai 2003.

INDEX

Abrams Elliott, 281.

Accardo Alain, 451n, 506, 507 (et n), 510.

Acton Lord John Dalberg, 295 (et n).

Adenauer Konrad, 296 (et n).

Adonis Andrew, 512n.

Agnelli Giovanni, 248.

Agnew Spiro, 277.

Albert Michel, 360.

Albright Madeleine, 352n.

Alden Edward, 568n.

Al Fayed Mohamed, 390n.

Allais Maurice, 293 (et n), 296 (et n), 338.

Allen Rob, 474.

Allende Salvador, 355.

Alm Richard, 138n.

Alterman Eric, 276n, 277n, 560n.

Amin Samir, 321, 322n.

Anderson Martin, 226, 228.

Aparicio Jean-Claude, 399n, 500n, 502n.

Aragon Louis, 291, 439.

Arnault Bernard, 399n.

Aron Raymond, 47, 71, 345.

Attali Jacques, 228, 304 (et n), 305 (et n), 437.

Atwater Lee, 134.

August-Winkler Heinrich, 533n.

Auriol Vincent, 292 (et n).

Ayling John, 480n.

Babb Sarah L., 414n, 540n.

Bacchus James, 559.

Bacqué Raphaëlle, 546n.

Baker Russel, 145n.

Bakounine Mikhaïl Alexandrovitch, 46.

Balbastre Gilles, 360n, 488n, 498n, 519n, 539n.

Baldassari Mario, 225n.

Balladur Édouard, 243n, 267, 396, 504n, 516.

Balmary Dominique, 321n.

Baraona Pablo, 225, 356.

Barber Benjamin, 136n.

Bardot Brigitte, 409, 410.

Barker George, 485n.

Barnes James, 258n.

Barone Michael, 558n.

Barre Raymond, 36n, 49, 60, 63, 185, 205, 248, 300, 320, 336, 439, 525 (et n).

Barro Robert J., 209n, 354.

Barrot Jacques, 529n.

Barry Alister, 477n, 478n, 481n, 483n.

Bartley Robert L., 158, 159n, 224, 225 (et n).

Basu Kaushik, 387n.

Bazire Nicolas, 267.

Beatty Warren, 36.

Beaud Michel, 340n, 342n, 547, 548n.

Beaud Stéphane, 389n, 498 (et n), 538 (et n).

Beauvoir Simone de, 405.

Bébéar Claude, 321n, 528.

Becker Gary, 338, 387 (et n), 530, 531n.

Beffa Jean-Louis, 321n, 525n.

Bell Daniel, 47, 48n, 89n, 421, 425.

Bello Walden, 350n.

Bellon André, 395n.

Bellow Saul, 157.

Belot Jean de, 398n.

Bendixen Sergio, 382.

Ben Jelloun Tahar, 360.

Benn Tony, 182.

Bennett William, 281.

Bentsen Lloyd, 241.

Bérégovoy Pierre, 267, 321, 486n, 487, 525, 526n, 528.

Berès Pervenche, 398n.

Berger Suzanne, 24n.

Bergès Michel, 258n.

Bergounioux Alain, 523n.

Bergsten C. Fred, 300n.

Berl Emmanuel, 506.

Berlusconi Silvio, 25n, 80, 390, 450, 458, 529.

Bernays Edward, 383.

Bernstein Eduard, 47.

Bernstein Leonard, 147.

Bertrand Ayse, 323n.

Besançon Alain, 350, 351n.

Biard Joël, 491n.

Bidault Georges, 393n.

Bischof Robert, 324n.

Bismarck Otto Eduard Léopold, 16, 32, 234.

Black Earl, 97n.

Black Merle, 97n.

Blair Tony, 160, 203, 313n, 326 (et n), 327, 329, 375, 379, 380, 385, 390, 415, 416, 425, 427, 432, 433 (et n), 434 (et n), 436, 444, 448-450, 451 (et n), 452, 454, 456, 457, 458n, 460n, 462, 463 (et n), 464 (et n), 465, 466, 470, 480, 493, 494, 495 (et n), 505, 506, 511n, 513, 519 (et n), 520 (et n), 522, 527n, 528, 529 (et n), 530, 531, 532 (et n), 549.

Blanc Christian, 501.

Blanchard Olivier, 313n.

Bloom Allan, 259, 507.

Blum Léon, 10, 370, 403 (et n), 418, 435 (et n), 489 (et n), 490.

Blumenthal Michael, 300n.

Blumenthal Sidney, 168n, 198n, 208, 209n, 216n, 223n, 226n, 229n, 242n, 255, 379 (et n), 380.

Blunkett David, 450.

Boissonnat Jean, 243n, 321n.

Bolloré Vincent, 267.

Boltanski Luc, 60n, 61n, 175n, 337 (et n), 367, 404, 420 (et n), 430n, 523n.

Bon Michel, 21, 321n, 377n.

Bonelli Laurent, 524n, 527n, 528n, 534n.

Bonior David, 505n.

Bouillot Isabelle, 321n.

Bourdieu Pierre, 175n, 230n, 299 (et n), 337 (et n), 338 (et n), 342, 343n, 391n, 404, 407 (et n), 420 (et n), 430n, 446n, 491, 492, 494 (et n), 565 (et n), 566n.

Bourdin Joël, 183n.

Bourguignon François, 553n.

Bouvet Laurent, 506n.

Bové José, 362n.

Bradley Harry, 257n.

Bradley Lynde, 257n.

Bramoulle Gérard, 546n.

Brando Marlon, 36, 239n.

Brash Donald, 469, 470 (et n), 472, 484 (et n).

Braudel Fernand, 24 (et n), 28 (et n), 31 (et n), 33 (et n), 406 (et n).

Bray Tom, 225.

Bredin Frédérique, 267.

Bredin Jean-Denis, 438, 439n.

Briand Aristide, 294n.

Brittain Victoria, 554n.

Brittan Samuel, 275.

Broder David, 136n.

Brown Gordon, 434.

Brown Harold, 300n.

Brown Ronald, 265.

Browning Edgar, 250 (et n).

Bryan William Jennings, 81-83, 84n, 85 (et n), 182.

Bryant Anita, 153.

Brzezinski Zbigniew, 70, 300 (et n), 414n.

Buchanan James, 338, 339.

Buckley William F., 535-537.

Bunks R.V., 47.

Burnham Walter Dean, 231n.

Burton Dan, 363n.

Bush George Herbert Walker, 18, 97, 130, 134, 139, 141-145, 149 (et n), 150n, 153, 154n, 195, 199, 226, 265, 373, 378, 383, 415, 429, 443n, 476n, 497, 545, 559.

Bush George Walker, 33, 77, 91, 97n, 103, 108 (et n), 112, 114, 115, 120, 122n, 130, 136, 141, 152, 167n, 169, 183, 193n, 194, 202, 208, 211, 214n, 217, 219n, 220, 222, 224, 233, 264 (et n), 266, 269, 279, 281, 282 (et n), 300n, 365, 392n, 414, 442n, 458, 497 (et n), 503, 511, 542n, 550, 551, 552 (et n), 554, 562.

Bush Prescott, 130, 142.

Butler R.A., 203.

Byers Steve, 549.

Caddell Pat, 424.

Callaghan James, 182, 189, 247, 308.

Callahan David, 259n.

Cambiaire André de, 24n.

Camdessus Michel, 19, 307, 309, 310n, 311n, 312n, 540.

Campbell Alastair, 448, 452.

Cannon Lou, 171n.

Canto-Sperber Monique, 476, 515n, 533 (et n).

Capitant René, 393n.

Cardoso Fernando Henrique, 19, 376.

Carlyle Thomas, 27.

Carnegie Andrew, 353.

Carter Jimmy, 59n, 69, 93, 105 (et n), 114, 117, 156n, 157, 159, 161, 168 (et n), 178, 180, 195, 224, 225, 247, 248, 265, 300 (et n), 352, 379, 414, 420, 424, 425, 426 (et n), 441, 442, 443 (et n), 458 (et n).

Carville James, 379.

Casanova Jean-Claude, 351n, 439, 527n.

Cassen Bernard, 371n, 396 (et n), 490n.

Castro Fidel, 429.

Castro Sergio de, 356.

Cavallo Domingo, 413.

Caygill David, 483.

Chaban-Delmas Jacques, 183, 430.

Champsaur Paul, 321n.

Changy Florence de, 467n.

Chao Elaine, 281.

Charrette Hervé de, 415.

Charzat Michel, 490n.

Chavranski Henri, 316.

Cheney Richard, 227, 281, 300n.

Chevènement Jean-Pierre, 375 (et n).

Chiapello Ève, 60n, 61n, 523n.

Chirac Jacques, 60 (et n), 63, 186, 203, 205, 222n, 226n, 308, 379, 381 (et n), 529, 557.

Chomsky Noam, 260, 271 (et n), 290n, 372 (et n), 451, 452n.

Christiansen Hans, 323n.

Christopher Warren, 248, 267, 300n, 317.

Churchill sir Winston Leonard Spencer, 62, 292.

Cleveland Stephen Grover, 69, 70 (et n), 78.

Clinton Hillary, 261, 495.

Clinton William « Bill » Jefferson, 18, 57, 70 (et n), 73n, 77, 78 (et n), 93, 94, 101, 104 (et n), 112, 114, 117, 131, 135, 136n, 137n, 138, 139 (et n), 144, 156n, 160, 168n, 172, 195, 207, 208, 209n, 241, 255, 257n, 262, 263n, 265, 268, 278, 281, 300, 313n, 352 (et n), 361 (et n), 362, 363n, 364, 373, 374, 377, 379-385, 406, 407n, 415, 417, 418, 420, 421, 427-429, 433, 444 (et n), 445, 458, 460 (et n), 461 (et n), 464-466, 470, 495n, 496, 497 (et n), 505, 511, 513, 554, 559.

Closets François de, 360.

Coase Ronald, 338.

Cockburn Alexander, 374n.

Cockett Richard, 50n, 62n, 63n, 67n, 71n, 184n, 189n, 190n, 198n, 205n, 206n, 213n, 236n, 244n, 275n, 295n, 308n, 335 (et n), 416n.

Cohen Daniel, 323n, 365n.

Cohen Elie, 552, 553n.

Cohen Roger, 378n.

Cohn-Bendit Daniel, 522n.

Colbert Jean-Baptiste, 361.

Coleman James, 340 (et n).

Coleraine Lord, 63n.

Colombatto Enrico, 546n.

Connally John, 407.

Cook Philip, 272n.

Coolidge John Calvin, 117

Cooper Richard, 300n.

Coors Joseph, 256.
Cordonnier Laurent, 517n, 546n.
Corzine Jon, 263, 264.
Costello Nicholas, 309n.
Cotta Alain, 402n, 525, 526n.
Couderc Anne-Marie, 267.
Cox Michael, 138n.
Craig Roberts Paul, 354 (et n), 568.
Crane Sylvia, 105n.
Cresson Édith, 486n.
Cromwell Oliver, 73, 244.
Crotty William J., 263n.
Crozier Michel, 248 (et n), 249, 556n, 560n, 564 (et n).
Cunningham Shea, 350n.
Cuomo Mario, 110 (et n), 111, 150.
Curran James, 451.

Dahrendorf Ralf, 519, 520n.
Daladier Édouard, 81n.
Dalton George, 24n.
Daniel Jean, 435 (et n).
Dante Alighieri, 82, 474.
Darman Richard, 164, 165.
Dawson Thomas, 311n.
Dean James Byron, dit James, 36.
Debatisse Michel, 321n, 525n.
Debray Régis, 356 (et n), 400, 401n, 403n.
Debreu Gérard, 338, 348.
Debs Eugene, 79.
DeConcini Dennis, 267.
Decornoy Jacques, 303n, 306n, 310n.
Delattre Lucas, 430n.
Delevoye Jean-Paul, 321 (et n).

Delhommais Pierre-Antoine, 20n.
Delors Jacques, 392, 430, 465, 504n, 525.
Demaldent Jean-Marie, 204n.
Deng Xiaoping, 41.
Denord François, 293 (et n), 294n, 297n.
Denton Nancy, 127n.
Devedjian Patrick, 249n, 386 (et n).
Devlin Kevin, 46, 47 (et n).
Dewey John, 40 (et n).
Dezalay Yves, 286n, 333n, 339n, 353 (et n), 354, 412 (et n), 542, 543n.
Diamond Edwin, 277n.
Dickens Charles, 67.
Dixon Keith, 63n, 255n, 275n, 375 (et n).
Djilas Milovan, 44 (et n).
Dole Robert, 131, 195 (et n), 380, 383, 384.
Dombey Daniel, 522n.
Dommergues Pierre, 100 (et n), 157n, 268n.
Dostaler Gilles, 49n, 184n, 188n, 192n, 193n, 201n, 245n, 292n, 340n, 342n.
Douérin Mathieu, 339n.
Douglas Paul, 223.
Douglas Roger, 470, 471 (et n), 473, 475 (et n), 476, 477, 481, 483.
Douglas Stephen, 78.
Duisenberg Wim, 399 (et n).
Dukakis Kitty, 142.
Dukakis Michael, 141-143, 149, 154n, 460.

Eagleburger Lawrence, 267, 348 (et n).

Easton Brian, 475, 476n, 484 (et n), 485 (et n).

Easton Nina, 208n.

Edsall Mary, 97n, 100 (et n), 107 (et n), 116n, 120n, 124n, 126n, 133 (et n), 135n, 138n, 139n, 144n, 147n, 163n, 199n.

Edsall Thomas Byrne, 97n, 100 (et n), 107 (et n), 116n, 120n, 124n, 126n, 133 (et n), 135n, 138n, 139n, 144n, 147n, 163n, 199n.

Ehrenreich Barbara, 77n.

Eichel Hans, 372 (et n).

Einaudi Luigi, 297.

Eisenhower Dwight David, 37, 57, 63, 65, 89, 96, 103, 116, 145 (et n), 152, 154, 162, 198, 204, 210, 239n, 496.

Eisner Michael, 272n.

Elgey Georgette, 393n.

Elliott Larry, 554n.

Eltsine Boris, 312, 313n, 374, 385.

Eluard Paul, 439.

Emmanuelli Henri, 400n, 532 (et n).

Engels Friedrich, 22 (et n), 23n, 26 (et n), 32 (et n), 46, 419 (et n), 539 (et n).

Epstein Richard, 340, 341 (et n), 342n, 371, 372n.

Erhard Ludwig, 296 (et n).

Esambert Bernard, 321n, 525n.

Etzioni Amitai, 464, 465 (et n).

Ewald François, 522, 523n.

Ewen Stuart, 102n.

Fabius Laurent, 160, 301, 308 (et n), 336, 393n, 400 (et n), 422, 431, 436, 484n, 486n, 487.

Fabra Paul, 273.

Fainsod Merle, 42n.

Fallows James, 114n, 272n.

Fantasia Rick, 41n, 56n, 234n, 240n, 552n.

Fayol Henri, 39n.

Fellini Federico, 36.

Ferguson Thomas, 69n, 261, 263 (et n).

Ferry Jules, 533.

Ferry Luc, 321 (et n).

Feulner Edwin, 562 (et n).

Finkelstein Arthur, 379.

Finkielkraut Alain, 507, 523n.

Fiorina Carly, 568n.

Fischer Claude, 112n.

Fischer Joschka, 160.

Fitoussi Jean-Paul, 45n, 52n, 198n, 321n, 516.

Flew Anthony, 476n.

Florenne Tristan, 411n.

Flores Francisco, 382.

Fogel Robert, 338.

Fontaine André, 203n.

Foot Michael, 449.

Ford Gerald, 105, 133 (et n), 158, 178, 180, 195, 205, 227, 247, 257, 258, 300n, 426 (et n).

Foucauld Jean-Baptiste de, 321n, 504 (et n), 525, 540n.

Foucault Michel, 522.

Fourcade-Gourinchas Marion, 414n, 540n.

Fraga Arminio, 390.

Fragonard Bertrand, 321n.

Franco Bahamonde Francisco, 209.

Frank Robert, 272n.

Frank Thomas, 84, 97n, 201 (et n), 270 (et n).

Franklin Benjamin, 28 (et n).

Fraser Damian, 414n.

Frei Eduardo, 354n.

Freud Sigmund, 383.

Freyssinet Jacques, 321n.

Friedman George, 15 (et n).

Friedman Milton, 59, 115, 179, 181, 189, 193, 194 (et n), 198, 199, 215 (et n), 217, 223, 225, 267 (et n), 275, 276, 291, 296 (et n), 338, 348, 356, 417, 431 (et n), 470, 492, 535, 539, 540.

Friedman Rose, 194n, 267n, 431n.

Friedman Thomas, 347, 414 (et n).

Frost Robert Lee, 193 (et n).

Frum David, 112, 205n, 211, 212, 283n, 551n, 552n.

Fukuyama Francis, 260.

Furet François, 259 (et n), 345n, 350, 369 (et n), 520 (et n), 528.

Gaitskell Hugh, 203.

Galbraith John Kenneth, 44 (et n), 46, 200n, 207 (et n), 244, 253n, 348, 517 (et n).

Gambetta Léon, 533.

Gannett Frank, 452.

Garrigou Alain, 274n, 425n.

Garth Bryant, 286n, 333n, 339n, 353 (et n), 354n, 412 (et n).

Gates Bill, 212, 266, 353, 510, 512.

Gaulle Charles de, 35 (et n), 60, 178, 199, 202, 297, 359.

George Susan, 259 (et n), 260n, 544 (et n).

Gerecht Ruel, 562n.

Gerring John, 57n, 62n, 74, 75n, 78n, 81n, 82n, 84n, 85n, 90 (et n), 91n, 94 (et n), 129n, 130n, 133n, 147n, 154n, 195n, 233n, 418n.

Gerschenkron Alexander, 16n.

Gerth Hans H., 39n.

Geuens Geoffrey, 302n.

Giddens Anthony, 421, 432 (et n), 476, 510, 511n, 518, 519n, 530 (et n), 531, 532 (et n).

Giesbert Franz-Olivier, 527.

Gilder George, 196 (et n), 241.

Gilmore Gary, 144n.

Gingrich Newton Leroy (Newt), 135, 169 (et n), 171 (et n), 172, 212 (et n), 264, 284, 285.

Giret Vincent, 431n, 437n, 439n, 510n.

Giscard d'Estaing Valéry, 48n, 60, 175, 178, 179, 182, 186, 247, 300, 336, 393, 404, 488, 522, 543.

Gitlin Todd, 100n, 115 (et n), 122 (et n), 211 (et n).

Gladstone William, 533.

Glavany Jean, 267.

Glazer Nathan, 157.

Glucksmann André, 410.

Goffman Erving, 95 (et n).

Goldsmith Jimmy, 347.

Goldwater Barry, 50, 58n, 59, 63, 105n, 118, 120, 123-125, 130,

145, 151, 161, 163, 194, 195 (et n), 204, 208-211, 216, 217, 231, 237, 239, 256, 535, 536, 561.

Gomes Ciro, 376.

Gompers Samuel, 447.

Gonzalez Felipe, 406, 459n, 484n.

Gore Albert (Al), 104n, 108 (et n), 122n, 266, 442n, 504.

Gorodetsky Gabriel, 345n.

Gould Philip, 444n, 506 (et n), 520.

Gourevitch Peter, 17n.

Gramm Phil, 111.

Gramsci Antonio, 204n, 549, 561.

Grappotte François, 321n, 525n.

Greenberg Stanley, 379.

Greenspan Alan, 20, 172, 226, 496, 497.

Greider William, 201, 202n, 221n, 265n, 373 (et n).

Grenier Cynthia, 409n.

Gresh Alain, 350n.

Guardado Facundo, 382.

Guchet Yves, 204n.

Guevara Ernesto (dit Che), 208n.

Guez Olivier, 532n.

Guidoni Pierre, 489 (et n).

Guillen Pierre, 321n.

Guizot François Pierre Guillaume, 119.

Habermas Jürgen, 46.

Hageman Brigitte, 311n.

Haig Alexander, 267.

Halberstam David, 59n.

Hancock Graham, 53n.

Hannibal, 565.

Harding Warren Gamaliel, 19.

Harris Peter, 477, 482.

Harrison Benjamin, 147n, 234n.

Hart Gary, 420, 422, 423 (et n), 424 (et n), 425-427, 429, 442-444, 447, 519.

Hartley Fred Allan, 238, 551.

Hartwell R.M., 293n.

Harwood John, 382n.

Harwood Richard, 272.

Hassner Pierre, 523n.

Hatcher Patrick Lloyd, 59n, 121n, 177n.

Havel Vaclav, 403.

Hawke Bob, 417.

Hayek Friedrich von, 36, 49 (et n), 62, 63, 71, 72 (et n), 115, 148, 160, 179, 183, 184, 188, 189, 190 (et n), 191 (et n), 192 (et n), 193, 196, 197 (et n), 198-200, 210, 236, 237, 244, 245 (et n), 246, 251-254, 275, 291-294, 295 (et n), 296 (et n), 297, 298, 320, 338, 342, 346, 348, 351, 397, 417, 419, 421, 432, 434, 469, 470, 476, 481, 535, 556, 562 (et n), 563 (et n), 565, 566.

Hazan Pierre, 557n.

Heath Allister, 545n.

Heath Edward S., 63, 205, 206.

Heilbroner Robert, 26 (et n).

Heller Walter, 66, 176.

Helms Jesse, 363n.

Herman Edward, 271 (et n), 451, 452n.

Herriot Édouard, 489, 506.

Herrnstein Richard, 112 (et n).

Hersant Philippe, 452.
Hertog Roger, 260.
Himmelfarb Gertrude, 281.
Hirschman Albert O., 143 (et n), 199 (et n), 517n.
Hiss Alger, 211.
Hitler Adolf, 162, 168, 345n, 364.
Hobsbawm Eric, 32 (et n), 186 (et n), 187, 357, 358, 432 (et n).
Hocquenghem Guy, 357n.
Hodgson Godfrey, 185 (et n), 261n, 228n, 240n.
Hofstadter Richard, 87 (et n), 208.
Hollande François, 302.
Hoover Herbert Clark, 19, 70, 132 (et n), 223, 458.
Horton « Willie » (William), 142, 143, 145.
Horvath David, 525n.
Hough Jerry, 42n.
House Karen Elliott, 211n.
Hout Michael, 112n.
Howard Michael, 326.
Hui Wang, 404 (et n).
Humphrey Hubert, 92, 443.
Hunt H.L., 256.
Huntington Samuel, 70, 72 (et n), 248 (et n), 249 (et n), 260, 351, 352, 429, 556n, 560n, 564 (et n).
Huntzinger Jacques, 400n.
Hussein Saddam, 209n.

Iacocca Lee, 159n.
Ibn Khaldun, 229.
Imbert Claude, 30n, 210n.

Izraelewicz Erik, 273 (et n), 274.

Jackson Henry, 70n, 441.
Jacoby Russell, 509 (et n), 566n.
Jankowski Martin Sanchez, 112n.
Jaurès Jean, 32 (et n), 432, 436, 513.
Jay Peter, 275.
Jeambar Denis, 527n.
Jesson Bruce, 482.
Joffrin Laurent, 236n, 360, 527.
Johnson Chalmers, 42n.
Johnson Lyndon Baines, 38, 58, 59, 64, 65 (et n), 69, 114, 117, 119, 120, 123, 126, 137, 144, 156, 163n, 168, 170, 187, 219 (et n), 352, 423, 426 (et n), 443.
Johnstone Diana, 300n.
Jones Ben, 144.
Jones Digby, 457n.
Jospin Lionel, 301, 308n, 370, 371, 384, 431 (et n), 458, 459, 486 (et n), 487n, 488 (et n), 491 (et n), 499, 503-505, 517n, 527n, 528.
Josselin Charles, 401n.
Jouvenel Bertrand de, 296.
Julien Claude, 351 (et n), 352n, 438 (et n).
Julliard Jacques, 369 (et n), 434n, 523n.
July Serge, 360, 527.
Juppé Alain, 60n.
Juvénal Jean des Ursins, 508.

Kanka Megan, 460.
Kaspar Jean, 501.
Katz Ian, 554n.

Kautsky Karl, 42.
Kazan Elia, 239n.
Kelsey Jane, 467, 468n, 485n.
Kemp Jack, 216 (et n), 221, 226, 281.
Kennedy Edward, 92, 159, 241.
Kennedy John Fitzgerald, 37, 53, 56, 58, 64, 65 (et n), 66, 90, 92, 96, 114, 117, 130, 131, 141, 144, 156n, 162, 168, 179, 187, 219 (et n), 221, 251, 423, 425, 426 (et n), 443, 520.
Kennedy Robert Francis, 96, 130, 131, 141, 145, 168.
Kerr Roger, 485, 486.
Kessler Denis, 373n, 392, 528.
Keynes John Maynard, 10n, 49, 50, 55 (et n), 61 (et n), 62, 65, 67, 183, 185 (et n), 190, 191, 198, 199, 220, 225n, 228, 236, 303, 334, 335, 340n, 342 (et n), 348, 421.
Khrouchtchev Nikita Sergheïe-vitch, 46, 52.
King Martin Luther, 96, 98, 123, 131, 145.
Kinnock Neil, 448, 449, 455, 457.
Kipling Rudyard, 551.
Kirkland Lane, 441, 442, 444.
Kirkpatrick Jeane, 70n, 409, 410n.
Kissinger Henry Alfred, 180, 267, 300 (et n).
Klaus Vaclav, 297.
Koch Charles, 279.
Koch David, 257n, 283.
Koestler Arthur, 52.
Kohl Helmut, 369.

Köhler Horst, 311n.
Kopkind Andrew, 93n, 97n, 98n, 99 (et n), 113 (et n), 133n, 135 (et n), 150n.
Krauss Melvin, 399.
Kristol Irving, 91, 259, 260, 281, 425.
Kristol William, 240n, 276n, 281.
Kuisel Richard, 335n.

Lacordaire Henri, 119.
Lacouture Jean, 526n.
Laffer Arthur, 226-228, 240 (et n), 497 (et n), 510, 511, 550.
Lagardère Jean-Luc, 493, 507n.
Laguiller Arlette, 80.
Laïdi Zaki, 492, 493n, 521, 522n.
Lake Anthony, 300n.
Lampedusa Giuseppe Tommasi di, 521.
Lamy Pascal, 301, 308, 362 (et n), 528.
Landau Jean-Pierre, 321n.
Landrieu Bernard, 321n.
Lange David, 417, 470, 477, 482, 483.
Lapham Lewis, 104 (et n), 385, 386n.
Lasch Christopher, 40n, 48n, 52n, 69n, 81, 82n, 86n, 88 (et n), 95n, 99n, 100n, 101n, 109n, 126 (et n), 148 (et n), 421 (et n), 424, 509, 514, 515n.
Laski Harold, 67.
Lauvergeon Anne, 267.
Laval Pierre, 223.
Layard Richard, 313n.
Lazitch Bruno, 347, 348n.

Lebaron Frédéric, 25n, 51n, 335n, 345, 346n, 360, 361n.

Lebleu Pierre, 328n.

Leclerc Gérard, 431n.

L'Écotais Yann de, 527.

Ledbetter Brownie, 428n.

Lehingue Patrick, 339n.

Leith-Ross Frederick, 190.

Lellouche Pierre, 300.

Lemmenicier Bertrand, 546n.

Lénine (Vladimir Ilitch Oulianov, dit), 32, 39 (et n), 42 (et n), 43, 209n, 252, 253 (et n), 312, 344, 476 (et n).

Lenoir René, 321n.

Le Page Jean-Marie, 224n.

Leparmentier Arnaud, 372n.

Le Pen Jean-Marie, 80, 503, 538n.

Le Roy Ladurie Emmanuel, 351n.

Levison Andrew, 503n.

Lévy Bernard-Henri, 410, 527n.

Lewis Tom, 558.

Libermann Ievseï Grigorievitch, 38.

Lichtenberger Yves, 321n.

Lichtenstein Nelson, 235n.

Limbaugh Rush, 209, 283.

Lincoln Abraham, 78, 117, 119, 154, 378.

Lind Michael, 388n.

Lindenberg Daniel, 523n.

Lippmann Walter, 59, 66, 67n, 71 (et n), 214, 296.

Lipset Seymour Martin, 59n, 75 (et n), 416n, 417n, 502 (et n), 566, 567n.

Lobry Bernard, 321n.

Long Huey, 129.

Longuet Stéphane, 191n.

Lordon Frédéric, 246n, 337n, 367 (et n), 539n.

Lorenzo Frank, 265.

Losson Christian, 300n.

Lott Trent, 118n.

Lottman Herbert, 531n.

Lucas Robert, 25, 26, 237n.

Lucas Samuel, 112n.

Lula da Silva Luiz Inacio, 376, 530, 531n.

Luntz Frank, 113.

Luxemburg Rosa, 32, 257.

Lynch John, 148.

Maarek Gérard, 321n.

MacArthur John R., 560n.

Machiavel Nicolas, 180, 508.

Machin Stephen, 325n.

MacMillan Maurice Harold, 204.

MacShane Denis, 460n.

Maddison Angus, 33n.

Madelin Alain, 395.

Madrid Miguel de la, 413.

Maire Edmond, 500n, 501.

Major John, 203, 324, 326, 415, 433, 444n, 457, 512, 530.

Malabre Alfred Jr., 37n, 177n.

Malcolm X (Malcolm Little, dit), 96.

Malraux André, 65.

Malthus Thomas Robert, 27.

Malvoisin Olivier, 304n, 313 (et n).

Mandelson Peter, 416, 448.

Manent Pierre, 397n.

Manion Clarence, 161n.

Mansholt Sicco, 179n.

Mao Tsé-toung, 41, 207, 312, 348, 487, 561.

Marcuse Herbert, 46 (et n), 48 (et n), 348.

Maris Bernard, 50 (et n), 185n, 299n.

Markham Edwin, 386 (et n).

Mars Gary, 59n, 502 (et n), 566, 567n.

Marshall George Catlett, 35, 52, 53, 58, 66, 161, 292 (et n), 334, 393.

Marx Karl, 16, 18n, 22 (et n), 23n, 26 (et n), 32 (et n), 46, 61, 162, 345, 348, 404, 419 (et n), 421, 508, 518, 539 (et n).

Massey Douglas, 127n.

Mathiez Albert, 344.

Matsushita Masaharu, 248.

Mauroy Pierre, 423, 486n, 526.

Mauss Marcel, 25n.

Maxwell Robert, 21, 455n.

McCain John, 271.

McCarthy Joseph Raymond, 52, 87.

McCarthy Leo, 144.

McGovern George, 59, 78, 182, 241, 443.

McKinley William, 202, 233 (et n).

McNamara Robert S., 176, 177 (et n), 180.

Melloan George, 224, 225n, 242n.

Mendès France Pierre, 53, 334, 335n.

Menem Carlos, 312.

Mer Francis, 321 (et n), 390, 525n.

Mermaz Louis, 531.

Mermet Daniel, 488n.

Messarovitch Yves, 399n.

Messier Jean-Marie, 21, 389n, 399n.

Michéa Jean-Claude, 102n, 109n.

Michelin François, 399n.

Michels Robert, 43 (et n).

Michie Jonathan, 309n.

Milbank Dana, 282n.

Milk Harvey, 152.

Milken Michael, 353.

Milliken Roger, 256.

Mills C. Wright, 39n.

Milne Seumas, 309n, 455n.

Minc Alain, 10n, 222n, 236n, 243n, 321 (et n), 358, 360, 369, 396, 403, 504n, 516, 518, 523 (et n), 525, 526, 561.

Mises Ludwig von, 50, 71, 296, 348.

Mitchell Greg, 129n.

Mittal Lakshmi, 390n.

Mitterrand François, 17, 48, 70n, 172, 181n, 182, 228, 242, 302, 344n, 379, 381 (et n), 384, 393n, 409, 419, 422, 430, 439, 446 (et n), 458, 462n, 470, 476, 486, 488-490, 494, 515, 516n, 520n, 526n, 531, 545.

Molière (Jean-Baptiste Poquelin, dit), 365, 426.

Mondale Walter, 66, 78, 92, 422-424, 428, 429, 441 (et n), 443, 444, 447.

Monnet Jean, 410.

Monroe Marilyn, 36.

Montand Yves, 236n, 360.

Montbrial Thierry de, 300, 301 (et n).

Montesquieu (Charles de Secondat, baron de), 362, 363, 521.

Moon Sun Myung, 139, 262.

Moore Mike, 300n, 308.

Morin Edgar, 321n, 516.

Morita Akio, 248.

Morris Philip, 257, 283.

Morris Richard « Dick », 379, 380, 381 (et n), 385n, 411.

Moscone George, 152.

Moscovici Pierre, 397n, 437 (et n), 457, 458 (et n), 524n.

Moynihan Daniel Patrick, 222.

Muldoon Robert, 469, 472, 474, 482, 483.

Mundell Robert, 227, 240n.

Muracciole Florence, 431n.

Murdoch Rupert, 269, 283, 287, 448, 449 (et n), 450 (et n), 451 (et n), 452, 493, 550.

Murray Charles, 112 (et n), 278, 279, 281.

Muskie Edmund, 267.

Mussolini Benito, 80.

Myrdal Gunnar, 338.

Nader Ralph, 77, 270 (et n).

Nagourney Adam, 384n.

Naouri Jean-Charles, 267, 539n.

Napoléon Bonaparte, 547.

Netanyahou Benyamin, 384.

Netto Delfim, 377.

Nguyen Jean, 166.

Nicolas II Alexandrovitch, 230.

Nietzsche Friedrich, 508.

Nitze Paul, 70, 429.

Nixon Richard Milhous, 52, 58, 59, 65n, 69, 80, 96, 97, 123, 126, 130, 131, 132 (et n), 155, 158, 178, 180, 182, 187, 195, 198, 204, 205, 211, 227, 258, 276, 300n, 352, 425, 426 (et n), 461n, 487 (et n).

Nobel Alfred, 25n.

Noiriel Gérard, 507n.

Noonan Peggy, 150n, 164 (et n), 165, 166, 167n, 383.

Nora Pierre, 357 (et n), 369, 527, 534.

Notat Nicole, 501.

Noyer Christian, 321n.

Nye Joseph S. Jr., 337 (et n).

Ockrent Christine, 236n, 360.

Okun Arthur, 187 (et n).

Olin John, 257n, 258n, 283.

Olivennes Denis, 320, 525.

Ondaatje Christopher, 390n.

O'Neill Paul, 219, 390, 542n.

Orwell Eric, Arthur Blair (dit George), 194.

Oualalou Lamia, 554n.

Packenham Robert, 55n.

Paget Karen M., 258n.

Paine Thomas (Tom), 102, 168.

Palma Giuseppe di, 421 (et n).

Palmer Geoffrey, 483.

Papon Maurice, 439 (et n).

Parker George, 522n.

Parmet Herbert, 91n.

Pasche Cécile, 59n, 214n, 252n, 253n, 291n, 293n, 296 (et n), 394 (et n).

Paxman Jeremy, 494, 495.

Pébereau Michel, 321n, 525n.
Peccei Aurelio, 179n.
Peel Quentin, 552n.
Pei Minxin, 403n.
Pellegrin Bernard, 431n, 437n, 439n, 510n.
Pelletier Robert, 395n.
Perec Georges, 36.
Perle Richard, 70n, 281, 551n, 552n.
Perlstein Rick, 58n, 121n, 122n, 125n, 146n, 151n, 152n, 156n, 161n, 163n, 210, 211n, 216n, 217n, 239n, 536n, 562n.
Pernet Michel, 399n, 500n, 502n.
Perón Juan, 80.
Perot Ross, 104.
Perpère Laurent, 321n, 525n.
Perrineau Pascal, 503n, 523n.
Peters Suzanne, 59n, 214n, 252n, 253n, 291n, 293n, 296 (et n), 394 (et n).
Peters Winston, 477n.
Peyrefitte Alain, 203n.
Peyrelevade Jean, 526, 527n.
Pfaff William, 445 (et n).
Phillips Kevin, 103n.
Phillips William, 181 (et n), 223, 224n, 228, 244.
Pialoux Michel, 389n, 498 (et n), 538 (et n).
Piketty Thomas, 228n.
Pilhan Jacques, 378.
Pinault François, 30n.
Pinkerton James, 199.
Pinochet Augusto, 209 (et n), 210n, 225, 353-356, 410, 412.
Pire Jean Miguel, 397n.
Platon, 476 (et n).

Plenel Edwy, 513n.
Pleven René, 393n.
Podhoretz Norman, 91, 281.
Poincaré Raymond, 203.
Polanyi Karl, 21 (et n), 24 (et n), 25, 26n, 28n, 29 (et n), 30n, 67, 246 (et n), 342, 474.
Pollard Stephen, 512n.
Pompidou Georges, 230, 359, 360.
Poniatowski Michel, 404.
Popper Karl, 296, 476 (et n).
Potter David, 390.
Poujade Pierre, 50, 80.
Poupeau Franck, 543n.
Powell Colin, 269, 300n.
Powell Enoch, 204.
Powell Michael K., 269, 270n.
Prebble Richard, 483.
Prévert Jacques, 378.
Prodi Romano, 449.

Quatremer Jean, 300n.

Rabushka Alvin, 391.
Raffarin Jean-Pierre, 321, 386, 501, 516, 529n, 543, 546n.
Raguz Vitomir Miles, 547n.
Ramonet Ignacio, 354n.
Rancière Jacques, 388 (et n).
Rand Ayn, 181n, 226.
Rau Bill, 350n.
Rawls John, 516.
Rawnley Andrew, 452.
Reagan Nancy, 139.
Reagan Ronald, 17, 23, 51, 59 (et n), 64, 69, 70, 73, 76, 77, 80, 82-84, 91, 97, 100, 105, 111, 116, 118, 121, 123, 125,

130, 133n, 134, 136, 137 (et n), 138, 141, 142, 146, 148, 149, 150n, 151, 153, 154n, 155, 156n, 158, 160, 161, 162, 163 (et n), 164-166, 167 (et n), 168-170, 171n, 172, 183, 185, 194-196, 197 (et n), 202, 205, 208, 209 (et n), 211, 216, 219 (et n), 220-222, 224, 226-230, 232, 233, 240, 241, 242n, 243, 248, 275, 289, 296, 297, 302, 323, 349, 354, 369, 384, 403, 404, 408, 409 (et n), 410, 415, 417, 424, 425, 426 (et n), 427-429, 432, 434, 440-442, 443n, 444, 446, 449, 458, 465, 469, 470, 476 (et n), 503, 517, 531, 535, 540, 545.

Rector Robert, 278, 279.

Redkin Vladimir, 391.

Reed Ralph, 112, 279, 282.

Rees-Mogg William, 275.

Reich Robert, 333, 427, 427n.

Reilly David, 76n.

Rémond René, 321n.

Rentoul John, 326n, 449n, 453n, 454n, 456n, 463n.

Reuther Walter, 234, 235n, 237.

Revel Jean-François, 344n, 347, 348n, 349, 351n, 404, 410 (et n), 411.

Reynolds R.J., 257, 283.

Ricardo David, 27 (et n), 568.

Rice Condoleezza, 281.

Rich Andrew, 277n.

Richardson Henry Smith, 257, 283.

Riché Pascal, 300n.

Rigaud Jacques, 397n.

Rimbaud Arthur, 41n.

Rimbert Pierre, 360n, 451n.

Robert Anne-Cécile, 395n.

Robespierre Maximilien Marie Isidore de, 73, 344.

Rocard Michel, 291 (et n), 336, 372 (et n), 397n, 436 (et n), 486 (et n), 491, 492 (et n), 495, 520 (et n), 524n.

Rockefeller David, 200, 248, 300, 301n, 353.

Rockefeller Nelson, 57, 208, 257, 353.

Roe Jane (Norma McCorvey), 151.

Rogers Joel, 69n, 156n.

Rogin Michael, 154n, 164n.

Romney George, 58, 161n.

Roosevelt Franklin Delano, 57, 59, 79, 81-83, 84 (et n), 90, 91, 93, 103, 110, 117, 120, 121, 130, 136, 144, 160, 168, 170, 182, 195, 210, 238, 418, 423, 426, 459.

Roosevelt Theodore (Teddy), 121, 202 (et n).

Röpke Wilhelm, 296, 394 (et n), 397.

Rosanvallon Pierre, 321n, 368 (et n), 369 (et n), 370n, 476, 516, 523 (et n), 527n, 528.

Ross Kristin, 44n.

Rosseli Carlo, 420.

Roth William, 216 (et n), 221.

Rothenberg Randall, 161n, 251n.

Rothermere Lord Harold Sydney Harmsworth, 448.

Rothschild Edmond de, 248.

Rothschild Lord Jacob, 512.

Rotman Patrick, 523n, 526n.

Rougier Louis, 71.

Rousset David, 531.

Roussin Michel, 267.

Rove Karl, 282.

Rubin Robert, 104, 390, 495, 496, 497n, 554.

Rueff Jacques, 71, 198 (et n), 296, 297.

Ruellan Rolande, 321n.

Rumsfeld Donald, 227, 281, 300n, 552.

Rusher William, 119n, 256 (et n), 257.

Rusk Dean, 177.

Sabel Charles, 523n.

Sachs Jeffrey, 330.

Sader Emir, 353 (et n), 375.

Safire William, 277.

Said Edward, 535 (et n), 561n, 564n, 565n.

Saint-Étienne Christian, 546 (et n).

Salin Pascal, 185n, 540, 546 (et n).

Salinas Carlos, 339.

Samuelson Paul, 37.

Samuelson Robert, 18n.

Sanger David, 214n.

Sapir Jacques, 308n, 310n, 313n, 542n, 553n.

Sartre Jean-Paul, 348, 531.

Saunders Frances Stonor, 101n.

Saverot Denis, 328n.

Say Jean-Baptiste, 229.

Scaife Richard Mellon, 257 (et n), 262, 283.

Scaife Sarah, 283.

Scargill Arthur, 455 (et n), 457 (et n).

Schlafly Phyllis, 150.

Schmidt Helmut, 178, 247.

Schröder Gerhard, 380, 420, 459, 487, 529n, 532, 533n.

Schumer Charles, 568.

Schumpeter Joseph, 16, 45 (et n), 46, 348.

Schwarzenegger Arnold, 263.

Schweitzer Louis, 321n, 525n.

Scott James, 118n.

Seery John, 508n.

Séguéla Jacques, 384, 385n.

Séguin Philippe, 376 (et n), 416, 417n.

Seillière Ernest-Antoine, 392, 486, 517n.

Senior Nassau W., 27.

Sergeant Jean-Claude, 450n.

Serrin Judith, 386n.

Serrin William, 386n.

Shanker Albert, 157.

Sharon Ariel, 193n.

Sherwin Murray, 467.

Shonfield Andrew, 334n.

Shultz George, 267.

Silguy Yves-Thibault de, 397, 398n.

Silverstein Ken, 374n.

Simon William, 188 (et n), 199, 200n, 253n, 258.

Sinclair Anne, 527.

Sinclair Upton Beall, 30n, 129 (et n).

Sionneau Bernard, 258n, 276n, 288n, 551 (et n).

Smith Adam, 23 (et n), 24, 29, 102n, 228, 362, 426, 505.

Smith James Allen, 286n.
Solow Robert, 66.
Sorman Guy, 347 (et n), 410.
Soros George, 353, 390, 546.
Soubie Raymond, 321n, 525n.
Sowry Roger, 478.
Stahl Leslie, 352n.
Staline (Joseph Vissarionovitch Djougachvili, dit), 52, 345n.
Steffes Kent, 172.
Stein Herbert, 218.
Steinbeck John, 79.
Stendhal (Henri Beyle, dit), 192.
Stephanopoulos George, 379, 411.
Stern Babette, 308n.
Stevenson Adlai, 57, 90, 91 (et n), 92, 93n, 114, 146.
Stigler George, 296 (et n), 338.
Stiglitz Joseph Eugene, 36n, 303 (et n), 304n, 307 (et n), 310n, 311n.
Stockman David, 197 (et n), 209n, 219n, 221 (et n), 240n, 248 (et n), 365, 426n.
Stoffaes Christian, 397n.
Stolypine Piotr Arkadievitch, 230.
Strauss Robert, 265.
Strauss-Kahn Dominique, 78 (et n), 301, 308 (et n), 375, 436, 513 (et n), 515 (et n), 516n, 520, 524n, 528, 529, 557, 567.
Suffert Georges, 410.
Suharto, 312.
Summers Lawrence, 313n.
Suskind Ron, 219n.
Swidler Ann, 112n.

Tabatznik Tony, 390n.
Taft Robert Alphonso, 238, 551.
Taft William Howard, 234 (et n).
Taly Michel, 321n.
Tapie Bernard, 80.
Tate Sharon, 145.
Taylor Frederick Winslow, 39 (et n), 40 (et n), 41, 43.
Taylor Robert, 326n.
Teixeira Ruy, 156n.
Tergeist Peter, 329n.
Thatcher Margaret Roberts, 17, 25, 49, 62, 63, 64n, 74, 80, 116, 145, 158, 172, 183, 184, 191, 194, 198, 204, 206, 209, 210n, 230, 232, 241, 243, 275, 296, 297, 308, 323, 324, 326, 356, 369, 390, 409, 415, 416, 432, 433, 440, 448, 449, 453, 455, 459n, 469, 470, 472, 476, 500, 527n, 528, 530, 531, 535, 540.
Therin Frédéric, 475n.
Thibaud Paul, 366n, 397n, 436 (et n).
Thomas Paul, 508.
Thomson Geoffrey, 477.
Thoreau David, 102.
Thorez Maurice, 435.
Thucydide, 362.
Thurmond Strom, 118.
Thurow Lester, 242n.
Tietmayer Hans, 420.
Tobin James, 225 (et n).
Tocqueville Charles Alexis Clérel de, 25n, 72, 73, 169, 192, 295, 405 (et n).
Todd Ron, 457n.
Toledo Alejandro, 413.

Tomkins Richard, 33n.

Toner Robin, 282n.

Torquéo Daniel, 399n, 500n, 502n.

Torres Esteban, 558.

Torres Raymond, 329n.

Touraine Alain, 321n, 395 (et n), 421, 434 (et n), 516, 523n.

Townsend William, 28.

Trapeznikov S.P., 38.

Trichet Jean-Claude, 177n, 366n, 399.

Trotter Ron, 481n.

Truman Harry S., 55, 57, 79, 86, 90, 117, 144.

Turner Adair, 456n.

Tyagi Amelia Warren, 555n.

Tyson Laura, 33n.

Uchitelle Louis, 511n.

Ujifusa Grant, 558n.

Vance Cyrus, 267, 300n.

Vander Elst Philip, 206n.

Védrine Hubert, 301, 375.

Vernet Daniel, 572n.

Vidal Gore, 265 (et n).

Vidal-Beneyto José, 456 (et n).

Viguerie Richard, 276.

Villiers Philippe de, 236n.

Viveret Patrick, 523n.

Vlahos Michael, 284, 285.

Vogel David, 129n.

Volcker Paul, 224, 225.

Voss Kim, 41n, 56n, 112n, 234n, 240n.

Wacquant Loïc, 89n, 138n, 139 (et n), 148n, 266n, 342, 343n, 391n, 407 (et n), 411 (et n), 441n, 461 (et n), 463 (et n).

Wade Henry, 151.

Waigel Theo, 402n.

Walesa Lech, 434.

Wallace George, 135, 146.

Wanniski Jude, 226, 227, 229, 240n.

Warde Ibrahim, 27n, 50n, 65n, 241 (et n), 334n, 340n.

Warnke Paul, 300n.

Warren Elizabeth, 555n.

Watanuki Joji, 248 (et n), 556n, 560n, 564n.

Weaver Kent, 277n, 283n.

Weaver Richard, 278n.

Weber Henri, 134 (et n).

Weber Max, 39 (et n), 43, 46.

Weil Simone, 358 (et n), 436 (et n), 569 (et n).

Weisbrot Mark, 556n.

Wells John, 320.

Werth Alexander, 53n.

Wessel David, 167n.

Weyrich Paul, 287.

White Joseph, 287.

Whitney Craig, 457n.

Wiener John, 258n.

Will George, 136, 277.

Williams Roy, 443n.

Williamson John, 309n.

Willkie Wendell, 130.

Wills Gary, 268 (et n).

Wilson Harold, 189.

Wilson James, 425.

Wilson Thomas Woodrow, 39, 41, 43, 84, 85n, 117.

Wolfe Tom, 147n.

Wolfowitz Paul, 300 (et n).

Woodward Bob, 384n, 495n.

Young Andrew, 300n.
Ysmal Colette, 503n.

Zacharie   Arnaud,   304n,   313
   (et n).

Zedillo Ernesto, 340, 374, 413.
Zinn   Howard,   73   (et n),   86n,
   233n.
Zinoviev   Alexandre,   344n,   434
   (et n).
Zogby John, 231n.
Zysman John, 335n.

TABLE DES MATIÈRES

INTRODUCTION 9

1. L'UTOPIE DU MARCHÉ 13

2. L'ORDRE KEYNÉSIEN 35
   Éternel retour à l'ordre des experts 38
   Tout allait bien 51

3. QUAND LA PEUR DU « POPULISME » SAISIT LA GAUCHE 69
   Le laboratoire inégalitaire 72
   Refus du « populisme » ou mépris du peuple ? 80
   Le surgissement de la contestation 95

4. LA DROITE AMÉRICAINE DANS UN THÉÂTRE EN FEU 107
   La « famille d'Amérique » se déchire 109
   L'explication par la baisse du niveau de vie 123
   La question de l'« insécurité » 141
   La petite maison dans la prairie 147
   Et le « déclin » vient à point 154
   Ronald Reagan 160

5. LES IDÉES ET LES MOYENS 175
   Profiter du désarroi intellectuel 176
   Les jusqu'au-boutistes 202
   Monétarisme et politique de l'offre 214
   Les syndicats, voilà l'ennemi ! 232
   « Crise des démocraties » 243
   Le nerf de la guerre 255
   Marché des médias et médias de marché 268

6. LE PARADIS DES MAÎTRES 289
   Les conjurés du lac Léman 291
   Les policiers de l'ordre néolibéral 303

L'OCDE, chef de chantier de la démolition sociale.......................... 314
Partout, le marché dans les têtes.. 333
Thermidor planétaire.. 343
« Vous avez vécu à l'abri de protections inadmissibles » 358
Bonne gouvernance électorale 377
Cette « surclasse » mondiale qui tient les rênes............................. 385
La courroie de transmission européenne 392
« Nous sommes tous américains ».. 403

7. LA GAUCHE, À SON TOUR 415
La quête du juste milieu 422
Dépasser le passé ou le liquider ? 432
À bas les syndicats et vive les médias ! 439
Le marché et l'ordre 457
La Nouvelle-Zélande, éprouvette du libéralisme total 466
Quels instruments pour une autre politique ? 486
Au service de qui ? 502
Un socialisme antisocialiste.. 518

CONCLUSION.. 535
« Nous voulons tout » 537
La guerre et la peur... 549
Selon que vous serez puissants ou misérables............................... 552
« Une aventure intellectuelle, un acte de courage » 561

BIBLIOGRAPHIE.. 571

INDEX... 599

Maude Barlow, Tony Clarke
*La Bataille de Seattle. Sociétés civiles
contre mondialisation marchande*, 2002.
L'Or bleu. L'eau, le grand enjeu du XXIᵉ siècle, 2002.
Agnès Bertrand, Laurence Kalafatides
OMC, le pouvoir invisible, 2002.
Noam Chomsky
De la propagande. Entretiens avec David Barsamian, 2002.
Le Profit avant l'homme, 2003.
Pirates et Empereurs. Le terrorisme international dans le monde contemporain, 2003.
Guy Debord
Panégyrique, t. 2, 1997.
Correspondance, vol. 1 (juin 1957-août 1960), 1999.
Correspondance, vol. 2 (septembre 1960-décembre 1964), 2001.
Correspondance, vol. 3 (janvier 1965-décembre 1968), 2003.
Susan George
Le Rapport Lugano, 2000.
Un autre monde est possible si..., 2004.
Edward Goldsmith, Jerry Mander (dir.)
Le Procès de la mondialisation, 2001.
Alain Gras
Fragilité de la puissance. Se libérer de l'emprise technologique, 2003.
Ivan Illich
Œuvres complètes, vol. 1, 2004.
La Perte des sens, 2004.
Internationale situationniste
Internationale situationniste, 1997.
La Véritable Scission de l'Internationale situationniste, 1998.
Serge Latouche
Justice sans limites. Le défi de l'éthique dans une économie mondialisée, 2003.
Jean-Claude Liaudet
Le Complexe d'Ubu ou la névrose libérale, 2004.
Helena Norberg-Hodge
Quand le développement crée la pauvreté. L'exemple du Ladakh, 2002.
René Passet
L'Illusion néo-libérale, 2000.
Éloge du mondialisme par un « anti » présumé, 2001.
Majid Rahnema
Quand la misère chasse la pauvreté, 2003
(en coédition avec Actes Sud).

Edward W. Said
Culture et impérialisme, 2001
(en coédition avec *Le Monde diplomatique*).
Vandana Shiva
Le terrorisme alimentaire : comment les multinationales affament le tiers-monde, 2001.
Joseph E. Stiglitz
La Grande Désillusion, 2002.
Quand le capitalisme perd la tête, 2003.
Aminata Traoré
Le Viol de l'imaginaire, 2002
(en coédition avec Actes Sud).

Achevé de composer par
PARIS PHOTOCOMPOSITION
75017 PARIS

Impression réalisée sur CAMERON par
BRODARD ET TAUPIN
La Flèche

pour le compte des Éditions Fayard
en septembre 2004

Imprimé en France
Dépôt légal : septembre 2004
N° d'édition : 51679 – N° d'impression : 25856
ISBN : 2-213-60769-9
35-57-0969-2/04